제4판

기본강의
형사소송법

이은모

박영사

제4판 머리말

본서는 기본강의 형사소송법 제3판의 내용을 기본으로 하면서 그 이후의 법령과 판례의 변화 및 학계의 연구결과를 반영하여 발간하였다.

최근에 이루어진 중요한 형사소송법의 변화는 검찰과 경찰의 수사권조정을 내용으로 하는 2020년 2월 4일의 개정에 의한 것이라고 할 수 있다. 2021년 1월 1일부터 시행되고 있는 개정 형사소송법은 검사와 사법경찰관의 관계를 수직관계가 아닌 상호협력관계로 설정하여 사법경찰관에 대한 검사의 수사지휘권을 폐지하였으며, 사법경찰관에게 1차 수사종결권을 부여하였다. 검사의 직접 수사권은 부패범죄, 경제범죄 등 중요 범죄에 한정되었으며, 2022년 1월 1일부터는 검사작성 피의자신문조서의 증거능력요건도 사법경찰관작성 피의자신문조서의 증거능력요건과 동일하게 변경되었다. 또한 고위공직자범죄 등에 관한 필요한 직무를 수행할 수 있도록 2020년 1월 14일 「고위공직자범죄수사처 설치 및 운영에 관한 법률」이 제정되었고, 이에 따라 특별법상의 수사기관으로서 고위공직자범죄수사처가 설치되었다. 이와 관련된 내용들은 부족하지만 보충지의 형태로 제3판에 첨부하여 우선 제공되었다.

2021년 이후의 개정에서는 영상재판 방식으로 피고인에 대한 구속전 사전 청문절차 등을 진행할 수 있도록 그 요건과 절차를 규정하였고, 2022년 2월 3일의 개정에서는 피의자·피고인의 방어권을 실질적으로 보장하기 위하여 이들에게 구속영장 또는 압수·수색영장을 집행하는 경우에는 영장을 제시할 뿐만 아니라 그 사본도 교부하도록 규정하였다. 또한 2022년 5월 9일의 개정에서는 수사기관은 수사 중인 사건의 범죄혐의를 밝히기 위한 목적으로 합리적인 근거 없이 별개의 사건을 부당하게 수사하여서는 아니 되고, 수사기관이 다른 사건의 수사를 통하여 확보된 증거 또는 자료를 내세워 관련 없는 사건에 대한 자백이나 진술을 강요하여서는 아니 된다고 규정하여 별건수사를 명시적으로 금지하였다.

판례의 경우를 보면, 원격지 서버에 저장된 전자정보를 압수·수색하기 위한 요건을 엄격히 규제하고 있는 판결과 정보저장매체에 대한 임의제출이 적법하기 위한 요건을 제시하고 있는 판결, 부정기형을 정기형으로 변경하는 경우에 선고할 수 있는 정기형의 기준은 부정기형의 단기가 아니라 그 장기와 단기의 중간형이라고 하여 불이익변경에 대한 이전의 판단기준을 변경한 대법원 판결 등이 주목된다.

제4판에서도 독자들이 형사소송법의 내용을 이해하는 데 도움이 되도록 새로운 설명을 추가하거나 필요한 범위 내에서 교과서의 내용을 수정하였다. 본서를 통하여 독자들이 형사소송법의 내용을 보다 효율적으로 정확하게 이해할 수 있게 되기를 바란다.

본서를 출간하는데 도움을 주신 박영사의 안종만 회장님, 기획마케팅팀 조성호 이사님, 편집부 김선민 이사님과 이승현 차장님께 다시 한번 감사의 마음을 전한다.

2023년 8월

이 은 모

머 리 말

「절차 없으면 형벌 없다」는 말에서 알 수 있듯이, 국가형벌권의 실현은 정해진 형사절차를 통해서만 가능하다. 따라서 형벌권의 구체적 실현을 목적으로 하는 형사소송법의 중요성은 현실적으로 매우 크다고 할 수 있다. 한편 형사소송법은 절차법으로서의 특성상 그 내용을 이해하는 데 있어서 적지 않은 어려움이 있는 것 또한 사실이다.

저자는 이 책에서 가능한 한 형사소송법의 내용을 간결하면서도 명확하게 서술하고자 노력하였다. 특히 형사소송법 공부를 시작하는 학생들에게 형사절차의 전반적인 내용을 보다 쉽게 설명하기 위해서 고심하였다.

이 책은 저자의 형사소송법 교과서를 기본으로 한 것이지만, 이에 대한 단순한 요약은 아니다. 이 책은 독자들이 형사소송법을 공부하는 데 있어서 알아야 할 기본적인 내용들을 새로운 형태로 간결하게 해설한 입문서에 해당한다. 이 책을 통하여 독자들이 형사소송법의 중요한 내용들을 보다 효율적으로 정확하게 이해할 수 있게 되기를 바란다. 그리고 이러한 목적을 위하여 이 책은 형사소송법의 중요쟁점들을 설명함에 있어서 학설의 내용을 자세히 소개하기보다는 되도록 통설과 판례의 입장에서 그 기본적인 내용을 검토하는 방법을 취하였다. 또한 이와 함께 최근의 법령과 판례의 내용을 가능한 한 충실히 반영하고자 주의를 기울였다.

형사소송법의 내용을 보다 쉽고 정확하게 전달하고자 하는 저자의 의도가 이 책에서 어느 정도 실현될 수 있을 것인지에 대하여는 걱정이 앞서나, 아무쪼록 이 책이 앞으로 형사소송법을 공부하는 학생들에게 좋은 안내서로서의 역할을 할 수 있기를 바란다.

형사소송법 교과서에 이어 본 입문서를 출간하는 데 도움을 주신 박영사의 안종만 회장님, 조성호 이사님, 편집부 김선민 부장님과 한현민 선생님께 깊은 감사를 드린다.

2016년 5월
한양대학교 법학전문대학원 연구실에서
이 은 모

차 례

제 2 편 소송주체와 소송행위 · 소송조건

제1장 소송의 주체

제2장　소송행위와 소송조건

제 3 편　수사와 공소제기

제1장　수　사

제2장 공소의 제기

제 4 편 공   판

제1장 공판절차

제2장　증　　거

제3장　재　　판

제5편 상소 · 비상구제절차 · 특별절차 · 재판의 집행

제1장 상   소

제2장 비상구제절차

제3장   특별절차

제4장　재판의 집행절차

제1편

서 론

제1장
형사소송법의 기초

제1절 형사소송법의 의의와 성격

I. 형사소송법의 의의

형사소송법이란 형법을 실현하기 위한 절차를 정한 법률 또는 형벌권의 구체적 실현을 목적으로 하는 절차에 관한 법률이라고 할 수 있다. 다시 말해서 형법이 범죄와 그에 대한 법률효과인 형벌과 보안처분을 추상적으로 규정해 놓은 법이라면, 형사소송법은 이를 구체적인 사건에 적용하기 위한 절차를 정하고 있는 법인 것이다.

이런 의미에서 형법과 형사소송법은 서로 보완관계에 있다고 할 수 있으며, 이러한 관계는 일반적인 실체법과 절차법의 관계에서보다도 형법과 형사소송법에 있어서 훨씬 더 밀접하게 나타난다. 형법은 형사소송절차에 의하지 않고는 실현될 수 없기 때문에 「절차 없으면 형벌 없다」는 말이 성립하게 되는 것이다.

형사소송은 좁은 의미로는 형사사건에 대하여 법원이 심판을 행하는 절차로서 공소를 제기한 때로부터 재판이 확정되기까지의 절차인 공판절차를 말하나, 넓은 의미로는 공판절차 이외에 공소제기의 전단계인 수사절차와 형 확정 이후의 단계

인 형집행절차를 포함하는 개념으로 사용되고 있다. 일반적으로 형사소송 내지 형
사소송법이라는 말은 넓은 의미로 사용되고 있으며, 이것은 곧 형사절차 또는 형사
절차법이라는 말과 같은 내용을 가지게 된다. 영미의 Criminal procedure나 독일
의 Strafverfahrensrecht는 모두 넓은 의미의 형사소송법 즉 형사절차법을 의미하
는 용어인 것이다.

Ⅱ. 형사소송법의 성격

　　형사소송법은 사법법 내지 재판법의 성격을 가진다. 사법법에 있어서는 합목
적성을 중시하는 행정법의 경우와는 달리 법적 안정성이 우선한다. 다만 이러한 법
적 안정성의 요구는 형사소송절차의 동적·발전적 성격으로 인하여 절차의 발전단
계에 따라 차이가 있게 되는데, 특히 수사절차에 있어서는 절차의 정형성과 함께
합목적성의 요구도 강하게 나타나게 된다.
　　형사소송법은 형법과 함께 형사법에 속한다. 민사법이 개인과 개인, 부분과 부
분 사이의 관계를 규율하는 법으로서 평균적 정의의 실현을 목적으로 함에 대하여,
형사법은 개인과 국가, 부분과 전체 사이의 관계를 규율하는 법으로서 배분적 정의
의 실현을 목적으로 하므로 윤리적·정치적 색채가 강하다.
　　형사소송법은 형법을 구체적인 사건에 적용하는 절차를 규정하고 있는 절차법
이다. 실체법이 소송의 객체로 되는 사실(실체)에 대해서 규정하는 법이라면, 절차
법은 실체법을 구체적 사건에 적용·실현하는 절차형식을 규정하는 법이라고 할 수
있다. 따라서 실체법이 정적 법률관계에 관한 법률로서의 특성을 가진다면, 절차법
은 그 성격상 동적·발전적 법률관계에 관한 법률로서의 특성을 가진다.

제 2 절　형사소송법의 법원과 적용범위

Ⅰ. 형사절차법정주의

　　형사절차법정주의란 수사절차·공판절차·형의 집행절차 등 모든 형사절차는

국회에서 제정한 법률로 정하여야 한다는 원칙을 말한다. 형사절차에서 형벌권을 실현함에 있어서는 각종의 처분 등에 의하여 개인의 기본권에 대한 침해가 초래될 수 있다. 여기서 부당한 개인의 권리침해를 방지하여 형사절차가 적정하게 이루어지도록 하기 위해서는 기본적으로 형사절차를 법률로서 규정할 것이 요구되는 것이다. 즉 형사절차법정주의는 형법의 죄형법정주의에 상응하는 개념으로서, 법률에 의하지 아니하고는 국가기관이 형사절차에 있어서 피의자·피고인 등의 기본적 인권을 제한할 수 없다는 것을 의미한다.

헌법 제12조 제1항은 「누구든지 법률에 의하지 아니하고는 체포·구속·압수·수색 또는 심문을 받지 아니하며 법률과 적법한 절차에 의하지 아니하고는 처벌·보안처분 또는 강제노역을 받지 아니한다」고 규정하여 형사절차법정주의를 천명하고 있다. 형사절차법정주의는 형사절차가 단순히 법률에 규정되어 있을 것을 의미하는 데 그치는 것이 아니라(형식적 절차법정주의), 법률에 규정된 형사절차가 공정한 재판의 이념에 일치하는 적정한 절차일 것까지 요구한다(실질적 절차법정주의).

II. 형사소송법의 법원(法源)

1. 헌 법

헌법은 국민의 기본적 인권을 보호하는 데 그 존재목적이 있으므로 형사절차 가운데 기본권과 밀접한 관련을 가지는 사항에 대해서는 직접 명문의 규정을 두어 규율하고 있으며 또한 형사사법기관의 조직·권한에 관한 중요한 사항에 대해서도 명문의 규정을 두고 있다. 그리고 이들 규정 가운데는 적법절차의 원칙과 같이 직접 형사절차에 대한 규범으로 작용하는 것도 있고, 구체적인 형사소송법규를 뒷받침하는 기초로 됨으로써 간접적인 의미를 가지는 것도 있다.

2. 법 률

형사절차법정주의가 적용되므로 형사절차는 원칙적으로 법률에 의해 규정되어야 한다. 이를 위해 제정된 「형사소송법」이라는 명칭을 가진 형식적 의미의 형사소송법은 형사절차에 관한 기본적이고 중요한 내용을 규정하고 있는 형사소송법의 가장 중요한 법원이다.

형사소송법 이외의 다른 법률들도 형사절차에 관한 규정을 두고 있는 경우가 있는데, 이러한 법률을 실질적 의미의 형사소송법이라고 한다. 고위공직자범죄수사처 설치 및 운영에 관한 법률(공수처법으로 약칭), 국민의 형사재판 참여에 관한 법률, 경찰관 직무집행법, 즉결심판에 관한 절차법, 성폭력범죄의 처벌 등에 관한 특례법, 통신비밀보호법 등이 여기에 해당한다.

3. 대법원규칙

대법원은 법률에 저촉되지 아니하는 범위 내에서 소송에 관한 절차, 법원의 내부규율과 사무처리에 관한 규칙을 제정할 수 있다(헌법 제108조). 형사절차에 관한 대법원규칙으로서 가장 중요한 것은 형사소송규칙이다. 형사절차법정주의에 비추어 볼 때 대법원규칙은 형사절차의 기본적 구조나 피고인을 비롯한 소송관계인의 이해관계에 실질적으로 영향을 미치지 않는 소송절차에 관한 순수한 기술적 사항에 관하여만 규정할 수 있다고 보는 것이 타당하다.

대법원규칙과 구별되는 것으로서 대법원예규가 있다. 이것은 업무처리의 통일성을 기하기 위하여 마련된 사법부 내부의 지침으로서 간접적으로 형사절차의 운영에 영향을 미치는데, 대표적으로 인신구속사무의 처리에 관한 예규가 있다. 그러나 대법원예규는 직접적으로 소송관계인의 권리와 의무에 영향을 미쳐서 형사절차를 규율하는 효과는 없으므로 이를 형사소송법의 직접적인 법원으로 볼 수는 없다.

4. 명 령

형사소송법 제195조 제2항이 위임한 내용을 규정한 대통령령인 검사와 사법경찰관의 상호협력과 일반적 수사준칙에 관한 규정(수사준칙에 관한 규정으로 약칭)과 검찰청법 제4조 제1항 제1호에 따라 검사가 수사를 개시할 수 있는 범죄의 범위를 규정한 대통령령인 검사의 수사개시 범죄 범위에 관한 규정은 법률의 구체적인 위임에 근거하여 제정되고 실질적인 사항을 그 내용으로 하고 있다는 점에서 형사소송법의 법원으로 보아야 한다.

그러나 수사기관 내부의 업무처리지침을 규정한 법무부령인 인권보호수사규칙, 검찰사건사무규칙, 검찰압수물사무규칙, 자유형 등에 관한 검찰집행사무규칙,

재산형 등에 관한 검찰집행사무규칙, 검찰보존사무규칙, 검찰보고사무규칙 등은 형사소송법의 직접적인 법원이 되지 못한다(2008헌마496 참조).

Ⅲ. 형사소송법의 적용범위

1. 장소적 적용범위

형사소송법은 대한민국의 법원에서 심판되는 사건에 대하여만 적용된다. 피고인 또는 피의자의 국적을 불문한다. 대한민국 영역 내라 할지라도 국제법상의 치외법권이 인정되는 외교공관 등에서는 형사소송법이 적용되지 않는다.

2. 인적 적용범위

형사소송법은 대한민국 영역 내에 있는 모든 사람에게 효력이 미치므로, 우리나라에 재판권이 인정되는 사람이라면 국적·주거지·범죄지와 관계없이 형사소송법이 적용된다. 다만 외국의 원수, 그 가족 및 대한민국 국민이 아닌 수행자, 신임받은 외국의 사절과 그 직원·가족 및 승인받고 대한민국 영역 내에 주둔하는 외국의 군인에 대하여는 형사소송법이 적용되지 않는다. 이것을 외교사절의 면책특권이라고 부른다.

3. 시간적 적용범위

형사소송법은 시행한 때로부터 폐지된 때까지 효력을 가진다. 다만 법률의 변경이 있는 경우에 어떤 법을 적용할 것인가가 문제로 된다. 형법과는 달리 형사소송법에는 소급효금지의 원칙이 적용되지 않으므로 신법을 적용할 것인가 구법을 적용할 것인가는 입법정책의 문제에 지나지 않는다. 형사소송법을 개정하는 경우에는 신법 시행 당시에 수사 중이거나 법원에 계속 중인 사건에 대하여는 신법을 적용하되 구법에 의한 소송행위의 효력에는 영향이 없다는 경과규정을 부칙에 두는 것이 일반적이다.

제2장
형사소송의 이념과 구조

제 1 절 형사소송의 이념

Ⅰ. 의 의

형사소송법은 국가의 형벌권을 구체적으로 실현하기 위한 절차를 규율하는 법으로서, 형사소송법도 모든 법의 이념인 정의를 실현하는 데 그 목적이 있다고 할 수 있다. 따라서 과거의 범죄사실을 밝혀 죄 있는 사람을 벌하고 죄 없는 사람이 무고하게 처벌되지 않도록 하는 것, 즉 실체적 진실의 발견은 형사소송에 있어서 기본적으로 중요한 의미를 가지게 된다. 그러나 실체적 진실의 발견이 중요하다고 해서 이것이 어떤 대가를 치르더라도 실현해야 할 형사소송법의 유일한 목적은 아니다. 그러므로 과거에 일정한 범죄사실이 있었는가의 여부를 발견하기 위한 절차를 진행함에 있어서는 피의자·피고인의 인권을 충분히 보장하지 않으면 안 된다. 있는 그대로의 실체를 밝히는 것 못지않게 실체를 어떤 절차에 의해 밝히는가도 중요한 일이며, 헌법 제12조 제1항 후단이 「누구든지 … 적법한 절차에 의하지 아니하고는 처벌 … 을 받지 아니한다」고 규정하여 적법절차조항을 두고 있는 것도 이러한 이유라고 할 수 있다. 적법한 절차에 의한 진실의 발견만이 형사사법을 통한

정의의 실현인 것이다. 또한 신속한 재판의 실현 역시 형사소송이 추구하는 목적 내지 이념의 하나라고 할 수 있으며, 헌법 제27조 제3항은 이를 형사피고인의 기본권으로 보장하고 있다. 이런 의미에서 형사소송은 적법한 절차에 의해 신속하게 진실을 발견하는 데 그 목적이 있다고 할 수 있다.

Ⅱ. 적법절차의 원칙

1. 의 의

적법절차의 원칙(principle of due process of law)이란 헌법정신을 구현한 공정한 법정절차에 의하여 형벌권이 실현되어야 한다는 원리를 말한다. 이는 국가의 형벌권을 실현함에 있어서 피의자·피고인에 대한 인권침해를 방지하고 절차적 공정성을 확보하려는 헌법적 원리로서 문명사회의 기본을 이루는 절차적 요청이라고 할 수 있다. 헌법재판소는 이 원칙을 「공권력에 의한 국민의 생명·자유·재산의 침해는 반드시 합리적이고 정당한 법률에 의거해서 정당한 절차를 밟은 경우에만 유효하다는 원리」라고 정의하고 있다(2001헌바41).

헌법은 제12조 제1항에서 「누구든지 법률에 의하지 않고는 체포·구속·압수·수색 또는 심문을 받지 아니하며, 법률과 적법한 절차에 의하지 아니하고는 처벌·보안처분 또는 강제노역을 받지 아니한다」고 규정하여 이 원칙을 명시하고 있으며, 그 밖에도 묵비권 및 고문금지(동조 제2항), 영장주의(동조 제3항), 변호인의 조력을 받을 권리(동조 제4항), 체포·구속적부심사제도(동조 제6항), 신속한 공개재판을 받을 권리(제27조 제3항), 무죄추정의 권리(동조 제4항) 등 형사피의자와 피고인의 기본권을 규정하여 적법절차의 원칙을 구체적으로 실현하고 있다.

2. 내 용

적법절차의 원칙은 인간의 존엄과 가치를 인정하고 형사피고인의 기본적 인권을 보장하는 절차에서 국가형벌권을 실현해야 한다는 이념이며, 자유민주주의 국가의 형사절차로서 요구되는 최소한의 요건을 구비한 절차 또는 국민의 양심과 정의의식에 정착된 것으로서 그 절차 없이는 자유나 정의가 없다고 생각되는 것 등으로 그 기본내용이 표현되고 있다. 결국 헌법의 기본권 보장의 정신이 깊숙이 깃들어 있는 형사소송의 원리들이 형사절차에서 적법절차의 원칙의 내용을 이룬다고 할 수 있을 것이다. 공정한 재판의 원칙, 비례성의 원칙, 형사사법기관의 후견의무 등이 그 대표적인 내용에 해당한다.

(1) 공정한 재판의 원칙

공정한 재판의 원칙이란 형사절차가 인간의 존엄과 기본권을 존중하며 정의와 공평의 이념을 실현하는 것이어야 함을 의미한다. 이를 위해서는 공평한 법원의 구성과 피고인의 방어권 보장 그리고 실질적 당사자주의의 실현 등이 필요하게 된다.

공정한 재판은 공평한 법원의 구성을 전제로 한다. 편파적인 재판을 할 염려가 있는 법관에 대한 제척·기피·회피는 이런 목적을 가진 제도이다. 또한 피고인에게 절차에의 참여권을 비롯하여 자신의 이익을 보호할 수 있는 방어권을 충분히 보장해 주지 않은 경우에도 공정한 재판이라고 할 수 없다. 형사소송법이 피고인에게 방어준비를 위한 다양한 권리를 보장하고 있는 것은 공정한 재판을 실현하기 위한 것이다. 또한 공정한 재판을 위해서는 피고인의 방어권이 실질적으로 보장되어 당사자 사이에 무기평등이 이루어져야 한다. 이를 위하여 형사소송법은 피고인에게 변호인의 조력을 받을 권리를 인정하고 일정한 경우에는 국선변호인을 선임하여 줄 뿐만 아니라 검사에게는 객관의무를 부과하고 있다. 당사자 사이의 실질적 평등이 이루어지지 않는 한 현실적 의미에서의 무기대등은 실현될 수 없기 때문이다.

(2) 비례성의 원칙

비례성의 원칙이란 국가형벌권의 실현을 위한 강제처분은 구체적 사건의 중대성과 의미에 비추어 적합한 것이어야 하고, 다른 수단에 의해서는 그 목적을 달성하기 어려운 경우일 뿐만 아니라 이에 의한 침해가 사건의 의미와 범죄혐의의 정도에 비추어 상당해야 한다는 것을 의미한다. 따라서 비례성의 원칙은 구체적인 경우에 있어서 처분의 필요성 내지 강도와 기본권 보장이라는 두 가지 측면을 비교하여 양자 사이에 비례가 유지될 것을 요구하게 된다. 현행 형사소송법 제199조 제1항은 「수사에 관하여는 그 목적을 달성하기 위하여 필요한 조사를 할 수 있다. 다만 강제처분은 이 법률에 특별한 규정이 있는 경우에 한하며, 필요한 최소한도의 범위 안에서만 하여야 한다」고 하여 명문으로 이 원칙을 규정하고 있다.

(3) 형사사법기관의 후견의무

이것은 형사사법기관이 형사절차에 참여한 피의자·피고인이나 증인 등에 대하여 자신들의 권한을 알고 행사할 수 있도록 도와주어야 할 의무를 말한다. 이러한 후견의무는 공정한 재판의 원칙을 구체화한 것으로서 헌법의 사회국가적 요청을 구현하기 위한 것이라고 할 수 있다. 후견의무로 인하여 법원 및 수사기관은 피고인·피의자 등에게 일정한 소송행위의 법적 효과를 설명하고 권리의 행사를 고지하여야 한다. 예를 들면 피고인에 대한 진술거부권의 고지(제283조의2), 증거조사결과에 대한 의견진술권과 증거조사신청권의 고지(제293조), 신체구속시의 범죄사실의 요지와 신체구속의 이유 및 변호인을 선임할 수 있다는 사실의 고지(제72조, 제200조의5, 제209조), 증언거부권의 고지(제160조), 상소에 대한 고지(제324조) 등이 형사사법기관의 피고인 등에 대한 후견의무에 해당한다.

III. 실체적 진실주의

1. 의　의

실체적 진실주의란 법원이 소송의 실체에 관하여 객관적 진실을 발견하여 사안의 진상을 명백히 할 것을 요구하는 형사소송법상의 원칙을 말한다. 형법의 구체적 실현이라는 형사소송의 목적을 달성하기 위해서는 실체적 진실의 발견이 그 기본적 전제가 된다.

실체적 진실주의는 형식적 진실주의에 대응하는 개념이다. 사인 간의 분쟁해결을 목적으로 하는 민사소송에 있어서는 형식적 진실주의가 적용된다. 따라서 법원은 당사자의 주장이나 사실의 인부 또는 제출한 증거만을 기초로 사실의 진부를 판단하게 되며, 당사자의 자백은 법원을 구속하게 된다(민사소송법 제288조 참조). 그러나 형사절차는 사인 간의 이해관계가 아닌 국가의 형벌권을 실현하는 절차이므로, 민사소송과 같이 형식적 진실에 만족할 수 없고 합리적인 사실인정을 통하여 객관적 진실을 밝힐 것을 요구하게 된다. 따라서 실체의 내용이 당사자의 합의나 타협에 의하여 좌우되지 않고, 피고인이 공판정에서 자백을 하더라도 법원은 이에 구속되지 않으며, 또한 자백 이외에 자백의 진실성을 담보할 수 있는 보강증거가 있어야 유죄의 인정이 가능하다(제310조).

2. 적극적 진실주의와 소극적 진실주의

실체적 진실주의는 범죄사실을 밝혀서 죄 있는 자를 놓치지 않고 처벌하려는 적극적인 면과 죄 없는 자를 유죄로 하는 일이 없도록 하려는 소극적인 면을 포함하고 있다. 전자를 적극적 진실주의라고 하고, 후자를 소극적 진실주의라고 한다. 현대의 민주법치국가에 있어서는 소극적 진실주의가 특히 강조되고 있으며, 「열 사람의 범인을 놓치는 한이 있더라도 한 사람의 죄 없는 사람을 벌하여서는 안 된다」는 영미법의 격언은 이러한 사상을 단적으로 표현한 것이라고 할 수 있다. 현행 형사소송법도 무죄추정의 원칙(제275조의2), 자백배제법칙(제309조), 위법수집증거배제법칙(제308조의2), 자백의 보강법칙(제310조), 전문법칙(제310조의2) 등을 형사소송의 기본원칙으로 규정하여 실체적 진실주의의 소극적인 면을 중시하고 있다.

Ⅳ. 신속한 재판의 원칙

헌법 제27조 제3항은 「모든 국민은 신속한 재판을 받을 권리를 가진다. 형사 피고인은 상당한 이유가 없는 한 지체 없이 공개재판을 받을 권리를 가진다」고 규정함으로써 신속한 재판을 받을 권리를 기본적 인권으로 보장하고 있다. "사법은 신선할수록 향기가 높다"는 Bacon의 말이나, "재판의 지연은 재판의 거부와 같다"는 법격언은 신속한 재판이 형사소송의 목적임을 잘 표현하고 있다.

신속한 재판은 주로 피고인의 이익을 보호하기 위하여 인정된 원칙이지만 동시에 실체적 진실의 발견, 소송경제, 재판에 대한 국민의 신뢰확보, 형벌목적의 달성과 같은 공공의 이익을 실현하는 데에도 중요한 역할을 한다.

형사소송법은 신속한 재판의 실현을 위하여 각종 기간의 제한 등 구체적인 제도들을 마련하고 있으나, 신속한 재판을 받을 권리가 침해된 경우에 대한 구제수단을 명문으로 규정하고 있지는 않다. 다만 공소제기 후 판결의 확정 없이 25년을 경과한 때에는 공소시효가 완성된 것으로 보는 규정(제249조 제2항)을 두고 있으므로 이 경우에는 면소판결의 사유가 된다. 이 정도에 이르지 않는 재판의 지연의 경우에는 형식재판으로 소송을 종결할 수는 없고 다만 양형에서 고려하는 것이 타당하다고 생각된다.

제 2 절   형사소송의 기본구조

형사소송의 목적을 달성하기 위해서는 형사소송절차가 전체적으로 어떤 구조와 형태를 가지는 것이 바람직한가에 대한 논의를 소송구조론이라고 하는데, 소송의 구조와 관련해서는 당사자주의와 직권주의가 검토의 대상이 된다.

Ⅰ. 당사자주의

당사자주의란 당사자 즉 검사와 피고인에게 소송의 주도적 지위를 인정하여 당사자의 공격과 방어에 의하여 심리가 진행되고 법원은 제3자의 입장에서 당사자의 주장과 입증활동을 기초로 사실을 판단하는 소송구조를 말한다. 당사자주의는 사실인정과 법률적용을 분리하여 사실인정은 비법률가인 배심원에게 맡기는 배심재판제도를 기초로 영미법에서 발전된 제도이다. 당사자주의는 통상의 의미로는 당사자에게 소송진행의 주도권을 인정하는 당사자소송주의를 뜻하나, 본래의 의미에서는 당사자소송주의와 함께 당사자에게 소송물의 처분권을 인정하는 당사자처분권주의도 포함하는 개념이다. 유죄인부협상(plea bargaining)이나 기소사실인부절차(arraignment) 등의 제도를 가지고 있는 영미의 형사소송은 이러한 순수한 의미의 당사자주의 형태를 취하고 있다. 그러나 우리나라에서는 국가형벌권의 행사를 당사자 특히 피고인의 의사에 맡길 수는 없다는 입장에서 당사자처분권주의는 받아들이지 않고 있으며, 우리의 형사소송구조와 관련하여 사용하는 당사자주의라는 용어는 당사자소송주의를 의미하는 경우가 일반적이다.

당사자주의는 양당사자의 소송활동을 기초로 사실을 발견하고자 하는 제도이기 때문에 본질적으로 당사자의 대등한 지위와 소송능력을 전제로 한다. 따라서 당사자대등주의 내지 무기평등의 원칙은 당사자주의를 실질적으로 실현하기 위한 전제조건이 된다. 당사자주의하에서 피고인의 방어권을 실질적으로 보장하기 위한 변호인의 역할이 무엇보다 중요한 것도 이러한 점에 이유가 있다고 할 수 있다.

당사자주의의 장점으로는 ① 소송의 결과에 대해 직접적인 이해관계를 가진 당사자가 소송에서 주도적인 역할을 함으로써 보다 많은 증거의 수집과 제출이 가능해져 객관적 진실에 용이하게 접근할 수 있고, ② 당사자에 의한 절차진행으로 법원은 제3자의 입장에서 공정한 판단을 내릴 수 있으며, ③ 피고인에게 검사와 대등한 지위를 인정함으로써 피고인의 방어권을 실질적으로 보장할 수 있다는 점 등을 들고 있다. 한편 단점으로는 ① 당사자의 지나친 소송활동이 심리의 능률과 신속을 저해하고, ② 소송이 당사자의 능력에 좌우되어 소송의 스포츠화가 초래될 수 있으며, ③ 당사자처분권주의를 인정하는 경우에는 국가형벌권의 행사가 당사자의 타협이나 거래의 대상이 되어 진실이 왜곡될 우려가 있다는 점 등이 지적되고 있다.

Ⅱ. 직권주의

직권주의란 소송의 주도적 지위를 법원에 인정하여 법원이 직권으로 소송을 진행하고(직권심리주의), 증거를 수집·조사하는(직권탐지주의) 소송구조를 말한다. 독일을 비롯한 대륙법계의 형사소송법은 실체적 진실은 당사자의 소송활동만으로는 밝힐 수 없으며 국가의 적극적 활동이 필요하다는 입장에서 직권주의를 취하고 있다.

직권주의의 장점으로는 ① 법원이 소송의 주도적 역할을 담당하므로 실체적 진실발견에 적합하며, ② 심리의 능률과 신속을 기할 수 있고, ③ 형사소송의 스포츠화나 민사소송화를 막을 수 있으며, ④ 국가기관이 후견인의 입장에서 피고인을 보호할 수 있다는 점 등을 들 수 있다. 한편 직권주의의 단점으로는 ① 사건의 심리가 국가기관의 자의나 독단에 흐를 수 있고, ② 피고인의 방어권이 실질적으로 보장되지 않으며, ③ 법원이 소송에 몰입되어 제3자로서의 공정성을 상실할 우려가 있다는 점 등을 들고 있다.

Ⅲ. 현행 형사소송법의 기본구조

현행 형사소송법은 당사자주의적 요소와 직권주의적 요소를 모두 포함하는 절충적 소송구조를 가지고 있다. 이러한 형사소송법의 기본구조에 대해서는 당사자주의를 기본으로 하면서 직권주의를 보충적으로 채택하고 있다는 견해와 직권주의를 기본으로 하면서 당사자주의를 보충하고 있다는 견해가 있다. 판례는 현행법이 당사자주의를 기본으로 하는 소송구조를 취하고 있다고 본다(84도796).

형사소송법은 직권주의적 요소로서 피고인신문제도(제287조), 직권에 의한 증거조사(제295조), 증인신문에 있어서의 재판장 또는 합의부원의 직권개입(제161조의2 참조), 법원의 공소장변경요구제도(제298조 제2항) 등을 인정하고 있다. 그러나 현행법은 공판을 기본적으로 양당사자의 공격과 방어에 의하여 진행되도록 하고 법원은 공정한 제3자의 입장에서 심판하도록 하기 위해서 공소장일본주의(규칙 제118조 제2항)를 채택하고 있다는 점, 국민참여재판을 실시하여 객관적 관찰자인 배심원이 일차적으로 사실판단을 하도록 한 점, 사실인정을 위한 증거조사는 당사자의 신청에 의해서 이루어지는 것이 원칙이고(제294조) 또한 증인신문에 있어서의 주도적인 지위도 당사자가 가지고 있다는 점(제161조의2), 공소사실의 동일성이 인정되는 사실이라도 검사의 공소장변경이 없으면 법원이 직권으로 심판할 수 없다는 점(제298조), 증거동의제도를 인정하고 있는 점(제318조) 등을 고려할 때, 현행 형사소송법은 당사자주의를 기본으로 하면서 직권주의를 보충적으로 채택하고 있는 구조라고 보아야 할 것이다.

제2편

소송주체와
소송행위 · 소송조건

제1장
소송의 주체

　검사의 공소제기로 법원에 피고사건에 대한 소송계속이 발생하게 되면 형사절차는 법원·검사·피고인의 활동을 통하여 진행되는데, 이들을 소송의 주체라고 한다. 소송의 주체는 독립적인 소송법상의 권한을 가지고 소송을 성립·발전시키는 소송의 인적 구성요소로서, 소송법률관계를 형성하는 주체라고도 할 수 있다.

　형사소송의 주체로는 법원·검사·피고인이 있다. 법원은 재판권의 주체이고, 검사는 공소권의 주체이며, 피고인은 방어권의 주체이다. 그리고 재판을 받는 주체인 검사와 피고인을 당사자라고 부른다.

　변호인은 소송의 주체가 아니라 피고인 또는 피의자의 보조자이다. 피고인의 보조자에는 변호인 이외에 보조인(제29조), 법정대리인(제26조), 법인의 대표자(제27조), 특별대리인(제28조) 등이 있다. 소송당사자와 보조자를 합하여 널리 소송관계인이라고 부른다. 소송관계인은 소송관여자와 구별된다. 증인·감정인·고소인 또는 고발인은 소송에 대하여 적극적인 형성력이 없다는 점에서 소송관계인과 다르다.

제 1 절   법   원

I. 법원의 의의와 구성

1. 법원의 의의

법원은 사법권을 행사하는 국가기관이다. 사법권이란 구체적인 법률상의 분쟁에 관하여 이를 심리하여 공권적인 판단을 내리는 권한과 이에 관련된 부수적인 권한을 말한다. 사법권은 법관으로 구성된 법원에 속한다(헌법 제101조 제1항).

법원은 국법상 의미의 법원과 소송법상 의미의 법원으로 나누어 볼 수 있다. 국법상 의미의 법원은 사법행정상의 단위로서의 법원을 의미하고, 소송법상 의미의 법원은 구체적 사건에 대하여 재판권을 행사하는 주체로서의 재판기관을 의미한다.

2. 법원의 조직

법원에는 대법원과 고등법원, 특허법원, 지방법원, 가정법원, 행정법원이 있다(법원조직법 제3조 제1항). 대법원은 최고법원으로서 서울특별시에 두며(동법 제12조), 대법원장과 대법관으로 구성된다(동법 제4조, 제13조 제1항). 또한 대법원에는 재판연구관을 두어 사건의 심리 및 재판에 관한 조사·연구업무를 담당하게 한다(동법 제24조). 고등법원과 지방법원은 고등법원장 또는 지방법원장과 법률로써 정한 수의 판사로 구성된다(동법 제5조, 제26조, 제29조). 지방법원의 사무의 일부를 처리하게 하기 위하여 그 관할구역에 지원, 시법원 또는 군법원을 둘 수 있다(동법 제3조 제2항).

3. 법원의 구성

(1) 단독제와 합의제

소송법상 의미의 법원은 그 구성방법에 따라 1인의 법관으로 구성되는 단독제와 2인 이상의 법관으로 구성되는 합의제로 나누어진다. 단독제는 절차를 신속하게 진행시킬 수 있고 법관의 책임감을 강하게 하는 장점이 있지만, 사건의 심리가 신중하지 못할 우려가 있다. 이에 반하여 합의제는 사건심리의 신중과 공정을 기할 수 있지만, 소송절차의 진행이 지연되고 법관의 책임감이 약화될 위험성이 있다.

형사소송에 있어서 제1심 법원에는 단독제와 합의제가 병용되고 있으나, 단독제가 원칙이다(동법 제7조 제4항). 한편 상소심의 경우에는 합의제에 의한다. 대법원은 대법관 전원의 3분의 2 이상의 합의체에서 심판을 행하며 대법원장이 재판장이 된다. 다만 대법관 3인 이상으로 구성된 부에서 먼저 사건을 심리하여 의견이 일치한 때에 한하여 특별한 경우를 제외하고 부에서 재판할 수 있다(동법 제7조 제1항). 고등법원이나 지방법원 및 그 지원 합의부는 판사 3인으로 구성된 합의부에서 이를 행한다(동조 제3항, 제5항).

(2) 재판장·수명법관·수탁판사·수임판사

피고사건에 대하여 심리와 재판을 행하는 소송법상 의미의 법원을 수소법원이라고 한다. 수소법원이 형사사건을 심리하고 재판하는 과정에는 법관이 다음과 같은 형태로 관여하게 된다.

법원이 합의체인 경우 그 구성원 중의 1인이 재판장이 된다. 재판장 이외의 법관을 합의부원이라고 한다. 재판장의 권한은 소송절차의 진행과 관련하여 인정될 뿐이고, 피고사건의 심판에 있어서는 다른 법관과 동일한 권한을 가진다. 합의체의 법원이 그 구성원인 법관에게 특정한 소송행위를 하도록 명하였을 때 그 법관을 수명법관이라고 한다.

하나의 법원이 다른 법원의 법관에게 일정한 소송행위를 하도록 촉탁한 경우에 그 촉탁을 받은 법관을 수탁판사라고 한다. 수탁판사는 수소법원을 구성하는 법관이 아니라는 점에서 수명법관과 구별된다.

또한 수소법원과 독립하여 소송법상의 권한을 행사할 수 있는 개개의 법관을 수임판사라고 한다. 예를 들면 수사기관의 청구에 의하여 각종의 영장을 발부하는 판사(제201조), 증거보전절차를 행하는 판사(제184조), 참고인에 대한 증인신문을 행하는 판사(제221조의2) 등이 여기에 해당한다.

II. 법원의 관할

1. 관할의 의의

관할이란 각 법원에 대한 재판권의 분배, 즉 특정법원이 특정사건을 재판할 수 있는 권한을 말한다. 구체적인 피고사건이 특정한 법원의 관할에 속하게 되면 그 법원은 당해 사건에 대한 심리와 재판의 권한을 가지게 된다.

관할에는 법률의 규정에 의하여 관할이 정하여지는 법정관할과 법원의 재판에 의하여 관할이 결정되는 재정관할이 있다. 법정관할에는 다시 구체적 피고사건에 대하여 직접적으로 인정되는 고유관할 및 고유관할사건과 일정한 관계가 있기 때문에 관할이 인정되는 관련사건의 관할이 있다. 재정관할에는 관할의 지정과 이전이 있다.

2. 법정관할

(1) 고유관할

(가) 사물관할

사물관할이란 사건의 경중이나 성질에 따른 제1심 법원의 관할의 분배를 말한다. 지방법원 또는 지원의 형사사건과 시·군법원의 형사사건에 대한 심판권은 원칙적으로 단독판사가 이를 행한다(법원조직법 제7조 제4항). 다만 지방법원과 그 지원의 합의부는 ① 합의부에서 심판할 것으로 합의부가 결정한 사건, ② 사형·무기 또는 단기 1년 이상의 징역 또는 금고에 해당하는 사건 및 이와 동시에 심판할 공범사건, ③ 지방법원판사에 대한 제척·기피사건, ④ 다른 법률에 의하여 지방법원 합의부의 권한에 속하는 사건에 대하여 제1심으로 심판한다(동법 제32조 제1항).

(나) 토지관할

토지관할이란 동등한 법원 상호간에 있어서 사건의 지역적 관계에 의한 관할의 배분을 말하며, 재판적이라고도 한다. 토지관할의 결정에는 사건의 효율적 처리와 피고인의 방어권보장을 함께 고려하여야 한다. 지방법원과 그 지원은 소송법상 별개의 법원이고 각각 일정한 토지관할 구역을 나누어 가지는 대등한 관계에 있으므로 양자 사이의 관할의 분배도 소송법상 토지관할의 분배에 해당한다(2015도1803). 형사소송법은 토지관할의 기준으로서 범죄지, 피고인의 주소·거소·현재지를 규정하고 있다(제4조 제1항). 토지관할의 기준 사이에는 우열이 없으므로 하나의 피고사건에 대하여 수개의 법원이 토지관할권을 가질 수 있다.

범죄지란 범죄사실, 즉 범죄구성요건에 해당하는 사실의 전부 또는 일부가 발생한 곳을 말한다. 범죄지에는 일반적으로 범죄에 대한 증거가 존재하므로 피고사건의 심리와 재판의 능률과 신속을 도모하기 위하여 범죄지를 토지관할의 기준으로 설정한 것이다. 범죄지에는 실행행위지와 결과발생지뿐만 아니라 중간지도 포함된다.

주소와 거소는 민법상의 개념(민법 제18조, 제19조)에 의한다. 즉 주소는 생활의 근거되는 곳을 말하고, 거소는 사람이 다소 계속적으로 거주하는 곳을 말한다. 피고인의 주소와 거소를 토지관할의 기준으로 인정한 것은 피고인의 출석편의를 고려한 결과이다. 주소와 거소는 공소제기 시에 법원의 관할구역 내에 존재하면 족하고, 공소제기 후에 주소와 거소의 변동이 있더라도 토지관할에 영향을 미치지 않는다.

피고인의 현재지도 범죄지나 주소 또는 거소와 함께 토지관할의 기준이 된다. 현재지란 임의 또는 적법한 강제에 의하여 피고인이 현재하는 장소를 말하며, 현재지인가 여부는 공소제기의 시점을 기준으로 판단한다(2011도12927). 적법하게 구속되어 공소제기 당시에 현재지임이 인정되면 그 후 피고인이 석방되거나 도망하여도 토지관할에는 영향이 없다. 구속영장에 의하여 구속되어 있는 장소는 현재지에 포함되나, 부적법하게 연행된 장소는 여기에 포함되지 않는다.

(다) 심급관할

심급관할이란 상소관계에 있어서의 관할을 말한다. 즉 상소심 법원의 심판권을 의미한다. 지방법원과 그 지원의 단독판사의 판결·결정·명령에 대한 항소 또는 항고사건은 지방법원본원 합의부 및 일정한 지방법원지원 합의부에서 관할하고(법원조직법 제32조 제2항), 지방법원 합의부의 제1심 판결·결정·명령에 대한 항소 또는 항고사건은 고등법원이 관할한다(동법 제28조 제1호). 항소심 판결에 대한 상고사건과 고등법원 또는 항소법원의 결정·명령에 대한 재항고사건은 대법원이 관할한다(동법 제14조 제2호).

(2) 관련사건의 관할

(가) 관련사건의 의의

관련사건이란 여러 개의 사건이 서로 관련을 가진 경우를 의미하며, 관할이 인정된 하나의 피고사건을 전제로 그 사건과 주관적 또는 객관적으로 관련성이 인정되는 사건을 말한다. 여기서 주관적 관련이란 1인이 범한 수죄를 의미하고, 객관적 관련이란 수인이 공동으로 범한 죄를 의미한다. 형사소송법은 고유의 법정관할을 수정하여 본래 관할권이 없는 법원에도 관련사건에 대한 관할권을 인정하고 있다. 현행법은 ① 1인이 범한 수죄, ② 수인이 공동으로 범한 죄, ③ 수인이 동시에 동일한 장소에서 범한 죄, ④ 범인은닉죄, 증거인멸죄, 위증죄, 허위감정·통역죄 또는 장물에 관한 죄와 그 본범의 죄를 관련사건으로 인정하고 있다(제11조).

(나) 관련사건의 병합관할

관련사건에 대하여는 병합관할이 인정되고 있다. 즉 관련사건임이 인정되면 그 사건에 대하여 고유의 관할권이 없는 법원도 관할권을 가지게 된다.

1) 사물관할의 병합관할

사물관할을 달리하는 여러 개의 사건이 관련된 때에는 법원 합의부가 병합관할한다(제9조). 예를 들면 甲이 범한 살인사건(합의부 관할사건)과 그 甲을 은닉한 乙의 범인은닉사건(단독판사 관할사건)이 있는 경우에는 합의부가 두 사건을 병합관할한다. 따라서 검사가 합의부 사건과 단독판사 사건을 병합하여 하나의 공소장으로 기소하면 합의부는 두 사건을 병합하여 심판할 수 있고, 단독판사 사건을 이미 사건이 계속 중인 합의부에 추가기소하는 경우에도 마찬가지이다.

사물관할의 병합관할은 제1심뿐만 아니라 항소심에서도 인정된다고 보아야 하므로 고등법원과 지방법원본원 합의부의 사건이 관련된 때에는 고등법원이 병합관할하게 된다.

2) 토지관할의 병합관할

토지관할을 달리하는 여러 개의 사건이 관련된 때에는 한 개의 사건에 관하여 관할권이 있는 법원은 다른 사건까지 관할할 수 있다(제5조). 따라서 검사는 관련된 여러 개의 범죄사건을 병합관할권이 있는 어느 한 법원에 모두 기소할 수 있다. 다만 이 규정은 사물관할이 같은 사건에 대하여만 적용된다. 그리고 형사소송법 제5조에서 규정하고 있는 관련사건의 관할은 이른바 고유관할사건 및 그 관련 사건이 반드시 병합기소되거나 병합되어 심리될 것을 전제요건으로 하는 것은 아니므로, 고유관할사건 계속 중 고유관할 법원에 관련사건이 계속된 이상 그 후 양 사건이 병합되어 심리되지 아니한 채 고유사건에 대한 심리가 먼저 종결되었다 하더라도 관련사건에 대한 관할권은 여전히 유지된다(2006도8568). 또한 토지관할의 병합관할 역시 항소심법원 사이에도 준용되는 것으로 보아야 한다.

(다) 관련사건의 병합심리

관련사건에 대하여는 소송계속 중이라도 심리의 편의를 위해 병합심리가 허용된다. 병합관할이 여러 개의 사건에 대한 관할권의 유무를 추상적으로 판단하는 것임에 반하여, 병합심리는 현실적으로 존재하는 여러 개의 소송계속을 전제로 하여 관할권의 유무를 판단하는 것이라는 점에서 차이가 있다.

1) 사물관할의 병합심리

사물관할을 달리하는 여러 개의 관련사건이 각각 법원 합의부와 단독판사에 계속된 때에는 합의부는 결정으로 단독판사에 속한 사건을 병합하여 심리할 수 있다(제10조). 법원 합의부와 단독판사에 계속된 사건이 토지관할을 달리하는 경우에도 병합심리가 가능하다(규칙 제4조 제1항).

관련사건의 병합심리는 항소심에서도 인정된다. 따라서 사물관할을 달리하는 여러 개의 관련 항소사건이 각각 고등법원과 지방법원본원 합의부에 계속된 때에는 고등법원은 결정으로 지방법원본원 합의부에 계속된 사건을 병합하여 심리할 수 있다. 여러 개의 관련 항소사건이 토지관할을 달리하는 경우에도 같다(규칙 제4조의2 제1항).

2) 토지관할의 병합심리

토지관할이 다른 여러 개의 관련사건이 각각 다른 법원에 계속된 때에는 공통되는 바로 위의 상급법원이 검사나 피고인의 신청에 의하여 결정으로 한 개 법원으로 하여금 병합심리하게 할 수 있다(제6조). 여기서 각각 다른 법원이란 사물관할은 같으나 토지관할을 달리하는 동종·동등의 법원을 말하며(90초56), 공통되는 바로 위의 상급법원은 각급 법원의 설치와 관할구역에 관한 법률」에 의하여 정하여진다(2006초기335). 따라서 서울중앙지방법원과 의정부지방법원의 공통되는 바로 위의 상급법원은 서울고등법원이 되나, 서울중앙지방법원과 부산지방법원의 바로 위의 상급법원은 고등법원을 달리하므로 결국 대법원이 된다. 토지관할의 병합심리는 검사 또는 피고인의 신청을 요한다는 점에서 법원의 직권에 의하여 결정되는 사물관할의 병합심리와 구별된다.

(라) 심리의 분리

사물관할을 달리하는 관련사건을 병합심리 중인 합의부는 결정으로 관할권 있는 법원 단독판사에게 사건을 이송할 수 있다(제9조 단서). 이 경우 분리되어 이송되는 사건은 단독판사의 관할에 속하는 것에 한하며 합의부의 관할사건은 이송의 대상이 되지 않는다. 토지관할을 달리하는 여러 개의 관련사건이 같은 법원에 계속된 경우에 병합심리의 필요가 없는 때에는 법원은 결정으로 이를 분리하여 관할권 있는 다른 법원에 이송할 수 있다(제7조). 법원이 행하는 분리심리의 결정은 법원의 재량에 속한다.

3. 재정관할

재정관할이란 법원의 재판에 의하여 정하여지는 관할을 말한다. 재정관할에는 관할의 지정과 이전이 있다. 관할의 지정이란 법원의 관할이 명확하지 아니한 경우 또는 관할위반을 선고한 재판이 확정된 사건에 관하여 다른 관할법원이 없는 경우에 상급법원이 사건을 심판할 법원을 지정하는 것을 말한다(제14조).

관할의 이전이란 어느 사건의 관할법원이 특정한 사정으로 인하여 재판권을 행사할 수 없거나 재판의 공평을 유지하기 어려운 경우에 검사 또는 피고인의 신청에 의하여 상급법원이 그 사건의 관할권을 관할권 없는 다른 법원으로 옮기는 것을 말한다(제15조). 관할의 이전은 관할권 없는 다른 법원으로 관할을 옮긴다는 점에서 관할권 있는 다른 법원으로 사건을 이전하는 사건의 이송과 구별된다. 관할의 이전은 그 성질상 토지관할에 대하여만 인정된다. 다만 제1심뿐만 아니라 항소심에서도 관할의 이전이 인정된다.

4. 관할의 경합

(1) 의   의

법원의 관할은 여러 가지 기준에 의하여 결정되기 때문에 같은 사건에 대하여 여러 개의 법원이 동시에 관할권을 가지는 경우가 있다. 이를 관할의 경합이라고 한다. 그런데 관할권이 있는 법원들 간에는 우열이 없으므로 검사는 여러 개의 법원 가운데 어느 법원에나 공소를 제기할 수 있고, 공소가 제기되지 않은 법원이라도 관할권이 소멸하는 것은 아니므로 같은 사건에 대하여 별도로 공소가 제기될 가능성은 여전히 존재하게 된다. 그러나 같은 사건에 대하여 이중으로 심판하는 것은 소송경제에 반할 뿐만 아니라 모순된 판결을 초래할 위험이 있다. 형사소송법은 이러한 위험을 방지하기 위하여 관할권이 적극적으로 경합할 경우에 일정한 우선순위를 규정하고 있다.

(2) 관할경합의 해결

관할의 경합에는 사물관할의 경합과 토지관할의 경합이 있다. 사물관할의 경합이란 같은 사건이 각각 합의부와 단독판사에게 계속된 경우를 말한다. 같은 사건이 사물관할을 달리하는 여러 개의 법원에 계속된 때에는 법원합의부가 심판한다(제12조). 그리고 토지관할의 경합이란 같은 사건이 사물관할이 같은 여러 개의 법원에 계속된 경우를 말한다. 이때에는 여러 개의 법원 중 먼저 공소를 제기받은 법원이 심판한다(제13조 본문). 그러나 검사나 피고인의 신청이 있는 경우에 각 법원에 공통되는 바로 위의 상급법원은 결정으로 뒤에 공소를 받은 법원으로 하여금 심판하게 할 수 있다(동조 단서).

사물관할 또는 토지관할의 경합으로 심판하지 않게 된 법원은 결정으로 공소를 기각하여야 한다(제328조 제1항 제3호). 그러나 나중에 공소가 제기된 법원에서 사건이 먼저 확정되었다면 먼저 공소가 제기된 사건에 대하여 법원은 면소판결을 하여야 한다(제326조 제1호). 또한 같은 사건이 여러 개의 법원에서 판결하여 모두 확정된 때에는 뒤에 확정된 판결은 당연무효가 된다.

5. 관할위반의 효과

관할권의 존재는 소송조건에 속한다. 따라서 법원은 직권으로 관할을 조사하여야 한다(제1조). 피고사건이 법원의 관할에 속하지 아니한 때에는 판결로서 관할위반의 선고를 하여야 한다(제319조). 그러나 법원은 피고인의 신청이 없으면 토지관할에 관하여 관할위반의 선고를 하지 못한다(제320조 제1항). 토지관할이 다르더라도 동등한 법원에서 심판한다면 사물관할에 영향이 없어 실질적으로 피고인에게 불이익을 가져올 염려가 없기 때문이다. 토지관할권의 존재는 공소제기시를 기준으로 판단하며, 피고인의 토지관할위반의 신청은 피고사건에 대한 진술 전에 하여야 한다(동조 제2항). 피고사건에 대한 진술이 있으면 관할권 결여의 하자가 치유되어 법원은 그 사건에 대하여 관할권을 가지게 된다.

사물관할은 토지관할의 경우와 달리 공소제기시부터 재판종결에 이르기까지 전체 심리과정에 존재하여야 한다. 다만 단독판사의 관할사건이 공소장변경에 의하여 합의부 관할사건으로 변경된 경우에는 단독판사는 관할위반의 판결을 선고하지 아니하고 결정으로 사건을 관할권이 있는 합의부에 이송하여야 한다(제8조 제2

항). 또한 항소심에서 공소장변경에 의하여 단독판사의 관할사건이 합의부 관할사건으로 된 경우에도 제1심에서의 공소장변경에 따른 사건의 이송에 관한 제8조 제2항을 준용하여 지방법원 본원합의부는 사건을 본래의 관할법원인 고등법원으로 이송하여야 한다(97도2463).

소송행위는 관할위반인 경우에도 그 효력에 영향이 없다(제2조). 이는 소송경제와 절차유지를 위한 규정이다. 따라서 관할위반의 판결을 선고한 법원의 공판절차에서 작성된 공판조서·검증조서·증인신문조서 등은 당해 사건에 대하여 다시 공소가 제기되었거나 관할권 있는 법원으로 사건이 이송된 경우에 이를 이후의 법원의 공판절차에서 증거로 사용할 수 있다.

III. 제척·기피·회피

1. 의   의

피고사건에 대한 법원의 심리와 재판은 공정해야 한다. 그런데 공정한 재판은 다시 공평한 법원의 존재를 전제로 한다. 공평한 법원이란 조직과 구성에 있어서 편파적인 재판을 할 우려가 없는 법원을 말한다. 공평한 법원의 구성을 위해서는 기본적으로 사법권의 독립이 보장되고 자격 있는 법관에 의하여 법원이 구성되어야 한다. 그러나 이러한 일반적 전제조건이 구비되어 있더라도 법관이 구체적인 특정사건에 대하여 개인적인 특별관계를 가지고 있다면 당해 법관에게 공정한 재판을 기대하기 어렵고 또한 피고인이나 일반인도 재판의 객관성에 대하여 신뢰할 수 없을 것이다. 여기서 공평한 법원의 구성을 보장하기 위하여 형사소송법은 제척·기피·회피제도를 두고 있다. 제척·기피·회피제도는 구체적 사건에서 불공평한 재판을 할 염려가 있는 법관을 법원의 구성에서 배제하여 공정한 재판을 보장하기 위한 제도이다.

2. 제   척

(1) 의   의

제척이란 구체적인 사건의 심판에 있어서 법관이 불공평한 재판을 할 우려가 현저한 경우를 법률에 유형적으로 규정해 놓고 그 사유에 해당하는 법관을 직무집행에서 당연히 배제시키는 제도를 말한다. 제척의 효과는 객관적으로 정형화된 사유의 존재만으로 법률상 당연히 발생한다. 이 점에서 제척은 당사자 또는 법관 스스로의 신청이 있을 경우에 재판에 의하여 법관이 직무집행에서 배제되는 기피·회피와 구별된다.

(2) 제척사유

제척의 원인인 제척사유는 제17조에 제한적으로 열거되어 있는데, 이를 분류하면 크게 세 가지 유형으로 나눌 수 있다. 제척사유는 법에 열거된 사유에 한정되므로 아무리 불공평한 재판을 할 우려가 큰 경우일지라도 제17조에 열거된 사유가 아니라면 제척사유로 될 수 없다.

(가) 법관이 피해자인 때

법관이 당해 피고사건의 피해자인 때에는 직무집행에서 배제된다(제17조 제1호). 여기서 피해자란 직접피해자만을 의미하며 간접피해자는 포함되지 않는다. 간접피해자를 포함할 때에는 그 범위가 불명확하여 법적 안정성을 해할 염려가 있기 때문이다. 다만 법관이 간접피해자인 때에는 기피사유는 될 수 있을 것이다.

(나) 법관이 피고인 또는 피해자와 개인적으로 밀접한 관련이 있는 때

법관이 피고인 또는 피해자의 친족 또는 친족관계가 있었던 자인 때(동조 제2호), 법관이 피고인 또는 피해자의 법정대리인, 후견감독인인 때(동조 제3호), 법관이 사건에 관하여 피해자의 대리인으로 된 때(동조 제4호 후단), 법관이 사건에 관하여 피고인의 대리인·변호인·보조인으로 된 때(동조 제5호)에는 제척사유에 해당한다. 여기서 친족의 개념과 법정대리인 또는 후견감독인의 개념은 민법에 의하여 결정된다. 사실혼 관계에 있는 사람은 민법 소정의 친족이라고 할 수 없어 제척사유인 친족에 해당하지 않는다(2010도13583).

(다) 법관이 이미 당해 사건에 관여하였을 때

법관이 이미 당해사건의 이전 절차에 관여하여 예단을 가지고 있기 때문에 공정한 재판을 기대하기 어려운 경우이다.

1) 법관이 사건에 관하여 증인·감정인으로 된 때(동조 제4호 전단)

법관도 사건에 관하여 증인 또는 감정인으로 될 수 있지만, 일단 증인이나 감정인이 되면 제척사유에 해당한다. 증인·감정인이 된 때란 증인이나 감정인으로 신청되었거나 채택되어 소환되었다는 사실만으로는 부족하고, 사실상 증언이나 감정을 한 때에 비로소 제척사유에 해당한다.

2) 법관이 사건에 관하여 검사 또는 사법경찰관의 직무를 행한 때(동조 제6호)

법관은 사건에 관하여 검사 또는 사법경찰관의 직무를 동시에 수행할 수는 없으므로 이 사유는 법관으로 임용되기 전에 그러한 직무를 행한 경우가 문제로 된다.

3) 법관이 사건에 관하여 전심재판에 관여한 때(동조 제7호)

전심재판이란 상소에 의하여 불복이 신청된 재판을 말한다. 즉 제2심에 대한 제1심, 제3심에 대한 제2심 또는 제1심이 여기에 해당한다. 따라서 파기환송 전의 원심에 관여한 법관이 환송 후의 재판에 관여하는 경우(78도3204)나 재심청구대상인 확정판결에 관여한 법관이 재심개시결정에 의한 재심공판절차에 관여하는 경우(82모11)는 제척사유에 해당하지 않는다. 또한 전심재판에 관여한 때란 전심재판의 내부적 성립에 실질적으로 관여한 때를 말한다. 따라서 재판의 선고나 고지와 같은 외부적 성립에만 관여한 경우는 여기에 해당하지 않는다

약식명령이나 즉결심판을 행한 법관이 정식재판을 담당한 경우에도 제척사유에 해당하는지가 문제되나, 약식명령과 즉결심판은 정식재판과 심급을 같이 하는 재판이므로 이들 재판을 한 판사가 정식재판을 담당하였다고 하여 전심재판에 관여하였다고 볼 수 없다(2002도944). 다만 약식명령이나 즉결심판을 한 판사가 그 정식재판에 대한 항소심 판결에 관여한 경우에는 심급을 달리하므로 제척사유에 해당한다(2011도17).

4) 법관이 사건에 관하여 전심재판의 기초되는 조사·심리에 관여한 때(동조 제7호)

전심재판의 기초되는 조사·심리에 관여한 때라 함은 전심재판의 내용형성에 사용될 자료의 수집·조사에 관여하여 그 결과가 전심재판의 사실인정의 자료로 사용된 경우를 말한다(99도155). 따라서 구속영장을 발부한 법관은 전심재판의 실체형성을 위한 심리에 관여한 것이 아니므로 상소심에서 제척사유에 해당하지 않으나(89도612), 전심재판의 공판기일에서 후에 피고인에 대한 유죄의 증거로 사용된 증거를 조사한 법관은 공판절차의 진행 중에 경질되었다고 하더라도 상소심에서 제척사유에 해당한다(99도3534).

제1회 공판기일 전의 증거보전절차(제184조)나 증인신문절차(제221조의2)에 관여한 법관이 전심재판의 기초되는 조사·심리에 관여한 것이 되어 상소심에서 제척사유에 해당하는지가 문제된다. 판례는 증거보전절차에서 증인신문을 한 법관을 전심재판 또는 그 기초되는 조사·심리에 관여한 법관에 해당하지 않는 것으로 보고 있다(71도974).

(라) 법관이 재직했던 법인 등과 피고인 또는 피해자가 밀접한 관련이 있는 때

법관이 사건에 관하여 피고인의 변호인이거나 피고인·피해자의 대리인인 법무법인, 법무법인(유한), 법무조합, 법률사무소, 「외국법자문사법」 제2조 제9호에 따른 합작법무법인에서 퇴직한 날부터 2년이 지나지 아니한 때(동조 제8호), 법관이 피고인인 법인·기관·단체에서 임원 또는 직원으로 퇴직한 날부터 2년이 지나지 아니한 때(동조 제9호)에는 제척사유에 해당한다. 이러한 경우에도 재판의 공정성에 의심이 생길 수 있다는 점에서 형사소송법은 이를 새로운 제척사유로 규정하였다.

3. 기 피

(1) 의 의

기피란 법관이 제척사유에 해당함에도 불구하고 재판에 관여하거나 그 밖에 불공평한 재판을 할 염려가 있는 경우에 당사자의 신청에 의하여 법원의 결정으로 그 법관을 직무집행으로부터 물러나게 하는 제도를 말한다. 제척은 사유가 유형적으로 제한되어 있고 그 효과가 법률의 규정에 의하여 당연히 발생하는데 반하여, 기피는 사유가 비유형적이고 당사자의 신청이 있는 경우에 법원의 결정에 의하여 그 효과가 발생한다는 점에서 서로 구별된다. 기피는 제척을 보충하는 제도로서 현실적으로 가장 많이 활용되는 제도라고 할 수 있다.

(2) 기피사유

(가) 법관이 제척사유에 해당하는 때(제18조 제1호)

제척사유가 존재하면 법관은 당연히 직무집행에서 배제되므로 제척사유의 존부는 직권으로 심리해야 한다. 그런데 이를 기피사유로 규정한 것은 제척사유의 존부가 불분명하거나 법관이 이를 간과한 경우에 당사자의 신청에 의하여 법원이 제척사유의 유무를 심사하여 결정할 것을 강제한다는 점에 의의가 있다.

(나) 법관이 불공평한 재판을 할 염려가 있는 때(동조 제2호)

법관이 불공평한 재판을 할 염려가 있는 때란 일반인의 입장에서 볼 때 법관과 사건의 관계상 법관이 편파적이거나 불공평한 재판을 할 의혹을 갖는 것이 합리적이라고 인정할 만한 객관적인 사정이 존재하는 때를 말한다(2001모2). 법관이 심리 중에 피고인의 유죄를 확신하거나 유죄에 대한 예단을 주는 발언을 한 경우(74모68), 법관이 심리 중에 피고인에게 심히 모욕적인 말을 한 경우 또는 법관이 피고인에게 진술을 강요한 경우 등은 불공평한 재판을 할 우려가 있는 경우에 해당한다. 그러나 법관이 피고인에게 공판기일에 어김없이 출석하라고 촉구한 사실(68모57), 피고인의 증거신청을 채택하지 아니하거나 이미 행한 증거결정을 취소한 사실 또는 피고인의 증인에 대한 신문을 제지한 사실(95모10), 검사의 공소장변경허가신청에 대하여 불허가결정을 한 사실(2001모2)만으로는 기피사유에 해당한다고 볼 수 없다. 또한 법관의 종교, 세계관, 성별, 출신 그리고 가족관계는 원칙적으로 기피사유가 되지 않는다.

(3) 기피신청의 절차

법관의 기피를 신청할 수 있는 사람은 검사 또는 피고인이다(제18조 제1항). 변호인은 피고인의 명시한 의사에 반하지 아니하는 때에 한하여 법관에 대한 기피를 신청할 수 있다(동조 제2항).

기피신청은 그 대상이 합의법원의 법관인 경우에는 그 법관이 소속한 법원에 그리고 단독판사·수명법관 또는 수탁판사인 경우에는 당해 법관에게 신청하여야 한다(제19조 제1항). 기피사유는 신청한 날로부터 3일 이내에 서면으로 소명하여야 한다(동조 제2항). 여기서 소명이란 기피사유의 존재에 대하여 법관에게 사실일 것이라는 일응의 심증형성을 하게 함으로써 족한 증명을 말한다.

기피신청을 언제까지 할 수 있는지에 대하여는 판결선고시설과 변론종결시설이 대립하고 있다. 판례는 기피신청이 있더라도 판결선고절차는 진행이 정지되지 않는다고 보는 입장에서 변론종결시설을 취하고 있다(2002도4893).

(4) 간이기각결정

기피신청에 대한 재판은 기피당한 법관이 소속된 법원의 합의부가 행하는 것이 원칙이지만(제21조 제1항), 기피신청이 소송의 지연을 목적으로 함이 명백하거나 제19조의 규정에 위배된 때에는 신청을 받은 법원 또는 법관은 결정으로 이를 기각한다(제20조 제1항). 이를 간이기각결정이라고 한다. 기피신청이 소송의 지연을 목적으로 함이 명백한 때에 해당하는가의 여부는 사안의 성질, 심리의 경과 및 변호인의 소송준비 등 객관적 사정을 종합하여 판단하여야 한다. 제19조의 규정에 위배된 경우란 수명법관에 대한 기피신청을 소속 합의부에 한 경우와 같이 관할을 위반하여 기피신청을 한 경우(동조 제1항)나 기피사유를 3일 이내에 서면으로 소명하지 아니한 경우(동조 제2항)를 말한다.

　간이기각결정은 기피신청을 당한 법관도 이를 할 수 있다. 간이기각결정은 기피신청이 소송의 지연을 목적으로 함이 명백하거나 형식적 요건을 구비하지 못하여 부적법한 경우에 행하여지는 것이기 때문이다. 간이기각결정에 대하여는 즉시항고를 할 수 있다(제23조 제1항). 그러나 간이기각결정에 대한 즉시항고는 통상의 즉시항고와는 달리 재판의 집행을 정지하는 효력이 없다(동조 제2항).

(5) 기피신청에 대한 재판

　기피신청이 있는 때에는 간이기각결정을 하는 경우를 제외하고는 기피신청에 대한 재판이 있을 때까지 소송진행을 정지하여야 한다. 다만 급속을 요하는 경우에는 예외로 한다(제22조). 기피신청을 할 수 있는 시기에 대해서는 변론종결시설과 판결선고시설이 주장되고 있으나, 판례는 변론종결시설의 입장이다(2002도4893). 기피신청에 의하여 소송절차가 정지된 기간은 법원의 피고인 구속기간에 산입되지 않는다(제92조 제3항).

　기피 당한 법관은 간이기각결정을 하는 경우를 제외하고는 지체 없이 기피신청에 대한 의견서를 제출하여야 한다(제20조 제2항). 이 때 기피당한 법관이 기피의 신청을 이유 있다고 인정하는 때에는 기피결정이 있은 것으로 간주한다(동조 제3항).

　기피신청에 대한 재판은 기피당한 법관의 소속법원 합의부에서 한다(제21조 제1항). 기피당한 법관은 여기에 관여하지 못한다(동조 제2항). 기피당한 판사의 소속법원이 합의부를 구성하지 못하는 때에는 직근 상급법원이 결정한다(동조 제3항). 기피신청에 대한 재판은 결정으로 한다. 기피신청이 이유 없다고 인정한 때에는 기피신청을 기각하며, 기피신청을 기각한 결정에 대하여는 즉시항고를 할 수 있다(제23조 제1항). 이 경우의 즉시항고는 간이기각결정에 대한 즉시항고와 달리 집행정지의 효력이 있다(동조 제2항, 제410조 참조). 합의부가 기피신청을 이유 있다고 인정하는 때에는 기피당한 법관을 당해 사건의 절차에서 배제하는 결정을 하여야 한다. 기피신청을 인용하는 결정에 대하여는 항고하지 못한다(제403조).

4. 회 피

회피란 법관이 스스로 기피의 원인이 있다고 판단한 때에 자발적으로 직무집행에서 탈퇴하는 제도이다(제24조 제1항). 회피신청에 대한 재판은 회피하는 법관의 소속법원 합의부에서 결정으로 하여야 하며, 이때 회피한 법관은 그 결정에 관여하지 못한다(제21조). 법관이 스스로 기피사유가 있다고 판단한 때에는 사건의 재배당이나 합의부의 재구성 등 법원의 내부적 사무처리를 통해 해결하는 것이 일반적이지만, 이러한 내부적 해결이 어려운 경우에는 법관이 스스로 직무집행으로부터 물러날 수 있도록 한 것이다. 회피는 법관의 권한이 아니라 직무상의 의무에 해당하며, 형사소송법도 「법관이 … 회피하여야 한다」고 규정함으로써 이 점을 명시하고 있다.

5. 법원사무관 등에 대한 제척·기피·회피

법관의 제척·기피·회피에 대한 규정은 원칙적으로 법원서기관·법원사무관·법원주사·법원주사보와 통역인에게 준용된다(제25조). 이들은 사건을 직접 심판하지는 않지만 재판과 밀접한 관련을 가진 직무를 수행하므로 간접적으로 재판에 영향을 미칠 우려가 있다는 점을 고려한 것이다. 다만 사건의 실체심리는 법관만이 할 수 있으므로 전심재판 또는 그 기초되는 조사·심리에 관여한 때(제17조 제7호)라는 제척사유는 이들의 직무의 성질상 적용되지 않는다. 제척 및 기피에 관한 규정은 전문심리위원에게도 준용된다(제279조의5).

제2절 검 사

I. 검사의 의의와 성격

1. 검사와 검찰청

검사는 검찰권을 행사하는 국가기관이다. 검사는 공익의 대표자로서 ① 범죄수사·공소의 제기 및 그 유지에 필요한 사항, ② 범죄수사에 관한 특별사법경찰관리 지휘·감독, ③ 법원에 대한 법령의 정당한 적용 청구, ④ 재판 집행 지휘·감독, ⑤ 국가를 당사자 또는 참가인으로 하는 소송과 행정소송 수행 또는 그 수행에 관한 지휘·감독, ⑥ 다른 법령에 따라 그 권한에 속하는 사항 등을 그 직무와 권한으로 하고 있다(검찰청법 제4조 제1항). 이제까지 검사는 범죄의 수사로부터 재판의 집행에 이르기까지 형사절차의 전 과정에 걸쳐 광범위한 권한을 행사하는 국가기관이었으나, 최근에는 검경수사권조정에 따라 검사가 수사를 개시할 수 있는 범죄의 범위 제한, 일반사법경찰관리에 대한 수사지휘권의 폐지, 일반사법경찰관리의 1차 수사종결권 인정 등이 이루어짐으로써 그 권한이 축소되었다.

　　검사는 검찰청에 소속되어 있다. 검찰청은 검사의 검찰사무를 통할하기 위하여 법원에 대응하여 설치된 기관이다. 검찰청은 대검찰청·고등검찰청·지방검찰청으로 구성되며, 각각 대법원·고등법원·지방법원 및 가정법원에 대응하여 설치된다(동법 제3조 제1항). 지방법원지원 설치지역에는 이에 대응하여 지방검찰청지청을 둘 수 있다(동조 제2항).

2. 검사의 법적 성격

(1) 준사법기관

　　검사는 법무부에 소속되어 검찰권을 행사하는 행정기관으로서 국가의 행정목적을 위하여 활동한다. 그러나 중요 범죄의 수사와 공소의 제기·유지 및 재판의 집행을 내용으로 하는 검찰권은 그 내용에 있어서 사법권과 밀접한 관계를 맺고 있어, 검찰권 행사는 형사사법의 운용에 중대한 영향을 미치게 된다. 따라서 검사는 그 직무를 수행할 때 국민 전체에 대한 봉사자로서 헌법과 법률에 따라 국민의 인권을 보호하고 적법절차를 준수하며, 정치적 중립을 지켜야 하고 주어진 권한을 남용하여서는 아니 된다(검찰청법 제4조 제2항). 또한 검사가 적법절차에 따라 검찰권을 행사할 수 있도록 하기 위해서는 검사에게 법관에 준하는 독립성이 보장될 것이 요구된다. 현행법상 검사에게는 검찰권 행사에 있어서 독립성이 요구되고 또한 보장된다는 의미에서 검사는 행정기관이면서 동시에 사법기관으로서의 성격을 가지는 준사법기관이라고 할 수 있다.

　　검사가 준사법기관으로서 외부적 영향을 받지 않고 검찰권을 공정하게 행사하도록 하기 위하여 검사에 대하여도 법관과 같은 신분보장을 인정하고 있다. 즉 검사는 탄핵 또는 금고 이상의 형의 선고에 의하지 아니하고는 파면되지 아니하며, 징계처분 또는 적격심사에 의하지 아니하고는 해임·면직·정직·감봉·견책 또는 퇴직의 처분을 받지 아니한다(동법 제37조).

(2) 단독제의 관청

검사는 검찰사무를 처리하는 단독제의 관청이다. 검찰사무는 개개의 검사가 자신의 이름으로 처리하는 것이며, 검사가 검찰총장이나 검사장의 보조기관으로서 처리하는 것은 아니다. 따라서 검찰권의 행사는 언제나 단독제에 의하며 합의제는 존재하지 않는다. 또한 검찰조직 내부의 결제를 거치지 않고 검사가 대외적으로 의사표시를 하였더라도 당해 처분행위의 대외적 효력에는 영향이 없다.

Ⅱ. 검사동일체의 원칙

1. 의   의

검사동일체의 원칙이란 모든 검사들이 검찰총장을 정점으로 피라미드형의 계층적 조직체를 형성하고 일체불가분의 유기적 통일체로서 활동하는 것을 말한다. 검사동일체의 원칙에 의하여 단독관청인 검사는 전체의 일부로서 통일적으로 검찰권을 행사할 수 있게 된다.

검사는 단독관청임과 동시에 준사법기관으로서 독립성이 보장되어야 함에도 불구하고 검사동일체의 원칙이 요구되는 이유는 ① 중요 범죄의 수사와 공소의 제기·유지 및 재판의 집행을 내용으로 하는 검찰권 행사가 전국적으로 균형을 이루게 함으로써 검찰권 행사의 통일성과 공정성을 유지할 수 있고, ② 현대사회에서 날로 지능화, 광역화, 기동화되어 가는 범죄에 대한 효율적인 수사를 위해서는 전국적으로 통일된 수사망이 필요하다는 점에 있다.

2. 내   용

검사는 검찰사무에 관하여 소속 상급자의 지휘·감독에 따른다(검찰청법 제7조 제1항). 다만 상급자의 지휘·감독은 그 적법성과 정당성을 전제로 한다. 준사법기관인 검사는 객관의무를 지고 진실과 정의에 구속되므로 상급자의 지시는 적법할 뿐만 아니라 정당하여야 한다. 검사는 구체적 사건과 관련된 상급자의 지휘·감독의 적법성과 정당성 여부에 대하여 이견이 있는 때에는 이의를 제기할 수 있다(동조 제2항).

검사동일체의 원칙을 유지하는 또 다른 제도로 직무승계권과 직무이전권이 있다. 직무승계권이란 검찰총장, 각급 검찰청의 검사장 및 지청장이 소속 검사의 직무를 자신이 처리하는 것을 말하며(동법 제7조의2 제2항 전단), 직무이전권이란 검찰총장, 각급 검찰청의 검사장 및 지청장이 소속 검사로 하여금 자신의 권한에 속하는 직무의 일부를 처리하게 하거나 소속검사의 직무를 다른 검사에게 처리하게 하는 것을 말한다(동조 제1항·제2항 후단).

직무대리권 역시 검사동일체의 원칙의 내용의 하나이다. 직무대리권이란 각급 검찰청의 차장검사가 소속장이 사고가 있을 때 특별한 수권 없이 직무를 대리할 권한을 가지는 것을 말한다(동법 제13조 제2항 등).

3. 효 과

검사동일체의 원칙이 적용되는 결과 개개의 검사가 단독관청임에도 불구하고 기능적으로는 검찰조직 자체가 마치 1인의 검사처럼 활동하게 된다. 따라서 수사절차나 공판절차에서 검찰사무를 담당하던 검사가 전보·퇴직 등의 사유로 교체되어 새로운 검사가 직무를 담당하게 되더라도 소송법상 아무런 영향을 미치지 아니하며, 동일한 검사가 행한 것과 같은 효과가 인정된다.

법관의 경우처럼 검사에 대해서도 제척·기피를 인정할 것인가에 대하여는 견해가 대립하고 있다. 소극설은 검사동일체의 원칙에 의하여 특정한 검사를 직무집행에서 배제하는 것은 아무런 의미가 없다는 점과 검사는 공판절차에서 피고인과 대립하는 당사자의 지위에 있다는 점, 현행법이 법관과는 달리 검사에게 제척·기피를 인정하는 명문규정을 두고 있지 않다는 점 등을 근거로 검사에 대한 제척이나 기피는 인정되지 않는다고 한다. 이에 대하여 적극설은 현실적인 피의자·피고인의 이익보호와 공정하고 신뢰받는 검찰권의 확립을 위해서는 구체적인 사건에 있어서 불공평한 사무처리의 염려가 있는 검사는 직무집행으로부터 배제할 필요가 있고 또한 검사는 단순한 반대당사자에 그치지 않고 공익의 대표자로서 객관의무를 지고 있으므로 국가형벌권의 적정한 실현을 위해서도 검사에 대한 제척·기피는 인정할 필요가 있다고 한다. 판례는 범죄의 피해자인 검사가 그 사건의 수사에 관여하거나, 압수·수색영장의 집행에 참여한 검사가 다시 수사에 관여하였다는 이유만으로 바로 그 수사가 위법하다거나 그에 따른 참고인이나 피의자의 진술에 임의성이 없다고 볼 수는 없다(2011도12918)고 하여 소극설의 입장을 취하고 있다.

생각건대 검찰권 행사의 공정성 확보와 피의자·피고인의 이익보호를 위해서는 특정한 사건과의 관련성으로 인하여 불공평한 검찰권 행사의 염려가 있는 검사에 대해서는 제척·기피제도를 인정할 현실적인 필요성이 있을 것이다. 명문의 규정을 두고 있지 않은 현행법의 해석으로는 소극설을 취할 수밖에 없으나, 다만 입법을 통한 제척·기피제도의 인정은 현실적인 필요성에 비추어 볼 때 바람직하다고 생각된다.

4. 법무부장관의 지휘·감독권

검사동일체의 원칙의 정점에는 검찰총장이 있으며, 검찰총장의 구체적 사건에 대한 지휘·감독권이 이 원칙의 내용의 핵심을 이룬다. 따라서 법무부장관은 원칙적으로 검사에 대하여 구체적 지휘·감독권을 행사할 수 없으며, 다만 검찰사무를 관장하는 법무부의 최고책임자로서 일반적 지휘·감독을 할 수 있을 뿐이다. 이와 같이 법무부장관의 검사에 대한 구체적인 지휘·감독권을 제한하고 있는 것은 검찰권 행사의 공정성 내지 정치적 중립성을 확보하기 위한 것이다. 즉 검찰사무는 형사사법의 운용에 중대한 영향을 미치므로 행정부로부터의 부당한 정치적 영향과 간섭을 배제할 필요가 있기 때문이다.

그러나 현행법은 정치적 공무원인 법무부장관의 구체적 사건에 대한 지휘·감독권을 전면적으로 부정하지 않고, 개별 사건에 대하여 간접적인 형태로서 지휘·감독권을 행사할 수 있는 길을 열어 놓고 있다. 검찰청법 제8조가 「법무부장관은 검찰사무의 최고 책임자로서 일반적으로 검사를 지휘·감독하고, 구체적 사건에 대하여는 검찰총장만을 지휘·감독한다」고 규정하여, 법무부장관의 검찰총장에 대한 구체적 지휘·감독권을 인정하고 있기 때문이다. 이는 신분보장을 받는 검찰총장을 완충대로 한다면 행정부의 부당한 간섭을 방지할 수 있다는 사고에 기초한 것이나, 이러한 간접적인 지휘·감독권의 인정도 공정한 검찰권 행사를 해할 우려가 있으므로 구체적인 사건에 대하여는 검찰총장에 대한 지휘·감독권도 인정하지 않는 것이 입법론적으로 타당하다고 생각된다.

Ⅲ. 검사의 소송법상의 지위와 권한

1. 수사에 관한 권한

(1) 수사권

검사는 수사권을 가진다. 검사는 범죄의 혐의가 있다고 사료하는 때에는 범인·범죄사실과 증거를 수사한다(제196조 제1항). 검찰청법에 따르면 검사가 수사를 직접 개시할 수 있는 범위는 제한적이다. 검사가 수사를 직접 개시할 수 있는 경우는 ① 부패범죄, 경제범죄 등 대통령령으로 정하는 중요 범죄, ② 경찰공무원 및 고위공직자범죄수사처 소속 공무원이 범한 범죄, ③ 위의 ①, ②의 범죄 및 사법경찰관이 송치한 범죄와 관련하여 인지한 각 해당범죄와 직접 관련성이 있는 범죄에 한정된다(검찰청법 제4조 제1항 제1호). 대통령령인 「검사의 수사개시 범죄 범위에 관한 규정」에 검사가 수사를 개시할 수 있는 범죄의 범위가 구체적으로 규정되어 있다. 그 외에 검사는 사법경찰관으로부터 송치받은 사건에 관하여는 사건과 동일성을 해치지 않는 범위 내에서 수사할 수 있다(제196조 제2항). 사법경찰관이 송치한 사건에 대하여 송치 후 예외적으로 직접 보완수사를 할 수 있는 권한을 검사에게 인정한 것이다.

검사는 사법경찰관과 동일한 범죄사실을 수사하게 된 때에 사법경찰관에게 사건을 송치할 것을 요구할 수 있고(제197조의4 제1항), 위 요구를 받은 사법경찰관은 동일한 범죄사실에 관하여 검사가 영장을 청구하기 전에 먼저 영장을 신청한 경우 이외에는 지체 없이 검사에게 사건을 송치하여야 한다(동조 제2항). 검사와 사법경찰관의 수사가 경합하는 경우에 검사에게 우선적 수사권을 부여하면서, 사법경찰관이 계속 수사를 할 수 있는 예외를 인정하고 있다.

검사는 피의자신문(제200조)·참고인조사(제221조) 등의 임의수사는 물론이고 체포(제200조의2)와 구속(제201조), 압수·수색·검증(제215조 내지 제218조) 등의 강제수사를 할 수 있고, 특히 영장청구권(제200조의2, 제201조, 제215조)·증거보전청구권(제

184조)·참고인에 대한 증인신문청구권(제221조의2)은 수사기관 중에서 검사에게만 인정된다.

(2) 수사감독권

검사는 특별사법경찰관의 수사에 관해서는 수사지휘권을 가지나(제245조의10 제2항), 일반사법경찰관의 수사에 관해서는 수사지휘가 인정되지 않고 여러 가지 형태로 감독권을 행사할 수 있다.

(가) 보완수사요구

검사는 송치사건의 공소제기 여부나 공소의 유지에 관하여 필요한 경우 및 사법경찰관이 신청한 영장의 청구 여부 결정에 관하여 필요한 경우에 사법경찰관에게 보완수사를 요구할 수 있다(제197조의2 제1항). 검사는 사법경찰관으로부터 송치받은 사건에 대해 보완수사가 필요하다고 인정하는 경우에는 특별히 직접 보완수사를 할 필요가 있다고 인정되는 경우를 제외하고는 사법경찰관에게 보완수사를 요구하는 것을 원칙으로 한다(수사준칙에 관한 규정 제59조 제1항). 사법경찰관은 검사의 보완수사 요구가 있는 때에는 정당한 이유가 없는 한 지체 없이 이를 이행하고, 그 결과를 검사에게 통보하여야 한다(제197조의2 제2항).

검찰총장 또는 각급 검찰청 검사장은 사법경찰관이 정당한 이유 없이 보완수사 요구에 따르지 아니하는 때에는 권한 있는 사람에게 해당 사법경찰관의 직무배제 또는 징계를 요구할 수 있다(동조 제3항).

(나) 시정조치요구와 사건송치요구

검사는 사법경찰관리의 수사과정에서 법령위반, 인권침해 또는 현저한 수사권 남용이 의심되는 사실의 신고가 있거나 그러한 사실을 인식하게 된 경우에는 사법경찰관에게 사건기록 등본의 송부를 요구할 수 있고(제197조의3 제1항), 위 송부 요구를 받은 사법경찰관은 지체 없이 검사에게 사건기록 등본을 송부하여야 한다(동조 제2항). 사건기록 등본의 송부를 받은 검사는 필요하다고 인정되는 경우에는 사법경찰관에게 시정조치를 요구할 수 있고(동조 제3항), 사법경찰관은 시정조치 요구가 있는 때에는 정당한 이유가 없으면 지체 없이 이를 이행하고, 그 결과를 검사에게 통보하여야 한다(동조 제4항).

시정조치요구에 대한 이행결과의 통보를 받은 검사는 시정조치 요구가 정당한 이유 없이 이행되지 않았다고 인정되는 경우에는 사법경찰관에게 사건을 송치할 것을 요구할 수 있고(동조 제5항), 송치 요구를 받은 사법경찰관은 검사에게 사건을 송치하여야 한다(동조 제6항).

(다) 재수사요청

검사는 사법경찰관이 범죄를 수사한 후 사건을 송치하지 아니한 것(제245조의5 제2호)이 위법 또는 부당한 때에는 그 이유를 문서로 명시하여 사법경찰관에게 재수사를 요청할 수 있으며(제245조의8 제1항), 사법경찰관은 재수사 요청이 있는 때에는 사건을 재수사하여야 한다(동조 제2항).

사법경찰관의 재수사 결과의 처리 등에 대해서는 수사준칙에 관한 규정에서 규정하고 있다. 사법경찰관은 검사의 요청에 따라 재수사를 한 경우에 범죄의 혐의가 있다고 인정되는 경우에는 지체 없이 검사에게 사건을 송치하고 관계 서류와 증거물을 송부하여야 하고(동규정 제64조 제1항 제1호), 기존의 불송치 결정을 유지하는 경우에는 재수사 결과서에 그 내용과 이유를 구체적으로 적어 검사에게 통보하여야 한다 (동규정 동조 제1항 제2호).

검사는 사법경찰관이 기존의 불송치 결정을 유지하는 것으로 재수사 결과를 통보한 사건에 대해서 다시 재수사를 요청을 하거나 송치 요구를 할 수 없다. 다만 사법경찰관의 재수사에도 불구하고 관련 법리에 위반되거나 송부받은 관계 서류 및 증거물과 재수사결과만으로도 공소제기를 할 수 있을 정도로 명백히 채증법칙에 위반되거나 공소시효 또는 형사소추의 요건을 판단하는 데 오류가 있어 사건을 송치하지 않은 위법 또는 부당이 시정되지 않은 경우에는 재수사 결과를 통보받은 날부터 30일 이내에 형사소송법 제197조의3에 따라 사건송치를 요구할 수 있다(동규정 동조 제2항).

또한 사법경찰관은 검사의 재수사 요청에 따라 재수사 중인 불송치사건에 대해 고소인등의 이의신청이 있는 경우에는 재수사를 중단해야 하며, 해당 사건을 지체 없이 검사에게 송치하고 관계 서류와 증거물을 송부해야 한다(동규정 제65조).

(라) 검사의 체포·구속장소감찰

지방검찰청 검사장 또는 지청장은 불법체포·구속의 유무를 조사하기 위하여 검사로 하여금 매월 1회 이상 관하 수사관서의 피의자의 체포·구속장소를 감찰하게 하여야 한다. 감찰하는 검사는 체포 또는 구속된 자를 심문하고 관련서류를 조사하여야 한다(제198조의2 제1항). 검사는 적법한 절차에 의하지 아니하고 체포 또는 구속된 것이라고 의심할 만한 상당한 이유가 있는 경우에는 즉시 체포 또는 구속된 자를 석방하거나 사건을 검찰에 송치할 것을 명하여야 한다(동조 제2항).

(3) 수사종결권

검사는 자신이 수사개시한 범죄에 대하여는 공소를 제기할 수 없고, 다만 사법경찰관이 송치한 범죄에 대하여 공소를 제기할 수 있다(검찰청법 제4조 제2항). 종전에는 검사만이 수사종결권을 가졌으나 현행법은 사법경찰관의 수사결과 범죄혐의가 인정되지 않는다고 판단한 사건에 대하여 사법경찰관에게 1차 수사종결권을 인정하고 있으며, 수사처 검사가 수사 및 공소제기와 유지를 할 수 있는 고위공직자범죄 및 관련범죄에 대해서도 수사처 검사에게 공소제기 여부를 결정할 수 있도록 하고 있다(공수처법 제26조, 제3조 제1항 제2호 참조).

2. 공소제기와 유지의 권한

공소는 검사가 제기하여 수행한다(제246조). 이를 기소독점주의라고 한다. 다만 그 예외로서 경찰서장의 즉결심판청구와 수사처 검사에 의한 공소제기를 들 수 있다. 공소제기의 권한은 국가기관인 검사에게 있으므로 사인소추는 인정되지 않는다. 또한 형사소송법은 기소독점주의와 함께 공소제기에 있어서 검사의 재량을 인정하는 기소편의주의(제247조)와 제1심 판결선고 전까지 공소를 취소할 수 있는 기소변경주의(제255조)를 채택하여 공소권 행사에 있어서 검사의 폭넓은 재량권을 인정하고 있다.

검사는 공판절차에서 심판을 청구한 공소사실을 입증하고 공소를 유지하는 공소수행의 담당자이다. 공소수행의 담당자인 검사는 피고인과 대립하는 당사자로서 형사소송절차를 형성하고 법령의 정당한 적용을 청구한다. 검사는 당사자로서 공판정출석권, 증거조사참여권 및 증인신문권, 증거조사에 대한 의견진술권 및 이의신청권 등의 권리를 가진다.

3. 재판의 집행기관

재판의 집행은 검사가 지휘한다(제460조). 여기서 재판의 집행이란 유죄판결의 집행뿐만 아니라 영장 등과 같은 강제처분의 집행도 포함한다. 영미에서는 법원주의를 채택하여 법원이 집행지휘를 하고 있으나, 형사소송법은 재판집행의 기동성과 신속성을 확보하기 위하여 검사주의를 취하고 있다. 따라서 검사는 사형 또는 자유형의 집행을 위하여 형집행장을 발부하여 구인할 수 있으며(제473조), 검사가 발부한 형집행장은 구속영장과 동일한 효력을 가진다.

4. 공익의 대표자(객관의무)

검사가 공익적 지위에서 진실과 정의에 구속되는 것을 널리 검사의 객관의무라고 한다. 이 객관의무에 의하여 검사는 피고인과 대립하는 당사자이면서도 단순한 당사자가 아니라 공익의 대표자로서 피고인의 정당한 이익을 보호해야 할 지위에 있게 된다.

검사의 객관의무는 공판절차에서뿐만 아니라 수사절차, 상소절차 등 형사절차 전반에서 요구된다. 검사는 수사절차에서 피의자에게 유리한 증거라도 이를 수집·보전하여야 하며, 공판절차에서는 피고인에게 불리한 사실뿐만 아니라 이익되는 사실도 주장하고 이를 뒷받침하는 증거를 제출해야 할 의무가 있다(2001다23447). 또한 검사는 피고인의 이익을 위하여 상소할 수 있고 재심을 청구할 수 있으며(제424조), 검찰총장은 법령해석의 통일과 피고인의 구제를 위하여 비상상고를 할 수 있다(제441조).

제3절 피고인

Ⅰ. 피고인의 의의 및 특정

1. 피고인의 의의

피고인이란 검사에 의하여 형사책임을 져야 할 자로서 공소제기를 받은 사람을 말한다. 또한 경찰서장에 의해 즉결심판이 청구된 사람도 피고인에 해당한다. 피고인은 공소제기 이후의 개념이라는 점에서 공소제기 전에 수사기관으로부터 범죄의 혐의를 받아 수사의 대상으로 되어 있는 피의자와 구별되며, 확정판결 이전의 개념이라는 점에서 유죄판결이 확정된 수형자와도 구별된다.

수인의 피고인이 동일한 소송절차에서 공동으로 심판을 받는 경우에 이를 공동피고인이라고 하며, 실무상 공동피고인 1인에 대하여 다른 피고인을 상피고인이라고 부른다. 공동피고인은 단지 심리의 병합으로 인하여 수 개의 사건이 동일 법원에 계속된 데 불과하며 반드시 공범자임을 요하지 않는다. 따라서 공동피고인에 대한 소송관계는 각 피고인마다 별도로 존재하며, 그 1인에 대하여 발생한 사유는 원칙적으로 다른 피고인에게 영향을 미치지 않는다.

2. 피고인의 특정

(1) 특정의 기준

검사는 공소장에 피고인의 성명 기타 피고인을 특정할 수 있는 사항을 기재하여야 하고(제254조 제3항 제1호), 검사가 피고인으로 지정한 자에 대해서만 공소제기의 효력이 미친다(제248조). 따라서 일반적으로는 공소장에 기재되어 있는 자가 피고인이라고 할 수 있다. 그런데 경우에 따라서는 공소장에 기재된 피고인과 현실적으로 법원의 심판의 대상이 된 사람이 일치하지 않는 경우가 있어 문제가 된다. 이른바 성명모용이나 위장출석의 경우가 그것이다. 성명모용이란 피의자 甲이 수사기관의 수사를 받으면서 乙의 성명을 사용하였기 때문에 검사가 공소장에 乙을 피고인으로 기재한 경우를 말하고, 위장출석이란 검사가 공소장에 甲을 피고인으로 기재하였으나 실제 공판기일에는 乙이 출석하여 재판을 받는 경우를 말한다.

피고인을 특정하는 기준에 대하여는 공소장에 피고인으로 표시된 자가 피고인이라는 표시설, 검사가 실제로 공소를 제기하려고 의도한 자가 피고인이라는 의사설, 실제로 피고인으로 행위하거나 피고인으로 취급된 자를 피고인으로 보는 행위설 등이 제시되고 있으나, 그 어느 하나의 기준만으로는 문제의 해결이 어렵다는 점에서 이러한 기준들을 결합한 절충적 입장이 지배적이다. 이와 같이 표시설, 의사설 및 행위설을 결합시켜 피고인을 정하여야 한다는 견해를 실질적 표시설이라 부른다.

검사는 공소장에 의하여 심판을 청구하는 것이므로 피고인 특정을 위한 객관적 기준은 무엇보다도 공소장의 기재라고 하여야 한다. 다만 표시설만으로는 모든 경우에 타당한 결과를 얻을 수 없으므로 예외적으로는 합리적인 피고인 특정을 위하여 검사의 실질적 의사나 피고인의 태도도 함께 고려할 필요가 있게 된다. 따라서 피고인의 특정을 위해서는 표시설을 원칙으로 하면서 의사설과 행위설을 함께 고려하여 구체적으로 타당한 판단을 내리는 것이 옳다고 생각된다.

(2) 성명모용과 피고인의 특정

성명모용이란 수사절차에서 피의자가 타인의 성명을 사용함으로써 타인의 이름으로 공소가 제기된 경우를 말한다. 이 경우 모용자와 피모용자 중에 누가 피고인으로 되는지가 문제된다. 공소제기의 효력은 모용자에 대해서만 미치고 성명을 도용당한 피모용자에게는 미치지 않는다고 하여야 한다(97도2215). 성명이 모용되었다는 사실만으로 피모용자가 피고인이 된다고 볼 수는 없기 때문이다. 다만 그 구체적인 처리방법은 경우에 따라 다르다고 할 수 있다.

(가) 공판심리 중에 판명된 경우

공판심리 중 성명모용사실이 판명된 경우에는 검사는 공소장에 잘못 기재되어 있는 피고인의 표시를 정정하여 피고인의 표시상의 착오를 바로 잡아야 한다. 그러나 검사가 피고인의 성명을 정정하지 아니한 경우에는 법원은 피고인의 불특정을 이유로 공소기각의 판결을 선고하여야 한다(92도2554).

성명을 모용당한 자가 송달된 약식명령에 대하여 정식재판을 청구한 경우와 같이 피모용자가 절차에 참여한 경우에는 피모용자에게 사실상의 소송계속이 발생하는 것으로 보아야 한다. 이 경우 법원은 피모용자에 대한 적법한 공소제기가 없었음을 이유로 제327조 제2호에 의해 공소기각의 판결을 선고하여야 한다. 그리고 모용자에게는 아직 약식명령의 송달이 없었으므로 검사는 공소장에 기재된 피고인의 표시를 정정하고 법원은 이에 따라 약식명령의 피고인 표시를 경정한 후 본래의 약식명령정본과 함께 이 경정결정을 모용자에게 송달하여야 한다(97도2215). 이에 대하여 모용자가 소정의 기간 내에 정식재판을 청구하지 않으면 약식명령은 확정되게 된다.

(나) 판결확정 후에 판명된 경우

법원이 성명모용사실을 알지 못하여 피모용자에 대하여 유죄판결이 확정된 때에도 그 효력은 모용자에게만 미치고 피모용자에게는 미치지 않는다. 다만 현실적으로는 전과사실이 검찰청에서 관리하는 수형인명부와 피모용자의 등록기준지에서 관리하는 수형인명표에 기재되는 등의 불이익이 발생할 수 있으므로 이에 대한 구제방법이 문제된다. 이 경우에는 피고인의 특정이라는 소송조건의 결여를 간과한 위법이 있어 사건의 심판이 법령에 위반한 것으로 볼 수 있으므로 비상상고의 방법으로 바로잡아야 한다는 비상상고설도 있으나, 피모용자가 검사에게 전과말소를 청구하고 검사는 이를 행할 의무가 있다고 해석하는 전과말소설이 타당하다고 생각된다.

(3) 위장출석과 피고인의 특정

위장출석이란 검사가 공소장에 피고인으로 기재한 사람 대신 타인이 출석하여 재판을 받는 경우를 말한다. 즉 불구속으로 기소된 甲을 대신하여 乙이 甲인 것처럼 행세하면서 법정에 출석하여 재판을 받는 경우가 그것이다. 이 경우에 공소장에 기재된 피고인은 실질적 피고인이 되고, 위장출석한 자는 절차에 관여하고 있다는 점에서 형식적 피고인이 된다. 그리고 이 때 공소제기의 효력은 실질적 피고인에 대해서만 발생한다. 위장출석의 경우 실질적 피고인에 대해서는 이미 공소가 제기되어 있으므로 별도의 공소제기 없이 소환하여 절차를 진행하면 족하다. 다만 위장출석자를 절차에서 배제시키는 방법은 절차의 진행단계에 따라 차이가 있다.

(가) 공판심리 중에 판명된 경우

인정신문의 단계에서 위장출석이 밝혀진 경우에는 법원은 위장출석자를 퇴정시키고 실질적 피고인을 소환하여 절차를 진행하면 족하다. 사실심리에 들어간 후에 위장출석사실이 밝혀진 때에는 형식적 피고인에 대해서도 사실상의 소송계속의 효과가 발생하였으므로 제327조 제2호에 의한 공소기각의 판결을 선고하고, 실질적 피고인에 대해서는 절차를 새로 진행하여야 한다. 판결이 선고된 경우에는 판결의 효력이 형식적 피고인에게 미치게 되므로 상소에 의해 공소기각의 판결을 구하여야 하며, 실질적 피고인에 대해서는 제1심부터 새로이 절차를 진행해야 한다.

(나) 판결확정 후에 판명된 경우

법원이 위장출석사실을 알지 못한 상태에서 유죄판결이 확정된 경우에도 그 효력은 실질적 피고인에게 미치지 않으므로 실질적 피고인을 소환하여 공판절차를 다시 진행하여야 한다. 다만 이 경우에 판결의 효력이 미치는 형식적 피고인에 대한 구제방법이 문제가 된다. 공소기각의 판결을 선고할 명백한 증거가 새로 발견된 경우를 재심이유에 포함시키지 않는 판례의 입장(96모51)에 따르면 위장출석자는 비상상고절차에 의하여 구제를 받을 수밖에 없게 된다.

II. 피고인의 당사자능력과 소송능력

1. 피고인의 당사자능력

당사자능력이란 소송의 당사자로 될 수 있는 일반적·추상적 능력을 말한다. 당사자에는 검사와 피고인이 있으나, 검사는 일정한 자격을 갖춘 자 중에서 임명된 국가기관이므로 당사자능력이 문제될 여지가 없다. 따라서 당사자능력이란 피고인이 될 수 있는 일반적 능력을 의미하게 된다.

자연인은 연령이나 책임능력의 여하를 불문하고 언제나 당사자능력을 가진다. 따라서 형사미성년자도 공소가 제기되면 피고인이 된다. 법인에 대한 처벌규정이 있는 경우에는 법인의 당사자능력이 당연히 인정된다. 그러나 법인을 처벌하는 규정이 없는 경우에도 법인의 당사자능력을 인정할 것인지에 대하여는 견해의 대립이 있다. 당사자능력은 소송의 당사자로 될 수 있는 일반적·추상적 능력을 의미하므로 법인에 대한 처벌규정이 없는 경우에도 법인의 당사자능력을 인정하는 다수설의 입장이 타당하다고 생각된다.

당사자능력은 피고인이 사망하거나 피고인인 법인이 더 이상 존속하지 않게 되었을 때 소멸한다. 당사자능력은 피고인의 존재를 전제로 하기 때문이다. 따라서 이 경우에는 공소기각의 결정을 하여야 한다(제328조 제1항 제2호). 법인이 해산하여 청산법인으로 존속하는 경우에 있어서 당사자능력의 소멸시점이 문제되나, 판례는 피고사건의 소송이 계속되고 있는 한 청산종료의 등기가 있더라도 법인의 당사자능력은 존속하는 것으로 보고 있다(2018도14261).

2. 피고인의 소송능력

소송능력이란 소송행위자가 유효하게 소송행위를 할 수 있는 능력을 말하며, 소송행위를 하는 자가 자기의 소송상의 지위와 이해관계를 이해하고 이에 따라 행위를 할 수 있는 능력을 의미한다. 소송능력은 사실상의 의사능력으로 족하므로 민법상 행위능력이 없는 자도 소송능력을 가질 수 있다. 검사는 법률에 의하여 그 자격과 지위가 인정되므로 당사자의 소송능력은 주로 피고인에 있어서 문제된다. 피의자·피고인의 경우 소송능력은 자기의 소송법상의 지위와 이해관계를 알고 이에 따라 방어행위를 할 수 있는 의사능력을 말한다. 피의자·피고인에게 이러한 의사능력이 없다면 그의 소송행위는 효력을 가지지 못한다.

피해자 등 제3자가 소송행위를 하는 경우에도 의사능력으로서의 소송능력이 요구된다. 반의사불벌죄에 있어서 피해자가 피의자·피고인에 대한 처벌을 희망하지 않는다는 의사표시를 하거나 처벌을 희망하는 의사표시를 철회하는 것은 의사능력이 있는 한 피해자가 단독으로 할 수 있고, 미성년자인 피해자의 소송행위에 법정대리인의 동의를 요하거나 법정대리인이 소송행위를 대리해야 하는 것은 아니다(2009도6058). 그리고 이러한 논리는 미성년자인 피의자에게 의사능력이 있는 경우에도 마찬가지로 적용된다(2013도1228).

Ⅲ. 피고인의 소송법상 지위

1. 당사자로서의 지위

피고인은 검사에 대립하는 당사자이다. 즉 피고인은 검사의 공격에 대하여 자신의 정당한 이익을 방어하는 수동적 당사자이다. 이러한 의미에서 검사를 공소권의 주체라고 한다면, 피고인은 방어권의 주체라고 할 수 있다. 피고인은 당사자로서 실체형성과 절차진행에 적극적·소극적으로 참여할 수 있는 각종의 권리를 가진다. 피고인의 권리에는 방어권과 소송절차참여권이 포함된다.

(1) 방어권

(가) 방어준비를 위한 권리

형사소송법은 피고인의 방어준비를 위한 권리로서 공소장부본을 송달받을 권리(제266조), 제1회 공판기일의 유예기간에 대한 이의신청권(제269조), 공판기일변경신청권(제270조), 증거개시청구권(제266조의3 이하), 서류·증거물의 열람·복사권(제35조), 공판조서열람등사권(제55조) 그리고 공소장변경사유를 고지받을 권리(제298조 제3항) 등을 규정하고 있고, 공소장의 기재사항을 법정하고(제254조) 공소장변경에 일정한 절차를 요하도록 하여(제298조) 심판의 대상을 한정하고 있다.

(나) 진술권과 진술거부권

피고인은 자신에게 이익되는 사실을 진술할 권리(제286조 제2항)와 진술거부권

(제283조의2)을 가진다. 재판장은 피고인에게 진술거부권을 고지하여야 한다. 또한 검사의 의견진술을 들은 뒤에 피고인에게 최종의견을 진술할 기회를 주어야 한다 (제303조).

(다) 증거조사에 있어서의 방어권

피고인은 증거조사절차에서 증거신청권(제294조), 의견진술권(제293조), 이의신청권(제296조) 및 증인신문권(제161조의2)을 가진다. 또한 제1회 공판기일 전에는 증거보전을 청구할 수 있다(제184조).

(라) 방어권의 보충

피고인은 방어권을 보충하기 위하여 헌법상 변호인의 조력을 받을 권리(헌법 제12조 제4항)를 가지며, 형사소송법은 이를 구체화하여 변호인선임권(제30조), 변호인선임의뢰권(제90조) 및 접견교통권을 규정하고 있으며, 일정한 경우에는 국선변호인선정을 청구할 권리(제33조)를 피고인에게 인정하고 있다.

(2) 소송절차참여권

피고인은 당사자로서 소송절차의 전반에 참여하여 소송절차를 형성할 권리를 가지는데, 이러한 참여권은 방어권 행사의 전제가 되는 권리이다.

(가) 법원구성에 관여할 권리

피고인은 헌법과 법률이 정한 법관에 의한 공평한 재판을 받을 권리를 가지는데, 이를 위하여 피고인은 법원의 구성과 관할에 관여하는 권리를 가진다. 피고인의 기피신청권(제18조), 관할이전신청권(제15조), 관련사건에 대한 병합심리신청권(제6조), 변론의 분리·병합·재개신청권(제300조, 제305조) 등이 여기에 해당한다.

(나) 공판절차의 진행에 관여할 권리

피고인은 공판정에 출석할 의무뿐만 아니라 출석할 권리를 가진다(제276조). 따라서 피고인이 공판기일에 출석하지 아니한 때에는 원칙적으로 개정하지 못한다. 피고인은 소송지휘에 관한 재판장의 처분에 대하여 이의신청권을 가지며(제304조), 종결한 변론의 재개를 신청할 수 있다(제305조). 또 피고인은 검사의 공소장변경신청이 있는 경우에 방어준비를 위하여 공판절차의 정지를 신청할 수 있다(제298조 제4항).

피고인은 원심재판에 대하여 불복이 있는 경우에 상소할 수 있다(제338조). 형사소송법은 피고인의 상소권을 실질적으로 보장하기 위하여 불이익변경금지의 원칙(제368조, 제399조)을 규정하고 있으며, 피고인이 책임질 수 없는 사유로 상소제기기간 내에 상소하지 못한 경우에 대비하여 상소권회복청구권(제345조)을 인정하고 있다. 약식명령 또는 즉결심판에 대한 피고인의 정식재판청구권도 상소권에 준하는 피고인의 권리이며, 피고인이 가지는 상소포기 또는 상소취하의 권리(제349조)도 형사절차의 진행에 관하여 피고인이 적극적으로 행사할 수 있는 참여권에 해당한다.

(다) 증거조사 및 강제처분절차에의 참여권

피고인은 공판절차는 물론 공판준비절차, 증거보전절차 그리고 판사에 의한 증인신문절차에서 적극적으로 증거조사에 참여할 수 있는 권리를 가진다. 증인신문과 검증·감정 등에의 참여권(제163조, 제176조)을 가지며, 공판준비절차에서의 증거조사(제273조), 증거보전절차에서의 증거조사(제184조), 판사에 의한 증인신문(제221조의2)에 있어서도 피고인은 참여권을 가진다. 또한 피고인은 압수·수색영장의 집행에 대한 참여권을 가지며(제121조), 법원의 검증에도 참여할 수 있다(제145조).

2. 증거방법으로서의 지위

피고인은 증거방법으로서의 지위를 가진다. 피고인에게 증거방법으로서의 지위를 인정한다고 하여 피고인을 조사의 객체로 취급하는 것은 아니며, 증거방법으로서의 지위는 당사자로서의 원칙적 지위에 지장을 주지 않는 범위에서 인정되는 보조적 지위에 불과하다. 증거방법으로서의 지위는 인적 증거방법으로서의 지위와 물적 증거방법으로서의 지위로 나누어진다.

(1) 인적 증거방법으로서의 지위

피고인의 임의의 진술은 피고인에게 이익이 되는지 여부를 묻지 않고 증거로 될 수 있다는 점에서 피고인은 일종의 인적 증거방법이라고 할 수 있다. 피고인은 공소사실에 대한 직접적 체험자이므로 임의의 진술에는 증거능력을 인정할 필요가 있으며, 현행법이 피고인신문제도(제296조의2)를 인정하고 있는 것도 이러한 지위를 전제로 한 것이라고 할 수 있다. 그러나 피고인은 진술거부권(제283조의2)을 가지므로 조사의 객체로서의 지위에 있는 것은 아니다.

피고인의 인적 증거방법으로서의 지위와 관련하여 피고인의 증인적격이 문제된다. 영미에서는 피고인이 묵비권을 포기하고 증언할 수 있음을 인정하고 있으나,

현행법상 증인은 제3자임을 요할 뿐만 아니라 피고인에게 증인적격을 인정하면 피고인에게 보장되어 있는 진술거부권을 무의미하게 하여 피고인의 당사자로서의 지위를 침해할 수 있으므로 이를 부정하는 통설이 타당하다고 할 것이다.

(2) 물적 증거방법으로서의 지위

피고인의 신체나 정신상태는 검증이나 감정의 대상이 된다는 점에서 피고인은 일종의 물적 증거방법이라고 할 수 있다. 그러나 지문·족적·혈액의 채취 등과 같이 검증이나 감정을 위하여 피고인의 신체를 처분의 대상으로 하는 경우에는 피고인의 인격권을 침해하기 쉽다. 따라서 피고인의 신체를 증거방법으로 하는 경우에는 피고인의 인간으로서의 존엄과 가치가 침해되는 일이 없도록 주의하여야 한다.

3. 절차의 대상으로서의 지위

피고인에게는 재정의무가 있다. 피고인은 재판장의 허가없이 퇴정하지 못한다(제281조 제1항). 또한 피고인은 소환·구속·압수·수색 등 강제처분의 대상이 된다. 따라서 피고인은 적법한 강제처분에 응해야 할 의무를 진다. 이러한 피고인의 의무적 지위를 절차의 대상으로서의 지위라고 한다.

한편 피고인에게는 재판장의 소송지휘권이나 법정경찰권에 복종할 의무가 있다. 그러나 이러한 의무는 피고인 이외에 검사·방청인 등에게도 부과되는 것이므로 이를 피고인의 지위에 수반되는 것으로 볼 수는 없다.

Ⅳ. 무죄추정의 원칙

1. 의 의

무죄추정의 원칙이란 형사절차에 있어서 피의자 또는 피고인은 유죄판결이 확정될 때까지 무죄로 추정된다는 원칙을 말하며, 이들의 소송법상의 지위를 파악함에 있어서 중요한 의미를 가지게 된다. 특히 피고인은 검사가 범죄혐의와 유죄판결의 가능성을 인정하여 법원에 공소를 제기한 자이므로 현실적으로 유죄판결의 개연성이 매우 높지만, 이러한 불리한 처지에 놓여 있는 자라고 할지라도 형사절차에서 받을 불이익을 최소화하고 개인의 자유와 권리를 최대한으로 보장할 필요가 있기 때문에 무죄추정이 요구되는 것이다. 헌법 제27조 제4항은 「형사피고인은 유죄의 판결이 확정될 때까지 무죄로 추정된다」고 선언함으로써 무죄추정의 원칙을 기본권으로 보장하였고, 이를 기초로 형사소송법 제275조의2도 이 원칙을 명문으로 규정하고 있다.

2. 무죄추정의 원칙의 내용

(1) 강제처분의 제한

무죄추정의 원칙은 인신구속의 제한 등 강제처분에 대한 제한원리로 작용한다. 강제처분에 대하여 법률주의와 영장주의를 규정하고, 비례의 원칙에 의한 제한을 인정하고 있는 것은 이러한 이유에 의한 것이다. 피의자나 피고인은 유죄의 판결이 확정될 때까지 무죄로 추정되므로 특히 이들에 대한 수사와 재판은 불구속으로 행할 것이 요청된다(불구속수사 및 불구속재판의 원칙). 형사소송법은 「피의자에 대한 수사는 불구속 상태에서 함을 원칙으로 한다」고 규정하여(제198조 제1항) 불구속수사의 원칙을 명문화하고 있다.

또한 무죄추정의 원칙은 구속된 피의자나 피고인에 대하여 신병확보 이외의 불필요한 고통을 주지 않을 것을 요구한다. 현행법이 이들에게 접견교통권을 보장하고 있는 것(제34조, 제89조)과 구속되었던 피의자나 피고인이 불기소결정을 받거나 무죄판결을 받은 경우에 형사보상청구권을 인정하고 있는 것(헌법 제28조), 그리고 판결선고전의 미결구금일수의 전부를 유죄판결의 본형에 산입하도록 하고 있는 것(형법 제57조)도 이런 의미로 이해할 수 있다.

(2) 의심스러운 때에는 피고인의 이익으로

무죄추정의 원칙은 증명에 있어서 「의심스러운 때에는 피고인의 이익으로」(in dubio pro reo)라는 원칙으로 나타난다. 피고인에 대해 유죄판결을 하려면 법원은 증거에 의하여 합리적인 의심이 없을 정도로 범죄사실에 대한 심증을 형성하여야 하며(제307조 제2항), 증거조사결과 심증형성이 이에 미치지 못할 경우에는 피고인의 이익으로 판단하여 무죄판결을 선고하여야 한다. 결국 피고인은 무죄로 추정되므로 검사가 피고인의 유죄를 입증해야 한다는 점에서 무죄추정의 원칙은 공판절차의 입증단계에서는 거증책임을 정하는 기준으로 된다.

(3) 불이익한 처우의 금지

무죄추정의 원칙은 형사절차에서 피의자·피고인에 대한 부당한 대우를 배제할 것을 요구한다. 먼저 피의자나 피고인은 일반인과 마찬가지로 취급되어야 하므로 형사절차에서 이들에 대하여 유죄의 예단을 가지거나 진술을 강요해서는 안 된다. 또한 피의자와 피고인에 대하여 고문을 가하거나 모욕적인 신문을 하는 것도 무죄추정의 원칙에 반한다. 형사소송규칙 제140조의2가 「피고인을 신문함에 있어서 그 진술을 강요하거나 답변을 유도하거나 그 밖에 위압적·모욕적 신문을 하여서는 아니된다」고 규정하고 있는 것도 이런 의미라고 할 수 있다.

무죄추정의 원칙은 유죄판결이 확정되기 전까지는 유죄판결에 수반되는 사회적·윤리적 비난을 피고인에게 가할 수 없다는 의미도 아울러 갖는다. 따라서 형사사건으로 공소가 제기되었다는 사실 그 자체만으로 공무원에 대한 징계처분을 행하는 것은 무죄추정의 원칙에 반한다(93헌가3).

3. 무죄추정의 원칙의 적용범위

무죄의 추정은 피고인뿐만 아니라 피의자에게도 인정된다. 헌법과 형사소송법은 피고인에 대해서만 무죄의 추정을 규정하고 있으나, 단순히 범죄의 혐의를 받고 있을 뿐 아직 공소가 제기되지 않은 피의자에 대하여도 무죄추정의 원칙이 적용된다는 데에는 이론이 없다.

피고인이 무죄로 추정되는 시간적 범위는 유죄판결이 확정될 때까지이다. 따라서 제1심 또는 제2심 법원이 유죄판결을 선고하였더라도 그 판결이 확정되기까지는 아직 무죄의 추정은 깨지지 않고 존속하게 된다. 여기서 유죄판결이란 형선고의 판결뿐만 아니라 형의 면제와 선고유예의 판결을 모두 포함한다.

V. 진술거부권

1. 진술거부권의 의의

진술거부권이란 피의자나 피고인이 수사절차나 공판절차에서 수사기관이나 법원의 신문에 대하여 진술을 거부할 수 있는 권리를 말하며, 일반적으로 묵비권이라고도 한다. 헌법 제12조 제2항은 「모든 국민은 고문을 받지 아니하며, 형사상 자기에게 불리한 진술을 강요당하지 아니한다」고 규정하여 진술거부권을 기본권으로 보장하고 있으며, 형사소송법도 피고인의 진술거부권(제283조의2)과 피의자의 진술거부권(제244조의3)을 규정하고 있다. 진술거부권은 피의자·피고인이 가지는 중요한 방어권의 하나로서 당사자평등의 원칙을 실질적으로 실현하기 위한 권리이다. 피고인에게 진실을 진술할 의무가 있다고 할 때에는 검사와 대등한 지위에서 소송에 임할 수 없게 되어 무기대등의 원칙은 실현될 수 없기 때문이다.

2. 진술거부권의 내용

(1) 주 체

헌법 제12조 제2항은 모든 국민에게 진술거부권을 보장하고 있으므로 진술거부권의 주체에는 제한이 없다. 따라서 피의자, 피고인은 물론 피내사자나 참고인의 지위에 있는 자도 진술을 거부할 수 있다. 의사무능력자인 피고인 또는 피의자의 법정대리인이나 특별대리인(제26조, 제28조)도 진술거부권의 주체로 되며, 피의자나 피고인이 법인인 경우에는 법인의 대표자도 그의 진술이 피고인인 법인에 대한 증거가 된다는 점에서 진술거부권을 가진다고 보아야 한다. 진술거부권은 외국인에게도 인정된다.

(2) 거부할 수 있는 진술의 범위

(가) 진 술

피의자나 피고인이 거부할 수 있는 것은 진술에 한한다. 진술인 이상 구두에 의한 진술뿐만 아니라 서면에 기재된 진술도 포함되므로, 피의자는 수사기관이 요구하는 자술서의 제출을 거부할 수 있다. 그러나 지문이나 족형의 채취, 신체의 측정, 사진촬영 등은 진술이 아니므로 이에 대하여는 진술거부권이 미치지 않는다. 음주측정도 신체의 물리적·사실적 상태를 그대로 드러내는 행위에 불과하고 진술이 아니므로 주취운전의 혐의자에게 음주측정에 응할 것을 요구하고 이를 거부할 때 처벌하는 것은 진술거부권의 침해에 해당하지 않는다(96헌가11).

(나) 형사책임에 관한 진술

헌법 제12조 제2항은 형사책임과 관련하여 자기에게 불리한 진술에 대하여 진술거부권을 보장하고 있다. 따라서 형사책임이 아닌 민사책임이나 행정책임과 관련된 사항은 진술거부권의 대상에 포함되지 않는다. 그러나 형사책임과 관련된 것이라면 범죄사실 자체뿐만 아니라 간접사실이나 범죄사실의 발견에 단서를 제공하는 사항에 관한 진술도 그 대상이 되며, 형사절차에서 행하여진 진술뿐만 아니라 행정절차나 국회에서의 조사절차 등에서 행하여지는 진술도 여기에 포함된다.

또한 불리한 진술을 진술거부권의 대상으로 규정하고 있는 헌법과는 달리 형사소송법 제283조의2는 「피고인은 진술하지 아니하거나 개개의 질문에 대하여 진술을 거부할 수 있다」고 규정하고 있을 뿐이며 진술의 내용이 자기에게 불리한 것인가의 여부는 묻지 않고 있다. 형사소송법이 헌법상의 진술거부권의 범위를 보다 확장하고 있다고 볼 수 있고 따라서 피의자·피고인은 자기에게 이익이 되는 진술에 대해서도 진술을 거부할 수 있다고 하여야 한다.

(3) 진술거부권과 인정신문

피의자·피고인이 수사기관 또는 법원의 인정신문에 대하여 진술을 거부할 수 있는지에 대하여는 견해의 대립이 있다. 그러나 피의자·피고인이 거부할 수 있는 진술은 그 내용의 이익·불이익을 불문하며, 형사소송법이 피고인에 대한 인정신문에 앞서 피고인의 진술거부권에 관한 규정을 두고 있는 점(제283조의2)에서 볼 때 피의자·피고인은 인정신문에 대해서도 진술을 거부할 수 있다고 보아야 한다.

3. 진술거부권의 고지

피의자나 피고인이 진술거부권을 행사하기 위해서는 자신에게 그러한 권리가 있음을 알아야 한다. 형사소송법은 피의자에 대해서는 물론 피고인에 대해서도 진술거부권을 고지할 것을 명문으로 규정하고 있다(제244조의3, 제283조의2). 진술거부권은 피의자나 피고인이 진술거부권의 구체적이고 개별적인 내용을 알 수 있도록 명시적으로 고지되어야 한다.

4. 진술거부권보장의 효과

(1) 증거능력의 부정

피의자 또는 피고인의 진술거부권을 침해하여 얻은 자백은 위법하게 수집한 증거로서 증거능력이 부정된다(2010도1755). 진술거부권을 침해하여 자백 이외의 증거를 획득한 경우나 자백을 통하여 별도의 증거를 수집한 경우에도 마찬가지이다.

(2) 불이익추정의 금지

피고인이 범죄사실에 대한 신문에 대하여 진술을 거부하였다는 사실만으로 이를 피고인에게 불이익한 간접증거로 하거나 이를 근거로 유죄를 인정해서는 안 된다. 만일 이를 허용한다면 진술거부권의 보장은 유명무실해질 것이기 때문이다. 이런 의미에서 진술거부권의 행사는 자유심증주의에 대한 예외가 된다고 할 수 있다.

한편 진술거부권의 행사를 구속사유 또는 보석불허의 사유로서의 증거인멸의 염려를 판단하는 자료로 사용하는 것이 허용되는지도 문제가 된다. 긍정하는 견해도 있으나, 이를 인정하면 실질적으로 구속의 위험으로 인하여 진술이 강제되는 결과를 가져올 수 있으므로 부정하는 것이 타당할 것이다.

(3) 양형판단의 문제

진술거부권을 행사한 사실을 사실인정과는 별개로 양형에서 피고인에게 불리하게 고려할 수 있는지에 대해서는 긍정설과 부정설이 대립하고 있다. 판례는 피고인이 범죄사실을 단순히 부인하는 것은 양형의 조건으로 불리하게 고려할 수 없지만, 피고인의 진술거부나 거짓진술이 피고인에게 보장된 방어권 행사의 범위를 넘어 객관적이고 명백한 증거가 있음에도 진실의 발견을 적극적으로 숨기거나 법원을 오도하려는 시도에 기인한 경우에는 가중적 양형의 조건으로 참작될 수 있다고 판시하여(2001도192) 절충적인 입장을 취하고 있다.

제4절   변호인

Ⅰ. 변호인제도의 의의

1. 변호인의 의의

변호인이란 피의자 또는 피고인의 방어능력을 보충하는 임무를 가진 보조자를 말한다. 변호인은 소송의 주체가 아니라 피의자 또는 피고인의 보조자이다. 형사소송법의 역사를 변호권 확대의 역사라고도 한다. 우리 헌법도 구속된 피의자 또는 피고인의 변호인의 도움을 받을 권리를 국민의 기본적 인권의 하나로 보장하고 있으며(헌법 제12조 제4항), 이에 따라 형사소송법은 피의자·피고인의 변호인선임권(제

30조)과 신체를 구속당한 피의자 또는 피고인의 변호인선임의뢰권(제90조, 제209조) 및 접견교통권(제34조)을 보장하고 있으며, 피고인에게는 광범위한 국선변호인선임 청구권을 인정하고 있다(제33조).

변호인은 보조인과 구별된다. 보조인이란 피의자 또는 피고인과 일정한 신분 관계에 있는 자로서 피의자 또는 피고인의 이익을 보호하는 자를 말한다. 피의자 또는 피고인의 법정대리인·배우자·직계친족과 형제자매는 보조인이 될 수 있다(제29조 제1항). 보조인이 될 수 있는 자가 없거나 장애 등의 사유로 보조인으로서 역할을 할 수 없는 경우에는 피고인 또는 피의자와 신뢰관계 있는 자가 보조인이 될 수 있다(동조 제2항). 보조인은 변호인과 같이 선임되는 것이 아니라 보조인이 되고자 하는 자가 심급별로 그 취지를 신고하면 된다(동조 제3항). 보조인은 독립하여 피의자 또는 피고인의 명시한 의사에 반하지 아니하는 소송행위를 할 수 있다. 다만 법률에 다른 규정이 있는 때에는 예외로 한다(제29조 제4항). 보조인제도는 변호인제도를 보충하려는 데 그 취지가 있으나, 변호인제도의 강화 특히 국선변호제도의 확대에 따라 그 실효성이 감소되고 있다.

2. 변호인제도의 필요성

현행법은 피의자나 피고인이 자신의 정당한 이익을 보호할 수 있도록 다양한 절차적인 권리를 이들에게 인정하고 있다. 그러나 피의자·피고인이 실제로 법률에 대한 전문지식과 강력한 조직을 가지고 있는 수사기관이나 검사를 상대로 대등한 지위에서 자신을 방어하기란 쉽지 않다. 피의자 또는 피고인은 대부분 법률 및 소송에 관한 지식이 빈약하고, 범죄의 혐의를 받고 있다는 불안과 공포로 인하여 심리적 열등감에 빠져서 자기를 충분히 방어할 능력을 갖지 못한다. 특히 신체가 구속되어 있는 피의자·피고인의 방어력은 더욱 제한되지 않을 수 없다.

여기에 피의자·피고인과 신뢰관계에 있으면서 수사기관이나 검사와 대등한 법률지식을 가지고 있는 법률전문가로 하여금 이들을 보조하게 하여 그 정당한 이익을 보호해 줄 필요가 있게 된다. 따라서 변호인제도는 피의자·피고인으로 하여금 수사기관이나 검사의 수사 및 소추활동에 대하여 실질적으로 대등한 지위에서 방어활동을 할 수 있게 함으로써 무기대등의 원칙을 보장하고 나아가 공정한 재판의 실현에 이바지하는 제도라고 할 수 있다.

3. 실질적 변호와의 관계

변호의 개념을 넓은 의미로 이해할 때에는 피의자나 피고인의 보호를 위한 일체의 소송활동을 의미한다. 피의자나 피고인의 이익보호는 주로 변호인에 의하여 이루어지지만 국가기관인 법원과 검사에게도 공익적 견지에서 이들에 대한 보호활동이 요구된다. 이와 같이 법원이나 검사가 담당하는 변호적 기능을 실질적 변호라고 한다. 그러나 법관과 검사에게는 재판권과 수사권·공소권 행사의 고유한 임무가 있어 이들에게 피의자·피고인을 위한 충분한 변호활동을 기대하기는 어렵다. 여기서 피의자·피고인의 보호만을 주된 기능으로 하는 변호인의 활동이 형사소송에서 중요하고 또한 필요하게 된다. 변호인에 의한 변호활동을 법원이나 검사가 행하는 실질적 변호에 대비시켜 형식적 변호라고 한다.

II. 사선변호인

1. 변호인의 선임

피의자·피고인 또는 그와 일정한 관계에 있는 사람에 의하여 선임되는 변호인을 사선변호인이라고 한다. 피의자 또는 피고인은 변호인을 선임할 수 있다(제30조 제1항). 피의자 또는 피고인의 법정대리인·배우자·직계친족·형제자매는 독립하여 변호인을 선임할 수 있다(동조 제2항).

변호인은 원칙적으로 변호사 중에서 선임하여야 한다(제31조 본문). 변호인이 피의자 또는 피고인의 방어권을 보충하기 위해서는 검사와 대등한 법률지식을 요하기 때문이다. 다만 대법원이 아닌 법원은 특별한 사정이 있으면 변호사 아닌 자를 변호인으로 선임함을 허가할 수 있다(제31조 단서). 이를 특별변호인이라 한다.

피의자나 피고인이 선임할 수 있는 변호인의 수에는 제한이 없다. 다만 절차의 지연을 방지하기 위하여 수인의 변호인이 있는 때에는 3인을 초과하지 않는 범위에서 재판장 또는 검사는 대표변호인을 지정할 수 있다(제32조의2). 대표변호인이 지정된 경우에 대표변호인에 대한 통지 또는 서류의 송달은 변호인 전원에 대하여 효력이 있다(동조 제4항).

변호인의 선임은 변호인과 선임자가 연명·날인한 서면인 변호인선임서를 제출함으로써 행한다(제32조 제1항). 변호인선임서는 수사단계에서는 검사 또는 사법경찰관에게 제출하고, 공소가 제기된 후에는 수소법원에 제출하여야 한다.

2. 변호인선임의 효력과 범위

변호인은 선임에 의하여 변호인으로서의 권리와 의무가 발생한다. 변호인선임의 효력은 사건을 단위로 하므로 당해 사건과 단일성 및 동일성이 인정되는 범죄사실 전부에 대해서 효력이 미친다. 그러므로 공소장변경에 의하여 공소사실이 변경된 경우에도 선임의 효력에는 영향이 없다. 또한 하나의 사건에 관하여 한 변호인선임은 동일법원의 동일피고인에 대하여 병합된 다른 사건에 관하여도 그 효력이 있다. 다만 피고인 또는 변호인이 이와 다른 의사표시를 한 때에는 그러하지 아니하다(규칙 제13조). 소송경제와 피고인보호의 차원에서 병합된 사건에 대하여 변호인선임의 효력을 확장하는 특례규정이다.

변호인선임의 효력은 당해 심급에 한하여 미친다. 따라서 변호인은 심급마다 선임하여야 한다(제32조 제1항). 다만 공소제기 전의 변호인선임은 제1심에도 그 효력이 있다(동조 제2항). 여기서 심급이 끝나는 시점은 종국재판 선고시가 아니라 상소에 의하여 이심의 효력이 발생하거나 재판이 확정될 때까지라고 보아야 한다.

Ⅲ. 국선변호인

1. 국선변호인제도의 의의

국선변호인이란 법원에 의하여 선정된 변호인을 말한다. 변호인의 도움이 공정한 재판과 피고인의 보호를 위하여 불가결한 것이라고 하더라도 현실적으로 변호인을 선임하기 어려운 경제적 약자 등에게 있어서는 이 제도가 아무런 의미가 없게 되고, 국가가 그러한 상태를 방치하면 실질적 평등에도 반하는 결과를 가져오게 된다. 여기서 헌법은「형사피고인이 스스로 변호인을 구할 수 없을 때에는 국가가 변호인을 붙인다」고 규정하여 국선변호인의 조력을 받을 권리를 기본권으로 보장하고 있다(헌법 제12조 제4항 단서). 국선변호인제도는 사선변호인제도를 보충하여 피고인·피의자의 변호권을 강화하기 위한 제도라고 할 수 있다.

2. 국선변호인 선정의 법적 성질

국선변호인의 선정은 법원이 소송법에 의하여 행하는 단독의 의사표시인 재판이다(재판설). 이와 같이 국선변호인선정은 일종의 재판이므로 법원의 고지만으로 그 효력이 발생하고 선정된 변호인은 고지와 동시에 국선변호인의 지위를 가지게 된다. 국선변호인의 선정에는 선정되는 변호인의 동의를 요하지 않으며, 일단 선정된 변호인은 법원의 해임명령이나 선정의 취소가 없는 한 사임할 수 없다. 형사소송규칙도 국선변호인의 사임에는 법원의 허가를 얻도록 규정하고 있다(규칙 제20조).

3. 국선변호인의 선정사유

(1) 형사소송법 제33조

법원은 ① 피고인이 구속된 때, ② 피고인이 미성년자인 때, ③ 피고인이 70세 이상인 때, ④ 피고인이 듣거나 말하는 데 모두 장애가 있는 사람인 때, ⑤ 피고인이 심신장애가 있는 것으로 의심되는 때, ⑥ 피고인이 사형, 무기 또는 단기 3년 이상의 징역이나 금고에 해당하는 사건으로 기소된 때에 변호인이 없는 경우에는 직권으로 국선변호인을 선정하여야 한다(제33조 제1항).

법원은 피고인이 빈곤이나 그 밖의 사유로 변호인을 선임할 수 없는 경우에 피고인이 청구하면 변호인을 선정하여야 한다(동조 제2항). 또한 법원은 피고인의 나이·지능 및 교육 정도 등을 참작하여 권리보호를 위하여 필요하다고 인정하면 피고인의 명시적 의사에 반하지 아니하는 범위에서 변호인을 선정하여야 한다(동조 제3항). 예를 들면 점자자료에 의해서만 인쇄물 정보접근이 가능한 중증 시각장애인이나(2014도4496) 구두변론에 의한 공판심리절차에서 자력에 의한 방어권 행사가 곤란하다고 인정되는 청각장애인의 경우는(2010도4629) 여기에 해당한다.

형사소송법 제33조 제1항 각호의 어느 하나에 해당하는 사건 및 동조 제2항·제3항의 규정에 따라 변호인이 선정된 사건에 관하여는 변호인 없이 개정하지 못하므로 변호인이 출석하지 아니한 때에는 법원은 직권으로 변호인을 선정하여야 한다(제282조, 제283조). 필요적 변호사건임에도 불구하고 공판절차에서 변호인 없이 증거조사와 피고인신문 등 심리가 이루어졌다면 그와 같은 위법한 공판절차에서 이루어진 증거조사와 피고인신문 등의 소송행위는 모두 무효가 된다.

(2) 구속 전 피의자심문

구속영장을 청구받은 지방법원판사가 피의자를 심문하는 경우에 피의자에게 변호인이 없는 때에는 직권으로 변호인을 선정하여야 한다. 이 경우 변호인의 선정은 피의자에 대한 구속영장청구가 기각되어 효력이 소멸한 경우를 제외하고는 제1심까지 효력이 있다(제201조의2 제8항). 따라서 구속된 피고인뿐만 아니라 피의자도 국선변호인의 조력을 받을 수 있다.

(3) 체포·구속적부심사

체포·구속적부심사를 청구한 피의자가 제33조의 국선변호인 선정사유에 해당하고 변호인이 없는 때에는 국선변호인을 선정하여야 한다(제214조의2 제10항). 구속된 피의자에게는 영장실질심사절차에서 이미 국선변호인이 선정되어 있기 때문에 적부심사절차에서 국선변호인 선정이 실제로 의미를 가지는 것은 체포된 피의자가 체포적부심사를 청구한 경우라고 할 수 있다.

(4) 공판준비기일의 절차

공판준비를 위하여 법원은 검사, 피고인 또는 변호인의 의견을 들어 공판준비기일을 지정할 수 있는데(제266조의7 제1항), 공판준비기일이 지정된 사건에 관하여 변호인이 없는 때에는 직권으로 변호인을 선정하여야 한다(제266조의8 제4항).

(5) 국민참여재판

「국민의 형사재판 참여에 관한 법률」은 모든 국민참여재판에 대하여 필요적 변호제도를 도입하고 있다. 국민참여재판에 관하여 변호인이 없는 때에는 법원은 직권으로 변호인을 선정하여야 한다(동법 제7조).

(6) 재심사건

재심개시결정이 확정되어 재심공판절차에 들어간 사건의 심판과 관련하여 국선변호인이 선정되는 경우가 있다. 재심사건의 공판을 담당하는 재판장은 ① 사망자 또는 회복할 수 없는 심신장애인을 위하여 재심의 청구가 있는 때, ② 유죄의 선고를 받은 자가 재심의 판결 전에 사망하거나 회복할 수 없는 심신장애인으로 된 때에 재심청구자가 변호인을 선임하지 아니한 경우에는 국선변호인을 선임하여야 한다(제438조 제4항).

(7) 성폭력범죄 등의 피해자를 위한 국선변호사제도

「성폭력범죄의 처벌 등에 관한 특례법」은 성폭력범죄의 피해자 및 그 법정대리인에게 형사절차상 입을 수 있는 피해를 방어하고 법률적 조력을 보장하기 위하여 변호사를 선임할 수 있는 권리를 인정하고 있으며(동법 제27조 제1항), 검사에게 피해자에게 변호사가 없는 경우 국선변호사를 선정하여 형사절차에서 피해자의 권익을 보호할 수 있도록 하고 있다(동조 제6항). 또한 「아동·청소년의 성보호에 관한 법률」 제30조 및 「아동학대범죄의 처벌 등에 관한 특례법」 제16조도 아동·청소년대상 성범죄 및 아동학대범죄의 피해자에 대하여 동일한 특례를 인정하고 있다.

이들 법률에 의한 피해자를 위한 국선변호사는 검사가 피해자의 보호를 위하여 선정한다는 점에서, 법원이 일정한 피의자·피고인의 방어권 보호를 위하여 선정하는 통상의 국선변호인과는 다르다.

Ⅳ. 변호인의 소송법상 지위

1. 보호자로서의 지위

(1) 피의자·피고인의 보호자

변호인은 피의자·피고인의 방어능력을 보충하여 그의 정당한 이익을 보호하여야 하는 지위에 있다. 변호인의 보호자로서의 지위는 변호인의 가장 기본적인 지위이고 변호인제도의 존재이유도 여기에 있다고 할 수 있다.

변호인은 피의자나 피고인에 대하여 포괄적이고 충실한 법적 조언을 해주어야 한다. 따라서 변호인은 피의자·피고인의 소송법적 권리들에 대하여 뿐만 아니라 실체법상의 법률지식에 대해서도 필요한 경우에는 설명해 주어야 한다. 불법영득의 의사나 정당방위, 금지의 착오, 처벌조건 등에 대한 조언은 설사 피의자·피고인이 이를 악용할 여지가 있더라도 허용된다.

또한 변호인은 단순히 법률지식을 제공하는 수준을 넘어서 피의자·피고인에게 유리한 증거를 수집·제출하고 유리한 사실을 주장하여야 한다. 따라서 변호인은 피의자·피고인에게 유리한 증거를 직접 수집하거나 증거보전신청을 할 수 있고, 검사의 입증이나 주장을 다툴 수도 있다. 변호인이 피의자·피고인에게 불이익한 증거를 제출하거나 불이익한 주장을 하는 것은 보호자적 지위에 반하여 허용되지 않는다.

변호인이 고소인이나 피해자를 만나 합의나 고소의 취소를 시도하는 것도 변호인의 정당한 변호활동의 범위에 속한다.

(2) 독립적 지위

변호인은 민사소송의 경우와는 달리 피의자·피고인의 대리인에 그치는 것이 아니라 그들의 보호자이다. 따라서 변호인은 피의자·피고인의 의사에 종속되지 않고 법률에 다른 규정이 없는 한 독립하여 소송행위를 할 권한을 가진다(제36조). 즉 변호인은 자신의 판단에 따라 피의자·피고인의 정당한 이익을 보호해야 하는 독립된 지위를 가지고 있다. 변호인이 피의자·피고인의 소송행위에 대하여 포괄적 대리권을 가지는 이외에 독립대리권과 고유권을 가지는 것도 이 때문이다. 따라서 변호인은 피의자·피고인의 정당한 이익을 보호하기 위하여 필요한 때에는 피의자·피고인의 의사에 반하는 입증이나 주장을 할 수도 있다.

(3) 비밀유지의무

변호인과 피의자·피고인은 신뢰관계를 바탕으로 하고 있으므로 변호인은 피의자·피고인에 대하여 비밀유지의무를 진다(변호사법 제26조). 변호사 또는 변호사의 직에 있었던 자가 그 직무처리 중 지득한 타인의 비밀을 누설한 경우에는 변호사법에 의한 징계사유(동법 제91조)에 해당할 뿐만 아니라, 형법상 업무상비밀누설죄(형법 제317조)가 성립한다.

2. 공익적 지위

(1) 변호인의 진실의무

변호인은 피의자·피고인의 이익을 보호하는 보호자이나, 변호인이 보호하는 이들의 이익은 정당한 이익에 제한된다. 변호인은 국가형사사법의 정당한 실현에 협력해야 할 공익적 지위를 가지며, 따라서 변호인은 그 직무를 수행함에 있어서 진실을 은폐하거나 허위의 진술을 하여서는 아니되는 진실의무를 부담한다(변호사법 제24조 제2항). 여기서 변호인은 진실과 정의에 구속되지 않을 수 없고 피의자·피고인의 보호자인 변호인의 지위도 진실의무에 의하여 제한되지 않을 수 없게 된다.

그러나 변호인의 진실의무는 변호인이 검사나 법관과 같이 객관적인 입장에서 실체적 진실발견에 기여해야 한다는 것을 의미하는 것은 아니다. 변호인이 국가기관인 검사나 법원과 마찬가지로 적극적으로 실체적 진실발견을 추구한다면 피의자·피고인의 조력자로서 당사자평등의 원칙을 실질적으로 실현하고자 하는 변호인제도의 본래의 의미는 상실될 것이기 때문이다. 따라서 변호인의 진실의무는 피의자·피고인의 보호자적 지위와의 균형상 적극적인 의미를 가지는 것이 아니라 법관 등에 의한 진실발견을 방해하지 않을 소극적 의미를 갖는 것으로 이해하여야 할 것이다. 기본적 인권을 옹호하고 사회정의를 실현함을 사명으로 하는(동법 제1조 제1항) 법률전문가인 변호인이 피의자·피고인과 공모자가 되는 것을 허용할 수는 없기 때문이다.

(2) 보호자의 지위와 공익적 지위와의 조화

(가) 양 지위의 관계

변호인은 피의자·피고인의 보호자로서의 지위에 있을 뿐만 아니라 실체적 진실발견에 협력하는 공익적 지위도 가진다. 변호인의 이러한 이중적 지위는 때로는 서로 충돌하는 경우가 있는데, 변호인의 보호자적 지위와 공익적 지위가 모순·대립하는 때에는 피의자·피고인의 보호자로서의 지위를 기본으로 하면서 공익적 지위는 그 한계로서 소극적 의미를 갖는 것으로 보아야 한다.

(나) 변호활동의 내용

1) 피의자·피고인의 행위에 대한 권고·지시

변호인이 피의자·피고인에 대하여 실체법적·소송법적 지식에 대하여 조언하는 것은 변호인의 권리이며 의무이다. 나아가 변호인이 피의자·피고인에 대하여 소송법상의 권리를 행사할 것을 권하는 것도 당연히 허용된다고 하여야 한다. 따라서 변호인이 피의자·피고인에게 진술거부권의 행사를 권고하는 것도 가능하다. 진술거부권은 헌법과 형사소송법에 의하여 피의자·피고인에게 주어진 중요한 권리이므로 변호인이 이를 피의자·피고인에게 알려 주고 그 행사를 권고하는 것은 진실의무에 위배된다고 할 수 없다(2006모656). 그러나 변호인이 적극적으로 허위진술을 하거나 피의자·피고인에게 허위진술을 하도록 하는 것은 변호인의 공익적 지위에 반한다(2012도6027). 피의자·피고인에게 증거인멸이나 도망을 권유하는 것도 허용되지 않는다.

2) 변호인의 증거수집

피의자·피고인에게 유리한 증거를 수집하여 제출하는 것은 변호인의 당연한 의무이나, 변호인이 증거를 인멸·위조하거나 증인에게 위증을 교사하는 행위는 공익적 지위에 반하여 허용되지 않는다. 다만 피의자·피고인의 근친자 등에게 증언거부권의 행사를 권고하는 것은 적법한 권리행사를 권고하는 것이므로 진실의무에 반하지 않는다.

3) 자백과 변호인의 무죄변론

변호인이 면담의 기회에 피의자·피고인의 자백을 통하여 그가 유죄임을 안 경우에도 이를 검사나 법원에 고지할 의무는 없다. 오히려 피의자·피고인의 의사에 반하여 그의 자백내용을 법원이나 수사기관에 진술하는 것은 변호인과 피의자·피고인 사이에 존재하는 신뢰관계를 파괴하는 행위로서 업무상비밀누설죄(형법 제317조)를 구성할 수 있다. 따라서 변호인은 이 경우에도 절차상의 하자를 이유로 형식재판을 구할 수 있음은 물론 유죄판결의 증거가 불충분함을 이유로 무죄의 변론을 할 수 있다고 해야 한다.

한편 피의자·피고인이 무죄라고 믿은 때에는 그들의 의사 여부를 묻지 않고 무죄의 주장과 입증에 노력하여야 한다. 피의자·피고인의 자백이 진실이 아니라고 판단되는 경우에는 변호인은 당연히 무죄의 변론을 하여야 한다.

V. 변호인의 권리

변호인에게는 피의자·피고인의 정당한 이익을 보호하기 위하여 여러 가지 권리들이 인정되고 있다. 변호인의 권리는 크게 대리권과 고유권으로 나눌 수 있는데, 사선변호인과 국선변호인 사이에 그 차이는 없다.

1. 대리권

변호인은 피의자 또는 피고인이 할 수 있는 소송행위 가운데 성질상 대리가 허용될 수 있는 모든 소송행위에 대하여 포괄적 대리권을 가진다. 따라서 피의자나 피고인의 진술 등을 변호인이 대리하는 것은 허용되지 않는다. 변호인의 대리권에는 종속대리권과 독립대리권이 있다.

종속대리권은 본인의 의사에 종속되는 대리권을 말한다. 관할이전신청권(제15조), 토지관할위반신청권(제320조), 토지관할의 병합심리신청권(제6조), 상소취하권(제351조), 약식명령에 대한 정식재판청구의 취하권(제458조, 제351조) 등이 여기에 속한다.

본인의 의사에 반하여 행사할 수 있는 독립대리권에는 본인의 명시의 의사에 반하여 행사할 수 있는 것과 명시의 의사에는 반할 수 없으나 묵시의 의사에 반하여 행사할 수 있는 것이 있다. 변호인의 대리권은 원칙적으로 전자에 해당하며 구속취소의 청구권(제93조), 보석청구권(제94조), 증거보전청구권(제184조), 공판기일변경신청권(제270조 제1항), 증거조사에 대한 이의신청권(제296조 제1항), 재판장의 처분에 대한 이의신청권(제304조), 변론의 분리·병합·재개신청권(제300조, 305조) 등이 여기에 속한다. 이에 대하여 증거동의권(제318조), 기피신청권(제18조 제2항)이나 상소제기권(제341조)은 후자에 해당한다.

2. 고유권

(1) 고유권의 의의와 종류

고유권이란 변호인의 권리로서 규정된 것 중에서 변호인이라는 지위에서 독자적으로 인정되는 권리를 말한다. 고유권은 피의자·피고인의 권리가 소멸하더라도 이에 영향을 받지 않고 변호인이 독자적으로 행사할 수 있는 권리라는 점에서 본인의 권리가 상실되면 대리인인 변호인의 권리도 함께 소멸하는 대리권과 다르다.

고유권에는 변호인만이 가지는 권리와 변호인이 피의자 또는 피고인과 중복하여 가지는 권리가 있다. 전자를 협의의 고유권이라고 하며 피의자 또는 피고인과의 접견교통권(제34조), 피의자신문참여권(제243조의2), 피고인신문권(제296조의2), 상고심에서의 변론권(제387조) 등이 여기에 속한다. 변호인이 피의자 또는 피고인과 중복하여 가지는 권리로는 압수·수색·검증영장의 집행에의 참여권(제121조, 145조), 감정에의 참여권(제176조), 증인신문에의 참여권(제163조), 공판기일출석권(제275조), 공판기일 전의 증거제출권(제274조), 증거신청권(제294조), 증인신문권(제161조의2), 서류·증거물의 열람·복사권(제35조), 최종의견진술권(제303조) 등을 들 수 있다.

이러한 변호인의 고유권 가운데 중요한 것이 접견교통권, 피의자신문참여권, 서류·증거물의 열람·복사권 등의 권리라고 할 수 있다. 다만 이들은 각각 관련되는 부분에서 별도로 다루어지고 있으므로 여기서는 간략하게 설명하는 데 그친다.

(2) 변호인의 접견교통권

변호인의 접견교통권이란 변호인이나 변호인이 되려는 자가 신체가 구속된 피고인 또는 피의자와 접견하고, 서류나 물건을 수수(授受)하며, 의사로 하여금 피고인이나 피의자를 진료하게 할 수 있는 권리를 말한다(제34조). 변호인이 피의자·피고인의 방어활동에 도움을 주기 위해서는 이들과의 접견교통이 불가결한 요소가 된다. 이러한 의미에서 접견교통권은 신체구속된 피의자·피고인이 변호인의 조력을 받을 헌법상의 기본권임과 동시에 변호인의 중요한 고유권 중의 하나라고 할 수 있다.

변호인의 접견교통권은 방해나 감시가 없는 자유로운 접견교통을 본질로 한다. 따라서 변호인과 체포 또는 구속된 피의자·피고인과의 접견내용에 대하여는 비밀이 보장되어야 하며, 접견에 있어서 교도관 또는 경찰관의 입회는 절대로 허용되지 않는다. 「형의 집행 및 수용자의 처우에 관한 법률」도 미결수용자와 변호인 또는 변호인이 되려고 하는 사람과의 접견에는 교도관이 참여하지 못하고 그 내용을 청취 또는 녹취하지 못하며, 다만 보이는 거리에서 미결수용자를 관찰할 수 있다고 규정하고 있다(동법 제84조 제1항). 접견교통권을 침해하여 얻은 증거는 증거능력이 부정된다.

(3) 변호인의 피의자신문참여권

변호인의 피의자신문참여권이란 검사 또는 사법경찰관의 피의자신문에 변호인이 참여할 수 있는 권리를 말한다. 현행법은 변호인의 도움을 받을 피의자의 권리를 실질적으로 보장하기 위하여 변호인의 피의자신문참여권을 명문으로 규정하고 있다. 검사 또는 사법경찰관은 피의자 또는 그 변호인 등의 신청이 있는 경우 원칙적으로 변호인을 피의자신문에 참여하게 하여야 한다. 신문에 참여한 변호인은 신문 후 의견을 진술할 수 있다. 다만 신문 중이라도 부당한 신문방법에 대하여 이의를 제기할 수 있고, 검사 또는 사법경찰관의 승인을 얻어 의견을 진술할 수 있다(제243조의2 제3항). 검사 또는 사법경찰관은 정당한 사유가 있는 때에는 변호인참여권을 제한할 수 있다(동조 제1항). 여기서 정당한 사유란 변호인이 피의자신문을 방해하거나 수사기밀의 누설 또는 증거를 인멸할 염려가 있음이 객관적으로 명백한 경우를 말한다. 수사기관이 변호인의 참여를 부당하게 제한하거나 중단시킨 경우에는 수사기관의 처분에 대하여 준항고를 제기할 수 있다(제417조). 그리고 변호인의 피의자신문참여권을 침해한 상태에서 작성한 피의자신문조서는 증거능력이 없다.

(4) 변호인의 서류·증거물의 열람·복사권

피고인과 변호인은 소송계속 중의 관계서류 또는 증거물을 열람하거나 복사할 수 있다(제35조 제1항). 피고인의 법정대리인, 특별대리인(제28조), 보조인(제29조) 또는 피고인의 배우자·직계친족·형제자매로서 피고인의 위임장 및 신분관계를 증명하는 문서를 제출한 자도 같다(동조 제2항). 변호인의 서류 등 열람·복사권은 변호인의 피고사건에 대한 방어준비를 위해서 필요한 제도이며, 이는 곧 공정한 재판의 이념과도 일치한다. 다만 재판장은 피해자, 증인 등 사건관계인의 생명 또는 신체의 안전을 현저히 해칠 우려가 있는 경우에는 서류 등의 열람·복사에 앞서 사건관계인의 성명 등 개인정보가 공개되지 아니하도록 보호조치를 할 수 있다(동조 제3항). 그리고 이러한 개인정보 보호조치의 방법과 절차, 그 밖에 필요한 사항은 대법원규칙으로 정한다(동조 제4항).

종래 제35조에서 규정하고 있는 소송계속 중의 관계서류 또는 증거물의 범위와 관련하여 견해의 대립이 있었다. 법원이 보관하고 있는 관계서류 또는 증거물, 즉 검사가 법원에 제출하였거나 법원이 작성·수집한 서류 또는 증거물만이 열람·복사의 대상이라는 견해와 검사가 공소제기 후 아직 법원에 증거로 제출하지 아니한 서류와 증거물도 열람·복사의 대상이 된다는 견해가 그것이었다. 현행 형사소송법은 새로이 증거개시제도를 도입함으로써(제266조의3 이하) 공소제기 후 검사가 보관하고 있는 서류 등에 대한 열람·복사권을 명문으로 인정하였다. 따라서 제35조에 의한 피고인과 변호인의 열람·복사권은 법원이 보관하고 있는 관계서류 또는 증거물만을 그 대상으로 하는 것이 되었다.

형사소송법은 수사절차에서의 수사서류 등에 대한 변호인의 열람·복사권에 대해서는 규정을 두고 있지 않다. 그러나 형사소송규칙은 일정한 수사서류에 대한 변호인의 열람권을 인정하고 있다. 즉 구속 전 피의자심문에 참여할 변호인 및 체포·구속의 적부심사를 청구한 피의자의 변호인은 지방법원 판사에게 제출된 체포·구속영장청구서 및 그에 첨부된 고소·고발장, 피의자의 진술을 기재한 서류와 피의자가 제출한 서류를 열람할 수 있다고 규정하면서(규칙 제96조의21 제1항, 규칙 제104조의2), 다만 검사는 증거인멸 또는 피의자나 공범관계에 있는 자가 도망할 염려가 있는 등 수사에 방해가 될 염려가 있는 때에는 지방법원 판사에게 체포·구속영장청구서에 첨부된 서류의 열람제한에 관한 의견을 제출할 수 있고, 지방법원 판사는 검사의 의견이 상당하다고 인정하는 때에는 그 전부 또는 일부의 열람을 제한할 수 있도록 하고 있다(규칙 제96조의21 제2항, 규칙 제104조의2). 변호인이 구속 전 피의자심문절차나 체포·구속적부심사절차에서 피의자의 권리를 효율적으로 보호하기 위해서는 최소한 피의자에 대한 죄명과 범죄사실의 요지, 체포·구속의 사유 등을 미리 알아야 하므로 현행법은 체포·구속영장청구서에 대한 변호인의 열람권을 법원이 제한할 수 없도록 하고 있다.

제2장
소송행위와 소송조건

제 1 절   소송행위

Ⅰ. 소송행위의 의의

　　형사소송은 국가형벌권의 실현을 목적으로 진행되는 절차과정이다. 소송행위란 이러한 형사절차를 조성하는 행위로서 일정한 소송법적 효과가 인정되는 것을 말한다. 소송행위는 소송목적을 달성하기 위하여 연속적으로 이루어지는 행위이며, 형사절차는 이러한 연속적인 소송행위의 집합이라고 할 수 있다. 따라서 하나의 소송행위는 절차의 발전단계에 따라 이미 행하여진 소송행위를 바탕으로 행하여지며 이전의 소송행위가 무효가 되면 이를 기초로 이루어진 이후의 소송행위도 역시 무효가 된다. 그러나 이는 형사사법의 비경제를 초래하므로 소송행위의 하자에 대해서는 사법상의 법률행위이론 특히 의사의 하자에 관한 이론을 그대로 적용할 수 없고, 일정한 경우에는 하자의 치유를 인정함으로써 소송절차가 유지되도록 할 필요가 있다. 이를 절차유지의 원칙이라고 한다.

II. 소송행위의 종류

1. 법원의 소송행위와 당사자 등의 소송행위

(1) 법원의 소송행위

법원의 소송행위는 피고사건에 대한 심리와 재판이 그 주된 내용을 이룬다. 그리고 법원이 재판을 하기 위하여 필요한 경우에 행하는 강제처분과 증거조사도 여기에 포함된다. 재판장·수명법관·수탁판사의 소송행위도 법원의 소송행위에 준한다. 법원사무관이 공판절차에서 조서를 작성하는 것도 법원의 소송행위에 준하여 여기에 포함시킬 수 있다.

(2) 당사자의 소송행위

검사와 피고인의 소송행위를 말하나, 변호인·대리인·보조인의 소송행위도 이에 준한다. 당사자의 소송행위에는 신청·입증 및 진술이 있다.

신청이란 법원에 대하여 일정한 재판을 구하는 소송행위를 말하며, 청구라고도 한다. 검사의 공소제기, 관할이전의 신청, 기피신청, 보석의 청구, 증거조사의 신청, 증거조사에 대한 이의신청, 상소의 제기 등이 여기에 해당한다. 신청 또는 청구가 당사자 등의 권리로 인정되어 있는 경우에는 법원은 이에 대해 반드시 재판을 하여야 한다.

입증이란 증명에 관한 소송행위를 말한다. 증거제출, 증거조사, 증인신문 등이 여기에 해당한다. 법원은 주로 당사자의 입증활동을 통하여 사실에 대한 심증을 형성하게 된다.

진술이란 법원에 대하여 사실을 보고하거나 사실상·법률상의 의견을 밝히는 것을 말한다. 진술에는 사실과 법률에 대한 의견을 진술하는 주장 또는 변론과 법원의 심증형성에 영향을 미치는 사실을 진술하는 협의의 진술이 포함된다. 검사의 논고와 구형 및 변호인의 변론은 전자에 해당하며, 피고인의 진술은 후자에 속한다.

(3) 제3자의 소송행위

제3자의 소송행위란 소송의 주체나 그 보조자 이외의 자가 행하는 소송행위를 말한다. 고소·고발, 참고인의 진술, 증언, 감정, 피고인 아닌 자가 행하는 압수물에 대한 환부·가환부의 청구 등이 여기에 해당한다.

2. 법률행위적 소송행위와 사실행위적 소송행위

법률행위적 소송행위란 일정한 소송법적 효과발생을 지향하는 의사표시를 그 본질적 요소로 하는 소송행위를 말한다. 고소, 공소의 제기, 기피신청, 보석청구, 법원의 재판, 상소의 제기 등이 여기에 해당한다. 법률행위적 소송행위는 의사표시를 근거로 하면서도 그 내용대로 효과가 발생하지 아니하고 소송법이 예정하고 있는 정형적 효과가 발생한다는 점에서 사법상의 법률행위와 구별된다. 따라서 법률행위적 소송행위에 대해서는 사법상의 법률행위에 대하여 인정되는 착오, 사기, 강박 등의 의사표시의 하자에 관한 이론들이 그대로 적용되지 않으며, 행위자의 효과의사와 표시행위가 불일치한 경우에는 원칙적으로 표시행위에 따른 소송법적 효과가 발생한다.

사실행위적 소송행위란 행위자의 의사와 관계없이 소송행위 자체에 대하여 일정한 소송법적 효과가 부여되는 소송행위를 말한다. 사실행위적 소송행위는 다시 표시행위와 순수한 사실행위로 나눌 수 있다. 표시행위란 의사의 외부적 표현을 수반하는 소송행위이지만 그에 상응하는 소송법적 효과가 인정되지 않는 것을 말하며, 논고 · 구형 · 변론 · 증언 · 감정 등이 여기에 해당한다. 이에 대하여 순수한 사실행위의 예로서는 강제처분을 위한 각종 영장의 집행, 피고인의 퇴정 등을 들 수 있다.

3. 실체형성행위와 절차형성행위

실체형성행위란 실체면의 형성에 직접적인 역할을 담당하는 소송행위, 즉 실체판단을 행하는 법관의 심증에 영향을 미치는 행위를 말한다. 증거조사, 피고인의 진술, 검사의 논고, 변호인의 변론, 증인의 증언, 법원의 검증 등이 여기에 해당한다. 이에 대하여 절차형성행위는 절차면의 형성을 목적으로 하는 소송행위, 즉 형사절차의 진행 자체와 관련된 소송행위를 말한다. 공소제기, 공판기일의 지정, 소송관계인의 소환, 기피신청, 증거조사의 신청, 상소의 제기 등이 여기에 속한다.

Ⅲ. 소송행위의 방식

소송행위의 방식은 크게 구두주의와 서면주의로 나누어 볼 수 있다. 구두주의는 소송행위를 구두로 행하게 하는 방식으로서 표시내용을 선명하게 하고 진술자의 태도 등을 통하여 진술내용의 진위를 판단할 수 있게 한다는 장점이 있다. 따라서 구두주의는 공판정에서의 소송행위, 특히 실체형성행위에 대한 원칙적 방식이며, 형사소송법은「공판정에서의 변론은 구두로 하여야 한다」고 규정하여(제275조의3) 이를 명확히 하고 있다. 한편 소송행위를 서면에 의하여 행하도록 하는 서면주의는 소송행위를 내용적·절차적으로 명확히 할 수 있다는 장점이 있다. 따라서 서면주의는 형식적 확실성을 요하는 절차형성행위에 있어서의 원칙적 방식이다. 공소제기(제254조), 상소제기(제343조 제1항), 증거보전신청(규칙 제92조), 재정신청(제260조), 공소장변경신청(규칙 제142조 제1항) 등 절차의 명확성을 높이거나 소송관계인의 신중한 판단을 요하는 많은 경우에 서면에 의한 소송행위를 요구하고 있다.

소송행위 중에는 서면 또는 구두의 어느 방식에 의하더라도 가능한 경우가 있다. 고소·고발 및 그 취소(제237조 제1항, 제239조), 공소의 취소(제255조), 상소의 포기·취하(제352조), 정식재판의 청구·취하(제458조) 등은 법률이 이를 명시한 경우이다. 또한 법원 또는 판사에 대한 신청 기타 진술은 형사소송법 및 형사소송규칙에 다른 규정이 없으면 서면 또는 구술로 할 수 있다(규칙 제176조 제1항). 따라서 기피신청(제18조), 국선변호인선정청구(제33조 제2항), 증거조사신청(제273조, 제294조), 증거조사에 대한 이의신청(제296조), 변론의 분리·병합·재개신청(제300조, 제305조) 등은 구두와 서면 어느 방식에 의해서도 모두 가능하다.

Ⅳ. 소송행위의 기간

1. 의 의

소송행위의 기간이란 일정한 소송행위를 하는 데 있어서 법원 또는 소송관계인이 지켜야 할 것으로 정해진 시간적 간격을 말한다. 기간은 시기와 종기에 의하여 구획된 시간의 길이를 말하므로 소송행위의 기간에는 시기와 종기가 있다.

소송행위의 기간은 기일과 구별된다. 기일이란 소송관계인이 소송행위를 하기 위해 정해진 때를 말하며, 일과 시로써 정해진다. 공판기일·검증기일·증인신문기일 등이 여기에 해당하며, 기일은 지정된 시각에 개시되지만 그 종기에는 제한이 없다.

2. 기간의 종류

(1) 행위기간과 불행위기간

행위기간이란 적법하게 소송행위를 할 수 있는 일정한 기간을 말한다. 고소기간(제230조) 상소기간(제358조, 제374조) 등이 여기에 해당한다. 불행위기간이란 일정한 기간 내에는 소송행위를 할 수 없는 기간을 말한다. 제1회 공판기일 유예기간(제269조), 소환장송달의 유예기간(규칙 제123조) 등이 여기에 속한다.

(2) 법정기간과 재정기간

기간의 길이가 법에 의해서 정해져 있는 것을 법정기간이라고 하며, 재판에 의하여 정하여지는 기간을 재정기간이라고 한다. 구속기간(제92조, 제202조, 제203조)·상소제기기간(제358조, 제374조) 등이 전자에 해당하며, 구속기간의 연장(제205조)·감정유치기간(제172조 제3항, 제221조의3) 등은 후자에 속한다.

(3) 불변기간과 훈시기간

불변기간이란 기간경과 후에 행한 소송행위가 무효로 되는 경우의 기간을 말한다. 고소기간(제230조), 재정신청기간(제260조), 상소기간(제358조, 제374조), 즉시항고의 제기기간(제405조) 등은 불변기간에 해당한다. 이에 대하여 훈시기간이란 기간이 경과한 후에 소송행위를 하더라도 그 효력에 영향이 없는 기간을 말한다. 검사의 사건처리기간(제257조), 재정결정기간(제262조), 판결선고기간(제318조의4), 상소사건에 있어서 소송기록과 증거물의 송부기간(제361조, 제377조) 등이 여기에 속한다.

3. 기간의 계산

기간의 계산에 관하여는 시(時)로써 계산하는 것은 즉시(卽時)부터 기산하고, 일(日)·월(月) 또는 년(年)으로 계산하는 것은 초일을 산입하지 아니한다. 따라서 상소제기기간의 기산일은 재판을 선고 또는 고지한 날 다음 날부터이다. 다만 시효(時效)와 구속기간의 초일은 시간을 계산하지 아니하고 1일로 산정한다(제66조 제1항). 년 또는 월로 정한 기간은 연 또는 월 단위로 계산한다(동조 제2항). 기간의 말일이 공휴일이거나 토요일이면 그 날은 기간에 산입하지 아니한다. 다만 시효와 구속기간에 관하여서는 예외로 한다(동조 제3항).

V. 소송행위에 대한 가치판단

1. 의   의

소송행위에 대한 가치판단이란 소송행위에 하자가 있는 경우에 당해 소송행위를 어떻게 평가할 것인가의 문제를 말한다. 소송행위가 법에서 정한 요건을 구비하지 못한 경우, 즉 소송행위에 하자가 있는 경우의 효력의 문제라고 할 수 있다. 소송행위에 대한 가치판단에 있어서는 소송행위가 행하여진 전후의 사정, 하자의 성질과 정도 등을 종합적으로 고려하여야 한다.

소송행위에 대한 가치판단의 문제로는 ① 성립과 불성립, ② 유효와 무효, ③ 적법과 부적법, ④ 이유의 유무의 네 가지가 논의된다.

2. 소송행위의 성립 · 불성립

소송행위의 성립 · 불성립이란 특정한 행위가 소송행위로서의 외관 내지 정형을 갖추고 있는가, 다시 말해서 소송법이 당해 소송행위에 대하여 요구하는 본질적 개념요소를 구비하고 있는가에 대한 가치판단을 말한다. 예컨대 검찰청 직원이 공소를 제기하더라도 공소제기행위는 성립하지 않고, 법원서기관이 판결을 선고하더라도 판결선고행위는 성립하지 않는다.

소송행위의 성립 · 불성립을 논하는 실익은 소송행위의 유효 · 무효와의 구별에 있다. 소송행위가 성립하지 않은 때에는 이를 무시하고 방치할 수 있으나, 성립한 때에는 그 소송행위가 무효라도 방치할 수 없고 특히 신청과 같은 절차형성행위에 대하여는 일정한 판단을 요한다. 또한 무효의 치유는 소송행위의 성립을 전제로 하므로 소송행위가 성립하지 않은 때에는 치유가 문제되지 않는다.

3. 소송행위의 유효 · 무효

(1) 의   의

소송행위의 유효 · 무효는 소송행위가 성립한 것을 전제로 소송행위의 본래적 효력을 인정할 것인가에 대한 가치판단을 말한다. 무효인 소송행위에는 그 본래적 효력은 인정되지 않지만 일정한 소송법적 효과가 발생할 수도 있다. 공소제기가 무효인 경우에 실체심판을 받을 효력은 발생하지 않지만, 공소시효정지의 효력이 발생할 뿐만 아니라 법원은 이에 대하여 공소기각의 판결을 하여야 한다(제327조 제2호).

(2) 무효의 원인

(가) 소송행위주체에 관한 무효원인

1) 소송행위적격 또는 소송능력의 부존재

소송행위의 주체에게 소송행위적격이 없는 경우에는 소송행위가 무효로 된다. 고소권자가 아닌 자의 고소, 상소권자 이외의 자의 상소, 대리권 없는 자가 한 소송행위 등이 여기에 해당한다.

소송능력이 없는 자가 한 소송행위의 효력에 관하여는 견해가 나누어진다. 의사능력이 결여된 자의 소송행위에 효력을 인정하는 것은 소송행위의 주체인 본인의 이익보호를 위하여 불합리할 뿐만 아니라 실체적 진실발견에도 도움이 되지 않는다는 이유로 실체형성행위와 절차형성행위를 구별하지 않고 모두 무효로 된다는 견해와 절차형성행위는 무효이지만 피고인의 진술이나 증인의 증언 등의 실체형성행위는 무효로 되지 않는다는 견해가 그것이다. 자신의 경험을 진술·표현할 수 있는 정신적 능력을 의미하는 증언능력이나 피고인의 진술능력은 의사능력 내지 소송능력이 없는 경우에도 인정될 수 있으므로 소송능력의 결여가 모든 실체형성행위를 무효로 하는 것은 아니라고 해야 한다. 판례도 사건 당시 만 4세 또는 5세 미만의 아이에 대하여 증언능력을 긍정한 경우가 있다(99도3786; 2005도9561).

2) 의사표시의 하자

행위주체가 착오·사기·강박 등에 의해 소송행위를 한 경우에 당해 행위가 무효로 되는지가 문제로 된다. 실체형성행위는 그 표시행위가 행위자의 진의와 합치하는가의 여부보다도 실체와의 합치 여부가 중요하므로 착오 등이 무효원인이 되지 않는다는 점에 이론이 없다. 절차형성행위에 있어서도 의사의 하자는 원칙적으로 무효의 원인이 되지 않는다고 보아야 한다. 절차형성행위는 그 성질상 외부적으로 표시된 바에 의하여 판단해 나가지 않으면 절차의 확실성과 신속한 진행을 기할 수 없기 때문이다. 따라서 착오 등에 의한 고소의 취소 또는 상소의 포기는 원칙적으로 유효한 것으로 보아야 한다.

다만 예외적으로 소송행위가 적법절차의 원칙에 반하여 이루어진 경우에는 그 효력을 인정할 수 없다고 해야 한다. 따라서 착오에 의한 절차형성행위에 있어서

① 통상인의 판단을 기준으로 하여 만일 착오가 없었다면 그러한 소송행위를 하지 않았으리라고 인정되는 중요한 점에 관하여 착오가 있고, ② 착오가 행위자 또는 대리인이 책임질 수 없는 사유로 인하여 발생하였으며, ③ 그 행위를 유효로 하는 것이 현저히 정의에 반한다고 인정되는 경우에는 예외적으로 착오를 무효원인으로 인정하여야 할 것이다(92모1).

또한 소송행위가 사기·강박에 의하여 이루어진 경우에도 법원 또는 검사가 행한 사기·강박에 의한 경우에는 적법절차의 원칙에 반하여 소송행위가 예외적으로 무효로 된다고 보아야 한다.

(나) 행위내용과 방식에 관한 무효원인

소송행위의 내용이 법률상 또는 사실상 실현불가능한 것인 때에는 무효가 된다. 예컨대 법정형을 넘는 형을 선고한 유죄판결, 허무인에 대한 공소제기 또는 존재하지 않는 재판에 대한 상소제기 등이 여기에 해당한다.

방식위반의 소송행위의 효력은 방식을 요구하는 목적과 필요성을 고려하여 판단하여야 한다. 따라서 방식이 중요한 의미를 가지는 경우에는 방식위반의 소송행위를 무효로 한다. 예컨대 구두에 의한 공소제기, 재판서에 의하지 않은 재판 등이 여기에 해당한다.

4. 소송행위의 적법·부적법

소송행위의 적법·부적법은 소송행위가 법률의 규정에 합치하는가에 대한 가치판단을 말한다. 소송행위가 법률의 규정에 합치하면 적법이고, 불합치한 때에는 부적법한 것이 된다. 소송행위의 적법·부적법도 소송행위의 성립을 전제로 한다는 점에서는 소송행위의 유효·무효와 동일하다. 그러나 부적법한 소송행위라고 하더라도 훈시규정에 위반한 행위는 유효하다는 점에서 언제나 양자가 일치하는 것은 아니다. 즉 효력규정에 위반한 소송행위는 부적법하면서 또한 무효이지만, 단순히 훈시규정에 위반한 소송행위는 부적법하기는 하지만 무효는 아니다.

5. 소송행위의 이유의 유무

소송행위의 이유의 유무란 법률행위적 소송행위에 관하여 그 의사표시의 내용이 정당한가 여부에 대한 가치판단을 말한다. 이유 있음·이유 없음의 판단은 원칙적으로 적법하고 유효한 소송행위를 전제로 하며, 당사자의 신청이나 청구 등의 소송행위의 경우에 문제가 된다. 소송행위의 이유의 유무에 따라 법원은 신청을 인용하거나 기각하는 재판을 한다.

제 2 절   소송조건

I. 소송조건의 의의

소송조건이란 전체로서의 소송이 성립·유지·발전하기 위한 기본조건을 말한다. 이러한 형사소송절차의 허용조건으로서의 소송조건은 다음과 같은 의미를 포함한다. 먼저 소송조건은 법원이 피고사건의 실체에 대하여 심판하기 위한 실체심판의 전제조건이라고 할 수 있다. 소송조건이 결여되면 실체적 소송관계가 존재하지 않으므로 형벌권의 존부에 대한 판단이 불가능하기 때문이다. 한편 실체에 대한 심판은 공소제기의 본래적 효력이라는 점에서 볼 때에는 소송조건은 공소제기의 유효조건이라고 할 수 있고, 소송이 진행되는 도중에 소송조건이 결여된 때에는 형식재판으로 소송을 종결시키고 그 후의 소송의 존속·발전은 허용되지 아니한다는 의미에서는 소송조건은 소송의 존속·발전을 위한 조건이라고도 할 수 있다.

II. 소송조건의 종류

1. 절대적 소송조건과 상대적 소송조건

절대적 소송조건은 법원이 직권으로 조사해야 하는 소송조건을 말하고, 상대적 소송조건은 당사자의 신청을 기다려 법원이 조사하는 소송조건을 말한다. 소송조건은 대부분 절대적 소송조건이지만, 토지관할은 예외적으로 상대적 소송조건에 해당한다(제320조).

2. 형식적 소송조건과 실체적 소송조건

형식적 소송조건이란 소송의 절차면에 관한 사유를 소송조건으로 하는 경우를 말한다. 재판권의 존재, 관할권의 존재, 친고죄에 있어서 고소의 존재, 이중기소의 부존재 등과 같이 사건의 절차적 사유가 문제로 되는 경우가 형식적 소송조건이다. 형식적 소송조건이 결여된 경우에는 공소기각의 결정(제328조), 공소기각의 판결(제327조), 관할위반의 판결(제319조)로써 소송을 종결시킨다. 결여된 형식적 소송조건이 사후에 보완된 경우에는 동일한 범죄사실에 대하여 다시 기소하는 것이 가능하다.

실체적 소송조건이란 소송의 실체면에 관한 사유를 소송조건으로 하는 경우를 말한다. 사건의 실체에 대하여 심판하기 위해서는 절차적인 조건 즉 형식적 소송조건을 구비할 뿐만 아니라, 실체형성을 행할 이익이 존재하고 또한 실체형성을 진행시키는 것을 부적당하게 할 사유가 존재하지 않아야 한다. 확정판결이 있은 때, 사면이 있은 때, 공소의 시효가 완성되었을 때, 범죄 후의 법령개폐로 형이 폐지되었을 때가 실체형성의 이익이 없어 실체적 소송조건을 결여하는 경우에 해당한다. 실체적 소송조건이 결여되면 면소판결(제326조)의 선고를 통하여 소송을 종결하게 된다. 면소판결이 선고된 경우에는 일사부재리의 효력이 인정된다. 면소판결은 그것이 단순한 절차상의 하자를 이유로 하는 것이 아니라 중대한 내용상의 하자라고 할 수 있는 실체형성의 이익의 결여를 이유로 하는 것이고, 또한 결여된 실체형성의 이익은 사후에 새로이 보완될 수도 없다는 점을 고려하여 인정되는 효력이다.

Ⅲ. 소송조건의 조사

법원은 소송조건의 존부에 관하여 직권으로 조사하여야 한다. 다만 토지관할위반의 경우에는 피고인의 신청이 있을 때에만 법원은 조사할 수 있다(제320조 제1항). 소송조건의 존부에 대한 조사는 제1심뿐만 아니라 항소심과 상고심에서도 하여야 한다.

소송조건의 존부는 공소사실을 기준으로 판단하여야 하며, 공소장이 변경된 경우에는 변경된 공소사실을 기준으로 판단해야 한다. 따라서 비친고죄인 피고사건이 공소장변경에 의하여 친고죄로 변경된 경우에는 법원은 공소제기시에 고소가 없음을 이유로 공소기각 판결을 선고하여야 한다(제327조 제2항).

한편 공소시효의 완성 여부를 판단함에 있어서는 공소장이 변경된 경우라도 공소제기시를 기준으로 판단하여야 한다. 공소시효는 공소제기에 의하여 그 진행이 정지되며, 공소제기의 효력은 공소장에 기재된 공소사실과 동일성이 인정되는 사실에 대하여도 미치기 때문이다. 따라서 변경된 공소사실의 공소시효완성 여부의 판단시점은 공소장변경시가 아니라 공소제기의 시점이 된다(91도3150). 다만 공소시효의 기간은 변경된 공소사실에 대한 법정형이 기준이 된다.

Ⅳ. 소송조건의 결여

소송이 계속된 사건에 대해 소송조건이 존재하지 않으면 형식재판으로 절차를 종결해야 한다. 형식적 소송조건을 결여한 경우에는 공소기각의 판결(제327조)이나 공소기각의 결정(제328조) 또는 관할위반의 판결(제319조)을 하며, 실체적 소송조건을 결한 때에는 면소의 판결(제326조)을 선고한다.

소송조건의 결여가 경합한 경우에는 논리상의 순서와 판단의 난이에 따라 형식재판의 내용을 결정하여야 한다. 따라서 형식적 소송조건과 실체적 소송조건의 결여가 경합한 경우에는 형식적 소송조건의 결여를 이유로 재판하여야 하며, 수개의 형식적 소송조건의 결여가 경합한 때에는 하자의 정도가 중대한 것을 이유로 하는 재판에 의하여 소송을 종결시켜야 할 것이다. 예컨대 공소기각의 사유와 관할위반의 사유가 경합한 때에는 공소기각의 재판을 해야 하며, 공소기각의 판결과 공소기각의 결정 사유가 경합한 때에는 공소기각의 결정을 하여야 한다.

Ⅴ. 소송조건의 추완

소송조건의 추완이란 공소제기 당시에는 소송조건이 구비되지 않았으나 소송계속 중에 소송조건이 갖추어진 경우에 공소제기의 하자가 치유되는가의 문제를 말한다. 소송조건의 추완은 주로 친고죄에 있어서 고소의 추완을 인정할 것인가의 문제로서 논의된다. 고소의 추완은 친고죄에 있어서 고소가 없음에도 불구하고 공소를 제기한 후에 비로소 고소가 있는 경우에 공소가 적법하게 되어 법원이 실체판단을 할 수 있는가의 문제이다.

소송의 동적·발전적 성격과 소송경제를 이유로 소송조건의 추완을 인정하는 적극설도 있으나, 소송조건은 공소제기의 적법·유효요건이고 공소제기는 형식적 확실성이 강하게 요청되는 소송행위라는 점에서 소송조건의 추완은 이를 부정함이 타당하다. 따라서 친고죄인 모욕죄에 있어서 고소가 없음에도 불구하고 공소를 제기한 후에 비로소 고소가 있는 경우에는 법원은 공소제기시에 고소가 없음을 이유로 공소를 기각하여야 한다. 판례도 부정설의 입장을 취하고 있다(82도1504).

제3편

수사와 공소제기

제1장

수   사

제 1 절 수사의 기본개념

I. 수사의 의의

1. 의   의

수사란 형사사건에 관하여 범죄의 혐의 유무를 명백히 하여 공소의 제기 및 유지 여부를 결정하기 위하여 범인을 발견·확보하고 증거를 수집·보전하는 수사기관의 활동을 말한다. 따라서 공소제기 전에 공소제기 여부를 결정하기 위한 수사기관의 활동뿐만 아니라 공소를 제기한 후에 행하는 공소유지를 위한 보강수사나 공소취소 여부를 결정하기 위한 수사기관의 활동도 수사에 포함된다. 그리고 이러한 수사활동이 연속적으로 이루어지는 과정을 수사절차라고 한다. 형사절차는 수사에 의하여 개시되므로 수사는 형사절차의 제1단계라고 할 수 있다.

2. 수사와 내사의 구별

수사는 범죄의 혐의가 있다고 사료되는 때에 개시되는 수사기관의 활동이므로 범죄의 혐의 유무를 알아보기 위하여 행하는 수사기관의 조사활동인 내사와는 구별된다. 내사단계에서 조사의 대상인 사람을 피내사자 또는 용의자라고 하며, 수사기관에 의해서 일정한 혐의가 인정되어 수사가 개시된 사람을 피의자라고 한다.

상대방이 피의자로 되는 수사의 구체적인 개시시점은 형식적으로 범죄인지서 등을 작성하여 사건수리절차를 밟은 때(입건시)가 아니라, 실질적으로 수사기관이 범죄혐의 있음을 외부적으로 표시하는 활동을 하였을 때라고 보아야 한다. 판례도 수사의 개시 여부를 결정함에 있어서 실질설의 입장을 취하고 있다(2010도8294).

검사와 사법경찰관의 상호협력과 일반적 수사준칙에 관한 규정도 이러한 입장에서 수사개시의 내용을 명문화하고 있다. 즉 검사 또는 사법경찰관이 ① 피혐의자의 수사기관 출석조사, ② 피의자신문조서의 작성, ③ 긴급체포, ③ 체포·구속영장의 청구 또는 신청, ④ 사람의 신체, 주거, 관리하는 건조물, 자동차, 선박, 항공기 또는 점유하는 방실에 대한 압수·수색 또는 검증영장(부검을 위한 검증영장은 제외한다)의 청구 또는 신청의 어느 하나에 해당하는 행위에 착수한 때에는 수사를 개시한 것으로 보며, 이 경우 검사 또는 사법경찰관은 해당 사건을 즉시 입건해야 한다(동규정 제16조).

수사의 대상인 피의자는 헌법과 형사소송법이 부여하는 피의자의 권리를 충분히 행사할 수 있는 데 대하여, 내사의 대상자인 피내사자는 단순한 혐의자 내지 용의자에 불과하여 이러한 권리를 행사하는 데 일정한 제한을 받는다. 따라서 피내사자는 증거보전(제184조)을 청구할 수 없으며(79도792), 진정에 기하여 이루어진 내사사건에서 내사종결처분이 내려지더라도 진정인은 고소사건의 고소인과는 달리 재정신청을 청구할 수도 없다(91모68). 내사사건의 종결처리는 수사기관의 내부적인 사건처리방식에 지나지 않기 때문이다.

II. 수사기관

1. 수사기관의 의의

수사기관이란 법률상 수사할 권한이 인정되어 있는 국가기관을 말한다. 수사기관에는 검사와 사법경찰관리 및 고위공직자범죄수사처의 검사와 수사관이 있다.

과거에는 검사에게 수사지휘권과 수사종결권이 인정되어 사법경찰관은 모든 수사에 관하여 검사의 지휘를 받았으나, 형사소송법의 개정으로 검사와 사법경찰관은 수직관계가 아니라 협력관계로 변하였다. 검사 및 사법경찰관은 범죄의 혐의가 있다고 사료하는 때에는 범인, 범죄사실과 증거를 수사하고(제196조, 제197조 제1항), 수사와 공소제기 및 공소유지에 관하여 서로 협력하여야 한다(제195조 제1항). 검사는 특별사법경찰관의 수사에 관하여 지휘권을 가지나(제245조의10 제2항), 일반사법경찰관의 수사에 관해서는 감독권만을 가진다.

수사기관의 피의자에 대한 수사는 불구속 상태에서 함을 원칙으로 한다(제198조 제1항). 검사·사법경찰관리와 그 밖에 직무상 수사에 관계있는 자는 피의자 또는 다른 사람의 인권을 존중하고 수사과정에서 취득한 비밀을 엄수하며 수사에 방해되는 일이 없도록 하여야 한다(동조 제2항). 검사·사법경찰관리와 그 밖에 직무상 수사에 관계있는 자는 수사과정에서 수사와 관련하여 작성하거나 취득한 서류 또는 물건에 대한 목록을 빠짐 없이 작성하여야 한다(동조 제3항).

수사기관으로서의 검사의 지위와 권한에 관해서는 이미 설명하였으므로 여기서는 사법경찰관리 및 고위공직자범죄수사처의 직무에 대하여 살펴보기로 한다.

2. 사법경찰관리

(1) 일반사법경찰관리

경찰공무원 가운데 경무관·총경·경정·경감·경위는 사법경찰관에 해당하고, 경사·경장·순경은 사법경찰리에 해당한다(제197조 제1항·제2항). 사법경찰리는 사법경찰관의 지휘를 받아 수사를 보조하는 기관이지만(동조 제2항) 사법경찰관으로부터 구체적 사건에 관하여 특정한 수사명령을 받으면 사법경찰관의 사무를 취급할 권한이 인정된다. 이 때 사법경찰관의 명령에 의하여 피의자신문을 행하거나 피의자신문조서 등을 작성하는 사법경찰리를 가리켜서 '사법경찰관사무취급'이라고 한다.

한편 검찰공무원 가운데 검찰수사서기관·수사사무관 및 마약수사사무관은 검사를 보좌하며 사법경찰관으로서 검사의 지휘를 받아 수사하여야 한다(제245조의9, 검찰청법 제46조 제2항). 그리고 검찰총장 및 각급 검사장의 지명을 받은 검찰주사·마약수사주사·검찰주사보·마약수사주사보는 사법경찰관의 직무를, 검찰서기·마약수사서기·검찰서기보·마약수사서기보는 사법경찰리의 직무를 행한다(검찰청법 제47조

제1항). 사법경찰리의 직무를 행하는 검찰청 직원은 검사 또는 사법경찰관의 직무를 행하는 검찰청 직원의 수사를 보조하여야 한다(제245조의9 제3항).

(2) 특별사법경찰관리

특별사법경찰관리는 삼림·해사·전매·세무·군수사기관, 그 밖에 특별한 사항에 관하여 사법경찰관리의 직무를 행하는 자를 말한다(제245조의10). 「사법경찰관리의 직무를 행할 자와 그 직무범위에 관한 법률」은 특별사법경찰관리의 종류와 직무범위를 규정하고 있다. 교도소장·구치소장·소년원장 또는 소년분류심사원장, 산림보호에 종사하는 공무원, 식품의약품안전처 등에서 식품 또는 의약품 단속 사무에 종사하는 공무원, 철도경찰 사무에 종사하는 공무원, 관세법상의 세관공무원, 근로기준법에 의한 근로감독관, 선장과 기장, 군사법경찰관리 등이 법률이 정한 특별사법경찰관리에 해당한다.

특별사법경찰관리는 직무범위가 사항별로 제한되어 있다. 특별사법경찰관리는 일반사법경찰관리와는 달리 모든 수사에 관하여 검사의 지휘를 받으며(동조 제2항, 제4항), 범죄를 수사한 때에는 지체 없이 검사에게 사건을 송치하고, 관계서류와 증거물을 송부하여야 한다(동조 제5항, 제6항).

(3) 일반사법경찰관리의 지위와 권한

(가) 검사와의 상호협력관계

개정 전 형사소송법은 검사의 사법경찰관에 대한 수사지휘권을 인정하고 있었으나, 현행 형사소송법은 검사와 사법경찰관의 관계를 수직관계가 아니라 상호협력관계로 설정하여 사법경찰관에 대한 검사의 수사지휘권을 폐지하였다. 검사와 사법경찰관은 수사, 공소제기 및 공소유지에 관하여 서로 협력하여야 한다(제195조 제1항).

(나) 수사권 및 1차 수사종결권

경무관·총경·경정·경감·경위는 사법경찰관으로서 범죄의 혐의가 있다고 사료하는 때에는 범인, 범죄사실과 증거를 수사한다(제197조 제1항). 경사·경장·순경은 사법경찰리로서 수사의 보조를 하여야 한다(동조 제2항). 경찰청 소속 사법경찰관리는 경찰청의 하부조직인 국가수사본부에 속한다. 국가수사본부는 경찰수사 관련 정책의 수립·총괄·조정, 경찰수사 및 수사 지휘·감독 기능을 수행하며, 수사국·형사국·사이버수사국 및 안보수사국으로 구성된다(경찰청과 그 소속기관 직제 제4조, 제16조).

검사가 수사를 직접 개시할 수 있는 범죄는 ① 부패범죄, 경제범죄 등 대통령령

(검사의 수사개시 범죄 범위에 관한 규정)으로 정하는 중요 범죄, ② 경찰공무원이 범한 범죄, ③ 위의 ①, ②의 범죄 및 사법경찰관이 송치한 범죄와 관련하여 인지한 각 해당범죄와 직접 관련성이 있는 범죄에 한정된다(검찰청법 제4조 제1항). 검사 또는 고위공직자범죄수사처에 수사권이 인정되는 특정한 범죄 이외의 범죄에 대한 수사권은 사법경찰관에게 있다. 만약 검사와 사법경찰관이 동일한 범죄사실을 수사하게 된 때에 검사는 사법경찰관에게 사건을 송치할 것을 요구할 수 있고(제197조의4 제1항), 요구를 받은 사법경찰관은 지체 없이 검사에게 사건을 송치하여야 한다(동조 제2항 본문). 다만 검사가 영장을 청구하기 전에 동일한 범죄사실에 관하여 사법경찰관이 영장을 신청한 경우에는 해당 영장에 기재된 범죄사실을 계속 수사할 수 있다(동조 제2항 단서). 따라서 검사에게 수사권한이 인정되는 범죄사실이라고 하더라도 사법경찰관이 수사한 후 먼저 영장을 신청하는 경우에는 사법경찰관이 계속해서 당해 범죄사실을 수사할 수 있는 예외가 인정된다.

또한 사법경찰관은 범죄를 수사한 후 범죄혐의가 있다고 인정되지 않는 경우에는 사건에 대한 1차 수사종결권을 가진다. 사법경찰관은 고소·고발 사건을 포함하여 범죄를 수사한 후 범죄의 혐의가 있다고 인정되는 경우에는 지체 없이 검사에게 사건을 송치하고, 그 밖의 경우에는 그 이유를 명시한 서면과 함께 관계 서류와 증거물을 지체 없이 검사에게 송부하여야 한다. 후자의 경우 검사는 송부받은 날부터 90일 이내에 사법경찰관에게 반환하여야 한다(제245조의5).

(다) 검사의 영장불청구에 대한 심의신청권

검사가 사법경찰관이 신청한 영장을 정당한 이유 없이 판사에게 청구하지 아니한 경우 사법경찰관은 그 검사 소속의 지방검찰청 소재지를 관할하는 고등검찰청에 영장 청구 여부에 대한 심의를 신청할 수 있고(제221조의5 제1항), 이를 심의하기 위하여 각 고등검찰청에 영장심의위원회를 둔다(동조 제2항). 영장심의위원회는 검사의 부당한 영장불청구를 규제하기 위한 제도로서 그 심의대상에는 체포·구속영장, 압수·수색·검증영장, 통신제한조치허가서 및 통신사실확인자료제공 요청허가서, 그 밖에 사법경찰관이 관련 법률에 따라 신청하고 검사가 법원에 청구하는 강제처분의 청구 여부에 관한 사항이 모두 포함된다(영장심의위원회 규칙 제2조).

영장심의위원회는 위원장 1명을 포함한 10명 이내의 외부 위원으로 구성하고, 위원은 각 고등검찰청 검사장이 위촉한다(제221조의5 제3항). 심의신청을 한 사법경찰관과 담당검사는 심의위원회에 의견서를 제출할 수 있고, 심의위원회에 출석하여 의견을 개진할 수 있다(영장심의위원회 규칙 제17조, 제18조). 담당검사와 사법경찰관은 심의위원회의 심의결과를 존중해야 하나, 이에 구속되지는 않는다(동규칙 제25조 제2항 참조).

3. 고위공직자범죄수사처

(1) 조　직

고위공직자범죄등에 관한 필요한 직무를 수행할 수 있도록 2020년 「고위공직자범죄수사처 설치 및 운영에 관한 법률(이하 공수처법)」이 제정되었고, 이에 따라 고위공직자범죄수사처(이하 수사처)가 설치되었다.

수사처는 처장, 차장, 수사처검사, 수사처수사관, 그 밖의 직원으로 구성된다(공수처법 제4조). 처장은 수사처의 사무를 통할하고 소속 직원을 지휘·감독한다(동법 제17조 제1항). 처장은 직무승계권과 직무이전권을 가진다. 처장은 수사처검사의 직무를 자신이 처리할 수 있으며(동법 제19조 제2항 전단), 수사처검사로 하여금 자신의 권한에 속하는 직무의 일부를 처리하게 하거나, 수사처검사의 직무를 다른 수사처검사로 하여금 처리하게 할 수 있다(동조 제1항·제2항 후단). 또한 처장은 직무를 수행함에 있어서 필요한 경우 대검찰청, 경찰청 등 관계 기관의 장에게 고위공직자범죄등과 관련된 사건의 수사기록 및 증거 등 자료의 제출과 수사활동의 지원 등 수사협조를 요청할 수 있다(동법 제17조 제4항). 차장은 처장을 보좌하며, 처장이 부득이한 사유로 그 직무를 수행할 수 없는 때에는 그 직무를 대행한다(동법 제18조 제1항). 처장과 차장은 수사처검사의 직을 겸한다(동법 제17조 제5항, 제18조 제2항).

수사처검사는 처장과 차장을 포함하여 25명 이내로 하고(동법 제8조 제2항), 처장의 지휘·감독에 따르며 수사처수사관을 지휘·감독한다(동법 제20조 제2항). 수사처검사는 공위공직자범죄의 유형에 따라 수사와 공소의 제기 및 유지에 필요한 행위를 한다(동조 제1항). 또한 수사처검사는 구체적 사건과 관련된 처장의 지휘·감독의 적법성 또는 정당성에 대하여 이견이 있을 때에는 이의를 제기할 수 있다(동조 제3항). 처장과 차장을 포함한 수사처검사는 신분이 보장되어, 탄핵이나 금고 이상의 형을 선고받은 경우를 제외하고는 파면되지 아니하며, 징계처분에 의하지 아니하고는 해임·면직·정직·감봉·견책 또는 퇴직의 처분을 받지 아니한다(동법 제14조).

수사처수사관은 검찰청으로부터 파견받은 검찰수사관을 포함하여 40명 이내로 하고(동법 제10조 제2항), 수사처검사의 지휘·감독을 받으며 고위공직자범죄등에 대한 수사에 관하여 형사소송법 제197조 제1항에 따른 사법경찰관의 직무를 수행한다(동법 제21조).

(2) 고위공직자 및 대상범죄의 범위

(가) 고위공직자

공수처법에서 정의하는 고위공직자는 다음 어느 하나의 직(職)에 재직 중인 사람 또는 그 직에서 퇴직한 사람을 말한다. ① 대통령, ② 국회의장 및 국회의원, ③ 대법원장 및 대법관, ④ 헌법재판소장 및 헌법재판관, ⑤ 국무총리와 국무총리비서실 소속의 정무직공무원, ⑥ 중앙선거관리위원회의 정무직공무원, ⑦ 「공공감사에 관한 법률」 제2조 제2호에 따른 중앙행정기관의 정무직공무원, ⑧ 대통령비서실·국가안보실·대통령경호처·국가정보원 소속의 3급 이상 공무원, ⑨ 국회사무처, 국회도서관, 국회예산정책처, 국회입법조사처의 정무직공무원, ⑩ 대법원장비서실, 사법정책연구원, 법원공무원교육원, 헌법재판소사무처의 정무직공무원, ⑪ 검찰총장, ⑫ 특별시장·광역시장·특별자치시장·도지사·특별자치도지사 및 교육감, ⑬ 판사 및 검사, ⑭ 경무관 이상 경찰공무원, ⑮ 장성급 장교, ⑯ 금융감독원 원장·부원장·감사, ⑰ 감사원·국세청·공정거래위원회·금융위원회 소속의 3급 이상 공무원이 여기에 포함된다(동법 제2조 제1호).

고위공직자의 가족이란 배우자, 직계존비속을 말한다. 다만 대통령의 경우에는 배우자와 4촌 이내의 친족을 말한다(동법 제2조 제2호).

(나) 대상범죄

공수처법의 적용대상인 고위공직자범죄란 고위공직자로 재직 중에 본인 또는 고위공직자의 직무와 관련하여 가족이 범한 다음의 죄를 말한다. ① 「형법」 제122조부터 제133조까지의 공무원의 직무에 관한 죄(다른 법률에 따라 가중처벌되는 경우를 포함), ② 직무와 관련되는 「형법」 제141조(공용서류 등의 무효, 공용물의 파괴), 제225조(공문서등의 위조·변조), 제227조(허위공문서작성등), 제227조의2(공전자기록위작·변작), 제229조의 위조등 공문서의 행사죄(다만 위의 범죄의 행사죄에 한정), 제355조부터 제357조까지(횡령과 배임의 죄) 및 제359조의 그 미수죄(다른 법률에 따라 가중처벌되는 경우를 포함), ③ 「특정범죄 가중처벌 등에 관한 법률」 제3조(알선수재)의 죄, ④ 변호사법」제111조(알선수재)의 죄, ⑤「정치자금법」제45조(정치자금부정수수)의 죄, ⑥「국가정보원법」제21조(정치 관여) 및 제22조(직권남용)의 죄, ⑦「국회에서의 증언·감정 등에 관한 법률」제14조 제1항(위증 등)의 죄, ⑧ 위의 죄에 해당하는 범죄행위로 인한「범죄수익은닉의 규제 및 처벌 등에 관한 법률」제2조 제4호의 범죄수익등과 관련된 같은 법 제3조(범죄수익등의 은닉 및 가장) 및 제4조(범죄수익등의 수수)의 죄가 여기에 포함된다(공수처법 제2조 제3호).

또한 관련범죄란 ① 고위공직자와「형법」제30조부터 제32조까지의 관계에 있는 자(공동정범·교사범·종범)가 범한 위의 어느 하나에 해당하는 죄, ② 고위공직자를 상대로 한 자의「형법」제133조(뇌물공여등), 제357조 제2항(배임증재)의 죄, ③ 고위공직자범죄와 관련된「형법」제151조 제1항(범인은닉), 제152조(위증, 모해위증), 제154조부터 제156조까지의 죄(허위의 감정·통역·번역, 증거인멸, 무고) 및「국회에서의 증언·감정 등에 관한 법률」제14조 제1항(위증 등)의 죄, ④ 고위공직자범죄 수사 과정에서 인지한 그 고위공직자범죄와 직접 관련성이 있는 죄로서 해당 고위공직자가 범한 죄를 말한다(공수처법 제2조 제4호).

그리고 "고위공직자범죄등"이란 위의 고위공직자범죄와 관련범죄를 말한다(동법 제2조 제5호).

(3) 직무와 권한

공수처법에 의하여 설치된 고위공직자범죄수사처는 특별법상의 수사기관에 해당한다. 수사처는 그 권한에 속하는 직무를 독립하여 수행하는데(동법 제3조 제2항), 수사처의 직무에는 ① 고위공직자범죄등에 관한 수사(동조 제1항 제1호)와 ② 고위공직자 중 대법원장·대법관·검찰총장·판사·검사·경무관 이상 경찰공무원에 해당하는 고위공직자로 재직 중에 본인 또는 본인의 가족이 범한 고위공직자범죄등의 공소제기와 그 유지(동조 제1항 제2호)가 포함된다.

수사처검사는 고위공직자범죄의 혐의가 있다고 사료하는 때에는 범인, 범죄사실과 증거를 수사하여야 한다(동법 제23조). 공수처법 제3조 제1항 제2호에 해당하는 판사·검사·경무관 이상 경찰공무원 등이나 그들의 가족이 범한 고위공직자범죄 및 관련범죄에 대해서는 수사권뿐만 아니라 공소를 제기하고 유지할 수 있는 권한이 함께 인정된다.

다른 수사기관이 범죄를 수사하는 과정에서 고위공직자범죄등을 인지한 경우 그 사실을 즉시 수사처에 통보하여야 한다(동법 제24조 제2항). 수사처의 범죄수사와 중복되는 다른 수사기관의 범죄수사에 대하여 처장이 수사의 진행 정도 및 공정성 논란 등에 비추어 수사처에서 수사하는 것이 적절하다고 판단하여 이첩을 요청하는 경우 해당 수사기관은 이에 응하여야 하고(동조 제1항), 처장은 피의자, 피해자, 사건의 내용과 규모 등에 비추어 다른 수사기관이 고위공직자범죄등을 수사하는 것이 적절하다고 판단될 때에는 해당 수사기관에 사건을 이첩할 수 있다(동조 제3항). 수사처와 다른 수사기관의 범죄수사가 경합하는 경우에 공수처에 우선적 수사권을 부여하면서, 수사처의 사건이첩에 의해서 다른 수사기관이 고위공직자범죄등을 수사를 할 수 있는 예외를 인정하고 있다.

　　수사처 외의 다른 수사기관이 검사의 고위공직자범죄 혐의를 발견한 경우 그 수사기관의 장은 사건을 수사처에 이첩하여야 하고(동법 제25조 제2항), 처장은 수사처검사의 범죄 혐의를 발견한 경우에 관련 자료와 함께 이를 대검찰청에 통보하여야 한다(동조 제1항). 또한 처장은 고위공직자범죄에 대하여 불기소결정을 하는 때에는 해당 범죄의 수사과정에서 알게 된 관련범죄 사건을 대검찰청에 이첩하여야 한다(동법 제27조). 수사처와 검찰청이 서로 견제할 수 있도록 한 규정이다.

　　수사처검사는 공소권이 없는 공위공직자범죄등에 관한 수사를 한 때에는 관계 서류와 증거물을 지체 없이 서울중앙지방검찰청 소속 검사에게 송부하여야 하고(동법 제26조 제1항), 이에 따라 관계 서류와 증거물을 송부받아 사건을 처리하는 검사는 처장에게 해당 사건의 공소제기 여부를 신속하게 통보하여야 한다(동조 제2항).

Ⅲ. 피의자

1. 피의자의 의의

　　피의자란 수사기관에 의하여 범죄의 혐의가 인정되어 수사의 대상으로 되어 있는 자를 말한다. 피의자는 수사의 개시로부터 공소제기 전까지의 개념으로서 진범인인가의 여부는 불문한다. 피의자는 수사개시 이후의 개념이므로 수사가 개시되기 전에 범죄혐의를 확인하기 위하여 수사기관이 내부적으로 조사 중인 자인 피내사자 또는 용의자와 구별되며, 수사종결 후 검사가 법원에 대하여 공소를 제기한 자인 피고인과도 구별된다.

　피의자로 되는 시점은 수사기관이 범죄혐의를 인정하여 수사를 개시한 때이
다. 수사기관이 사건을 직접 인지한 경우에는 인지를 한 시점에서 피의자로 되지
만, 고소·고발사건의 경우에는 고소·고발이 있는 때가 기준이 된다. 수사기관이
인지나 고소·고발 또는 자수 등에 기하여 범죄사건부에 사건을 기재하는 것을 실
무상 입건이라고 부른다. 입건에 의하여 사건이 수리되면 각 사건에 대하여 사건번
호가 부여된다.

2. 피의자의 소송법상의 지위

　수사기관에 의하여 범죄의 혐의가 인정된 피의자는 수사의 대상이 되나, 그렇
다고 피의자가 단순히 수사기관의 조사의 객체에 불과한 것은 아니다. 공소제기 전
에는 아직 피의자를 소송당사자라고 할 수는 없으나, 장차 피고인으로서 당사자가
될 가능성이 있는 자라는 점과 수사절차에서의 방어활동과 인권보장의 중요성을
고려하여 형사소송법은 피의자에게 다양한 권리를 인정하고 있다. 이런 점에서 현
행법은 무죄추정과 적법절차의 원리를 기초로 피의자에게 당사자에 준하는 지위를
인정하고 있다고 할 수 있다.

　헌법과 형사소송법이 피의자의 지위를 강화하기 위하여 인정하고 있는 중요한
권리로서는 고문을 받지 않을 권리(헌법 제12조 제2항 전단), 진술거부권(헌법 동조 제2
항 후단, 제244조의3), 변호인의 조력을 받을 권리(헌법 동조 제4항, 제30조 제1항, 제243
조의2), 무죄추정의 권리(헌법 제27조 제4항), 증거보전청구권(제184조) 압수·수색·검
증에의 참여권(제219조, 제121조, 제145조), 체포·구속적부심사청구권(제214조의2), 체
포·구속취소청구권(제200조의6, 제201조의2 제10항, 제209조, 제93조) 등이 있다. 그 밖
에도 형사소송법이 피의자에 대한 불구속 수사의 원칙을 천명하고(제198조 제1항),
수사기관에게 피의자 등의 인권을 존중하고 수사과정에서 취득한 비밀을 엄수하며
수사에 방해되는 일이 없도록 할 의무를 부과함과 동시에(동조 제2항) 수사기록에
대한 목록작성을 의무화한 것(동조 제3항), 검사의 체포·구속장소감찰제도(제198조의
2)를 두고 있는 것도 피의자 보호를 위한 현행법 정신의 표현이라고 할 수 있다.

　한편 피의자는 수사기관의 적법한 수사활동에 협력할 의무를 진다. 피의자는
절차의 대상으로서의 지위에서 적법한 강제수사에 응할 의무가 있다.

Ⅳ. 수사의 조건

1. 의 의

수사의 조건이란 수사절차의 개시와 진행에 필요한 전제조건으로서, 공판절차의 개시와 진행에 필요한 조건인 소송조건에 대응하는 개념이라고 할 수 있다. 수사는 인권침해의 위험을 수반하는 절차이므로 이에 대한 일정한 규제가 필요하게 된다. 수사에는 개별적인 수사행위에 따라 다양한 전제조건이 있으나, 여기서는 모든 수사에 요구되는 일반적인 수사의 조건에 대하여 살펴보기로 한다. 일반적 수사의 조건에는 수사의 필요성과 수사의 상당성이 있다.

2. 수사의 필요성

수사는 그것이 임의수사이든 강제수사이든 수사의 목적을 달성하기 위하여 필요한 경우에만 할 수 있다. 따라서 수사의 필요성은 수사의 조건이 된다.

(1) 범죄의 혐의

수사는 수사기관이 '범죄의 혐의가 있다고 사료하는 때'(제196조 제1항, 제197조 제1항)에 개시하게 된다. 즉 수사는 수사기관의 주관적 혐의에 의하여 개시되며, 이러한 범죄혐의의 존재가 수사의 조건이 된다. 그리고 수사절차는 수사기관의 주관적 혐의가 객관화·구체화하여 나가는 과정이라고 할 수 있다. 이와 같이 범죄혐의는 수사기관의 주관적 혐의를 의미하며 객관적 혐의일 것을 요하는 것은 아니나, 이것이 수사기관의 자의에 의한 수사를 허용한다는 의미는 아니다. 따라서 수사기관의 주관적 혐의는 구체적 사실에 근거를 둔 혐의일 것을 요한다. 단순한 추측만으로는 수사가 허용되지 않는다.

(2) 수사와 소송조건

수사의 필요성과 소송조건과의 관계에 관하여 특히 문제되는 것은 친고죄에 있어서 고소가 없는 경우 또는 관계당국의 고발이 있어야 기소할 수 있는 관세법이나 조세범처벌법위반 등의 사건에 있어서 고발이 없는 경우에 수사가 허용될 수 있는가의 여부라고 할 수 있다.

소송조건은 공소제기의 유효조건이고 수사는 공소제기의 준비절차로서의 의미를 가지므로, 소송조건이 현재 구비되어 있지 않을 뿐만 아니라 앞으로도 구비될 가능성이 없다면 이 경우에는 수사를 허용할 현실적 필요성이 없게 된다. 따라서 친고죄나 필요적 고발사건의 고소·고발이 없는 경우에도 수사는 허용되지만 고소·고발의 가능성이 없는 때에는 수사가 허용되지 않는다는 견해가 친고죄 등을 인정한 취지와 수사의 필요성을 고려할 때 타당하다고 생각된다. 판례도 같은 입장이다 (2008도7724).

고소·고발의 가능성이 없는 때로는 고소기간의 경과, 고소·고발의 취소, 고소권자가 고소를 하지 않겠다는 의사를 명백히 표시한 경우 등을 들 수 있다. 고소·고발의 가능성이 있을 때에는 수사의 필요에 따라 임의수사는 물론 강제수사도 허용되는 것으로 보아야 한다(94도3373).

3. 수사의 상당성

(1) 수사비례의 원칙과 수사의 신의칙

수사는 필요하더라도 그 방법과 정도가 수사의 목적에 비추어 허용될 수 있는 범위 내의 것이어야 한다. 즉 수사는 그 목적달성을 위하여 적합한 것으로서, 목적달성을 위하여 필요한 최소한의 범위 내에서 이루어져야 하며, 수사결과 얻어지는 이익과 수사에 의한 법익침해가 부당하게 균형을 잃지 않도록 하여야 한다. 이를 수사비례의 원칙이라고 한다. 이 원칙은 특히 강제수사의 허용 여부와 범위를 판단하는 기준으로서 중요한 의미가 있다.

또한 수사는 신의칙에 반하는 방법으로 행하여져서는 안 된다. 수사의 신의칙과 관련하여 특히 문제되는 것이 함정수사이다.

(2) 함정수사

(가) 함정수사의 의의

함정수사란 수사기관이나 그 의뢰를 받은 자가 신분을 숨긴채로 범죄를 교사하거나 방조한 후 그 실행을 기다려 범인을 체포하고 필요한 증거를 수집하는 수사방법을 말한다. 이러한 수사방법은 마약범죄, 뇌물범죄, 성매매범죄, 도박범죄, 조직범죄 등과 같이 범행이 조직적이고 은밀하게 이루어지는 범죄를 수사하기 위하여 사용되는 수사기법이라고 할 수 있으나, 수사의 상당성과 관련하여 그 적법절차 위반 여부가 문제로 된다.

(나) 함정수사의 종류 및 허용범위

일반적으로 함정수사는 범죄의사가 없는 자에게 범의를 유발시켜 범죄를 행하게 하는 범의유발형 함정수사와 이미 범의를 가지고 있는 자에 대하여 범죄를 범할 기회를 제공하는 기회제공형 함정수사로 구분할 수 있다.

함정수사 중에서 범의유발형 함정수사는 적법절차의 헌법이념에 비추어 볼 때 수사방법으로서의 상당성을 결여하여 위법하다고 보아야 한다. 다만 기회제공형 함정수사를 적법한 수사방법으로 인정할 수 있는지에 대하여는 기회제공형 함정수사는 위법하지 않다는 견해와 기회제공형 함정수사도 원칙적으로 위법하지만 마약범죄나 뇌물범죄 및 조직범죄 등의 수사에 있어서는 예외적으로 허용된다는 견해가 대립하고 있다. 후자의 견해가 타당하다고 본다. 따라서 수사기관이 재산범죄나 폭력범죄 등에 대하여 기회제공형 함정수사를 행하는 것은 허용되지 않는다고 해야 한다.

(다) 위법한 함정수사에 대한 구제방법

위법한 함정수사에 기해서 공소가 제기된 경우에 취해야 할 법원의 조치가 문제된다. 이에 대하여는 함정수사에 의한 공소제기는 적법절차에 위배되는 수사에 의한 것이므로 공소제기의 절차가 법률의 규정에 위배하여 무효인 때에 해당하여 제327조 제2호에 의하여 공소기각의 판결을 선고해야 한다는 견해, 함정수사에 의한 행위는 위법성이나 책임 등의 범죄성립요건을 조각하므로 무죄판결을 선고해야 한다는 견해, 함정에 빠졌다는 이유만으로 위법성이나 책임이 조각되지 않고 또한 상대방이 자유로운 의사로 범죄를 실행한 이상 실체법상 이를 처벌할 수 있다는 견해가 주장되고 있다. 판례는 공소기각판결설의 입장이다(2008도7362).

제 2 절   수사의 단서

Ⅰ. 수사단서의 의의

검사는 범죄의 혐의가 있다고 사료하는 때에는 범인·범죄사실과 증거를 수사하여야 하고(제196조 제1항), 사법경찰관은 범죄의 혐의가 있다고 인식하는 때에는 범인, 범죄사실과 증거에 관하여 수사를 개시·진행하여야 한다(제197조 제1항). 이와 같이 수사는 수사기관의 주관적 혐의에 의하여 개시되는데, 이 때 수사기관이 범죄의 혐의가 있다고 판단하게 된 원인을 수사의 단서라고 한다.

수사의 단서에는 수사기관 자신의 체험에 의한 경우와 타인의 체험을 근거로 한 경우가 있다. 현행범인의 체포, 변사자의 검시, 불심검문, 기사·풍설, 다른 사건 수사 중의 범죄발견 등은 전자에 해당한다. 후자에 해당하는 경우로는 고소, 고발, 자수, 진정·탄원·투서, 범죄신고 등이 있다.

여기서는 다양한 수사의 단서 가운데 형사소송법에서 규정하고 있는 대표적인 내용을 먼저 설명하고, 다음에 경찰관 직무집행법상의 불심검문에 대하여 살펴보기로 한다.

II. 고 소

1. 고소의 의의

고소란 범죄의 피해자 또는 그와 일정한 관계에 있는 고소권자가 수사기관에 대하여 범죄사실을 신고하여 범인의 처벌을 구하는 의사표시를 말한다. 고소는 피해자 등 고소권자가 행하는 의사표시라는 점에서 제3자가 행하는 고발과 구별된다.

고소는 수사기관에 대한 범죄사실의 신고를 의미하므로 피해자가 수사기관이 아닌 법원에 진정서를 제출하거나 증인으로 증언하면서 피고인의 처벌을 바란다는 취지의 진술을 하였다고 하더라도 고소의 효력이 발생하지 않는다(84도709).

고소는 범죄사실을 신고하는 것이므로 고소의 대상인 범죄사실은 특정되어야 한다. 다만 특정의 정도는 고소인의 의사가 구체적으로 어떤 범죄사실을 지정하여 범인의 처벌을 구하고 있는 것인지를 확정할 수 있으면 된다(2002도446). 그리고 고소는 범죄사실의 신고이므로 범인이 누구인지 나아가 범인 중 처벌을 구하는 자가 누구인지를 적시할 필요가 없다(94도2423).

고소는 범인의 처벌을 구하는 의사표시이다. 따라서 단순히 피해사실을 신고하거나 도난신고서를 제출하는 것만으로는 고소라고 할 수 없다(2007도4977). 고소는 의사표시이므로 고소를 하기 위해서는 고소인에게 소송행위능력, 즉 고소능력이 있어야 한다. 고소능력이란 고소의 의미를 이해할 수 있는 사실상의 능력, 즉 피해를 받은 사실을 이해하고 고소에 따른 사회생활상의 이해관계를 알아차릴 수 있는 의사능력으로 충분하므로 민법상의 행위능력을 가진 자임을 요하지 않는다(2011도4451).

2. 친고죄와 고소

친고죄란 공소제기를 위해서는 피해자나 기타의 고소권자의 고소가 있을 것을 요하는 범죄를 말한다. 친고죄는 침해법익의 경미성이나 가족관계·친족관계의 특성 등을 고려하여 피해자의 의사를 존중하기 위하여 규정된 범죄이다. 친고죄는 모욕죄(형법 제311조), 사자(死者)의 명예훼손죄(형법 제308조), 비밀침해죄(형법 제316조), 업무상비밀누설죄(형법 제317조) 등과 같이 신분관계를 묻지 않고 범죄의 성질 자체로 인해 친고죄로 되는 절대적 친고죄와 친족상도례(형법 제328조 제2항, 제344조 등)와 같이 범인과 피해자 사이에 일정한 신분관계가 있는 경우에만 친고죄로 인정되는 상대적 친고죄로 나누어진다. 일반범죄에 있어서 고소는 수사의 단서에 불과하지만, 친고죄의 경우에는 소송조건이 된다.

한편 반의사불벌죄란 피해자가 범인의 처벌을 원하지 않는다는 의사를 명백히 표시한 경우에는 처벌할 수 없는 범죄를 말한다. 폭행죄(형법 제260조), 협박죄(형법 제283조), 명예훼손죄(형법 제307조, 제309조) 등이 여기에 해당한다. 반의사불벌죄의 경우에는 피해자의 고소가 없더라도 수사기관의 인지에 의하여 수사가 개시되고 공소가 제기될 수 있다.

3. 고소권자

(1) 피해자

범죄로 인한 피해자는 고소할 수 있다(제223조). 고소권자가 되는 피해자는 범죄로 인하여 직접적으로 피해를 입은 자를 의미하며, 보호법익의 주체는 물론 범죄행위의 객체가 된 자도 포함한다. 따라서 공무집행방해죄에 있어서 폭행·협박의 대상이 된 공무원도 피해자로서 고소할 수 있다. 또한 피해자는 자연인뿐만 아니라 법인과 법인격 없는 단체가 될 수도 있다. 법인이 피해자인 경우에는 그 대표자가 피해자로서 고소권을 행사할 수 있다.

(2) 피해자의 법정대리인

피해자의 법정대리인은 독립하여 고소할 수 있다(제225조 제1항). 여기서 법정대리인이란 친권자나 후견인과 같이 미성년자나 무능력자의 행위를 일반적으로 대리할 수 있는 사람을 말한다.

법정대리인의 고소권의 성격에 대해서는 이를 고유권으로 보는 견해와 독립대리권으로 보는 견해가 있다. 고유권설은 법정대리인의 고소권을 무능력자의 보호를 위하여 법정대리인에게 특별히 인정한 고유권으로 파악하는 견해이며, 판례의 입장이다(84도1579). 고유권설에 의하면 법정대리인은 피해자 본인의 의사에 반하여 고소할 수 있음은 물론 피해자의 고소권 소멸 여부와 관계없이 고소권을 행사할 수 있으며, 또한 법정대리인이 한 고소를 피해자가 취소할 수 없을 뿐만 아니라 그의 고소기간도 법정대리인 자신이 범인을 알게 된 날로부터 진행하게 된다. 한편 독립대리권설에 의하면 법정대리인은 피해자의 의사에 반하여 고소할 수 있으나 일단 피해자의 고소권이 소멸하면 법정대리인의 고소권도 소멸되며, 또한 법정대리인의 고소는 소송능력이 있는 한 피해자 본인이 이를 취소할 수 있다고 한다.

(3) 피해자의 배우자 및 친족

피해자의 법정대리인이 피의자이거나 법정대리인의 친족이 피의자인 때에는 피해자의 친족은 독립하여 고소할 수 있다(제226조). 예컨대 피해자의 생모가 미성년자인 피해자의 법정대리인을 고소하는 경우가 여기에 해당한다(86도1982).

피해자가 사망한 때에는 그 배우자, 직계친족 또는 형제자매는 고소할 수 있다. 다만 피해자의 명시한 의사에 반하지 못한다(제225조 제2항). 배우자 등의 신분관계는 피해자의 사망시점을 기준으로 한다. 또한 사자(死者)의 명예를 훼손한 범죄에 대하여는 그 친족 또는 자손은 고소할 수 있다(제227조).

(4) 지정고소권자

친고죄에 대하여 고소할 자가 없는 경우에 이해관계인의 신청이 있으면 검사는 10일 이내에 고소할 수 있는 자를 지정하여야 한다(제228조). 친고죄의 경우에 고소권자가 없어 소추할 수 없는 경우를 막기 위한 규정이다.

4. 고소의 절차

(1) 고소의 방식

고소는 서면 또는 구술로써 검사 또는 사법경찰관에게 하여야 한다(제237조 제1항). 검사 또는 사법경찰관이 구술에 의한 고소를 받은 때에는 조서를 작성하여야 한다(동조 제2항). 고소조서는 반드시 독립된 조서일 필요는 없다. 따라서 수사기관이 고소권자를 참고인으로 조사하는 과정에서 고소권자가 범인의 처벌을 요구하는 진술을 하고 그 의사표시가 참고인진술조서에 기재된 경우에는 유효한 고소가 있다고 할 것이다(2011도4451).

사법경찰관이 고소를 받은 때에는 신속히 조사하여 관계서류와 증거물을 검사에게 송부하여야 한다(제238조). 수사결과 범죄의 혐의가 인정되지 않는 경우에는 그 이유를 명시한 서면과 함께 관계 서류와 증거물을 지체 없이 검사에게 송부하여야 하며(제245조의5 제2호), 이러한 경우에는 그 송부한 날부터 7일 이내에 서면으로 고소인 또는 법정대리인에게 사건을 검사에게 송치하지 아니하는 취지와 그 이유를 통지하여야 한다(제245조의6). 사법경찰관으로부터 사건의 불송치통지를 받은 고소인 등은 해당 사법경찰관의 소속 관서의 장에게 이의를 신청할 수 있고(제245조의7 제1항), 이러한 이의신청이 있는 때에는 사법경찰관은 지체 없이 검사에게 사건을 송치하고 관계 서류와 증거물을 송부하여야 하며, 처리결과와 그 이유를 신청인에게 통지하여야 한다(제245조의7 제2항).

검사는 직접 수사를 개시할 수 있는 범죄에 해당되지 않는 범죄에 대한 고소가 접수된 때에는 사건을 검찰청 외의 수사기관에 이송해야 하며(수사준칙에 관한 규정 제18조 제1항), 이 경우에는 관계 서류와 증거물을 해당 수사기관에 함께 송부해야 한다(동조 제3항). 검사가 고소에 의하여 범죄를 수사할 때에는 고소를 수리한 날로부터 3월 이내에 수사를 완료하여 공소제기여부를 결정하여야 하며(제257조), 처분결과의 취지를 7일 이내에 서면으로 고소인에게 통지하여야 한다(제258조). 이러한 기간제한은 고소사건의 신속한 처리를 위한 훈시규정이다.

고소는 대리인으로 하여금 하게 할 수 있다(제236조). 대리인에 의한 고소의 경우 대리권이 정당한 고소권자에 의하여 수여되었음이 실질적으로 증명되면 충분하고 그 방식에 특별한 제한은 없다.

(2) 고소기간

(가) 고소기간의 의의

고소가 수사의 단서에 지나지 않는 일반범죄의 경우에는 고소할 수 있는 기간에 제한이 없으므로 당해 범죄의 공소시효가 완성될 때까지 언제든지 고소할 수 있다. 그러나 고소가 소송조건인 친고죄의 경우에는 소추권행사가 사인의 의사에 의하여 장기간 불확정한 상태에 놓여지는 것을 막기 위하여 고소기간을 제한하고 있다. 즉 친고죄에 대하여는 범인을 알게 된 날로부터 6월을 경과하면 고소하지 못한다(제230조 제1항).

(나) 고소기간의 기산일

고소기간의 기산일은 범인을 알게 된 날이다. 범인을 알게 된 날이란 범죄사실뿐만 아니라 범인이 누구인지를 특정할 수 있을 정도로 알게 된 날을 의미하나, 범인의 주소·성명 등 구체적인 인적 사항까지 알아야 할 필요는 없다(99도576). 범인은 정범뿐만 아니라 교사범과 종범을 포함하며, 수인의 공범이 있는 경우에는 공범 중 1인을 아는 것으로 충분하다. 다만 상대적 친고죄에 있어서는 신분관계 있는 범인을 알았어야 한다.

(다) 고소기간의 정지

친고죄의 고소기간의 기산일은 범인을 알게 된 날이나, 고소할 수 없는 불가항력의 사유가 있는 때에는 그 사유가 없어진 날로부터 고소기간이 기산된다(제230조 제1항 단서). 여기서 불가항력의 사유란 객관적 사유를 말한다. 따라서 (구)형법상 친고죄였던 업무상위력에 의한 간음죄의 피해자가 직장에서 해고될 것이 두려워 고소하지 못한 경우는(85도1273) 여기에 해당하지 않는다.

또한 고소를 함에는 고소능력이 있어야 하는데, 범행 당시 피해자에게 고소능력이 없었다가 그 후에 주위 사람들에게 피해사실을 말하고 그들로부터 고소의 의미와 취지를 설명 듣고 나서 비로소 고소능력이 생겼다면 그 고소기간은 고소능력이 생긴 때로부터 기산하여야 한다(2007도4962).

(3) 고소의 제한

자기 또는 배우자의 직계존속은 고소하지 못한다(제224조). 전통적인 가정의 질서를 유지·보호하기 위한 정책적인 고려에 의하여 고소권 행사를 제한하는 경우라고 할 수 있다. 그러나 이 경우에도 피해자가 미성년자이거나 무능력자인 때에는 피해자의 친족이 독립하여 고소할 수 있다(제226조). 또한 「성폭력범죄의 처벌 등에 관한 특례법」에 의한 성폭력범죄(동법 제18조) 및 「가정폭력범죄의 처벌 등에 관한 특례법」에 의한 가정폭력범죄(동법 제6조 제2항)에 대하여는 자기 또는 배우자의 직계존속을 고소할 수 있다.

5. 고소불가분의 원칙

(1) 의 의

고소불가분의 원칙이란 친고죄에 있어서 고소의 효력이 불가분이라는 원칙을 말한다. 형사소송법은 제233조에서 주관적 불가분의 원칙에 대하여만 규정하고 있으나, 객관적 불가분의 원칙도 이론상 당연한 것으로 인정되고 있다.

(2) 객관적 불가분의 원칙

(가) 의 의

친고죄에 있어서 하나의 범죄사실의 일부분에 대한 고소나 그 취소는 그 범죄사실 전부에 대하여 효력이 발생한다는 원칙을 말한다. 객관적 불가분의 원칙은 하나의 범죄사실을 전제로 한 원칙이므로 수죄, 즉 실체적 경합범에 대하여는 적용되지 않는다.

(나) 적용범위

1) 단순일죄

단순일죄에 대하여는 객관적 불가분의 원칙이 예외 없이 적용된다. 따라서 일정한 신분관계 있는 사람 사이에서(형법 제328조 제2항, 제354조) 공갈죄의 수단인 폭행이나 협박에 대해서만 고소가 있더라도 공갈죄 전부에 대하여 고소의 효력이 미친다.

2) 과형상 일죄

과형상 일죄의 각 부분이 모두 친고죄이고 피해자가 같은 경우라면 객관적 불가분의 원칙이 적용되게 될 것이다. 그러나 과형상 일죄의 각 부분이 모두 친고죄라 하더라도 피해자가 다른 경우에는 고소권자가 수인이므로 그 중 1인의 피해자가 한 고소의 효력은 다른 피해자에 대한 범죄사실에는 미치지 않는다. 예를 들면 하나의 문서로 여러 사람을 모욕한 경우 피해자 1인의 고소는 다른 피해자에 대한 모욕에 대해서는 효력이 없다.

과형상 일죄의 일부분만이 친고죄인 때에는 비친고죄에 대한 고소의 효력은 친고죄에 대하여 미치지 않으며, 친고죄에 대한 고소의 취소는 비친고죄에 대하여 효력이 없다. 예를 들면 강제추행행위가 공연히 행하여짐으로써 모욕행위에도 해당하는 경우에 강제추행죄에 대한 피해자의 고소는 모욕죄에 대하여 효력을 미치지 않으며, 모욕죄에 대하여 고소의 취소가 있더라도 강제추행죄에 대해서는 그 효력이 없다.

(3) 주관적 불가분의 원칙

(가) 의 의

친고죄의 공범 중 1인 또는 수인에 대한 고소나 그 취소는 다른 공범자에 대하여도 효력이 있다(제233조). 고소의 주관적 불가분의 원칙을 인정하는 것은 고소가 본래 특정한 범인에 대한 것이 아니라 범죄사실에 대한 것이라는 점, 고소권자가 지정한 범인만을 처벌하는 것은 형벌권 행사에 있어서 불공평한 결과를 초래할 수 있다는 점을 그 이유로 한다.

(나) 적용범위

1) 절대적 친고죄

범인의 신분과 무관한 절대적 친고죄의 경우에는 이 원칙이 그대로 적용된다. 공범 중 1인에 대한 고소나 그 취소의 효력은 공범자 전원에 대하여 미치므로, 교사범이나 종범에 대한 고소나 그 취소의 효력도 정범에 대하여 미친다.

2) 상대적 친고죄

친족상도례(형법 제328조 제2항, 제344조 등)의 경우와 같이 범인과 피해자 사이에 일정한 신분관계가 있는 경우에만 친고죄로 되는 상대적 친고죄에 있어서는 비신분자에 대한 고소의 효력은 신분관계 있는 공범에게는 미치지 아니하며, 신분관계에 있는 자에 대한 피해자의 고소의 취소는 비신분자에게 효력이 없다. 다만 친족 2인 이상이 공범관계에 있는 경우에는 1인의 친족에 대한 고소는 다른 친족에게도 효력이 미친다.

(다) 반의사불벌죄에의 적용여부

고소의 주관적 불가분의 원칙이 명예훼손죄 등의 반의사불벌죄에 대해서도 적용되는지의 여부가 논의된다. 이에 대해서는 현행법이 고소취소의 시한과 재고소 금지에 관한 제232조 제1항과 제2항의 규정은 반의사불벌죄에 대해서도 준용하고 있으면서(동조 제3항) 고소의 주관적 불가분을 규정한 제233조에 대해서는 준용규정을 두고 있지 않은 것은 주관적 불가분의 원칙을 반의사불벌죄에 적용하지 않겠다는 입법자의 의지가 표현된 것으로 보아야 한다는 견해와 반의사불벌죄와 친고죄는 그 성격이 유사한 범죄임에도 불구하고 형사소송법이 반의사불벌죄에 대하여 고소의 주관적 불가분의 원칙을 준용하고 있지 않은 것은 입법의 불비로서 반의사불벌죄에 대해서도 제233조를 준용하여 이 원칙을 적용해야 한다는 견해가 대립하고 있다. 판례는 준용부정설의 입장이다(93도1689).

(라) 공범자에 대한 제1심 판결선고 후의 고소취소

친고죄의 경우에는 제1심 판결선고 전까지만 고소를 취소할 수 있다(제232조). 그런데 고소 후 공범자 1인에 대하여 제1심 판결이 선고되어 고소를 취소할 수 없게 된 상태에서 아직 판결이 선고되지 않은 다른 공범자에 대하여 고소를 취소할 수 있는지 여부가 문제된다.

판결이 선고되지 않은 공범자에 대한 고소의 취소를 인정하게 되면 이는 고소취소의 효력은 다른 공범자에게도 미친다는 고소불가분의 원칙에 반하여 국가형벌권의 행사가 고소권자의 선택에 따라 불공평하게 되는 결과를 초래하므로, 일단 공범자에 대하여 제1심 판결이 선고되면 다른 공범자에 대해서도 고소를 취소할 수 없다고 보는 것이 타당하다. 판례도 같은 입장이다(85도1940).

6. 고소의 취소

(1) 의 의

고소는 제1심 판결선고 전까지 취소할 수 있다(제232조 제1항). 여기서 제1심 판결선고 전까지 취소할 수 있는 고소는 친고죄의 고소를 의미한다. 다만 이러한 고소취소의 제한은 반의사불벌죄의 경우에도 준용되므로(동조 제3항) 반의사불벌죄에 있어서도 처벌을 희망하는 의사표시의 철회는 제1심 판결선고 전에 하여야 한다. 여기서 제1심 판결의 선고시점은 형식적·획일적으로 판단되어야 하므로 항소심에서 비로소 친고죄 또는 반의사불벌죄로 공소장이 변경된 경우라 하더라도 항소심에서의 고소취소는 친고죄 또는 반의사불벌죄에 대한 고소취소로서의 효력을 가지지 못한다(96도1922).

비친고죄에서의 고소취소도 수사종결처분의 내용을 결정하거나 재판상 양형의 중요한 자료로 사용되지만 친고죄나 반의사불벌죄에 있어서의 고소취소와 같이 범인의 처벌 여부를 결정하는 것은 아니므로 고소취소의 시기에 제한이 없다.

(2) 고소취소의 절차

(가) 취소권자

고소를 취소할 수 있는 자는 원칙적으로 고소를 한 본인이다. 피해자가 고소를 한 후 사망한 경우에 피해자의 아버지가 피해자를 대신하여 그 피해자가 이미 하였던 고소를 취소하더라도 이는 적법한 고소취소라고 할 수 없다(69도376).

미성년자인 피해자의 고소취소에 법정대리인의 동의는 필요하지 않다. 따라서 소송능력이 있는 미성년자는 법정대리인의 동의 없이 단독으로 고소의 취소 또는 처벌을 희망하지 않는다는 의사표시를 할 수 있다(2009도6058).

(나) 고소취소의 방법

고소취소의 방법은 고소의 경우와 동일하다(제239조, 제237조). 따라서 고소의 취소는 서면 또는 구술로 할 수 있으며, 구술에 의한 경우에는 조서를 작성하여야 한다. 검사가 참고인진술조서를 작성할 때 고소권자가 고소취소의 진술을 하고 이것이 참고인진술조서에 기재되었다면 고소는 적법하게 취소되었다고 할 수 있다(85도190).

고소의 취소는 공소제기 전에는 수사기관에, 공소제기 후에는 고소사건의 수소법원에 대하여 이루어져야 한다. 따라서 피해자와 범인 사이에 합의서가 작성된 것만으로는 고소의 취소라고 할 수 없다. 고소의 취소에 대해서도 대리가 허용된다(제236조).

(3) 고소취소의 효과

고소를 취소한 자는 다시 고소할 수 없다(제232조 제2항). 친고죄와 반의사불벌죄의 경우에 고소가 취소되면 소송조건이 결여되므로 사법경찰관리는 불송치결정을 하고(경찰수사규칙 제108조) 검사는 공소권없음을 이유로 불기소결정을 하여야 한다(검찰사건사무규칙 제115조 제3항 제4호). 공소가 제기된 후에는 법원이 공소기각의 판결을 선고해야 한다(제327조 제5호, 제6호).

고소의 취소에 대하여도 고소불가분의 원칙이 적용된다. 따라서 공범자 1인 또는 수인에 대한 고소의 취소는 다른 공범자에 대하여도 효력이 있고, 하나의 범죄사실의 일부에 대한 고소의 취소는 범죄사실 전부에 대하여 효력이 미친다.

7. 고소권의 포기

고소권의 포기란 고소권자가 친고죄의 고소기간 내에 장차 고소권을 행사하지 않겠다는 의사표시를 하는 것을 말한다. 반의사불벌죄에 있어서 처음부터 처벌을 희망하지 않는다는 의사를 표시하는 것도 같은 의미를 가진다.

고소권의 포기를 인정할 것인가에 대하여는 견해의 대립이 있으나, 판례는 고소의 취소와는 달리 고소권의 포기에 관하여 명문의 규정을 두고 있지 않음을 이유로 이를 부정하는 입장을 취하고 있다(67도471).

Ⅲ. 고 발

1. 의 의

고발이란 고소권자와 범인 이외의 제3자가 수사기관에 대하여 범죄사실을 신고하여 범인의 처벌을 구하는 의사표시를 말한다. 고발도 고소와 마찬가지로 처벌을 희망하는 의사표시를 그 핵심요소로 한다. 따라서 단순한 범죄사실의 신고는 고발이 아니다.

고발은 원칙적으로 수사의 단서에 불과하나, 예외적으로 공무원의 고발이 있어야 논하는 필요적 고발사건의 경우에는 소송조건이 된다. 관세법, 조세범처벌법, 독점규제 및 공정거래에 관한 법률 등과 같이 행정형법의 성격이 강하고 위반 여부의 판단을 위해 전문적 지식이 필요한 경우에는 권한 있는 공무원의 고발을 소송조건으로 하고 있다.

공무원이 전속적 고발권을 가지고 있는 필요적 고발사건에 대하여 친고죄의 고소에 준하여 고발불가분의 원칙을 인정할 수 있는지가 문제된다. 고발에 대해서도 객관적 불가분의 원칙을 인정할 수 있다는 점에는 문제가 없다(2013도5650). 다만 판례는 명문의 규정 없이 친고죄에 관한 고소의 주관적 불가분의 원칙을 필요적 고발사건의 고발에 준용하는 것은 피고인에게 불리한 유추해석에 해당한다는 이유로 이를 부정하고 있다(2008도4762).

2. 고발권자와 고발의 방식

누구든지 범죄가 있다고 사료하는 때에는 고발할 수 있다(제234조 제1항). 공무원은 그 직무를 행함에 있어 범죄가 있다고 사료하는 때에는 고발하여야 한다(동조 제2항). 따라서 공무원이라도 직무집행과 관계없이 우연히 알게 된 범죄에 대하여는 고발의무가 없다. 자기 또는 배우자의 직계존속에 대한 고발은 고소에 있어서와 마찬가지로 허용되지 않는다(제235조, 제224조).

고발과 그 취소의 절차와 방식은 기본적으로 고소의 경우와 같다. 고발은 서면 또는 구술로써 검사 또는 사법경찰관에게 하여야 하며, 검사 또는 사법경찰관이 구술에 의한 고발을 받은 때에는 조서를 작성하여야 한다(제237조). 다만 고발의 경우에는 고소와 달리 대리인에 의한 고발이 인정되지 않으며(제236조 참조), 고발기간에 제한이 없다. 또한 필요적 고발사건에 있어서 고발의 취소는 친고죄의 경우와 마찬가지로 제1심 판결선고 전까지만 가능하다고 해야 한다(제232조 제1항 참조).

Ⅳ. 자 수

자수란 범인이 수사기관에 대하여 자신의 범죄사실을 신고하여 처벌을 희망하는 의사표시를 하는 것을 말한다. 자수는 수사기관에 대한 의사표시라는 점에서 반의사불벌죄의 경우에 범인이 피해자에게 자신의 범죄사실을 알리고 용서를 구하는 자복과 구별된다(형법 제52조 제2항). 또한 자수는 범인의 자발적인 의사표시를 의미하므로 수사기관의 직무상의 질문 또는 조사에 응하여 범죄사실을 진술하는 것은 자백일 뿐 자수에 해당하지 않는다(2011도12041). 자수는 수사개시의 단서이면서 동시에 형법상 원칙적으로 형의 임의적 감면사유에 해당한다(동조 제1항).

자수는 범죄나 범죄인이 발각되기 전후를 불문하고 가능하나, 형법상 자수가 되기 위해서는 범죄인이 죄를 뉘우치고 있어야 한다(94도2130). 그러나 일단 자수가 성립한 이상 자수의 효력은 확정적으로 발생하고 그 후에 범인이 수사기관이나 법정에서 범행을 부인한다고 하더라도 일단 발생한 자수의 효력이 소멸하는 것은 아니다(2011도12041).

V. 변사자의 검시

변사자의 검시(檢視)란 사람의 사망이 범죄로 인한 것인가의 여부를 판단하기 위하여 수사기관이 변사자의 상황을 조사하는 것을 말한다. 변사자란 범죄로 인한 사망의 의심이 있는 사체를 말한다. 변사자에 대한 검시의 결과 범죄의 혐의가 인정되는 경우에는 수사가 개시된다.

변사자 또는 변사의 의심 있는 사체가 있는 때에는 그 소재지를 관할하는 지방검찰청 검사가 검시하여야 한다(제222조 제1항). 검사는 사법경찰관에게 검시를 명할 수 있다(동조 제3항). 검시는 수사의 단서에 불과하므로 법관의 영장을 요하지 않는다. 또한 검시에 의하여 범죄의 혐의를 인정하고 긴급을 요할 때에는 영장 없이 검증할 수 있다(동조 제2항). 일반적인 검증과는 달리 대상이 사체이고 긴급을 요한다는 점을 고려하여 영장주의의 예외를 인정한 것이다. 다만 이 경우 긴급검증으로서 할 수 있는 처분에는 사체해부(부검)는 포함되지 않는다고 해야 한다. 사체해부는 실무상 압수·수색·검증영장에 의하여 이루어지고 있다.

VI. 불심검문

1. 의 의

(1) 불심검문의 개념

불심검문 또는 직무질문이란 경찰관이 행동이 수상한 사람을 발견한 때에 이를 정지시켜 질문하는 것을 말한다. 「경찰관 직무집행법」은 경찰관은 ① 수상한 행동이나 그 밖의 주위 사정을 합리적으로 판단하여 볼 때 어떠한 죄를 범하였거나 범하려 하고 있다고 의심할 만한 상당한 이유가 있는 사람, ② 이미 행하여진 범죄나 행하여지려고 하는 범죄행위에 관한 사실을 안다고 인정되는 사람을 정지시켜 질문할 수 있다고 규정하고 있다(동법 제3조 제1항). 행동이 수상한 사람인지의 여부는 불심검문 당시의 구체적 상황뿐만 아니라 경찰관이 사전에 얻은 정보나 전문적 지식 등을 기초로 객관적·합리적인 기준에 따라 판단하여야 한다(2014도7976).

(2) 법적 성격

불심검문의 법적 성격에 관하여는 견해가 대립하고 있다. 행정경찰작용설은 불심검문이 수사와 밀접한 관계를 가진다는 점을 인정하면서도 범죄수사와는 엄격히 구별하여 이를 어디까지나 행정경찰작용, 특히 보안경찰의 분야에 속하는 국가작용으로 보는 견해이다. 불심검문은 범죄예방에 주된 목적이 있는 경찰작용이라는 점에서 수사라고는 할 수 없고, 다만 불심검문에 의하여 범죄의 혐의가 인정되면 그 때 수사가 개시되므로 수사의 단서가 된다고 한다. 판례도 「임의동행은 경찰관 직무집행법 제3조 제2항에 따른 행정경찰 목적의 경찰활동으로 행하여지는 것 외에도 형사소송법 제199조 제1항에 따라 범죄 수사를 위하여 수사관이 동행…」이라고 하여(2020도398), 이러한 입장을 취하고 있다.

한편 이원설은 경찰관 직무집행법 제3조가 규정하고 있는 불심검문의 성격을 행정경찰작용과 사법경찰작용의 복합으로 파악하는 견해이다. 즉 ① 어떠한 죄를 범하려고 하고 있다고 의심할 만한 상당한 이유가 있는 사람과 ② 행하여지려고 하는 범죄행위에 관한 사실을 안다고 인정되는 사람에 대하여 행하는 불심검문은 행정경찰작용에 해당하고, ① 어떠한 죄를 범하였다고 의심할 만한 상당한 이유가 있는 사람과 ② 이미 행하여진 범죄에 관한 사실을 안다고 인정되는 사람에 대하여 행하는 불심검문은 사법경찰작용에 해당한다고 보는 입장이다. 이원설이 타당하다고 생각된다.

2. 불심검문의 내용

(1) 정 지

정지는 질문을 위한 수단으로서 행동이 수상한 사람을 불러 세우는 것을 말한다. 상대방이 자발적으로 협조하는 경우에는 문제가 없으나, 정지요구에 응하지 않고 지나가거나 질문 도중에 그 장소를 떠나는 경우에 불심검문의 실효성 확보를 위하여 어느 정도의 실력행사가 가능한지가 문제된다.

이에 대하여 판례는 「경찰관은 불심검문 대상자에게 질문을 하기 위하여 범행의 경중, 범행과의 관련성, 상황의 긴박성, 혐의의 정도, 질문의 필요성 등에 비추어 목적 달성에 필요한 최소한의 범위 내에서 사회통념상 용인될 수 있는 상당한 방법으로 대상자를 정지시킬 수 있다」는 입장에서, 직전에 발생한 범죄의 범인과

흡사한 인상착의의 상대방에게 정지를 요구하였으나 이에 응하지 않자 앞을 가로막으며 협조해 달라고 하고, 이에 불응하여 그대로 진행하는 상대방의 앞을 다시 막고 질문에 응할 것을 요구하는 정도의 유형력 행사는 가능하다고 한다(2010도6203).

(2) 질 문

질문이란 행동이 수상한 사람에게 행선지나 용건 또는 성명·주소·연령 등을 묻고, 필요한 경우에는 소지품의 내용에 대하여 질의하는 것을 말한다. 질문을 하는 경우 경찰관은 상대방에게 자신의 신분을 표시하는 증표를 제시하면서 소속과 성명을 밝히고 질문의 목적과 이유를 설명하지 않으면 안 된다(경찰관 직무집행법 제3조 제4항). 경찰관의 질문에 대하여 상대방은 그 의사에 반하여 답변을 강요당하지 않는다(동조 제7항 후단).

(3) 동행요구

경찰관 직무집행법상의 동행요구란 정지시킨 장소에서 질문하는 것이 그 사람에게 불리하거나 교통에 방해가 된다고 인정되는 경우에 질문을 하기 위하여 가까운 경찰관서에 동행할 것을 요구하는 것을 말하며, 동행을 요구받은 사람은 그 요구를 거절할 수 있다(동조 제2항). 동행은 상대방의 동의를 전제로 한다는 의미에서 이를 임의동행이라 부를 수도 있으나, 피의자신문을 위한 보조수단으로서 이루어지는 임의수사로서의 임의동행과는 구별되어야 한다.

동행을 요구하는 경우에도 질문을 하는 경우처럼 경찰관은 자신의 신분을 표시하는 증표를 제시하면서 소속과 성명을 밝히고 동행의 목적과 이유를 설명하여야 하며, 동행장소를 밝혀야 한다(동조 제4항). 또한 경찰관은 동행한 사람의 가족이나 친지 등에게 동행한 경찰관의 신분·동행장소·동행목적과 이유를 알리거나 본인으로 하여금 즉시 연락할 수 있는 기회를 주어야 하며, 변호인의 도움을 받을 권리가 있음을 알려야 한다(동조 제5항). 경찰관은 동행한 사람을 6시간을 초과하여 경찰관서에 머물게 할 수 없다(동조 제6항).

3. 소지품검사

소지품검사란 불심검문을 하는 과정에서 흉기 기타 물건의 소지 여부나 범죄의 단서를 발견하기 위하여 행동이 수상한 사람의 의복이나 휴대품을 조사하는 것을 말한다. 불심검문과정에서의 소지품검사의 허용한계가 문제된다.

(1) 흉기소지검사

경찰관 직무집행법 제3조 제3항은 경찰관은 행동이 수상한 사람 등에게 질문을 할 때에 그 사람이 흉기를 가지고 있는지를 조사할 수 있다고 규정하고 있다. 흉기소지의 검사는 행동이 수상한 사람의 의복이나 휴대품을 가볍게 손으로 만져서 흉기의 존재 여부를 확인하고, 흉기소지의 혐의가 있는 경우에는 상대방으로 하여금 이를 제출하게 하거나 또는 경찰관이 이를 직접 꺼내는 조사방법을 말한다. 흉기소지 여부의 검사는 상대방이 흉기를 소지하였다는 고도의 개연성이 존재하고, 이로 인하여 경찰관이나 제3자의 생명·신체에 대한 안전이 위협받는 경우에 한하여 가능하다고 해야 한다.

(2) 일반소지품의 검사

경찰관 직무집행법은 흉기의 소지 여부만을 조사할 수 있도록 규정하고 있다. 따라서 흉기 이외에 마약류, 장물, 음란물 등의 물건도 소지품검사의 대상에 포함시킬 수 있는지가 문제된다.

일반소지품의 검사도 불심검문의 안전을 확보하거나 질문의 실효성을 유지하기 위하여 필요한 한도 내에서 경찰관 직무집행법 제3조에 근거하여 허용될 수 있다는 긍정설도 있으나, 경찰관 직무집행법은 흉기소지조사만을 규정하고 있으므로 흉기 이외의 소지품에 대한 조사는 상대방의 동의 없이는 허용되지 않는다고 보아야 할 것이다.

4. 자동차검문

자동차검문이란 범죄의 예방과 범인의 검거를 목적으로 통행 중인 차량을 정지시켜서 운전자 또는 동승자에게 질문하는 것을 말한다. 자동차검문은 그 목적에 따라 교통검문·경계검문·긴급수배검문으로 나누어진다.

(1) 교통검문

교통검문이란 교통위반의 예방과 단속을 위하여 차를 일시 정지시켜서 행하는 검문을 말하고, 도로교통의 안전을 확보함을 목적으로 하는 교통경찰작용이다. 교통검문의 법적 근거는 도로교통법 제47조의 일시정지권에 있다. 즉 경찰공무원은 자동차의 운전자가 무면허운전·음주운전·과로운전을 하고 있다고 인정하는 때에는 그 차를 일시 정지시키고 그 운전자에게 자동차 운전면허증을 제시할 것을 요구할 수 있고, 음주운전·과로운전을 하는 사람에 대하여는 정상적으로 운전할 수 있는 상태가 될 때까지 운전의 금지를 명하고 그 밖의 필요한 조치를 할 수 있다.

(2) 경계검문

경계검문은 불특정한 일반범죄의 예방과 범인의 검거를 목적으로 하는 검문이며, 일반적인 보안경찰작용의 하나로서 파악된다. 경계검문으로서의 자동차검문에 대한 근거는 경찰관 직무집행법 제3조 제1항에서 찾을 수 있을 것이다. 경계검문은 경찰관 직무집행법 제3조 제1항이 규정하고 있는 어떠한 죄를 범하려 하고 있다고 의심할 만한 상당한 이유가 있는 사람 및 행하여지려고 하는 범죄행위에 관하여 그 사실을 안다고 인정되는 사람에 대하여 행하는 불심검문의 한 형태라고 할 수 있다.

(3) 긴급수배검문

긴급수배검문은 특정한 범죄가 발생한 경우에 범인을 검거하거나 정보를 수집하려는 목적으로 행하는 검문을 말하며, 일종의 사법경찰작용으로서의 성격을 가진다. 이러한 긴급수배검문은 경찰관 직무집행법 제3조 제1항에 근거하여 할 수 있다. 어떠한 죄를 범하였다고 의심할 만한 상당한 이유가 있는 사람 또는 이미 행하여진 범죄에 관하여 그 사실을 안다고 인정되는 사람이 탑승한 자동차를 정지시켜 질문하는 방법으로 긴급수배검문을 할 수 있기 때문이다.

한편 도난차량이나 범행에 사용된 차량의 번호판을 부착한 차량 등에 대한 검문과 같이 구체적인 범죄혐의를 인정할 수 있는 경우의 자동차검문은 실질적인 수사활동에 속하므로 원칙적으로 형사소송법의 수사에 관한 규정을 근거로 이루어져야 할 것이다.

제3절 수사의 방법

Ⅰ. 임의수사와 강제수사

1. 임의수사와 강제수사의 의의

수사의 방법에는 임의수사와 강제수사가 있다. 강제수사는 강제처분에 의한 수사를 말하며, 임의수사는 상대방의 동의나 승낙을 얻거나 기타 합목적성의 차원에서 법률의 근거 없이도 가능한 수사방법을 말한다. 수사는 원칙적으로 임의수사에 의하고 강제수사는 법률에 규정된 경우에 한하여 예외적으로 허용된다(제199조 제1항). 이를 임의수사의 원칙이라고 한다. 형사소송법은 「피의자에 대한 수사는 불구속 상태에서 함을 원칙으로 한다」고 규정하여(제198조 제1항), 특히 대인적 강제수사에 대한 엄격한 제한을 명시하고 있다.

수사는 임의수사인 경우에도 그 성질상 개인의 인권을 침해할 위험성을 배제할 수 없다. 따라서 검사ㆍ사법경찰관리 그 밖에 직무상 수사에 관계있는 자는 피의자 또는 다른 사람의 인권을 존중하고 수사과정에서 취득한 비밀을 엄수하며 수사에 방해되는 일이 없도록 하여야 한다(동조 제2항).

2. 임의수사와 강제수사의 구별

(1) 형식설

수사기관이 명문의 규정에 의하여 상대방에게 직접ㆍ간접으로 물리적 강제력을 행사하는 경우나 의무를 부담하게 하는 경우를 강제수사라고 보는 견해이다. 형식설은 「강제처분은 이 법률에 특별한 규정이 있는 경우에 한하며…」라고 규정하고 있는 형사소송법 제199조 제1항 단서에 충실한 입장이다. 이에 의하면 체포ㆍ구속(제200조의2 이하), 압수ㆍ수색ㆍ검증(제215조 이하), 증거보전(제184조), 증인신문청구(제221조의2), 공무소에의 조회(제199조 제2항) 등 형사소송법에 특별히 규정된 수사방법이 강제수사에 해당한다.

(2) 실질설

실질적 기준에 의하여 임의수사와 강제수사를 구별하려는 견해로서, 상대방의

의사에 반하여 실질적으로 그의 법익을 침해하는 처분이 강제수사이고 이러한 법
익침해를 수반하지 않는 수사는 임의수사라고 본다. 실질설은 감청, 사진촬영, 비
디오촬영, DNA감식 등과 같은 새로운 수사방법의 등장에 따른 인권침해의 위험성
을 감안하여, 상대방의 법익을 실질적으로 침해하는 수사는 법률이 규정이 없더라
도 강제수사라고 한다.

(3) 검 토

형식설에 의하면 형사소송법에서 규정하고 있지 않은 새로운 과학수사방법들
이 임의수사로서 법적 통제의 대상에서 벗어나게 되는 난점이 있다. 따라서 상대방
에 대한 실질적 법익침해의 초래 여부에 의해서 양자를 구별하는 실질설이 합리적
인 견해라고 생각된다.

3. 강제수사의 규제

(1) 강제처분법정주의

강제수사를 포함한 강제처분은 법률에 특별한 규정이 없으면 하지 못한다(제
199조 제1항). 이를 강제처분법정주의 또는 강제수사법정주의라고 한다. 강제처분
내지 강제수사는 형벌권 실현에 있어서 불가결한 제도이지만 개인의 기본권을 침
해하는 필요악이므로 이에 대한 법적 규제가 필요하게 된다.

강제처분법정주의는 강제처분의 종류와 요건 및 절차를 법률로써 규정할 것을
요구하는 원칙이다. 따라서 강제처분은 법률이 규정하고 있는 유형의 강제처분에
해당하고 법률이 정한 요건과 절차를 준수한 경우에 한하여 적법하게 된다. 다만
강제처분법정주의는 과학기술의 발달에 의하여 형사소송법이 예상하지 아니한 새
로운 강제처분이 출현함에 따라 탄력적인 해석을 필요로 하게 되었다.

(2) 영장주의

영장주의란 법원 또는 법관이 발부한 적법한 영장에 의하지 않으면 형사절차
상의 강제처분을 할 수 없다는 원칙을 말한다. 영장주의는 강제처분의 남용을 억제
하고 시민의 자유와 재산을 보장하기 위한 사법적 통제수단이다. 또한 영장주의는
강제처분을 할 당시에 이미 영장이 발부되어 있을 것을 요한다는 의미이므로 영장
없는 강제처분뿐만 아니라 강제처분을 한 후에 사후영장을 발부받는 것도 영장주
의의 예외가 된다.

(3) 비례성의 원칙

비례성의 원칙이란 형사절차에 의한 개인의 기본권 침해는 사건의 중요성과 기대되는 형벌에 비추어 상당성이 유지될 때에만 허용된다는 원칙을 말한다. 이 원칙은 임의수사에 있어서도 요구되나 특히 강제수사를 규제하는 원칙으로서 중요한 역할을 담당한다. 따라서 강제처분은 임의수사에 의해서는 형사소송의 목적을 달성할 수 없는 경우에 최후의 수단으로서만 인정되어야 하고, 강제처분의 기간과 방법도 기대되는 형벌에 의하여 제한을 받게 된다. 형사소송법은「강제처분은 필요한 최소한도의 범위 안에서만 하여야 한다」고 규정하여(동조 제1항), 이 원칙을 명시하고 있다.

4. 임의수사의 적법성의 한계

(1) 임의동행

임의동행이란 수사기관이 피의자의 출석을 확보하기 위하여 피의자의 동의를 얻어 피의자와 수사기관까지 동행하는 것을 말한다. 현실의 수사관행에 있어서는 내사단계에서 피내사자를 대상으로 임의동행의 형태를 취하는 경우가 있는데, 임의동행의 형식으로 연행된 피내사자의 경우에는 이미 실질적으로 수사가 개시된 것이므로 피의자로 보아야 한다.

임의동행은 기본적으로 임의수사에 해당한다. 그러나 임의동행이 임의수사로서 허용된다고 하더라도 그 과정에서 강제력이 개입된 때에는 임의수사로서의 한계를 벗어나게 되며, 임의동행으로서의 적법성을 결여하면 이는 강제연행으로서 불법체포에 해당하는 것이 된다. 판례는「수사관이 동행에 앞서 피의자에게 동행을 거부할 수 있음을 알려 주었거나 동행한 피의자가 언제든지 자유로이 동행과정에서 이탈 또는 동행장소로부터 퇴거할 수 있었음이 인정되는 등 오로지 피의자의 자발적인 의사에 의하여 수사관서 등에의 동행이 이루어졌음이 객관적인 사정에 의하여 명백하게 입증된 경우에 한하여, 동행의 적법성이 인정된다고 보는 것이 타당하다」고 함으로써(2012도13611), 임의동행에 있어서의 임의성 요건을 매우 엄격하게 해석하고 있다. 검사와 사법경찰관의 상호협력과 일반적 수사준칙에 관한 규정도 피의자의 동행거부권 등을 보장하기 위하여 수사기관에게 고지의무를 인정하고 있다. 즉 검사 또는 사법경찰관은 임의동행을 요구하는 경우 상대방에게 동행을 거부할 수 있다는 것과 동행하는 경우에도 언제든지 자유롭게 동행 과정에서 이탈하거나 동행 장소에서 퇴거할 수 있다는 것을 알려야 한다(동규정 제20조).

(2) 승낙유치

승낙유치란 상대방의 동의를 얻어 특정한 장소에 유치하는 것을 말하는데, 종래 임의동행하거나 자진출석한 피의자를 영장발부 대기 등의 이유로 보호실에 유치하는 관행이 있었다. 승낙유치는 상대방의 동의를 얻었다고 하더라도 강제수사에 해당하며 영장에 의하지 않는 한 위법하다고 보는 데 학설이 일치하고 있다. 실질적인 신체구속을 본인의 동의를 이유로 허용하는 것은 영장주의를 유린하는 결과를 가져오게 되기 때문이다. 판례도 경찰관 직무집행법상 정신착란자, 주취자, 자살기도자 등 응급의 구호를 요하는 자를 24시간을 초과하지 아니하는 범위 내에서 경찰관서에 보호조치할 수 있는 시설로 제한적으로 운영되는 경우(동법 제4조)를 제외하고는 구속영장을 발부받음이 없이 피의자를 보호실에 유치함은 영장주의에 위배되는 위법한 구금이라고 판단하고 있다(98다41377).

(3) 승낙수색과 승낙검증

승낙수색·승낙검증은 승낙유치와는 다르게 승낙의 임의성이 인정되는 한 임의수사로서 허용된다. 신체검사도 원칙적으로 검증의 성질을 가지므로 상대방의 승낙이 있는 경우에는 영장 없이 할 수 있다.

(4) 거짓말탐지기의 사용

거짓말탐지기(polygraph)란 피의자나 기타 피검사자에게 피의사실에 관련된 질문을 하고 그에 대한 대답 시에 피검사자에게 나타난 호흡·혈압·맥박·피부전기반사 등의 생리적 변화를 검사지에 기록하는 장치를 말한다. 거짓말탐지기 검사자는 검사지에 나타난 기록을 관찰·분석하여 답변의 진위 또는 피의사실에 대한 인식유무를 판단한다.

피검사자의 동의가 없으면 거짓말탐지기 사용이 허용되지 않는다는 점에 대하여는 이론이 없다. 다만 피검사자의 동의가 있는 경우에는 거짓말탐지기의 사용이 임의수사로서 허용될 수 있는지에 대하여 견해가 대립하고 있다. 부정하는 견해에서는 거짓말탐지기의 사용은 기계적인 방법을 통하여 답변의 진실성을 판단함으로써 결국 진실한 진술을 강요하는 결과로 되어 진술거부권을 침해하게 된다든지 또는 인격권을 침해하는 것이라는 이유로 상대방이 동의한 경우라도 허용되지 않는

다고 한다. 이에 반하여 다수의 견해는 피검사자가 자발적으로 동의한 경우라면 인
격권 내지 진술거부권의 침해라고 볼 수 없고 또한 검사결과가 피검사자에게 유리
한 자료로 사용될 수도 있다는 것을 이유로 임의수사로서 허용된다고 한다. 피검사
자의 임의성 있는 명백한 동의가 있는 경우에는 임의수사로서 거짓말탐지기 사용
을 인정할 수 있을 것이다. 판례도 상대방의 동의가 있는 한 거짓말탐지기 사용을
적법한 것으로 보고 있다(83도3146).

(5) 마취분석

마취분석이란 일정한 약물작용을 통하여 진실을 진술하게 하는 수사방법을 말
한다. 마취분석은 인간의 내심세계를 약물작용을 통하여 분석하는 것으로서 인간
의 존엄과 가치를 해하고 인격의 분열을 초래하는 것이므로 피검사자가 동의한 경
우에도 허용되지 않는 수사방법이라고 해야 한다.

II. 임의수사의 방법

임의수사는 강제수사와는 달리 비유형적이고 다양하게 행하여질 수 있다. 형
사소송법도 임의수사에 대하여 「수사에 관하여는 그 목적을 달성하기 위하여 필요
한 조사를 할 수 있다」고 규정하여(제199조 제1항), 강제수사에 해당하지 않는 범위
내에서 다양한 수사방법을 활용하여 사실을 밝히고 증거를 수집할 수 있음을 인정
하고 있다. 그러나 임의수사도 그 성질상 개인의 인격을 침해할 위험성을 배제할
수 없으므로 형사소송의 모든 절차를 지배하는 적법절차의 원리에 의한 법적 규제
를 받지 않을 수 없다.

형사소송법이 규정하고 있는 임의수사의 방법으로는 피의자신문, 참고인 조
사, 공무소 등에의 조회, 감정·통역·번역의 위촉 등이 있다.

1. 피의자신문

(1) 의 의

피의자신문이란 검사 또는 사법경찰관이 수사에 필요한 때에 피의자에게 출석
을 요구하여 피의자로부터 진술을 듣는 절차를 말한다. 피의자신문은 수사기관이
피의자의 진술을 통하여 직접 증거를 수집하는 절차일 뿐만 아니라, 피의자가 자기

에게 유리한 사실을 주장할 수 있는 기회를 제공하는 의미도 가지고 있다.

피의자신문은 피의자의 임의의 진술을 듣는 절차로서 임의수사에 해당한다 (2013모160). 다만 임의수사라고 하더라도 수사기관이 피의자의 자백을 얻어내기 위 하여 진술을 강요할 위험성이 있다는 점을 고려하여, 현행법은 신문의 절차 및 피 의자의 권리에 대하여 명문규정을 두고 있다.

(2) 절차 및 방식

(가) 출석요구

1) 일반 피의자의 경우

수사기관이 피의자를 신문하기 위하여는 피의자의 출석을 요구하여야 한다(제 200조). 출석을 요구하는 장소는 반드시 수사관서임을 요하지 않고 피의자가 있는 장소에 가서 신문하는 것도 가능하다.

피의자에게는 출석의무가 없다. 따라서 피의자는 출석을 거부할 수 있고, 출석 한 때에도 언제나 퇴거할 수 있다. 그러나 출석불응의 경우 현행법상 체포가 가능 하다는 점에서 수사기관의 출석요구는 사실상 어느 정도 강제적 요소를 가진다고 할 수 있다.

2) 체포·구속된 피의자와 조사수인의무

신체가 구속되어 있는 피의자가 구금된 장소에서 신문장소로 출석하는 것을 거부하거나 신문장소에서 퇴거할 자유가 보장되는지가 문제된다. 이른바 피의자신 문과 관련하여 신체구속 중인 자에게 조사수인의무가 인정되는지에 대한 논의라고 할 수 있다.

이에 대하여는 신체구속 중인 피의자의 진술거부권을 실질적으로 보장하기 위 해서는 피의자에게 단순히 진술을 거부할 수 있는 권리를 인정하는 데 그치지 않고 보다 적극적으로 피의사실에 대한 조사자체를 거부할 수 있는 권리를 인정해야 한 다는 입장에서 이를 부정하는 견해와 신체구속 중인 피의자에 대한 피의자신문의 현실적인 필요성과 중요성을 근거로 이를 긍정하는 견해가 대립하고 있다. 판례는 구속된 피의자가 수사기관의 피의자신문을 위한 출석요구에 불응하여 조사실에의 출석을 거부하는 경우에는 구속영장의 효력에 의하여 피의자를 조사실로 구인할 수 있으며, 또한 체포된 피의자에게도 출석의무가 인정된다고 한다(2013모160). 조 사수인의무긍정설에 의하면 체포·구속 중인 피의자는 수사기관의 요구에 응하여 조사실에 출석하고 조사가 종료할 때까지 그곳에 체류할 의무를 부담하게 된다.

(나) 진술거부권 등의 고지

검사 또는 사법경찰관이 피의자를 신문하기 전에 ① 일체의 진술을 하지 아니하거나 개개의 질문에 대하여 진술을 하지 아니할 수 있다는 것, ② 진술을 하지 아니하더라도 불이익을 받지 아니한다는 것, ③ 진술을 거부할 권리를 포기하고 행한 진술은 법정에서 유죄의 증거로 사용될 수 있다는 것, ④ 신문을 받을 때에는 변호인을 참여하게 하는 등 변호인의 조력을 받을 수 있다는 것을 알려주어야 한다 (제244조의3 제1항). 동일한 수사기관의 일련의 수사과정에서는 신문 시마다 고지를 해야 하는 것은 아니지만, 상당한 기간이 경과하였거나 새로운 출석요구에 따라 신문하거나 조사자가 경질된 때에는 다시 고지하여야 할 것이다. 또한 사법경찰관이 사건을 검사에게 송치하여 검사가 피의자를 신문할 때에는 신문 전에 다시 진술거부권을 고지하여야 한다. 진술거부권을 고지하지 않고 신문한 진술을 기재한 피의자신문조서는 증거능력이 없다(2010도1755).

검사 또는 사법경찰관은 진술거부권을 고지한 때에는 피의자가 진술을 거부할 권리와 변호인의 조력을 받을 권리를 행사할 것인지의 여부를 질문하고, 이에 대한 피의자의 답변을 조서에 기재하여야 한다. 이 경우 피의자의 답변은 피의자로 하여금 자필로 기재하게 하거나 검사 또는 사법경찰관이 피의자의 답변을 기재한 부분에 기명날인 또는 서명하게 하여야 한다(동조 제2항).

(다) 신문사항 및 신문방법

검사 또는 사법경찰관이 피의자를 신문함에는 먼저 그 성명·연령·등록기준지·주거와 직업을 물어 피의자임에 틀림없음을 확인하여야 한다(제241조). 이를 인정신문이라고 한다. 인정신문과 진술거부권 등의 고지가 끝난 후에는 피의자에 대하여 범죄사실과 정상에 관한 필요사항을 신문하여야 하며, 피의자에게 이익되는 사실을 진술할 기회를 주어야 한다(제242조). 신문은 통상 일문일답식으로 진행하며, 사실을 발견하기 위하여 필요한 때에는 피의자와 다른 피의자 또는 피의자 아닌 자와의 대질신문도 가능하다(제245조).

피의자에 대한 심야조사는 제한된다. 검사 또는 사법경찰관은 예외가 인정되는 경우를 제외하고는 피의자에 대해 오후 9시부터 오전 6시까지 사이의 심야조사를 해서는 안 된다(수사준칙에 관한 규정 제21조). 피의자에 대한 장시간조사도 제한된다. 검사 또는 사법경찰관은 피의자를 조사하는 경우에는 원칙적으로 대기시간, 휴식시간, 식사시간 등 모든 시간을 합산한 조사시간이 12시간을 초과하지 않도록 해야 한다(동규정 제22조). 또한 검사 또는 사법경찰관은 조사에 상당한 시간이 소요되는 경우에는 특별한 사정이 없으면 피의자에게 조사 도중에 최소한 2시간마다 10분 이상의 휴식시간을 주어야 한다(동규정 제23조).

(라) 피의자신문조서의 작성

피의자의 진술은 조서에 기재하여야 한다(제244조 제1항). 조서는 피의자에게 열람하게 하거나 읽어 들려주어야 하며, 진술한 대로 기재되지 아니하였거나 사실과 다른 부분의 유무를 물어 피의자가 증감 또는 변경의 청구 등 이의를 제기하거나 의견을 진술한 때에는 이를 조서에 추가로 기재하여야 한다. 이 경우 피의자가 이의를 제기하였던 부분은 읽을 수 있도록 남겨두어야 한다(동조 제2항). 피의자가 어떤 부분에 대하여 이의를 제기하였는지를 알 수 있게 하기 위한 것이다. 피의자가 조서에 대하여 이의나 의견이 없음을 진술한 때에는 피의자로 하여금 그 취지를 자필로 기재하게 하고 조서에 간인한 후 기명날인 또는 서명하게 한다(동조 제3항). 피의자신문조서에 기재된 진술은 일정한 요건하에 증거능력이 인정된다(제312조 제1항 내지 제3항).

(마) 참여자

검사가 피의자를 신문함에는 검찰청수사관 또는 서기관이나 서기를 참여하게 하여야 하고, 사법경찰관이 피의자를 신문함에는 사법경찰관리를 참여하게 하여야 한다(제243조). 이는 조서기재의 정확성과 신문절차의 적법성을 보장하기 위한 것이다.

(3) 신문절차의 적정성 보장

(가) 변호인의 피의자신문참여권

1) 변호인참여권의 내용

변호인의 피의자신문참여권이란 검사 또는 사법경찰관의 피의자신문에 변호인이 참여할 수 있는 권리를 말한다. 현행법은 변호인의 도움을 받을 피의자의 권리를 실질적으로 보장하기 위하여 변호인의 피의자신문참여권을 명문으로 규정하고 있다. 즉 검사 또는 사법경찰관은 피의자 또는 그 변호인·법정대리인·배우자·직계친족·형제자매의 신청에 따라 변호인을 피의자와 접견하게 하거나 정당한 사유가 없는 한 피의자에 대한 신문에 참여하게 하여야 한다(제243조의2 제1항). 신문에 참여하고자 하는 변호인이 2인 이상인 때에는 피의자가 신문에 참여할 변호인 1인을 지정한다. 지정이 없는 경우에는 검사 또는 사법경찰관이 이를 지정할 수 있다(동조 제2항).

신문에 참여한 변호인은 신문 후 의견을 진술할 수 있다. 다만 신문 중이라도 부당한 신문방법에 대하여 이의를 제기할 수 있고, 검사 또는 사법경찰관의 승인을 받아 의견을 진술할 수 있다(동조 제3항). 신문에 참여한 변호인의 의견이 기재된 피의자신문조서는 변호인에게 열람하게 한 후 변호인으로 하여금 그 조서에 기명날인 또는 서명하게 하여야 한다(동조 제4항).

2) 변호인참여권의 제한

형사소송법은 검사 또는 사법경찰관은 정당한 사유가 있는 때에는 변호인참여권을 제한할 수 있도록 규정하고 있다(제243조의2 제1항). 여기서 정당한 사유란 변호인이 피의자신문을 방해하거나 수사기밀을 누설할 염려가 있음이 객관적으로 명백한 경우를 말한다(2008모793). 신문에 참여한 변호인이 신문을 부당하게 제지 또는 중단시키거나 피의자의 특정한 답변을 유도하거나 진술을 번복하게 하는 행위, 신문내용을 촬영·녹음하는 행위 등이 피의자신문을 방해하는 행위에 해당한다고 할 수 있다. 그러나 피의자신문을 하면서 정당한 사유가 없음에도 불구하고, 변호인에 대하여 피의자로부터 떨어진 곳으로 옮겨 앉으라고 지시를 한 다음 이러한 지시에 따르지 않았음을 이유로 변호인의 피의자신문 참여권을 제한하는 것은 허용될 수 없다(위의 판례).

수사기관이 변호인의 참여를 부당하게 제한하거나 중단시킨 경우에는 수사기관의 처분에 대하여 준항고를 제기할 수 있다. 그리고 변호인의 피의자신문참여권을 침해한 상태에서 작성한 피의자신문조서는 증거능력이 없다(2010도3359).

(나) 신뢰관계 있는 사람의 동석

검사 또는 사법경찰관은 피의자를 신문하는 경우에 ① 피의자가 신체적 또는 정신적 장애로 사물을 변별하거나 의사를 결정·전달할 능력이 미약한 때, ② 피의자의 연령·성별·국적 등의 사정을 고려하여 그 심리적 안정의 도모와 원활한 의사소통을 위하여 필요한 경우의 어느 하나에 해당하는 때에는 직권 또는 피의자·법정대리인의 신청에 따라 피의자와 신뢰관계에 있는 자를 동석하게 할 수 있다(244

조의5). 장애인, 아동, 노인, 여성, 외국인 등 사회적 약자들이 심리적 위축 등으로 방어권을 충분히 행사하지 못하는 것을 고려한 규정이다. 피의자와 동석할 수 있는 신뢰관계에 있는 사람은 피의자의 직계친족, 형제자매, 배우자, 가족, 동거인, 보호·교육시설의 보호·교육담당자 등 피의자의 심리적 안정과 원활한 의사소통에 도움을 줄 수 있는 사람으로 한다(수사준칙에 관한 규정 제24조).

(다) 조사과정의 기록

검사 또는 사법경찰관은 피의자가 조사장소에 도착한 시각, 조사를 시작하고 마친 시각, 그 밖에 조사과정의 진행경과를 확인하기 위하여 필요한 사항을 피의자신문조서에 기록하거나 별도의 서면에 기록한 후 수사기록에 편철하여야 한다(제244조의4 제1항). 피의자가 조사장소에 도착한 시각과 조사를 시작한 시각에 상당한 시간적 차이가 있는 경우에는 그 이유, 조사가 중단되었다가 재개된 경우에는 그 이유와 중단 시각 및 재개 시각을 조서에 구체적으로 기록하여야 한다(수사준칙에 관한 규정 제26조). 형사소송법은 수사과정의 투명화를 위해 수사과정의 기록제도를 규정하였는데, 이때 작성된 수사과정확인서는 피의자진술의 임의성과 신용성을 판단하는 데 있어서 중요한 자료로 사용될 수 있다.

(라) 피의자진술의 영상녹화

피의자의 진술은 영상녹화할 수 있다. 이 경우 미리 영상녹화사실을 알려주어야 하며, 조사의 개시부터 종료까지의 전 과정 및 객관적 정황을 영상녹화하여야 한다(제244조의2 제1항). 조사의 개시부터 종료까지의 전 과정 및 객관적 정황을 영상녹화하도록 규정한 것은 수사기관이 의도적으로 조사 과정의 일부만을 선별적으로 영상녹화하는 것을 막기 위한 것이다. 다만 여러 차례의 조사가 이루어진 경우에 반드시 최초의 조사부터 모두 영상녹화할 것이 요구되는 것은 아니므로, 가령 제2회 또는 제3회 조사시부터 영상녹화를 한 경우라도 그렇게 할 필요성이 인정되는 한 적법한 것으로 보아야 할 것이다.

피의자신문과정에 대한 영상녹화가 완료된 때에는 피의자 또는 변호인 앞에서 지체 없이 그 원본을 봉인하고 피의자로 하여금 기명날인 또는 서명하게 하여야 한다(동조 제2항). 이 경우 피의자 또는 변호인의 요구가 있는 때에는 영상녹화물을 재생하여 시청하게 하여야 하며, 그 내용에 대하여 이의를 진술하는 때에는 그 취지를 기재한 서면을 첨부하여야 한다(동조 제3항). 영상녹화물에 대한 편집이나 조작을 방지하기 위해 둔 규정이다.

피의자신문과정의 영상녹화는 기본적으로 신문절차의 적법성을 보장하고 인권침해를 방지할 수 있다는 점과 영상녹화물이 피고인이 진술함에 있어서 기억이 명백하지 아니한 사항에 관하여 기억환기용 수단으로서(제318조의2 제2항) 사용될 수도 있다는 점에 그 의미가 있다.

2. 참고인조사

(1) 의 의

검사 또는 사법경찰관은 수사에 필요한 때에는 피의자가 아닌 자의 출석을 요구하여 진술을 들을 수 있다(제221조). 수사기관에 대하여 진술하는 피의자 아닌 제3자를 참고인이라고 한다. 참고인은 수사기관에 대하여 진술하는 자라는 점에서 법원 또는 법관에 대하여 경험사실을 진술하는 제3자인 증인과 구별된다.

참고인조사는 임의수사이므로 참고인은 수사기관에 대하여 출석의무나 진술의무를 부담하지 않는다. 따라서 참고인은 증인과는 달리 소환 또는 구인의 대상이 되지 않으며 불출석에 따른 과태료나 감치 등의 제재도 받지 않는다. 다만 범죄의 수사에 없어서는 아니될 사실을 안다고 명백히 인정되는 참고인이 출석 또는 진술을 거부하는 경우에 검사는 제1회 공판기일 전에 한하여 판사에게 증인신문을 청구할 수 있다(제221조의2). 이 경우에는 참고인이 아닌 증인으로서 과태료나 구인 또는 감치의 제재를 받게 된다.

(2) 참고인조사의 방법

참고인조사는 참고인의 진술을 듣는 절차로서 조사의 방법 및 진술조서의 작성은 피의자신문의 경우에 준한다. 참고인조사도 피의자조사와 마찬가지로 심야조사와 장시간조사가 제한되며(수사준칙에 관한 규정 제21조, 제22조), 조사 도중에 최소한 2시간마다 10분 이상의 휴식시간을 주어야 한다(동규정 제23조). 다만 참고인에게는 진술거부권을 고지할 필요가 없다. 수사기관에 의한 진술거부권 고지의 대상이 되는 피의자의 지위는 수사기관이 조사대상자에 대한 범죄혐의를 인정하여 수사를 개시하는 행위를 한 때에 인정되기 때문이다(2012도725).

공범자를 참고인으로 조사하는 경우에도 단순히 다른 피의자와 공범관계에 있을 가능성만으로 그를 수사기관에 의해 범죄혐의를 인정받아 수사가 개시된 피의자로 볼 수 없다. 그러나 수사기관이 공범의 혐의를 받고 있는 사람에 대해 수사를 개시할 수 있는 상태임에도 진술거부권 고지를 잠탈할 의도로 피의자신문이 아닌 참고인조사의 형식을 취하는 것은 허용되지 않는다(2011도8125).

참고인은 수사에 대한 협조자에 불과하므로 진술을 거부할 수 있고 조사장소로부터 언제든지 퇴거할 수 있다. 또한 증인이 허위진술을 하면 위증죄로 처벌되나, 참고인이 수사기관에 대하여 허위진술을 하는 것은 원칙적으로 처벌의 대상이 되지 않는다(2012도13999).

검사 또는 사법경찰관은 범죄로 인한 피해자를 참고인으로 조사하는 경우 참고인의 연령, 심신의 상태, 그 밖의 사정을 고려하여 참고인이 현저하게 불안 또는 긴장을 느낄 우려가 있다고 인정되는 때에는 직권 또는 피해자·법정대리인·검사의 신청에 따라 피해자와 신뢰관계에 있는 자를 동석하게 할 수 있다(제221조 제3항).

또한 검사 또는 사법경찰관은 성폭력범죄의 피해자가 13세 미만의 아동이거나 신체적인 또는 정신적인 장애로 의사소통이나 의사표현에 어려움이 있는 경우 원활한 조사를 위하여 직권이나 피해자, 그 법정대리인 또는 변호사의 신청에 따라 진술조력인으로 하여금 조사과정에 참여하여 의사소통을 중개하거나 보조하게 할 수 있다. 다만 피해자 또는 그 법정대리인이 이를 원하지 아니하는 의사를 표시한 경우에는 그러하지 아니하다(성폭력범죄의 처벌 등에 관한 특례법 제36조 제1항).

(3) 진술조서의 작성 및 조사과정의 기록

수사기관이 참고인의 진술을 들은 때에는 조서를 작성하여야 한다. 참고인의 진술을 기재한 진술조서는 일정한 요건하에 증거능력이 인정된다(제312조 제4항).

참고인을 조사하는 경우에도 피의자신문의 경우와 마찬가지로 조사과정을 기록하여야 한다(제244조의4 제3항). 검사 또는 사법경찰관은 피의자 아닌 자가 조사장소에 도착한 시각, 조사를 시작하고 마친 시각, 그 밖에 조사과정의 진행경과를 확인하기 위하여 필요한 사항을 참고인진술조서에 기록하거나 별도의 서면에 기록한 후 수사기록에 편철하여야 한다(동조 제3항). 참고인에 대한 수사과정확인서는 참고인진술의 임의성과 신용성에 대한 판단자료로 사용될 수 있다.

(4) 참고인진술의 영상녹화

검사 또는 사법경찰관은 참고인의 동의를 얻어 참고인진술을 영상녹화할 수 있다(제221조 제1항). 동의를 얻어야 한다는 점에서 이를 요하지 않는 피의자신문의 경우와 다르다. 참고인의 진술을 영상녹화하는 경우에도 조사의 개시부터 종료까지의 전 과정과 객관적 정황을 영상녹화하여야 한다. 참고인진술에 대한 영상녹화물은 참고인진술조서의 진정성립의 증명 및 증인의 기억환기용으로 사용될 수 있다.

3. 감정·통역·번역의 위촉

검사 또는 사법경찰관은 수사에 필요한 때에는 감정·통역 또는 번역을 위촉할 수 있다(제221조 제2항). 위촉을 받은 자는 이를 수락할 의무가 없으며, 감정 등을 위하여 출석하였다가 퇴거하는 것도 자유이다. 따라서 수사상의 감정·통역·번역의 위촉은 임의수사에 속한다. 이러한 업무는 대체성을 가지고 있으므로 특정인에 대하여 이를 강제할 필요가 없기 때문이다.

감정은 특수한 지식이나 경험을 가진 자가 그의 지식이나 경험에 기하여 알수 있는 법칙 또는 그 법칙을 적용하여 얻은 판단을 보고하는 것을 말한다. 여기서 감정을 위촉받은 자를 감정수탁자라고 하는데, 법원 또는 법관으로부터 감정의 명을 받은 감정인과 구별된다. 감정인과 달리 감정수탁자에게는 선서의무가 없고 허위감정에 따른 제재도 받지 않는다.

검사가 감정을 위촉하는 경우에 피의자의 정신 또는 신체에 관한 감정을 위하여 감정유치처분이 필요한 때에는 판사에게 이를 청구하여야 한다(제221조의3 제1항). 판사는 검사의 청구가 상당하다고 인정할 때에는 감정유치장을 발부하여 유치처분을 하여야 한다(동조 제2항). 감정유치도 피의자의 신체의 자유를 제한하는 강제처분이라는 점에서 구속에 관한 규정이 준용된다(동조 제2항, 제172조).

또한 수사기관은 국어에 능통하지 않은 자의 진술이나 국어가 아닌 문자나 부호는 통역하거나 번역하도록 위촉할 수 있다.

4. 공무소 등에의 조회

수사기관은 수사에 관하여 공무소 기타 공사단체에 조회하여 필요한 사항의 보고를 요구할 수 있다(제199조 제2항). 이를 공무소 등에의 조회 또는 사실조회라고 한다. 전과조회나 신원조회 등 조회할 수 있는 사항에는 제한이 없다. 다만 일정한 개인정보에 관한 사실조회는 법에 의한 제한을 받는다.

조회를 받은 상대방에게는 보고의 의무가 있다. 수사기관의 조회요청은 공무소 등에 협조의무를 지운다는 의미에서 이를 강제수사로 보는 견해도 있다. 그러나 공무소 등에 대하여 의무의 이행을 강제할 방법이 없고 또한 조회요청에 영장을 요하는 것도 아니므로 공무소 등에의 조회는 임의수사로 보아야 할 것이다.

Ⅲ. 강제수사의 방법

강제처분은 그 처분의 대상이 사람인가 물건인가에 따라 크게 대인적 강제처분과 대물적 강제처분으로 나눌 수 있다. 체포와 구속은 전자에 속하고, 압수·수색·검증은 후자에 해당한다. 다만 수색과 검증은 사람의 신체를 대상으로 하는 경우에는 예외적으로 대인적 강제처분으로서의 성격을 가진다.

수사절차에서 행하는 수사상의 강제처분을 강제수사라고 한다. 형사소송법은 법원의 강제처분을 원칙으로 규정하고, 강제수사에 관하여는 수사상의 체포와 구속 및 압수·수색·검증에 관한 규정을 두면서 수사절차의 특수성에 따른 사항을 제외하고는 대부분 법원의 강제처분에 관한 규정을 준용하고 있다(제200조의6, 제209조, 제219조). 그러나 형사절차의 진행과정 및 현실적인 중요성에 비추어 볼 때 수사상의 강제처분에 대하여 자세한 규정을 두고 이를 필요한 범위 내에서 법원의 강제처분에 준용하는 방법이 보다 합리적일 것으로 생각된다.

법원의 강제처분은 강제수사가 아니나, 여기서는 강제처분으로서의 공통점을 고려하여 법원의 강제처분도 수사상의 강제처분과 함께 검토하기로 한다. 또한 개별적인 강제처분·강제수사의 방법에 대하여는 대인적 강제처분과 대물적 강제처분으로 나누어 절을 바꾸어 살펴보기로 한다.

제 4 절 대인적 강제처분

형사소송법이 규정하고 있는 신체구속제도에는 체포와 구속이 있다. 체포는 피의자에 대한 단기간의 신병확보를 가능하게 하기 위한 제도로서 영장에 의한 체포와 긴급체포 및 현행범인의 체포가 있다. 한편 피의자 또는 피고인을 비교적 장기간에 걸쳐 구금하는 제도인 구속은 반드시 법관이 사전에 발부한 구속영장에 의하여만 가능하다. 현행법상 피의자에게는 체포와 구속이 인정되나 피고인에게는 구속만이 인정되고 있으며, 구속시의 영장실질심사는 피의자구속의 경우에 적용되는 제도이다. 또한 형사소송법이 체포제도를 규정하고 있다고 하여 피의자의 구속이 반드시 체포를 거쳐서 이루어져야 하는 것은 아니다. 이런 의미에서 현행법상의 신체구속제도는 체포전치주의를 채택하여 체포된 피의자에 대해서만 구속영장의 청구를 인정하는 일본의 제도나 체포된 피의자에 대한 치안판사의 실질심사를 거쳐 구속 여부가 결정되는 미국의 제도와는 다르다고 할 수 있다.

I. 피의자의 체포

1. 영장에 의한 체포

(1) 체포의 요건

피의자를 체포하기 위해서는 피의자가 죄를 범하였다고 의심할 만한 상당한 이유가 있고, 정당한 이유 없이 출석요구에 응하지 아니하거나 응하지 아니할 우려가 있어야 한다(제200조의2 제1항).

체포영장을 발부하기 위해서는 먼저 피의자가 죄를 범하였다고 의심할 만한 상당한 이유가 있어야 한다. 여기의 범죄혐의는 피의자가 죄를 범하였음을 인정할 수 있는 고도의 개연성 내지 충분한 범죄혐의를 의미한다.

다음으로 피의자를 체포하기 위하여는 피의자가 정당한 이유 없이 수사기관의 피의자신문을 위한 출석요구에 응하지 아니하거나 응하지 아니할 우려가 있어야 한다. 다만 다액 50만원 이하의 벌금, 구류 또는 과료에 해당하는 사건에 관하여는 피의자가 일정한 주거가 없는 경우 또는 정당한 이유 없이 수사기관의 출석요구에 불응한 경우에 한하여 체포할 수 있다(동조 제1항 단서).

피의자를 체포하기 위해서는 피의자에 대하여 구속사유인 도망이나 증거인멸의 우려가 있어야 하는 것은 아니다. 형사소송법은 명백히 체포의 필요성이 인정되지 아니하는 경우에는 체포할 수 없다고 규정하고 있을 뿐(동조 제2항) 체포의 요건으로서 구속사유의 존재를 요구하고 있지 않다. 이와 같이 현행법상 체포의 필요성은 체포의 적극적 요건이 아니라 그 부존재가 명백한 경우에 한하여 체포를 허용하지 않는 소극적 요건에 불과하다. 따라서 체포의 필요성이 의심스러운 경우에는 체포의 요건을 충족하는 것으로 보아야 한다.

(2) 체포의 절차

체포영장의 청구권자는 검사이다. 사법경찰관은 검사에게 신청하여 검사의 청구로 체포영장을 발부받아야 한다(제200조의2 제1항). 검사가 사법경찰관이 신청한 영장을 정당한 이유 없이 판사에게 청구하지 아니한 경우 사법경찰관은 그 검사 소속의 지방검찰청 소재지를 관할하는 고등검찰청에 영장 청구 여부에 대한 심의를 신청할 수 있고, 고등검찰청의 영장심의위원회에서 이에 대한 심의를 한다(제221조의5).

체포영장의 청구를 받은 지방법원판사는 검사의 청구가 상당하다고 인정하는 때에는 체포영장을 발부한다(동조 제2항). 판사가 체포영장을 발부하지 아니할 때에는 청구서에 그 취지 및 이유를 기재하고 서명날인하여 청구한 검사에게 교부한다(동조 제3항).

체포영장은 검사의 지휘에 의하여 사법경찰관리가 집행한다(제200조의6, 제81조 제1항). 교도소 또는 구치소에 있는 피의자에 대하여 발부된 체포영장은 검사의 지휘에 의하여 교도관이 집행한다(제200조의6, 제81조 제3항). 체포영장을 집행할 때에는 체포영장을 피의자에게 제시하고 영장사본을 교부하여야 하는데(제200조의6, 제85조 제1항), 이를 사전제시의 원칙이라고 한다. 다만 체포영장을 소지하지 아니한 경우에 급속을 요하는 때에는 피의자에 대하여 피의사실의 요지와 영장이 발부되었음을 알리고 집행할 수 있다(제85조 제3항). 이 경우에 집행을 완료한 후에는 신속히 체포영장을 제시하고 사본을 교부하여야 한다(동조 제4항). 또한 검사 또는 사법경찰관은 피의자를 체포하는 경우에는 피의사실의 요지, 체포의 이유와 변호인을 선임할 수 있음을 말하고 변명할 기회를 주어야 한다(제200조의5).

이러한 체포영장의 제시나 권리의 고지는 체포를 위한 실력행사에 들어가기 이전에 미리 해야 하는 것이 원칙이나, 달아나는 피의자를 쫓아가 붙들거나 폭력으로 대항하는 피의자를 실력으로 제압하는 경우에는 붙들거나 제압하는 과정에서 하거나, 그것이 여의치 않은 경우에는 일단 붙들거나 제압한 후에 지체 없이 행하여야 한다(2007도10006).

피의자를 체포한 때에는 변호인이 있는 경우에는 변호인에게, 변호인이 없는 경우에는 변호인선임권자 가운데 피의자가 지정한 자에게 피의사건명, 체포의 일시·장소, 피의사실의 요지, 체포의 이유와 변호인을 선임할 수 있음을 알려야 한다(제200조의6, 제87조). 또한 피의자를 체포한 검사 또는 사법경찰관은 체포된 피의자와 체포적부심사청구권자 중에서 피의자가 지정하는 자에게 체포적부심사를 청구할 수 있음을 알려야 한다(제214조의2 제2항).

(3) 체포 후의 조치

체포된 피의자를 구속하고자 할 때에는 검사는 체포한 때로부터 48시간 이내에 구속영장을 청구하여야 하고, 그 기간 내에 구속영장을 청구하지 아니하는 때에는 즉시 석방하여야 한다(제200조의2 제5항). 48시간 이내에 구속영장을 청구하면 족하고 48시간 이내에 구속영장이 발부될 것을 요하지 않는다. 이는 형사소송법이 피의자에 대한 구속영장발부절차에 영장실질심사제도(제201조의2)를 규정하고 있어 구속영장청구로부터 구속영장발부까지 상당한 시간이 소요된다는 점을 고려한 결과라고 할 수 있다. 다만 체포적부심사가 청구된 경우에는 법원이 수사관계서류와 증거물을 접수한 때부터 기각결정 후 검찰청에 반환된 때까지의 기간은 48시간의 구속영장청구기간에 산입하지 아니한다(제214조의2 제13항, 제200조의2 제5항). 체포된 피의자를 구속영장에 의하여 구속한 경우에는 구속기간은 체포된 때부터 기산한다(제203조의2).

2. 긴급체포

(1) 긴급체포의 요건

긴급체포란 긴급을 요하는 경우에 중대한 범죄의 혐의를 받고 있는 피의자를 수사기관이 영장 없이 체포하는 것을 말한다. 긴급체포를 위해서는 피의자가 사형·무기 또는 장기 3년 이상의 징역이나 금고에 해당하는 죄를 범하였다고 의심할 만한 상당한 이유가 있고, 피의자가 증거를 인멸할 염려가 있거나 도망 또는 도망할 염려가 있으며, 긴급을 요하여 지방법원판사의 체포영장을 받을 수 없는 경우라야 한다(제200조의3 제1항). 긴급체포의 요건을 갖추었는지 여부는 사후에 밝혀진 사정을 기초로 판단할 것이 아니라 체포 당시의 상황을 기초로 판단하여야 하며, 요건을 갖추지 못한 위법한 긴급체포 중에 취득한 증거는 증거능력이 부정된다(2007도11400).

긴급체포와 영장에 의한 체포에 있어서 요구되는 범죄혐의의 정도는 동일하다. 다만 긴급체포를 위해서는 피의자가 증거를 인멸할 염려가 있거나 도망하거나 도망할 우려가 있어야 한다. 즉 긴급체포를 위하여는 구속사유가 존재할 것을 요한다. 긴급체포의 경우에는 체포영장을 발부받을 것을 요하지 않는 대신 체포영장에 의한 체포보다 그 요건을 엄격히 하여 긴급체포의 남용을 방지하고자 한 것이다.

또한 긴급체포를 위해서는 긴급을 요하여 지방법원판사의 체포영장을 받을 수 없을 것을 요한다. 즉 피의자를 우연히 발견한 경우 등과 같이 판사의 체포영장을 받아서는 체포할 수 없거나 체포가 현저히 곤란한 상황이어야 한다.

이와 관련하여 피의자가 수사기관에 자진 출석하여 조사를 받는 경우에도 긴급성 및 필요성이 인정되어 긴급체포가 가능한지가 문제된다. 자진출석하여 조사를 받는 경우에도 조사과정을 통하여 자신의 죄가 무겁다고 인식되거나 변명이 받아들여지지 않음을 느낀 때에는 조사 후 영장을 청구하는 사이에 도망할 우려가 있으므로 긴급체포가 가능하다고 보아야 한다. 다만 이 경우에는 구체적인 사정을 기초로 하여 피의자가 출석하게 된 경위, 출석횟수, 출석불응사실, 조사기간, 수사상황 등을 고려하여 신중하게 판단하여야 한다(98도785).

(2) 긴급체포의 절차

검사 또는 사법경찰관은 피의자에게 긴급체포를 한다는 사유를 알리고 영장 없이 피의자를 체포할 수 있다(제200조의3 제1항). 검사 또는 사법경찰관이 피의자를 긴급체포함에 있어서는 피의사실의 요지, 체포의 이유와 변호인을 선임할 수 있음을 말하고 변명의 기회를 주어야 한다(제200조의5).

검사 또는 사법경찰관이 피의자를 긴급체포한 경우에는 즉시 긴급체포서를 작성하여야 한다(제200조의3 제3항). 긴급체포서에는 범죄사실의 요지, 긴급체포의 사유 등을 기재하여야 한다(동조 제4항). 사법경찰관이 피의자를 긴급체포한 경우에는 즉시 검사의 승인을 받아야 한다(동조 제2항). 검사에게 긴급체포의 적법성을 사후심사하게 함으로써 긴급체포의 남용을 방지하기 위한 것이다.

검사 또는 사법경찰관이 피의자를 긴급체포한 때에는 변호인이나 변호인이 없는 경우에는 변호인선임권자 가운데 피의자가 지정한 자에게 피의사건명, 체포의 일시·장소, 피의사실의 요지, 체포의 이유와 변호인을 선임할 수 있음을 알려야 하며 (제200조의6, 제87조), 또한 체포된 피의자와 체포적부심사청구권자 중에서 피의자가 지정하는 자에게 체포적부심사를 청구할 수 있음을 알려야 한다(제214조의2 제2항).

(3) 긴급체포 후의 조치

검사 또는 사법경찰관이 피의자를 긴급체포한 경우 피의자를 구속하고자 할 때에는 지체 없이 검사는 관할 지방법원판사에게 구속영장을 청구하여야 하고, 사법경찰관은 검사에게 신청하여 검사의 청구로 관할 지방법원판사에게 구속영장을 청구하여야 한다. 이 경우 구속영장은 피의자를 체포한 때부터 48시간 이내에 청구하여야 하며, 구속영장을 청구할 때에는 긴급체포서를 첨부하여야 한다(제200조의4 제1항). 긴급체포한 피의자에 대하여 구속영장을 청구하지 않거나 발부받지 못한 때에는 피의자를 즉시 석방하여야 한다(동조 제2항).

사법경찰관이 긴급체포된 피의자에 대하여 구속영장을 신청한 경우에 긴급체포의 적법성을 의심할 만한 사유가 있고 또한 피의자가 출석요구에 동의한 때에는 검사는 피의자를 검찰청으로 출석시켜 직접 대면조사할 수 있다(2008도11999).

긴급체포되었다가 구속영장을 청구하지 아니하거나 구속영장을 발부받지 못하여 석방된 자는 영장 없이는 동일한 범죄사실에 관하여 다시 체포하지 못한다(동조 제3항). 따라서 수사기관은 긴급체포 후 석방된 피의자에 대하여 동일한 범죄사실로 다시 긴급체포할 수는 없으나, 판사로부터 체포영장을 발부받은 때에는 다시 체포할 수 있다.

3. 현행범인의 체포

(1) 의 의

현행범인은 고유한 의미의 현행범인과 준현행범인으로 나누어진다. 형사소송법 제212조는 「현행범인은 누구든지 영장 없이 체포할 수 있다」고 규정하여 영장주의의 예외를 인정하고 있다. 현행범인은 범죄가 명백하고 긴급한 체포의 필요성이 인정되기 때문에 영장 없이 체포할 수 있도록 한 것이다.

현행범인 체포의 요건을 갖추었는지 여부는 체포 당시의 상황을 기초로 판단하여야 하고, 이에 관한 검사나 사법경찰관 등 수사주체의 판단에는 상당한 재량의 여지가 있다고 할 것이나, 체포 당시의 상황으로 보아서도 그 요건의 충족 여부에 관한 검사나 사법경찰관 등의 판단이 경험칙에 비추어 현저히 합리성을 잃은 경우에는 그 체포는 위법하다고 보아야 한다(2011도3682).

(가) 고유한 의미의 현행범인

현행범인이란 범죄를 실행하고 있거나 실행하고 난 직후의 사람을 말한다(제211조 제1항). 따라서 현행범인이란 모든 범죄에 있어서 일정한 시간적 단계에 있는 범인을 의미하는 개념이다. 범죄를 실행하고 있다는 것은 범죄의 실행에 착수하여 종료하지 못한 상태를 의미하고, 범죄를 실행하고 난 직후란 범죄의 실행행위를 종료한 직후를 말하며 결과발생의 여부를 묻지 않는다. 이와 같이 현행범인은 시간적 단계의 개념이지만 범인이 범행장소 및 그 연장으로 볼 수 있는 장소를 이탈한 때에는 시간적 접착성도 인정하기 어렵다는 점에서 장소적 접착성도 요건으로 하게 된다.

(나) 준현행범인

준현행범인이란 고유한 의미의 현행범인은 아니지만 현행범인으로 보는 사람을 말한다. 즉 ① 범인으로 불리며 추적되고 있는 사람, ② 장물이나 범죄에 사용되었다고 인정하기에 충분한 흉기나 그 밖의 물건을 소지하고 있는 사람, ③ 신체나 의복류에 증거가 될만한 뚜렷한 흔적이 있는 사람, ④ 누구냐고 묻자 도망하려고 하는 사람이 여기에 해당한다(동조 제2항). 그러나 준현행범인으로서 체포하려면 이와 함께 다른 상황을 종합하여 죄를 범하였다는 사실이 인정되는 경우라야 할 것이다. 특히 누구냐고 묻자 도망하려고 하는 사람은 주로 경찰관 직무집행법에 의한 불심검문을 받고 도망하려 한 자가 해당하게 될 것이나, 범행에 대한 직접적인 관련성이 희박한 경우이므로 엄격하게 해석하여야 한다.

(2) 현행범인 체포의 요건

(가) 범죄의 명백성

현행범인을 체포하려면 피의자가 체포당시의 상황에 비추어 특정범죄의 범인임이 명백하여야 한다. 외형상 죄를 범한 것처럼 보여도 구성요건해당성이 인정되지 않는 경우는 물론 위법성조각사유나 책임조각사유가 존재하여 범죄불성립이 명백한 경우에는 현행범인으로 체포할 수 없다. 따라서 형사미성년자임이 명백한 경우에는 현행범체포를 부정하여야 할 것이다. 그러나 소송조건의 존재는 체포의 요건이 아니므로 친고죄의 경우에 있어서 고소가 없는 경우라도 현행범인을 체포할 수 있다. 다만 범행현장에서 피해자가 처벌을 원하지 않는 의사표시를 명백히 한 경우 등 고소의 가능성이 처음부터 없는 경우에는 수사를 할 수 없으므로 현행범인의 체포도 허용되지 않는다고 해야 한다.

(나) 체포의 필요성

현행범인의 체포에 있어서도 긴급체포와 같이 도망이나 증거인멸의 염려가 필요한지에 대하여는 견해의 대립이 있다. 판례는 적극설의 입장이다(2011도3682).

(다) 비례성의 원칙

형사소송법은 현행범인의 체포에 있어서도 비례성의 원칙을 적용하여 경미사건에 대한 체포를 제한하고 있다. 즉 50만원 이하의 벌금·구류 또는 과료에 해당하는 죄의 현행범인에 대하여는 범인의 주거가 분명하지 아니한 때에 한하여 현행범인으로 체포할 수 있다(제214조).

(3) 현행범인 체포의 절차

현행범인은 누구든지 영장 없이 체포할 수 있다(제212조). 그러므로 검사 또는 사법경찰관리는 물론 일반인도 현행범인을 체포할 수 있다.

(가) 사인의 현행범인 체포

검사 또는 사법경찰관리 아닌 자가 현행범인을 체포한 때에는 즉시 검사 또는 사법경찰관리에게 인도하여야 한다(제213조 제1항). 여기서 즉시라는 것은 반드시 체포시점과 시간적으로 밀착된 시점이어야 한다는 의미가 아니라, 정당한 이유 없이 인도를 지연하거나 체포를 계속하는 등으로 불필요한 지체를 해서는 안된다는 것을 뜻한다(2011도12927).

사인이 체포한 현행범인을 인도하지 않고 석방하는 것은 허용되지 않는다. 체포 후 임의로 석방하는 것을 허용하면 체포권을 남용할 위험이 있기 때문이다. 사법경찰관리가 현행범인의 인도를 받은 때에는 체포자의 성명·주거·체포의 사유를 물어야 하고 필요한 때에는 체포자에 대하여 경찰관서에 동행함을 요구할 수 있다(동조 제2항). 체포한 자는 당해 피의사건에 대하여 중요한 참고인으로 될 수 있다는 점을 고려하여 둔 규정이다.

(나) 수사기관의 현행범인 체포

검사 또는 사법경찰관리가 현행범인을 체포하거나 일반인이 체포한 현행범인을 인도받는 경우에는 범죄사실의 요지, 체포의 이유와 변호인을 선임할 수 있음을 말하고 변명할 기회를 주어야 한다(제213조의2). 현행범인을 체포한 경찰관의 진술은 범행을 목격한 부분에 관하여는 다른 목격자의 진술과 다름없이 증거능력이 있다(95도535).

수사기관이 현행범인을 체포하거나 인도받은 때에는 변호인이나 변호인이 없는 경우에는 변호인선임권자 가운데 피의자가 지정한 자에게 피의사건명, 체포의 일시·장소, 피의사실의 요지, 체포의 이유와 변호인을 선임할 수 있음을 알려야 하고, 또한 체포된 피의자와 체포적부심사청구권자 중에서 피의자가 지정하는 자에게 체포적부심사를 청구할 수 있음을 알려야 함은 체포영장에 의한 체포 및 긴급체포의 경우와 같다(제213조의2, 제214조의2 제2항).

(4) 현행범인 체포 후의 조치

현행범인으로 체포한 피의자를 구속하고자 할 때에는 체포한 때로부터 48시간 이내에 구속영장을 청구하여야 하며, 그 기간 내에 구속영장을 청구하지 아니하는 때에는 피의자를 즉시 석방하여야 한다(제213조의2, 제200조의2 제5항). 다만 현행범인 체포에 대하여 체포적부심사가 청구된 경우에는 법원이 수사관계서류와 증거물을 접수한 때부터 기각결정 후 검찰청에 반환된 때까지의 기간은 48시간의 구속영장청구기간에 산입하지 아니한다(제214조의2 제13항).

사인이 현행범인을 체포하여 수사기관에 인도한 때에는 사인이 체포한 때가 아니라 수사기관에 인도한 때로부터 구속영장 청구기간을 기산하여야 한다(2011도 12927).

Ⅱ. 피의자와 피고인의 구속

1. 구속의 의의

구속이란 피의자 또는 피고인의 신체의 자유를 체포에 비하여 장기간에 걸쳐 제한하는 대인적 강제처분이다. 피의자의 구속은 검사의 청구에 의하여 지방법원 판사가 발부한 구속영장에 의하여 피의자를 구속하는 것이고, 피고인의 구속은 공소가 제기된 후에 법원이 직권으로 구속영장을 발부하여 피고인을 구속하는 것을 말한다. 이와 같이 구속은 사전에 발부된 구속영장에 의해서만 가능하다는 점에서 영장 없는 체포가 인정되는 체포와 다르다. 또한 검사의 청구에 의하여 행하여지는 피의자 구속에 있어서도 대상이 반드시 체포된 피의자에 제한되지 않는다. 체포된 피의자의 구속뿐만 아니라 체포되지 아니한 피의자에 대한 구속도 현행법상 인정되고 있기 때문이다.

구속은 구인과 구금을 포함하는 개념이다(제69조). 구인은 피의자 또는 피고인을 법원 기타 일정한 장소에 인치하는 강제처분인 데 대하여, 구금은 피의자 또는 피고인을 교도소 또는 구치소 등에 감금하는 강제처분이다. 구인한 피의자 또는 피고인을 인치한 경우에 구금할 필요가 없다고 인정한 때에는 인치한 날로부터 24시간 이내에 석방하여야 한다(제71조, 제209조). 피의자에 대한 구인은 구속 전 피의자 심문을 위한 경우에 인정된다(제201조의2 제2항).

2. 구속의 요건

(1) 범죄의 혐의

피의자 또는 피고인을 구속하기 위하여는 그들이 죄를 범하였다고 의심할 만한 상당한 이유가 있어야 한다(제70조, 제201조). 피의자와 피고인에게는 무죄추정의 원칙이 적용되므로 구속을 위해서는 무죄의 추정을 깨뜨릴 수 있을 정도의 객관적 범죄혐의가 요구된다. 따라서 여기의 범죄혐의는 피의자 또는 피고인이 죄를 범하였음을 인정할 수 있는 고도의 개연성 내지 충분한 범죄혐의를 의미하는 것으로 보아야 한다. 구속영장의 발부를 위한 범죄혐의는 체포영장 발부요건으로서의 범죄혐의와 그 정도가 동일하다.

(2) 구속사유

(가) 도망 또는 도망할 염려

도망이란 피의자 또는 피고인이 도망의사로 장기간 숨는 것을 말한다. 도망할 염려란 사건의 구체적인 상황을 판단하여 볼 때 피의자 또는 피고인이 형사절차를 회피할 고도의 개연성이 있는 경우를 의미한다. 범죄의 중대성은 도망할 염려를 판단하는 데 있어서 중요한 자료가 된다. 그러나 도망할 염려는 범죄사실의 경중뿐만 아니라 경제적 지위나 직장, 가족관계, 피의자나 피고인의 인격적 특성, 그들에게 알려진 유죄증거의 정도 등 여러 가지 구체적 사정을 종합하여 판단하여야 한다.

(나) 주거부정

형사소송법은 피의자 또는 피고인에게 일정한 주거가 없는 것도 구속사유로 규정하고 있다. 그러나 주거부정은 도망할 염려를 판단하는 중요한 자료에 해당할 뿐 구속사유로서의 독자적 의미를 가지는 것은 아니라고 해야 한다. 다만 현행법은 다액 50만원 이하의 벌금, 구류 또는 과료에 해당하는 범죄에 관하여는 피의자가 일정한 주거가 없는 경우에 한하여 구속영장을 청구할 수 있도록 함으로써(제70조 제3항, 제201조 제1항 단서), 주거부정이 경미범죄에 대한 유일한 구속사유가 된다는 점에서 독자적 의미를 가질 뿐이다. 따라서 경미범죄에 있어서는 도망이나 증거인 멸의 염려가 있더라도 피의자 또는 피고인의 주거가 일정하기만 하면 이들을 구속할 수 없게 된다.

(다) 증거인멸의 염려

증거인멸의 염려란 피의자 또는 피고인을 구속하지 않으면 증거방법을 멸실·훼손·변경·위조·변조하거나, 공범자·참고인·증인·감정인에게 부정한 영향력을 행사하거나, 제3자로 하여금 이러한 행위를 하게 하여 진실발견을 곤란하게 할 구체적 위험이 있는 경우를 말한다.

(라) 구속사유 심사시 고려사항

법원은 구속사유를 심사함에 있어서 범죄의 중대성, 재범의 위험성, 피해자 및 중요 참고인 등에 대한 위해우려 등을 고려하여야 한다(제70조 제2항, 제209조). 이들 사유는 현행법상 독립된 구속사유가 아니라 구속사유를 심사함에 있어서 일반적으로 고려해야 할 사정에 해당한다(2009헌바8). 따라서 구속사유가 인정되지 않는 경우에 범죄의 중대성을 이유로 구속할 수는 없다. 그러나 범죄의 중대성과 재범의 위험성은 도망할 염려를 판단할 적극적 요소가 되며, 피해자 및 중요 참고인에 대한 위해우려는 증거인멸의 염려를 판단하는 중요한 자료가 된다.

(3) 비례성의 원칙

구속은 피의자 또는 피고인의 신체의 자유를 제한하는 강제처분이므로 비례성의 원칙이 적용되어야 한다. 따라서 범죄혐의와 구속사유가 존재하는 경우라도 피의자 등에게 가해지는 고통이나 폐해가 국가형벌권의 적정한 행사의 필요성을 현저히 초과하여 이들을 구속하는 것이 상당하지 않다고 판단되는 경우에는 구속할 수 없다.

구속은 사건의 의미와 예상되는 형벌 등에 비추어 상당한 것이어야 하므로 일반적으로 구속이 선고될 형보다 오래 계속될 때에는 비례성의 원칙에 반한다고 볼 수 있다. 집행유예의 판결이 예상되는 사건에 대하여 구속을 계속하는 것도 마찬가지이다. 또한 비례성의 원칙은 보충성의 원칙을 내용으로 포함하므로 보석이나 구속의 집행정지에 의해서도 구속의 목적을 달성할 수 있는 경우에 구속의 집행을 계속하는 것은 비례성의 원칙에 반한다고 해야 한다.

3. 피의자구속의 절차

(1) 구속영장의 청구

피의자에 대한 구속은 검사의 청구에 의하여 법관이 발부한 구속영장에 의하여 이루어진다. 사법경찰관이 피의자를 구속하기 위해서는 검사에게 신청하여 검사의 청구에 의하여 구속영장을 발부받아야 한다(제201조 제1항). 구속영장의 청구시에 검사는 구속의 필요를 인정할 수 있는 자료를 제출하여야 한다(동조 제2항).

검사가 사법경찰관이 신청한 영장을 정당한 이유 없이 판사에게 청구하지 아니한 경우 사법경찰관은 그 검사 소속의 지방검찰청 소재지를 관할하는 고등검찰청에 영장 청구 여부에 대한 심의를 신청할 수 있고, 고등검찰청의 영장심의위원회에서 이에 대한 심의를 한다(제221조의5).

(2) 구속 전 피의자심문

(가) 영장실질심사제도의 의의

영장실질심사란 구속영장의 청구를 받은 판사가 피의자를 직접 심문하여 구속사유를 판단하는 것을 말한다. 영장실질심사는 검사가 제출한 수사자료만을 가지고 피의자의 구속 여부를 결정하던 영장형식심사에 대립하는 개념이다.

체포영장에 의한 체포, 긴급체포 또는 현행범인의 체포에 의하여 체포된 피의자에 대하여 구속영장을 청구받은 지방법원판사는 지체 없이 피의자를 심문하여야 한다(제201조의2 제1항). 체포되지 아니한 피의자에 대하여 구속영장의 청구를 받은 지방법원판사는 피의자가 죄를 범하였다고 의심할 만한 이유가 있는 경우에는 구인을 위한 구속영장을 발부하여 피의자를 구인한 후 심문하여야 한다. 다만 피의자가 도망하는 등의 사유로 심문할 수 없는 경우에는 그러하지 아니하다(동조 제2항).

지방법원 또는 지원의 장은 구속영장청구에 대한 심사를 위한 전담법관을 지정할 수 있다(규칙 제96조의5). 이 경우 지정된 법관을 영장전담판사라고 한다.

(나) 영장실질심사의 절차

판사가 구속 전에 피의자를 심문하기 위해서는 피의자를 출석시켜야 한다. 피의자가 체포되어 있는 때에는 검사가 피의자를 심문기일에 출석시켜야 하며(제201 조의2 제3항), 체포되지 않은 피의자의 경우에는 판사가 인치를 위한 구인을 한 후 심문하여야 한다(동조 제2항). 판사는 일정한 경우 피의자와 신뢰관계에 있는 자를 동석하게 할 수 있다(동조 제10항, 제276조의2).

심문할 피의자에게 변호인이 없는 때에는 지방법원판사는 직권으로 변호인을 선정하여야 한다. 이 경우 변호인의 선정은 피의자에 대한 구속영장 청구가 기각되어 효력이 소멸한 경우를 제외하고는 제1심까지 효력이 있다(제201조의2 제8항).

피의자에 대한 심문절차는 공개하지 아니한다. 다만 판사는 상당하다고 인정하는 경우에는 피의자의 친족, 피해자 등 이해관계인의 방청을 허가할 수 있다(규칙 제96조의14).

판사는 피의자에게 구속영장청구서에 기재된 범죄사실의 요지를 고지하고, 피의자에게 일체의 진술을 하지 아니하거나 개개의 질문에 대하여 진술을 거부할 수 있으며, 이익 되는 사실을 진술할 수 있음을 알려주어야 한다(규칙 제96조의16 제1항). 검사와 변호인은 심문기일에 출석하여 의견을 진술할 수 있다(제201조의2 제4항). 법원이 피의자를 심문하는 경우 법원사무관 등은 심문의 요지 등을 조서로 작성하여야 한다(동조 제6항).

(3) 구속영장의 발부

구속영장의 청구를 받은 지방법원판사는 신속히 구속영장의 발부 여부를 결정하여야 한다(제201조 제3항). 구속영장의 청구를 받은 지방법원판사는 상당하다고 인정할 때에는 구속영장을 발부한다(동조 제4항). 구속영장에는 피의자의 성명, 주거, 죄명, 피의사실의 요지, 인치구금할 장소, 발부연월일, 그 유효기간과 그 기간을 경과하면 집행에 착수하지 못하며 영장을 반환하여야 할 취지를 기재하고 지방법원판사가 서명날인하여야 한다(제209조, 제75조 제1항).

(4) 구속영장청구의 기각

지방법원판사는 검사의 구속영장청구가 부적법하거나 이유가 없으면 구속영장의 청구를 기각하는데, 청구를 기각하여 구속영장을 발부하지 아니할 때에는 청구서에 그 취지 및 이유를 기재하고 서명날인하여 청구한 검사에게 교부한다(제201조 제4항).

지방법원판사가 검사의 구속영장청구를 기각한 경우에 지방법원판사의 기각결정에 대하여 항고 또는 준항고의 방법으로 불복하는 것은 허용되지 않는다. 영장 발부 여부를 결정하는 지방법원판사는 형사소송법 제402조, 제403조의 법원에 포함되지 않으며, 또한 제416조의 재판장 또는 수명법관에도 해당하지 않기 때문이다(2006모646). 다만 검사에게는 현행법상 영장재청구의 길이 열려있으므로(동조 제5항 참조), 영장을 재청구하는 방법으로 간접적으로 불복하는 것이 가능하다.

(5) 구속영장의 집행

피의자에 대한 구속영장은 검사의 지휘에 의하여 사법경찰관리가 집행하며, 교도소 또는 구치소에 있는 피의자에 대하여는 검사의 지휘에 의하여 교도관이 집행한다(제209조, 제81조). 구속영장을 집행함에는 피의자에게 이를 제시하고 영장사본을 교부하여야 하나, 구속영장을 소지하지 아니한 경우에 급속을 요하는 때에는 피의사실의 요지와 영장이 발부되었음을 고하고 집행할 수 있고 이 경우에는 집행을 완료한 후 신속히 구속영장을 제시하고 영장사본을 교부하여야 한다(제209조, 제85조). 구속영장을 집행할 때에는 피의사실의 요지, 구속의 이유와 변호인을 선임할 수 있음을 말하고 변명할 기회를 주어야 한다(제209조, 제200조의5).

구속영장을 집행한 후에는 신속히 구속영장에 기재된 장소에 피의자를 구금하여야 한다. 구속영장의 집행을 받은 피의자를 호송할 경우에 필요하면 가장 가까운 교도소 또는 구치소에 임시로 유치할 수 있다(제209조, 제86조). 수사기관이 지정된 이외의 장소로 임의적으로 구금장소를 변경하는 것은 피의자의 방어권이나 접견교통권의 행사에 중대한 장애를 초래하므로 위법하다(95모94).

피의자를 구속한 때에는 변호인이 있는 경우에는 변호인에게, 변호인이 없는 경우에는 변호인선임권자 중 피의자가 지정한 자에게 피의사건명, 구속일시·장소, 범죄사실의 요지, 구속의 이유와 변호인을 선임할 수 있는 취지를 지체 없이 서면으로 통지하여야 한다(제209조, 제87조). 또한 피의자를 구속한 검사 또는 사법경찰관은 구속된 피의자와 구속적부심사청구권자 중에서 피의자가 지정하는 자에게 구속적부심사를 청구할 수 있음을 알려야 한다(제214조의2 제2항).

(6) 피의자의 구속기간

사법경찰관이 피의자를 구속한 때에는 10일 이내에 피의자를 검사에게 인치하지 아니하면 석방하여야 한다(제202조). 검사가 피의자를 구속한 때 또는 사법경찰관으로부터 피의자의 인치를 받은 때에는 10일 이내에 공소를 제기하지 아니하면 석방하여야 한다(제203조). 다만 지방법원판사는 검사의 신청에 의하여 수사를 계속함에 상당한 이유가 있다고 인정한 때에는 10일을 초과하지 아니하는 한도에서 검사의 구속기간의 연장을 1차에 한하여 허가할 수 있다(제205조 제1항). 연장 여부 및 연장기간의 결정은 판사의 재량에 속하며, 구속기간의 연장을 허가하지 않는 지방법원판사의 결정에 대하여는 항고 또는 준항고가 허용되지 않는다(97모1).

피의자가 체포영장에 의한 체포·긴급체포·현행범인의 체포에 의하여 체포 되거나 구인을 위한 구속영장에 의하여 구인된 경우에 검사 또는 사법경찰관의 구속기간은 피의자를 체포 또는 구인한 날부터 기산한다(제203조의2). 이때 구속기간의 계산에는 기간의 초일은 시간을 계산함이 없이 1일로 산정하며, 기간의 말일이 공휴일 또는 토요일에 해당하는 경우에도 이를 기간에 산입한다(제66조).

피의자심문을 위하여 법원이 구속영장청구서·수사관계서류 및 증거물을 접수한 날부터 구속영장을 발부하여 검찰청에 반환한 날까지의 기간 및 체포·구속적부심사를 청구한 경우 법원이 수사관계서류와 증거물을 접수한 때부터 기각결정 후 검찰청에 반환된 때까지의 기간은 수사기관의 피의자구속기간에 산입하지 아니한다(제201조의2 제7항, 제214조의2 제13항).

(7) 재구속의 제한

검사 또는 사법경찰관에 의하여 구속되었다가 석방된 자는 다른 중요한 증거를 발견한 경우를 제외하고는 동일한 범죄사실에 관하여 재차 구속하지 못한다. 이 경우에 1개의 목적을 위하여 동시 또는 수단·결과의 관계에서 행하여진 행위는 동일한 범죄사실로 간주한다(제208조). 재구속의 제한은 동일사건에 대한 수사기관의 중복적 구속을 방지하여 피의자의 지위의 안정을 보장하기 위한 것으로서, 피의자를 구속하는 경우에만 적용되고 법원이 피고인을 구속하는 경우에는 적용되지 않는다(85모12).

4. 피고인구속의 절차

(1) 구속의 주체

피고인에 대한 구속은 수소법원이 행한다(제70조 제1항). 피고인구속은 수소법원이 직권으로 행하며 검사의 청구를 요하지 않는다.

(2) 범죄사실 등의 고지 및 변명의 기회 부여

법원은 피고인에 대하여 범죄사실의 요지, 구속의 이유와 변호인을 선임할 수 있음을 말하고 변명할 기회를 준 후가 아니면 구속할 수 없다. 다만 피고인이 도망한 경우에는 그러하지 아니하다(제72조). 그리고 법원은 합의부원으로 하여금 이러한 절차를 이행하게 할 수 있다(제72조의2). 이는 구속영장을 집행함에 있어서 집행기관이 취해야 할 절차가 아니라 법원이 구속영장을 발부하기 전에 취해야 할 사전청문 내지 구속심문절차에 해당한다(2000모134). 따라서 피고인에 대한 범죄사실 등의 고지와 변명할 기회의 부여는 구속영장의 발부 전에 행하여져야 한다.

한편 법원은 피고인이 출석하기 어려운 특별한 사정이 있고 상당하다고 인정하는 때에는 검사와 변호인의 의견을 들어 비디오 등 중계장치에 의한 중계시설을 통하여 사전 청문절차를 진행할 수 있다(제72조의2 제2항).

(3) 구속영장의 발부

피고인을 구속함에는 법원이 구속영장을 발부하여야 한다(제73조). 구속영장에는 피고인의 성명, 주거, 죄명, 공소사실의 요지, 인치구금할 장소, 발부연월일, 그 유효기간과 그 기간을 경과하면 집행에 착수하지 못하며 영장을 반환하여야 할 취지를 기재하고 재판장 또는 수명법관이 서명날인하여야 한다(제75조 제1항).

(4) 구속영장의 집행

피고인에 대한 구속영장은 원칙적으로 검사의 지휘에 의하여 사법경찰관리가 집행한다(제81조 제1항 본문). 급속을 요하는 경우에는 재판장, 수명법관 또는 수탁판사가 지휘할 수 있다(동조 제1항 단서). 수소법원이 불구속 상태로 재판받은 피고인에게 유죄판결을 선고하면서 법정구속을 행하는 경우가 대표적인 예이다.

구속영장을 집행함에는 피고인에게 이를 제시하고 영장사본을 교부하여야 하나, 구속영장을 소지하지 아니한 경우에 급속을 요하는 때에는 공소사실의 요지와 영장이 발부되었음을 고하고 집행할 수 있다(제85조 제1항·제3항). 이 경우에는 집행을 완료한 후 신속히 구속영장을 제시하고 그 사본을 교부하여야 한다(동조 제4항).

피고인을 구속한 때에는 즉시 공소사실의 요지와 변호인을 선임할 수 있음을 알려야 한다(제88조). 구속된 피고인으로 하여금 방어준비와 변호인 선임을 할 수 있도록 하기 위한 것이다. 또한 피고인을 구속한 때에는 변호인이 있는 경우에는 변호인에게, 변호인이 없는 경우에는 변호인선임권자 가운데 피고인이 지정한 자에게 피고사건명, 구속일시·장소, 범죄사실의 요지, 구속의 이유와 변호인을 선임할 수 있는 취지를 알려야 한다(제87조 제1항).

(5) 피고인의 구속기간

피고인에 대한 구속기간은 2개월이다(제92조 제1항). 그러나 특히 구속을 계속할 필요가 있는 경우에는 심급마다 2개월 단위로 2차에 한하여 결정으로 갱신할 수 있다. 다만 상소심은 피고인 또는 변호인이 신청한 증거의 조사, 상소이유를 보충하는 서면의 제출 등으로 추가 심리가 필요한 부득이한 경우에는 3차에 한하여 갱신할 수 있다(동조 제2항). 따라서 피고인에 대한 구속은 제1심에서 6개월, 제2심 및 제3심에서 각각 4개월까지 가능하지만 상소심에서 추가심리가 부득이한 경우에는 각각 6개월까지 연장될 수 있다. 여기서 피고인 또는 변호인이 신청한 증거의 조사, 상소이유를 보충하는 서면의 제출은 추가심리가 필요한 부득이한 경우의 예시라고 보아야 한다.

제1심 구속기간의 기산점은 공소제기시이다. 다만 수소법원이 공소제기 후 불구속피고인을 구속하는 경우에는 구속영장을 집행하여 피고인을 사실상 구속한 날이 구속기간의 기산일이 된다. 기피신청(제22조), 공소장변경(제298조 제4항), 피고인의 심신상실(제306조 제1항) 또는 질병(동조 제2항)으로 인하여 공판절차가 정지된 기간 및 공소제기 전의 체포·구인·구금기간은 피고인의 구속기간에 산입하지 아니한다(제92조 제3항). 판결선고 전의 구금일수는 그 전부를 유기징역·유기금고·벌금이나 과료에 관한 유치 또는 구류에 산입한다(형법 제57조 제1항). 판결선고 후 판결확정 전 구금일수도 판결선고 당일의 구금일수를 포함하여 전부를 본형에 산입한다(제482조 제1항).

5. 이중구속과 별건구속

(1) 이중구속

이중구속이란 이미 구속영장이 발부되어 구속되어 있는 피의자 또는 피고인에 대하여 다시 구속영장을 발부받아 이를 집행하는 것을 말한다. 구속영장의 효력범위와 관련해서는 구속영장에 기재된 범죄사실 및 그와 동일성이 인정되는 사실에 대하여 구속영장의 효력이 미친다는 사건단위설과 구속될 피의자·피고인의 모든 범죄사실에 대하여 구속영장의 효력이 미친다는 인단위설이 주장되고 있으나, 사건단위설이 통설과 판례의 입장이다. 사건단위설에 따르면 일정한 범죄사실로 구속되어 있는 자에 대하여 다시 별개의 범죄사실로 구속영장을 발부받는 것은 당연히 허용된다. 다만 이미 구속되어 있는 자에게 동시에 수개의 구속영장을 집행할 수 있는가에 대하여는 견해가 일치하지 않고 있다. 이러한 이중구속의 문제는 수사기관의 피의자구속에 있어서 보다는 현실적으로 수소법원이 구속기간 만료에 대비하여 다른 범죄사실로 피고인을 구속하는 경우에 주로 나타난다.

부정설은 구속 중인 자는 이미 구속되어 있으므로 도망의 염려가 없어 집행의 필요성이 없으며, 석방에 대비하기 위해서는 구속된 자가 석방되는 시점에 새로운 구속영장을 집행하면 족하므로 이중구속을 허용할 필요가 없다고 주장한다. 그러나 구속된 피의자·피고인에 대해서도 석방에 대비하여 미리 구속영장을 집행해 둘 현실적인 필요가 있고, 형사소송법도 구속된 자에 대한 구속영장의 집행을 명문으로 규정(제81조 제3항, 제209조)하고 있는 점을 고려할 때 긍정설이 타당하다고 생각된다. 판례도 「구속의 효력은 원칙적으로 구속영장에 기재된 범죄사실에만 미치는 것이므로, 구속기간이 만료될 무렵에 종전 구속영장에 기재된 범죄사실과 다른 범죄사실로 피고인을 구속하였다는 사정만으로는 피고인에 대한 구속이 위법하다고 할 수 없다」(2000모134)고 함으로써 긍정설의 입장을 취하고 있다.

(2) 별건구속

별건구속이란 수사기관이 본래 수사하고자 하는 사건인 본건에 대한 구속의 요건이 구비되어 있지 않은 경우에 본건의 수사에 이용할 목적으로 구속의 요건이 구비된 별개의 사건을 이유로 피의자를 구속하는 것을 말한다.

별건구속은 별건 그 자체만을 놓고 보면 구속사유가 갖추어진 경우이므로 이를 적법한 것으로 볼 여지도 있다. 그러나 별건구속은 본건에 대한 구속사유가 결여되어 있는 경우일 뿐만 아니라 절차적으로도 본건에 대한 영장실질심사가 이루어지지 않았다는 점에서 영장주의에 반한다고 할 수 있다. 이러한 이유로 현재 별건구속의 위법성을 인정하는 데는 이론이 없다.

별건구속과는 구별해야 할 것이 본건에 대한 수사의 기회에 구속된 피의자에 대하여 행하는 여죄수사이다. 여죄수사가 일정한 범위에서 허용된다는 점은 일반적으로 인정되고 있으나, 사실상 양자의 한계가 불분명할 뿐만 아니라 별건구속에 해당하더라도 수사기관이 여죄수사라고 주장하는 경우에 실제로는 그 판단이 어렵기 때문에 양자를 어떠한 기준에 의하여 구별할 것인지가 문제로 된다. 현실적으로는 수사 당시의 상황을 종합하여 수사기관의 별건수사의 의사 유무를 판단할 수밖에 없을 것이다. 피의자가 수사 도중 스스로 여죄를 자백하여 수사가 확대된 경우, 구속의 대상인 범죄에 대한 수사의 비중이 여죄에 대한 수사의 비중보다 상대적으로 높은 경우, 여죄가 영장기재 범죄사실보다 경한 범죄사실인 경우, 여죄가 영장기재사실과 밀접한 관련성이 있는 경우 등에 있어서는 보통은 수사기관의 위법한 별건구속의 의도를 인정하기가 어려울 것이다.

6. 구속의 집행정지와 실효

(1) 구속의 집행정지

구속의 집행정지는 구속영장의 효력을 유지시킨 채 구속의 집행만을 정지하여 피의자·피고인을 석방하는 제도를 말한다. 구속의 집행정지는 구속영장의 효력이 유지된다는 점에서 구속의 취소와 구별되며, 보증금납입 등을 조건으로 하지 않는다는 점에서 보석이나 보증금납입조건부 석방제도와도 다르다. 실무상으로는 중병, 출산, 가족의 장례참석 등 긴급하게 피의자·피고인을 석방할 필요가 있는 경우에 제한적으로 이용되고 있는 제도이다.

법원 또는 지방법원판사는 상당한 이유가 있는 때에는 결정으로 구속된 피고인·피의자를 친족·보호단체 기타 적당한 자에게 부탁하거나 피고인·피의자의 주거를 제한하여 구속의 집행을 정지할 수 있다(제101조 제1항, 제209조). 법원 또는 지방법원판사가 피고인·피의자의 구속집행정지결정을 함에는 검사의 의견을 물어야 한다. 다만 급속을 요하는 경우에는 그러하지 아니하다(제101조 제2항, 제209조).

법원은 직권 또는 검사의 청구에 의하여 결정으로 피고인에 대한 구속의 집행정지를 취소할 수 있고(제102조 제2항), 구속된 피의자에 대하여는 지방법원판사 또는 검사가 결정으로 구속의 집행정지를 취소할 수 있다(제209조, 제102조 제2항). 구속집행정지의 취소사유는 보석의 취소사유와 같다.

(2) 구속의 실효

(가) 구속의 취소

구속의 사유가 없거나 소멸된 때에는 법원은 직권 또는 검사·피고인·변호인과 변호인선임권자의 청구에 의하여 결정으로 피고인의 구속을 취소하여야 한다(제93조). 구속의 사유가 없는 때란 구속사유가 처음부터 존재하지 않았던 것이 판명된 경우이고, 구속사유가 소멸된 때란 존재한 구속사유가 사후적으로 소멸한 경우를 말한다.

피의자에 대하여는 지방법원판사가 직권 또는 검사·피의자·변호인과 변호인 선임권자의 청구에 의하여 구속을 취소하여야 한다(제209조, 제93조). 피의자에 대한 구속의 취소는 관할지방법원판사의 권한이지만, 신체의 자유에 대한 제한을 조속히 해소시킨다는 점을 고려하면 검사도 구속을 취소할 수 있다고 보아야 한다. 다만 검사가 구속을 취소하는 경우에는 영장을 발부한 지방법원판사에게 그 사유를 서면으로 통지하여야 한다(제204조).

(나) 구속의 당연실효

구속기간이 만료되면 구속영장의 효력은 당연히 상실되며, 따라서 구속된 피의자·피고인을 즉시 석방하여야 한다. 피고인에 대하여 무죄, 면소, 형의 면제, 형의 선고유예, 형의 집행유예, 공소기각 또는 벌금이나 과료를 과하는 판결이 선고된 때에도 구속영장은 효력을 잃는다(제331조). 이 경우 무죄 등의 판결이 선고되면 그 판결의 확정을 기다리지 않고 구속영장의 효력이 상실된다.

Ⅲ. 신체구속된 피의자·피고인의 권리

1. 접견교통권

(1) 접견교통권의 의의

접견교통권이란 피의자 또는 피고인이 변호인이나 가족·친지 등의 타인과 접견하고 서류나 물건을 수수하며 의사의 진료를 받는 권리를 말한다. 헌법은 체포·구속을 당한 피의자·피고인의 변호인의 조력을 받을 권리를 기본적 인권으로 보장하고 있는데(헌법 제12조 4항), 변호인과의 접견교통권은 헌법이 보장하는 변호인의 조력을 받을 권리의 가장 중요한 내용이라고 할 수 있다. 또한 형사소송법은 변호인 아닌 자와의 접견교통권 역시 법률의 범위 내에서 이를 인정하면서 이에 대한 일반적인 제한규정을 두고 있다(제89조, 제91조, 제209조).

신체구속된 피의자·피고인의 접견교통권을 보장하는 이유는 이들의 방어권을 보장하여 공정한 재판을 실현하는 데 있다. 체포·구속된 피의자·피고인의 효과적인 방어활동을 위해서는 변호인 등과의 자유로운 접견교통이 그 전제가 되어야 하기 때문이다.

(2) 변호인과의 접견교통권

(가) 주체 및 상대방

신체구속된 피의자·피고인은 변호인과 접견교통할 권리를 가진다. 영장에 의하여 체포·구속된 자는 물론이고 긴급체포·현행범체포에 의하여 체포된 자 또는 감정유치에 의하여 구금된 자도 접견교통의 주체가 되며, 임의동행의 형식으로 연행된 피의자나 피내사자에 대하여도 변호인과의 접견교통권이 인정된다(96모18). 또한 신체구속상태에 있지 않은 피의자에게도 현행법상 변호인과의 접견교통권이 보장된다(제243조의2 제1항 참조).

접견교통권의 상대방은 변호인 또는 변호인이 되려는 자이며, 여기에는 특별변호인도 포함된다. 또한 변호인선임을 의뢰받은 자는 물론이고 스스로 변호인이 되고자 하는 자도 접견교통권의 상대방이 된다.

(나) 접견교통권 보장의 내용

피의자·피고인이 가지는 변호인과의 접견교통권은 최대한으로 보장되어야 한다. 형사소송법은 피의자·피고인과 변호인 사이의 접견교통권을 제한하는 예외규정을 두고 있지 않다. 따라서 수사상 필요를 이유로 변호인과의 접견을 제한하거나 접견의 일시·장소를 지정하는 것은 허용되지 않는다. 또한 미결수용자와 변호인과의 접견의 중요성에 비추어 이들의 접견시간을 양적으로 제한하는 것도 허용되지 않는다. 다만 국가안전보장·질서유지 또는 공공복리를 위하여 미결수용자의 변호인과의 접견권을 법률로서 제한할 수 있으므로(2009헌마341) 구금장소의 질서유지를 위해 공휴일이나 업무시간 이후의 접견을 제한하는 것은 허용된다.

또한 변호인과의 접견교통권은 방해나 감시가 없는 자유로운 접견교통을 본질로 한다. 따라서 체포 또는 구속된 피의자·피고인과 변호인의 접견내용에 대하여는 비밀이 보장되어야 하며, 접견에 있어서 교도관 또는 경찰관의 참여는 절대로 허용되지 않는다. 「형의 집행 및 수용자의 처우에 관한 법률」도 미결수용자와 변호인 또는 변호인이 되려고 하는 사람과의 접견에는 교도관이 참여하지 못하며 그 내용을 청취 또는 녹취하지 못한다. 다만 보이는 거리에서 미결수용자를 관찰할 수 있다(동법 제84조 제1항). 미결수용자와 변호인 간의 접견은 시간과 횟수를 제한하지 아니한다(동조 제2항). 미결수용자와 변호인 간의 서신은 교정시설에서 상대방이 변호인임을 확인할 수 없는 경우를 제외하고는 검열할 수 없다(동조 제3항)고 규정하고 있다.

신체구속된 피의자 또는 피고인은 변호인 또는 변호인이 되려고 하는 자와 서류나 물건을 수수할 수 있다. 따라서 피의자·피고인이 변호인으로부터 수수한 서류나 물건에 대해서는 원칙적으로 이를 압수하거나 검열하는 것이 허용되지 않는다. 또한 변호인이나 변호인이 되려는 자는 구속된 피의자나 피고인의 건강상태를 확인하고 질병 등을 치료하기 위하여 의사로 하여금 진료하게 할 수 있다.

(3) 변호인 아닌 자와의 접견교통권

체포 또는 구속된 피의자 또는 피고인은 관련 법률이 정한 범위에서 타인과 접견하고 서류나 물건을 수수하며 의사의 진료를 받을 수 있다(제89조, 제200조의6, 제209조). 피의자·피고인의 방어권은 변호인과의 접견교통에 의하여 주로 확보될 수 있지만 변호인 아닌 자와의 접견교통도 방어권의 행사에 적지 않은 의미를 가지며, 특히 피고인 또는 피의자의 사회적 지위와 심리적 안정을 유지하는 데 중요한 영향을 미친다.

다만 신체구속된 피의자 또는 피고인의 비변호인과의 접견교통권은 공범자와의 공모에 의한 증거인멸의 방지와 구금시설의 안전확보를 위하여 「형의 집행 및 수용자의 처우에 관한 법률」과 동법 시행령에 의하여 제한되고 있을 뿐만 아니라 (동법 제41조 이하, 동법 시행령 제58조 이하), 형사소송법의 규정에 의해서도 일반적 제한을 받고 있다.

즉 형사소송법 제91조는 「법원은 도망하거나 범죄의 증거를 인멸할 염려가 있다고 인정할 만한 상당한 이유가 있는 때에는 직권 또는 검사의 청구에 의하여 결정으로 구속된 피고인과 제34조에 규정한 외의 타인과의 접견을 금지할 수 있고, 서류나 그 밖의 물건을 수수하지 못하게 하거나 검열 또는 압수할 수 있다. 다만 의류·양식·의료품은 수수를 금지하거나 압수할 수 없다」고 규정하여, 구속된 피고인과 변호인 또는 변호인이 되려는 자 이외의 타인과의 접견교통권을 일정한 경우에 제한할 수 있도록 하고 있다. 그리고 이 규정은 체포 또는 구속된 피의자에 대하여도 준용된다(제200조의 6, 제209조, 제91조).

(4) 접견교통권의 침해에 대한 구제

(가) 항고·준항고

법원의 접견교통제한결정에 대하여 불복이 있는 때에는 구금에 관한 결정으로서 보통항고를 할 수 있고(제402조, 제403조 제2항), 검사 또는 사법경찰관이 접견교통권을 침해한 경우에는 구금에 관한 처분으로서 준항고에 의하여 취소 또는 변경을 청구할 수 있다(제417조). 수사기관이 적극적으로 접견을 불허하는 경우뿐만 아니라 접견신청일이 경과하도록 접견이 이루어지지 않은 때에도 실질적으로 접견불허처분이 있는 경우에 해당하며(91모24), 수사기관이 구금장소를 임의적으로 변경하여 접견교통을 어렵게 한 경우에도 접견교통권의 행사에 중대한 장애를 초래한 것으로서 위법하다(95모94).

(나) 증거능력의 배제

접견교통권을 침해한 상태에서 이루어진 피의자·피고인의 자백이나 진술은 증거능력이 부정된다. 판례도 「검사작성의 피의자신문조서가 검사에 의하여 피의자에 대한 변호인의 접견이 부당하게 제한되고 있는 동안에 작성된 경우에는 증거능력이 없다」고 판시하고 있다(90도1285).

2. 체포·구속적부심사제도

(1) 의 의

체포·구속적부심사제도란 체포되거나 구속된 피의자에 대하여 법원이 체포 또는 구속의 적법 여부와 그 계속의 필요성 여부를 심사하여 피의자를 석방하는 제도를 말한다. 헌법 제12조 제6항은 「누구든지 체포 또는 구속을 당한 때에는 적부의 심사를 법원에 청구할 권리를 가진다」고 하여 체포·구속적부심사청구권을 피의자의 중요한 기본권의 하나로 규정하고 있으며, 이에 따라 형사소송법 제214조의2는 체포·구속적부심사청구의 요건과 절차를 자세히 규정하여 수사기관의 위법·부당한 신체구속으로부터 피의자를 보호하고 있다.

체포·구속적부심사제도는 기본적으로 수사기관의 불법신체구속에 대한 견제 장치로서의 의미를 가지나, 영장에 의한 체포 및 구속에 있어서는 법관이 발부한 영장에 대한 항고심적 성격도 아울러 가진다고 할 수 있다.

(2) 체포·구속적부심사의 청구

(가) 청구권자

체포되거나 구속된 피의자는 체포·구속적부심사를 청구할 수 있다. 따라서 영장에 의하여 체포되거나 구속된 피의자뿐만 아니라 긴급체포 또는 현행범인으로 체포된 피의자, 임의동행의 형식으로 사실상 신체구속상태에 있는 피의자도 체포·구속적부심사를 청구할 수 있다. 다만 청구권자는 피의자에 한정되어 있으므로 피고인은 체포·구속적부심사를 청구할 수 없다.

체포되거나 구속된 피의자의 변호인·법정대리인·배우자·직계친족·형제자매나 가족·동거인 또는 고용주도 체포 또는 구속의 적부심사를 청구할 수 있다(제214조의2 제1항). 단순한 동거인이나 가족 또는 고용주까지도 청구권자에 포함시킴으로써 형사소송법은 변호인선임권자(제30조 제2항)보다 체포·구속적부심사청구권자의 범위를 넓게 인정하고 있다.

(나) 청구사유

체포·구속적부심사의 대상은 체포 또는 구속의 적부이다. 체포·구속의 적부에는 체포·구속의 불법 여부뿐만 아니라 부당, 즉 신체구속 계속의 필요성에 대한 판단도 포함된다.

체포·구속이 불법한 경우로는 피의자에 대한 체포·구속이 적법한 요건을 구비하지 못한 경우뿐만 아니라 체포·구속 자체는 적법하지만 체포 또는 구속기간이 경과하였음에도 불구하고 체포·구속을 계속하는 경우도 여기에 해당한다.

한편 부당한 체포·구속이란 체포나 구속은 적법하게 이루어졌으나 그 이후의 사정변경으로 체포·구속을 계속할 필요성이 없어진 경우를 말한다. 예를 들면 피해변상, 합의, 고소의 취소 등의 사유가 있는 경우이다. 이와 같이 체포·구속적부심사제도는 체포영장이나 구속영장 발부 후의 사정변경까지도 고려한다는 점에서 단순히 체포영장·구속영장의 적법성에 대한 사후심사 이상의 의미를 갖는다.

(3) 법원의 심사

체포·구속적부심사의 청구를 받은 법원은 청구서가 접수된 때부터 48시간 이내에 체포되거나 구속된 피의자를 심문하고 수사 관계 서류와 증거물을 조사한다(제214조의2 제4항). 체포·구속적부심사를 청구한 피의자가 제33조에 해당할 때에는 법원은 국선변호인을 선정하여야 한다(동조 제10항).

피의자의 출석은 절차개시의 요건이다. 법원은 피의자를 심문할 때에는 공범의 분리심문 기타 수사상 비밀보호를 위한 적절한 조치를 취하여야 한다(동조 제11항). 또한 검사·변호인·청구인은 심문기일에 출석하여 의견을 진술할 수 있다(동조 제9항).

심문기일에 피의자를 심문하는 경우에는 법원사무관 등은 심문의 요지 등을 조서로 작성하여야 한다(동조 제14항). 체포·구속적부심문조서는 제315조 제3호의 「기타 특히 신용할 만한 정황에 의하여 작성된 문서」에 해당하여 당연히 증거능력이 인정된다. 그러나 자백의 중요성을 잘 모르는 피의자가 석방결정을 얻어 내기 위하여 허위자백을 할 위험성이 존재하므로 법관은 심문조서의 증명력을 평가함에 있어서 신중을 기하여야 한다(2003도5693).

(4) 법원의 결정

법원은 체포 또는 구속된 피의자에 대한 심문이 종료한 때로부터 24시간 이내에 체포·구속적부심사청구에 대한 결정을 하여야 한다(규칙 제106조). 법원은 심사청구 후 피의자에 대하여 공소제기가 있는 경우에도 이에 대해 결정하여야 한다(제214조의2 제4항). 법원의 결정에는 기각결정, 석방결정, 보증금납입조건부 석방결정의 세 가지가 있다.

(가) 기각결정

법원은 심사 결과 그 청구가 이유 없다고 인정한 경우에는 결정으로 청구를 기각하여야 한다(동조 제4항). 청구권자 아닌 사람이 청구하거나 동일한 체포영장 또는 구속영장의 발부에 대하여 재청구한 때, 공범이나 공동피의자의 순차청구가 수사 방해를 목적으로 하고 있음이 명백한 때에는 심문 없이 청구를 기각할 수 있다(동조 제3항). 이를 간이기각결정이라고 한다. 법원의 기각결정에 대하여는 항고하지 못한다(동조 제8항).

(나) 석방결정

법원은 심사 결과 청구가 이유 있다고 인정한 경우에는 결정으로 체포되거나 구속된 피의자의 석방을 명하여야 한다(동조 제4항). 법원의 석방결정에 대하여 검사는 항고할 수 없다(동조 제8항). 체포 또는 구속적부심사의 결과 법원의 석방결정에 의하여 석방된 피의자는 도망하거나 범죄의 증거를 인멸하는 경우를 제외하고는 동일한 범죄사실로 재차 체포하거나 구속할 수 없다(제214조의3 제1항).

(다) 보증금납입조건부 석방결정

1) 의 의

보증금납입조건부 피의자석방이란 구속적부심사를 청구한 피의자에 대하여 법원이 보증금납입을 조건으로 석방을 명하는 제도를 말한다(제214조의2 제5항). 이 제도는 기본적으로 보석제도를 피의자에게까지 확대한 것으로서 기소 전 수사절차에서의 피의자의 신체의 자유를 보장하고 방어권을 보장하기 위한 것이라 할 수 있다. 다만 현행법상의 보증금납입조건부 피의자석방제도는 ① 보석청구가 아닌 구속적부심사를 청구해야 한다는 점, ② 법원의 직권에 의해서만 석방이 결정되기 때문에 필요적 보석이 인정되지 않는다는 점, ③ 피고인보석과는 다르게 보증금의 납입만을 석방조건으로 하고 있다는 점에서 보석제도와는 차이가 있다.

2) 내 용

법원은 구속적부심사를 청구한 구속된 피의자에 대하여 그의 출석을 보증할 만한 보증금의 납입을 조건으로 하여 결정으로 석방을 명할 수 있다(제214조의2 제5항 본문). 다만 법원은 피의자에게 ① 범죄의 증거를 인멸할 염려가 있다고 믿을 만한 충분한 이유가 있는 때, ② 피해자, 당해 사건의 재판에 필요한 사실을 알고 있다고 인정되는 사람 또는 그 친족의 생명·신체나 재산에 해를 가하거나 가할 염려가 있다고 믿을 만한 충분한 이유가 있는 때에는 보증금납입조건부로 피의자의 석방을 명할 수 없다(동조 제5항 단서). 보증금납입조건부 피의자석방은 구속적부심사를 청구한 피의자에 대하여만 적용되므로 체포적부심사를 청구한 피의자에 대하여는 보증금납입을 조건으로 한 석방이 허용되지 않는다(97모21).

보증금납입을 조건으로 석방된 피의자가 ① 도망한 때, ② 도망하거나 범죄의 증거를 인멸할 염려가 있다고 믿을 만한 충분한 이유가 있는 때, ③ 출석요구를 받고 정당한 이유 없이 출석하지 아니한 때, ④ 주거의 제한이나 그 밖에 법원이 정한 조건을 위반한 때를 제외하고는 동일한 범죄사실에 관하여 피의자를 재차 체포 또는 구속하지 못한다(제214조의3 제2항).

법원은 ① 보증금납입을 조건으로 석방된 피의자를 재구속제한의 예외사유에 해당함을 이유로 재차 구속할 때, ② 보증금납입을 조건으로 석방된 피의자에 대하여 공소가 제기된 후 법원이 동일한 범죄사실에 관하여 피고인을 재차 구속할 때에는 납입된 보증금의 전부 또는 일부를 몰취할 수 있다(제214조의4 제1항). 그러나 보증금납입을 조건으로 석방된 피의자가 동일한 범죄사실에 관하여 형의 선고를 받고 그 판결이 확정된 후, 집행하기 위한 소환을 받고 정당한 이유 없이 출석하지 아니하거나 도망한 때에는 직권 또는 검사의 청구에 의하여 결정으로 보증금의 전부 또는 일부를 몰취하여야 한다(동조 제2항).

3) 보증금납입조건부 석방결정에 대한 항고

체포·구속적부심사청구에 관한 법원의 기각결정과 석방결정에 대하여는 항고가 허용되지 않는다(제214조의2 제8항). 그러나 법원의 보증금납입조건부 석방결정은 단순한 석방결정과 그 취지와 성격이 다르며, 피고인 보석에 관한 결정에 대하여 항고가 허용되고 있는 점(제403조 제2항) 등을 고려할 때 보증금납입조건부 석방결정에 대하여는 피의자나 검사가 항고를 할 수 있다고 보아야 한다. 판례도 같은 입장이다(97모21).

3. 보 석

(1) 보석의 의의

보석이란 일정한 보증금의 납부 등을 조건으로 구속의 집행을 정지하여 구속된 피고인을 석방하는 제도를 말한다. 보석은 구속영장의 효력을 유지시키면서 구속의 집행만을 정지시키는 제도라는 점에서 구속영장을 전면적으로 실효시키는 구속의 취소와 다르며, 구속의 집행만을 잠정적으로 정지시킨다는 점에서 구속의 집행정지와 유사하지만 보증금의 납부 등 출석담보수단을 조건으로 한다는 점에서 이와 구별된다. 또한 보석은 피고인의 석방을 위한 제도라는 점에서 피의자를 석방하기 위한 체포·구속적부심사제도와도 다르다.

보석은 구속의 집행을 정지시키는 데 불과하므로 구속영장의 효력에는 영향을 미치지 않는다. 따라서 보석이 취소되면 일시적으로 정지되어 있던 구속영장의 효력은 당연히 부활하게 된다.

보석제도는 보증금 등을 조건으로 피고인을 석방함으로써 피고인의 출석을 확보하여 구속의 목적을 실질적으로 달성하면서 한편으로는 피고인에게 자유를 부여하여 불구속재판을 가능하게 하는 제도라고 할 수 있다. 즉 보석은 보증금의 몰취 등을 수단으로 심리적 압박을 가하여 피고인의 공판절차 등에의 출석을 강제하면서 피고인에게 당사자로서의 자유로운 방어활동을 보장함으로써 당사자주의의 이념을 실현할 수 있는 제도인 것이다.

(2) 보석의 종류

(가) 필요적 보석

필요적 보석이란 일정한 제외사유에 해당하지 않는 한 법원이 보석을 허가해야 할 의무를 지는 보석을 말한다. 불구속재판의 원칙을 최대한 구현하기 위해서는 구속된 피고인에게 원칙적으로 보석을 허가해 주어야 한다. 형사소송법 제95조도 「보석의 청구가 있는 때에는 다음 이외의 경우에는 보석을 허가하여야 한다」고 규정함으로써 필요적 보석이 원칙임을 명시하고 있다. 필요적 보석은 보석청구권자의 청구에 의하여 법원이 보석 여부를 결정하는 청구보석에 해당한다.

형사소송법 제95조는 필요적 보석의 제외사유로서 ① 피고인이 사형·무기 또는 장기 10년이 넘는 징역이나 금고에 해당하는 죄를 범한 때(제1호), ② 피고인이 누범에 해당하거나 상습범인 죄를 범한 때(제2호), ③ 피고인이 죄증을 인멸하거나 인멸할 염려가 있다고 믿을 만한 충분한 이유가 있는 때(제3호), ④ 피고인이 도망하거나 도망할 염려가 있다고 믿을 만한 충분한 이유가 있는 때(제4호), ⑤ 피고인의 주거가 분명하지 아니한 때(제5호), ⑥ 피고인이 피해자, 당해 사건의 재판에 필요한 사실을 알고 있다고 인정되는 자 또는 그 친족의 생명·신체나 재산에 해를 가하거나 가할 염려가 있다고 믿을 만한 충분한 이유가 있는 때(제6호)를 규정하고 있다.

(나) 임의적 보석

필요적 보석의 제외사유에 해당하는 경우에도 법원은 상당한 이유가 있는 때에는 직권 또는 보석청구권자의 청구에 의하여 결정으로 보석을 허가할 수 있다(제96조). 형사소송법은 필요적 보석을 원칙으로 하면서 법원의 재량에 의한 임의적 보석을 보충적으로 인정하고 있다. 임의적 보석에는 직권보석과 청구보석의 경우가 있다. 피고인의 건강을 이유로 보석을 허가하는 소위 병보석의 경우는 여기에 해당한다.

(3) 보석의 절차

보석청구권자는 피고인·변호인·법정대리인·배우자·직계친족·형제자매·가족·동거인 또는 고용주이다(제94조). 보석은 보석청구권자의 청구에 의하는 것이 원칙이나 상당한 이유가 있는 때에는 법원이 직권으로 보석을 허가할 수도 있다(제96

조). 보석청구는 공소제기 후 재판의 확정 전까지는 심급을 불문하고 할 수 있으며, 상소기간 중에도 가능하다(제105조).

재판장은 보석에 관한 결정을 하기 전에 검사의 의견을 물어야 한다(제97조 제1항). 그러나 검사의 의견은 법원의 보석에 관한 결정에 구속력을 가지지 못한다. 검사의 의견청취절차는 보석결정의 본질적 부분이 아니므로 법원이 검사의 의견을 듣지 아니한 채 보석에 관한 결정을 하였다고 하더라도 그 결정이 적정한 이상 절차상의 하자만을 들어 그 결정을 취소할 수는 없다(97모88).

법원은 보석의 청구가 부적법하거나 이유 없는 때에는 보석청구를 기각하여야 한다. 피고인 등은 보석청구를 기각하는 결정에 대해서 항고를 할 수 있다(제403조 제2항). 필요적 보석의 제외사유에 해당하지 않거나 제외사유에 해당하는 경우라도 보석을 허가할 이유가 있다고 인정하는 때에는 법원은 보석을 허가하는 결정을 한다. 보석허가결정에 대한 검사의 즉시항고는 허용되지 않는다(제97조 제4항 참조). 그러나 검사가 형사소송법 제403조 제2항에 의한 보통항고의 방법으로 불복하는 것은 가능하다(97모26).

(4) 보석의 조건

법원은 보석을 허가하는 경우에는 필요하고 상당한 범위 안에서 피고인의 출석을 담보할 조건 중 하나 이상의 조건을 정하여야 한다(제98조). 형사소송법은 보석조건을 다양화함으로써 경제적 무자력자에게도 보석의 기회를 확대하고, 개별사안의 특성과 피고인의 구체적 사정에 적합한 보석조건을 정할 수 있도록 하였다. 법원은 보석조건을 정함에 있어서 ① 범죄의 성질 및 죄상, ② 증거의 증명력, ③ 피고인의 전과·성격·환경 및 자산, ④ 피해자에 대한 배상 등 범행 후의 정황에 관련된 사항을 고려하여야 한다(제99조 제1항). 그러나 법원은 피고인의 자력 또는 자산 정도로는 이행할 수 없는 조건을 정할 수 없다(동조 제2항).

법원이 보석을 허가함에 있어서 피고인에게 부과할 수 있는 보석의 조건으로는 ① 서약서의 제출, ② 약정서의 제출, ③ 주거제한, ④ 피해자 등에의 접근금지, ⑤ 출석보증서의 제출, ⑥ 출국금지의 서약, ⑦ 피해금액의 공탁 또는 담보의 제공, ⑧ 보증금의 납부 또는 담보의 제공, ⑨ 그 밖의 적당한 조건의 이행 등이 규정되어 있다(제98조 참조).

(5) 보석의 취소

법원은 피고인이 ① 도망한 때, ② 도망하거나 죄증을 인멸할 염려가 있다고 믿을 만한 충분한 이유가 있는 때, ③ 소환을 받고 정당한 사유 없이 출석하지 아니한 때, ④ 피해자, 당해 사건의 재판에 필요한 사실을 알고 있다고 인정되는 자 또는 그 친족의 생명·신체·재산에 해를 가하거나 가할 염려가 있다고 믿을 만한 충분한 이유가 있는 때, ⑤ 법원이 정한 조건을 위반한 때에는 직권 또는 검사의 청구에 의하여 보석을 취소할 수 있다(제102조 제2항).

보석취소결정에 대하여는 항고할 수 있으며(제403조 제2항), 보석을 취소한 때에는 검사는 취소결정의 등본에 의하여 피고인을 다시 구금하여야 한다(규칙 제56조 제1항). 보석취소결정의 집행에 의하여 피고인을 재구금한 경우에는 재구금한 날부터 구속기간의 잔여기간이 진행한다.

(6) 보증금 또는 담보의 몰취 및 환부

법원은 보석을 취소하는 때에는 직권 또는 검사의 청구에 따라 결정으로 보증금 또는 담보의 전부 또는 일부를 몰취할 수 있다(제103조 제1항). 보증금 또는 담보의 전부를 몰취할 것인지 또는 일부를 몰취할 것인지는 법원의 재량에 속하며, 법원은 보석을 취소하면서 보증금 등을 전혀 몰취하지 않을 수도 있다. 또한 보증금 등의 몰취는 보석취소와 동시에 할 필요가 없으며, 보석취소결정 후의 별도의 보증금 등의 몰취결정도 허용된다(2000모22).

법원은 보증금의 납입 또는 담보제공을 조건으로 석방된 피고인이 동일한 범죄사실에 관하여 형의 선고를 받고 그 판결이 확정된 후 집행하기 위한 소환을 받고 정당한 사유 없이 출석하지 아니하거나 도망한 때에는 직권 또는 검사의 청구에 따라 결정으로 보증금 또는 담보의 전부 또는 일부를 몰취하여야 한다(동조 제2항). 이 경우에도 전부를 몰취할 것인가 일부를 몰취할 것인가는 법원의 재량에 속한다.

법원은 구속 또는 보석을 취소하거나 구속영장의 효력이 소멸된 때에는 몰취하지 아니한 보증금 또는 담보를 납입자가 청구한 날로부터 7일 이내에 환부하여야 한다(제104조).

제5절 대물적 강제처분

Ⅰ. 대물적 강제처분의 의의와 요건

1. 대물적 강제처분의 의의

증거물이나 몰수물의 수집과 보전을 목적으로 하는 강제처분을 대물적 강제처분이라고 한다. 대물적 강제처분은 그 직접적 대상이 물건이라는 점에서 대인적 강제처분과 구별된다. 형사소송법이 규정하고 있는 대물적 강제처분에는 압수·수색·검증이 있다. 다만 검증에 있어서는 법원이 행하는 검증은 증거조사의 일종에 지나지 않고, 수사기관의 검증만이 강제처분에 해당한다. 그리고 통신비밀보호법이 규정한 감청 등의 통신제한조치도 대물적 강제처분에 포함된다.

대물적 강제처분은 수소법원이 행하는 강제처분과 수사절차에서 행하는 강제처분으로 나눌 수 있다. 수사절차에서 행하는 수사상의 대물적 강제처분을 대물적 강제수사라고 한다. 형사소송법은 수소법원에 의한 압수·수색·검증에 대하여 자세히 규정하고(제106조 내지 제145조), 이를 수사상의 대물적 강제수사에 대부분 준용하는 입법형식을 취하고 있다(제219조).

2. 대물적 강제처분의 요건

대물적 강제처분의 경우에도 강제처분법정주의와 영장주의가 그대로 적용된다. 법원은 필요한 때에는 피고사건과 관계가 있다고 인정할 수 있는 것에 한정하여 증거물 또는 몰수할 것으로 사료하는 물건을 압수하거나(제106조 제1항), 사람의 신체, 물건 또는 주거, 그 밖의 장소를 수색할 수 있다(제109조). 검사는 범죄수사에 필요한 때에는 피의자가 죄를 범하였다고 의심할 만한 정황이 있고 해당 사건과 관계가 있다고 인정할 수 있는 것에 한정하여 지방법원판사에게 청구하여 발부받은 영장에 의하여 압수·수색 또는 검증을 할 수 있고(제215조 제1항), 사법경찰관은 범죄수사에 필요한 때에는 피의자가 죄를 범하였다고 의심할 만한 정황이 있고 해당 사건과 관계가 있다고 인정할 수 있는 것에 한정하여 검사에게 신청하여 검사의 청구로 지방법원판사가 발부한 영장에 의하여 압수·수색 또는 검증을 할 수 있다(동조 제2항). 대물적 강제처분을 위해서는 구체적으로 다음의 요건이 필요하다.

(1) 범죄의 혐의

압수·수색·검증을 함에 있어서는 범죄에 대한 혐의가 존재하여야 한다. 수사기관이 압수·수색 또는 검증을 하기 위해서는 피의자가 죄를 범하였다고 의심할 만한 정황이 있어야 한다(제215조). 법원의 압수·수색에 있어서는 범죄혐의의 존재가 명문으로 요구되고 있지는 않으나(제106조 제1항, 제109조 제1항 참조), 법원의 강제처분에 있어서도 범죄의 혐의는 당연히 전제되어 있다고 할 수 있다.

압수·수색·검증을 위하여 필요한 범죄의 혐의는 신체구속의 경우에 요구되는 범죄혐의와 그 정도에 있어서 차이가 있다. 압수·수색·검증은 체포나 구속에 앞서서 행하여지는 경우가 많고 기본권 침해의 정도가 대인적 강제처분에 비해서 상대적으로 약하기 때문이다. 형사소송법은 체포·구속에 있어서는 「피의자가 죄를 범하였다고 의심할 만한 상당한 이유」가 있을 것을 요구하면서, 압수·수색·검증에 있어서는 단순히 「피의자가 죄를 범하였다고 의심할 만한 정황」이 있을 것을 요구하고 있다. 따라서 압수·수색·검증을 위해서는 수사절차의 개시를 정당화할 수 있을 정도의 단순한 범죄혐의 또는 최초의 혐의가 존재하는 것으로 족하다.

(2) 압수·수색·검증의 필요성

대물적 강제처분은 그 필요성이 있는 경우에 인정된다. 대물적 강제처분의 필요성이란 압수·수색·검증의 대상물과 피의사실 또는 공소사실과의 관련성 및 압수·수색·검증의 대상물이 존재할 개연성이 있음을 의미한다. 법원은 필요한 때에는 피고사건과 관계가 있다고 인정할 수 있는 것에 한정하여 직권으로 영장을 발부하여 압수·수색할 수 있고(제106조, 제109조), 수사기관은 범죄수사에 필요한 때에는 해당 사건과 관계가 있다고 인정할 수 있는 것에 한정하여 지방법원판사에게 청구하여 발부받은 영장에 의하여 압수·수색 또는 검증을 할 수 있다(제215조).

형사소송법은 압수·수색·검증의 필요성 이외에 사건과의 관련성을 별도로 요구하고 있으나, 해당사건과의 관련성은 필요성을 구성하는 내용이므로 그 자체로서 독립적인 의미를 가지는 것은 아니라고 해야 한다.

(3) 비례의 원칙

압수·수색·검증의 경우에도 비례의 원칙이 적용된다(제199조 제1항 단서). 따라서 ① 대물적 강제처분에 의하지 않고는 달리 증거방법을 확보할 수 없는 불가피성이 있어야 하고, ② 압수·수색·검증은 그 목적달성을 위하여 필요한 최소한의 범위에 그쳐야 하며, ③ 이에 의한 기본권의 침해는 범죄의 태양과 경중, 대상물의 증거가치 및 중요성, 증거인멸의 우려 유무, 처분을 받는 자의 불이익의 정도 등과 균형관계를 이루어야 한다(2003모126).

II. 압수·수색

1. 압수·수색의 의의

압수란 물건의 점유를 취득하는 강제처분을 말하는데, 여기에는 압류, 영치, 제출명령의 세 가지 유형이 있다. 압류는 물건의 점유를 점유자 또는 소유자의 의사에 반하여 강제적으로 취득하는 강제처분을 말하며, 좁은 의미의 압수란 압류를 의미한다. 영치는 소유자 등이 임의로 제출한 물건이나 유류한 물건에 대하여 점유를 취득하는 경우를 말하는데, 영장을 요하지 않으나 일단 영치된 물건에 대해서는 강제적인 점유가 계속되어 상대방이 수인의무를 진다는 점에서 압수의 일종이다. 법원이 압수할 물건을 지정하여 소유자 등에게 제출을 명하는 것을 제출명령이라고 한다(제106조 제2항). 이에 응하여 물건이 제출되었을 때에는 압수의 효력이 발생하고 이에 응하지 않으면 압수할 수 있다는 점에서 일종의 압수라고 볼 수 있다. 제출명령은 법원이 행하는 압수의 한 형태로서 수사상의 압수에는 인정되지 않는다.

수색이란 압수할 물건이나 피의자·피고인을 발견하기 위하여 사람의 신체, 물건 또는 주거 기타의 장소에 대하여 행하는 강제처분을 말한다. 수색은 주로 압수를 위하여 행하여지며, 실무상으로도 압수·수색영장이라는 단일영장이 일반적으로 사용되고 있다.

2. 압수·수색의 대상

(1) 압수의 대상
(가) 증거물 또는 몰수물

압수의 대상은 피의사건 또는 피고사건과 관계가 있다고 인정할 수 있는 증거물 또는 몰수물이다(제106조 제1항, 제219조). 증거물에 대한 압수가 절차확보를 위한 것임에 대하여, 몰수물에 대한 압수는 판결집행의 확보라는 의미를 가진다.

압수대상물은 반드시 동산에 한하지 않고 부동산도 포함된다. 사람의 신체는 수색 또는 검증의 대상이지 압수의 대상은 아니다. 다만 신체로부터 분리된 두발, 체모, 손톱, 혈액, 정액, 침, 소변 등은 압수의 대상이 된다. 사람의 사체에 대하여도 압수가 허용된다. 몰수물은 당해 사건에 대한 판결에서 몰수가 선고될 가능성이 있는 물건을 말하며, 필요적 몰수의 대상인 물건에 한하지 않고 임의적 몰수의 대상인 것도 포함된다.

(나) 정보저장매체등

압수의 목적물이 컴퓨터용디스크 그 밖에 이와 비슷한 정보저장매체인 경우에는 기억된 정보의 범위를 정하여 출력하거나 복제하여 제출받아야 한다. 다만 범위를 정하여 출력 또는 복제하는 방법이 불가능하거나 압수의 목적을 달성하기에 현저히 곤란하다고 인정되는 때에는 정보저장매체등을 압수할 수 있다(제106조 제3항, 제219조). 여기서 예외적으로 정보저장매체등을 압수하기 위해서는 그렇게 할 수 있도록 영장에 기재되어 있어야 하며, 정보저장매체등 자체를 압수하거나 하드카피·이미징 등의 방법으로 정보저장매체등에 기억된 정보를 확보하는 것이 가능하다(2011도10508).

정보저장매체 또는 하드카피나 이미징 등 형태를 수사기관의 사무실 등으로 옮긴 후 전자정보를 탐색하여 해당 전자정보를 문서로 출력하거나 파일을 복사하는 과정 역시 전체적으로 압수·수색영장의 집행에 포함된다. 따라서 이때의 문서출력 또는 파일복사도 혐의사실과 관련된 부분에 한정되어야 하고, 관련성에 대한 구분 없이 임의로 문서를 출력하거나 파일을 복사하는 것은 특별한 사정이 없는 한 위법하다. 그리고 이러한 일련의 과정에서 형사소송법 제219조, 제121조에서 규정하는 피압수·수색 당사자나 그 변호인에게 참여의 기회를 보장하고 혐의사실과 무관한 전자정보의 임의적인 복제 등을 막기 위한 적절한 조치를 취하는 등 영장주의 원칙과 적법절차를 준수하여야 한다. 만약 그러한 조치를 취하지 않았다면 특별한 사정이 없는 한 압수·수색은 위법한 것이 된다. 다만 수사기관이 피의자 등에게 참여의 기회를 보장한 상태에서 정보저장매체에 기억된 정보 중에서 키워드 또는 확장자 검색 등을 통해 범죄혐의사실과 관련 있는 정보를 선별하여 정보저장매체와 동일하게 복제하여 생성한 이미지 파일을 압수한 경우, 압수의 목적물에 대한 압수·수색 절차는 종료된 것이고 수사기관이 수사기관 사무실에서 압수된 이미지 파일을 탐색·복제·출력하는 과정에서까지 피의자 등에게 참여의 기회를 보장하여야 하는 것은 아니다(2017도13263).

전자정보에 대한 압수·수색이 종료되기 전에 별도의 범죄혐의와 관련된 전자정보를 우연히 발견한 경우, 수사기관으로서는 더 이상의 추가 탐색을 중단하고 법원으로부터 별도의 범죄혐의에 대한 압수·수색 영장을 발부받아 이를 압수·수색하여야 한다(2011모1839).

(다) 우체물 등

수사기관 또는 법원은 필요한 때에는 피의사건 또는 피고사건과 관계가 있다고 인정할 수 있는 것에 한정하여 우체물 또는 전기통신에 관한 것으로서 체신관서 그 밖의 관련 기관 등이 소지 또는 보관하는 물건을 압수를 할 수 있고, 법원은 그 제출을 명할 수 있다(제107조 제1항, 제219조). 수사기관 또는 법원은 우체물 등에 대하여 이러한 처분을 할 때에는 발신인이나 수신인에게 그 취지를 통지하여야 한다. 다만 수사 또는 심리에 방해될 염려가 있는 경우에는 예외로 한다(제107조 제3항, 제219조).

우체물이나 전기통신 관련 물건은 개봉하여 그 내용을 파악하기 전에는 증거물이나 몰수물에 해당하는지를 알 수 없다는 특성이 있다. 따라서 우편물 등은 피의사건 또는 피고사건과의 관련성만 인정되면 반드시 증거물 또는 몰수할 것으로 사료되는 물건에 해당하지 않더라도 압수할 수 있도록 한 것이다.

(라) 출판물

출판물도 압수의 대상이 됨은 물론이다. 그러나 헌법상 출판에 대한 사전검열이 금지되므로 출판물의 압수는 이에 따른 제한을 받는다. 특히 출판 직전에 그 내용을 문제 삼아 출판물을 압수하는 것은 실질적으로 출판의 사전검열과 같은 효과를 가져 올 수 있으므로 출판물의 압수를 허용함에 있어서는 범죄혐의와 강제수사의 요건을 보다 엄격히 해석하여야 한다(91모1).

(2) 수색의 대상

수색의 대상은 피의사건 또는 피고사건과 관계가 있다고 인정할 수 있는 사람의 신체, 물건 또는 주거 기타의 장소이다. 수사기관 또는 법원은 필요한 때에는 피의사건 또는 피고사건과 관계가 있다고 인정할 수 있는 것에 한정하여 피의자 또는 피고인의 신체, 물건 또는 주거, 그 밖의 장소를 수색할 수 있다(제109조 제1항, 제

219조). 피의자 또는 피고인 아닌 자의 신체, 물건 또는 주거 기타의 장소에 대해서는 압수할 물건이 있음을 인정할 수 있는 경우에 한하여 수색할 수 있다(제109조 제2항, 제219조). 압수대상이 존재할 개연성은 피의자 또는 피고인의 신체, 물건 등에 대한 수색에 있어서도 요구되는 사항이나, 제3자를 대상으로 한 수색에 있어서는 그 요건이 더욱 엄격하게 요구된다 할 것이다.

3. 압수·수색의 제한

군사상 비밀을 요하는 장소는 그 책임자의 승낙 없이는 압수 또는 수색할 수 없다. 책임자는 국가의 중대한 이익을 해하는 경우를 제외하고는 승낙을 거부하지 못한다(제110조, 제219조).

공무원 또는 공무원이었던 자가 소지 또는 보관하는 물건에 관하여는 본인 또는 그 해당 공무소가 직무상의 비밀에 관한 것임을 신고한 때에는 그 소속 공무소 또는 당해 감독관공서의 승낙 없이는 압수하지 못한다. 이 때 소속 공무소 또는 당해 감독관공서는 국가의 중대한 이익을 해하는 경우를 제외하고는 승낙을 거부하지 못한다(제111조, 제219조).

변호사, 변리사, 공증인, 공인회계사, 세무사, 대서업자, 의사, 한의사, 치과의사, 약사, 약종상, 조산사, 간호사, 종교의 직에 있는 자 또는 이러한 직에 있던 자가 그 업무상 위탁을 받아 소지 또는 보관하는 물건으로 타인의 비밀에 관한 것은 압수를 거부할 수 있다. 다만 그 타인의 승낙이 있거나 중대한 공익상 필요가 있는 때에는 예외로 한다(제112조, 제219조).

4. 압수·수색의 절차

(1) 압수·수색영장의 발부

검사는 범죄수사에 필요한 때에는 피의자가 죄를 범하였다고 의심할 만한 정황이 있고 해당 사건과 관계가 있다고 인정할 수 있는 것에 한정하여 지방법원판사에게 청구하여 발부받은 영장에 의하여 압수·수색을 할 수 있다(제215조 제1항). 사법경찰관은 범죄수사에 필요한 때에는 피의자가 죄를 범하였다고 의심할 만한 정황이 있고 해당 사건과 관계가 있다고 인정할 수 있는 것에 한정하여 검사에게 신청하여 검사의 청구로 지방법원판사가 발부한 영장에 의하여 압수·수색을 할 수 있다(동조 제2항). 검사가 사법경찰관이 신청한 영장을 정당한 이유 없이 판사에게 청구하지 아니한 경우 사법경찰관은 그 검사 소속의 지방검찰청 소재지를 관할하는 고등검찰청에 영장 청구 여부에 대한 심의를 신청할 수 있고, 고등검찰청의 영장심의위원회에서 이에 대한 심의를 한다(제221조의5). 수소법원이 공판정 외에서 압수·수색을 함에는 영장을 발부하여 시행하여야 한다(제113조). 법원이 공판정에서 압수·수색을 하는 경우에는 영장을 요하지 않는다.

압수·수색의 대상은 압수·수색영장에 반드시 특정되어야 한다. 영장주의 원칙상 압수·수색의 대상을 특정하지 않고 포괄적 강제처분을 허용하는 일반영장은 금지된다. 압수·수색영장에 대상물을 특정할 것을 요구하는 것은 영장을 집행하는 수사기관의 권한범위를 명확히 함으로써 남용을 방지하는 데 그 목적이 있다.

압수·수색영장의 유효기간은 원칙적으로 7일이나, 판사가 상당하다고 인정하는 때에는 7일을 넘는 유효기간을 정할 수 있다(규칙 제178조). 영장의 유효기간이란 집행에 착수할 수 있는 종기를 의미할 뿐이므로 영장의 유효기간이 남아 있다고 하더라도 동일한 영장으로 수회 같은 장소에서 중복적으로 압수·수색을 할 수는 없다. 따라서 수사기관이 압수·수색영장을 집행한 때에는 동일한 장소 또는 목적물에 대하여 다시 압수·수색할 필요가 있더라도 판사로부터 새로운 압수·수색영장을 발부받지 않으면 이를 할 수가 없다(99모161).

(2) 압수·수색영장의 집행

(가) 영장의 사전제시와 영장사본의 교부

압수·수색영장은 검사의 지휘에 의하여 사법경찰관리가 집행한다. 다만 수소법원의 압수·수색의 경우에 필요한 때에는 재판장은 법원사무관 등에게 그 집행을 명할 수 있다(제115조 제1항, 제219조).

압수·수색영장은 처분을 받는 자에게 반드시 제시하여야 하고, 피의자나 피고인이 처분을 받는 경우는 그 사본을 교부하여야 한다(제118조, 제219조). 영장은 사전에 제시하고 처분을 받는 자가 피의자나 피고인인 경우에는 영장사본을 교부할 것이 요구되지만, 처분을 받는 자가 현장에 없는 등 영장의 제시나 영장사본의 교부가 현실적으로 불가능한 경우나 처분을 받는 자가 영장의 제시나 사본의 교부를 거부한 때에는 예외가 인정된다(제118조, 제219조).

압수·수색영장은 현장에서 압수·수색을 당하는 사람이 여러 명일 경우에는 그 사람들 모두에게 개별적으로 제시하고 영장사본을 교부해야 하는 것이 원칙이다. 수사기관이 압수·수색에 착수하면서 그 장소의 관리책임자에게 영장을 제시하였다고 하더라도 물건을 소지하고 있는 다른 사람으로부터 이를 압수하고자 하는 때에는 그 사람에게 따로 영장을 제시하여야 한다(2008도763).

(나) 집행을 위해 필요한 처분

압수·수색영장의 집행에 있어서는 자물쇠(鍵錠)를 열거나 개봉 기타 필요한 처분을 할 수 있다. 압수물에 대하여도 같은 처분을 할 수 있다(제120조, 제219조). 여기서 자물쇠나 물건의 개봉은 필요한 처분의 예시에 불과하고, 그 밖에 집행의 목적을 달성하기 위해서 필요하고 또한 사회적으로도 상당하다고 인정되는 처분은 여기에 해당한다.

압수·수색영장의 집행 중에는 타인의 출입을 금지할 수 있고, 이에 위배한 자에게는 퇴거하게 하거나 집행종료시까지 간수자를 붙일 수 있다(제119조, 제219조). 또한 압수·수색영장의 집행을 중지한 경우에 필요한 때에는 집행이 종료될 때까지 그 장소를 폐쇄하거나 간수자를 둘 수 있다(제127조, 제219조).

(다) 당사자·책임자 등의 참여

검사, 피고인·피의자 또는 변호인은 압수·수색영장의 집행에 참여할 수 있다(제121조, 제219조). 압수·수색절차의 공정성을 확보하고 집행을 받는 자의 이익을 보호하기 위한 것이다. 따라서 압수·수색영장을 집행할 때에는 미리 집행의 일시와 장소를 참여권자에게 통지하여야 한다. 다만 참여권자가 참여하지 아니한다는 의사를 명시한 때 또는 급속을 요하는 때에는 예외로 한다(제122조, 제219조). 급속을 요하는 때란 압수·수색영장의 집행사실을 미리 알려주면 증거물을 은닉할 염려가 있어 압수·수색의 실효를 거두기 어려운 경우를 말한다(2012도7455).

공무소, 군사용 항공기 또는 선박·차량 안에서 압수·수색영장을 집행함에는 그 책임자에게 참여할 것을 통지하여야 한다. 이러한 장소 외에 타인의 주거, 간수자 있는 가옥·건조물(建造物)·항공기 또는 선박·차량 안에서 압수·수색영장을 집행할 때에는 주거주(住居主)·간수자 또는 이에 준하는 사람을 참여하게 하여야 한다. 이상의 사람을 참여하게 하지 못할 때에는 이웃 사람 또는 지방공공단체의 직원을 참여하게 하여야 한다(제123조, 제219조). 여자의 신체에 대하여 수색할 때에는 성년의 여자를 참여하게 하여야 한다(제124조, 제219조).

(라) 야간집행의 제한

일출 전, 일몰 후에는 압수·수색영장에 야간집행을 할 수 있는 기재가 없으면 그 영장을 집행하기 위하여 타인의 주거, 간수자 있는 가옥·건조물·항공기 또는 선차 내에 들어가지 못한다(제125조, 제219조). 야간의 사생활의 평온을 보호하기 위한 것이다. 다만 도박 기타 풍속을 해하는 행위에 상용된다고 인정하는 장소나 공개된 시간 내의 여관·음식점 기타 야간에 공중이 출입할 수 있는 장소는 이러한 제한을 받지 않는다(제126조, 제219조).

(3) 집행 후의 조치

(가) 압수조서·압수목록의 작성

증거물 또는 몰수할 물건을 압수하였을 때에는 압수조서 및 압수목록을 작성하여야 한다(제49조 제1항). 압수조서에는 압수경위 및 압수물의 품종, 외형상의 특징과 수량을, 압수목록에는 물건의 특징을 각각 구체적으로 기재하여야 한다(제49조 제3항).

(나) 수색증명서·압수목록의 교부

수색한 경우에 증거물 또는 몰수할 물건이 없는 때에는 그 취지의 증명서를 교부하여야 하고(제128조, 제219조), 압수한 경우에는 목록을 작성하여 소유자·소지자·보관자 기타 이에 준할 자에게 교부하여야 한다(제129조, 제219조). 압수목록은 피압수자 등이 압수물에 대한 환부·가환부신청을 하거나 압수처분에 대한 준항고를 하는 등 권리행사절차를 밟는 가장 기초적인 자료가 되므로, 이러한 권리행사에 지장이 없도록 압수 직후 현장에서 바로 작성하여 교부해야 하는 것이 원칙이다(2008도763).

5. 압수물의 보관과 폐기

압수물은 압수한 수사기관 또는 법원이 직접 보관하는 것이 원칙이다. 이를 자청보관의 원칙이라고 한다. 그러나 운반 또는 보관에 불편한 압수물에 관하여는 간수자를 두거나 소유자 또는 적당한 자의 승낙을 얻어 보관하게 할 수 있는데, 이를 위탁보관이라고 한다. 또한 몰수하여야 할 압수물로서 멸실·파손·부패 또는 현저한 가치 감소의 염려가 있거나 보관하기 어려운 압수물 및 환부하여야 할 압수물 중 환부를 받을 자가 누구인지 알 수 없거나 그 소재가 불명한 경우로서 그 압수물의 멸실·파손·부패 또는 현저한 가치 감소의 염려가 있거나 보관하기 어려운 압수물은 매각하여 대가를 보관할 수 있다(제132조, 219조). 이를 대가보관이라고 한다.

위험발생의 염려가 있는 압수물은 폐기할 수 있고, 법령상 생산·제조·소지·소유 또는 유통이 금지된 압수물로서 부패의 염려가 있거나 보관하기 어려운 압수물은 소유자 등 권한 있는 자의 동의를 받아 폐기할 수 있다(제130조, 제219조).

6. 압수물의 가환부와 환부

(1) 압수물의 가환부

(가) 가환부의 대상

가환부란 압수의 효력을 존속시키면서 압수물을 소유자·소지자 또는 보관자 등에게 잠정적으로 돌려주는 제도를 말한다. 가환부의 대상은 증거로 사용될 압수물, 즉 증거물에 한한다(제133조, 제218조의2). 따라서 몰수의 대상이 되는 물건은 원칙적으로 가환부할 수 없다. 다만 임의적 몰수의 대상에 해당하는 물건(형법 제48조)은 그 몰수 여부가 법원의 재량에 맡겨져 있으므로 특별한 사정이 없으면 법원은 이를 가환부할 수 있다(97모25).

(나) 가환부의 절차

가환부는 소유자·소지자·보관자 또는 제출인의 청구에 의한 수사기관의 처분(제218조의2) 또는 법원의 결정(제133조)에 의하여 한다. 수사기관 또는 법원이 가환부의 처분 또는 결정을 함에는 미리 검사, 피해자, 피의자·피고인 또는 변호인에게 통지하여야 한다(제135조, 제219조). 따라서 피고인에게 의견을 진술할 기회를 주지 아니한 채 한 법원의 가환부 결정은 위법하다(80모3).

(다) 가환부의 효력

가환부를 하더라도 압수 자체의 효력은 유지된다. 따라서 가환부를 받은 자는 압수물을 임의로 처분할 수 없고 보관의무를 지며, 수사기관 또는 법원의 요구가 있는 때에는 이를 제출하여야 한다.

(2) 압수물의 환부

(가) 환부의 대상

환부란 압수를 계속할 필요가 없게 된 경우에 압수의 효력을 소멸시키고 종국적으로 압수물을 소유자·소지자 또는 보관자 등에게 반환하는 제도를 말한다. 수사기관은 사본을 확보한 경우 등 압수를 계속할 필요가 없다고 인정되는 압수물에 대하여 공소제기 전이라도 소유자·소지자·보관자 또는 제출인의 청구가 있는 때에는 환부하여야 한다(제218조의2 제1항·제4항). 법원은 압수를 계속할 필요가 없다고 인정되는 압수물은 피고사건 종결 전이라도 결정으로 환부하여야 한다(제133조 제1항 전단). 압수물을 환부하기 위해서는 압수를 계속할 필요가 없을 것을 요한다. 따라서 몰수의 대상이 되는 압수물과 증거로 사용될 압수물은 환부할 수 없다.

(나) 환부의 절차

수사기관의 압수물의 환부는 수사기관의 처분에 의하며, 사법경찰관이 환부하는 경우에는 검사의 지휘를 받아야 한다(제218조의2 제1항·제4항). 소유자 등의 청구에 대하여 수사기관이 이를 거부하는 경우에는 신청인은 해당 검사의 소속 검찰청에 대응한 법원에 압수물의 환부결정을 청구할 수 있다(동조 제2항·제4항). 이 청구에 대하여 법원이 환부를 결정하면 수사기관은 신청인에게 압수물을 환부하여야 한다(동조 제3항·제4항).

법원이 압수물을 환부하는 경우에는 결정에 의한다(제133조 제1항 전단). 법원 또는 수사기관이 환부의 결정을 함에는 미리 검사, 피해자, 피의자·피고인 또는 변호인에게 통지하여야 한다(제135조, 제219조). 압수한 서류 또는 물품에 대하여 몰수의 선고가 없는 때에는 압수를 해제한 것으로 간주한다(제332조).

(다) 실체법상의 권리 또는 환부청구권의 포기

압수물의 환부의무는 실체법상의 권리와는 관계없이 수사기관이 피압수자 등 환부를 받을 자에게 부담하는 의무이므로, 피압수자 등이 압수물에 대하여 소유권 포기 등의 의사를 표시하여도 수사기관의 환부의무에 대응하는 피압수자 등의 압수물환부청구권은 소멸되지 않는다. 또한 피압수자 등이 가지는 압수물환부청구권은 포기할 수 없는 공권이므로, 수사기관에 대하여 압수물환부청구권을 포기한다는 의사표시를 하더라도 그 효력이 없어 수사기관의 환부의무가 면제되지 않는다(94모51). 따라서 일정한 압수물에 대한 권리를 포기하는 대가로 피의자에게 기소유예 등의 처분을 하고 압수물을 국고에 귀속시키는 행위는 허용되지 않는다.

(라) 압수장물의 피해자환부

압수한 장물은 피해자에게 환부할 이유가 명백한 때에는 수사가 종결되기 전이라도 수사기관의 결정으로 피해자에게 환부할 수 있고, 피고사건의 종결 전이라도 법원의 결정으로 피해자에게 환부할 수 있다(제134조, 제219조). 환부할 이유가 명백한 경우란 사법상 피해자가 그 압수된 물건의 인도를 청구할 수 있는 권리가 있음이 명백한 경우를 말하고, 그 인도청구권에 관하여 사실상 또는 법률상 다소라도 의문이 있는 경우에는 여기에 해당하지 않는다(84모38). 압수장물의 경우에는 피압수자가 피의자나 피고인일 때가 많을 것이므로 피해자 보호를 위하여 이를 피해자에게 환부하도록 한 것이다.

수사절차 또는 공판절차에서 피해자에게 환부되지 않은 압수장물은 종국재판에 의하여 그 환부가 이루어진다. 압수한 장물로서 피해자에게 환부할 이유가 명백한 것은 판결로써 피해자에게 환부하는 선고를 하여야 하며(제333조 제1항), 장물을 처분하였을 때에는 판결로써 그 대가로 취득한 것을 피해자에게 교부하는 선고를 하여야 한다(동조 제2항). 피해자에게 가환부한 압수장물에 대하여 수소법원이 종국재판에서 별단의 선고를 하지 아니한 때에는 피해자환부의 선고가 있는 것으로 간주된다(동조 제3항).

Ⅲ. 수사상의 검증

1. 수사상 검증의 의의와 절차

수사상의 검증이란 수사기관이 물건이나 사람의 신체 또는 장소의 존재·성질·형태를 시각, 청각, 후각, 미각, 촉각 등 오관의 작용에 의하여 인식하는 강제처분을 말한다. 법원의 검증은 증거조사의 일종으로서 영장을 요하지 않으나, 수사기관의 검증은 증거를 수집·보전하기 위한 강제처분의 일종이므로 원칙적으로 법관의 영장에 의하지 않으면 안 된다(제215조). 검증영장의 청구 및 발부, 영장의 기재사항, 영장의 집행방법 등은 압수·수색의 경우와 같다.

검증을 함에는 신체의 검사, 시체의 해부, 분묘의 발굴, 물건의 파괴 기타 필요한 처분을 할 수 있다(제219조, 제140조). 시체의 해부 또는 분묘의 발굴을 하는 때에는 예(禮)에 어긋나지 아니하도록 주의하고 미리 유족에게 통지하여야 한다(제219조, 제141조 4항).

검증을 한 경우에는 검증의 결과를 조서에 기재하여야 한다(제49조 제1항). 검

사 또는 사법경찰관이 적법한 절차와 방식에 따라 작성한 검증조서는 공판준비 또
는 공판기일에서 원진술자인 수사기관의 진술에 의하여 그 성립의 진정함이 증명
된 때에는 증거로 할 수 있다(제312조 제6항).

2. 신체검사

(1) 의 의

신체검사는 원칙적으로 검증으로서의 성질을 가지는 강제처분이다. 피의자의
지문을 채취하거나 신체의 문신·상처부위를 확인하는 경우 등이 여기에 해당한다.
검증으로서의 신체검사는 신체 자체를 검사의 대상으로 하는 점에서 신체외부와
의복에서 증거물을 찾는 신체수색과는 구별된다. 또한 신체검사는 원칙적으로 검
증의 일종이라고 할 수 있지만, 신체검사에 전문적인 지식과 경험을 요하는 경우에
는 감정의 방법에 의하여야 할 것이다. 혈액검사나 X선촬영 등이 여기에 해당한다.

신체검사를 하는 경우에는 검사를 받는 사람의 성별·나이·건강상태, 그 밖의
사정을 고려하여 그 사람의 건강과 명예를 해하지 아니하도록 주의하여야 하며, 피
의자·피고인 아닌 사람의 신체검사는 증거가 될 만한 흔적을 확인할 수 있는 현저
한 사유가 있는 경우에만 할 수 있다. 여자의 신체를 검사하는 경우에는 의사나 성
년 여자를 참여하게 하여야 한다(제219조, 제141조 제1항 내지 제3항).

(2) 체내검사

체내검사란 신체의 내부에 대하여 침해를 가하여 일정한 증거를 수집하는 것
을 말한다. 체내검사는 헌법이 보장한 인격권 및 인간의 존엄성을 침해할 위험성이
높다는 점에서 피검사자의 건강을 현저히 침해하지 않는 범위 내에서 허용되어야
하며, 이 경우에도 비례의 원칙이 엄격히 적용되어야 한다.

(가) 체내강제수색

체내강제수색이란 구강, 항문, 질 등의 내부를 관찰하여 증거물을 찾는 강제처
분을 말한다. 신체내부에 대한 수색은 검증의 성격도 가지므로 수사기관은 압수·
수색영장과 함께 검증(신체검사)영장을 발부받아야 할 것이다.

(나) 강제채뇨와 강제채혈

마약류는 일정기간 소변에 남아있기 때문에 피의자가 임의로 소변을 제출하지
않는 경우에는 마약사용 여부에 대한 증거를 확보하기 위해서 강제적인 소변검사

가 필요한 경우가 있으며, 교통사고 등의 경우에 운전자의 혈중알콜농도를 측정하거나 DNA감식을 위하여 강제채혈이 필요한 경우가 있다. 그러나 강제채뇨와 강제채혈은 신체침해를 수반하는 강제처분이므로 엄격한 요건하에 허용되지 않으면 안 된다. 따라서 증거보전의 필요성이 있고, 증거로서의 중요성이 매우 크며, 의사 등에 의해서 상당한 방법으로 행하여지는 경우에 한해서 허용된다고 보아야 한다.

강제채뇨나 강제채혈을 위해서는 ① 수사상 검증의 일종이므로 검증(신체검사)영장을 요한다는 견해, ② 압수·수색영장과 감정처분허가장을 요한다는 견해, ③ 압수영장 또는 감정처분허가장을 요한다는 견해가 있다. 판례는 수사기관이 피의자의 신체로부터 강제로 혈액을 채취하기 위해서는 압수·수색영장 또는 감정처분허가장이 필요한 것으로 보고 있다. 그리고 압수·수색의 방법에 의하는 경우 피의자의 신체로부터 소변이나 혈액을 채취하는 행위는 압수·수색영장의 집행에 있어 필요한 처분에 해당한다고 한다(2018도6219).

수사기관이 피의자의 동의나 영장 없이 채취한 혈액을 음주나 마약류 검사 등을 위하여 사용하는 것은 허용되지 않는다. 대법원도 수사기관이 영장 없이 피고인의 혈액을 채취하여 혈중알콜농도를 측정하였다면 이러한 감정의뢰회보 등은 영장주의에 위반하여 위법하게 수집된 증거에 해당하므로 증거능력이 없다고 판시하고 있다(2013도1228).

한편 대법원은 수사 목적이 아닌 진료 목적으로 채취한 혈액을 수사기관이 의사 등으로부터 임의제출 받아 음주 등의 검사에 사용하는 것은 그 혈액의 증거사용으로 환자의 사생활의 비밀이나 기타 인격적 법익이 침해되는 등의 특별한 사정이 없는 한 적법한 것으로 보고 있다(98도968).

Ⅳ. 대물적 강제처분과 영장주의의 예외

압수·수색·검증에 있어서는 그 긴급성을 고려하여 일정한 경우에 영장주의의 예외가 인정되고 있다. 여기서 제216조의 규정에 의한 처분을 하는 경우에 급속을 요하는 때에는 주거주나 간수자 등의 참여(제123조 제2항)나 야간집행의 제한(제125조)에 관한 규정은 적용되지 않는다(제220조).

1. 체포·구속을 위한 피의자 수색

검사 또는 사법경찰관은 피의자에 대하여 체포영장에 의한 체포(제200조의2), 긴급체포(제200조의3), 현행범인 체포(제212조) 또는 구속을 하는 경우(제201조)에 필요한 때에는 영장 없이 타인의 주거나 타인이 간수하는 가옥·건조물·항공기·선차 내에서 피의자를 수색할 수 있다. 다만 체포영장에 의한 체포 또는 구속의 경우의 피의자 수색은 미리 수색영장을 발부받기 어려운 긴급한 사정이 있는 때에 한정한다(제216조 제1항 제1호). 긴급체포나 현행범인체포와는 달리 사전영장에 의하여 피의자를 체포 또는 구속하는 경우에는 당연히 긴급성이 인정되는 것은 아니므로 별도로 타인의 주거 등을 수색하기에 앞서 수색영장을 발부받기 어려운 긴급한 사정이 있을 것을 요구하는 것이다.

또한 피고인을 구속하기 위한 타인의 주거 등에 대한 수색도 미리 수색영장을 발부받기 어려운 긴급한 사정이 있는 경우에 한정하여 허용되는데(제137조), 이러한 피고인 구속을 위한 수색은 수사가 아닌 재판의 집행에 해당한다.

체포 또는 구속을 위한 수색은 수사기관에 대해서만 인정된다. 일반인은 현행범인을 체포할 수는 있지만 현행범인의 체포를 위하여 타인의 주거를 수색할 수는 없다. 또한 피의자·피고인의 주거 등이 아닌 제3자의 주거 등에 대해서는 필요한 때에 한하여 수색할 수 있으므로 당해 장소에 이들이 소재할 개연성이 있어야 한다.

2. 체포현장에서의 압수·수색·검증

검사 또는 사법경찰관은 피의자를 체포하거나 구속하는 경우에 필요한 때에는 영장 없이 체포현장에서 압수·수색·검증을 할 수 있다(제216조 제1항 제2호). 여기서 체포현장이란 영장에 의한 체포, 긴급체포, 현행범인 체포의 현장뿐만 아니라 구속의 현장도 포함하는 의미이다.

(1) 영장 없는 압수·수색·검증의 인정근거

(가) 긴급행위설

긴급행위설은 이 제도를 피체포자의 저항을 억압하고 도망을 방지함과 동시에 현장에서 피의자가 증거를 파괴·은닉하는 것을 방지하기 위한 긴급조치로서 이해하는 견해이다. 긴급행위설에 의하면 체포현장에서의 압수·수색·검증은 영장에 의할 여유가 없는 경우에, 피체포자의 신체 및 그 직접적인 지배 아래 있는 물건에 대하여, 무기 또는 도망을 위한 도구를 빼앗거나 피의자 자신에 의한 증거인멸을 방지하기 위하여 허용하는 것이 된다.

(나) 부수처분설

부수처분설은 '대는 소를 포함한다'는 원리에 따라 수사상 기본권 침해의 가장 강력한 형태인 신체구속이 허용되는 이상 이에 수반되는 보다 경한 소유권이나 사적 비밀의 침해는 영장 없이도 가능하다고 보는 견해이다. 부수처분설에 의하면 체포현장에서의 대물적 강제처분은 긴급행위의 범위를 넘는 경우에도 허용될 수 있게 된다.

(다) 합리성설

합리성설은 체포현장에서의 압수·수색·검증을 증거가 존재할 개연성이 높은 체포현장에서의 합리적인 증거수집을 위한 제도로서 이해하는 견해이다. 이 입장에서는 반드시 영장을 발부받을 수 없는 긴급상태의 존재를 요구하지 않으며, 대물적 강제처분도 피체포자의 관리권한이 미치는 장소 및 물건에 대하여 허용되는 것으로 보게 된다.

(라) 검　토

신체구속이 행하여지는 경우에는 당연히 압수·수색·검증이 허용된다는 논리는 대물적 강제처분의 독자성을 간과한 것이라고 할 수 있다. 부수처분설은 해석에 따라서는 합리성설과 유사한 결과를 가져올 수는 있으나, 그 이론적 접근방법이 다른 견해이므로 양자는 구별되어야 한다.

긴급행위설에 대하여 살펴보면, 이 입장에서 주장하는 예외성 또는 긴급성 요구의 기초를 이루는 것은 일차적으로 체포자의 안전 확보 및 체포의 효율적인 완수라고 할 수 있다. 그러나 체포현장에서 수사기관이 흉기나 도주용 도구를 피체포자로부터 빼앗는 행위는 체포를 위하여 필요한 부수적인 조치로서 그 긴급성과 합리성이 인정되는 한 당연히 허용되는 행위라고 보아야 하므로, 결국 체포현장에서의 대물적 강제처분에 관한 형사소송법의 규정은 이 점에 있어서는 단순히 확인적 의미만을 가지는 것이 된다. 따라서 긴급행위설에 의할 때에도 그 실제적인 의미는 피의사건에 대한 증거의 수집과 관련하여 파악할 수밖에 없으며, 다만 긴급행위설이 체포현장에서의 압수·수색·검증의 성격을 피의자가 증거를 파괴·은닉하는 것을 방지하기 위한 긴급행위로서 파악하고 있는 데 대하여, 합리성설은 이를 체포의 기회를 이용하여 행하는 효율적인 증거수집수단으로 파악하고 있다는 점에 차이가 있다.

피체포자 이외의 공범자나 가족 등에 의한 증거인멸에 대해서도 적절하게 대처하고 또한 체포현장에서 체포의 기회에 사건과 관련성이 있는 증거를 상대적으로나마 넓게 수집할 수 있는 길을 열어주는 것이 합리적이라는 점에서 볼 때 합리성설이 타당하다고 생각된다.

체포현장에서 영장 없이 압수·수색·검증할 수 있는 대상은 당해 체포의 원인이 되는 범죄사실에 관한 증거에 한정됨은 물론이다(제215조 참조). 다만 체포의 원인이 된 범죄사실과 관련성이 인정되는 물건을 적법하게 압수한 경우에는 이를 당해 피의자의 다른 범죄사실에 대한 증거로 사용하는 것은 허용된다(2008도2245).

(2) 압수·수색·검증이 허용되는 시간적 범위

체포·구속에 수반된 압수·수색·검증에 있어서 체포행위와 압수 등의 행위와의 사이에 어느 정도의 시간적 접착성을 요하는지에 대해서는 ① 압수·수색·검증은 체포행위에 시간적으로 접착되어 있으면 족하고 반드시 체포의 착수를 요하지 않으며, 체포의 전후나 체포의 성공 여부도 묻지 않는다는 견해(체포접착설), ② 압수·수색·검증의 당시에 피의자가 현장에 있으면 족하다고 보는 견해(현장설), ③ 압수·수색·검증의 장소에 피의자가 현재하는 상태에서 체포의 착수가 있을 것을 요한다는 견해(체포착수설) ④ 현실적으로 피의자가 체포되었음을 요한다는 견해(체포설) 등이 주장되고 있다. 판례는 현행범 체포에 착수하지 아니한 상태에서 압수·수색을 한 경우에는 제216조 제1항 제2호, 제212조가 정하는 체포현장에서의 압수·수색의 요건을 갖추지 못하였다고 하여(2014도16080), 체포착수설의 입장을 취하고 있다.

피의자를 체포하는 경우라고 하기 위해서는 최소한 피의자가 체포현장에 현재하고 있는 상태에서 수사기관이 체포에 착수하였을 것을 요한다고 생각된다(체포착수설). 따라서 피의자가 외출한 상태에서 돌아오면 체포할 의도로서 먼저 압수·수색·검증을 행하는 것은 허용되지 않으며, 설령 후에 체포에 성공한 경우라도 마찬가지라고 해야 한다. 사후의 체포성공 여부에 따라 압수·수색·검증의 적법 여부를 판단하게 되면 결국 강제처분의 적법성을 우연에 맡기는 결과가 되기 때문이다. 다만 체포할 피의자가 있는 장소에서 체포가 착수된 이상 피의자가 도주하여 체포에 실패한 경우라도 압수·수색·검증이 허용되며, 피의자의 체포 전이라도 가능한 것으로 보아야 한다. 또한 체포에 수반된 압수·수색·검증은 체포가 완료된 후에도 일정한 합리적인 시간 범위 내에서는 허용된다고 보아야 할 것이다.

(3) 압수·수색·검증이 허용되는 장소적 범위

형사소송법 제216조에 의하면 체포에 수반되는 압수·수색·검증은 체포현장에서 허용되는 것이기 때문에 그 장소적 범위는 이른바 체포현장에 대한 해석의 문제가 된다. 긴급행위설에 의하면 그 장소적 한계는 피의자의 신체 및 그의 직접적인 지배하에 있는 장소에 미치게 될 것이다. 따라서 피의자를 거실에서 체포하는 경우에도 피의자의 침실은 현재 그의 직접적인 지배하에 있는 장소는 아니므로 압수·수색·검증의 대상이 아니라고 보아야 한다. 반면에 합리성설에 의하면 피의자가 직접적으로 지배하는 장소가 아니더라도 그의 관리하에 있는 장소라면 수색의 범위에 포함시킬 수 있게 된다. 수색의 대상이 주거인 경우 동일한 관리권이 미치는 범위에서는 압수·수색·검증이 가능하므로, 피의자가 거주하는 가옥 내에서 체포가 행하여지는 경우에는 원칙적으로 그 가옥의 전체에 대해서 수색이 가능한 것이 된다.

체포현장에서의 증거의 파괴행위는 피의자 자신에 의해서 뿐만 아니라 그의 관리권한이 미치는 장소에 있는 공범자나 가족에 의해서도 행하여진다는 점과 증거가 존재할 개연성이 높은 체포현장에서의 효율적인 증거수집의 필요성을 고려할 때, 압수·수색·검증이 허용되는 범위를 피의자의 관리권한이 미치는 범위로 다소 넓게 인정하는 것이 타당하다고 생각된다.

(4) 압수·수색영장의 청구

검사 또는 사법경찰관은 체포현장에서 압수한 물건을 계속 압수할 필요가 있는 경우에는 지체 없이 압수·수색영장을 청구하여야 한다. 이 경우 압수·수색영장의 청구는 체포한 때부터 48시간 이내에 하여야 하며, 검사 또는 사법경찰관은 청구한 압수·수색영장을 발부받지 못한 때에는 압수한 물건을 즉시 반환하여야 한다(제217조 제2항·제3항).

대마를 소지한 자를 현행범인으로 체포하면서 체포현장에서 영장 없이 대마를 압수하였으나 사후 압수·수색영장을 발부받지 않은 때에는 압수한 대마나 그에 대한 압수조서의 기재는 형사소송법상 영장주의에 위반하여 수집한 증거로서 그 절차위반행위가 적법절차의 실질적인 내용을 침해하는 것이므로 증거능력이 없다 (2008도10914).

3. 피고인 구속현장에서의 압수·수색·검증

검사 또는 사법경찰관이 피고인에 대한 구속영장을 집행하는 경우에 필요한 때에는 그 집행현장에서 영장 없이 압수·수색 또는 검증할 수 있다(제216조 제2항 참조). 피고인에 대한 구속영장의 집행은 재판의 집행기관으로서 행하는 것이지만, 집행현장에서의 압수·수색·검증은 수사기관의 공소제기 후의 수사에 해당하는 처분이다. 따라서 수사기관은 그 결과를 법원에 보고하거나 압수물을 제출해야 하는 것은 아니다.

4. 범죄장소에서의 압수·수색·검증

범행 중 또는 범행 직후의 범죄장소에서 긴급을 요하여 법원판사의 영장을 받을 수 없는 때에는 영장 없이 압수·수색 또는 검증을 할 수 있다. 이 경우에는 사후에 지체 없이 영장을 받아야 한다(제216조 제3항). 현행범인 체포의 경우에는 체포현장에서의 압수·수색·검증이 허용되므로(동조 제1항 제2호), 이 규정은 현행범인 체포가 이루어지지 않은 상황에서 발생한 긴급한 사정에 대처하기 위한 것이다. 따라서 범죄장소에 출동한 수사기관이 체포에 착수하기 전에 증거를 수집하거나 범인이 도망한 장소에 남아 있는 증거를 수집하는 경우 또는 피의자를 체포하지 않고 증거를 수집하는 경우 등이 여기에 해당한다.

또한 대법원은 음주운전 중 교통사고를 야기하고 의식불명 상태에 있는 피의자가 그 신체 내지 의복류에서 주취로 인한 냄새가 강하게 나는 등 형사소송법 제211조 제2항 제3호가 정하는 범죄의 증적이 현저한 준현행범인으로서의 요건을 갖추고 있고 또한 교통사고 발생 시각으로부터 사회통념상 범행 직후라고 볼 수 있는 시간 내인 경우에는, 피의자의 생명·신체를 구조하기 위하여 사고현장으로부터 곧바로 후송된 병원 응급실 등의 장소는 범죄장소에 준한다고 한다(2011도15258).

5. 긴급체포 후의 압수·수색·검증

(1) 의 의

검사 또는 사법경찰관은 긴급체포된 자가 소유·소지 또는 보관하는 물건에 대하여 긴급히 압수할 필요가 있는 경우에는 피의자를 체포한 때부터 24시간 이내에 한하여 영장 없이 압수·수색 또는 검증을 할 수 있다(제217조 제1항). 긴급체포의 경우에도 체포현장에서의 압수·수색 또는 검증은 영장 없이 할 수 있으므로(제216조 제1항 제2호), 이 규정은 피의자를 긴급체포한 후 체포현장이 아닌 곳에 있는 피의자의 소유물 등을 압수·수색 또는 검증하는 경우에 적용된다. 긴급체포된 사실이 밝혀진 경우 피의자와 관련된 사람들이 증거물을 은닉·손괴하는 것을 방지하기 위한 제도이다.

(2) 적용범위

긴급체포 후에 영장 없이 압수·수색·검증할 수 있는 대상은 긴급체포된 자가 소유·소지 또는 보관하는 물건이다. 따라서 타인의 물건을 피의자가 소지·보관하는 경우뿐만 아니라, 타인이 피의자 소유의 물건을 소지·보관하고 있는 경우에도 압수 등이 가능하다.

영장 없이 압수·수색·검증을 하기 위해서는 긴급한 압수의 필요성이 있어야 한다. 긴급체포된 피의자에 대한 압수·수색·검증은 긴급체포에 부수해서 당연히 인정되는 것은 아니며 이를 위해서는 긴급성의 요건이 필요하다. 그리고 영장 없는 압수·수색·검증은 긴급체포한 때로부터 24시간 이내에만 허용된다. 또한 긴급체포 후의 압수는 긴급체포의 원인이 된 범죄사실에 관한 증거에 한정됨은 물론 당해 범죄사실의 수사에 필요한 최소한의 범위 내에서 허용된다.

요급처분으로서의 예외는 제216조의 규정에 의한 처분을 하는 경우에 적용되므로(제220조 참조), 긴급체포 후의 압수·수색·검증에는 적용되지 않는다. 따라서 긴급체포된 자가 소유·소지 또는 보관하는 물건에 대하여 압수·수색·검증을 하는 경우에는 주거주·간수자 등을 참여하게 하여야 하고(제123조 제2항), 일출전 일몰후에는 압수·수색·검증을 위하여 타인의 주거, 간수자 있는 가옥 등에 들어가지 못한다(제125조). 다만 사후의 압수·수색영장청구서에 압수·수색을 한 일시가 야간으로 기재되어 있음에도 불구하고 법관이 영장을 발부하였다면 이러한 경우에는 법관의 사후추인에 의하여 야간의 압수·수색이 적법하게 되는 것으로 보아야 한다 (2017도10309 참조).

(3) 사후영장의 청구

검사 또는 사법경찰관은 압수한 물건을 계속 압수할 필요가 있는 경우에는 지체 없이 압수·수색영장을 청구하여야 한다. 이 경우 압수·수색영장의 청구는 체포한 때부터 48시간 이내에 하여야 한다(제217조 제2항). 검사 또는 사법경찰관은 압수·수색영장을 발부받지 못한 때에는 압수한 물건을 즉시 반환하여야 한다(동조 제3항).

6. 유류물 또는 임의제출물의 압수(영치)

법원은 소유자·소지자 또는 보관자가 임의로 제출한 물건 또는 유류한 물건을 영장 없이 압수할 수 있고(제108조), 검사 또는 사법경찰관도 피의자나 그 밖의 사람이 유류한 물건이나 소유자·소지자 또는 보관자가 임의로 제출한 물건을 영장 없이 압수할 수 있다(제218조). 이러한 경우의 점유취득을 영치라고 하는데, 유류물 또는 임의제출물의 영치는 상대방의 의사에 반하여 목적물의 점유를 취득하지 않는다는 점에서 통상의 압수와 구별되며 그 때문에 영치에 대하여는 압수영장이 요구되지 않는다. 그러나 영치는 점유취득과정에서는 강제력이 행사되지 않았으나 일단 영치된 이상 제출자가 임의로 점유를 회복하지 못한다는 점에서 강제처분으로 볼 수 있다. 따라서 영치된 물건도 압수물의 환부·가환부·압수장물의 피해자환부의 대상이 된다.

임의제출물의 경우에 제출자인 소유자·소지자 또는 보관자가 반드시 적법한 권리자일 필요는 없다. 따라서 절도범인은 자신이 절취한 물건을 수사기관에 임의제출할 수 있다. 그러나 소유자·소지자 또는 보관자가 아닌 자로부터 제출받은 물건을 영장 없이 압수한 경우 그 압수물 및 압수물을 찍은 사진은 피고인이나 변호인이 증거로 함에 동의하였다 하더라도 이를 유죄 인정의 증거로 사용할 수 없다(2009도10092). 체포현장이나 범죄장소에서도 소지자 등이 임의로 제출하는 물건은 영장 없이 압수할 수 있고, 이 경우에 검사나 사법경찰관은 사후에 영장을 받을 필요가 없다(2019도13290).

또한 물건을 소지 또는 보관하는 자가 소유자의 의사에 반하여 이를 임의제출한 경우에도 그 증거의 사용에 의하여 소유자의 사생활의 비밀 기타 인격적 법익이 침해되는 등의 특별한 사정이 없는 한 소지자 또는 보관자가 한 임의제출은 적법하다. 따라서 검사가 교도관으로부터 그가 보관하고 있던 피의자의 비망록을 뇌물수수 등의 증거자료로 임의로 제출받아 이를 압수한 경우, 그 압수절차가 피의자의 승낙 및 영장 없이 행하여졌다고 하더라도 이에 적법절차를 위반한 위법이 있다고 할 수 없다(2008도1097).

V. 통신제한조치

1. 의의 및 법적 성질

통신제한조치의 요건과 절차를 규정하고 있는 법률이 「통신비밀보호법」이다. 통신비밀보호법은 헌법이 보장하고 있는 통신의 자유(제18조)와 사생활의 비밀과 자유(제17조)를 구체적으로 보장하기 위하여 제정된 법률로서 우편물의 검열과 전기통신의 감청을 통신제한조치로서 규정하여 엄격한 법적 규제를 가하고 있다. 한편 통신비밀보호법은 우편물의 검열과 전기통신의 감청 이외에도 공개되지 아니한 타인 간의 대화의 녹음·청취 및 통신사실확인자료의 취득도 그 규율대상에 포함시켜 규정하고 있다(동법 제3조 제1항).

통신비밀보호법은 국가기관에 의한 통신비밀 침해행위를 원칙적으로 금지하면서 영장주의를 도입하여 예외적으로 법원의 허가를 얻은 때에만 우편물의 검열이나 전기통신의 감청 등을 할 수 있도록 하고 있다. 통신비밀보호법은 통신제한조치의 성격을 명백히 강제수사로 규정하여 이에 대해 엄격한 요건과 절차를 요구하고 있는 것이다.

2. 통신제한조치의 허가

통신제한조치는 통신비밀보호법 제5조에 규정된 중대한 범죄를 계획 또는 실행하고 있거나 실행하였다고 의심할 만한 충분한 이유가 있고 다른 방법으로는 그 범죄의 실행을 저지하거나 범인의 체포 또는 증거의 수집이 어려운 경우에 한하여 허가할 수 있다(동법 제5조 제1항). 중대한 범죄를 실행하고 있거나 실행한 경우뿐만 아니라 계획하고 있는 경우도 포함되므로 범죄가 예비·음모단계에 있는 경우라도 통신제한조치를 취할 수 있다.

통신제한조치의 기간은 2월을 초과하지 못하고, 그 기간 중 통신제한조치의 목적이 달성되었을 경우에는 즉시 종료하여야 한다(동법 제6조 제7항). 다만 통신제한조치의 허가요건이 존속하면 수사기관은 소명자료를 첨부하여 2개월의 범위에서 통신제한조치기간의 연장을 청구할 수 있는데(동조 제7항 단서), 통신제한조치의 총 연장기간은 1년(일정한 범죄의 경우는 3년)을 초과할 수 없다(동조 제8항).

3. 긴급통신제한조치

검사, 사법경찰관 또는 정보수사기관의 장은 국가안보를 위협하는 음모행위, 직접적인 사망이나 심각한 상해의 위험을 야기할 수 있는 범죄 또는 조직범죄 등 중대한 범죄의 계획이나 실행 등 긴박한 상황에 있고, 법원의 허가에 필요한 절차를 거칠 수 없는 긴급한 사유가 있는 때에는 법원의 허가 없이 통신제한조치를 할 수 있다(동법 제8조 제1항). 긴급통신제한조치의 집행착수 후 지체 없이 법원에 허가청구를 하여야 하며, 그 긴급통신제한조치를 한 때부터 36시간 이내에 법원의 허가를 받지 못한 때에는 즉시 이를 중지하여야 한다(동조 제2항). 법원의 허가를 받지 못한 감청은 불법감청으로 되며, 그러한 불법감청에 의하여 취득한 전기통신의 내용은 증거능력이 없다(동법 제3조, 제4조).

4. 통신사실확인자료의 제공요청

통신사실확인자료란 ① 가입자의 전기통신일시, ② 전기통신개시·종료시간, ③ 발·착신 통신번호 등 상대방의 가입자번호, ④ 사용도수, ⑤ 컴퓨터통신 또는 인터넷의 사용자가 전기통신역무를 이용한 사실에 관한 컴퓨터통신 또는 인터넷의 로그기록자료, ⑥ 정보통신망에 접속된 정보통신기기의 위치를 확인할 수 있는 발신기지국의 위치추적자료, ⑦ 컴퓨터통신 또는 인터넷의 사용자가 정보통신망에 접속하기 위하여 사용하는 정보통신기기의 위치를 확인할 수 있는 접속지의 추적자료 등을 말한다(동법 제2조 제11호).

검사 또는 사법경찰관은 수사 또는 형의 집행을 위하여 필요한 경우 전기통신사업법에 의한 전기통신사업자에게 통신사실확인자료의 열람이나 제출을 요청할

수 있다(동법 제13조 제1항). 이 경우 검사 또는 사법경찰관은 요청사유, 해당 가입자
와의 연관성 및 필요한 자료의 범위를 기록한 서면으로 관할지방법원 또는 지원의
허가를 받아야 하며, 관할지방법원 또는 지원의 허가를 받을 수 없는 긴급한 사유
가 있는 때에는 통신사실확인자료의 제공을 요청한 후 지체 없이 그 허가를 받아
전기통신사업자에게 송부하여야 한다(동조 제2항). 긴급한 사유로 통신사실확인자료
를 제공받았으나 지방법원 또는 지원의 허가를 받지 못한 경우에는 지체 없이 제공
받은 통신사실확인자료를 폐기하여야 한다(동조 제3항).

VI. 사진촬영

1. 법적 성격

수사기관이 명문의 규정에 의하여 상대방에게 물리적 강제력을 행사하거나 의
무를 부과하는 경우를 강제수사로 보는 형식설에 의하면 피촬영자의 의사에 반하는
사진촬영도 명문의 규정이 없으므로 임의수사에 해당하는 것이 된다. 그러나 상대방
의 사생활의 비밀과 자유를 실질적으로 침해하는 사진촬영을 임의수사로 보아 법적
규제의 대상에서 제외시키는 것은 타당하다고 할 수 없다. 상대방의 의사에 반하여
행하는 수사기관의 사진촬영행위는 강제수사에 해당하는 것으로 보아야 한다.

2. 영장주의와의 관계

(1) 검증영장설

사진촬영은 사물의 존재와 상태를 오관의 작용으로 실험·인식한 것을 필름이
나 디스크에 담는 것이라는 점에서 검증과 유사한 성격을 가지는 강제수사라는 견
해이다. 따라서 사진촬영은 원칙적으로 검증영장을 발부받아 행하여야 하며, 형사
소송법이 명문으로 규정한 영장주의의 예외(제216조, 제217조)에 해당하지 않는 한
영장 없는 사진촬영은 허용되지 않는다고 한다.

(2) 예외인정설

사진촬영은 성질상 검증에 해당하므로 원칙적으로 검증영장에 의하여 행할 것
이 요구되나, 예외적으로 일정한 요건하에 영장주의가 적용되지 않는 사진촬영이
허용된다는 견해이다. 즉 상대방의 의사에 반하여 행하는 수사기관의 사진촬영은

본질적으로 강제수사에 해당하나, 이는 전통적인 강제처분과는 달리 엄격한 요건 하에 예외적으로 영장 없는 사진촬영이 허용되는 새로운 형태의 강제처분이라는 것이다. 판례는 ① 현재 범행이 행하여지고 있거나 행하여진 직후이고(범죄혐의의 명백성), ② 증거보전의 필요성 및 긴급성이 있으며, ③ 일반적으로 허용되는 상당한 방법에 의하여 촬영한 경우에는 영장 없는 사진촬영의 적법성을 인정하고 있다(99 도2317).

(3) 검 토

수사기관의 사진촬영은 공개된 장소인가의 여부를 묻지 않고 피촬영자의 사생활의 비밀과 자유(헌법 제17조)를 침해하는 수사방법이라는 점에서 강제수사인 검증의 성질을 가지며 따라서 당연히 영장주의를 적용하여 사법적 통제 아래 두어야 할 대상이라고 할 수 있다. 그러나 한편 새로운 과학적 수사방법이 등장함에 따라 사진촬영과 같은 기술적 방법에 의한 수사활동을 일정한 요건하에 영장 없이 허용할 필요성도 오늘날 커졌다고 할 수 있다. 이러한 문제의 해결은 입법에 의하는 것이 가장 바람직하다고 할 수 있으나, 현행법하에서도 현실적인 필요성과 사진촬영의 특성을 고려하여 이론적으로 영장주의의 예외를 인정하는 것이 가능하다고 생각된다. 따라서 필요성, 긴급성 및 수사방법으로서의 상당성의 요건을 갖춘 경우에는 영장 없는 수사기관의 사진촬영이 허용된다고 보는 판례의 입장이 타당하다. 그리고 이러한 입장에서는 무인속도측정기나 CCTV에 의한 사진촬영을 비롯한 일정한 형태의 수사기관의 사진촬영에 대하여 영장주의의 예외를 인정할 수 있게 된다.

제 6 절 판사에 대한 강제처분의 청구

I. 증거보전

1. 증거보전의 의의

증거보전이란 미리 증거를 보전하지 아니하면 그 증거를 사용하기 곤란한 사정이 있는 경우에 검사·피의자·피고인 또는 변호인이 판사에게 압수·수색·검증·증인신문 또는 감정을 청구하여 그 결과를 보전하여 두는 제도를 말한다(제184조).

증거보전은 수사절차나 제1회 공판기일 이전의 공판절차에서 이해관계인의 청구에 의하여 판사가 미리 증거를 수집·보전하거나 증거조사를 하여 그 결과를 보전하는 제도로서, 특히 피의자나 피고인에게 유리한 증거를 확보하기 위한 수단으로서 중요한 의미를 가진다.

2. 증거보전의 요건

(1) 증거보전의 필요성

증거보전을 위해서는 미리 증거를 보전하지 않으면 그 증거를 사용하기 곤란한 사정, 즉 증거보전의 필요성이 있어야 한다. 증거보전의 필요성이 있는 경우란 공판정에서의 증거조사가 곤란한 경우뿐만 아니라 증거의 증명력에 변화가 예상되는 경우도 포함한다. 따라서 증거물의 멸실·훼손·은닉 및 변경의 염려, 증인의 사망·장기해외체류·증언불능의 가능성, 검증현장의 변경가능성, 감정대상의 멸실·훼손·변경의 염려나 감정인을 증인으로 신문하지 못하게 될 위험성 등이 있는 경우가 여기에 해당한다.

(2) 제1회 공판기일 전

증거보전은 제1회 공판기일 전에 한하여 할 수 있다. 제1회 공판기일 후에는 수소법원에 의한 증거의 수집과 조사가 가능하므로 판사에게 증거보전을 청구할 필요가 없기 때문이다. 제1회 공판기일 전인 이상 공소제기의 전후는 불문한다.

제1회 공판기일이란 수소법원에서의 증거조사가 가능한 단계를 의미한다. 수소법원에서의 증거조사가 가능한 시점의 의미를 형식적으로 파악할 때에는 피고사건에 대한 수소법원의 증거조사절차가 개시되기 전까지는 증거보전청구가 가능한 것으로 보게 된다. 그러나 검사의 모두진술이 있은 후 행하여지는 피고인의 모두진술절차에서 실질적으로 피고인은 증거수집이나 증거조사의 필요성을 수소법원에 진술할 수 있다는 점을 고려할 때 판사에 대한 증거보전의 청구를 구태여 그 이후에도 인정할 필요는 없다고 생각된다. 따라서 제1회 공판기일 전이란 피고인의 모두진술이 시작되기 전까지를 의미한다고 보아야 한다.

3. 증거보전의 절차

증거보전의 청구권자는 검사·피의자·피고인 또는 변호인이다. 피고인은 공소 제기 후 제1회 공판기일 이전의 피고인을 의미한다. 증거보전을 청구할 수 있는 것 은 압수·수색·검증·증인신문 또는 감정이다(제184조 제1항). 따라서 증거보전절차 에서 피의자 또는 피고인의 신문을 청구할 수는 없다(79도792). 다만 증거보전절차 에서 공범자인 공동피의자에 대하여 증인신문을 행하는 것은 가능하다(86도1646).

증거보전의 청구를 받은 판사는 청구가 적법하고 필요하다고 인정할 때에는 증거보전을 하여야 한다. 이 경우에는 별도의 재판을 요하지 않고 바로 청구한 증 거보전처분을 행한다. 그러나 청구가 부적법하거나 증거보전의 필요가 없다고 인 정할 때에는 청구를 기각하는 결정을 하여야 한다. 증거보전의 청구를 기각하는 결 정에 대하여는 3일 이내에 항고할 수 있다(동조 제4항).

증거보전의 청구를 받은 판사는 그 처분에 관하여 법원 또는 재판장과 동일한 권한이 있다(동조 제2항). 따라서 공소제기 후 수소법원이 행하는 압수·수색·검증· 증인신문 및 감정에 관한 규정은 증거보전에 준용된다. 판사는 증인신문의 전제가 되는 소환·구인을 할 수 있고, 압수·수색이 필요한 경우에는 영장을 발부하여 증 거보전을 행한다.

소송관계인의 참여권 등도 수소법원이 증거조사를 행하는 경우와 동일하게 인 정하여야 하므로, 증인신문을 할 때에는 검사와 피의자·피고인 및 변호인의 참여 권이 보장된다. 따라서 판사는 신문의 일시나 장소를 검사와 피의자·피고인 및 변 호인에게 미리 통지하여야 한다.

4. 증거보전 후의 절차

증거보전절차를 통하여 압수한 물건 또는 작성한 서류는 증거보전을 행한 판 사가 소속한 법원에서 보관한다. 따라서 검사가 청구인인 때에도 증거보전결과를 검사에게 송부하지 아니한다.

검사·피의자·피고인 또는 변호인은 판사의 허가를 얻어 그 서류와 증거물을 열람 또는 등사할 수 있다(제185조). 증거보전을 청구한 자는 물론이고 그 상대방에 게도 열람·등사권이 인정된다. 증거보전절차에서 작성된 조서는 법원 또는 법관의 조서로서 당연히 증거능력이 인정된다(제311조).

II. 판사에 의한 증인신문

1. 의 의

판사에 의한 증인신문이란 중요한 참고인이 수사기관의 출석요구에 응하지 않거나 진술을 거부하는 경우에 검사가 제1회 공판기일 전까지 참고인에 대하여 증인신문을 청구하여 그 진술증거를 수집·보전하는 제도를 말한다(제221조의2).

증인이 아닌 참고인에 대한 조사는 임의수사이므로 참고인은 수사기관의 출석요구에 대하여 출석의무가 없으며, 일단 수사기관에 출석한 후에도 진술할 의무가 없다. 그러나 실체적 진실발견을 위해서는 일정한 요건 아래 참고인의 출석과 진술을 강제할 필요가 있는데, 판사에 의한 증인신문제도는 이러한 목적을 위한 제도라고 할 수 있다.

2. 증인신문의 요건

(1) 증인신문의 필요성

증인신문의 필요성은 범죄수사에 없어서는 아니 될 사실을 안다고 명백히 인정되는 자가 수사기관에 대하여 출석이나 진술을 거부하는 경우에 인정된다. 범죄수사에 없어서는 아니 될 사실이란 범죄의 성립 여부에 관한 사실뿐만 아니라 정상에 관한 사실로서 기소·불기소의 결정과 양형에 중대한 영향을 미치는 사실도 포함한다. 피의자의 소재를 알고 있거나 범죄를 증명하는 데 불가결한 참고인의 소재를 알고 있는 경우도 여기에 해당한다. 또한 진술거부는 진술의 전부를 거부한 경우뿐만 아니라 일부를 거부한 경우에도 거부한 부분이 범죄수사에 없어서는 안 될 부분인 때에는 증인신문을 청구할 수 있다. 참고인이 수사기관에서 진술을 하였으나 진술조서에 서명·날인을 거부하는 경우에도 진술거부에 준하여 증인신문이 허용된다고 보아야 한다.

(2) 제1회 공판기일 전

판사에 대한 검사의 증인신문의 청구도 제1회 공판기일 전에 한하여 허용되며, 공소제기의 전후를 불문한다. 다만 이 경우 증인신문을 청구할 수 있는 제1회 공판기일 전이란 검사의 모두진술이 시작되기 전까지를 의미하는 것으로 보아야 한다. 증거보전청구와는 다르게 판사에 대한 증인신문의 청구는 검사만이 할 수 있기 때문이다.

3. 증인신문의 절차

판사에 대한 증인신문의 청구는 검사만이 할 수 있다. 검사가 증인신문을 청구할 때에는 서면으로 그 사유를 소명하여야 한다(제221조의2 제3항).

증인신문을 하는 판사는 증인신문에 관하여 법원 또는 재판장과 동일한 권한이 있다(동조 제4항). 따라서 증인신문에 관하여는 법원 또는 재판장이 하는 증인신문에 관한 규정이 준용된다. 판사가 증인신문을 하는 때에도 수소법원이 증인신문을 행하는 경우처럼 검사와 피의자·피고인 및 변호인의 참여권이 인정된다.

4. 증인신문 후의 절차

판사가 검사의 청구에 의하여 증인신문을 하는 때에는 참여한 법원사무관 등에게 증인신문조서를 작성하도록 하여야 하며(제48조), 판사는 증인신문을 한 때에는 지체 없이 증인신문에 관한 서류를 검사에게 송부하여야 한다(제221조의2 제6항). 통상의 증거보전의 경우와는 달리 피의자·피고인 또는 변호인에게 증인신문에 관한 서류의 열람·등사권은 인정되지 않는다(제185조 참조). 증인신문절차에서 작성된 증인신문조서는 법관의 면전조서로서 당연히 증거능력이 인정된다(제311조).

제7절 수사의 종결

Ⅰ. 수사종결의 의의

수사의 종결이란 공소제기 여부를 결정할 수 있을 정도로 피의사건이 밝혀졌을 때 행하는 수사기관의 처분을 말한다. 일반사법경찰관은 범죄를 수사한 후 범죄의 혐의가 있다고 인정되는 경우에는 검사에게 사건을 송치하지만, 그렇지 않은 경우에는 불송치결정을 한다. 판사, 검사, 경무관급 이상 경찰에 해당하는 고위공직자로 재직 중에 본인 또는 본인의 가족이 범한 고위공직자범죄 및 관련범죄의 수사 및 공소제기와 그 유지는 고위공직자범죄수사처가 한다(공수처법 제3조 제1항). 검사는 공수처법에서 정한 위의 범죄를 제외한 사건에 대해서 수사의 종국처분으로서 공소의 제기 또는 불기소결정을 한다. 즉 검사는 직접수사한 중요범죄사건과 사법경찰관으로부터 송치받은 사건, 그리고 고위공직자범죄수사처 검사가 송치한 사건에 대하여 그 공소제기 여부를 결정할 수 있다.

수사를 종결하여 공소를 제기한 후에도 수사의 필요성이 있는 경우에는 수사를 할 수 있고, 불기소결정을 한 후에도 다시 수사를 재개하거나 공소를 제기할 수 있다. 불기소결정에는 법원의 확정재판과는 달리 일사부재리의 효력이 인정되지 않기 때문이다.

II. 사법경찰관의 수사종결

1. 의 의

2020년 형사소송법의 개정으로 검사와 사법경찰관의 관계가 수직관계에서 상호협력의 관계로 변경되었고, 범죄혐의가 인정되지 않는 사건에 대해서는 검사에게 송치하지 않을 수 있는 1차 수사종결권이 사법경찰관에게 부여되었다. 사법경찰관은 사건을 수사한 경우 사건에 대하여 법원송치, 검찰송치, 불송치, 수사중지, 이송을 결정해야 한다(수사준칙에 관한 규정 제51조). 경찰서장은 20만원 이하의 벌금, 구류 또는 과료에 처할 경미한 사건에 대해서는 지방법원, 지원 또는 시군법원의 판사에게 즉결심판을 청구할 수 있다(즉결심판에 관한 절차법 제2조, 제3조 제1항).

2. 송치결정

사법경찰관은 범죄의 혐의가 있다고 인정되는 경우에는 지체 없이 검사에게 사건을 송치하고, 관계 서류와 증거물을 검사에게 송부하여야 한다(제245조의5 제1호). 검사는 송치사건의 공소제기 여부 결정 또는 공소의 유지에 관하여 필요한 경우에 사법경찰관에게 보완수사를 요구할 수 있는데(제197조의2 제1항), 특별히 직접 보완수사를 할 필요가 있다고 인정되는 경우를 제외하고는 사법경찰관에게 보완수사를 요구하는 것을 원칙으로 한다(수사준칙에 관한 규정 제59조 제1항). 사법경찰관은 검사의 보완수사요구가 있는 때에는 정당한 이유가 없는 한 지체 없이 이를 이행하고, 그 결과를 검사에게 통보하여야 한다(제197조의2 제2항). 검찰총장 또는 각급 검찰청 검사장은 사법경찰관이 정당한 이유 없이 검사의 보완수사요구에 따르지 아니하는 때에는 권한 있는 사람에게 해당 사법경찰관의 직무배제 또는 징계를 요구할 수 있다(동조 제3항).

3. 불송치결정

사법경찰관은 범죄혐의가 인정되지 않거나 공소를 제기할 수 없는 사유가 있는 경우에는 불송치결정을 해야 하는데, 불송치결정에는 혐의 없음(범죄인정 안됨, 증거불충분), 죄가 안 됨, 공소권 없음, 각하의 4가지 유형이 있다(수사준칙에 관한 규정 제51조 제1항). 불송치처분의 경우에는 그 이유를 명시한 서면과 함께 관계 서류와 증거물을 지체 없이 검사에게 송부하여야 하며, 이 경우 검사는 송부받은 날부터 90일 이내에 사법경찰관에게 이를 반환하여야 한다(제245조의5 제2호). 사법경찰관의 불송치결정에 대한 통제장치로는 검사의 재수사요청과 사법경찰관의 고소인등에 대한 통지제도가 있다.

사법경찰관의 불송치결정에 대해서 검사는 재수사를 요청할 수 있다. 사법경찰관이 범죄를 수사한 후 사건을 송치하지 아니한 것이 위법 또는 부당한 때에는 검사는 그 이유를 문서로 명시하여 사법경찰관에게 재수사를 요청할 수 있고(제245조의8 제1항), 사법경찰관은 재수사 요청이 있는 때에는 사건을 재수사하여야 한다(동조 제2항).

또한 불송치결정의 경우에 사법경찰관은 검사에게 송부한 날부터 7일 이내에 서면으로 고소인·고발인·피해자 또는 그 법정대리인에게 사건을 검사에게 송치하지 아니하는 취지와 그 이유를 통지하여야 한다(제245조의6). 통지를 받은 사람(고발인은 제외한다)은 해당 사법경찰관의 소속 관서의 장에게 이의를 신청할 수 있고(제245조의7 제1항), 이의의 신청이 있으면 사법경찰관은 지체 없이 검사에게 사건을 송치하고 관계 서류와 증거물을 송부하여야 하며, 처리결과와 그 이유를 이의신청인에게 통지하여야 한다(동조 제2항).

Ⅲ. 검사의 수사종결

1. 수사종결결정의 종류

(1) 공소의 제기

검사는 수사결과 범죄의 객관적 혐의가 충분하고 소송조건이 구비되어 유죄판결을 받을 수 있다고 인정할 때에는 공소를 제기한다. 공소제기는 수사종결의 가장 전형적인 형태라고 할 수 있는데, 검사가 공소장을 관할법원에 제출함으로써 이루어진다. 검사는 약식사건의 경우에는 공소제기와 동시에 약식명령을 청구할 수 있다(제449조). 실무상 검사의 정식의 공소제기를 구공판이라고 하고, 약식명령청구를 구약식이라고 한다.

(2) 불기소결정

(가) 협의의 불기소결정

검사가 처음부터 적법한 공소를 제기할 수 없는 경우에 하는 결정으로서 그 이유에는 혐의 없음, 죄가 안 됨, 공소권 없음, 각하의 네 가지가 있다(검찰사건사무규칙 제69조 제3항).

혐의 없음을 이유로 하는 불기소결정의 주문은 다시 혐의 없음(범죄인정 안됨)과 혐의 없음(증거불충분)의 두 가지로 구분된다. 피의사실이 범죄를 구성하지 아니하거나 피의사실이 인정되지 아니하는 경우는 범죄가 인정되지 아니하여 혐의가 없는 경우에 해당하고, 피의사실을 인정할 만한 충분한 증거가 없는 경우는 증거불충분으로 혐의가 없는 경우에 해당한다(동규칙 제115조 제3항 제2호). 또한 피의사건에 대하여 소송조건이 결여된 경우에는 공소권 없음을 이유로 불기소결정을 하며, 고소 또는 고발사건에 대하여 더 이상 수사의 필요성이 없다고 인정되는 명백한 사유가 있는 경우에는 사건을 각하함으로써 수사를 종결시키게 된다.

(나) 기소유예

피의사건에 대하여 범죄의 혐의가 인정되고 소송조건이 구비된 경우라도 피의자의 연령, 성행, 지능과 환경, 범행의 동기, 수단과 결과, 범행 후의 정황 등을 참작하여 공소를 제기하지 않을 수 있는데, 이를 기소유예라고 한다.

(3) 기소중지와 참고인중지

기소중지는 검사가 피의자의 소재불명 등의 사유로 수사를 종결할 수 없는 경우에 그 사유가 해소될 때까지 수사를 중지하는 결정을 말하며(검찰사건사무규칙 제73조), 참고인중지는 검사가 참고인·고소인·고발인 등의 소재불명으로 인하여 수사를 종결할 수 없는 경우에 그 사유가 해소될 때까지 수사를 중지하는 결정을 말한다(동규칙 제74조). 참고인중지는 참고인의 소재가 불분명한 경우에 피의자에 대하여 기소중지결정을 하면 마치 피의자가 도피 중인 것으로 오해받을 염려가 있기 때문에 마련된 제도이다. 기소중지와 참고인중지는 수사의 종결처분이라고 할 수 없고, 수사를 잠정적으로 중지하는 처분에 해당한다. 그러므로 중지사유가 해소된 경우에는 즉시 수사를 재기하여 공소제기 여부를 결정하여야 한다.

(4) 타관송치

검사는 사건이 소속검찰청에 대응한 법원의 관할에 속하지 아니한 때에는 사건을 서류와 증거물과 함께 관할법원에 대응한 검찰청검사에게 송치하여야 한다(제256조). 또한 검사는 사건이 군사법원의 재판권에 속하는 때에는 사건을 서류와 증거물과 함께 재판권을 가진 관할 군검찰부 군검사에게 송치하여야 한다. 이 경우에 송치 전에 행한 소송행위는 송치 후에도 그 효력에 영향이 없다(제256조의2).

2. 수사종결결정의 통지

(1) 고소인 등에 대한 통지

검사는 고소 또는 고발 있는 사건에 관하여 공소를 제기하거나 제기하지 아니하는 처분, 공소의 취소 또는 타관송치를 한 때에는 그 처분한 날로부터 7일 이내에 서면으로 고소인 또는 고발인에게 그 취지를 통지하여야 한다(제258조 제1항).

그리고 검사는 고소 또는 고발 있는 사건에 관하여 공소를 제기하지 아니하는 처분을 한 경우에 고소인 또는 고발인의 청구가 있는 때에는 7일 이내에 고소인 또는 고발인에게 그 이유를 서면으로 설명하여야 한다(제259조). 이 제도는 특히 검찰항고 내지 재정신청을 가능하게 하는 전제로서의 의미를 가진다.

(2) 피의자에 대한 통지

검사는 불기소 또는 타관송치의 처분을 한 때에는 피의자에게 즉시 그 취지를 통지하여야 한다(제258조 제2항). 이것은 불안한 상태에 있는 피의자를 보호하기 위한 규정으로서, 고소·고발사건에 한하여 적용되는 것은 아니다. 따라서 검사는 불기소결정을 하는 경우 모든 피의자에게 불기소결정의 취지를 통지하여야 한다(2001헌마39). 검사가 피의자에 대하여 공소를 제기한 때에는 법원에서 피고인 또는 변호인에게 공소장부본을 송달하게 되므로(제266조) 검사가 별도로 공소제기 사실을 통지할 필요는 없다.

3. 불기소결정에 대한 불복

(1) 검찰항고

검찰항고란 고소인 또는 고발인이 검사의 불기소결정에 대하여 불복하는 경우에 검찰조직 내부의 상급기관에 그 시정을 구하는 제도를 말한다. 검찰항고는 검사의 불기소결정에 대한 내부적 견제장치라는 점에서 법원에 대하여 불복을 신청하는 재정신청과 구별된다. 협의의 불기소결정은 물론이고 기소유예결정도 검찰항고의 대상이 되며, 기소중지나 참고인중지도 사실상 불기소결정에 준하는 처분이라는 점에서 불복대상에 포함된다고 보아야 한다.

(가) 항   고

검사의 불기소결정에 불복하는 고소인이나 고발인은 그 검사가 속한 지방검찰청 또는 지청을 거쳐 서면으로 관할고등검찰청 검사장에게 항고할 수 있다. 이 경우 해당 지방검찰청 또는 지청의 검사는 항고가 이유 있다고 인정하면 그 처분을 경정하여야 한다(검찰청법 제10조 제1항). 또한 고등검찰청 검사장은 항고가 이유 있다고 인정하면 소속 검사로 하여금 지방검찰청 또는 지청 검사의 불기소결정을 직접 경정하게 할 수 있다. 이 경우 고등검찰청 검사는 지방검찰청 또는 지청의 검사로서 직무를 수행하는 것으로 본다(동조 제2항). 한편 고등검찰청의 검사장은 항고가 이유 없다고 인정한 때에는 항고를 기각한다.

항고는 고소인 등이 불기소결정의 통지를 받은 날로부터 30일 이내에 하여야 한다. 다만 항고인에게 책임이 없는 사유로 정하여진 기간 이내에 항고하지 못한 것을 소명하면 항고기간은 그 사유가 해소된 때부터 기산한다(동조 제4항·제6항).

(나) 재항고

항고를 기각하는 처분에 불복하거나 항고를 한 날로부터 항고에 대한 처분이 행하여지지 아니하고 3개월이 지났을 때에는 항고인은 그 검사가 속한 고등검찰청을 거쳐 서면으로 검찰총장에게 재항고할 수 있다. 이 경우 해당 고등검찰청의 검사는 재항고가 이유 있다고 인정하면 그 처분을 경정하여야 한다(검찰청법 제10조 제3항). 또한 검찰총장은 재항고가 이유 있다고 인정하는 때에는 수사명령 또는 공소제기명령을 하여야 하고, 이유가 없다고 인정하는 때에는 재항고를 기각하여야 한다. 다만 제260조에 따라 재정신청을 할 수 있는 자는 항고를 거쳐 재정신청을 하게 되므로, 재항고를 할 수 있는 자는 형법 제123조 내지 제126조 이외의 범죄의 고발인에 제한되게 된다.

검찰총장에 대한 재항고는 항고기각결정을 통지받은 날 또는 항고 후 항고에 대한 처분이 이루어지지 아니하고 3개월이 지난 날부터 30일 이내에 하여야 한다. 다만 재항고인에게 책임이 없는 사유로 인하여 그 기간 내에 재항고하지 못한 것을 소명하면 그 재항고기간은 그 사유가 해소된 때부터 기산한다(동조 제5항·제6항).

(2) 재정신청

고소인과 일정한 범죄의 고발인은 검사로부터 공소를 제기하지 아니한다는 통지를 받은 때에는 그 검사 소속의 지방검찰청 소재지를 관할하는 고등법원에 그 당부에 관한 재정을 신청할 수 있다(제260조 제1항). 다만 검찰항고전치주의를 채택하여 고소인 등이 재정신청을 하려면 고등검찰청검사장에 대한 항고를 거치도록 하고 있다(동조 제2항). 재정신청이 이유 있는 때에는 고등법원은 공소제기 결정을 하게 된다(제262조 제2항).

Ⅳ. 고위공직자범죄수사처의 수사종결

1. 수사대상사건

수사처검사는 고위공직자범죄의 혐의가 있다고 사료하는 때에는 범인, 범죄사실과 증거를 수사하여야 하고(공수처법 제23조), 판사·검사·경무관 이상 경찰공무원에 해당하는 고위공직자나 그 가족이 범한 고위공직자범죄 및 관련범죄를 제외한 고위공직자범죄와 관련범죄에 관한 수사를 한 때에는 관계 서류와 증거물을 지체 없이 서울중앙지방검찰청 소속 검사에게 송부하여야 한다(동법 제26조 제1항). 관계 서류와 증거물을 송부받아 사건을 처리하는 검사는 수사처장에게 해당 사건의 공소제기 여부를 신속하게 통보하여야 한다(동조 제2항). 수사처장은 검사로부터 공소를 제기하지 아니한다는 통보를 받은 때에는 그 검사 소속의 지방검찰청 소재지를 관할하는 고등 법원에 그 당부에 관한 재정을 신청할 수 있다(동법 제30조).

2. 기소대상사건

수사처검사는 판사·검사·경무관 이상 경찰공무원에 해당하는 고위공직자나 그 가족이 범한 고위공직자범죄 및 관련범죄에 관한 수사를 한 때에는 불기소결정을 하 거나 공소의 제기 및 유지에 필요한 행위를 한다(동법 제20조 제1항).

수사처검사가 고위공직자범죄에 대하여 불기소결정을 하는 경우에 수사처장은 해당 범죄의 수사과정에서 알게 된 관련범죄 사건을 대검찰청에 이첩하여야 하고(동 법 제27조), 수사처검사는 불기소 사실을 고소·고발인에게 통지하여야 한다. 수사처 검사로부터 공소를 제기하지 아니한다는 통지를 받은 고소·고발인은 서울고등법원 에 그 당부에 관한 재정을 신청할 수 있다(동법 제29조).

V. 공소제기 후의 수사

1. 공소제기 후 수사의 필요성과 한계

공소제기 후의 수사란 수사기관이 공소제기 후에 공소를 유지하거나 공소유지 여부를 결정하기 위하여 행하는 수사를 말한다. 수사는 범인의 발견과 증거의 수집 을 목적으로 하므로 주로 공소제기 전에 이루어진다. 그러나 공소가 제기된 후에도 수사가 필요한 경우가 있다. 예를 들면 공소제기 후에 공소장에 기재된 공소사실에 포함되는 다른 사실이 추가로 밝혀진 경우나 공소유지를 위해 보강수사를 통한 증 거수집이 필요한 경우 또는 진범인으로 보이는 자가 발견되어 공소의 취소 여부를 결정해야 하는 경우 등이 여기에 해당한다.

다만 공소제기 후의 수사가 인정된다고 하여 공소제기 후의 수사가 공소제기 전과 같이 제한 없이 허용될 수는 없다. 공소제기에 의하여 피고사건이 법원에 계 속되었음에도 불구하고 공소제기 전과 같이 수사를 허용하는 것은 법원의 심리에 지장을 초래하고, 검사가 공소제기 후에 피고인을 수사하는 것은 피고인의 당사자적 지위와 모순되기 때문이다.

2. 공소제기 후의 강제수사

(1) 피고인의 구속

검사가 불구속상태에서 피고인을 기소한 후 수소법원 이외의 법관으로부터 영장을 발부받아 피고인을 구속할 수 있는가의 문제이다. 공소제기 후 행하는 피고인의 구속은 수소법원의 권한에 속하므로(제70조), 불구속으로 기소된 피고인이 증거를 인멸하거나 도주할 우려가 있어서 구속할 필요가 있는 경우에도 검사는 수소법원 이외의 지방법원판사로부터 영장을 발부받아 피고인을 구속할 수 없고, 수소법원의 직권에 의한 구속을 촉구할 수 있을 뿐이라고 하여야 한다. 피고인은 공판절차에서 검사와 대등한 지위를 가지므로 검사에게 피고인을 구속할 권한을 인정할수는 없는 것이다.

(2) 압수·수색·검증

공소제기 후에 수사기관이 수소법원과는 별도로 지방법원판사에게 청구하여 발부받은 영장에 의하여 압수·수색·검증을 할 수 있는가에 대하여는 견해가 대립하고 있다. 긍정설은 제1회 공판기일 전에 한하여 수사기관에 의한 압수·수색·검증이 허용된다고 보고 있으나, 부정설은 공소제기 후에는 강제처분에 관한 권한이 수소법원으로 이전되고, 공소제기 후 제1회 공판기일 전에 압수·수색·검증을 해야 할 긴급한 사정이 있는 경우에는 증거보전절차에 의해 대물적 강제수사의 목적을 달성할 수 있다는 점 등을 들어 이를 부정하고 있다. 판례는 부정설의 입장이다 (2009도10412).

다만 부정설에 따르더라도 다음의 경우에는 예외적으로 수사기관의 공소제기 후의 압수·수색·검증이 허용된다. 첫째, 검사 또는 사법경찰관이 피고인에 대한 구속영장을 집행하는 경우에는 그 집행현장에서 영장 없이 압수·수색·검증을 할 수 있는데(제216조 제2항), 피고인에 대한 구속 자체는 법원의 강제처분이지만 구속영장의 집행과정에서 이루어지는 압수·수색·검증은 공소제기 후의 강제수사에 해당한다. 따라서 이 경우에 압수물도 법원에 제출하는 것이 아니라 수사기관이 보관한다. 둘째, 공소제기 후에도 수사기관은 피고인이나 제3자가 피고사건에 대한 증거물을 수사기관에 제출하는 경우에는 이를 압수할 수 있다. 임의제출물의 압수는 점유취득과정에는 강제력이 행사되지 않지만 일단 영치된 후에는 제출자가 자유롭게 수사기관에 그 반환을 요구할 수 없다는 점에서 강제수사에 해당한다.

3. 공소제기 후의 임의수사

(1) 피고인의 신문

공소제기 후에 수사기관이 공소사실에 대하여 피고인을 신문할 수 있는가에 대하여 견해의 대립이 있다. 이는 공소제기 후 수사기관이 작성한 피고인에 대한 진술조서의 증거능력을 인정할 수 있는지의 문제와 직접적으로 관련된다.

판례는 검사작성의 피고인에 대한 진술조서가 공소제기 후에 작성된 것이라는 이유만으로 곧 증거능력이 없는 것은 아니라고 한다(84도1646). 아울러 판례는 공소제기 후의 피고인에 대한 검사작성 진술조서가 진술조서의 형식을 취하였다고 하더라도 그 내용은 피의자의 진술을 기재한 피의자신문조서와 실질적으로 같다고 함으로써(2008도8213), 검사작성의 피고인에 대한 진술조서가 진술거부권의 고지 및 검사작성 피의자신문조서로서의 요건을 구비하면 증거능력이 있는 것으로 보고 있다.

그러나 공소제기 후에 검사가 대등한 당사자인 피고인을 신문하는 것은 피고인을 피의자와 동일시하는 것으로서 당사자주의와 일치할 수 없고, 피고인의 방어권을 침해하여 공정한 재판의 이념에도 반하는 것이 된다. 따라서 공소제기 후 검사가 피고인을 신문하여 작성한 진술조서는 위법하게 수집된 증거로서 증거능력을 부정하여야 한다(다수설). 다만 피고인이 자발적으로 검사의 면접을 요구한 경우나 진범인의 발견으로 공소를 취소할 필요가 생긴 경우에는 예외적으로 피고인신문이 허용된다고 해야 한다.

(2) 증인에 대한 참고인조사

피고인신문 이외의 임의수사는 원칙적으로 공소제기 후에도 허용된다고 보아야 한다. 임의수사는 상대방의 법익을 실질적으로 침해하지 않는 수사방법이기 때문이다. 따라서 참고인조사는 제1회 공판기일 전후를 불문하고 허용된다. 다만 검사가 공판기일에 증인으로 신청하여 신문할 수 있는 사람을 특별한 사정없이 공소제기 후에 미리 참고인으로 조사하여 진술조서를 작성하는 것은 당사자주의·공판중심주의·직접주의에 반하고 피고인의 공정한 재판을 받을 권리를 침해하는 것이므로 피고인이 증거로 할 수 있음에 동의하지 않는 한 그 진술조서는 증거능력이 없다 (2013도6825).

또한 피고인에게 유리한 증언을 한 증인을 수사기관이 법정 외에서 다시 참고 인으로 조사하여 공판정에서의 진술을 번복하게 하는 것도 같은 이유에서 허용되지 않으며, 증언을 번복한 진술을 기재한 참고인진술조서는 피고인이 증거로 할 수 있 음에 동의하지 아니하는 한 그 증거능력이 인정되지 않는다(2012도13665). 그리고 이것은 진술조서를 작성하는 대신 증언 내용을 번복하는 내용의 진술서를 작성하 도록 하여 법원에 제출한 경우(2012도534)나, 수사기관이 이미 증언을 마친 증인에 게 수사기관에 출석할 것을 요구하여 그 증인을 상대로 위증의 혐의를 조사하여 작 성한 피의자신문조서를 법원에 제출한 경우(2012도13665)에도 마찬가지이다.

(3) 기타의 조사활동

수사기관은 법원의 원활한 심리와 당사자의 권리를 침해하지 않는 한 공소제 기 후에도 그 밖의 임의수사를 할 수 있다. 따라서 감정위촉과 통역·번역의 위촉, 공무소 등에의 사실조회는 제1회 공판기일 전후를 불문하고 허용된다.

제2장
공소의 제기

제 1 절   공소와 공소권

Ⅰ. 공소의 의의

공소란 특정한 형사사건에 대하여 법원에 유죄판결을 구하는 검사의 법률행위적 소송행위를 말한다. 검사는 수사결과 범죄의 객관적 혐의가 인정되고 유죄의 판결을 받을 수 있다고 판단할 때에는 수사를 종결하고 공소를 제기하게 된다. 검사의 공소제기에 의하여 법원의 심판이 시작되므로 공소제기는 수사의 종결과 공판절차의 개시라는 이중의 의미를 가진다.

또한 불고불리의 원칙에 의하여 검사의 공소제기가 없으면 법원은 당해 사건에 대하여 심판을 개시할 수 없고, 법원의 심판의 대상도 검사가 공소를 제기한 범죄사실에 한정되게 된다. 이런 점에서 검사의 공소제기는 형사절차에서 매우 중요한 의미를 가지는 소송행위라고 할 수 있다.

Ⅱ. 공소권이론

1. 공소권의 개념

공소권이란 공소를 제기하고 유지하는 검사의 지위를 권한의 측면에서 파악한 것이다. 검사의 공소권은 법원의 심판권, 피고인의 방어권과 함께 형사소송의 기본 골격을 구성하는 개념이다. 공소권은 공소를 제기·수행하는 소송법상의 권한이므로 실체법상의 형벌권과는 구별된다.

2. 공소권의 본질

(1) 추상적 공소권설

검사가 형사사건에 대하여 공소를 제기하여 수행할 수 있는 일반적 권한을 공소권이라고 하는 견해이다. 그러나 추상적 공소권설에 의하면 공소권은 국가소추주의·기소독점주의를 채택한 결과 인정되는 국법상의 권리에 불과한 것이 되어, 공소권이 소송법상 가지는 구체적 의미와 내용을 밝힐 수 없다는 비판을 받는다.

(2) 실체판결청구권설

공소권이란 검사가 구체적 사건에 대하여 법원에 유죄 또는 무죄의 실체판결을 청구하는 권한이라고 보는 견해이다. 실체판결청구권설의 입장에서는 통상의 소송조건이 구비되면 검사에게 유죄·무죄의 판단을 법원에 청구할 수 있는 공소권이 발생한다고 본다. 실체판결청구권설에 대하여는 공소권에 무죄의 실체판결을 청구하는 권한까지 포함시킴으로써 검사의 공소권남용을 방지할 수 없는 결과를 초래하고, 형벌권을 실현하는 절차인 형사절차에 민사소송의 본안판결청구권설의 논리를 도입함으로써 민사소송과 형사소송의 본질적 차이를 간과하고 있다는 비판이 가해지고 있다.

(3) 구체적 공소권설

공소권을 검사가 구체적 사건에 대하여 유죄판결을 청구하는 권한으로 보는 견해이다. 이 입장에서는 추상적 공소권을 전제로 구체적으로 법원에 대하여 유죄판결을 청구할 수 있는 요건이 구비된 경우, 즉 통상의 소송조건이 구비되어 있을 뿐만 아니라 범죄의 객관적 혐의가 있어 유죄판결의 충분한 가능성이 있는 경우에

발생하는 검사의 권한을 공소권이라고 본다. 따라서 구체적 공소권설을 유죄판결
청구권설이라고도 한다. 구체적 공소권설에 대해서는 무죄판결을 할 경우의 공소
권을 설명할 수 없다는 비판이 가해지고 있다.

(4) 검 토

공소권의 본질과 내용은 구체적 공소권설에 의하여 설명하는 것이 타당하다고
생각된다. 무엇보다도 구체적 공소권설에 따를 때 공소권이론이 검사의 공소권남
용을 억제하는 정책적 기능을 수행할 수 있고, 이를 통해서 피고인을 형사소추권의
남용으로부터 보호하는 것이 가능해지기 때문이다. 또한 형사절차가 무죄판결로
종결될 경우에 있어서의 공소권을 설명할 수 없다는 구체적 공소권설에 대한 비판
도 형사절차에 따른 실체형성의 결과로서 선고되는 무죄판결과 유죄판결에 대한
충분한 개연성을 근거로 공소를 제기하는 권한인 검사의 공소권을 혼동한 것으로
써 타당하지 않다.

Ⅲ. 공소권남용론

1. 의 의

공소권남용론이란 검사가 공소권을 남용하여 공소를 제기하였다고 인정되는
경우에는 유죄·무죄의 실체판결을 할 것이 아니라, 공소기각의 재판이나 면소판결
과 같은 형식재판으로 소송을 종결시켜야 한다는 이론을 말한다. 이 이론은 검사의
소추재량을 기속재량으로 보아 일정한 한계를 넘는 검사의 공소권 행사로부터 피
고인을 보호하여 그를 조기에 형사절차에서 해방시키는 것을 목적으로 한다. 판례
도 「검사가 자의적으로 공소권을 행사하여 피고인에게 실질적인 불이익을 줌으로
써 소추재량권을 현저히 일탈하였다고 보여지는 경우에는 이를 공소권의 남용으로
보아 공소제기의 효력을 부인할 수 있다」고 하여 공소권남용론을 긍정하는 입장을
취하고 있다(2018도10447). 공소권남용이 문제되는 경우로는 다음과 같은 유형을 들
수 있다.

2. 혐의 없는 사건에 대한 공소제기

범죄의 객관적 혐의가 없음에도 불구하고 검사가 공소를 제기한 경우에 이를 공소권남용으로 볼 것인가에 대하여는 ① 혐의 없는 사건에 대한 기소라고 하더라도 공소제기 자체는 적법하므로 형식재판에 의한 절차의 종결은 인정될 수 없고 이에 대하여는 무죄판결을 선고해야 한다는 무죄판결설과, ② 무혐의사건에 대하여 공소가 제기된 경우에는 형사소송법 제327조 제2호가 규정한 공소제기의 절차가 법률의 규정에 위반하여 무효인 때에 해당하는 것으로 보아 공소기각의 판결을 해야 한다는 공소기각판결설이 대립하고 있다.

검사의 공소권은 유죄판결청구권으로서의 성질을 가진다고 볼 수 있다. 따라서 유죄판결을 받을 수 있는 충분한 가능성은 공소권 행사의 기본적 전제조건이 되므로 명백한 무혐의사건을 포함하여 혐의가 불충분한 사건에 대한 기소는 공소제기의 유효조건을 결여한 것으로서 공소기각의 판결에 의하여 절차를 종결해야 할 것이다.

3. 기소유예해야 할 사건에 대한 공소제기

피의사건의 성질이나 내용 등에 비추어 볼 때 기소유예를 함이 타당함에도 불구하고 검사가 공소를 제기한 경우에 이를 공소권남용으로 볼 수 있는지가 문제된다. 예를 들면 범죄로 인한 피해가 극히 경미하고 피해자가 처벌을 희망하지 아니함에도 불구하고 특별한 합리적인 사정없이 공소를 제기한 경우 등이 여기에 해당한다.

유죄판결설은 기소유예는 기소편의주의에 입각하여 검사에게 인정되는 권한이므로 법원이 이를 대위행사할 수 없다고 주장한다. 이에 대하여 공소기각판결설은 검사의 소추재량은 기속재량이므로 검사의 공소제기가 명백히 불합리한 경우에는 공소제기의 절차가 법률의 규정에 위반하여 무효인 때(제327조 제2호)에 해당하여 공소기각의 판결로 절차를 종결해야 한다고 한다.

검사의 소추재량은 기속재량이라고 할 수 있으므로 이러한 경우에는 공소기각의 판결로서 절차를 종결시키는 것이 타당하다고 생각된다. 헌법재판소도 기소유예 여부에 관한 검사의 선택에 명백한 잘못이 있는 경우 이를 공소권남용에 해당하는 것으로 보고 있다(94헌마246).

4. 불평등한 공소제기

범죄의 성질과 내용이 비슷한 다수의 피의자들 가운데 일부만을 선별하여 공소를 제기하고 다른 사람들에 대해서는 수사에 착수하지도 않거나 기소유예하는 것을 불평등 기소 또는 차별적 기소라고 한다. 검사의 불평등 기소의 문제에 대해서는 실체판결설과 공소기각판결설이 주장되고 있다.

검사의 차별적 공소제기가 헌법이 규정한 평등원칙에 위반하여 명백히 불합리한 경우라면 이는 위법한 공소권 행사로서 공소기각판결의 대상이 된다고 보아야 할 것이다. 다만 공소기각판결설을 취하더라도 단순히 자기와 동일하거나 다소 중한 범죄구성요건에 해당하는 행위를 하였음에도 불기소된 사람이 있다는 사유만으로는 그 공소의 제기가 평등권 내지 조리에 반하는 것으로서 공소권남용에 해당한다고 할 수 없다(2010도9349).

5. 항소심판결 선고 후의 누락사건에 대한 공소제기

검사가 동시에 기소해야 할 사건의 일부를 누락하여 관련사건의 항소심판결이 선고된 후에 비로소 기소한 경우에 이와 같은 기소가 공소권남용에 해당하는지의 여부가 문제된다. 피고인은 병합심리를 통한 양형상의 혜택을 받을 기회를 잃게 될 뿐만 아니라 중복적으로 절차에 관여해야 하는 불이익을 입게 되기 때문이다.

판례는 누락사건의 기소에 대하여 공소권남용을 이유로 형식재판의 가능성을 인정하면서도 그 요건을 매우 엄격하게 요구하고 있다. 즉 검사의 누락사건에 대한 기소가 자의적인 공소권행사에 해당하기 위해서는 그것이 단순히 직무상의 과실에 의한 것만으로는 부족하고 검사에게 적어도 미필적으로나마 어떤 의도가 있어야 한다는 것이다(2018도10447).

그러나 검사가 관련사건을 동시에 수사하여 함께 기소하는 것이 가능한 상황이었음에도 불구하고, 고의나 직무상의 과실로 일부사건을 누락시킨 후 관련사건에 대한 항소심판결 선고 후에 이를 기소하여 피고인의 병합심리로 인한 양형상의 이익을 침해하고 피고인에게 중복적으로 절차에 관여해야 하는 불이익을 준 경우에는 누락사건에 대한 기소가 검사의 소추재량권을 현저히 일탈한 공소권남용에 해당하여 공소기각판결의 사유가 된다고 보아야 할 것이다. 따라서 공소권남용이 인정되기 위해서는 공소제기에 대한 검사의 직무상 과실의 인정만으로는 부족하고 검사에게 미필적으로나마 어떤 악의적인 의도가 있어야 한다고 보는 판례의 입장은 타당하지 않다고 생각된다.

6. 중대한 위법수사에 기한 공소제기

중대한 위법수사에 기하여 공소가 제기된 경우에 수사절차에서의 위법이 공소제기의 효력에 어떠한 영향을 미치는가의 문제도 공소권남용과 관련하여 논의의 대상이 된다. 이를 공소권남용으로 보지 않는 입장에서는 위법수사에 기초한 공소제기는 위법수집증거배제법칙에 따라 위법수집증거를 배제한 상태에서 유죄·무죄의 판결을 선고하는 방법으로 해결하면 된다고 한다. 그러나 함정수사와 같이 수사절차에서의 위법이 중대한 경우에는 이를 기초로 한 검사의 공소제기도 위법한 것으로 보아야 할 것이다. 이러한 경우에는 위법수집증거배제법칙의 적용 이전에 검사의 공소제기 자체가 공소권남용으로서 공소기각판결의 대상이 된다고 보는 것이 적법절차의 원리 내지 피고인 보호의 정신에 비추어 타당하다고 생각되기 때문이다.

판례는 「본래 범의를 가지지 아니한 자에 대하여 수사기관이 사술이나 계략 등을 써서 범의를 유발케 하여 범죄인을 검거하는 함정수사는 위법함을 면할 수 없고, 이러한 함정수사에 기한 공소제기는 그 절차가 법률의 규정에 위반하여 무효인 때에 해당한다」고 하여(2008도7362), 함정수사에 기한 공소제기를 공소권남용의 한 유형으로 보고 있다.

제2절 공소제기의 기본원칙

I. 국가소추주의

국가소추주의란 공소제기의 권한을 국가기관이 가지는 제도를 말한다. 제246조는 「공소는 검사가 제기하여 수행한다」고 규정하여, 국가소추주의로서의 검사소추주의를 명시하고 있다.

국가소추주의와 대비되는 제도로는 사인소추주의가 있다. 사인소추주의란 범죄로 인하여 피해를 입은 피해자가 직접 법원에 소추하여 범인에 대한 처벌을 구하는 제도를 말한다. 그러나 국가형벌권의 행사를 사인의 활동에만 맡길 수 없다는 인식이 확립된 현대국가에 있어서는 국가소추주의를 완화하기 위한 보충적인 의미에서 사인소추주의가 인정되고 있을 뿐이다. 독일은 국가소추주의를 원칙으로 하면서도 주거침입이나 비밀침해 또는 모욕과 같은 경미한 범죄에 대해서 예외적으로 피해자소추를 허용하고 있다.

II. 기소독점주의

1. 의   의

기소독점주의란 국가소추주의를 전제로 국가기관 중에서도 검사만이 공소를 제기하고 수행할 권한을 갖는 것을 말한다. 형사소송법 제246조는 국가소추주의와 함께 기소독점주의를 선언한 규정이다.

기소독점주의는 검사동일체의 원칙에 의하여 전국적으로 통일된 조직체를 이루고 있는 검사에게 소추권을 행사하게 함으로써 공소제기의 전국적인 통일성을 확보하고 적정한 공소권행사를 보장할 수 있으며, 공익의 대표자인 검사가 공소권을 행사함으로써 형벌이 피해자의 감정, 이해 등에 의해 좌우되는 것을 방지할 수 있다는 장점이 있다.

2. 기소독점주의의 예외

기소독점주의에 대한 예외로는 경찰서장의 즉결심판청구와 고위공직자범죄수사처검사에 의한 공소제기를 들 수 있다. 즉결심판청구권은 20만원 이하의 벌금, 구류 또는 과료에 처할 사건에 대하여 경찰서장이 법원에 그 처벌을 구하는 제도이다. 즉결심판으로 처리되는 사건의 범위는 법정형이 아니라 선고형을 기준으로 정해진다는 점에서 경찰서장은 현실적으로 광범위한 소추재량권을 가진다고 할 수 있다. 또한 고위공직자범죄수사처의 공소제기란 공수처법에 의하여 설치된 수사처에서 판사와 검사, 경무관 이상 경찰공무원에 해당하는 고위공직자나 그 가족이 범한 고위공직자범죄 및 관련범죄에 대하여 공소제기와 그 유지를 수행하는 것을 말한다. 이러한 범죄에 대해서는 수사처검사가 공소를 제기하지만 수사처검사는 검찰청과는 별도의 독립기구인 고위공직자범죄수사처 소속이라는 점에서 역시 기소독점주의의 예외로 볼 수 있다.

Ⅲ. 기소편의주의

1. 기소편의주의의 내용

기소편의주의란 검사의 공소권행사에 있어서의 재량을 인정하는 제도를 말한다. 즉 수사결과 범죄의 객관적 혐의가 존재하고 소송조건이 구비되어 있는 경우에도 검사의 재량에 의한 불기소를 인정하는 것이다. 형사소송법 제247조는 「검사는 형법 제51조의 사항을 참작하여 공소를 제기하지 아니할 수 있다」고 규정하여 기소편의주의를 채택하고 있다. 기소편의주의에 의한 검사의 불기소결정을 기소유예라고 한다.

기소유예는 검사의 처분이기 때문에 법원의 확정판결과는 달리 일사부재리의 효력이 인정되지 않는다. 따라서 검사가 기소유예결정을 한 사건에 대하여 다시 공소를 제기하더라도 공소제기의 효력에 영향이 없다. 또한 기소편의주의는 그 내용의 하나로서 검사에게 공소를 제기한 후에도 공소를 취소할 수 있는 권한을 인정하게 된다. 현행법상 공소의 취소는 제1심 판결선고 전까지 할 수 있다(제255조).

기소편의주의와 대립되는 제도가 기소법정주의이다. 기소법정주의는 범죄의 객관적 혐의가 인정되고 소송조건이 구비되어 있는 경우에는 반드시 공소를 제기할 것을 요구하는 입법주의를 말한다. 독일 형사소송법은 경미한 사건 등에 대한 예외를 인정하면서 원칙적으로 기소법정주의를 채택하고 있다(동법 제152조 제2항).

2. 기소편의주의의 장·단점

기소편의주의는 형사사법의 탄력적 운용을 통하여 구체적 정의를 실현할 수 있고, 개선의 여지가 큰 범죄인을 조속히 사회에 복귀시킴으로써 형사정책적으로도 타당한 결과를 가져올 수 있다. 또한 피의자에 대한 불필요한 기소를 억제함으로써 소송경제에도 기여하게 된다.

그러나 기소편의주의는 공소제기에 대한 검사의 자의와 정치적 영향을 배제할 수 없는 경우 법적 안정성을 유지할 수 없고, 이로 인하여 형사사법에 대한 국민의 신뢰를 확보하는 데 장애가 될 수 있다는 것이 단점으로 지적되고 있다.

제3절 공소제기의 방식

I. 공소장의 제출

공소를 제기함에는 공소장을 관할법원에 제출하여야 한다(제254조 제1항). 공소제기에 대하여는 서면주의가 적용되므로 법원에 공소장을 제출하는 이외의 방법으로 공소를 제기할 수는 없다. 공소제기에 관하여 서면주의를 취하고 그 기재사항을 엄격히 규정하고 있는 것은 법원의 심판의 대상과 피고인의 방어의 대상을 명확히 하려는 데 그 목적이 있다. 검사에 의한 공소장의 제출은 공소제기라는 소송행위가 성립하기 위한 본질적 요소이므로 공소장의 제출이 없는 경우에는 소송행위로서의 공소제기가 성립되었다고 할 수 없다(2003도2735).

검사가 관할법원에 공소장을 제출하는 경우에 공소장에는 피고인의 수에 상응한 부본을 첨부하여야 한다(제254조 제2항). 법원은 이 공소장부본을 늦어도 제1회 공판기일 5일 전까지 피고인 또는 변호인에게 송달하여야 한다(제266조).

II. 공소장의 기재사항

1. 필요적 기재사항

공소장에는 피고인의 성명 기타 피고인을 특정할 수 있는 사항, 죄명, 공소사실 및 적용법조를 기재하여야 한다(제254조 제3항). 피고인이 구속되어 있는지의 여부도 필요적으로 기재하여야 한다(규칙 제117조 제1항 제2호). 또한 공소장에는 검사가 기명날인 또는 서명하여야 한다(제57조 제1항 참조).

(1) 피고인을 특정할 수 있는 사항

공소장에는 피고인의 성명 기타 피고인을 특정할 수 있는 사항을 기재하여야 한다(제254조 제3항 제1호). 피고인이 성명 등을 묵비하기 때문에 그 성명 등이 불상인 경우에는 피고인의 인상·체격 등을 묘사하거나 사진의 첨부, 구속피고인의 유치번호의 기재 등을 통하여 피고인을 특정할 수도 있다. 특정의 정도는 피고인을 타인과 구별할 수 있는 정도면 족하다.

피고인이 타인의 성명 등 인적사항을 모용하였기 때문에 검사가 피모용자를 피고인으로 기재하여 공소를 제기한 때에는 피고인이 특정되었다고 볼 수 없다. 성명모용의 경우에는 검사가 공소장정정절차에 의하여 공소장의 인적사항의 기재를 바로잡아야 하며, 검사가 이를 정정하지 아니한 경우에는 공소제기의 절차가 법률의 규정에 위반하여 무효인 때에 해당하여 법원은 공소기각의 판결을 선고하여야 한다(92도2554).

(2) 죄 명

공소장에는 죄명을 기재하여야 한다. 죄명이란 범죄의 유형적 성질을 나타내는 명칭으로서, 적용법조의 기재와 함께 심판대상을 법률적으로 구성하는 데 중요한 역할을 한다. 따라서 죄명은 구체적으로 표시하여야 한다. 다만 심판대상에 대한 법률적 구성은 기본적으로 법원의 권한에 속하므로 검사가 죄명을 잘못 기재하더라도 이로 인하여 피고인의 방어에 실질적 불이익을 초래하지 않는 한 공소제기의 효력에는 영향이 없다고 해야 한다(2005도4085).

(3) 공소사실

(가) 의 의

공소사실이란 검사가 법원에 대하여 심판을 청구한 사실로서 범죄의 특별구성요건에 해당하는 구체적 사실을 말한다. 이러한 공소사실의 기재는 범죄의 시일·장소와 방법을 명시하여 사실을 특정할 수 있도록 하여야 한다(제254조 제4항). 공소사실은 법원의 심판대상을 결정하고, 피고인의 방어준비를 위한 기초가 된다는 점에서 그 특정성이 중요한 의미를 갖는다. 따라서 공소사실은 다른 범죄사실과 구별될 수 있을 정도로 구체적으로 기재되어야 한다.

또한 공소사실은 서면인 공소장에 기재된 사실만을 의미하므로 검사가 공소사실의 일부를 전자적 형태의 문서로 작성하여 저장한 저장매체를 공소장에 첨부하여 제출한 경우에는 서면에 기재된 부분만을 공소사실로 보아야 한다. 따라서 이 경우에는 공소사실의 특정 여부도 서면인 공소장에 기재된 부분만을 대상으로 판단하여야 한다(2016도19027).

(나) 특정의 정도

공소사실의 기재에 있어서 범죄의 일시·장소·방법을 가능한 한 구체적으로 기재하는 것이 바람직함은 말할 필요도 없다. 그러나 공소사실의 특정을 지나치게 엄격하게 요구하면 공소의 제기와 유지에 지장을 초래할 수 있으므로, 범죄의 일시·장소·방법 등의 기재는 구체적인 사안에 따라 피고인의 방어권행사에 실질적인 불이익을 주지 않는 범위 내에서 어느 정도 완화할 필요가 있다. 따라서 피고인이 특정한 범죄행위를 한 것이 증거에 의하여 인정되지만, 그 일시·장소·방법 등을 명백히 밝힐 수 없는 경우에는 범죄의 성격에 따라 어느 정도 개괄적 표시를 허용하지 않을 수 없다.

판례는 ① 범죄의 시일은 이중기소나 시효에 저촉되지 않는 정도의 기재를 요하고, ② 장소는 토지관할을 가늠할 수 있는 정도의 기재를 필요로 하며, ③ 방법은 범죄의 구성요건을 밝히는 정도의 기재를 요한다고 보고, 이 세 가지 특정요소를 종합하여 범죄구성요건에 해당하는 구체적 사실을 다른 사실과 구별할 수 있는 정도로 기재하면 공소사실의 특정을 인정할 수 있다고 한다(2007도11000).

(다) 특정의 방법

공소사실을 특정하기 위해서는 일시·장소·방법 이외에도 행위의 목적, 주체의 신분, 재산범에 있어서는 피해물의 종류·수량·가격 등을 명시하는 방법이 가능하다. 그리고 공소사실을 특정하는 데 있어서는 범죄의 유형에 따라 그 방법에 차이가 나타날 수 있다.

실체적 경합범의 경우에는 수개의 범죄사실이 모두 특정되도록 공소사실을 기재하여야 한다. 교사범이나 종범의 공소사실에는 교사나 방조의 사실은 물론 그 전제가 되는 정범의 범죄사실도 구체적으로 기재하여야 한다(2001도5158). 포괄일죄의 경우에는 일죄의 일부를 구성하는 개개의 행위에 대하여 구체적으로 특정하지 아니하더라도 그 전체범행의 시기와 종기, 범행방법, 피해자나 상대방, 범행횟수나 피해액의 합계 등을 명시하면 공소사실은 특정되었다고 해야 한다(2012도5220).

(라) 불특정의 효과

공소사실이 특정되지 않으면 공소제기의 절차가 법률의 규정에 위반하여 무효인 때(제327조 제2호)에 해당하여 공소기각의 판결로써 형사절차를 종결시켜야 할 것이다. 그러나 대법원은 공소사실의 기재가 특정되지 아니한 경우에는 바로 절차를 종결시킬 것이 아니라 검사에게 석명을 구하여 이를 특정할 기회를 준 다음에 비로소 공소기각의 판결을 할 수 있다고 판시하고 있다(2004도5972). 따라서 석명권을 행사하지 않고 바로 공소기각의 판결을 하였다면 이는 심리미진의 위법에 해당하는 것이 된다.

(4) 적용법조

공소장에는 적용법조를 기재하여야 한다. 적용법조는 공소사실에 적용된 법적 평가를 의미하며, 죄명과 함께 공소제기의 범위를 정하는 데 있어서 보조적 역할을 한다. 적용법조는 특별구성요건을 규정한 형법각칙 및 특별형법의 본조와 함께 총칙상의 미수·공범·누범·죄수 등에 관한 법조도 기재하여야 한다.

다만 법령의 적용은 법원의 권한사항일 뿐만 아니라 공소장에 적용법조를 기재하는 이유가 공소사실의 법률적 평가를 명확히 하여 피고인의 방어권을 보장하는 데 있으므로 적용법조의 기재에 오기나 누락이 있더라도 피고인의 방어권 행사에 실질적인 불이익이 없는 한 공소제기의 효력에는 영향이 없다고 해야 한다(2005도4085). 따라서 공소사실과 죄명에 대한 기재는 있으나 적용법조의 기재가 없는 때에도 공소사실과 죄명에 의하여 적용법조를 알 수 있는 경우에는 공소제기가 유효하다고 할 수 있다. 그러나 공소사실의 기재만 있고 죄명과 함께 적용법조의 전부 또는 중요부분의 기재가 없거나 적용법조의 오기나 누락에 의하여 공소사실에 대한 법적 평가를 그르칠 염려가 있는 경우에는 피고인의 방어권 행사에 실질적 불이익을 가져올 수 있으므로 이때에는 공소제기를 무효라고 해야 한다.

2. 임의적 기재사항

(1) 범죄사실과 적용법조의 예비적·택일적 기재

공소장에는 수개의 범죄사실과 적용법조를 예비적 또는 택일적으로 기재할 수 있다(제254조 제5항). 예비적 기재란 수개의 범죄사실 또는 적용법조에 대하여 심판의 순서를 정하여 선순위의 범죄사실이나 적용법조가 인정되지 않는 경우에 후순위의 범죄사실 또는 적용법조에 대하여 심판을 구한다는 취지로 기재하는 것을 말한다. 이 경우 선순위의 공소사실을 본위적 공소사실 또는 주위적 공소사실, 후순위의 사실을 예비적 공소사실이라고 한다. 이에 대하여 택일적 기재란 수개의 범죄사실이나 적용법조에 대하여 심판의 순서를 정하지 않고 어느 것을 심판하여 인정해도 좋다는 취지로 기재하는 것을 말한다.

범죄사실과 적용법조의 예비적·택일적 기재를 인정하는 것은 검사가 공소제기시에 공소사실에 대한 심증을 충분히 형성하지 못하였거나 법률적 구성을 확정할 수 없는 경우에도 공소제기를 가능하게 함으로써 공소제기의 편의를 도모하려는데 그 이유가 있다. 예를 들면 범죄사실이 살인죄인지 상해치사죄인지, 절도죄인지 장물취득죄인지 등에 대하여 검사의 심증이 불분명한 경우에도 공소제기를 가능하게 하기 위한 것이다.

(2) 예비적·택일적 기재의 허용범위

(가) 비한정설

예비적·택일적 기재는 범죄사실의 동일성이 인정되지 않는 실체적 경합관계에 있는 수개의 범죄사실 사이에서도 인정된다는 견해이다. 그 논거로는 ① 이 제도는 본래 기소편의주의의 연장선상에서 공소장기재의 엄격성에 따른 불편을 제거하기 위하여 인정된 것이고, ② 제254조 제5항이 수개의 범죄사실에 대한 예비적·택일적 기재를 규정하고 있을 뿐 공소사실의 동일성을 요구하고 있지 않으며, ③ 수개의 범죄사실을 처음부터 경합범으로 기소한 경우에 비하여 피고인의 방어부담을 가중시키는 것으로 볼 수 없다는 점 등을 들고 있다. 판례도「수개의 범죄사실 간에 범죄사실의 동일성이 인정되는 범위 내에서 예비적 또는 택일적으로 기재할 수 있음은 물론이나, 그들 범죄사실 상호간에 범죄의 일시·장소·수단 및 객체 등이 달라서 수개의 범죄사실로 인정되는 경우에도 이들 수개의 범죄사실을 예비적 또는 택일적으로 기재할 수 있다」고 판시하여(65도114), 비한정설의 입장을 취하고 있다.

(나) 한정설

예비적·택일적 기재는 범죄사실의 동일성이 인정되는 범위 내에서만 허용된다는 견해이다. 그 근거로는 ① 비한정설에 따라 공소사실의 동일성이 인정되지 않는 수개의 사실을 공소장에 예비적·택일적으로 기재하는 것을 허용하는 것은 조건부 공소제기를 허용하는 결과가 되어 불확정적인 공소제기를 인정하는 것이 되고,

② 동일성이 인정되지 않는 수개의 범죄사실은 경합범으로 기소하거나 추가기소를 하는 것이 마땅하며, ③ 수개의 범죄사실이 심판의 대상이 되는 것과 동일성이 인정되는 범죄사실이 심판의 대상이 되는 것은 피고인의 방어권행사에 있어서 실질적인 차이를 가져온다는 점 등을 들고 있다.

(다) 검 토

동일성이 인정되지 않는 범죄사실에 대해서는 경합범으로 기소하거나 추가기소하는 것이 가능하다는 점과 불확정적인 공소제기를 제한할 필요가 있다는 점을 고려할 때 한정설이 타당하다고 생각된다.

(3) 법원의 심판

예비적 기재의 경우에는 검사가 기재한 순서에 따라 심리와 판단을 행하여야 한다. 따라서 법원은 본위적 공소사실에 대하여 먼저 심판을 하여야 하고, 본위적 공소사실이 유죄로 인정되지 아니하는 경우에 한하여 예비적 공소사실에 대하여 심판을 할 수 있다. 법원이 본위적 공소사실을 판단하지 아니하고 예비적 공소사실만을 판단하는 것은 위법하며 상소이유가 된다(76도1126). 이에 반하여 택일적 기재의 경우에는 법원의 심판의 순서에 아무런 제한이 없다.

Ⅲ. 공소장일본주의

1. 공소장일본주의의 의의

공소장일본주의란 검사가 공소를 제기할 때 법원에 공소장 하나만을 제출하여야 하고, 그 외에 사건에 관하여 법원에 예단을 생기게 할 수 있는 서류 기타 물건을 첨부하거나 그 내용을 인용하여서는 아니 된다는 원칙을 말한다(규칙 제118조 제2항). 법관이 사건에 대하여 예단을 가지지 않고 백지의 상태에서 공판심리에 임하도록 함으로써 공정한 재판의 이념을 실현하기 위한 제도이다. 따라서 공소장일본주의는 당사자주의 소송구조의 기본적 전제조건이 되며, 예단배제의 원칙 및 공판중심주의를 실현하기 위한 제도라고 할 수 있다.

2. 공소장일본주의의 내용

(1) 첨부와 인용의 금지

공소장일본주의는 사건에 관하여 법원에 예단이 생기게 할 수 있는 서류 기타 물건을 첨부하거나 그 내용을 인용하는 것을 금지한다(규칙 제118조 제2항).

(가) 첨부의 금지

공소장에는 사건에 관하여 법원에 예단이 생기게 할 수 있는 서류나 물건을 첨부할 수 없다. 법원에 예단이 생기게 할 수 있는 서류 또는 물건이란 사건의 실체심리 이전에 법관의 심증형성에 영향을 줄 수 있는 자료를 말한다. 따라서 공소사실을 증명하는 수사서류나 증거물을 제출하는 것은 허용되지 않는다.

그러나 법원에 예단을 줄 염려가 없는 서류를 공소장에 첨부하는 것은 공소장일본주의에 반하지 않는다. 형사소송규칙은 공소장에 변호인선임서·보조인신고서·특별대리인선임결정등본, 체포영장·긴급체포서·구속영장 기타 구속에 관한 서류를 첨부하도록 규정하고 있다(규칙 동조 제1항).

(나) 인용의 금지

공소장에는 법원에 예단을 줄 수 있는 서류나 물건의 내용을 인용하여서는 안된다. 그러나 공소사실을 특정하기 위하여 필요한 경우에는 인용이 예외적으로 허용될 수 있다. 예컨대 문서에 의한 협박·공갈·명예훼손 등의 사건에 있어서 공소사실을 특정하기 위하여 문서내용의 전부 또는 일부를 인용하는 것은 허용된다. 다만 이러한 경우에도 공소장일본주의가 지향하는 예단배제의 요청에 비추어 볼 때 공소사실을 특정하기 위한 최소한의 범위 내에서 인용이 허용된다고 해야 하며, 필요한 범위를 넘어 법관의 심증형성에 부당하게 영향을 줄 염려가 있는 때에는 공소장일본주의에 위반한 것으로 보아야 한다.

(2) 기타 사실의 기재금지

기타 사실의 기재란 공소장의 기재사항(제254조 제3항·제5항) 이외의 사항을 공소장에 기재하는 것을 말한다. 이러한 기타 사실의 기재를 여사기재라고도 한다. 형사소송규칙은 공소장일본주의의 내용으로서 예단을 생기게 할 수 있는 서류나 물건의 첨부 또는 인용만을 금지하고 있으나, 그 밖에도 법원에 예단을 줄 수 있는 사항을 공소장에 기재하는 것은 금지된다고 보아야 한다. 따라서 법원에 예단을 줄 수 있는 기타 사실의 기재는 공소장일본주의에 반한다. 다만 예단을 생기게 할 염려가 없는 단순한 기타 사실의 기재는 공소장일본주의 위반이라고는 할 수 없고 검사에게 그 부분을 삭제하도록 명하면 족할 것이다. 기타 사실의 기재와 관련하여 문제가 되는 사실로는 ① 전과사실, ② 피고인의 악성격·악경력, ③ 범죄의 동기, ④ 여죄의 기재 등이 논의되고 있다.

3. 공소장일본주의의 적용범위

공소장일본주의는 공소제기에 대하여 적용되는 원칙이다. 따라서 공소제기 이후의 절차인 공판절차갱신 후의 절차, 상소심의 절차, 파기환송 후의 절차에는 공소장일본주의가 적용되지 않는다.

공소장일본주의는 정식재판절차에서만 적용된다. 따라서 서면심리방식으로 이루어지는 약식절차에서는 공소장일본주의가 적용되지 않는다. 검사가 약식명령을 청구하는 때에는 약식명령의 청구와 동시에 수사기록과 증거물을 제출하여야 한다(규칙 제170조). 즉결심판절차에서도 공소장일본주의는 적용되지 않는다.

4. 공소장일본주의 위반의 효과

공소장일본주의의 위반은 공소제기의 방식에 대한 중대한 위반으로서 공소제기의 절차가 법률의 규정에 위반하여 무효인 때에 해당하므로 법원은 공소기각의 판결을 선고하여야 한다(제327조 제2호). 또한 공소장일본주의 위반의 하자는 치유될 수 없으므로 기타 사실의 기재의 경우라도 그것이 법원에 예단을 줄 수 있는 기재라면 공소제기를 무효로 하고 사후의 보정은 허용되지 않는다고 해야 한다. 공소장일본주의에 위반하여 법원의 심증형성에 영향을 미친 경우에는 공정한 재판을 해할 염려가 있기 때문이다. 다만 이에 대하여 판례는 피고인 측의 이의제기 없이 증거조사절차가 완료되었다면 공소장일본주의 위반의 하자는 치유된다는 입장을 취하고 있다(2009도7436).

제4절 공소시효

Ⅰ. 공소시효의 의의

공소시효란 범죄행위가 종료된 후에 공소제기 없이 일정 기간이 경과하면 국가의 형사소추권을 소멸시키는 제도를 말한다. 공소시효제도는 시간의 경과에 따른 처벌필요성의 감소와 증거의 멸실·산일에 따른 적정한 재판의 실현곤란 그리고 국가의 태만으로 인한 책임을 범인에게만 전가할 수 없다는 반성 등에서 그 존재이유를 찾을 수 있다.

Ⅱ. 공소시효의 기간

1. 공소시효의 완성기간

공소시효의 기간은 법정형의 경중에 따라 차이가 있다. 즉 ① 사형에 해당하는 범죄는 25년, ② 무기징역 또는 무기금고에 해당하는 범죄는 15년, ③ 장기 10년 이상의 징역 또는 금고에 해당하는 범죄는 10년, ④ 장기 10년 미만의 징역 또는 금고에 해당하는 범죄는 7년, ⑤ 장기 5년 미만의 징역 또는 금고, 장기 10년 이상의 자격정지 또는 벌금에 해당하는 범죄는 5년, ⑥ 장기 5년 이상의 자격정지에 해당하는 범죄는 3년, ⑦ 장기 5년 미만의 자격정지, 구류, 과료 또는 몰수에 해당하는 범죄는 1년의 경과로 각각 공소시효가 완성된다(제249조 제1항).

다만 사람을 살해한 범죄(종범은 제외한다)로 사형에 해당하는 범죄에 대하여는 형사소송법 제249조부터 제253조까지에 규정된 공소시효를 적용하지 아니하므로 (제253조의2) 위의 범죄에 대하여는 공소시효의 적용이 배제되어 공소시효가 완성되지 않는다. 사람을 살해한 범죄에는 살인죄(형법 제250조)뿐만 아니라 강도살인죄(형법 제338조), 강간 등 살인죄(형법 제301조의2) 등과 같이 살인이 포함된 범죄도 해당하며, 사형에 해당하는 범죄란 법정형을 기준으로 사형이 선택적으로라도 규정되어 있는 범죄를 말한다.

또한 「성폭력범죄의 처벌 등에 관한 특례법」은 13세 미만의 사람 및 신체적인 또는 정신적인 장애가 있는 사람에 대하여 일정한 성범죄를 범한 경우에도 공소시효의 적용을 배제하고 있다(동법 제21조 제3항·제4항 참조).

공소시효를 계산할 때에는 초일은 시간을 계산함이 없이 1일로 산정한다(제66조 제1항 단서). 공소시효기간의 말일이 공휴일 또는 토요일에 해당하는 날이라도 기간에 산입한다(동조 제3항 단서).

2. 공소시효기간의 결정기준

(1) 법정형

공소시효기간의 기준이 되는 형은 법정형이다. 두 개 이상의 형을 병과(倂科)하거나 두 개 이상의 형에서 한 개를 과(科)할 범죄에 대해서는 무거운 형에 의하여 공소시효의 기간을 결정한다(제250조). 여기서 두 개 이상의 형을 병과할 때라 함은 두 개 이상의 주형이 병과되는 경우를 말하고, 두 개 이상의 형에서 그 한 개를 과할 때라 함은 수개의 형이 선택적으로 규정되어 있는 경우를 말한다.

형법에 의하여 형을 가중 또는 감경할 경우에는 가중 또는 감경하지 아니한 형에 의하여 공소시효의 기간을 산정한다(제251조). 가중·감경의 사유는 필요적인 경우와 임의적인 경우를 모두 포함한다. 가중 또는 감경되지 않은 형을 기준으로 하는 것은 형법에 의하여 형이 가중·감경된 경우에 한하므로 특별법에 의하여 형이 가중·감경된 경우에는 그 특별법에 정한 법정형을 기준으로 시효기간을 정하여야 한다(80도1959). 교사범이나 방조범의 경우에는 정범의 법정형을 기준으로 한다. 그러나 필요적 공범의 경우에는 행위자를 기준으로 개별적으로 공소시효를 결정한다.

법률의 변경에 의하여 법정형이 변경된 경우에는 형법 제1조 제2항에 의하여 당해 범죄에 적용될 법률의 법정형을 기준으로 공소시효기간을 정하여야 한다(2008도4376).

(2) 공소장에 기재된 공소사실

법정형을 판단하는 기초가 되는 범죄사실은 공소장에 기재된 공소사실을 기준으로 한다. 공소장에 수개의 공소사실이 예비적·택일적으로 기재된 경우에는 각 범죄사실에 대하여 개별적으로 공소시효를 판단해야 할 것이다. 또한 과형상 일죄는 실체법상 수개의 죄에 해당하므로 과형상 일죄인 상상적 경합범의 경우에도 각 범죄사실에 대하여 개별적으로 공소시효기간을 결정하여야 한다(2006도6356).

(3) 공소장이 변경된 경우

공소제기의 효력은 공소장에 기재된 공소사실과 동일성이 인정되는 사실에 대하여도 미치므로 공소제기 후 공소장이 변경된 경우에 있어서 변경된 공소사실에 대한 공소시효의 완성 여부는 공소장변경시가 아니라 공소제기시를 기준으로 판단하여야 한다(2003도8153). 법원이 공소장변경 없이 공소장에 기재한 공소사실과 다른 사실을 인정하는 경우에도 같다. 다만 공소시효의 기간은 공소사실의 변경으로 법정형이 달라진 경우에는 변경된 공소사실에 대한 법정형이 기준이 되며(2001도2902), 법원이 공소장변경 없이 다른 사실을 인정하는 경우에는 그 다른 사실에 대한 법정형이 기준이 된다(2013도6182).

3. 공소시효의 기산점

(1) 범죄행위의 종료시

공소시효는 범죄행위를 종료한 때로부터 진행한다(제252조 제1항). 결과범에 있어서는 결과가 발생한 때부터 시효기간이 진행하나, 거동범은 행위시부터 시효가 진행되고 미수범의 경우는 행위를 종료하지 못하였거나 결과가 발생하지 아니하여 더 이상 범죄가 진행될 수 없는 때부터 공소시효가 진행된다(2016도14820). 계속범의 경우에는 법익침해가 종료된 때로부터 공소시효가 진행된다. 다수의 부분행위를 포괄하여 일죄로 파악하는 포괄일죄의 경우에는 최종의 범죄행위가 종료된 때를 기준으로 해야 할 것이다.

(2) 공범에 관한 특칙

공범의 경우에는 최종행위가 종료한 때로부터 모든 공범에 대한 시효기간이 진행한다(제252조 제2항). 공범에 대한 시효를 획일적으로 정함으로써 처벌의 형평을 도모하기 위한 것이다. 여기의 공범에는 공동정범과 교사범·종범뿐만 아니라 필요적 공범도 포함한다.

(3) 미성년자에 대한 성범죄 등에 관한 특칙

「성폭력범죄의 처벌 등에 관한 특례법」은 미성년자에 대한 성폭력범죄의 공소시효를 해당 성폭력범죄로 피해를 당한 미성년자가 성년에 달한 날부터 진행하도록 규정하고 있다(동법 제21조 제1항). 또한 일정한 범죄의 경우에 DNA증거 등 그 죄를 증명할 수 있는 과학적인 증거가 있는 때에는 공소시효를 10년 연장하고 있 다(동조 제2항). 「아동·청소년의 성보호에 관한 법률」 제20조 제1항 및 「아동학대범 죄의 처벌 등에 관한 특례법」 제34조 제1항도 아동·청소년대상 성범죄 및 아동학 대범죄의 공소시효를 해당 성범죄로 피해를 당한 아동·청소년이나 아동학대범죄의 피해아동이 성년에 달한 날부터 진행하도록 규정하고 있다.

Ⅲ. 공소시효의 정지

1. 공소시효정지의 의의

공소시효의 정지는 일정한 사유로 인하여 공소시효의 진행이 정지되는 것을 말한다. 따라서 일정한 사유가 없어지면 나머지 시효기간만 다시 진행된다. 형사소 송법은 이미 진행된 기간을 전부 무효로 하고 처음부터 시효기간을 다시 진행시키 는 공소시효의 중단은 이를 인정하지 않고 있다.

2. 공소시효정지의 사유

(1) 공소제기

공소가 제기되면 공소시효의 진행이 정지되고 공소기각 또는 관할위반의 재판 이 확정된 때로부터 다시 진행한다(제253조 제1항). 이 때 공소제기가 적법·유효할 것을 요하는 것은 아니다.

(2) 범인의 국외도피

범인이 형사처분을 면할 목적으로 국외에 있는 경우 그 기간 동안 공소시효는 정지된다(제253조 제3항). 범인이 국외에 체류하여 처벌을 면하는 것을 막아서 형벌 권을 적정하게 실현하기 위한 것이다. 이 규정은 범인이 국내에서 범죄를 저지르고 형사처분을 면할 목적으로 국외로 도피한 경우뿐만 아니라, 범인이 국외에서 범죄 를 저지르고 형사처분을 면할 목적으로 국외에서 체류를 계속하는 경우에도 적용 되며, 또한 범인의 국외체류의 목적이 오로지 형사처분을 면할 목적만으로 국외체 류하는 것에 한정되는 것은 아니고 범인이 가지는 여러 국외체류 목적 가운데 형사처분을 면할 목적이 포함되어 있으면 족하다(2015도5916).

(3) 재정신청

검사의 불기소결정에 대하여 재정신청이 있으면 고등법원의 재정결정이 확정될 때까지 공소시효의 진행이 정지된다(제262조의4 제1항). 재정결정의 내용이 공소제기결정인 경우에는 공소시효에 관하여 그 결정이 있는 날에 공소가 제기된 것으로 보게 되므로(동조 제2항) 공소시효는 계속하여 정지되는 결과가 된다. 다만 기각결정을 한 경우에는 그 결정이 확정된 때부터 공소시효가 다시 진행된다.

(4) 소년보호사건의 심리개시결정 등

소년보호사건에 대하여 소년부판사가 심리개시결정을 한 때에는 그 심리개시결정이 있는 때로부터 그 사건에 대한 보호처분의 결정이 확정될 때까지 공소시효의 진행이 정지된다(소년법 제54조). 또한 「가정폭력범죄의 처벌 등에 관한 특례법」이 규정한 가정폭력범죄에 대한 공소시효는 해당 가정보호사건이 법원에 송치된 때부터 시효의 진행이 정지되고, 관할법원의 불처분결정이 확정되거나 검사 또는 관할법원에 사건이 송치 또는 이송된 때부터 다시 진행된다(동법 제17조 제1항).

3. 공소시효정지의 효력범위

공소시효정지의 효력은 객관적으로 공소사실과 동일성이 인정되는 사건 전체에 대하여 미친다. 또한 공소시효정지의 효력은 주관적으로 공소가 제기된 피고인에 대해서만 미친다. 따라서 범인이 아닌 자에 대한 공소제기는 진범인에 대한 공소시효의 진행을 정지시키지 못한다.

다만 공소시효정지의 주관적 효력범위와 관련하여 공범자에 대하여는 특칙이 적용된다. 즉 공범의 1인에 대한 공소제기로 인한 시효정지는 다른 공범자에게도 효력이 미치고 당해 사건의 재판이 확정된 때로부터 진행한다(제253조 제2항). 이때 재판은 종국재판을 의미하며 그 종류를 묻지 않는다. 공범에 대하여 공소시효정지의 효력범위를 확장하는 것은 공범처벌의 형평성을 확보하는 데 그 목적이 있다. 여기서 공범인가의 여부는 심판을 하고 있는 법원이 결정한다. 따라서 피고인과 공범관계에 있는 자로서 공소가 제기되었으나 범죄의 증명이 없다는 이유로 무죄판결이 확정된 경우에는 그를 피고인과 공범이라고 할 수 없으므로 그에 대하여 제기된 공소는 피고인에 대한 공소시효정지의 효력이 없다. 그러나 공범의 1인으로 기소된 자가 구성요건에 해당하는 위법행위를 공동으로 하였다고 인정되기는 하나 책임조각을 이유로 무죄로 되는 경우에는 그 공범의 1인에 대한 공소제기는 다른 공범자에 대하여 공소시효를 정지시킨다(98도4621).

또한 공범 중 1인에 대하여 재판이 확정된 후라도 그에 대한 상소권회복결정이 확정된 경우에는 다시 다른 공범자에 대한 공소시효의 진행이 정지된다. 다만 공범의 1인에 대하여 재판이 확정된 후 그에 대한 상소권회복결정이 확정될 때까지의 기간 동안은 다른 공범자에 대한 공소시효의 진행이 정지되지 않는다(2011도15137).

형사소송법 제253조 제2항은 예외규정이므로 엄격하게 해석하여야 하고 피고인에게 불리한 방향으로 확장해석해서는 안 된다. 따라서 여기서 말하는 공범에는 뇌물공여죄와 뇌물수수죄 사이와 같은 대향범 관계에 있는 자는 포함되지 않는다. 대향범 관계에 있는 자는 각자 자신의 구성요건을 실현하고 별도의 형벌규정에 따라 처벌되는 것이어서, 2인 이상이 가공하여 공동의 구성요건을 실현하는 공범관계에 있는 자와는 본질적으로 다르기 때문이다(2012도4842).

Ⅳ. 공소시효완성의 효과

공소의 제기 없이 공소시효기간이 경과하면 공소시효가 완성된다(제249조 제1항). 공소가 제기된 경우에도 공소기각 또는 관할위반의 재판이 확정된 후 다시 공소시효가 진행되어 나머지 공소시효기간이 경과하면 공소시효가 완성된다. 공소시효의 완성은 소송조건에 해당하므로 검사는 공소권 없음을 이유로 불기소결정을 하여야 한다. 공소가 제기된 후에 공소시효가 완성된 것이 판명된 때에는 법원은 면소의 판결을 하여야 한다(제326조 제3호).

한편 공소가 제기된 범죄라도 판결의 확정 없이 공소가 제기된 때로부터 25년을 경과하면 공소시효가 완성된 것으로 간주한다(제249조 제2항). 이를 의제공소시효라고 한다. 따라서 이 경우에도 공소시효가 완성된 경우와 마찬가지로 면소의 판결을 선고하여야 한다.

제 5 절 재정신청제도

Ⅰ. 의 의

재정신청제도란 검사의 불기소결정에 불복하는 고소인 등의 신청에 대하여 법원이 이를 심리하여 공소제기 여부를 결정하는 절차를 말한다. 형사소송법은 공소제기의 기본원칙으로서 기소독점주의와 기소편의주의를 취하고 있다. 이러한 제도들은 공소권행사의 적정성과 구체적 타당성을 확보할 수 있다는 장점을 가지고 있으나, 이와 함께 공소권행사가 검사의 자의와 독선에 따라 이루어질 가능성도 아울러 가지고 있다. 따라서 검사의 위법·부당한 불기소결정을 규제하고 고소인 등의 이익을 보호하기 위해서는 기소독점주의와 기소편의주의를 규제하기 위한 제도가 필요하게 된다. 그러나 검찰청법에 의한 항고제도는 검찰내부의 시정제도라는 점에서 공소권행사의 적정성을 보장하는 데 한계가 있다. 여기서 법원으로 하여금 검사의 불기소결정을 규제하게 할 필요가 있게 되는데, 이를 위하여 마련된 제도가 재정신청제도라고 할 수 있다. 현행법상의 재정신청제도는 법원의 결정에 의하여 공소제기를 의제하는 것이 아니라 검사에게 공소제기를 강제하는 제도이다.

Ⅱ. 재정신청

1. 신청권자

재정신청의 신청권자는 원칙적으로 검사로부터 불기소결정의 통지를 받은 고소인이다. 또한 형법 제123조부터 제126조까지의 죄에 대하여는 고발인도 재정신청을 할 수 있다(제260조 제1항 본문). 다만 형법 제126조의 피의사실공표죄에 대하여는 피공표자의 명시한 의사에 반하여 재정을 신청할 수 없다(동조 제1항 단서).

공수처법상의 고위공직자범죄등에 대해서도 재정신청을 할 수 있다. 수사처에 공소권이 있는 고위공직자범죄 및 관련범죄(공수처법 제3조 제1항 제2호)의 고소·고발인은 재정신청을 할 수 있고(동법 제29조), 공수처에 수사권한만 있는 그 밖의 고위공직자범죄등에 대하여는 수사처장이 재정을 신청할 수 있다(동법 제30조).

재정신청권자는 대리인에 의하여도 재정신청를 할 수 있다(제264조 제1항). 그러나 고소 또는 고발을 취소한 자는 재정신청을 할 수 없다.

2. 재정신청의 대상

재정신청의 대상은 검사의 불기소결정이다. 따라서 진정사건에 대하여 내사종결로 처리된 경우에는 재정신청을 할 수 없으며(91모68), 일단 공소가 제기된 후 공소가 취소된 경우에도 재정신청은 허용되지 않는다. 다만 불기소결정의 이유에는 제한이 없으므로 협의의 불기소결정뿐만 아니라 기소유예결정에 대하여도 재정신청을 할 수 있다(86모58).

3. 재정신청의 절차

(1) 검찰항고전치주의

재정신청을 하려면 검찰청법 제10조에 따른 항고를 거쳐야 한다(제260조 제2항). 고소인에게 재정신청 전에 신속한 권리구제의 기회를 부여하고 검사에게 자체시정의 기회를 갖도록 하기 위한 것이다. 따라서 고소인 등은 검찰항고에 대한 고등검찰청검사장의 항고기각처분이 있을 때 비로소 고등법원에 재정신청을 할 수 있다.

다만 ① 항고 이후 재기수사가 이루어진 다음에 다시 공소를 제기하지 아니한다는 통지를 받은 경우, ② 항고 신청 후 항고에 대한 처분이 행하여지지 아니하고 3개월이 경과한 경우, ③ 검사가 공소시효 만료일 30일 전까지 공소를 제기하지 아니하는 경우에는 재정신청권자는 검찰항고 없이 바로 재정신청을 할 수 있다(동조 제2항 단서). 그리고 재정신청을 할 수 있는 자는 검찰청법에 의한 재항고를 할 수 없다(검찰청법 제10조 제3항).

또한 고위공직자범죄등에 대한 재정신청에는 검찰항고를 요하지 않는다(공수처법 제29조 제5항, 제30조 제5항 참조).

(2) 재정신청의 방식과 효력

재정신청을 하려는 자는 항고기각결정을 통지받은 날 또는 항고를 요하지 않는 사유가 발생한 날로부터 10일 이내에 지방검찰청 검사장 또는 지청장에게 재정신청서를 제출하여야 한다(제260조 제3항 본문). 다만 검사가 공소시효 만료일 30일 전까지 공소를 제기하지 아니하는 경우에는 공소시효 만료일 전날까지 재정신청서를 제출할 수 있다(동조 제3항 단서). 고위공직자범죄등에 대하여 재정신청을 하려는 자는 공소를 제기하지 아니한다는 통지를 받은 날로부터 30일 이내에 재정신청서를 제출하여야 한다(공수처법 제29조 제2항, 제30조 제2항). 재정신청서에는 재정신청의 대상이 되는 사건의 범죄사실과 증거 등 재정신청을 이유 있게 하는 사유를 기재하여야 한다(제260조 제4항).

고소인 또는 고발인이 수인인 경우에 공동신청권자 중 1인의 신청은 그 전원을 위하여 효력을 발생한다(제264조 제1항). 재정신청이 있으면 그에 대한 결정이 확정될 때까지 공소시효의 진행이 정지된다(제262조의4 제1항).

재정신청은 고등법원의 재정결정이 있을 때까지 취소할 수 있고 재정신청을 취소한 자는 다시 재정신청을 할 수 없다(제264조 제2항). 재정신청의 취소는 재정신청의 경우와는 달리 다른 공동신청권자에게 효력이 미치지 않는다(동조 제3항).

4. 지방검찰청 검사장·지청장 및 수사처장의 처리

재정신청서를 제출받은 지방검찰청검사장 또는 지청장은 재정신청서를 제출받은 날부터 7일 이내에 재정신청서·의견서·수사 관계서류 및 증거물을 관할 고등검찰청을 경유하여 관할 고등법원에 송부하여야 한다. 다만 검찰항고를 거치지 않고 재정신청을 할 수 있는 경우(제260조 제2항 단서)에는 지방검찰청검사장 또는 지청장은 ① 신청이 이유 있는 것으로 인정하는 때에는 즉시 공소를 제기하고 그 취지를 관할 고등법원과 재정신청인에게 통지하고, ② 신청이 이유 없는 것으로 인정하는 때에는 30일 이내에 관할 고등법원에 송부한다(제261조).

재정신청서를 제출받은 공위공직자범죄수사처장은 재정신청서를 제출받은 날부터 7일 이내에 재정신청서, 의견서, 수사 관계 서류 및 증거물을 서울고등법원에 송부하여야 하고, 다만 재정신청이 이유 있는 것으로 인정하는 때에는 즉시 공소를 제기하고 그 취지를 서울고등법원과 재정신청인에게 통지한다(공수처법 제29조 제4항).

Ⅲ. 고등법원의 심리와 결정

1. 기소강제절차의 성격

기소강제절차는 수사절차가 아닌 형사소송 유사의 재판절차이다. 다만 기소강제절차는 공소제기 전의 절차로서 수사와 유사한 성격도 아울러 가지고 있으므로 당사자가 대립하는 소송구조의 절차가 아니라 밀행성의 원칙과 직권주의가 지배하는 특수한 형사소송절차라고 볼 수 있다. 형사소송법이 재정신청사건을 항고절차에 준하여 결정하도록 규정하고 있는 것(제262조 제2항)도 이를 형사항고에 유사한 형사소송절차로 파악하고 있기 때문이다.

2. 재정신청사건의 심리

재정신청사건은 불기소결정을 한 검사가 소속한 지방검찰청 소재지를 관할하는 고등법원이 관할한다(제260조 제1항). 법원은 재정신청서를 송부받은 날부터 3개월 이내에 항고의 절차에 준하여 재정결정을 하여야 하고, 재정결정을 함에 필요한 때에는 증거조사를 할 수 있다(제262조 제2항). 따라서 법원은 증인신문이나 감정, 검증을 행할 수 있으며, 피의자신문을 할 수도 있다. 재정신청이 이유 있는가의 여부는 재정결정을 하는 시점을 기준으로 판단하여야 하므로 불기소결정 이후에 발견된 증거나 사실도 판단자료로 삼을 수 있다.

재정신청사건의 심리는 특별한 사정이 없는 한 공개하지 아니한다(동조 제3항). 심리를 비공개로 한 것은 심리의 보안을 유지하여 적정한 재정결정이 이루어지게 하고 무죄추정을 받는 관련자의 사생활 침해를 방지할 수 있도록 하기 위함이다(2008헌마578).

재정신청사건의 심리 중에는 관련서류 및 증거물을 열람 또는 등사할 수 없다(제262조의2 본문). 재정신청사건 기록에 대한 열람·등사의 금지는 민사소송 제출용 증거서류를 확보하려는 목적으로 재정신청을 남용하는 사태를 방지하기 위한 것이다(2008헌마578). 다만 재정신청사건을 심리하는 고등법원이 증거조사를 행한 경우에는 그 증거조사과정에서 작성된 서류의 전부 또는 일부의 열람 또는 등사를 허가할 수 있다(동조 단서).

3. 고등법원의 재정결정

(1) 기각결정

재정신청이 법률상의 방식에 위배되거나 이유 없는 때에는 신청을 기각한다 (제262조 제2항 제1호). 재정신청이 법률상의 방식에 위배된 때란 신청권자가 아닌 자가 재정신청을 하거나 신청기간이 지난 후에 재정신청을 한 경우, 재정신청서에 범죄사실과 증거 등 재정신청을 이유 있게 하는 사유를 기재하지 않은 경우(2000모 216) 등을 말한다. 한편 신청이 이유 없는 때란 검사의 불기소결정이 정당한 것으로 인정된 경우를 말한다. 검사의 무혐의 불기소결정에 대한 재정신청사건을 심리한 결과 범죄의 객관적 혐의는 인정되나 기소유예결정을 할 만한 사건이라고 인정되는 경우에도 재정신청을 기각할 수 있다(97모30). 재정신청의 기각이 확정된 사건에 대하여는 다른 중요한 증거를 발견한 경우를 제외하고는 소추할 수 없다(동조 제4항 2문).

법원의 재정신청 기각결정에 대하여는 재항고가 허용된다. 즉 재정신청을 기각하는 결정에 대하여는 헌법·법률·명령 또는 규칙에 위반한 경우에 대법원에 즉시항고할 수 있다(동조 제4항 1문).

(2) 공소제기결정

재정신청이 이유 있는 때에는 사건에 대한 공소제기를 결정한다(제262조 제2항 제2호). 공소제기결정이 있는 때에는 공소시효에 관하여 그 결정이 있는 날에 공소가 제기된 것으로 본다(제262조의4 제2항).

고등법원의 공소제기결정에 대하여는 불복할 수 없다(제262조 제4항 1문). 검사는 물론이고 공소제기결정의 대상이 된 피의자도 불복할 수 없다. 고등법원의 공소제기결정에 잘못이 있더라도 이러한 잘못은 본안사건에서 공소사실 자체에 대하여 무죄, 면소, 공소기각 등을 할 사유에 해당하는지를 살펴 무죄 등의 판결을 함으로써 이를 바로잡을 수 있고, 또한 본안사건에서 심리한 결과 범죄사실이 유죄로 인정되는 때에는 이를 처벌하는 것이 오히려 형사소송의 이념인 실체적 정의를 구현하는 데 보다 충실하다는 점도 고려해야 하기 때문이다(2009도224).

Ⅳ. 검사의 공소제기와 공소유지

고등법원의 공소제기결정에 따른 재정결정서를 송부받은 관할 지방검찰청검사장 또는 지청장은 지체 없이 담당 검사를 지정하고 지정받은 검사는 공소를 제기하여야 한다(제262조 제6항). 따라서 검사는 관할 지방법원에 공소장을 제출하여야 하며 공소유지도 검사가 담당한다. 고위공직자범죄수사처검사의 불기소결정에 대하여 고등법원이 공소제기결정을 한 경우에도 공수처장은 지체 없이 담당수사처검사를 지정하여 공소를 제기하도록 해야 한다(공수처법 제29조 제5항, 형소법 제262조 제6항).

공소제기결정에 따라 공소를 제기한 검사는 통상의 공판절차에 있어서와 마찬가지로 권한을 행사한다. 검사는 공소장변경이 필요한 경우에는 동일성의 범위 내에서 공소사실과 적용법조를 변경할 수 있고 또한 상소를 제기할 수도 있다. 다만 이 경우에 검사는 공소를 유지할 권한만을 가지므로 공소를 취소할 수 없다(제264조의2).

제 6 절 공소제기의 효과

Ⅰ. 소송계속

1. 소송계속의 의의

검사의 공소제기에 의하여 법원은 피고사건에 대한 심리와 재판을 행할 권한과 의무를 가지게 된다. 이와 같이 사건이 특정한 법원의 심리와 재판의 대상으로 되어 있는 상태를 소송계속이라고 한다.

2. 소송계속의 효과

(1) 적극적 효과

공소제기에 의하여 법원은 당해 사건을 심판할 권리와 의무를 가지며, 검사와 피고인은 당사자로서 당해 사건의 심리에 관여하고 법원의 심판을 받을 권리와 의무를 가지게 된다. 이러한 적극적 효과는 공소가 제기된 사건 자체에 대하여 발생하는 효과라는 점에서 공소제기의 내부적 효과라고도 한다.

(2) 소극적 효과

공소제기에 의하여 소송계속이 발생하면 검사는 동일사건에 대하여 다시 공소를 제기할 수 없다. 공소가 제기된 사건과 동일성이 인정되는 사건에 대하여 다시 공소를 제기하는 것을 허용하지 않는 소송계속의 이러한 효과를 이중기소금지의 효과라고 한다. 공소제기가 당해 피고사건 이외의 다른 형사사건에 대하여 소송장애의 사유로 기능한다는 의미에서 공소제기의 외부적 효과라고도 한다.

II. 공소시효의 정지

공소가 제기되면 공소시효의 진행이 정지되며, 공소기각 또는 관할위반의 재판이 확정된 때로부터 다시 진행한다(제253조 제1항). 공소제기가 있으면 비록 소송조건을 결여한 경우에도 공소시효는 정지된다. 그리고 공범의 1인에 대한 시효정지는 다른 공범자에 대하여도 효력이 미친다(동조 제2항).

III. 심판범위의 한정

1. 공소제기의 주관적 효력범위

공소의 효력은 검사가 피고인으로 지정한 자에게만 미친다(제248조 제1항). 따라서 법원은 검사가 공소장에 특정하여 기재한 피고인만을 심판할 수 있고 그 밖의 사람에 대해서는 심판할 수 없다. 공소제기의 효력은 검사가 피고인으로 지정한 사람에게만 미치므로 공소제기 후에 진범인이 발견되어도 공소제기의 효력은 진범인에게 미치지 아니하며, 공범 중 1인에 대한 공소제기가 있어도 다른 공범자에 대하여는 그 효력이 미치지 않는다.

2. 공소제기의 객관적 효력범위

(1) 공소불가분의 원칙

범죄사실의 일부에 대한 공소의 효력은 범죄사실 전부에 미친다(제248조 제2항). 즉 공소제기의 효력은 공소장에 기재된 공소사실 및 그와 단일성·동일성이 인정되는 범죄사실 전체에 대하여 미친다. 이를 공소불가분의 원칙이라고 한다. 다만 법원은 현실적 심판의 대상인 공소장에 기재된 공소사실에 대하여만 심판할 수 있고, 공소장변경이 없는 한 공소사실과 단일성·동일성이 인정되는 사실이라도 법원의 잠재적 심판의 대상이 되는 데 그친다.

(2) 일죄의 일부에 대한 공소제기

(가) 의 의

일죄의 일부에 대한 공소제기란 소송상 일죄로 취급되는 단순일죄나 과형상 일죄의 일부에 대한 공소제기를 말한다. 예를 들면 강도상해의 혐의가 충분한데도 검사가 강도사실에 대하여만 공소를 제기하는 경우, 포괄일죄를 구성하는 다수의 범죄행위 가운데 일부에 대해서만 공소를 제기하는 경우, 강도죄나 강간죄의 경우에 그 수단인 폭행 또는 협박에 대해서만 공소를 제기하는 경우 등이 여기에 해당한다.

일죄의 일부에 대한 공소제기의 문제는 일죄의 전부에 대하여 객관적 혐의가 인정되고 소송조건이 구비되어 있는 경우에도 검사가 일죄의 일부에 대해서만 공소를 제기할 수 있는가의 문제이다. 수개의 부분행위 가운데 일부의 행위에 대하여만 범죄의 객관적 혐의가 인정되고 소송조건이 갖추어져 있는 경우에 그 부분에 대해서만 공소를 제기하는 것은 처음부터 일부기소의 문제가 아니다.

(나) 일부기소의 적법성 여부

1) 소극설

일죄의 일부에 대한 공소제기를 허용하면 실체적 진실발견을 무시하고 검사의 자의를 인정하는 결과가 되기 때문에 일부기소가 허용되지 않는다는 견해이다. 소극설에 의하면 검사가 일죄의 전부에 대하여 공소를 제기할 수 있음에도 불구하고 일부에 대해서만 공소를 제기한 경우에는 제327조 제2호에 의하여 공소기각의 판결을 선고해야 하는 것이 된다.

2) 적극설

기소독점주의와 기소편의주의하에서 공소제기는 검사의 권한이므로 가분적인 범죄사실의 일부에 대한 공소제기도 가능하다는 견해이다. 형사소송법 제248조 제2항은 일죄의 일부에 대한 공소제기를 허용한다는 전제하에 둔 규정이라는 점, 확정판결에 의한 일사부재리의 효력은 일죄의 전부에 대하여 미치므로 일부기소가 피고인에게 불리하지 않다는 점 등도 그 논거로 제시되고 있다. 판례는 과형상 일죄 가운데 일부 범죄에 대해서만 공소를 제기한 경우(2005도4202) 또는 중한 구성요건사실에 포함되는 경한 구성요건사실에 대하여 공소를 제기한 경우(89도582) 등을 적법한 공소제기로 인정함으로써 적극설의 입장을 취하고 있다.

3) 검 토

검사가 일죄의 전부에 대하여 공소를 제기할 수 있음에도 불구하고 정상참작 등의 이유로 일부에 대하여 기소유예하고 일부만을 기소하는 것은 원칙적으로 부당한 공소권행사라고 할 수 있다. 이 경우에 검사는 일죄의 전부에 대하여 공소제기 여부를 결정할 것이 요구된다고 보아야 하기 때문이다. 그러나 한편 기소편의주의를 취하고 있는 형사소송법상 공소권의 주체인 검사에게는 소추재량권이 인정되고 있으므로 일부기소 내지 일부기소유예가 소추재량권의 한계를 명백히 일탈한 것으로 볼 수 없는 한 그 적법성을 인정하여야 할 것이다.

(다) 일부기소의 효력

일죄의 일부만을 기소한 경우에도 일죄의 전부에 대하여 공소제기의 효력이 미친다(제248조 제2항). 따라서 공소를 제기하지 않은 나머지 부분에 대해서 다시 공소를 제기할 수 없고, 만일 공소를 제기하게 되면 이중기소에 해당하므로 법원은 판결로서 공소를 기각하여야 한다. 다만 법원의 현실적 심판의 대상은 공소장에 기재되어 있는 일죄의 일부에 한정되므로 법원이 일죄의 전부에 대하여 심판하기 위해서는 공소장변경이 있어야만 한다.

제 **4** 편

공 판

제1장

공판절차

제1절 공판절차 일반

Ⅰ. 공판절차와 공판중심주의

공판절차란 공소가 제기되어 사건이 법원에 계속된 후부터 그 소송절차가 종료될 때까지의 절차, 즉 법원이 피고사건의 심리와 재판을 행하는 절차를 말한다. 그리고 이 가운데 특히 공판기일의 절차만을 가리켜 좁은 의미의 공판절차라고 한다.

공판중심주의란 형사사건의 실체에 대한 유죄 또는 무죄의 심증형성은 공판정에서의 심리에 의하여야 한다는 원칙을 말한다. 공판중심주의는 피고사건의 실체에 대한 심증형성을 공판심리에 의할 것을 요구하므로 공소장일본주의는 공판중심주의의 전제가 되며, 공판절차에서 공개주의·구두변론주의·직접주의·집중심리주의가 인정되어 있는 것도 공판중심주의의 실현에 기여하게 된다.

II. 공판절차의 기본원칙

1. 공개주의

(1) 의 의

공개주의란 일반인에게 재판의 방청을 허용하는 원칙을 말한다. 헌법 제27조 제3항은 공개재판을 받을 권리를 국민의 기본적 인권으로 보장하고 있고, 제109조에서 다시 재판공개의 원칙을 선언하고 있으며, 법원조직법 제57조도 「재판의 심리와 판결은 공개한다」고 하여 공개주의를 명시하고 있다. 공개주의는 법치국가원리에 기초한 제도로서 법원의 심판절차를 국민의 감시하에 둠으로써 재판의 공정성을 보장하고 사법에 대한 국민의 신뢰를 높이는 기능을 수행한다.

(2) 내 용

공개주의는 누구나 방청인으로서 공판절차에 참여할 수 있다는 것을 의미한다. 따라서 공개주의 원칙이 실현되기 위해서는 일반인들이 특별한 어려움 없이 공판의 기일과 장소에 대한 충분한 정보를 얻을 수 있어야 하고, 당해 재판에 관심 있는 사람들이 공판정에 출입할 수 있어야 한다.

(3) 한 계

재판장은 법정의 존엄과 질서를 해칠 우려가 있는 사람의 입정금지 또는 퇴정을 명할 수 있고, 그 밖에 법정의 질서유지에 필요한 명령을 할 수 있다(법원조직법 제58조 제2항). 또한 사건의 내용이 국가의 안전보장 또는 안녕질서를 방해하거나 선량한 풍속을 해할 염려가 있는 때에는 법원의 결정으로 심리를 공개하지 않을 수 있다(헌법 제109조 단서, 법원조직법 제57조 제1항). 다만 비공개는 심리에 한하고 판결의 선고는 반드시 공개하여야 한다.

공개주의라고 해서 법정에서의 중계방송이나 녹화·녹음 등을 통한 재판의 간접공개를 허용하는 것은 아니다. 간접공개는 여론재판을 초래할 염려가 있을 뿐만 아니라 피고인의 인격권을 침해하며 또한 피고인의 사회복귀에 지장을 초래한다. 따라서 법원조직법 제59조는 「누구든지 법정 안에서는 재판장의 허가 없이 녹화·촬영·중계방송 등의 행위를 하지 못한다」고 규정하여, 녹화·촬영·중계방송을 재판장의 허가사항으로 하고 있다.

2. 구두변론주의

구두변론주의란 법원이 당사자의 구두에 의한 공격·방어를 기초로 심판하여야 한다는 원칙을 말한다. 공판정에서의 변론은 구두로 하여야 하며(제275조의3), 특히 판결은 법률에 다른 규정이 없으면 구두변론에 의거하여야 한다(제37조 제1항). 구두변론주의는 구두주의와 변론주의를 그 내용으로 한다.

(1) 구두주의

구두주의란 구술에 의하여 제공된 주장이나 입증자료를 기초로 재판을 하여야 한다는 원칙을 말하며, 서면주의와 대립하는 개념이다. 구두주의는 법관에게 신선한 인상을 주고 진술자의 태도 등을 통하여 정확한 심증형성을 가능하게 할 뿐 아니라, 방청인에게 변론의 내용을 알릴 수 있다는 장점이 있다. 따라서 공판심리에서의 소송행위는 구두로 이루어져야 하며, 특히 실체형성행위에 대해서는 실체적 진실발견을 위하여 구두주의가 요구되고 있다.

구두주의는 그 장점과 함께 시간의 경과에 따라 기억이 흐려지고 변론의 내용을 증명하기 어렵게 된다는 단점도 가지고 있다. 따라서 현행법은 공판기일의 소송절차에 관하여는 공판조서를 작성하도록 함으로써 이를 보완하고 있다(제51조 제1항). 또한 형식적 확실성이 요구되는 절차형성행위에 대해서는 소송행위의 내용을 서면에 의하여 명확히 해 둘 필요가 있으므로 서면주의를 원칙으로 하고 있다.

(2) 변론주의

변론주의란 당사자의 변론, 즉 당사자의 주장과 입증에 의하여 재판하는 원칙을 말하며, 법원이 아닌 당사자에게 공격·방어의 주도적 지위를 부여하는 당사자주의적 심리방식이다. 민사소송에서의 변론주의는 당사자가 제출한 소송자료만을 재판의 기초로 삼을 뿐만 아니라 당사자에게 심판대상에 대한 처분권까지 인정하는 당사자처분권주의를 취하고 있다. 그러나 형사소송에서의 변론주의는 당사자에게 공격과 방어를 행할 수 있는 기회를 최대한 부여하는 것을 그 내용으로 하고 있을 뿐 심판대상에 대한 당사자의 처분권은 이를 인정하지 않고 있다. 따라서 피고인의 자백이 있더라도 보강증거가 요구되며(제310조), 증거동의도 증거의 진정성이 인정되는 경우에 한하여 그 효력이 있다(제318조 제1항).

3. 직접주의

(1) 의 의

직접주의 또는 직접심리주의는 법원이 공판정에서 직접 조사한 원본증거만을 재판의 기초로 삼아야 한다는 원칙을 말한다. 구체적으로는 법원은 공판정에서 직접 조사한 증거를 토대로 심증을 형성해야 한다는 형식적 직접주의와 증명의 대상이 되는 사실과 가장 가까운 원본증거를 재판의 기초로 삼아야 한다는 실질적 직접주의를 그 내용으로 한다. 직접주의는 법관의 정확한 심증형성을 가능하게 함으로써 실체적 진실발견에 기여할 뿐만 아니라 피고인에게 반대신문의 기회를 주어 피고인의 이익을 보호한다는 의미도 가지고 있다.

(2) 제도적 표현

형사소송법이 공판개정 후에 판사의 경질이 있으면 공판절차를 갱신하도록 한 것(제301조)과 물적증거에 대한 증거조사를 위해 소송관계인이 서류나 물건을 개별적으로 지시·설명하도록 한 것(제291조) 등은 형식적 직접주의의 표현이라고 할 수 있다.

한편 실질적 직접주의는 현행법상으로는 전문증거제도를 통하여 그 결과가 대체적으로 실현되고 있다. 이러한 의미에서 전문법칙과 직접주의는 내용적으로 밀접하게 관련되어 있는 매우 유사한 형태의 제도라고 할 수 있다.

4. 집중심리주의

(1) 의 의

집중심리주의란 법원이 공판기일에 하나의 사건을 집중적으로 심리하고, 1회의 심리로 종결할 수 없는 사건에 대해서는 가능한 한 시간적 간격을 두지 않고 계속적으로 심리할 것을 요구하는 원칙을 말한다. 집중심리주의는 심리의 중단으로 인해 법관의 심증형성이 약화되는 것을 방지하여 공정한 재판을 실현할 수 있고 또한 신속한 재판의 이념을 실현하는 데 기여한다.

(2) 내 용

공판기일의 심리는 집중되어야 한다(제267조의2 제1항). 심리에 2일 이상이 필요한 경우에는 부득이한 사정이 없는 한 매일 계속 개정하여야 한다(동조 제2항). 재판장은 여러 공판기일을 일괄하여 지정할 수 있다(동조 제3항). 재판장은 부득이한 사정으로 매일 계속 개정하지 못하는 경우에도 특별한 사정이 없는 한 전회의 공판 기일부터 14일 이내로 다음 공판기일을 지정하여야 한다(동조 제4항). 소송관계인은 기일을 준수하고 심리에 지장을 초래하지 아니하도록 하여야 하며, 재판장은 이에 필요한 조치를 할 수 있다(동조 제5항).

제 2 절 공판심리의 범위

Ⅰ. 심판의 대상

1. 의 의

형사소송에서의 심판의 대상은 검사의 공소제기에 의해서 결정되며, 이는 곧 형사소송에 있어서의 소송물을 의미한다. 불고불리의 원칙에 의하여 법원의 심판 의 대상은 검사가 공소장에 기재한 피고인과 공소사실에 한정된다.

형사절차에서 심판의 대상에 관한 논의는 본래 법원에 소송이 계속되는 공소 제기 후에 문제가 되나, 수사단계에서도 이미 특정한 피의사실을 대상으로 절차가 진행된다는 점에서 심판대상의 문제는 사건의 단위로서 소송절차 전 과정에서 그 의미를 가진다고 할 수 있다.

2. 심판대상에 관한 논의

(1) 범죄사실대상설

범죄사실대상설은 공소장에 기재된 공소사실 및 그와 동일성이 인정되는 사실 을 모두 법원의 현실적 심판의 대상으로 보는 견해이다. 공소가 제기된 이후에는 범죄사실에 대한 실체해명의 권한과 책임을 법원에 인정하는 직권주의적 소송구조 를 기초로 하는 입장으로서, 이에 따르면 공소제기의 효력범위와 법원의 현실적 심 판범위 및 확정판결의 효력범위가 일치하게 된다.

범죄사실대상설은 그 근거를 공소불가분의 원칙을 규정한 제248조 제2항에서 구하며, 범죄사실의 일부에 대한 공소의 효력이 전부에 미친다는 것은 바로 범죄사실 전체가 법원의 현실적 심판의 대상이 된다는 것을 의미한다고 본다. 범죄사실대 상설에 의하면 법원은 현실적으로 범죄사실 전체에 대하여 심판할 수 있으므로 공 소장변경에 의하여 비로소 동일성이 인정되는 사실이 법원의 심판의 대상이 되는 것은 아니다. 따라서 이 견해에서는 공소장변경제도를 형사절차의 소송물 자체에 는 영향을 미치지 않는 피고인의 방어권보장을 위한 절차적 담보장치로 보게 된다.

(2) 이원설

이원설은 공소장에 기재된 공소사실이 현실적 심판의 대상이고 공소사실과 동 일성이 인정되는 사실이 잠재적 심판의 대상이며, 잠재적 심판대상은 공소장변경 에 의하여 현실적 심판의 대상으로 된다는 견해이다. 현재 우리나라의 통설 및 판 례(90도1977)의 입장이다. 이 견해에 의하면 공소장변경제도는 잠재적 심판대상을 현실적 심판대상으로 전환시킨다는 점에서 소송물의 처분으로서의 성격과 함께 피 고인의 방어권보장이라는 성격을 아울러 가지게 된다. 그리고 공소제기의 효력과 공소장변경의 한계 및 확정판결의 효력범위는 모두 공소사실의 동일성이 인정되는 사실이 그 기준이 되게 된다.

(3) 검 토

법원의 심판대상을 이원화하여 현실적 심판대상과 잠재적 심판대상으로 구분 하는 이원설이 타당하다. 공소불가분의 원칙이란 법원의 심판가능성을 기초로 판 결이 확정된 경우 그 효력이 범죄사실 전체에 대하여 미칠 수 있도록 하기 위한 원 칙일 뿐 그 자체로서 현실적 심판의 대상을 정하는 의미를 가지는 것은 아니다. 그 리고 현행법상의 공소장변경제도의 성격을 피고인의 방어권보장을 위한 단순한 절 차적 보장책으로서 파악하는 것도 바람직하지 않다.

II. 공소장의 변경

1. 공소장변경의 의의

(1) 의 의

공소장변경이란 검사가 공소를 제기한 후에 공소사실의 동일성이 인정되는 범 위 내에서 법원의 허가를 얻어 공소장에 기재한 공소사실 또는 적용법조를 추가·

철회 또는 변경하는 것을 말한다(제298조 제1항). 공소장변경은 공소사실의 동일성이 인정되는 범위 내에서 별도의 공소제기 없이 공소사실 및 적용법조를 변경하는 제도라는 점에서 새로운 범죄사실에 대하여 심판을 구하는 추가기소와 구별되며, 또한 소송절차를 유지하면서 심판대상만 변경하는 제도라는 점에서 수개의 공소사실이 경합범으로 기소된 상태에서 그 일부사실에 대해 법원의 소송계속을 종결시키는 공소취소(제255조)와도 다르다. 아울러 공소장변경은 법원의 심판대상에 실질적인 변경을 가하는 점에서 법원의 허가 없이 행하여지고 공소장의 명백한 오기나 누락을 보충하는 데 그치는 공소장정정이나 검사의 청구 없이 법원이 직권으로 행하는 하자의 보정과도 다르다.

공소장변경은 공소사실이나 적용법조를 추가·철회·변경하는 것을 내용으로 하는데, 공소사실과 적용법조는 별도로 변경할 수도 있고 함께 변경할 수도 있으며, 이때 죄명도 함께 변경하는 것이 일반적이다. 추가란 새로운 공소사실이나 적용법조를 덧붙이는 것을 말하는데, 예를 들면 상습절도의 공소사실에 대하여 다른 절도의 범죄사실을 추가하는 것과 같이 포괄일죄의 내용을 이루는 범죄사실의 일부를 추가하거나 또는 과형상 일죄를 이루는 사실을 공소사실에 추가하는 경우(단순추가)와 동일성이 있는 범죄사실을 예비적 또는 택일적 관계에서 추가하는 경우(예비적 또는 택일적 추가)가 여기에 해당한다. 철회란 공소장에 기재된 공소사실이나 적용법조 중 일부를 심판대상에서 제외시키는 것을 말하며, 포괄일죄나 과형상 일죄의 일부를 이루는 범죄사실을 철회하거나, 예비적 또는 택일적으로 기재된 공소사실의 일부를 철회하는 형식으로 이루어진다. 또한 변경은 공소사실이나 적용법조의 내용을 바꾸는 것으로서, 일부를 추가하면서 아울러 일부를 철회하는 것을 말한다.

(2) 제도적 가치

공소장에 기재된 공소사실은 검사가 수사결과를 기초로 구성한 구체적인 범죄사실의 주장이다. 그리고 공판에서는 공소사실을 중심으로 당사자의 주장과 입증이 행하여지며, 그 결과 공소장기재의 공소사실과 다른 범죄사실이 증명되는 경우도 있게 된다. 이러한 경우에 공소장변경제도는 공소장에 기재된 공소사실과 동일성이 인정되는 사실도 법원의 심판의 대상이 될 수 있는 길을 열어 적정한 형벌권행사를 가능하게 하면서도, 한편으로 법원은 동일성이 인정되는 사실일지라도 공소장변경이 있는 경우에만 이를 심판할 수 있도록 함으로써 피고인의 방어권을 보장하는 역할을 수행하게 된다. 이와 같이 공소장변경제도는 피고인의 방어권 보장과 함께 실체적 진실발견과 국가형벌권의 적정한 행사를 가능하게 하는 데 그 제도적 가치가 있다.

2. 공소장변경의 한계

(1) 공소사실의 동일성의 의의

공소장변경은 공소사실의 동일성을 해하지 않는 범위에서 허용되므로(제298조 제1항), 여기서 공소사실의 동일성의 구체적 의미를 파악할 필요가 있게 된다. 공소사실의 동일성이란 공소사실의 단일성과 협의의 동일성을 포함하는 개념이라는 견해(광의설)와 공소사실의 단일성은 형법상의 죄수문제와 같으므로 형사소송법에서의 공소사실의 동일성은 좁은 의미의 동일성만을 의미한다고 보는 견해(협의설)가 있다.

공소사실의 단일성은 일정한 시점에서 공소범죄사실이 1개라는 것으로서 이는 사건의 객관적 자기동일성을 의미한다. 그리고 이러한 판단은 대부분 형법상의 죄수론에 의해 결정되는 것이 사실이나 그렇다고 반드시 양자가 일치하는 것은 아니다. 따라서 공소사실의 단일성을 결정하는 기준은 형법상의 죄수론이 아니라 형사소송법상의 독자적인 행위개념이며, 이는 당해절차에서 공소사실과 하나로 다루어져야 할 범죄사실이 무엇인가라는 관점에서 파악하여야 한다. 이렇게 볼 때 상상적 경합범이 형법에서는 수죄이지만 소송법상으로는 일죄가 되는 이유를 설명할 수 있게 된다. 또한 절도사실과 그 수단인 주거침입의 사실과 같이 실체법상 경합범의 관계에 있는 범죄사실이라도 소송법상으로는 하나의 공소사실로 보는 것이 가능할 수 있다. 이들 사실은 우리의 생활경험에 비추어 하나의 역사적 사실로서 평가할 수 있어 이른바 행위단일성을 인정할 수 있는 것이다. 이러한 의미에서 볼 때 다수설인 광의설이 타당하다고 생각된다.

그리고 공소사실의 동일성(협의의 동일성)이란 소송의 진행에 따른 사실관계의 변화에도 불구하고 비교되는 두 시점에서 범죄사실이 동일한 것으로 볼 수 있다는 의미로서 사건의 시간적 전후동일성의 문제가 된다.

(2) 공소사실의 동일성의 판단기준

(가) 기본적 사실관계동일설

현재의 공소사실과 변경하려는 공소사실을 각각 그 기초가 되는 사회적 사실로 환원하여 그러한 사실 사이에 다소의 차이가 있더라도 기본적인 사실관계가 동일하면 동일성을 인정해야 한다는 견해로서, 종래 대법원도 이러한 입장을 취하고 있었다.

이 견해는 공소사실의 동일성을 판단하는 데 있어서 일체의 법률적 관점을 배제하고 순수하게 자연적·전법률적 관점에서 이를 판단하려는 점에 그 특색이 있으며, 범행의 일시와 장소·수단과 방법 그리고 범행객체 내지 피해자 등을 고려할 때 양자가 밀접한 관계에 있어 서로 양립할 수 없다고 볼 수 있는 때에는 기본적 사실관계가 동일하다고 보고 있다.

(나) 죄질동일설

공소사실은 자연적 사실이 아니라 구성요건의 유형적 본질, 즉 죄질에 의한 사실관계의 파악이므로 죄질이 동일한 경우에만 공소사실의 동일성이 인정된다는 견해이다. 그리고 구성요건의 유형적 본질은 주로 범죄사실에 대한 죄명이나 그 범죄의 법전 내에서의 체계적 위치를 통해서 파악된다고 한다. 죄질동일설에 의하면 절도죄와 강도죄, 사기죄와 공갈죄, 상해죄와 폭행죄 등과 같이 형법상 동일한 장에 속하는 범죄 사이의 동일성은 인정되지만, 수뢰죄와 공갈죄는 죄질을 달리하므로 비록 공무원이 직무를 빙자한 협박에 의하여 재물을 갈취한 사실이 인정되더라도 수뢰죄를 공갈죄로 변경하는 것은 허용되지 않게 된다.

이 견해는 공소사실의 동일성을 규범적으로 판단하여 그 범위를 지나치게 좁게 해석함으로써 공소장변경제도를 무의미하게 만들고, 일사부재리의 효력범위의 축소로 인하여 피고인에게 추가기소의 위험을 증가시킨다는 비판을 받고 있다.

(다) 구성요건공통설

비교되는 두 사실이 구성요건적으로 상당한 정도 부합하는 때에는 공소사실의 동일성이 인정되고, 이때 양 구성요건이 죄질을 같이 하거나 공통된 특징을 가질 것을 요하지 않는다는 견해이다. 다시 말해서 A 사실이 甲 구성요건에 해당하고 B 사실이 乙 구성요건에 해당하는 경우에 B 사실이 甲 구성요건에도 상당한 정도 부합하는 때에는 공소사실이 인정되고, 따라서 수뢰죄와 공갈죄, 재산죄 상호 간, 공무집행방해죄와 소요죄 사이에도 동일성을 인정할 수 있다고 한다. 공소사실의 규범적 성격을 유지하면서 죄질동일설의 결함을 시정하여 동일성의 범위를 넓히고자 하는 구성요건공통설에 대해서는 구성요건이 상당한 정도 부합한다는 의미가 명확하지 않으며 또한 동일성을 여전히 규범적으로만 파악하고 있다는 점에 대하여 비판이 제기되고 있다.

(라) 판례의 입장(수정된 기본적 사실관계동일설)

대법원은 종래 기본적 사실관계동일설의 입장에서 범행의 일시와 장소, 수단과 방법 그리고 범행객체 내지 피해자 등을 고려할 때 양자가 밀접한 관계에 있어 서로 양립할 수 없는 관계에 있는 경우에는 기본적 사실관계가 동일하다고 보고 있었다.

그런데 1994년의 전원합의체 판결 이래 대법원은 기본적 사실관계동일설을 취하면서도 기본적 사실관계의 동일성을 판단하는 데 있어서는 범행의 일시·장소, 수단·방법, 범행객체 내지 피해자 등과 함께 피침해법익 등 죄질의 평가에 영향을 주는 규범적 요소도 고려하여야 한다는 입장을 취하고 있다. 판례에 의하면 「공소사실이나 범죄사실의 동일성은 형사소송법상의 개념이므로 이것이 형사소송절차에서 가지는 의의나 소송법적 기능을 고려하여야 할 것이고, 따라서 두 죄의 기본적 사실관계가 동일한가의 여부는 그 규범적 요소를 전적으로 배제한 채 순수하게 사회적, 전법률적인 관점에서만 파악할 수는 없고, 그 자연적·사회적 사실관계나 피고인의 행위가 동일한 것인가 외에 그 규범적 요소도 기본적 사실관계 동일성의 실질적 내용의 일부를 이루는 것이라고 보는 것이 상당하다」고 한다(90도1977).

(마) 검 토

기본적 사실관계의 동일성을 판단함에 있어서 규범적 요소를 고려하지 않는 본래의 기본적 사실관계동일설이 타당하다고 생각된다. 공소사실의 동일성 판단에 규범적 요소를 고려하게 되면 피침해법익 내지 보호법익의 차이가 동일성 판단에 실질적인 영향을 주어, 사안에 따라서는 밀접관계 내지 비양립관계로 인하여 경합범이 성립될 수 없는 경우임에도 불구하고 양 사실을 다른 사실로 보아 경합범으로 취급하는 불합리한 결과를 초래할 수 있기 때문이다.

3. 공소장변경의 필요성

(1) 의 의

공소사실의 동일성이 인정되면 공소장변경이 가능하나, 공소장변경이 가능하다고 해서 공소사실의 사소한 변경에 대해서까지 언제나 공소장변경절차를 밟을 필요가 있는 것은 아니다. 이것을 요구하게 되면 심리의 지연을 초래하고 소송경제에도 반하므로 피고인의 방어권 행사에 지장을 주지 않는 범위 내에서 법원이 직권으로 공소장변경절차 없이 공소장에 기재된 공소사실과 다른 사실을 인정할 수 있도록 할 필요가 있다. 여기서 법원이 공소사실의 동일성이 인정되는 범위 내에서 구체적으로 어느 범위까지 공소장변경 없이 공소장에 기재된 사실과 다른 사실을 인정할 수 있는지가 문제로 된다.

(2) 판단기준

공소장변경의 필요성을 결정하는 기준에 대하여는 구체적인 사실관계가 다르더라도 그 적용법조에 변경이 없는 한 공소장변경을 요하지 않는다는 동일벌조설과 양 사실 사이에 법률적 구성이 동일한 경우에는 공소장변경을 요하지 않는다는 법률구성설도 있으나, 사실기재설이 통설과 판례(2003도2252)의 입장이다. 사실기재설은 법원의 심판대상을 법률적 평가와는 관계없이 사실적 측면에서 판단하여 공소장에 기재되어 있는 사실과 실질적으로 다른 사실을 인정할 때에는 공소장변경을 필요로 한다는 견해이다. 그리고 사실 사이에 실질적 차이가 있느냐의 여부는 결국 사실관계의 변화가 피고인의 방어권 행사에 실질적으로 불이익을 초래하느냐를 기준으로 판단해야 한다고 한다.

공소장변경제도는 피고인의 방어권 보장에 그 존재의미가 있으므로 피고인의 방어에 불이익을 초래할 사실변경이 있으면 공소장변경을 요한다고 보는 사실기재설이 타당하다. 그리고 여기서 피고인의 방어권 행사에 실질적인 불이익을 초래하는지는 공소사실의 기본적 동일성이라는 요소와 함께 법정형의 경중과 그러한 경중의 차이에 따라 피고인이 자신의 방어에 들일 노력·시간·비용에 관한 판단을 달리할 가능성이 뚜렷한지 여부 등의 여러 요소를 종합하여 판단해야 한다(2019도4608).

(3) 필요성판단의 구체적 기준

(가) 구성요건이 동일한 경우

동일한 구성요건 내에서 사실관계만 변화된 경우에는 불일치하는 사실부분이 범죄의 일시·장소·방법과 같이 심판의 대상을 특정하기 위하여 불가결한 사항에 해당하는 경우와 다만 공소사실의 내용을 보다 명확히 하거나 명백한 오기를 바로잡는 등의 경우를 나누어 살펴보아야 한다. 일반적으로 전자의 경우에는 공소장변경을 요하고 후자의 경우는 요하지 않는다고 할 수 있으나, 어느 경우이든 최종적인 기준은 그 변경이 피고인의 방어권행사에 실질적 불이익을 초래할 것인가의 여부에 있다고 할 수 있다.

1) 범죄의 일시와 장소

범죄의 일시와 장소는 공소사실을 특정하는 데 중요하고 그 변경은 피고인의 방어권행사에 직접적인 영향을 미치므로 명백한 오기를 정정하는 경우나 공소사실의 특정에 미치는 영향이 실질적으로 크지 않은 경우가 아니면 원칙적으로 공소장변경이 필요하다. 특히 범죄의 일시나 장소의 변화가 알리바이의 증명 등에 관계되는 경우에는 공소장변경을 요한다고 해야 한다.

2) 범죄의 수단과 방법

범죄의 수단과 방법도 공소사실을 특정하기 위한 요소이고 피고인의 방어권행사에 실질적으로 영향을 미치는 사실이기 때문에 이를 달리 인정하기 위해서는 원칙적으로 공소장변경을 요한다고 해야 한다. 따라서 살인죄에 있어서 살해방법이나 강도죄에 있어서 폭행·협박의 수단을 변경하는 경우, 사기죄에 있어서 기망의 방법이 달라지는 경우, 작위에 의한 범행을 부작위에 의한 범행으로 인정하는 경우 등에는 공소장을 변경하여야 한다.

3) 범죄의 객체와 결과

범죄의 객체나 범죄의 결과도 피고인의 방어권행사에 중요한 사실이므로 이를 달리 인정하기 위해서는 원칙적으로 공소장변경을 요한다. 예를 들면 살인죄에 있어서 피해자가 달라지는 경우, 절도죄에 있어서 범행객체가 달라지거나 피해액이 현저하게 증가한 경우 또는 상해죄에 있어서 피해자의 치료기간이 현저하게 길어진 경우 등을 들 수 있다. 다만 피고인이 변경된 객체에 대하여 이미 시인하였거나(84도312), 범행객체는 동일하고 피해자만 다른 경우(77도3522), 사기죄에 있어서 기망의 일시, 방법, 피해목적물 및 금액이 모두 동일하고 단지 피해자만 다른 경우(2001도6876), 인과관계의 진행에 차이가 있는 경우(89도1557), 법원이 공소사실에 포함된 객체 가운데 일부만을 인정하는 경우 등에 있어서는 피고인에게 실질적인 불이익이 없으므로 공소장변경을 요하지 않는다고 해야 한다.

(나) 구성요건이 다른 경우

공소사실과 법원이 인정하는 범죄사실 사이에 구성요건을 달리하는 때에는 사실의 변경과 함께 적용법조도 달라지게 되는데, 이는 피고인의 방어에 실질적 불이익을 초래하므로 원칙적으로 공소장변경이 필요하다고 해야 한다.

따라서 특수절도죄를 장물운반죄로(64도681), 살인죄를 폭행치사죄로(2001도1091), 명예훼손죄를 모욕죄로(70도1859), 특수강도죄를 특수공갈죄로(68도995), 강도상해교사죄를 공갈교사죄로(92도3156) 변경하는 경우에는 공소장변경을 요한다. 또한 고의범의 공소사실은 과실범의 범죄사실을 포함한다고 볼 수 없으므로 장물보관죄를 업무상과실장물보관죄로(83도3334) 변경하는 경우에도 공소장 변경이 필요하다.

그러나 구성요건을 달리하는 경우라도 다음의 두 가지 유형에 대해서는 개별적인 검토를 요한다.

1) 축소사실의 인정

① 구성요건을 달리하는 사실이 공소사실에 이미 포함되어 있는 경우에는 「대는 소를 포함한다」는 논리에 따라 공소장변경을 요하지 않는다. 예를 들면 강간치상죄를 강간죄로(2001도6777), 강제추행치상죄를 강제추행죄로(96도1922), 강간죄를 폭행죄로(2001도6777), 강도강간죄를 강간죄로(87도792), 강간치상죄를 강제추행치상죄로(2001도3867), 강간치상죄를 준강제추행죄로(2007도7260), 강도상해죄를 절도죄와 상해죄(65도599) 또는 주거침입죄와 상해죄로(96도755), 특수절도죄를 절도죄로(73도1256), 수뢰 후 부정처사죄를 뇌물수수죄로(99도2530), 특정범죄가중처벌 등에 관한 법률위반(도주차량)죄를 교통사고처리 특례법위반죄로(2007도828) 변경하는 경우에는 공소장변경을 요하지 않는다. 또한 포탈한 조세가액이나 수뢰한 액수에 의하여 형량의 차이가 생기는 범죄에 있어서 공소사실보다 적은 액수를 인정하여 경한 법조로 처벌하는 경우(93도658)에도 공소장을 변경할 필요가 없다.

그러나 공소사실 자체를 축소하는 것이 아니라 이에 대한 불법평가를 변경하

는 경우, 즉 기본구성요건과 그 수정형식 사이에서의 변경에는 원칙적으로 공소장
변경을 요한다고 보아야 한다. 따라서 기수, 미수, 예비·음모의 구성요건 간에 있
어서 공소사실보다 중한 사실을 인정하기 위해서는 당연히 공소장변경이 요구된다.
미수의 공소사실을 기수로 인정한다든지, 예비의 공소사실을 기수나 미수로 인정
하는 경우가 이에 해당한다. 또한 미수의 공소사실을 예비나 음모로 변경하는 경우
에도 공소장변경을 요한다고 해야 한다(82도2939). 미수와 예비·음모는 행위의 태
양을 달리하므로 피고인의 방어방법에 차이가 있기 때문이다. 그러나 기수의 공소
사실을 미수로 인정하는 경우에는 공소장변경을 요하지 않는다. 미수의 공소사실
은 기수의 공소사실에 포함되어 있기 때문이다.

　　판례는 단독범을 공동정범으로 인정하는 경우에 피고인의 주장내용과 입증과
정에 비추어 피고인의 방어권행사에 실질적 불이익을 주지 않는 경우에는 공소장
변경을 요하지 않는 것으로 보고 있다(2013도5752). 또한 심리의 경과 등에 비추어
피고인의 방어에 실질적인 불이익을 주는 경우가 아니라면 공동정범으로 기소된
범죄사실을 공소장 변경 없이 방조사실로 인정하는 것도 가능하다고 한다(2009도
7166).

　　② 축소사실이 인정되는 경우 법원은 의무적으로 이를 인정하여야 하는가의
문제에 대하여, 판례는 공소장변경이 없는 경우에 반드시 축소사실을 인정해야 하
는 것은 아니나 축소사실의 사안이 중대하여 공소장이 변경되지 않았다는 이유로
이를 처벌하지 않으면 현저히 정의와 형평에 반하는 것으로 인정되는 경우에는 직
권으로 그 범죄사실을 인정해야 한다고 하고 있다(2009도11601). 따라서 허위사실적
시 명예훼손(형법 제307조 제2항)의 공소사실을 심리한 결과 사실적시 명예훼손(형법
동조 제1항)의 범죄사실이 인정되는 경우(2007도1220)나 강간상해의 공소사실이 심리
결과 상해로 인정되는 경우(97도1452)에 있어서 사실적시에 의한 명예훼손죄나 상
해죄에 대하여 유죄를 인정하지 않고 허위사실적시에 의한 명예훼손죄나 강간상해
죄에 대하여 무죄를 선고하는 것은 위법하지 않다고 한다. 다만 도주차량죄(특정범
죄가중처벌 등에 관한 법률 제5조의3 제1항)의 공소사실에 대하여 업무상과실치상죄(형
법 제268조)의 범죄사실이 인정되는 경우(90도1283), 향정신성의약품을 제조·판매하
여 영리를 취할 목적으로 그 원료가 되는 물질을 소지한 것이라는 공소사실(마약류
관리에 관한 법률 제58조 제2항)에 대하여 영리의 목적 없이 향정신성의약품을 제조하

기 위하여 그 원료가 되는 물질을 소지한 범죄사실(동법 제58조 제1항 제2호)이 인정되는 경우(2002도3881), 향정신성의약품사용죄의 공소사실(동법 제60조 제1항 제1호)에 대하여 그 미수의 범죄사실(동법 제60조 제3항)이 인정되는 경우(99도3674)에는 공소사실에 대하여 무죄를 선고할 것이 아니라 공소장변경이 없더라도 인정된 범죄사실에 대하여 유죄판결을 해야 한다고 판시하고 있다.

2) 법률적 구성만을 달리하는 경우

① 사실관계의 변화 없이 법률적 구성만을 달리하는 경우에 공소장변경을 요하는가의 문제도 이러한 경우 피고인의 방어권행사에 실질적 불이익을 초래할 우려가 있는지의 여부에 따라 결정되어야 한다.

공소사실에 대한 적용법조의 기재에 오기나 누락이 있는 경우에는 원칙적으로 공소장변경 없이 공소장에 기재되어 있지 않은 법조를 적용할 수 있다. 그리고 이 경우에 공소장의 적용법조에 규정된 법정형보다 법원이 그 공소장 적용법조의 오기나 누락을 바로잡아 직권으로 적용한 법조에 규정된 법정형이 더 무겁더라도 법령적용에 잘못이 있다고 할 수 없다(2005도9743). 그러나 검사가 형법의 법조를 적용하여 그 죄명으로 기소함으로써 일반법의 적용을 청구하고 있음에도 불구하고 법원이 범죄사실에 대하여 공소장변경 없이 형이 무거운 특별법을 적용하는 것은 허용되지 않는다(2007도4749).

사실관계의 변화 없이 법적 평가만을 달리하는 경우에도 위탁된 포장물의 내용물을 영득한 사실을 횡령에서 절도로 변경하는 경우처럼 법정형이 중하게 변경되는 경우에는 피고인의 방어에 실질적 불이익을 초래하게 되므로 공소장을 변경하여야 한다. 그러나 공소가 제기된 구성요건보다 법정형이 같거나 가벼운 구성요건을 적용하는 것은 공소장변경 없이 할 수 있다. 예를 들면 장물취득죄로 공소가 제기된 사실에 대하여 장물보관죄를 인정하는 경우(2003도1266), 뇌물수수죄를 뇌물약속죄로 인정하는 경우(86도1223), 횡령죄에 해당한다고 공소가 제기된 사실에 대해서 배임죄를 인정하거나(2000도258) 그 반대의 경우(99도2651) 등이 여기에 해당한다.

② 죄수에 대한 평가만을 달리하는 경우에는 공소장변경을 요하지 않는다는 것이 판례의 입장이다. 판례는 죄수의 변경이 피고인에게 불리하게 이루어지는 경우라도 이는 사실관계가 동일할 뿐만 아니라 피고인의 방어권행사에 실질적 불이

익을 초래하는 것도 아니므로 공소장변경을 요하지 않는다고 한다. 따라서 경합범으로 공소제기 된 것을 포괄일죄나(2007도2595) 상상적 경합으로 인정하는 경우뿐만 아니라(80도2236) 포괄일죄를 경합범으로 인정하는 경우(2005도5996)에도 공소장변경을 요하지 않는다.

③ 축소사실의 인정이 법원의 의무인가에 관한 논의는 논리적으로 볼 때 사실관계의 변화 없이 법적 평가만을 달리하는 경우에 있어서도 그대로 적용되어야 한다. 따라서 법적 평가를 달리하는 사실의 인정에 의하여 피고인의 방어권행사에 실질적 불이익이 초래될 염려가 없다고 인정되는 때에는 공소장이 변경되지 않았더라도 법원은 직권으로 그 범죄사실을 인정하여야 할 것이다. 다만 판례는 이 경우에도 공소장변경 없이 반드시 법적평가를 달리하는 사실을 인정해야 하는 것은 아니나, 법적 평가를 달리하는 사실을 인정하지 않고 피고인에게 무죄를 선고하는 것이 현저히 정의와 형평에 반하는 경우에는 직권으로 그 범죄사실을 인정해야 한다고 판시하고 있다(2003도1366).

4. 공소장변경의 절차

(1) 공소장변경의 신청

공소장변경은 검사의 신청에 의한다. 공소장변경신청은 검사의 자발적 판단에 의하여 행하여지는 것이 원칙이나(제298조 제1항), 법원의 공소장변경요구에 의하여 행하여지는 경우(동조 제2항)도 있다. 검사가 공소장변경을 신청하는 경우에는 그 취지를 기재한 공소장변경허가신청서를 법원에 제출하여야 한다(규칙 제142조 제1항). 다만 법원은 피고인이 재정하는 공판정에서는 피고인에게 이익이 되거나 피고인이 동의하는 경우에는 구술에 의한 공소장변경을 허가할 수 있다(규칙 동조 제5항). 이 경우에 만일 검사가 구술로 공소장변경허가신청을 하면서 변경하려는 공소사실의 일부만 진술하고 나머지는 전자적 형태의 문서로 저장한 저장매체를 제출하였다면 공소사실의 내용을 구체적으로 진술한 부분에 한하여 공소장변경허가신청이 된 것으로 보아야 한다(2016도11138). 검사는 공소사실 등을 예비적·택일적으로 변경할 수도 있다.

공소장변경허가신청서에는 피고인의 수에 상응한 부본을 첨부하여야 한다(규칙 동조 제2항). 법원은 피고인의 방어준비를 위하여 공소장변경허가신청서의 부본을 피고인 또는 변호인에게 즉시 송달하여야 한다(규칙 동조 제3항). 다만 부본을 송달하지 않고 이를 공판정에서 교부한 경우에도 피고인이 충분히 진술·변론한 때에는 판결에 영향을 미치지 않는다(94도3297).

(2) 법원의 결정

검사의 공소장변경신청이 있으면 법원은 공소사실의 동일성을 해하지 아니하는 한도에서 이를 허가하여야 한다. 신청이 적법한 경우 법원의 허가는 의무적이다(2018도9810). 다만 검사의 공소장변경신청이 현저히 시기에 늦은 경우에는 신청을 기각할 수 있다고 보아야 한다. 판례도 공판심리를 종결하고 선고기일까지 고지한 후에 검사가 공소장변경신청을 변론재개신청과 함께 한 경우에 법원이 종결한 공판의 심리를 재개하여 공소장변경을 허가할 의무는 없다고 판시하고 있다(2001도6484).

법원은 공소사실 또는 적용법조의 추가·철회 또는 변경이 있는 때에는 그 사유를 신속히 피고인 또는 변호인에게 고지하여야 한다(제298조 제3항). 이 고지는 법원의 허가결정 이전에 이루어진 공소장변경허가신청서의 부본송달과 함께 피고인의 방어권행사를 실질적으로 보장하기 위한 것이다.

공소장변경허가에 관한 법원의 결정은 판결 전의 소송절차에 관한 결정이므로 그 결정에 대하여 독립하여 항고할 수 없고(제403조 제1항), 다만 공소장변경허가에 관한 결정의 위법이 판결에 영향을 미친 경우에 한하여 그 판결에 대하여 상소를 제기할 수 있을 뿐이다(87모17). 법원이 공소장변경을 허가한 후 공소사실과 동일성이 인정되지 않는 등의 사유로 공소장변경이 위법하다고 인정한 경우에는 스스로 그 결정을 취소할 수 있다(2001도116).

(3) 공소장변경 이후의 공판절차

공소장변경이 허가된 때에는 검사는 모두진술에 준하여 공판기일에 공소장변경허가신청서에 의하여 변경된 공소사실·죄명 및 적용법조를 낭독하여야 한다. 다만 재판장은 필요하다고 인정하는 때에는 공소장변경의 요지를 진술하게 할 수 있다(규칙 제142조 제4항). 검사의 변경된 공소장의 낭독은 공판절차에서 변경된 쟁점을 명백히 함으로써 피고인의 방어권을 보장하고 공정한 재판을 실현하는 데 기여하는 제도라고 할 수 있다.

법원은 공소사실 또는 적용법조의 추가·철회 또는 변경이 피고인의 불이익을 증가시킬 염려가 있다고 인정한 때에는 직권 또는 피고인이나 변호인의 청구에 의하여 피고인으로 하여금 필요한 방어준비를 하게 하기 위하여 결정으로 필요한 기간 공판절차를 정지할 수 있다(제298조 제4항).

5. 법원의 공소장변경요구

(1) 의 의

법원은 심리의 경과에 비추어 상당하다고 인정할 때에는 공소사실 또는 적용법조의 추가 또는 변경을 요구하여야 한다(제298조 제2항). 이를 공소장변경요구제도라고 한다. 법원은 공소장에 기재된 사실에 대해서만 현실적으로 심판할 수 있으므로 공소사실을 추가 또는 변경해야 할 경우에도 검사가 공소장변경을 신청하지 않으면 법원이 이를 현실적으로 심판할 수 없게 되고 이로 인해 형벌권의 적정한 실현이 어렵게 될 수 있다는 점을 고려한 제도이다. 즉 법원이 공소사실과 동일성이 인정되는 다른 사실에 대하여 확신을 가졌음에도 불구하고 피고사건에 대하여 무죄를 선고해야 하는 불합리한 결과를 막는 데 이 제도의 목적이 있다. 공소사실의 일부철회가 제외된 것은 이러한 경우에는 공소사실에 대하여 무죄판결이 내려지는 것이 아니어서 판결에 영향이 없기 때문이다.

(2) 법적 성격

(가) 의무설

공소장변경요구가 법원의 의무라고 해석하는 견해이다. 그 논거로는 「법원은 …요구하여야 한다」고 규정하고 있는 제298조 제2항의 문리해석상 당연하다는 점과, 국가형벌권의 적정한 행사를 위하여 법원의 심판대상에 대한 직권개입을 보충적으로 인정한 제도의 취지에도 부합한다는 점을 들고 있다. 이 견해에 의하면 법원이 공소장변경을 요구해야 함에도 불구하고 이를 하지 않고 무죄판결을 선고하게 되면 검사는 심리미진의 위법을 이유로 상소할 수 있게 된다.

(나) 재량설

법원의 공소장변경요구는 권리일 뿐이고 의무는 아니라는 견해이다. 심판대상의 결정은 본래 검사의 권한에 속하는 것이므로 법원은 검사가 제시한 공소사실의 범위 안에서 판결하면 족하고 적극적으로 공소장변경을 요구할 의무는 없다는 것이다. 따라서 법원이 공소장변경을 요구하지 않고 무죄판결을 하더라도 검사는 이를 이유로 상소할 수 없다고 본다. 판례도 이 입장을 취하고 있다(2007도616).

(다) 예외적 의무설

공소장변경요구는 원칙적으로 법원의 재량에 속하지만 공소장변경요구를 하지 않고 무죄판결을 하는 것이 현저히 정의에 반하는 경우에는 예외적으로 법원의 의무가 된다는 견해이다. 현저히 정의에 반하는 기준으로서 증거의 명백성과 범죄의 중대성을 들고 있다. 그리고 범죄의 중대성은 법정형만을 기준으로 하는 것이 아니라 범죄의 죄질, 태양, 결과 등을 고려한 사회적 관심의 중대성을 고려하여 판단할 것이라고 한다.

(라) 검 토

의무설은 자칫하면 검사가 태만히 한 공소유지활동을 법원이 의무적으로 보완하게 함으로써 탄핵주의를 파괴하여 소추자와 심판자의 구분을 불분명하게 할 염려가 있으며, 공소장변경제도를 피고인의 방어권을 보호하기 위한 제도에서 피고인을 처벌하기 위한 제도로 변질시킬 위험이 있다. 또한 재량설은 제298조 제2항의 법문을 무시하게 될 뿐만 아니라 국가형벌권의 적정한 행사를 위하여 법원의 직권개입을 인정한 본 제도의 취지에도 반하는 문제점이 있다. 따라서 법원이 부담하고 있는 실체적 진실발견의 책무와 소추권자로서의 검사의 지위를 함께 고려할 때 현저히 정의와 형평에 반하는 것으로 인정되는 경우에 한하여 예외적으로 공소장변경요구가 법원의 의무가 된다고 해석하는 예외적 의무설이 가장 타당한 것으로 생각된다(다수설).

(3) 효 력

공소장변경요구의 효력과 관련해서는 법원의 공소장변경요구에 의해 검사에게 공소장변경신청의무가 발생하는지의 여부와 검사가 법원의 요구에 응하지 않는 경우에도 공소장변경의 효과가 자동적으로 발생하는지의 여부가 문제된다.

공소장변경요구가 검사에 대한 관계에서 어떠한 효과를 가질 것인가에 관하여는 공소장변경요구에 대한 검사의 복종의무 자체를 부정하는 권고적 효력설도 생각할 수 있지만, 공소장변경요구가 법원의 소송지휘권에 의한 결정이라는 점에 비추어 볼 때 검사에게 복종의무를 인정하는 명령적 효력설이 타당하다고 해야 한다. 다만 이 경우에 검사가 법원의 요구에 응하지 않는 경우의 효력이나 처리방법에 대해서는 다시 검토가 필요하게 된다.

이에 대하여는 먼저 검사가 법원의 공소장변경요구에 응하지 않는 경우에도 자동적으로 공소장변경의 효력이 생긴다고 보는 형성적 효력설을 생각할 수 있다. 그러나 법원의 공소장변경요구에 형성적 효력을 인정하게 되면 사실상 복수의 공소장변경권자를 인정하는 것이 되어 공소사실의 설정과 변경에 있어서의 검사의 주도적 지위를 부정하는 결과를 가져온다. 심판의 대상에 대한 결정권은 기본적으로 검사의 권한으로 보아야 한다는 점과 공소장변경요구에 응하지 않음으로써 무죄판결을 받게 되는 것 자체가 검사에 대한 제재로서의 의미를 가진다는 점 등을 고려할 때, 법원이 공소장변경요구를 하였음에도 불구하고 검사가 공소장변경신청을 하지 않는 경우에는 법원은 공소사실에 대하여 심판할 수밖에 없다고 보는 것(형성적 효력 부정)이 타당할 것이다.

6. 항소심에서의 공소장변경

공소장변경은 법률심인 상고심에서는 허용되지 않는다. 상고심은 새로운 증거조사를 하지 않는 사후심이기 때문이다. 한편 항소심에서 공소장변경이 허용되는가의 문제는 항소심의 구조와 관련된다고 할 수 있다. 항소심의 구조는 원칙적으로 속심으로 보아야 하므로 항소심에서도 공소장변경이 허용된다고 해야 한다(2013도7101). 이는 상고심에서 파기환송된 사건에 대한 항소심의 심리에 있어서도 마찬가지이다(2003도8153).

제 3 절   공판준비절차

I. 공판준비절차의 의의와 유형

공판준비절차란 공판기일에서의 심리를 준비하기 위하여 수소법원이 행하는 각종의 절차를 말한다. 제1회 공판기일 전의 절차뿐만 아니라 제2회 공판기일 이후의 공판기일 전의 절차도 포함한다. 그러나 공판준비절차는 수소법원이 행하는 절차이므로 지방법원판사가 행하는 증거보전(제184조)이나 증인신문(제221조의2), 각종의 영장발부행위는 공판준비에 해당하지 않는다.

공판준비절차는 공판기일의 심리를 신속하고 효율적으로 진행하기 위한 절차이다. 따라서 공판준비절차는 공판중심주의와 모순되는 것이 아니라 이를 실현하기 위한 수단이라고 할 수 있다. 다만 공판준비절차는 어디까지나 공판기일의 심리를 준비하는 절차이므로 공판준비절차에서의 실체심리는 엄격한 제한을 받는다. 공판준비절차에서 증거조사 등의 행위가 과도하게 이루어지게 되면 공판기일의 심리는 단순히 이를 확인하는 형식적인 절차로 전락하게 되어 공판중심주의를 유명무실하게 할 우려가 있기 때문이다.

공판준비절차는 넓은 의미의 공판준비절차와 좁은 의미의 공판준비절차로 나눌 수 있다. 넓은 의미의 공판준비절차는 공판기일의 심리를 준비하는 일련의 모든 절차를 의미한다. 공소장부본의 송달(제266조), 피고인의 의견서제출(제266조의2), 공판기일의 지정(제267조 제1항), 피고인의 소환(동조 제2항), 증거개시절차(제266조의3 이하) 등과 좁은 의미의 공판준비절차가 여기에 해당한다. 이에 대하여 좁은 의미의 공판준비절차는 공판기일의 집중심리를 위하여 법이 마련된 일정한 형식의 준비절차를 말한다(제266조의5 이하).

아래에서는 일반적인 공판준비절차에 대하여 설명한 후 증거개시제도와 좁은 의미의 공판준비절차에 대하여 살펴본다.

II. 일반적 공판준비절차의 내용

1. 공소장부본의 송달

법원은 공소제기가 있는 때에는 지체 없이 공소장의 부본을 피고인 또는 변호인에게 송달하여야 한다. 단 제1회 공판기일 전 5일까지 송달하여야 한다(제266조). 피고인이 공소장부본을 통해 공소사실을 확인하고 방어에 필요한 준비를 할 수 있도록 하기 위한 것이다.

2. 의견서의 제출

피고인 또는 변호인은 공소장 부본을 송달받은 날부터 7일 이내에 공소사실에 대한 인정 여부, 공판준비절차에 관한 의견 등을 기재한 의견서를 법원에 제출하여

야 한다. 다만 피고인이 진술을 거부하는 경우에는 그 취지를 기재한 의견서를 제
출할 수 있다. 법원은 피고인 또는 변호인으로부터 의견서가 제출된 때에는 이를
검사에게 송부하여야 한다(제266조의2).

피고사건이 국민참여재판의 대상사건인 경우에는 피고인은 공소장 부본을 송달
받은 날부터 7일 이내에 국민참여재판을 원하는지 여부에 관한 의사가 기재된 서면
을 제출하여야 하며(국민의 형사재판 참여에 관한 법률 제8조 제2항), 피고인이 서면을 제
출하지 아니한 때에는 국민참여재판을 원하지 아니하는 것으로 본다(동조 제3항).

3. 국선변호인선정에 관한 고지

국선변호인선정이 필요한 사건의 공소제기가 있으면 재판장은 변호인이 없는
피고인에게 법원이 국선변호인을 선정하게 된다는 취지 또는 법원에 국선변호인의
선정을 청구할 수 있다는 취지를 서면으로 고지하여야 한다(규칙 제17조 제1항·제2
항). 법원은 국선변호인의 선정에 관한 고지를 받은 피고인이 변호인을 선임하지 아
니한 때, 빈곤 등의 사유에 해당하는 피고인이 국선변호인의 선정청구를 한 때, 피
고인의 권리보호를 위하여 법원이 재량으로 국선변호인을 선정하여야 할 때에는
지체 없이 국선변호인을 선정하고 피고인 및 변호인에게 그 뜻을 고지하여야 한다
(규칙 동조 제3항).

4. 공판기일의 지정·변경 등

(1) 공판기일의 지정과 변경

재판장은 공소가 제기된 사건에 대하여 공판기일을 지정하여야 한다(제267조
제1항). 공판기일이 지정되면 검사·변호인과 보조인에게 이를 통지하여야 한다(동조
제3항). 재판장은 직권 또는 검사·피고인이나 변호인의 신청에 의하여 공판기일을
변경할 수 있다(제270조 제1항).

(2) 피고인 등의 소환

공판기일에는 피고인·대표자 또는 대리인을 소환하여야 한다(제267조 제2항).
다만 법원의 구내에 있는 피고인에 대하여 공판기일을 통지한 때에는 소환장 송달
의 효력이 있다(제268조). 제1회 공판기일은 소환장의 송달 후 5일 이상의 유예기간
을 두어야 한다. 그러나 피고인의 이의가 없는 때에는 유예기간을 두지 아니할 수

있다(제269조).

5. 공판기일 전의 기타 절차

공판기일의 신속한 심리를 위해서는 공판기일 전에도 일정한 범위 내에서 증거를 수집·조사할 필요가 있다. 따라서 현행법은 공판기일 외에서도 공무소 등에 대한 조회나 법원의 증거조사 및 당사자의 증거제출을 허용하고 있다.

(1) 공무소 등에의 조회

법원은 직권 또는 검사·피고인이나 변호인의 신청에 의하여 공무소 또는 공사단체에 조회하여 필요한 사항의 보고 또는 그 보관서류의 송부를 요구할 수 있다(제272조 제1항). 법원은 검사나 피고인·변호인의 신청이 부적법하거나 이유 없는 때에는 결정으로 그 신청을 기각하여야 한다(동조 제2항). 보관서류의 송부요구신청은 법원, 검찰청, 기타의 공무소 또는 공사단체가 보관하고 있는 서류의 일부에 대하여도 할 수 있다(규칙 제132조의4 제1항).

법원이 송부요구한 서류가 피고인의 무죄를 뒷받침할 수 있거나 적어도 법관의 유·무죄에 대한 심증을 달리할 만한 상당한 가능성이 있는 중요증거에 해당하는데도 검사가 정당한 이유 없이 피고인 또는 변호인의 열람·지정 내지 법원의 송부요구를 거절하는 경우에는, 서류의 송부요구를 한 법원으로서는 해당 서류의 내용을 가능한 범위에서 밝혀보아 서류가 제출되면 유·무죄의 판단에 영향을 미칠 상당한 개연성이 있다고 인정될 경우에는 공소사실이 합리적 의심의 여지 없이 증명되었다고 보아서는 안 된다(2012도1284).

법원의 사실조회나 문서송부요구에 응하여 보내온 회신서나 송부서류는 공판기일에 검사·피고인이나 변호인이 공판정에서 개별적으로 지시설명하여 조사하거나(제291조 제1항) 또는 재판장이 직권으로 조사하여야(동조 제2항) 증거로 사용될 수 있다.

(2) 법원의 증거조사 및 당사자의 증거제출

법원은 검사·피고인 또는 변호인의 신청에 의하여 공판준비에 필요하다고 인정한 때에는 공판기일 전에 피고인 또는 증인을 신문할 수 있고 검증·감정 또는 번역을 명할 수 있다(제273조 제1항). 또한 검사, 피고인 또는 변호인은 공판기일 전에 서류나 물건을 증거로 법원에 제출할 수 있다(제274조).

공판기일 전의 증거조사절차에서 작성된 피고인신문조서, 증인신문조서, 감정인의 감정서 및 감정인신문조서, 번역서와 공판기일 전에 소송관계인이 법원에 제출한 서류나 물건은 공판기일에서의 증거조사를 거쳐서 이를 증거로 할 수 있다(제291조 제1항·제2항).

Ⅲ. 증거개시제도

1. 증거개시의 의의

증거개시(discovery)란 검사 또는 피고인·변호인이 자신이 보유하고 있는 증거를 상대방에게 열람·등사하도록 하는 것을 말한다. 형사소송법은 피고인의 방어권을 충실히 보장하고 신속한 재판을 가능하게 하기 위하여 피고인 또는 변호인이 관계서류나 증거물을 열람·등사할 수 있도록 하였으며(제266조의3), 이와 함께 일정한 경우에는 피고인 또는 변호인이 가지고 있는 증거에 대한 검사의 개시청구도 아울러 허용하고 있다(제266조의11).

2. 검사의 증거개시

(1) 증거개시의 신청

피고인 또는 변호인은 검사에게 공소제기 된 사건에 관한 서류 또는 물건의 목록과 공소사실의 인정 또는 양형에 영향을 미칠 수 있는 서류 또는 물건의 열람·등사 또는 서면의 교부를 신청할 수 있다. 다만 피고인에게 변호인이 있는 경우에는 피고인은 열람만을 신청할 수 있다(제266조의3 제1항). 열람 또는 등사뿐만 아니라 서류의 교부도 청구할 수 있으나, 변호인이 있는 피고인의 경우에는 열람만을 신청할 수 있는 제한을 받는다.

(2) 증거개시의 대상

(가) 증거목록

검사는 공소제기 된 사건에 관한 서류 또는 물건의 목록에 대한 피고인이나 변호인의 열람 또는 등사를 거부할 수 없다(제266조의3 제5항). 증거목록을 필수적 증거개시대상으로 한 것은 열람·등사 신청의 대상을 특정할 수 있도록 하여 증거개시제도의 실효성을 확보하기 위한 것이다. 증거목록은 공소제기 후 검사가 법원에 증거로 신청할 서류 등의 목록만을 의미하는 것이 아니라, 공소제기된 사건에 관한 수사자료 전부에 대한 기록목록 내지 압수물목록을 의미한다.

검사·사법경찰관리와 그 밖에 직무상 수사에 관계있는 자는 수사과정에서 수사와 관련하여 작성하거나 취득한 서류 또는 물건에 대한 목록을 빠짐없이 작성하여야 한다(제198조 제3항). 수사기관이 수사기록에 편철하지 아니하는 등의 방법으로 피고인에게 유리한 서류나 증거물 등을 증거개시의 대상에서 배제하는 것을 방지하기 위하여 둔 규정이다.

(나) 서류 또는 물건

증거개시의 대상이 되는 것은 공소사실의 인정 또는 양형에 영향을 미칠 수 있는 서류 또는 물건이다. 형사소송법은 서류 또는 물건을 '서류등'으로 규정하고 있다. 증거개시의 대상이 되는 '서류등'에는 ① 검사가 증거로 신청할 서류·물건, ② 검사가 증인으로 신청할 사람의 성명·사건과의 관계 등을 기재한 서면 또는 그 사람이 공판기일 전에 행한 진술을 기재한 서류·물건, ③ 위 ① 및 ②의 서면 또는 서류·물건의 증명력과 관련된 서류·물건, ④ 피고인 또는 변호인이 행한 법률상·사실상 주장과 관련된 서류·물건(관련 형사재판확정기록, 불기소결정기록 등을 포함)이 있다(제266조의3 제1항). 공소사실의 인정 또는 양형에 영향을 미칠 수 있는 위의 유형의 증거들을 증거개시의 대상으로 함으로써, 형사소송법은 사실상 전면적인 증거개시제도를 채택하였다고 할 수 있다.

증거개시의 대상이 되는 서류 또는 물건에는 도면·사진·녹음테이프·비디오테이프·컴퓨터용디스크 그 밖에 정보를 담기 위하여 만들어진 물건으로서 문서가 아닌 특수매체가 포함된다. 다만 이러한 특수매체에 대한 등사는 필요 최소한의 범위에 한한다(동조 제6항). 특수매체는 사생활 침해 및 전파가능성이 매우 높기 때문이다.

(3) 증거개시의 제한

검사는 국가안보, 증인보호의 필요성, 증거인멸의 염려, 관련 사건의 수사에 장애를 가져올 것으로 예상되는 구체적인 사유 등 열람·등사 또는 서면의 교부를 허용하지 아니할 상당한 이유가 있다고 인정하는 때에는 열람·등사 또는 서면의 교부를 거부하거나 그 범위를 제한할 수 있다(제266조의3 제2항). 그러나 서류 등의 목록에 대하여는 열람 또는 등사를 거부할 수 없다(동조 제5항). 검사는 열람·등사 또는 서면의 교부를 거부하거나 그 범위를 제한하는 때에는 지체 없이 그 이유를 서면으로 통지하여야 한다(동조 제3항). 검사가 열람·등사를 거부 또는 제한하기 위해서는 대상이 된 수사기록의 내용을 구체적으로 확인·검토하여 어느 부분이 어떠한 사유에 해당하는지를 구체적으로 명시하여야 할 것이다. 피고인 또는 변호인은 검사가 신청을 받은 때부터 48시간 이내에 거부나 범위제한의 통지를 하지 아니하는 때에는 법원에 증거개시를 신청할 수 있다(동조 제4항).

(4) 증거개시의 남용금지

피고인 또는 변호인이나 피고인 또는 변호인이었던 자는 검사가 증거개시에 의해 열람 또는 등사하도록 한 서면 및 서류·물건의 사본을 당해 사건 또는 관련 소송의 준비에 사용할 목적이 아닌 다른 목적으로 다른 사람에게 교부 또는 제시하거나 전기통신설비를 이용하여 제공하여서는 아니 된다(제266조의16 제1항). 피고인 또는 변호인이 이에 위반하는 때에는 1년 이하의 징역 또는 500만원 이하의 벌금으로 처벌된다(동조 제2항).

(5) 증거개시에 관한 법원의 결정

(가) 법원에 대한 증거개시신청

피고인 또는 변호인은 검사가 서류 등의 열람·등사 또는 서면의 교부를 거부하거나 그 범위를 제한한 때에는 법원에 그 서류 등의 열람·등사 또는 서면의 교부를 허용하도록 할 것을 신청할 수 있다(제266조의4 제1항). 법원에 대한 열람·등사의 신청은 열람 또는 등사를 구하는 서류·물건의 표목과 열람 또는 등사를 필요로 하는 사유를 기재한 서면으로 하여야 한다(규칙 제123조의4 제1항).

(나) 법원의 결정

법원은 증거개시의 신청이 있는 때에는 열람·등사 또는 서면의 교부를 허용하는 경우에 생길 폐해의 유형·정도, 피고인의 방어 또는 재판의 신속한 진행을 위한 필요성 및 해당 서류·물건의 중요성 등을 고려하여 검사에게 열람·등사 또는 서면의 교부를 허용할 것을 명할 수 있다. 이 경우 열람 또는 등사의 시기·방법을 지정하거나 조건·의무를 부과할 수 있다(제266조의4 제2항). 법원은 증거개시결정을 하는 때에는 검사에게 의견을 제시할 수 있는 기회를 부여하여야 한다(동조 제3항). 법원은 필요하다고 인정하는 때에는 검사에게 해당 서류·물건의 제시를 요구할 수 있고, 피고인이나 그 밖의 이해관계인을 심문할 수 있다(동조 제4항).

(다) 법원의 결정에 대한 불복

법원의 증거개시에 관한 결정은 제403조에서 규정하고 있는 판결 전의 소송절차에 관한 결정에 해당한다. 그런데 형사소송법은 증거개시에 관한 법원의 결정에 대하여 특별히 즉시항고를 허용하는 규정을 두고 있지 않다. 따라서 법원의 증거개시에 관한 결정에 대하여는 항고의 방법으로 불복할 수 없다(2012모1393). 또한 이러한 법원의 결정에 대하여 집행정지의 효력이 있는 즉시항고가 허용되지 않기 때문에 법원의 열람·등사 허용 결정은 그 결정이 고지되는 즉시 집행력이 발생한다고 보아야 한다(2009헌마257).

(라) 법원의 증거개시결정의 효력

검사는 열람·등사 또는 서면의 교부에 관한 법원의 결정을 지체 없이 이행하여야 하며, 이를 이행하지 아니하는 때에는 해당 증인 및 서류·물건에 대한 증거신청을 할 수 없다(제266조의4 제5항). 그러나 소위 실권효를 개시결정 불이행에 대한 제재수단으로 사용하더라도 검사가 피고인에게 유리한 증거를 개시하지 않는 경우에는 그 실효성을 확보하기 어렵다.

한편 헌법재판소는 법원의 열람·등사 허용결정에도 불구하고 검사가 이를 신속하게 이행하지 아니하는 것은 피고인의 신속하고 공정한 재판을 받을 권리 및 변호인의 조력을 받을 권리를 침해하여 헌법에 위반하는 것이 된다고 결정하였다(2009헌마257).

3. 피고인 또는 변호인의 증거개시

형사소송법은 검사의 증거개시와 함께 검사에게도 피고인 또는 변호인이 보유하고 있는 일정한 서류 또는 물건에 대한 열람·등사권을 인정하고 있다. 즉 검사는 피고인 또는 변호인이 공판기일 또는 공판준비절차에서 현장부재·심신상실 또는 심신미약 등 법률상·사실상의 주장을 한 때에는 피고인측에 증거개시를 요구할 수 있다(제266조의11 제1항). 피고인 또는 변호인은 검사가 서류·물건의 열람·등사 또는 서면의 교부를 거부한 때에는 서류·물건의 열람·등사 또는 서면의 교부를 거부할 수 있다. 다만 법원이 피고인 또는 변호인의 증거개시신청을 기각하는 결정을 한 때에는 그러하지 아니하다(동조 제2항).

검사는 피고인 또는 변호인이 증거개시를 거부한 때에는 법원에 그 서류·물건의 열람·등사 또는 서면의 교부를 허용하도록 할 것을 신청할 수 있다(제266조의11 제3항). 검사의 증거개시신청에 대한 법원의 결정절차와 효력 및 특수매체의 증거개시에 관하여는 피고인 또는 변호인의 법원에 대한 증거개시신청에 관한 규정이 준용된다(동조 제4항·제5항). 피고인 또는 변호인이 열람·등사 또는 서면의 교부에 관한 법원의 결정을 지체 없이 이행하지 아니하는 때에는 피고인 또는 변호인은 해당 증인 및 서류·물건에 대한 증거신청을 할 수 없다(동조 제4항, 제266조의4 제5항).

Ⅳ. 협의의 공판준비절차

1. 의 의

재판장은 공판기일의 효율적이고 집중적인 심리를 위하여 사건을 공판준비절차에 부칠 수 있다(제266조의5 제1항). 공판준비절차는 주장 및 입증계획 등을 서면으로 준비하게 하거나 공판준비기일을 열어 진행한다(동조 제2항). 넓은 의미의 공판준비절차 가운데 이와 같이 특히 일정한 형식적 절차에 따라 법원이 행하는 준비절차를 좁은 의미의 공판준비절차라고 부를 수 있다.

공판준비절차는 법원이 필요하다고 인정하는 경우에 부칠 수 있는 임의적인 절차이나, 「국민의 형사재판 참여에 관한 법률」에 따른 국민참여재판에 있어서는 필수적인 절차이다(동법 제36조 제1항).

2. 공판준비서면의 제출

검사, 피고인 또는 변호인은 법률상·사실상 주장의 요지 및 입증취지 등이 기재된 서면을 법원에 제출할 수 있다(제266조의6 제1항). 또한 재판장은 검사, 피고인 또는 변호인에 대하여 공판준비서면의 제출을 명할 수 있다(동조 제2항). 공판준비서면에는 필요한 사항을 구체적이고 간결하게 기재하여야 하고, 증거로 할 수 없거나 증거로 신청할 의사가 없는 자료에 기초하여 법원에 사건에 대한 예단 또는 편견을 발생하게 할 염려가 있는 사항을 기재하여서는 아니 된다(규칙 제123조의9 제3항).

3. 공판준비기일의 공판준비

(1) 공판준비기일의 실시

법원은 검사·피고인 또는 변호인의 의견을 들어 공판준비기일을 지정할 수 있다(제266조의7 제1항). 검사·피고인 또는 변호인은 법원에 대하여 공판준비기일의 지정을 신청할 수 있다. 이 경우 당해 신청에 관한 법원의 결정에 대하여는 불복할 수 없다(동조 제2항).

공판준비기일에는 검사 및 변호인이 출석하여야 한다(제266조의8 제1항). 법원은 공판준비기일이 지정된 사건에 관하여 변호인이 없는 때에는 직권으로 변호인을 선정하여야 한다(동조 4항). 피고인의 출석이 반드시 요구되는 것은 아니다. 다만 법원은 필요하다고 인정하는 때에는 피고인을 소환할 수 있으며, 피고인은 법원의 소환이 없는 때에도 공판준비기일에 출석할 수 있다(동조 제5항). 피고인이 출석하면 재판장은 피고인에게 진술을 거부할 수 있음을 알려주어야 한다(동조 제6항).

법원은 합의부원으로 하여금 공판준비기일을 진행하게 할 수 있다. 이 경우 수명법관은 공판준비기일에 관하여 법원 또는 재판장과 동일한 권한이 있다(제266조의7 제3항). 공판준비기일은 공개한다. 다만 공개하면 절차의 진행이 방해될 우려가 있는 때에는 공개하지 아니할 수 있다(동조 제4항).

(2) 공판준비행위의 내용

법원은 공판준비절차에서 다음의 행위를 할 수 있다(제266조의9 제1항). 법원은 ① 검사에게 공소사실 또는 적용법조를 명확하게 하는 행위(동항 제1호)와 공소사실 또는 적용법조의 추가·철회 또는 변경을 허가하는 행위(동항 제2호), ② 검사, 피고인 또는 변호인에 대하여 공소사실과 관련하여 주장할 내용을 명확히 하여 사건의 쟁점을 정리하도록 하거나(동항 제3호), 계산이 어렵거나 그 밖에 복잡한 내용에 관하여 설명하도록 하는 행위(동항 제4호), ③ 검사, 피고인 또는 변호인에게 증거신청을 하도록 하는 행위(동항 제5호), 신청된 증거와 관련하여 입증 취지 및 내용 등을 명확하게 하는 행위(동항 제6호), 증거신청에 관한 의견을 확인하는 행위(동항 제7호), 증거채부의 결정을 하는 행위(동항 제8호), 증거조사의 순서 및 방법을 정하는 행위(동항 제9호), ④ 서류·물건의 열람 또는 등사와 관련된 신청의 당부를 결정하는 행위(동항 제10호), ⑤ 공판기일을 지정 또는 변경하는 행위(동항 제11호) 및 그 밖에 공판절차의 진행에 필요한 사항을 정하는 행위(동항 제12호)를 할 수 있다.

(3) 공판준비기일의 종료

법원은 ① 쟁점 및 증거의 정리가 완료된 때, ② 사건을 공판준비절차에 부친 뒤 3개월이 지난 때, ③ 검사·변호인 또는 소환 받은 피고인이 출석하지 아니한 때에는 공판준비절차를 종결하여야 한다(제266조의12). 법원은 공판준비기일을 종료하는 때에는 검사, 피고인 또는 변호인에게 쟁점 및 증거에 관한 정리결과를 고지하고, 이에 대한 이의의 유무를 확인하여야 한다(제266조의10 제1항). 법원은 쟁점 및 증거에 관한 정리결과를 공판준비기일조서에 기재하여야 한다(동조 제2항). 공판준비기일조서는 형사소송법 제311조에 의하여 증거능력이 인정된다.

형사소송법은 공판준비절차의 실효성을 확보하기 위하여 공판준비기일에서 신청하지 못한 증거는 원칙적으로 공판기일에 신청할 수 없도록 하고 있다. 즉 공판준비기일에서 신청하지 못한 증거는 ① 그 신청으로 인하여 소송을 현저히 지연시키지 아니하는 때, ② 중대한 과실 없이 공판준비기일에 제출하지 못하는 등 부득이한 사유를 소명한 때에 한하여 공판기일에 신청할 수 있다(제266조의13 제1항). 다만 이러한 제한에도 불구하고 법원은 실체적 진실발견을 위하여 공판절차에서 직권으로 증거를 조사할 수 있다(동조 제2항).

제4절 공판정의 심리

I. 공판정의 구성

공판준비절차가 끝나면 공판기일의 심리에 들어가게 된다. 공판기일의 심리는 공판정에서 이루어진다(제275조 제1항). 공판정은 공판을 행하는 법정을 말하며, 공판정에서의 심리는 공개하는 것이 원칙이다.

공판정은 판사와 검사, 법원사무관 등이 출석하여 개정한다(동조 제2항). 검사의 좌석과 피고인 및 변호인의 좌석은 대등하며, 법대의 좌우측에 마주 보고 위치하고, 증인의 좌석은 법대의 정면에 위치한다. 다만 피고인신문을 하는 때에는 피고인은 증인석에 좌석한다(동조 제3항).

II. 소송관계인의 출석

1. 피고인의 출석

(1) 피고인의 출석권과 출석의무

피고인이 공판기일에 출석하지 아니한 때에는 특별한 규정이 없으면 개정하지 못한다(제276조). 피고인의 공판정출석은 권리인 동시에 의무로서의 성격을 가지며, 출석한 피고인에게는 재정의무가 인정된다. 따라서 피고인은 재판장의 허가 없이 심리 도중에 퇴정하지 못하며, 재판장은 피고인의 퇴정을 제지하거나 법정의 질서를 유지하기 위하여 필요한 처분을 할 수 있다(제281조).

(2) 피고인의 출석 없이 재판할 수 있는 경우

형법상 책임능력에 관한 규정의 적용을 받지 아니하는 범죄사건에 관하여 피고인이 의사능력이 없는 때에는 그 법정대리인이 소송행위를 대리하며(제26조), 법정대리인이 없으면 법원이 선임한 특별대리인이 법정대리인의 임무를 행한다(제28조). 피고인이 법인인 때에는 그 대표자가 소송행위를 대표하므로(제27조 제1항) 대표자가 공판정에 출석하여야 하며, 대표자가 없을 때에는 법원이 선임한 특별대리인이 대표자의 임무를 행한다(제28조). 이 경우에 대리인을 출석하게 할 수도 있다(제276조 단서).

다액 500만원 이하의 벌금 또는 과료에 해당하는 사건(제277조 제1호), 공소기각 또는 면소의 재판을 할 것이 명백한 사건(동조 제2호), 장기 3년 이하의 징역 또는 금고, 다액 500만원을 초과하는 벌금 또는 구류에 해당하는 사건에서 피고인의 불출석허가신청이 있고 법원이 피고인의 불출석이 그의 권리를 보호함에 지장이 없다고 인정하여 이를 허가한 사건(동조 제3호), 약식명령에 대하여 피고인만이 정식재판을 청구하여 판결을 선고하는 사건(동조 제4호)에 있어서는 피고인의 출석을 요하지 않는다. 이 경우에 피고인은 대리인을 출석하게 할 수 있다(동조 단서).

피고인이 출석하지 아니하면 개정하지 못하는 경우에 구속된 피고인이 정당한 사유 없이 출석을 거부하고, 교도관에 의한 인치가 불가능하거나 현저히 곤란하다고 인정되는 때에는 피고인의 출석 없이 공판절차를 진행할 수 있다(제277조의2).

피고인이 항소심의 공판기일에 출정하지 아니한 때에는 다시 기일을 정하여야 하며, 피고인이 정당한 사유 없이 다시 정한 기일에 출정하지 아니한 때에는 피고인의 진술 없이 판결을 할 수 있다(제365조). 약식명령에 대하여 정식재판을 청구한 피고인이 정식재판절차의 공판기일에 2회 출석하지 아니한 경우에도 피고인의 출석 없이 심판할 수 있다(제458조 제2항).

피고인이 재판장의 허가 없이 퇴정하거나 재판장의 질서유지를 위한 퇴정명령을 받은 때에는 피고인의 진술 없이 판결할 수 있다(제330조). 법에서는 판결만을 규정하고 있으나 심리도 할 수 있다고 보아야 한다(91도865).

2. 변호인의 출석

변호인이나 보조인은 소송주체가 아니므로 원칙적으로 그 출석이 공판개정의 요건은 아니다. 따라서 변호인이 공판기일의 통지를 받고 공판기일에 출석하지 않더라도 공판절차를 진행할 수 있다. 그러나 필요적 변호사건에 있어서는 변호인 없이 개정하지 못하므로 변호인이 출석하지 아니한 때에는 법원은 직권으로 변호인을 선정하여야 한다(제283조). 다만 판결만을 선고하는 경우에는 변호인 없이 개정할 수 있다(제282조 단서).

필요적 변호사건에서 변호인이 없음에도 불구하고 법원이 직권으로 변호인을 선정하지 아니한 채 공판기일을 열어 심리하였다면 이러한 위법한 공판절차에서 이루어진 소송행위는 무효로 된다(2005도5925). 또한 변호인 없이 위법하게 진행된 필요적 변호사건의 공판절차에서 선고된 판결은 소송절차가 법령에 위반하여 판결에 영향을 미친 위법을 범한 것으로서 상소심에 의한 파기의 대상이 된다(2005도5925).

3. 검사의 출석

검사의 출석은 공판개정의 요건이다(제275조 제2항). 따라서 검사의 출석이 없을 때에는 공판기일을 개정하지 못한다. 다만 검사가 공판기일의 통지를 2회 이상 받고 출석하지 아니하거나 판결만을 선고하는 때에는 검사의 출석 없이 개정할 수 있다(제278조). 이는 검사의 불출석으로 공판절차의 진행이 지연되는 것을 방지하기 위한 것이다. 따라서 검사가 2회에 걸쳐 출석하지 아니하면 그 기일에 바로 개정할 수 있다(66도1710).

4. 전문심리위원의 참여

법원은 소송관계를 분명하게 하거나 소송절차를 원활하게 진행하기 위하여 필요한 경우에는 직권으로 또는 검사, 피고인 또는 변호인의 신청에 의하여 결정으로 전문심리위원을 지정하여 공판준비 및 공판기일 등 소송절차에 참여하게 할 수 있다(제279조의2 제1항). 전문심리위원제도란 건축, 의료, 지적재산권, 첨단산업분야 등과 관련된 사건을 심리할 때, 이들 분야에 대한 전문적인 지식과 경험을 가진 전문가를 소송절차에 참여하게 하여 법관의 충실하고 신속한 심리에 도움을 주기 위한 제도이다.

전문심리위원은 전문적인 지식에 의한 설명 또는 의견을 기재한 서면을 제출하거나 기일에 전문적인 지식에 의하여 설명이나 의견을 진술할 수 있다. 다만 재판의 합의에는 참여할 수 없다(동조 제2항). 전문심리위원은 기일에 재판장의 허가를 받아 피고인 또는 변호인, 증인 또는 감정인 등 소송관계인에게 소송관계를 분명하게 하기 위하여 필요한 사항에 관하여 직접 질문할 수 있다(동조 제3항). 법원은 전문심리위원이 제출한 서면이나 전문심리위원의 설명 또는 의견의 진술에 관하여 검사, 피고인 또는 변호인에게 구술 또는 서면에 의한 의견진술의 기회를 주어야 한다(동조 제4항).

Ⅲ. 소송지휘권과 법정경찰권

1. 소송지휘권

(1) 의 의

소송지휘란 소송의 진행을 질서 있게 하고 심리를 원활하게 하기 위한 법원의 합목적적 활동을 말한다. 소송지휘권은 원래 수소법원의 권한에 속하는 것이지만, 공판기일에 있어서의 신속하고 적절한 소송지휘를 위하여 법은 이를 포괄적으로 재판장에게 맡기고 있다(제279조).

(2) 내 용

(가) 재판장의 소송지휘권

공판기일의 소송지휘는 재판장이 한다(제279조). 재판장의 소송지휘권의 중요한 내용으로는 공판기일의 지정과 변경(제267조, 제270조), 인정신문(제284조), 증인신문순서의 변경(제161조의2 제3항), 증인신문사항의 제출명령(규칙 제66조), 불필요한 변론의 제한(제299조), 석명권의 행사(규칙 제141조 제1항) 등을 들 수 있다.

재판장의 소송지휘권 중에서 특히 중요한 의미를 가지는 것은 변론의 제한과 석명권의 행사이다. 재판장은 소송관계인의 진술 또는 신문이 중복된 사항이거나 그 소송에 관계없는 사항인 때에는 소송관계인의 본질적 권리를 해하지 않는 한도에서 이를 제한할 수 있다(제299조). 또한 재판장은 소송관계를 명료하게 하기 위하여 검사, 피고인 또는 변호인에게 사실상과 법률상의 사항에 관하여 석명을 구하거나 입증을 촉구할 수 있다(규칙 제141조 제1항). 석명이란 피고사건의 소송관계를 명확히 하기 위하여 소송관계인에게 사실상 및 법률상의 사항에 관하여 질문을 하여 그 진술 내지 주장을 보충 또는 정정할 기회를 주고 입증을 촉구하는 것을 말한다(2010도14391).

(나) 법원의 소송지휘권

법원의 소송지휘권은 신속하고 적절한 소송지휘를 위하여 포괄적으로 재판장이 행사하고 있다. 그러나 공판기일에서의 소송지휘라 할지라도 피고인의 방어권 보호나 실체적 진실발견을 위하여 중요한 의미가 있는 사항은 법률에 의하여 법원에 유보되어 있다. 국선변호인의 선임(제33조, 제283조), 증거신청에 대한 결정(제295조), 증거조사에 대한 이의신청의 결정(제296조 제2항), 재판장의 처분에 대한 이의신청의 결정(제304조 제2항), 공소장변경의 허가와 요구(제298조 제1항·제2항), 변론의 분리·병합·재개(제300조, 305조) 등이 이에 해당한다.

(3) 소송지휘권 행사에 대한 불복

검사, 피고인 또는 변호인은 재판장의 소송지휘에 관한 처분에 대하여 이의신청을 할 수 있으며, 이의신청이 있는 때에는 법원은 결정을 하여야 한다(제304조). 법원의 소송지휘권 행사는 판결 전 소송절차에 관한 결정이므로 특히 즉시항고를 할 수 있는 경우 외에는 항고가 허용되지 않는다(제403조 제1항).

2. 법정경찰권

(1) 의 의

법정경찰권이란 법정질서를 유지하고 심판의 방해를 예방 또는 제지하기 위하여 행하는 법원의 권력작용을 말한다. 법정경찰권도 본래 법원의 권한에 속하는 것이지만, 질서유지의 신속성과 기동성을 위하여 재판장이 행사하도록 하고 있다(법원조직법 제58조 제1항).

(2) 내 용

(가) 질서유지를 위한 재판장의 처분

재판장은 법정의 존엄과 질서를 해할 우려가 있는 자의 입정금지 또는 퇴정을 명하거나 기타 법정의 질서유지에 필요한 명령을 발할 수 있다(동조 제2항). 또한 누구든지 법정 안에서는 재판장의 허가 없이 녹화·촬영·중계방송 등의 행위를 하지 못한다(동법 제59조).

피고인은 재판장의 허가 없이 퇴정하지 못하며, 재판장은 피고인의 퇴정을 제지하거나 법정의 질서를 유지하기 위하여 필요한 처분을 할 수 있다(제281조). 공판정에서는 피고인의 신체를 구속하지 못하는 것이 원칙이지만, 재판장은 피고인이 폭력을 행사하거나 도망할 염려가 있다고 인정하는 때에는 피고인의 신체의 구속을 명하거나 기타 필요한 조치를 할 수 있다(제280조).

(나) 감치 또는 과태료의 제재

법원은 직권으로 법정 내외에서 법정의 질서유지를 위한 재판장의 명령 또는 녹화 등의 금지규정에 위배하는 행위를 하거나 폭언·소란 등의 행위로 법원의 심리를 방해하거나 재판의 위신을 현저하게 훼손한 자에 대하여 결정으로 20일 이내의 감치 또는 100만원 이하의 과태료에 처하거나 이를 병과할 수 있다(법원조직법 제61조 제1항). 이러한 감치와 과태료의 제재는 검사의 공소제기를 기다리지 않고 법원이 직접 가하는 것으로서 사법행정상의 질서벌에 해당한다.

법원은 감치를 위하여 법원직원·교도관 또는 국가경찰공무원으로 하여금 즉시 행위자를 구속하게 할 수 있으며, 구속한 때로부터 24시간 이내에 감치에 처하는 재판을 하여야 하고 이를 하지 아니하면 즉시 석방을 명하여야 한다(동조 제2항). 감치는 경찰서유치장·교도소 또는 구치소에 유치함으로써 집행한다(동조 제3항).

제5절 공판기일의 절차

Ⅰ. 모두절차

1. 진술거부권의 고지와 인정신문

재판장은 인정신문을 하기 전에 피고인에게 진술하지 아니하거나 개개의 질문에 대하여 진술을 거부할 수 있음을 고지하여야 한다(제283조의2). 또한 재판장은 진술거부권의 고지와 함께 피고인에게 이익 되는 사실을 진술할 수 있음도 알려주어야 한다(규칙 제127조).

재판장은 피고인의 성명·연령·등록기준지·주거와 직업을 물어서 피고인임에 틀림없음을 확인하여야 한다(제284조). 이와 같이 재판장이 피고인으로 출석한 자가 공소장에 기재된 피고인과 동일인인가를 확인하는 절차를 인정신문이라고 한다. 재판장은 피고인에 대한 인정신문을 마친 뒤 피고인에 대하여 그 주소의 변동이 있을 때에는 이를 법원에 보고할 것을 명하고, 피고인의 소재가 확인되지 않는 때에는 그 진술 없이 재판할 경우가 있음을 경고하여야 한다(소송촉진 등에 관한 특례규칙 제18조 제1항).

2. 검사의 모두진술

인정신문이 끝나면 검사는 공소장에 의하여 공소사실·죄명 및 적용법조를 낭독하여야 한다. 다만 재판장은 필요하다고 인정하는 때에는 검사에게 공소의 요지를 진술하게 할 수 있다(제285조). 검사의 모두진술은 사건의 심리에 들어가기 전에 사건의 개요와 쟁점을 명백히 하여 법원의 소송지휘를 가능하게 하고 피고인에게 방어준비의 기회를 제공할 뿐만 아니라, 방청인들이 실체의 윤곽을 파악하는 데 기여함으로써 공개주의에 부합하는 제도이다. 이런 점을 고려하여 현행법은 검사의 모두진술을 필수적인 절차로 규정하고 있다.

3. 피고인의 모두진술

피고인은 검사의 모두진술이 끝난 뒤에 공소사실의 인정 여부를 진술하여야한다. 다만 피고인이 진술거부권을 행사하는 경우에는 그러하지 아니하다(제286조제1항). 이 기회에 피고인 및 변호인은 피고인에게 이익이 되는 사실 등을 진술할수 있다(동조 제2항). 여기서 이익이 되는 사실에는 알리바이의 주장, 범행동기, 정상관계 등 피고인에게 유리한 모든 사정이 포함된다.

피고인은 모두절차를 이용하여 관할이전신청(제15조), 기피신청(제18조), 국선변호인의 선정청구(제33조 제2항), 공판기일의 변경신청(제270조), 변론의 병합과 분리의 신청(제300조) 등을 할 수 있다. 또한 피고인은 모두절차를 통하여 그 이전에 이루어진 소송절차의 하자를 다툴 수 있다. 특히 토지관할위반의 신청(제320조), 공소장부본송달(제266조)에 대한 이의신청, 제1회 공판기일의 유예기간에 대한 이의신청(제269조) 등은 늦어도 이 단계까지는 하여야 한다. 피고인이 이때까지 이의신청을하지 않을 경우에는 절차상의 하자가 치유되어 더 이상 다툴 수 없게 된다.

4. 쟁점정리와 입증계획 등의 진술

재판장은 피고인의 모두진술이 끝난 다음에 피고인 또는 변호인에게 쟁점의정리를 위하여 필요한 질문을 할 수 있고(제287조 제1항), 증거조사를 하기에 앞서검사 및 변호인으로 하여금 공소사실 등의 증명과 관련된 주장 및 입증계획 등을진술하게 할 수 있다(동조 제2항 본문). 여기의 진술내용에는 쟁점에 대한 입증방법및 증거조사의 순서나 시기, 방법 등 전체적인 입증계획이 포함된다. 다만 검사 및변호인은 증거로 할 수 없거나 증거로 신청할 의사가 없는 자료에 기초하여 법원에사건에 대한 예단 또는 편견을 발생하게 할 염려가 있는 사항은 진술할 수 없다(동조 제2항 단서).

Ⅱ. 사실심리절차

1. 증거조사

재판장의 쟁점정리 및 검사·변호인의 증거관계 등에 대한 진술이 끝나면 증거조사를 실시한다(제290조). 증거조사란 수소법원이 피고사건의 사실인정과 형의 양정에 관한 심증을 얻기 위하여 인증·서증·물증 등 각종의 증거방법을 조사하여 그 내용을 감지하는 소송행위를 말한다.

종래의 사실심리절차는 피고인신문을 먼저 한 후 증거조사를 하도록 하고 있어서 피고인신문을 중심으로 사실심리절차가 운영되고 당사자인 피고인을 마치 법원의 심리의 객체로 취급하는 듯한 인상마저 주고 있었다. 현행 형사소송법은 피고인의 진술에 의존하는 심증형성에서 벗어나 객관적인 증거자료를 통한 심증형성을 도모하기 위하여 증거조사를 먼저 실시하고 증거조사에서 불충분한 부분을 피고인신문에서 확인하도록 그 순서를 변경하였다.

증거조사에는 당사자의 신청에 의한 증거조사와 직권에 의한 증거조사가 있으나, 당사자의 신청에 의한 증거조사가 원칙적인 형태이다. 증거조사의 순서는 검사가 신청한 증거를 조사한 후 피고인 또는 변호인이 신청한 증거를 조사하며(제291조의2 제1항), 신청에 의한 증거의 조사가 끝난 후 직권으로 결정한 증거를 조사한다(동조 제2항). 다만 법원은 직권 또는 검사, 피고인·변호인의 신청에 따라 양자의 순서를 변경할 수 있다(동조 제3항). 증거조사는 증거로서의 자격을 갖춘 증거에 대해서만 허용되며, 증거조사의 방법도 증거의 종류에 따라 법에 엄격하게 규정되어 있다.

증거조사는 사실심리절차의 중심이므로 증거조사의 구체적인 절차와 방법 등에 대해서는 다음 절에서 별도로 설명하기로 한다.

2. 피고인신문

(1) 의 의

피고인신문이란 피고인에 대하여 공소사실과 그 정상에 관한 필요한 사항을 신문하는 절차를 말한다. 피고인은 당사자일 뿐만 아니라 증거방법으로서의 지위를 가지고 있음을 전제로 한 제도이다.

피고인신문은 검사가 피고인의 진술을 통하여 공소사실을 입증하는 절차임과 동시에 피고인이 자신에게 유리한 사실을 주장하는 절차로서의 성격도 가지고 있다. 이런 의미에서 피고인신문은 피고인에게 자기방어를 위한 진술의 기회를 충분히 부여하면서 이루어져야 할 것이다.

(2) 신문순서와 방법

검사 또는 변호인은 증거조사 종료 후에 순차로 피고인에게 공소사실 및 정상에 관하여 필요한 사항을 신문할 수 있다. 다만 재판장은 필요하다고 인정하는 때에는 증거조사가 완료되기 전이라도 이를 허가할 수 있다(제296조의2 제1항). 또한 재판장은 필요하다고 인정하는 때에는 피고인을 신문할 수 있다(동조 제2항).

피고인신문의 순서에는 증인신문에 관한 규정이 준용된다(동조 제3항). 따라서 피고인은 신청한 검사 또는 변호인이 먼저 신문하고 다음에 다른 검사 또는 변호인이 신문한다(제161조의2 제1항). 검사와 변호인이 모두 신청한 경우에는 검사가 먼저 신문하여야 할 것이다. 재판장은 검사 또는 변호인의 신문이 끝난 뒤에 신문하지만(동조 제2항), 필요하다고 인정하면 어느 때나 신문할 수 있고 또한 신문순서를 변경할 수도 있다(동조 제3항). 합의부원은 재판장에게 고하고 피고인을 신문할 수 있다(동조 제5항). 피고인신문을 하는 때에는 피고인은 증인석에 좌석한다(제275조 제3항 단서). 피고인을 신문할 때에는 그 진술을 강요하거나 답변을 유도하거나 그 밖에 위압적·모욕적 신문을 하여서는 아니 된다(규칙 제140조의2).

재판장은 피고인이 다른 피고인의 면전에서 충분한 진술을 할 수 없다고 인정한 때에는 그를 퇴정하게 하고 진술하게 할 수 있다(제297조 제1항). 피고인을 퇴정하게 한 경우에 공동피고인의 진술이 종료한 때에는 퇴정한 피고인을 입정하게 한 후 법원사무관 등으로 하여금 진술의 요지를 고지하게 하여야 한다(동조 제2항). 재판장은 피고인이 어떤 재정인의 앞에서 충분한 진술을 할 수 없다고 인정한 때에는 그 재정인을 퇴정하게 하고 진술하게 할 수 있다(규칙 제140조의3).

재판장 또는 법관은 피고인을 신문하는 경우에 일정한 사정을 고려하여 피고인과 신뢰관계에 있는 사람을 동석하게 할 수 있다(제276조의2 제1항). 피고인과 동석할 수 있는 신뢰관계에 있는 사람은 피고인의 배우자, 직계친족, 형제자매, 가족, 동거인, 고용주 그 밖에 피고인의 심리적 안정과 원활한 의사소통에 도움을 줄 수 있는 사람을 말한다(규칙 제126조의2 제1항).

3. 최종변론

최종변론은 검사의 의견진술과 피고인과 변호인의 의견진술의 순서로 진행된다. 다만 재판장은 필요하다고 인정하는 경우 검사, 피고인 또는 변호인의 본질적인 권리를 해치지 아니하는 범위 내에서 의견진술의 시간을 제한할 수 있다(규칙 제145조).

(1) 검사의 논고와 구형

증거조사와 피고인신문이 종료한 때에는 검사는 사실과 법률적용에 관하여 의견을 진술하여야 한다. 이를 검사의 논고라고 하며, 특히 양형에 관한 검사의 의견을 구형이라고 한다. 단 검사의 출석 없이 개정한 경우에는 공소장의 기재사항에 의하여 검사의 의견진술이 있는 것으로 간주한다(제302조).

법원은 검사에게 의견진술의 기회를 부여하면 족하고, 검사가 사실과 법률적용에 관하여 의견을 진술하지 않더라도 공판절차가 무효로 되는 것은 아니다(2001도5225). 또한 법원은 검사의 구형에 구속되지 않으므로 검사의 구형보다 높은 형을 선고할 수도 있다. 한편 검사는 객관의무에 기초하여 피고인의 무죄를 구하는 의견을 진술하는 것도 가능하다.

(2) 변호인과 피고인의 의견진술

재판장은 검사의 의견을 들은 후 피고인과 변호인에게 최종의 의견을 진술할 기회를 주어야 한다(제303조). 피고인과 변호인은 최종의견 진술의 기회에 사실관계 및 법률적용에 대하여 다투거나 유리한 양형사유 등을 주장할 수 있다. 최종의견 진술의 기회는 피고인과 변호인에게 모두 주어야 하며, 피고인과 변호인에게 최종 의견 진술의 기회를 주지 않은 채 심리를 마치고 판결을 선고하는 것은 위법하다(2018도327). 그러나 필요적 변호사건이 아닌 사건에서 변호인이 공판기일통지서를 받고도 공판기일에 출석하지 아니하여 변호인 없이 변론을 종결한 경우에는 변호인에게 변론의 기회를 주지 않았다고 할 수 없다(77도835).

제303조는 「피고인과 변호인에게 최종의 의견을 진술할 기회를 주어야 한다」고 규정하고 있으나, 실무상으로는 변호인의 최종변론이 있은 후 피고인에게 최후진술의 기회를 주는 것이 일반적이다.

(3) 변론의 종결 및 재개

피고인의 최종의견진술이 끝나면 피고사건에 대한 구두변론이 종결되는데, 실무에서는 이를 결심(結審)이라고 부른다. 그러나 법원은 필요하다고 인정한 때에는 직권 또는 검사, 피고인이나 변호인의 신청에 의하여 결정으로 종결한 변론을 재개할 수 있다(제305조). 변론의 재개 여부는 법원의 재량에 속한다(86도769).

III. 판결의 선고

1. 판결선고기일

현행 형사소송법은 판결선고에 관하여 즉일선고의 원칙을 도입하였다. 판결의 선고는 변론을 종결한 기일에 하여야 한다. 다만 특별한 사정이 있는 때에는 따로 선고기일을 지정할 수 있다(제318조의4 제1항). 이 경우 선고기일은 변론종결 후 14일 이내로 지정되어야 한다(동조 3항).

2. 판결선고의 방식

판결의 선고는 법관이 작성한 판결서에 의하여 공판정에서 하여야 한다(제42조 본문). 그러나 변론을 종결한 기일에 판결을 선고하는 경우에는 판결의 선고 후에 판결서를 작성할 수 있다(제318조의4 제2항). 이 경우에는 선고 후 5일 내에 판결서를 작성하여야 한다(규칙 제146조). 판결의 선고는 재판장이 하며 주문을 낭독하고 이유의 요지를 설명하여야 한다(제43조). 판결을 선고한 사실은 공판조서에 기재하여야 한다(제51조 2항 14호). 재판장은 판결을 선고함에 있어서 피고인에게 적절한 훈계를 할 수 있다(규칙 제147조). 형을 선고하는 경우에는 재판장은 피고인에게 상소할 기간과 상소할 법원을 고지하여야 한다(제324조).

3. 피고인의 출석

판결선고기일도 공판기일이므로 원칙적으로 피고인이 출석하여야 한다. 다만 피고인이 진술하지 아니하거나 재판장의 허가 없이 퇴정하거나 재판장의 질서유지를 위한 퇴정명령을 받은 때에는 피고인의 진술 없이 판결할 수 있다(제330조). 피고인의 출석 없이 개정할 수 있는 경우에도 같다.

한편 판결선고기일에는 필요적 변호사건이라도 변호인의 출석을 요하지 않으며(제282조 단서), 검사의 출석도 이를 요하지 않는다(제278조).

4. 판결선고 후의 조치

법원은 피고인에 대하여 판결을 선고한 때에는 선고일로부터 14일 이내에 피고인에게 그 판결서등본을 송달하여야 한다. 다만 불구속 피고인과 무죄, 면소, 형의 면제, 형의 선고유예, 형의 집행유예, 공소기각 또는 벌금이나 과료를 과하는 판결이 선고되어 구속영장의 효력이 상실된 구속피고인에 대하여는 피고인이 송달을 신청하는 경우에 한하여 판결서등본을 송달한다(규칙 제148조).

판결선고 후에도 법원은 소송기록이 상소법원에 도달하기 전까지는 상소기간 중 또는 상소 중의 사건에 관하여 피고인의 구속, 구속기간의 갱신, 구속의 취소, 보석, 보석의 취소, 구속의 집행정지와 그 정지의 취소에 대한 결정 등을 하여야 한다(제105조, 규칙 제57조).

제 6 절   증거조사

I. 증거조사의 의의와 범위

증거조사란 수소법원이 피고사건의 사실인정과 양형에 관한 심증을 얻기 위하여 인증·서증·물증 등 각종의 증거방법을 조사하여 그 내용을 감지하는 소송행위를 말한다. 넓은 의미로는 증거조사의 시행과 관련되는 증거신청, 증거결정, 이의신청 등의 절차를 모두 포함한다.

증거조사의 주체는 법원이다. 따라서 수소법원 이외의 법관이 공판정 외에서나 공판기일 외에 증거조사를 한 경우에는 그 결과를 기재한 서면이나 증거물을 법원에 제출하여 증거조사를 거쳐야 한다. 증거조사는 엄격한 증명의 자료가 되는 증거에 대해서 뿐만 아니라 자유로운 증명의 자료가 되는 증거에 대해서도 행하여진다. 다만 엄격한 증명의 경우에는 증거능력이 있는 증거에 의하여 법에서 정한 절차와 방식에 따라 증거조사가 이루어져야 한다.

증거조사는 공개주의와 공판중심주의 원칙상 공판기일에 공판정에서 법원이 직접 행하는 것이 원칙이나, 공판정 외에서의 증거조사도 허용된다. 증인의 법정 외의 신문이나 범행현장에서 행하는 검증 등이 여기에 해당한다. 이 경우 공판정 외에서의 증거조사의 결과를 기재한 증인신문조서나 검증조서에 대하여는 공판기일에 다시 증거조사를 하여야 한다.

II. 당사자의 신청에 의한 증거조사

1. 증거조사의 신청

증거조사의 신청이란 법원에 대하여 특정한 증거조사의 시행을 구하는 당사자의 소송행위를 말한다. 증거조사에는 당사자의 신청에 의한 증거조사와 직권에 의한 증거조사가 있으나, 당사자의 신청에 의한 증거조사가 원칙적인 형태이다. 검사·피고인 또는 변호인은 서류나 물건을 증거로 제출할 수 있고, 증인·감정인·통역인 또는 번역인의 신문을 신청할 수 있다(제294조 제1항). 또한 당사자는 아니지만 범죄로 인한 피해자 또는 그 법정대리인도 일정한 요건 아래 자신에 대한 증인신문을 신청할 수 있다(헌법 제27조 제5항, 제294조의2).

증거조사는 재판장의 쟁점정리 등이 끝난 후에 실시하는 것이 원칙이지만(제290조), 공판준비기일이나(제266조의9) 공판기일 전에도(제273조, 제274조) 증거신청을 할 수 있다. 다만 법원은 검사·피고인 또는 변호인이 고의로 증거를 뒤늦게 신청함으로써 공판의 완결을 지연하는 것으로 인정할 때에는 직권 또는 상대방의 신청에 따라 결정으로 이를 각하할 수 있다(제294조 제2항).

2. 증거신청의 방식

증거신청은 검사가 먼저 한 후에 피고인 또는 변호인이 한다(규칙 제133조). 검사·피고인 또는 변호인은 특별한 사정이 없는 한 필요한 증거를 일괄하여 신청하여야 한다(규칙 제132조). 그러나 증거로 할 수 있는 서류나 물건이 수사기록의 일부인 때에는 검사는 이를 특정하여 개별적으로 제출함으로써 그 조사를 신청하여야 한다(규칙 제132조의3 제1항). 따라서 검사가 신청한 증거 중 피고인이나 변호인이 동의하지 않은 전문증거는 분리하여 원진술자의 법정진술 등에 의해서 증거능력이 인정된 후 개별적으로 제출된다.

증거조사를 신청함에 있어서는 신청의 대상인 증거를 특정하여야 한다. 따라서 증인신문을 신청할 때에는 증인의 성명과 주소를 특정할 것을 요한다. 또한 서류나 물건의 일부에 대한 증거신청을 함에 있어서는 증거로 할 부분을 특정하여 명시하여야 한다(규칙 제132조의2 제3항).

검사·피고인 또는 변호인이 증거신청을 함에 있어서는 그 증거와 증명하고자 하는 사실과의 관계를 구체적으로 명시하여야 한다(규칙 동조 제1항). 여기서 증거와 증명하고자 하는 요증사실과의 관계를 입증취지라고 한다. 입증취지의 구체화는 법원이 증거결정을 하는 데 참고가 될 뿐만 아니라 상대방의 방어권행사에도 도움이 된다.

피고인의 자백을 보강하는 증거나 정상에 관한 증거는 보강증거 또는 정상에 관한 증거라는 취지를 특히 명시하여 그 조사를 신청하여야 한다(규칙 동조 제2항). 탄핵증거를 제출하는 경우에도 상대방에게 이에 대한 공격방어의 수단을 강구할 기회를 사전에 부여하여야 한다는 점에서 증명력을 다투고자 하는 증거의 어느 부분에 의하여 진술의 어느 부분을 다투려고 한다는 것을 사전에 상대방에게 알려야 한다(2005도2617).

3. 법원의 증거결정

법원은 당사자의 증거신청에 대하여 결정을 하여야 한다(제295조). 당사자가 증거조사를 신청한 경우에 당해 증거를 조사하기로 한 때에는 채택결정을 그리고 거부하는 때에는 기각결정을 하게 된다. 판례는 증거신청의 채택 여부는 법원의 재량으로서 법원이 필요하지 않다고 인정할 때에는 조사하지 않을 수 있다고 함으로써 법원의 증거결정을 자유재량으로 보고 있다(2015도16586).

(1) 증거결정에 있어서의 검사·피고인 등의 의견진술

법원이 증거조사 여부를 결정함에 있어서는 증거결정에 앞서 이에 대한 검사 및 피고인 등의 의견진술이 행하여지게 된다. 증거결정에 대한 의견진술에는 임의적 의견진술과 필요적 의견진술이 있다.

　　법원은 증거결정을 함에 있어서 필요하다고 인정할 때에는 그 증거에 대한 검사·피고인 또는 변호인의 의견을 들을 수 있다(규칙 제134조 제1항). 임의적 의견진술은 예를 들면 증인이 요증사실을 알 수 있는 지위에 있는지 여부나 증인에 대한 소환가능 여부, 증거와 피고사건과의 관련성 여부 등에 관하여 행하여질 수 있다.

　　법원은 서류 또는 물건이 증거로 제출된 경우에 이에 관한 증거결정을 함에 있어서는 제출한 자로 하여금 그 서류 또는 물건을 상대방에게 제시하게 하여 상대방으로 하여금 그 서류 또는 물건의 증거능력 유무에 관한 의견을 진술하게 하여야 한다(규칙 동조 제2항). 이 경우는 법원이 반드시 상대방의 의견을 물어야 하는 필요적인 절차이다. 필요적 의견진술의 경우에 진술되는 의견에는 ① 적법한 절차와 방식에 따라 작성되었는지의 여부, ② 실질적 진정성립의 인정 여부, ③ 내용의 인정 여부, ④ 진술의 임의성의 인정 여부, ⑤ 증거에 대한 동의 여부, ⑥ 위법수집증거인지의 여부 등이 있을 수 있다.

　　(2) 증거신청의 기각·각하

　　법원은 당사자의 증거신청이 법률에 정한 방식에 위반하여 부적법한 경우, 신청된 서류 또는 물건에 대하여 증거능력이 인정되지 않는 경우, 증거조사가 불가능한 경우에는 증거신청을 기각하여야 한다. 법원이 요증사실에 관하여 충분히 증명되었다고 인정하는 경우에도 같은 사실을 증명하기 위하여 중복하여 증거조사를 할 필요는 없다. 다만 이 경우 법원의 심증은 쌍방의 증거를 충분히 조사해서 이루어진 합리적인 결과일 것을 요한다.

　　법원은 검사·피고인 또는 변호인이 고의로 증거를 뒤늦게 신청함으로써 공판의 완결을 지연하는 것으로 인정할 때에는 직권 또는 상대방의 신청에 따라 결정으로 이를 각하할 수 있다(제294조 제2항).

　　(3) 증거결정에 대한 불복

　　증거결정은 법원의 판결 전 소송절차에 관한 결정이므로 이에 대하여는 항고를 할 수 없고(제403조), 법령의 위반이 있음을 이유로 이의신청을 할 수 있을 뿐이다(제296조, 규칙 제135조의2). 다만 법원의 증거채택 여부에 관한 결정으로 인해 사실을 오인하여 판결에 영향을 미치게 된 경우에는 판결 자체에 대하여 상소하는 방법으로 다툴 수 있다(90도646).

Ⅲ. 직권에 의한 증거조사

1. 의 의

당사자의 신청이 없더라도 법원은 직권으로 증거조사를 할 수 있다(제295조 후단). 법원의 직권에 의한 증거조사란 법원 스스로 증거로 될 서류나 물건을 수집하거나 증인·감정인·통역인 또는 번역인을 증거방법으로 선정하여 이를 조사하는 것을 말한다. 법원이 직권으로 증거를 수집하여 조사하는 경우에도 당사자에게 증거조사의 대상을 알리고 절차의 확실성을 확보한다는 의미에서 이에 대한 증거결정이 필요하다고 보아야 한다. 또한 임의적 의견진술(규칙 제134조 제1항)은 증거신청이 이루어진 경우뿐만 아니라 법원이 직권으로 증거결정을 하는 경우에도 행하여질 수 있다.

2. 성 격

법원의 직권에 의한 증거조사는 당사자의 신청에 의한 증거조사에 대하여 보충적·이차적 성격을 가진다. 따라서 법원이 당사자의 증거신청을 미루어 두고 처음부터 직권에 의한 증거조사를 하는 것은 허용되지 않는다. 법원은 당사자의 증거신청을 기다린 다음 당사자의 입증활동이 불충분한 경우에는 먼저 석명권의 행사에 의하여 입증을 촉구하고, 그것으로도 부족한 경우에 한하여 직권에 의한 증거조사를 하는 것이 타당할 것이다.

또한 직권에 의한 증거조사는 실체진실주의와 공정한 재판의 이념에 비추어 볼 때 법원의 권한임과 동시에 의무라고 보아야 한다. 따라서 법원이 직권에 의한 증거조사의 책무를 다하지 않은 경우에는 심리미진의 위법이 인정되어 상소이유가 된다(90도2205 참조).

Ⅳ. 증거조사의 실시

법원이 증거결정을 하게 되면 증거조사를 실시하게 된다. 증거조사의 순서는 원칙적으로 검사가 신청한 증거를 조사한 후 피고인 또는 변호인이 신청한 증거를 조사하며(제291조의2 제1항), 신청된 증거에 대한 조사가 끝난 후 법원은 직권으로 결정한 증거를 조사한다(동조 제2항). 다만 법원은 직권 또는 검사, 피고인·변호인의 신청에 따라 증거조사의 순서를 변경할 수 있다(동조 제3항).

형사소송법 제312조 및 제313조에 따라 증거로 할 수 있는 피고인 또는 피고인 아닌 자의 진술을 기재한 조서 또는 서류가 피고인의 자백 진술을 내용으로 하는 경우에는 범죄사실에 관한 다른 증거를 조사한 후에 이를 조사하여야 한다(규칙 제135조). 자백진술에 의한 유죄의 예단을 배제하여 피고인의 충실한 방어권 행사를 보장하기 위한 규정이다.

1. 서류 및 물건에 대한 증거조사

(1) 서류 및 물건에 대한 지시설명

증거조사의 대상이 되는 서류나 물건은 검사·변호인 또는 피고인이 공판정에서 개별적으로 지시설명하여 조사하여야 한다(제291조 제1항). 또한 재판장은 직권으로 서류나 물건에 대하여 공판정에서 지시설명하여 조사할 수 있다(동조 제2항). 여기서 지시설명은 서류 또는 물건의 표목을 특정하여 증거별로 이루어져야 하므로 지시설명은 증거조사의 대상을 보다 명확히 하는 기능을 가진다. 따라서 지시설명은 '이것은 사법경찰관 작성의 피해자에 대한 진술조서이다', '이것은 피고인이 범행에 사용한 흉기이다' 등과 같이 개별적·구체적으로 행하여져야 한다. 또한 지시설명은 증거신청인이 자신이 제출한 개개의 증거를 특정하면서 서류 또는 물건과 당해 사건의 쟁점사항과의 관련성 및 입증취지 등을 진술한 뒤 각 증거방법에 따른 본격적인 증거조사방식을 진행하도록 하는 제도라는 점에서 전체로서의 증거조사절차의 일부분을 구성하는 것으로 볼 수 있다.

(2) 증거서류의 조사

증거서류란 서류에 기재된 의미내용만이 증거로 되는 보고적 문서를 말하며, 서류 자체의 존재나 형상은 증거자료로서 의미를 갖지 않는다. 증거서류에 대한 원칙적인 조사방법은 낭독이나, 예외적으로 내용의 고지나 제시·열람이 허용된다.

검사·피고인 또는 변호인의 신청에 따라 증거서류를 조사하는 때에는 신청인이 이를 낭독하여야 한다(제292조 제1항). 법원이 직권으로 증거서류를 조사하는 때에는 소지인 또는 재판장이 이를 낭독하여야 한다(동조 제2항). 다만 재판장은 필요하다고 인정하는 때에는 낭독 대신 그 내용을 고지하는 방법으로 조사할 수 있다 (동조 제3항). 증거서류의 내용의 고지는 그 요지를 고지하는 방법으로 한다(규칙 제134조의6 제1항).

증거서류에 대하여는 제시를 요하지 않는다. 그러나 재판장은 열람이 다른 방법보다 적절하다고 인정하는 때에는 증거서류를 제시하여 열람하게 하는 방법으로 조사할 수 있다(동조 제5항). 예를 들면 회계장부나 도표, 교통사고 실황조사서 등의 경우처럼 낭독이나 내용의 고지가 용이하지 아니하거나 부적절한 경우에는 당해 서류를 제시하여 열람하게 하는 방법이 보다 적절한 조사방법이 될 것이다.

(3) 증거물의 조사

증거물이란 물건의 존재 또는 상태가 증거자료로 되는 것을 말한다. 범행에 사용된 흉기·절도죄에 있어서의 장물 등이 이에 해당한다. 이러한 증거물에 대한 조사는 제시의 방식으로 행한다. 검사·피고인 또는 변호인의 신청에 따라 증거물을 조사하는 때에는 신청인이 이를 제시하여야 한다(제292조의2 제1항). 법원이 직권으로 증거물을 조사하는 때에는 소지인 또는 재판장이 이를 제시하여야 한다(동조 제2항). 재판장은 법원사무관 등으로 하여금 증거물의 제시를 하게 할 수 있다(동조 제3항).

(4) 증거물인 서면의 조사

증거물인 서면은 서류에 기재된 의미내용 외에 서류의 존재와 상태도 증거가 되는 것을 말한다. 증거물인 서면은 그 본질은 증거물이지만 증거서류로서의 성질도 아울러 가지고 있으므로 증거조사에 있어서는 제시와 낭독 등의 절차를 병행하여야 한다. 따라서 위조문서나 협박장 등 증거물인 서면에 대한 증거조사는 서류의 제시와 아울러 이를 낭독하거나 내용을 고지하는 방법 등으로 행하게 된다.

2. 증인신문

(1) 증인 및 증인신문의 의의

증인이란 법원 또는 법관에 대하여 자기가 과거에 체험한 사실을 진술하는 제3자를 말한다. 증인은 법원 또는 법관에 대하여 진술하는 자임을 요하므로 수사기관에 대하여 진술하는 제3자인 참고인과 구별된다. 또한 증인은 자기의 체험사실을 진술하는 자라는 점에서, 특별한 지식·경험에 속하는 법칙이나 이를 구체적인 사실에 적용하여 얻은 판단을 보고하는 감정인과도 다르다. 체험사실을 진술하는 자인 증인은 비대체적이지만, 감정인은 전문지식을 가진 자라면 누구든지 감정인이 될 수 있다는 점에서 대체가 가능하다. 이러한 차이로 인하여 증인의 경우에는 구인이 허용되지만(제152조), 감정인의 경우에는 그러하지 아니하다. 특별한 지식에 의하여 알게 된 과거의 사실을 진술하는 제3자인 감정증인도 대체성이 없다는 점에서 증인에 속한다고 할 수 있다.

증인신문이란 증인으로부터 그 체험사실의 진술을 듣는 증거조사절차를 말한다. 증인에 대한 증거조사는 증인의 진술내용과 함께 증인의 표정과 진술태도까지 법관의 심증형성에 영향을 미치는 가장 중요한 증거조사방법이라고 할 수 있다.

(2) 증인적격

증인적격이란 증인이 될 수 있는 형식적인 자격, 즉 증인으로 선서하고 진술할 수 있는 자격을 말한다. 형사소송법 제146조는 「법원은 법률에 다른 규정이 없으면 누구든지 증인으로 신문할 수 있다」고 규정하고 있으므로 원칙적으로 누구에게나 증인적격이 인정된다. 다만 예외적으로 증인적격이 인정되지 않는 경우가 있다.

(가) 법관의 증인적격

법관은 자신이 담당하고 있는 사건의 증인이 될 수 없다. 법관도 그 직무에서 탈퇴하면 증인이 될 수 있지만, 증인으로 된 후에는 제척사유에 해당하여(제17조 제4호) 당연히 당해 사건의 직무집행에서 배제된다.

(나) 검사의 증인적격

공판검사가 아닌 수사검사 등이 증인이 될 수 있음은 물론이나, 당해 사건의 공판에 관여하고 있는 검사에게 증인적격이 인정되는가에 대하여는 학설의 대립이 있다. 이 문제는 특히 수사를 담당했던 검사가 공판검사로 직무를 수행하는 경우에 현실적인 의미를 가질 수 있다. 그러나 당해 사건의 공판에 관여하고 있는 검사는 소송의 당사자로서 제3자라고 할 수 없으며, 검사를 증인으로 신문하게 되면 검사가 공판검사로서의 직무를 제대로 수행할 수 없게 된다는 점 등에서 볼 때 공판검사의 증인적격은 이를 부정하는 다수설이 타당하다고 생각된다. 따라서 실체적 진실발견을 위하여 검사를 증인으로 신문할 필요가 있다면 그를 공판검사의 지위로부터 벗어나게 하여야 할 것이다. 또한 증인으로 증언한 검사에 대하여는 법관에 대한 제척규정을 유추적용하여 당해 사건의 공판검사가 될 수 없다고 해석하는 것이 타당할 것이다.

(다) 변호인의 증인적격

피고인의 변호인에게 증인적격이 인정되는가에 대해서도 견해의 대립이 있다. 긍정설은 변호인의 증인적격을 부정하는 법률의 규정이 없고, 실체적 진실발견과 피고인의 이익보호를 위하여 변호인에 대한 증인신문이 필요한 경우가 있다는 것을 그 이유로 들고 있다. 이에 반하여 부정설은 변호인은 피고인의 보호자로서 당해 소송에서 실질적으로 제3자의 지위에 있다고 볼 수 없을 뿐만 아니라 변호인에게 피고인에게 이익 되는 사실만을 진술하도록 하는 것도 타당하지 않으므로 변호인이 스스로 사임하거나 해임되지 않는 한 증인이 될 수 없다고 한다.

변호인은 피고인의 보호자로서 피고인의 이익을 위하여 활동해야 할 뿐만 아니라 변호인에게 증인적격을 인정하더라도 피고인에게 불리한 사실에 대해서는 증언거부권(제149조)을 행사할 수 있어 증인신문이 사실상 어렵게 된다는 점을 고려할 때 변호인의 증인적격은 이를 부정하는 것이 타당하다고 생각된다.

(라) 피고인의 증인적격

피고인은 자신의 사건에 있어서 당사자이고 제3자가 아닐 뿐만 아니라 피고인에게 증인으로서 증언의무를 과하는 것은 피고인에게 보장된 진술거부권을 실질적으로 침해하게 된다는 점에 비추어 피고인의 증인적격은 이를 부정함이 타당하다. 영미법에서는 피고인도 자기에게 이익이 되는 진술을 증거로 하기 위해서 묵비권을 포기하고 증언을 할 수 있음을 인정하고 있으나, 묵비권의 포괄적 포기를 인정하지 않는 우리나라의 통설적 입장에서는 이를 부정하게 된다.

(마) 공동피고인의 증인적격

공동피고인이란 2인 이상의 피고인이 동일한 형사절차에서 심판을 받게 된 경우에 있어서 각각의 피고인을 말한다. 공동피고인이 상피고인의 피고사건에 대하여 증인이 될 수 있는가에 대하여는 견해가 대립하고 있다.

공동피고인의 증인적격에 관하여는 공동피고인이 공범관계에 있느냐의 여부와 상관없이 변론을 분리하지 않는 한 증인적격이 없다는 부정설, 공동피고인은 상피고인에 대한 관계에서 제3자이고 변론의 분리 여하에 따라 증인적격 유무를 달리하는 것도 부당하다는 점을 들어 공동피고인의 증인적격을 인정하는 긍정설, 공동피고인의 사건상호 간에 있어서의 실질적 관련성을 기준으로 공범자인 공동피고

인은 증인적격이 없지만 그 밖의 공동피고인은 증인으로 신문할 수 있다는 절충설
이 주장되고 있다.

판례는 절충설의 입장에서 「피고인과 별개의 범죄사실로 기소되어 병합심리
중인 공동피고인은 피고인의 범죄사실에 관하여는 증인의 지위에 있다 할 것이므
로 선서 없이 한 공동피고인의 법정진술이나 피고인이 증거로 함에 동의한 바 없는
공동피고인에 대한 피의자신문조서는 피고인의 공소범죄사실을 인정하는 증거로
할 수 없다」고 판시하여(82도1000) 실질적 관련성이 없는 사건에 있어서는 공동피
고인의 증인적격을 인정하면서도, 「공범인 공동피고인은 당해 소송절차에서는 피
고인의 지위에 있으므로 다른 공동피고인에 대한 공소사실에 관하여 증인이 될 수
없으나, 소송절차가 분리되어 피고인의 지위에서 벗어나게 되면 다른 공동피고인
에 대한 공소사실에 관하여 증인이 될 수 있다」고 판시하여(2010도10028), 실질적
관련성이 있는 공범사건에 있어서는 이를 부정하는 태도를 취하고 있다.

또한 판례는 「공동피고인인 절도범과 그 장물범은 서로 다른 공동피고인의 범
죄사실에 관하여는 증인의 지위에 있다 할 것이므로, 피고인이 증거로 함에 동의한
바 없는 공동피고인에 대한 피의자신문조서는 공동피고인의 증언에 의하여 그 성
립의 진정이 인정되지 아니하는 한 피고인의 공소범죄사실을 인정하는 증거로 할
수 없다」고 판시하여(2005도7601), 절도범과 장물범 사이에는 실질적 관련성이 없는
것으로 보고 있다.

공동피고인의 증인적격의 문제는 절충설에 따라서 판단하는 것이 타당하다고
생각된다. 따라서 공범자인 공동피고인은 그들이 필요적 공범이든 임의적 공범이
든 묻지 않고 증인적격이 없지만, 자기의 피고사건과 실질적 관련성이 없는 사건이
거나 맞고소 사건과 같이 공동피고인 상호간에 이해관계가 상반되는 경우에는 공
동피고인이라도 증인으로 신문할 수 있다. 아울러 공범자가 아닌 공동피고인이 병
합심리된 당해 형사절차에서 다른 공동피고인의 범죄사실에 관하여 진술할 때에는
반드시 증인으로 선서하고 증언해야만 그 진술을 증거로 사용할 수 있게 된다.

(바) 공무원 등의 증인거부권

공무원 또는 공무원이었던 자가 그 직무에 관하여 알게 된 사실에 관하여 본
인 또는 당해 공무소가 직무상 비밀에 속한 사항임을 신고한 때에는 그 소속공무소
또는 감독관공서의 승낙 없이는 증인으로 신문하지 못한다(제147조 제1항). 다만 그

소속공무소 또는 당해 감독관공서는 국가의 중대한 이익을 해하는 경우를 제외하고는 승낙을 거부하지 못한다(동조 제2항). 이것은 형사소송의 실체적 진실발견의 이익과 국가의 비밀보호의 이익을 조화시키기 위한 성격의 규정이라고 할 수 있다.

(3) 증인의 의무

(가) 출석의무

증인은 법원이 소환하면 출석해야 할 의무가 있다. 법원은 소환장의 송달, 전화, 전자우편 그 밖의 상당한 방법으로 증인을 소환하여야 하며(제150조의2 제1항), 증인을 신청한 자도 증인이 출석하도록 합리적인 노력을 할 의무가 있다(동조 제2항).

법원은 소환장을 송달받은 증인이 정당한 사유 없이 출석하지 아니한 때에는 결정으로 당해 불출석으로 인한 소송비용을 증인이 부담하도록 명하고, 500만원 이하의 과태료를 부과할 수 있다. 이러한 제재는 소환장의 송달과 동일한 효력이 있는 경우에도 적용된다(제151조 제1항).

법원은 증인이 출석불응에 따른 과태료 재판을 받고도 정당한 사유 없이 다시 출석하지 아니한 때에는 결정으로 증인을 7일 이내의 감치에 처한다(동조 제2항). 증인이 감치에 처해지면 감치는 그 재판을 한 법원의 재판장의 명령에 따라 사법경찰관리·교도관·법원경위 또는 법원사무관 등이 교도소·구치소 또는 경찰서유치장에 유치하여 집행한다(동조 제4항). 감치에 처하는 재판을 받은 증인이 이러한 감치시설에 유치된 경우 당해 감치시설의 장은 즉시 그 사실을 법원에 통보하여야 한다(동조 제5항). 법원은 감치시설의 장의 통보를 받은 때에는 지체 없이 증인신문기일을 열어야 하며, 감치의 재판을 받은 증인이 감치의 집행 중에 증언을 한 때에는 즉시 감치결정을 취소하고 그 증인을 석방하도록 명하여야 한다(동조 제6항·제7항).

법원은 정당한 사유 없이 소환에 응하지 아니하는 증인을 구인할 수 있다(제152조). 증인이 정당한 사유 없이 동행을 거부하는 때에도 구인할 수 있다(제166조 제2항). 증인의 구인에는 피고인의 구인에 관한 규정이 대부분 준용된다(제155조 참조).

(나) 선서의무

출석한 증인은 신문 전에 선서를 하여야 한다. 선서란 증인 또는 감정인이 법원에 대하여 진실을 말할 것을 맹세하는 것을 말한다. 증인이 선서한 후에 거짓진술을 하면 위증죄로 처벌된다. 따라서 선서는 위증의 벌에 의한 심리적 강제를 통하여 증언의 진실성과 확실성을 담보하기 위한 절차라고 할 수 있다. 선서능력이 있는 증인이 선서 없이 증언한 때에는 그 증언은 증거능력이 없다(82도1000).

선서무능력자에게는 선서의무가 없다. 즉 16세 미만의 자와 선서의 취지를 이해하지 못하는 자에 대하여는 선서 없이 신문하여야 한다(제159조). 선서의 취지를 이해하지 못하는 자란 정신능력의 결함으로 선서의 의미를 알지 못하는 자를 말한다. 선서무능력자에게 선서시키고 증언하도록 하더라도 그의 선서는 효력이 없으며 위증죄는 성립하지 않는다. 그러나 증언능력이 있는 한 그 증언 자체의 효력이 부정되는 것은 아니다(2005도9561).

선서는 증인신문에 앞서서 하여야 한다(제156조). 재판장은 선서할 증인에 대하여 선서 전에 위증의 벌을 경고하여야 한다(제158조). 선서는 선서서(宣誓書)에 따라 하여야 한다. 선서서에는 "양심에 따라 숨김과 보탬이 없이 사실 그대로 말하고 만일 거짓말이 있으면 위증의 벌을 받기로 맹서합니다"라고 기재하여야 한다. 재판장은 증인에게 선서서를 낭독하고 기명날인하거나 서명하게 하여야 한다. 다만 증인이 선서서를 낭독하지 못하거나 서명을 하지 못하는 경우에는 참여한 법원사무관 등이 대행한다. 선서는 일어서서 엄숙하게 하여야 한다(제157조 제1항 내지 제4항). 증인이 정당한 이유 없이 선서를 거부한 때에는 결정으로 50만원 이하의 과태료에 처할 수 있다(제161조 제1항).

(다) 증언의무

선서한 증인은 신문받은 사항에 대하여 증언할 의무가 있다. 증인은 법원이나 법관의 신문뿐만 아니라 검사와 변호인 또는 피고인의 신문에 대하여도 증언하여야 하며, 주신문뿐만 아니라 반대신문에 대해서도 증언하여야 한다. 증인이 주신문에 대하여만 증언하고 반대신문에 대하여는 증언을 거부한 때에는 반대신문권을 침해하는 것이 되므로 당해 증언을 증거로 사용할 수 없다고 보아야 한다.

증인이 증인적격이 있는 자 할지라도 증언능력이 없는 때에는 그 증언을 증거로 할 수 없다. 증언능력이란 자신이 과거에 체험한 사실에 대하여 기억에 따라 진술하고 표현할 수 있는 정신적 능력을 말한다. 따라서 증인적격이 있는 자라도 증언능력이 없는 경우가 있고, 형사미성년자나 선서무능력자라도 증언능력이 있을 수 있다. 유아의 증언능력에 관해서도 그 유무는 단지 진술자의 연령 만에 의할 것이 아니라 그의 지적수준에 따라 개별적이고 구체적으로 결정되어야 함은 물론 진술의 태도 및 내용 등을 구체적으로 검토하고, 경험한 과거의 사실이 진술자의 이해력, 판단력 등에 의하여 식별될 수 있는 범위 내에 속하는가의 여부도 충분히 고려하여 판단하여야 한다(2005도9561). 증인이 정당한 이유 없이 증언을 거부한 때에는 결정으로 50만원 이하의 과태료에 처할 수 있다(제161조 제1항).

(4) 증인의 권리

(가) 증언거부권

증언거부권이란 증언의무가 있는 증인이 일정한 사유를 근거로 하여 증언을 거부할 수 있는 권리를 말한다. 증인이 증언거부권자에 해당하는 경우에는 재판장은 신문 전에 증언을 거부할 수 있음을 설명하여야 한다(제160조). 증언거부사유가 있음에도 증인이 증언거부권을 고지받지 못함으로 인하여 그 증언거부권을 행사하는 데 사실상 장애가 초래되었다고 볼 수 있는 경우에는 위증죄의 성립은 부정된다(2008도942).

누구든지 자기나 친족 또는 친족이었던 사람, 법정대리인·후견감독인의 관계에 있는 사람이 형사소추(刑事訴追) 또는 공소제기를 당하거나 유죄판결을 받을 사실이 드러날 염려가 있는 증언을 거부할 수 있다(제148조). 증언거부의 대상은 형사책임의 존부나 범위에 관하여 불이익을 초래할 수 있는 모든 사실을 포함한다. 그러나 이미 유죄나 무죄 또는 면소의 판결이 확정된 경우에는 일사부재리의 효력에 의하여 다시 공소가 제기되거나 유죄판결을 받을 가능성이 없으므로 그에 관한 사실에 대하여는 증언을 거부할 수 없다. 따라서 자신에 대한 유죄판결이 확정된 증인은 공범에 대한 사건에서 증언을 거부할 수 없고, 공범에 대한 피고사건에서 증언할 당시 앞으로 재심을 청구할 예정이라고 하여도 허위의 진술에 대하여 위증죄의 성립을 부정할 수 없다(2011도11994).

변호사·변리사·공증인·공인회계사·세무사·대서업자·의사·한의사·치과의사·약사·약종상·조산사·간호사·종교의 직에 있는 자 또는 이러한 직에 있던 자가 그 업무상 위탁을 받은 관계로 알게 된 사실로서 타인의 비밀에 관한 것은 증언을 거부할 수 있다. 다만 본인의 승낙이 있거나 중대한 공익상 필요 있는 때에는 예외로 한다(제149조). 이는 직업의 성격상 위탁자와의 사이에 신뢰관계의 유지 및 이를 위한 비밀유지가 요구되는 일정한 업무에 종사하는 자와 그 상대방인 위탁자의 이익을 보호하기 위한 규정이다.

증언거부권은 증인의 권리이지 의무는 아니므로 증인이 증언거부권을 행사할 것인가의 여부는 증인의 자유이다. 증인은 전체신문에 대하여 증언을 거부할 수도 있고 개별신문에 대해 거부할 수도 있다. 증인신문절차에서 증언거부권이 고지되었음에도 불구하고 증언거부권자가 이를 행사하지 않고 허위의 진술을 한 경우에는 위증죄가 성립된다(2012도6848). 증언을 거부하는 자는 거부사유를 소명하여야 한다(제150조).

(나) 비용청구권

소환 받은 증인은 법률의 규정한 바에 의하여 여비·일당과 숙박료를 청구할 수 있다. 다만 정당한 사유 없이 선서 또는 증언을 거부한 자는 예외로 한다(제168조).

(다) 증인신문조서의 열람·등사권

증인은 자신에 대한 증인신문조서의 열람·등사를 청구할 수 있다(규칙 제84조의 2). 증인의 증인신문조서에 대한 열람등사권은 자신의 증언이 법원에 정확하게 전달되었는지를 확인하고 위증죄의 소추 등에 대비할 수 있도록 하기 위한 제도이다.

(5) 증인신문의 절차와 방법

(가) 증인신문사항의 제출

재판장은 피해자·증인의 인적사항의 공개 또는 누설을 방지하거나 그 밖에 피해자·증인의 안전을 위하여 필요하다고 인정할 때에는 증인의 신문을 청구한 자에 대하여 사전에 신문사항을 기재한 서면의 제출을 명할 수 있다(규칙 제66조). 법원은 재판장으로부터 신문사항의 제출명령을 받은 자가 신속히 그 서면을 제출하지 아니한 경우에는 증거결정을 취소할 수 있다(규칙 제67조).

(나) 증인의 동일성 확인

증인이 출석하면 재판장은 먼저 증인의 동일성 여부를 확인하여야 한다. 재판장은 증인으로부터 주민등록증 등 신분증을 제시받거나 그 밖의 적당한 방법으로 증인임이 틀림없음을 확인하여야 한다(규칙 제71조). 현행법은 증인의 사생활 보호 등을 위하여 증인에 대한 인정신문을 요구하지 않고 주민등록증 등 신분증에 의해 증인의 동일성만을 확인하도록 하고 있다.

(다) 당사자의 참여권

검사·피고인 또는 변호인은 증인신문에 참여할 권리를 가진다(제163조 제1항). 따라서 법원은 이들에게 증인신문의 시일과 장소를 미리 통지하여야 한다. 다만 참여하지 아니한다는 의사를 명시한 때에는 예외로 한다(동조 제2항). 당사자의 참여는 증인신문과 이의신청 등의 전제로서 중요한 의미를 가지며, 특히 피고인의 참여권은 방어권행사와 밀접한 관련이 있다. 증인신문에의 당사자의 참여권은 공판정 외에서의 증인신문에 있어서 특히 의미가 있다.

당사자의 참여권을 침해한 증인신문은 위법하지만 증인신문결과를 증인신문조서에 의하여 고지하였고 이에 대해 피고인이나 변호인이 이의를 신청하지 않았다면 책문권의 포기로 하자가 치유된다(73도2967).

(라) 신뢰관계 있는 사람의 동석 및 진술조력인의 참여

법원은 범죄로 인한 피해자를 증인으로 신문하는 경우 증인의 연령, 심신의 상태, 그 밖의 사정을 고려하여 증인이 현저하게 불안 또는 긴장을 느낄 우려가 있다고 인정되는 때에는 직권 또는 피해자·법정대리인·검사의 신청에 따라 피해자와 신뢰관계에 있는 자를 동석하게 할 수 있다(제163조의2 제1항). 법원은 범죄로 인한 피해자가 13세 미만이거나 신체적 또는 정신적 장애로 사물을 변별하거나 의사를 결정할 능력이 미약한 경우에 재판에 지장을 초래할 우려가 있는 등 부득이한 경우가 아닌 한 피해자와 신뢰관계에 있는 자를 동석하게 하여야 한다(동조 제2항). 증인신문에 동석할 수 있는 신뢰관계에 있는 자의 범위, 동석의 절차 및 방법 등에 관하여 필요한 사항은 대법원규칙으로 정한다(동조 제4항).

법원은 성폭력범죄의 피해자가 13세 미만 아동이거나 신체적인 또는 정신적인 장애로 의사소통이나 의사표현에 어려움이 있는 경우 원활한 증인신문을 위하여 직권 또는 검사·피해자·그 법정대리인 및 변호사의 신청에 의한 결정으로 진술조력인으로 하여금 증인신문에 참여하여 중개하거나 보조하게 할 수 있다(성폭력범죄의 처벌 등에 관한 특례법 제37조 제1항). 진술조력인은 정신건강의학, 심리학, 사회복지학, 교육학 등 아동·장애인의 심리나 의사소통 관련 전문지식이 있거나 관련 분야에서 상당 기간 종사한 사람으로 법무부장관이 정하는 교육을 이수하여야 한다(동법 제35조 제2항).

(마) 증인에 대한 신문방식

1) 개별신문과 대질

증인신문은 각 증인에 대하여 개별적으로 하여야 하며, 신문하지 아니한 증인이 재정한 때에는 퇴정을 명하여야 한다(제162조 제1항·제2항). 그러나 필요한 때에는 다른 증인 또는 피고인과 대질하게 할 수 있다(동조 제3항). 대질이란 증인 상호

간의 증언 또는 증인의 증언과 피고인의 진술이 일치하지 아니하는 경우에 수명의
증인 또는 증인과 피고인을 함께 재정시켜 서로 모순되는 부분에 대하여 설명하게
하는 신문방식이다.

2) 피고인 등의 퇴정

재판장은 증인이 피고인 또는 어떤 재정인의 면전에서 충분한 진술을 할 수
없다고 인정한 때에는 그를 퇴정하게 하고 진술하게 할 수 있다. 피고인을 퇴정하
게 한 경우에 증인의 진술이 종료한 때에는 퇴정한 피고인을 입정하게 한 후 법원
사무관 등으로 하여금 진술의 요지를 고지하게 하여야 한다(제297조 제1항·제2항).

피고인을 퇴정시키고 증인신문을 한 경우에도 피고인의 반대신문권을 배제하
는 것은 허용될 수 없다. 다만 판례는 변호인이 없는 피고인을 일시 퇴정하게 하고
증인신문을 한 다음 진술의 요지를 고지하여 주었을 뿐 피고인에게 실질적인 반대
신문의 기회를 부여하지 않은 증인신문은 위법하지만, 이 경우에도 다음 공판기일
에 재판장이 증인신문결과 등을 공판조서에 의하여 고지하였고 이에 대해 피고인
이 '변경할 점과 이의할 점이 없다'고 진술하였다면 책문권의 포기로서 증인신문절
차의 하자가 치유된다는 입장을 취하고 있다(2009도9344).

3) 포괄적 신문의 금지

증인에 대한 신문은 원칙적으로 구두로 하여야 한다. 그러나 증인이 들을 수
없거나 말할 수 없는 때에는 서면으로 묻거나 서면으로 답하게 할 수 있다(규칙 제
73조). 재판장은 증인신문을 행함에 있어서 증명할 사항에 관하여 가능한 한 증인으
로 하여금 개별적이고 구체적인 내용을 진술하게 하여야 한다(규칙 제74조). 따라서
증인신문은 일문일답식이어야 하며, 2개 이상의 사항을 하나의 질문으로 묻는 복합
질문이나 포괄적이고 막연한 질문은 허용되지 않는다.

4) 서류 또는 물건 등의 사용

증인에 대하여 서류 또는 물건의 성립, 동일성 기타 이에 준하는 사항에 관한
신문을 할 때에는 그 서류 또는 물건을 제시할 수 있다(규칙 제82조). 증인의 기억이
명백하지 아니한 사항에 관하여 기억을 환기시켜야 할 필요가 있을 때에도 재판장
의 허가를 얻어 서류 또는 물건을 제시하면서 신문할 수 있다(규칙 제83조). 또한 증
인의 진술을 명확히 할 필요가 있을 때에는 도면·사진·모형·장치 등을 이용하여
신문할 수도 있다(규칙 제84조).

5) 비디오 등 중계장치나 차폐시설에 의한 증인신문

법원은 아동과 청소년 등 일정한 사람을 증인으로 신문하는 경우 상당하다고 인정할 때에는 비디오 등 중계장치를 통하여 신문하거나 가림 시설 등을 설치하고 신문할 수 있다(제165조의2 제1항). 또한 법원은 증인이 멀리 떨어진 곳 또는 교통이 불편한 곳에 살고 있거나 건강상태 등 그 밖의 사정으로 말미암아 법정에 직접 출석하기 어렵다고 인정하는 때에도 검사와 피고인 또는 변호인의 의견을 들어 비디오 등 중계장치에 의한 중계시설을 통하여 신문할 수 있다(동조 제2항). 법원은 비디오 등 중계장치에 의한 중계시설 또는 가림 시설을 통하여 증인을 신문하는 경우 증인의 보호를 위하여 필요하다고 인정하는 경우에는 결정으로 이를 공개하지 아니할 수 있다(규칙 제84조의6).

(바) 교호신문제도

증인은 신청한 검사·변호인 또는 피고인이 먼저 이를 신문하고 다음에 다른 검사·변호인 또는 피고인이 신문한다(제161조의2 제1항). 재판장은 당사자의 신문이 끝난 뒤에 신문할 수 있다(동조 제2항). 이와 같이 재판장이 아닌 당사자의 상호신문을 통하여 증인신문을 행하는 방식을 가리켜서 교호신문이라고 한다. 따라서 교호신문제도에 있어서의 증인신문은 주신문-반대신문-재주신문의 순서로 행하여진다. 교호신문제도는 당사자주의적 증인신문방식으로서 당사자의 공격과 방어에 의하여 실체적 진실을 발견하고 당사자의 반대신문권을 보장하는 데 그 취지가 있다.

주신문이란 증인을 신청한 당사자가 하는 신문을 말한다. 주신문에 있어서는 유도신문이 금지된다(규칙 제75조 제2항). 유도신문이란 신문자가 바라는 답을 증인에게 암시하면서 행하는 신문을 말한다. 주신문에서 증인은 보통 신문자와 우호적인 관계에 있기 때문에 유도신문을 허용하면 증인이 신문자의 질문에 영합하는 진술을 할 위험이 있기 때문이다.

반대신문이란 주신문 후에 반대당사자가 하는 신문을 말한다. 반대신문은 주신문의 모순된 점을 지적하고 주신문에서 누락된 부분을 질문하여 반대당사자에게 유리한 사항을 이끌어내며, 증인의 신용성을 탄핵하여 증언의 증명력을 감쇄시키는 데 그 목적이 있다. 반대신문에 있어서 필요할 때에는 유도신문을 할 수 있다(규칙 제76조 제2항). 반대신문에 있어서는 증인과 신문자 사이에 우호관계가 없는 것이 일반적이고, 주신문에서의 왜곡된 증언을 바로잡기 위해서는 유도신문의 필요성이 인정되기 때문이다.

　형사소송법은 교호신문제도를 원칙으로 하여 증인신문에 있어서 당사자의 주도적인 지위를 인정하면서도 한편 효율적인 증인신문과 피고인 보호를 위하여 직권주의적으로 이를 수정할 수 있는 권한을 재판장에게 인정하고 있다. 이를 재판장의 개입권이라고도 부른다. 재판장은 필요하다고 인정하면 어느 때나 신문할 수 있으며 신문순서를 변경할 수도 있다(제161조의2 제3항). 법원이 직권으로 신문할 증인이나 범죄로 인한 피해자의 신청에 의하여 신문할 증인의 신문방식은 재판장이 정하는 바에 의한다(동조 제4항). 이 경우 증인에 대하여 재판장이 신문한 후 검사·피고인 또는 변호인이 신문하는 때에는 반대신문의 예에 의한다(규칙 제81조).

　(사) 공판정 외의 증인신문

　증인신문은 원칙적으로 공판기일에 공판정에서 하여야 한다. 그러나 부득이한 경우에는 범죄의 현장이나 병원 등의 장소에서 증인신문을 할 필요가 있다. 공판정 외에서 증인신문을 행하는 것은 공판중심주의와 공개주의에 대한 중대한 예외이므로 피고인의 증인신문권이 침해되지 않도록 주의하여야 한다.

　법원은 증인의 연령·직업·건강상태 기타의 사정을 고려하여 검사·피고인 또는 변호인의 의견을 묻고 법정 외에 소환하거나 현재지에서 신문할 수 있다(제165조). 법원은 필요한 때에는 결정으로 지정한 장소에 증인의 동행을 명할 수 있다. 이 경우 증인이 정당한 사유 없이 동행을 거부하는 때에는 구인할 수 있다(제166조).

　(6) 범죄피해자의 진술권

　범죄피해자는 본래 증인의 자격으로 공판절차에 관여할 수 있다. 그러나 당사자와 법원이 피해자를 증인으로 신청하고 결정하지 않는 한 스스로 공판정에서 진술할 수 있는 기회가 피해자에게 주어지는 것은 아니다. 그러므로 헌법 제27조 제5항은 「형사피해자는 법률이 정하는 바에 의하여 당해 사건의 재판절차에서 진술할 수 있다」고 규정하여 피해자의 재판절차에서의 진술권을 기본권으로 보장하고 있고, 이에 따라 형사소송법도 법원은 범죄로 인한 피해자 또는 그 법정대리인의 신청이 있는 경우에는 그 피해자 등을 증인으로 신문하여야 한다(제294조의2 제1항)고 규정하고 있다.

　피해자에 대한 증인신문방식은 재판장이 정하는 바에 따르며(제161조의2 제4항) 교호신문방식에 의할 필요가 없다. 그리고 법원은 피해자 등을 증인으로 신문하는 경우 피해의 정도 및 결과, 피고인의 처벌에 관한 의견 그 밖에 당해 사건에 관한 의견을 진술할 기회를 주어야 한다(제294조의2 제2항). 범죄피해자는 본래 증인의 지위를 가지나, 재판절차에서의 진술권을 행사하는 피해자 등에게는 단순히 법원에 대하여 자신의 체험사실을 보고하는 지위를 넘어서 당해 사건에 대한 의견진술의 권리까지 부여하고 있는 점에 그 특색이 있다.

법원은 범죄로 인한 피해자를 증인으로 신문하는 경우 당해 피해자·법정대리인 또는 검사의 신청에 따라 피해자의 사생활의 비밀이나 신변보호를 위하여 필요하다고 인정하는 때에는 결정으로 심리를 공개하지 아니할 수 있다(제294조의3).

3. 검 증

(1) 검증의 의의

검증이란 법원 또는 법관이 감각기관의 작용에 의하여 물건이나 신체 또는 장소의 존재와 상태를 직접 인식하는 증거조사방법을 말한다. 특히 범죄현장이나 법원 이외의 일정한 장소에서 행하는 검증을 현장검증이라고 한다. 검증은 그 상대방에게 일정한 수인의무를 부과하고 강제력을 수반하기도 한다는 점에서 강제처분의 성격도 함께 가지고 있다. 그러나 수사기관의 검증과는 달리 법원이 증거조사로써 행하는 검증에는 영장주의가 적용되지 않는다.

(2) 검증의 절차

공판기일의 검증에는 별도의 절차를 요하지 않지만, 공판기일 외에 일정한 장소에게 검증을 하기 위해서는 검증기일을 지정하여야 한다. 검사·피고인 또는 변호인은 검증에 참여할 권리를 가진다(제145조, 제121조). 따라서 재판장은 미리 그들에게 검증의 일시와 장소를 통지하여야 한다. 다만 참여권자가 참여하지 아니한다는 의사를 명시한 때 또는 급속을 요하는 때에는 예외로 한다(제145조, 제122조).

사람의 신체가 검증의 대상이 되는 경우를 신체검사라고 한다. 법원은 신체검사를 위하여 피고인 또는 피고인 아닌 사람을 법원 기타의 장소에 소환할 수 있다(제68조, 제142조). 신체검사는 피고인뿐만 아니라 피고인 아닌 사람에 대해서도 가능하지만, 피고인 아닌 사람의 신체검사는 증거가 될 만한 흔적을 확인할 수 있는 현저한 사유가 있는 경우에만 할 수 있다(제141조 제2항).

검증을 함에는 신체의 검사, 시체의 해부, 분묘의 발굴, 물건의 파괴 기타 필요한 처분을 할 수 있다(제140조). 시체의 해부 또는 분묘의 발굴을 하는 때에는 예 (禮)에 어긋나지 아니하도록 주의하고 미리 유족에게 통지하여야 한다(제141조 제4 항).

(3) 검증조서

검증에 관하여는 검증의 결과를 기재한 검증조서를 작성하여야 한다(제49조 제 1항). 검증조서에는 검증목적물의 현상을 명확하게 하기 위하여 도화나 사진을 첨 부할 수 있다(동조 제2항). 다만 공판정에서 행한 검증은 별도의 조서를 작성하지 않 고 공판조서에 기재되며(제51조 제2항 제10호), 법원이 검증으로 취득한 결과는 바로 증거자료가 된다.

공판기일 외에서 행한 검증의 결과를 기재한 검증조서는 법원 또는 법관의 조 서로서 무조건 증거능력이 인정되지만(제311조), 공판중심주의와 공개주의·직접주 의 원칙상 공판정에서 낭독 등의 방법으로 증거조사를 실시하여야 한다. 증거보전 절차에서 작성된 검증조서의 경우에도 마찬가지이다.

4. 감 정

(1) 의 의

감정이란 특수한 지식이나 경험을 가진 제3자가 그의 전문적인 지식이나 경험 에 의하여 알 수 있는 법칙 또는 그 법칙을 적용하여 얻은 판단을 법원에 보고하는 것을 말한다. 그리고 법원 또는 법관으로부터 이러한 감정의 명을 받은 자를 감정 인이라고 부른다. 감정인은 수사기관으로부터 감정을 위촉받은 감정수탁자(제221조 제2항)와 구별된다.

감정인의 감정결과는 법원이 사실을 판단하는 데 있어서 보조적인 역할을 한 다. 특정한 사실에 관한 감정인의 전문적 판단은 증거자료의 하나에 불과하므로 법 원은 감정인의 감정결과에 반드시 구속되지 않는다. 다만 감정의 결과가 유전자 검 사결과와 같은 과학적 증거방법에 해당하는 경우에는 정확한 감정을 위한 전제조 건이 갖추어져 있는 한 법관의 사실인정에 있어서 상당한 정도로 구속력을 가진다 (2011도1902).

(2) 감정의 절차

(가) 감정인의 지정과 소환

법원은 학식·경험 있는 자에게 감정을 명할 수 있다(제169조). 감정은 개인에게 명하는 것이 원칙이나 일정한 기관에 의뢰하는 것도 가능하다. 즉 법원은 필요하다고 인정하는 때에는 공무소·학교·병원 기타 상당한 설비가 있는 단체 또는 기관에 대하여 감정을 촉탁할 수 있다(제179조의2 제1항 전문).

법원은 감정인이 지정되면 신문을 위하여 감정인을 출석시켜야 한다. 법원은 지정된 감정인의 출석을 위해 소환이나 동행명령을 발할 수 있으나, 증인과는 달리 대체성이 인정되므로 구인은 허용되지 않는다(제177조). 단체 또는 기관에 대하여 감정을 촉탁한 경우에는 감정인의 소환은 행하여지지 않는다.

(나) 감정인의 선서와 신문

출석한 감정인에 대해서는 인정신문을 한 후 허위감정죄(형법 제154조)를 경고하고, 선서서에 따라 선서하게 하여야 한다(제170조). 선서의 취지를 이해할 수 없는 감정인이란 있을 수 없으므로 모든 감정인은 신문 전에 반드시 선서하여야 하며, 선서하지 않고 한 감정은 증거능력이 없다. 다만 공무소·학교·병원 기타 상당한 설비가 있는 단체 또는 기관에 대하여 감정을 촉탁한 경우에는 선서에 관한 규정이 적용되지 않는다(제179조의2 제1항). 따라서 선서 및 다음의 감정인신문을 위하여 공무소 등이 지정한 자가 법원에 출석할 필요가 없다.

감정인에 대하여는 선서 후 감정인신문이 행하여지게 되는데, 이러한 감정인신문은 필요적인 절차이다. 감정인신문에는 증인신문에 관한 규정이 준용된다(제177조). 다만 재판장이 직권으로 감정인의 학력·경력·감정경험의 유무 등 감정을 명함에 적합한 능력이 있는지를 확인하는 신문을 먼저 한 후에 검사·피고인 또는 변호인에게 신문의 기회를 부여하고 다시 재판장이 감정사항을 알리고 감정결과를 보고하도록 명하는 순서로 신문이 이루어진다는 점에서 증인신문과 차이가 있을 뿐이다.

(다) 감정의 실시

법원은 필요한 때에는 감정인으로 하여금 법원 외에서 감정하게 할 수 있으며, 이 경우에는 감정을 요하는 물건을 감정인에게 교부할 수 있다(제172조 제1항·제2항). 법원 외에서 감정을 하게 한다는 것은 감정에 필요한 사실행위를 법원 외에서 하게 한다는 의미이며, 실제로 감정에 필요한 사실행위를 법원 안에서 하는 경우란 거의 없으므로 오히려 이것이 원칙이라고 할 수 있다.

감정인은 감정에 관하여 필요한 때에는 법원의 허가를 얻어 타인의 주거, 간수자 있는 가옥·건조물·항공기·선차 내에 들어 갈 수 있고 신체의 검사, 사체의 해부, 분묘의 발굴, 물건의 파괴를 할 수 있다(제173조 제1항). 감정인이 감정에 필요한 처분을 하기 위해서는 법원의 감정처분허가장을 발부받아야 한다.

피고인의 정신 또는 신체에 관한 감정에 필요한 때에는 법원은 기간을 정하여 병원 기타 적당한 장소에 피고인을 유치하게 할 수 있다(제172조 제3항). 이를 감정유치라고 한다. 감정유치를 함에는 감정유치장을 발부하여야 한다(동조 제4항). 감정유치도 피고인의 신체의 자유를 제한하는 처분이라는 점에서 신체구속의 성격을 가지므로 보석에 관한 규정을 제외하고는 구속에 관한 규정이 준용된다(동조 제7항).

(라) 감정서의 제출 및 감정인신문

감정인은 감정을 실시한 후 감정의 경과와 결과를 기재한 서면을 제출하여야 한다(제171조 제1항). 법원은 감정서의 제출이 있는 경우에 필요하다고 인정한 때에는 감정인에게 감정의 경과와 결과를 설명하게 할 수 있다(동조 제4항). 또한 기관감정을 촉탁한 경우 법원은 감정촉탁을 받은 당해 공무소·학교·병원·단체 또는 기관이 지정한 자로 하여금 감정서를 설명하게 할 수 있다(제179조의2 제2항). 감정을 명하기 위한 감정인신문과 마찬가지로 감정서의 설명을 듣기 위한 감정인신문에 대해서도 증인신문에 관한 규정이 준용된다(제177조).

5. 통역·번역

국어에 통하지 아니하는 자의 진술에는 통역인으로 하여금 통역하게 하여야 한다(제180조). 국어 아닌 문자 또는 부호는 번역하게 하여야 한다(제182조). 법정에서는 국어를 사용하도록 하고 있으므로(법원조직법 제62조), 외국인에게는 통역이 필요하고 외국어로 된 서류는 번역을 요한다. 통역이나 번역도 특별한 언어지식에 기하여 행하는 보고라는 점에서 감정과 유사하므로 감정에 관한 규정이 준용된다(제183조). 통역인이나 번역인이 허위의 통역이나 번역을 한 때에는 허위통역 또는 번역의 죄(형법 제154조)가 성립한다.

V. 증거조사에 대한 이의신청 및 증거조사 후의 조치

1. 증거조사에 대한 이의신청

검사·피고인 또는 변호인은 증거조사에 관하여 이의신청을 할 수 있다(제296조 제1항). 이의신청이란 소송관계인이 법원 또는 다른 소송관계인의 소송행위가 위법 또는 부당함을 주장하여 그 시정을 구하거나 다른 조치를 취할 것을 법원에 청구하는 소송행위를 말한다. 증거조사에 대한 이의신청은 증거신청, 증거결정, 증거조사의 순서와 방법, 증거능력의 유무 등 증거조사에 관한 모든 절차와 처분에 대한 이의신청을 포함한다. 이의신청의 사유에는 법령의 위반이 있다는 것(위법)과 상당하지 아니하다는 것(부당)의 두 가지가 있다. 그러나 증거결정에 대한 이의신청은 법령의 위반이 있음을 이유로 하여서만 이를 할 수 있다(규칙 제135조의2).

증거조사에 대한 이의신청은 개개의 행위, 처분 또는 결정시마다 그 이유를 간결하게 명시하여 즉시 이를 하여야 한다(규칙 제137조). 법원은 이의신청에 대하여 결정을 하여야 한다(제296조 제2항). 이의신청에 대한 법원의 결정은 판결 전 소송절차에 관한 결정이므로 이에 대하여는 항고를 할 수 없다(제403조 제1항). 다만 증거조사에 관한 법원의 결정으로 말미암아 사실을 오인하여 판결에 영향을 미치게 된 경우에는 판결 자체에 대하여 상소하는 것이 가능하다(90도646).

2. 증거조사 후의 조치

재판장은 피고인에게 각 증거조사의 결과에 대한 의견을 물어야 한다(제293조 전단). 증거조사의 결과에 대하여 피고인의 의견을 묻는 것은 법원이 그 증거조사에 의한 심증을 형성함에 있어서 피고인의 의견을 참고하기 위한 것이다.

재판장은 피고인에게 권리를 보호함에 필요한 증거조사를 신청할 수 있음을 고지하여야 한다(제293조 후단). 이는 피고인의 증거조사신청권(제294조)을 절차적으로 보장하기 위한 것으로서, 법률전문가가 아닌 피고인에 대한 안내의 의미를 가진다고 할 수 있다.

제 7 절 공판절차의 특칙

Ⅰ. 간이공판절차

1. 의 의

간이공판절차란 피고인이 공판정에서 자백한 경우에 형사소송법이 규정한 증거조사절차를 간편하게 하고 증거능력에 대한 제한을 완화함으로써 신속한 재판과 소송경제를 도모하려는 제도를 말한다. 제286조의2는 「피고인이 공판정에서 공소사실에 대하여 자백한 때에는 법원은 그 공소사실에 한하여 간이공판절차에 의하여 심판할 것을 결정할 수 있다」고 하여 간이공판절차를 규정하고 있다.

간이공판절차는 다툼이 없는 사건을 간이한 절차에 의하여 신속하게 처리하기 위한 제도일 뿐 소송물에 대한 처분권을 당사자에게 인정하는 제도는 아니다. 이러한 점에서 형사소송법의 간이공판절차는 영미의 기소사실인부절차(Arraignment)와 다르다. 기소사실인부제도는 피고인이 유죄의 답변(guilty plea)을 하면 배심원에 의한 유죄평결이 있는 것과 같은 효력을 인정하여 증거조사를 포함한 사실심리절차를 생략하고 바로 양형절차로 넘어가는 특징을 가진다. 그러나 우리의 간이공판절차에서는 증거조사절차가 생략되지 않는다.

2. 간이공판절차개시의 요건

(1) 제1심 관할사건

간이공판절차는 지방법원 또는 지원의 제1심 관할사건에 대하여 인정된다. 따라서 항소심이나 상고심에서는 간이공판절차가 인정되지 않으며, 제1심 관할사건인 때에는 단독사건은 물론 합의부 관할사건에 대하여도 간이공판절차에 의한 심판이 가능하다.

(2) 피고인의 공판정에서의 자백

(가) 피고인의 자백

간이공판절차를 개시하려면 피고인이 공판정에서 공소사실에 대해 자백하여야 한다(제286조의2). 피고인의 자백이란 피고인 본인의 자백만을 의미한다. 따라서 변호인이 대신 자백하거나 피고인의 출석 없이 개정할 수 있는 사건에서 대리인이 자백한 경우는 여기에 해당하지 않는다.

공소사실에 대한 자백이란 공소장에 기재된 범죄사실을 전부 인정하고 위법성이나 책임을 다투지 않는 경우를 말한다. 따라서 피고인이 범의를 부인하거나, 공소사실을 인정하면서 위법성조각사유나 책임조각사유를 주장하는 경우는 여기서 말하는 자백이 아니다. 폭행사실을 인정하면서 상습성을 부인하는 경우도 상습폭행죄의 공소사실에 대한 자백이 아니므로 간이공판절차에 의하여 심판할 수 없다 (2004도6176). 그러나 피고인이 공소사실을 인정하고 죄명이나 적용법조만을 다투는 경우 또는 형면제사유나 정상에 관한 사유만을 다투는 경우는 자백에 해당한다. 경합범의 경우에 피고인이 수개의 공소사실 가운데 일부에 대해서만 자백한 경우에는 자백한 공소사실에 대해서만 간이공판절차를 개시할 수 있다.

(나) 공판정에서의 자백

자백은 공판정에서 할 것을 요한다. 따라서 수사절차나 공판준비절차에서 자백하였다는 사실만으로 간이공판절차에 의하여 심판할 수는 없다. 자백의 시기에 대해서는 ① 피고인의 모두진술이 종료될 때까지라는 견해와, ② 변론이 종결될 때까지라는 견해가 있다. 판례는 제5회 공판기일에 피고인이 이전의 부인 진술을 번복하고 공소사실 전부를 자백한 사안에서, 법원이 사건을 간이공판절차에 의하여 심판하기로 한 결정은 정당하다고 함으로써(87도1269) 후자의 견해를 취하고 있다. 형사소송법이 간이공판절차개시를 위한 자백의 시기를 명시하고 있지는 않으나, 증거조사절차에 있어서의 특칙을 그 내용으로 하는 간이공판절차의 개시를 위해서는 피고인이 자신의 모두진술절차에서는 공소사실을 인정해야 한다고 생각된다.

(다) 신빙성 있는 자백

공판정에서의 자백이라고 할지라도 자백은 신빙성이 있어야 하며, 그 진실성에 의심이 있는 자백을 이유로 간이공판절차를 개시해서는 안 된다. 자백에 신빙성이 없는 때에는 간이공판절차의 취소사유에 해당하기 때문이다(제286조의3).

3. 간이공판절차의 개시결정

간이공판절차의 요건이 구비된 경우에 법원은 그 공소사실에 대하여 간이공판절차에 의하여 심판할 것을 결정할 수 있다(제286조의2). 개시 여부의 결정은 법원의 재량에 속한다. 법원이 간이공판절차개시의 결정을 하고자 할 때에는 재판장은 미리 피고인에게 간이공판절차의 취지를 설명하여야 한다(규칙 제131조).

간이공판절차의 개시결정은 판결 전 소송절차에 관한 결정이므로 항고할 수 없다(제403조 제1항). 그러나 간이공판절차의 요건을 구비하지 못하였음에도 불구하고 이에 의하여 심판한 경우에는 판결에 영향을 미친 법령위반에 해당하므로 판결 자체에 대한 상소이유가 된다.

4. 간이공판절차의 내용

간이공판절차에는 증거능력과 증거조사에 관한 특칙이 인정되는 이외에는 통상의 공판절차에 대한 규정이 그대로 적용된다. 따라서 간이공판절차에서도 공소장변경이 가능하며 형식재판이나 무죄판결도 선고할 수 있다.

(1) 증거능력에 관한 특칙

간이공판절차에서는 전문법칙이 적용되지 않는다. 즉 전문법칙에 의하여 증거능력이 부인되는 증거에 대하여 제318조 제1항의 동의가 있는 것으로 간주한다(제318조의3 본문). 피고인이 공판정에서 공소사실에 대하여 자백한 이상 공소사실을 증명하기 위한 개개의 증거에 대해서도 다툴 의사가 없는 것으로 추정되기 때문이다. 그러나 검사·피고인 또는 변호인이 증거로 함에 이의가 있는 때에는 증거동의의 효력이 인정되지 않는다(동조 단서).

간이공판절차에서 증거능력의 제한이 완화되는 것은 전문증거에 한한다. 따라서 위법수집증거배제법칙이나 자백배제법칙에 의한 증거능력의 제한은 간이공판절차에서도 그대로 유지된다. 또한 증거능력에 관한 것이 아니라 증명력의 문제인 자유심증주의(제308조)나 자백의 보강법칙(제310조) 등은 간이공판절차에서도 그대로 적용된다.

(2) 증거조사에 관한 특칙

간이공판절차에서도 증거조사를 생략할 수는 없다. 그러나 엄격한 증거조사방식에 의할 필요는 없고 법원이 상당하다고 인정하는 방법으로 증거조사를 할 수 있다(제297조의2). 여기서 상당하다고 인정하는 방법이란 공개주의 원칙에 비추어 볼 때 적어도 당사자나 방청인이 증거내용을 알 수 있도록 하는 것이어야 한다.

간이공판절차에서의 증거조사에 있어서는 증인신문의 방식(제161조의2), 증거조사의 시기와 방식(제290조 내지 제292조), 증거조사결과와 피고인의 의견(제293조), 증인신문시의 피고인의 퇴정(제297조) 등에 관한 규정이 적용되지 않는다(제297조의 2). 그러나 그 밖의 규정인 증인의 선서(제156조), 당사자의 증인신문참여권(제163조), 당사자의 증거신청권(제294조), 증거조사에 대한 이의신청권(제296조)은 간이공판절차에서도 인정된다.

5. 간이공판절차의 취소

법원은 간이공판절차에 의하여 심판할 것을 결정한 사건에 대하여 피고인의 자백이 신빙할 수 없다고 인정되거나, 간이공판절차로 심판하는 것이 현저히 부당하다고 인정할 때에는 검사의 의견을 들어 그 결정을 취소하여야 한다(제286조의3). 피고인의 자백이 신빙할 수 없다고 인정되는 때란 피고인이 한 자백에 대하여 그 진실성이 의심되는 경우를 말하며, 간이공판절차로 심판하는 것이 현저히 부당한 때란 공소장변경절차에 의하여 변경된 공소사실에 대해 피고인이 이를 부인하는 경우나 공범사건의 일부 또는 1인의 피고인에 대한 수개의 공소사실 가운데 일부에 대해서만 간이공판절차의 개시결정을 하였으나 오히려 증거조사절차가 더 복잡하게 된 경우 등을 들 수 있다.

간이공판절차의 결정이 취소된 때에는 공판절차를 갱신하여야 한다. 다만 검사·피고인 또는 변호인이 이의가 없는 때에는 갱신을 요하지 아니한다(제301조의2). 이 경우에는 간이공판절차에서 행하여진 증거조사의 효력이 유지되고 이미 조사된 전문증거의 증거능력도 그대로 인정된다.

II. 공판절차의 정지와 갱신

1. 공판절차의 정지

(1) 공판절차정지의 의의

공판절차의 정지란 심리를 진행할 수 없는 일정한 사유가 발생한 경우에 법원이 결정으로 그 사유가 없어질 때까지 공판절차를 진행하지 않는 것을 말한다. 이 제도는 피고인의 방어권을 보장하는 데 그 기본취지가 있다.

(2) 공판절차정지의 사유

(가) 피고인의 심신상실 또는 질병

피고인이 사물의 변별 또는 의사의 결정을 할 능력이 없는 상태에 있는 때에 는 법원은 검사와 변호인의 의견을 들어서 결정으로 그 상태가 계속하는 기간 공판 절차를 정지하여야 한다(제306조 제1항). 피고인이 질병으로 인하여 출정할 수 없는 때에는 법원은 검사와 변호인의 의견을 들어서 결정으로 출정할 수 있을 때까지 공 판절차를 정지하여야 한다(동조 제2항). 그러나 피고사건에 대하여 무죄·면소·형의 면제 또는 공소기각의 재판을 할 것이 명백한 때에는 피고인의 출정 없이 재판할 수 있으며(동조 제4항), 경미사건 등에 있어서 대리인이 출정할 수 있는 경우에도 공 판절차를 정지하지 아니한다(동조 제5항).

(나) 공소장의 변경

법원은 공소사실 또는 적용법조의 추가·철회 또는 변경이 피고인의 불이익을 증가할 염려가 있다고 인정한 때에는 직권 또는 피고인이나 변호인의 청구에 의하 여 피고인으로 하여금 필요한 방어의 준비를 하게 하기 위하여 결정으로 필요한 기 간 공판절차를 정지할 수 있다(제298조 제4항).

(3) 공판절차정지의 효과

공판절차의 정지결정이 있으면 정지기간이 만료되거나 정지결정이 취소될 때 까지 공판절차를 진행할 수 없다. 그러나 정지되는 것은 협의의 공판절차인 공판기 일의 절차에 한정되므로, 구속 또는 보석에 관한 재판이나 공판준비는 이 기간 동 안에도 할 수 있다. 또한 공판절차가 정지된 기간은 피고인에 대한 구속기간 및 구 속갱신의 기간에 산입되지 않는다(제92조 제3항). 공판절차정지의 결정이 취소되거 나 정지기간이 만료되면 법원은 정지되었던 공판절차를 다시 진행하여야 한다.

2. 공판절차의 갱신

(1) 의 의

공판절차의 갱신이란 법원이 이미 진행된 공판절차를 일단 무시하고 다시 그 절차를 진행하는 것을 말한다. 이는 공판절차를 진행한 법원이 당해 피고사건에 대 한 판결선고 이전에 공판심리절차를 다시 진행하는 것이므로 상급법원의 파기환송 이나 이송판결 후에 하급법원이나 이송을 받은 법원이 다시 공판절차를 진행하는 경우는 여기에 해당하지 않는다.

(2) 공판절차갱신의 사유

(가) 판사의 경질

공판개정 후 판사의 경질이 있는 때에는 공판절차를 갱신하여야 한다(제301조 본문). 단독판사가 바뀐 경우는 물론이고 합의부 구성원 중 일부가 교체된 경우도 포함한다. 이는 구두변론주의와 직접주의의 요청에 따른 것이다. 따라서 재판이 내부적으로 이미 성립되어 판결의 선고만을 하는 경우에는 공판절차를 갱신할 필요가 없다(동조 단서).

(나) 간이공판절차의 취소

간이공판절차의 결정이 취소된 때에는 공판절차를 갱신하여야 한다. 다만 검사·피고인 또는 변호인이 이의가 없는 때에는 갱신을 요하지 아니한다(제301조의2).

(다) 공판절차정지 후의 심신상실 사유의 소멸

피고인의 심신상실을 이유로 공판절차가 정지된 경우에는 그 정지사유가 소멸한 후의 공판기일에 공판절차를 갱신하여야 한다(규칙 제143조). 피고인이 정지 전의 소송행위를 충분히 기억하지 못할 뿐만 아니라 정지 전에 행한 피고인의 소송행위가 무효일 가능성이 높다는 점을 이유로 한다.

(3) 공판절차갱신의 효과

공판절차의 갱신은 공판절차를 다시 시작하는 것이므로 재판장은 원칙적으로 공판절차를 모두절차부터 다시 진행하여야 한다. 또한 공판절차의 갱신은 종래의 절차진행을 무효로 하고 처음부터 공판절차를 다시 진행하는 것이므로 갱신 전의 소송행위는 실체형성행위와 절차형성행위가 모두 그 효력을 잃는다고 보아야 한다. 다만 판사의 경질에 의하여 공판절차를 갱신하는 경우에는 공판절차갱신의 이유가 직접주의와 구두변론주의에 있다는 점에 비추어 볼 때 갱신 전의 실체형성행위는 그 효력을 잃게 되지만 절차형성행위는 영향을 받지 않는다고 해야 한다.

III. 변론의 병합·분리·재개

1. 변론의 병합과 분리

법원은 필요하다고 인정한 때에는 직권 또는 검사·피고인이나 변호인의 신청에 의하여 결정으로 변론을 분리하거나 병합할 수 있다(제300조).

변론의 병합이란 수개의 관련사건이 사물관할을 같이 하는 동일한 법원 내의 동일 또는 별개의 재판부에 계속되어 있는 경우에 하나의 재판부가 하나의 공판절차에 수개의 사건을 병합하여 동시에 심리하는 것을 말한다. 여러 개의 관련사건이 조직법상의 법원을 달리하거나 사물관할을 달리하는 경우에는 관련사건의 병합심리(제6조, 제10조)의 문제가 되므로, 제300조의 규율대상에는 포함되지 않는다. 한편 변론의 분리란 변론이 병합된 수개의 사건을 분리하여 동일 또는 수개의 재판부에서 수개의 절차로 심리하는 것을 말한다. 수개의 사건이 계속된 경우를 전제로 하므로 과형상 일죄나 포괄일죄와 같이 1개의 사건만이 존재하는 경우에는 변론의 분리가 허용되지 않는다.

변론을 병합 또는 분리할 것인가의 여부는 법원의 재량에 속한다. 따라서 동일한 피고인에 대하여 여러 개의 사건이 별도로 공소제기되었다고 하더라도 법원은 반드시 병합심리하여 동시에 판결을 선고해야 하는 것은 아니다(94도2354).

2. 변론의 재개

법원은 필요하다고 인정한 때에는 직권 또는 검사, 피고인이나 변호인의 신청에 의하여 결정으로 종결한 변론을 재개할 수 있다(제305조). 종결된 변론을 재개하느냐의 여부도 법원의 재량에 속한다(83도2279).

변론이 재개되면 사건은 변론종결 전 상태로 돌아가 재개된 변론이 이전의 변론과 일체를 이루게 된다. 변론이 재개되면 검사의 의견진술 이전의 상태로 돌아가게 되므로 필요한 증거조사를 마치고 다시 변론을 종결할 때에는 검사의 의견진술과 변호인의 최종변론 및 피고인의 최후진술이 다시 행하여지게 된다.

제 8 절 국민참여재판

I. 국민참여재판의 의의와 성격

2008년부터 시행되고 있는 「국민의 형사재판 참여에 관한 법률」은 일반 국민 중에서 선정된 배심원들이 직업법관과 함께 일정한 범죄에 관한 재판에 참여하는 국민참여재판을 인정하고 있다. 국민참여재판제도는 국민이 형사재판에 참여함으로써 사법의 민주적 정당성과 신뢰를 높이기 위한 목적을 가진다(동법 제1조). 즉 국민의 건전한 상식과 경험을 재판내용에 반영하여 일반인들의 법감정에 합치하는 재판결과를 얻음으로써 재판의 정당성에 대한 국민의 신뢰를 높이고, 일반국민이 재판에 참여함에 따라 이른바 조서재판의 형태에서 벗어나 공판중심주의를 실현하려는 취지에서 도입된 제도라고 할 수 있다.

비교법적으로 볼 때 일반국민이 형사재판에 참여하는 제도로는 배심제와 참심제가 있다. 배심제는 일반국민으로 구성된 배심원단이 직업법관과 독립하여 형사사건에 대하여 유죄·무죄의 평결을 하고 법관은 그 평결에 구속되는 제도이고, 참심제는 일반국민인 참심원이 직업법관과 함께 재판에 관여하여 유죄·무죄 및 양형판단을 행하는 제도이다. 현행 국민참여재판은 순수한 형태의 배심제나 참심제가 아닌 절충형의 제도라고 할 수 있으나, 배심원의 구성과 평결절차 등을 종합해 볼 때 기본적으로는 영미의 배심제에 가깝다고 할 수 있다.

II. 국민참여재판의 개시

1. 대상사건

배심원이 참여하는 국민참여재판의 대상사건은 지방법원과 그 지원의 합의부가 제1심으로 심판하는 모든 형사사건이다(동법 제5조 제1항 참조). 그리고 국민참여재판의 대상사건이 재판진행 중 공소사실의 일부 철회 또는 변경으로 인하여 대상사건에 해당하지 아니하게 된 경우에도 법원은 국민참여재판을 계속 진행한다. 다만 법원은 심리의 상황이나 그 밖의 사정을 고려하여 국민참여재판으로 진행하는 것이 적당하지 아니하다고 인정하는 때에는 결정으로 당해 사건을 지방법원 본원 합의부가 국민참여재판에 의하지 아니하고 심판하게 할 수 있다(동법 제6조 제1항).

국민참여재판에 관하여 변호인이 없는 때에는 법원은 직권으로 변호인을 선정하여야 한다(동법 제7조). 따라서 국민참여재판에 의하여 심판이 이루어지는 사건은 모두 필요적 변호사건이 된다.

2. 개시절차

(1) 피고인 의사의 확인

국민참여재판은 피고인이 원하는 경우에 한하여 실시된다. 따라서 법원은 대상사건의 피고인에 대하여 국민참여재판을 원하는지 여부에 관한 의사를 서면 등의 방법으로 반드시 확인하여야 한다(동법 제8조 제1항). 제1심 법원이 국민참여재판 대상사건에 대하여 피고인의 의사를 확인하지 아니한 채 통상의 공판절차로 재판을 진행하였다면, 피고인이 항소심에서 제1심의 절차적 위법을 문제삼지 아니할 의사를 명백히 표시한 경우가 아닌 한, 그 절차는 위법하고 이러한 위법한 공판절차에서 이루어진 소송행위는 무효로 된다(2012도13896).

피고인은 공소장 부본을 송달받은 날부터 7일 이내에 국민참여재판을 원하는지 여부에 관한 의사가 기재된 서면을 제출하여야 하며, 이 경우 피고인이 서면을 우편으로 발송한 때 또는 교도소나 구치소에 있는 피고인이 서면을 교도소장·구치소장 또는 그 직무를 대리하는 자에게 제출한 때에 법원에 제출한 것으로 본다(동조 제2항).

(2) 법원의 결정

법원은 공소제기 후부터 공판준비기일이 종결된 다음날까지 ① 배심원·예비배심원·배심원후보자 또는 그 친족의 생명·신체·재산에 대한 침해 또는 침해의 우려가 있어서 출석의 어려움이 있거나 배심원으로서 직무를 공정하게 수행하지 못할 염려가 있다고 인정되는 경우, ② 공범관계에 있는 피고인들 중 일부가 국민참여재판을 원하지 아니하여 국민참여재판의 진행에 어려움이 있다고 인정되는 경우, ③ 성폭력범죄로 인한 피해자 또는 법정대리인이 국민참여재판을 원하지 아니하는 경우, ④ 그 밖에 국민참여재판으로 진행하는 것이 적절하지 아니하다고 인정되는 경우의 어느 하나에 해당하는 때에는 국민참여재판을 하지 아니하기로 하는 결정을 할 수 있다(동법 제9조 제1항). 법원이 배제결정을 함에 있어서는 검사·피고인 또는 변호인의 의견을 들어야 하고, 법원의 배제결정에 대해서는 즉시항고를 할 수 있다(동조 제2항·제3항).

제1심 법원이 국민참여재판 대상사건을 피고인의 의사에 따라 국민참여재판으로 진행하는 데에는 반드시 별도의 국민참여재판 개시결정을 할 필요가 없다(2009모1032). 다만 피고인이 국민참여재판을 원하는 의사를 표시한 경우 지방법원 지원 합의부가 배제결정을 하지 아니하는 경우에는 국민참여재판절차 회부결정을 하여 사건을 지방법원 본원 합의부로 이송하여야 한다(동법 제10조 제1항). 국민참여재판사건에 대한 관할권을 지방법원 본원 합의부가 가지고 있기 때문이다(동조 제2항 참조).

또한 국민참여재판으로 진행하던 사건에 대하여 법원은 피고인의 질병 등으로 공판절차가 장기간 정지되거나 피고인에 대한 구속기간의 만료, 성폭력범죄 피해자의 보호, 그 밖에 심리의 제반 사정에 비추어 국민참여재판을 계속 진행하는 것이 부적절하다고 인정하는 경우에는 직권 또는 검사·피고인·변호인이나 성폭력범죄 피해자 또는 법정대리인의 신청에 따라 결정으로 사건을 지방법원 본원 합의부가 국민참여재판에 의하지 아니하고 심판하게 할 수 있다(동법 제11조 제1항).

III. 배심원

1. 배심원의 자격 및 배심원단의 구성

배심원이란 「국민의 형사재판 참여에 관한 법률」에 따라 형사재판에 참여하도록 선정된 사람을 말한다(동법 제2조 제1호). 배심원은 만 20세 이상의 대한민국 국민 중에서 선정된다(동법 제16조). 배심원에게는 일정한 결격사유(동법 제17조), 직업 등에 따른 제외사유(동법 제18조), 법관에 준하는 제척사유(동법 제19조), 직무수행이 어려운 사람에 대한 면제사유(동법 제20조)가 인정된다.

배심원은 법정형이 사형·무기징역 또는 무기금고에 해당하는 사건의 경우에는 9인이 참여하고, 그 이외의 대상사건에 있어서는 7인이 참여한다. 다만 법원은 피고인 또는 변호인이 공판준비절차에서 공소사실의 중요내용을 인정한 때에는 5인의 배심원이 참여하게 할 수 있다(동법 제13조 제1항). 법원은 배심원의 결원 등에 대비하여 5인 이내의 예비배심원을 둘 수 있다(동법 제14조 제1항).

2. 배심원의 선정

지방법원장은 매년 만 20세 이상 국민의 주민등록정보를 활용하여 배심원후보예정자명부를 작성한다(동법 제22조). 법원은 이 명부 중에서 필요한 수의 배심원후보자를 무작위 추출 방식으로 정하여 배심원과 예비배심원의 선정기일을 통지하여야 하며(동법 제23조 제1항), 통지를 받은 배심원후보자는 선정기일에 출석하여야 한다(동조 제2항).

법원은 배심원후보자에 대하여 결격사유·제외사유·제척사유·면제사유 및 불공평한 판단을 할 우려가 있는가를 판단하기 위하여 질문할 수 있다. 검사·피고인 또는 변호인은 법원으로 하여금 필요한 질문을 하도록 요청할 수 있고, 법원도 검사 또는 변호인으로 하여금 직접 질문하게 할 수 있다(동법 제28조 제1항). 법원은 배심원후보자가 제척·기피사유 등에 해당하는지의 여부를 판단하기 위하여 필요한 때에는 질문표를 사용할 수 있다(동법 제25조 제1항).

법원은 배심원후보자에게 결격사유 등이 있거나 불공평한 판단을 할 우려가 있다고 인정되는 때에는 직권 또는 검사·피고인·변호인의 기피신청에 의하여 불선정결정을 하여야 한다. 검사·피고인 또는 변호인의 기피신청을 기각하는 경우에는 이유를 고지하여야 한다(동법 제28조 제3항). 또한 검사와 변호인은 각자 배심원이 9인인 경우는 5인, 7인인 경우는 4인, 5인인 경우는 3인의 범위 내에서 배심원후보자에 대하여 이유를 제시하지 아니하는 무이유부기피신청을 할 수 있다(동법 제30조 제1항). 법원은 검사·피고인 또는 변호인에게 순서를 바꿔가며 무이유부기피신청을 할 수 있는 기회를 주어야 하며(동조 제3항), 이러한 무이유부기피신청이 있는 때에는 당해 배심원후보자를 배심원으로 선정할 수 없다(동조 제2항).

법원은 출석한 배심원후보자 중에서 당해 재판에서 필요한 배심원과 예비배심원의 수에 해당하는 배심원후보자를 무작위로 뽑고 이들을 대상으로 직권, 기피신청 또는 무이유부기피신청에 의한 불선정결정을 한다(동법 제31조 제1항). 이때 불선정결정이 있으면 그 수만큼 선정절차를 반복하여 필요한 수의 배심원과 예비배심원후보자를 선정한다(동조 제2항). 필요한 수의 배심원과 예비배심원 후보자가 확정되면 법원은 무작위의 방법으로 배심원과 예비배심원을 선정하며, 예비배심원이 2인 이상인 경우에는 그 순번을 정하여야 한다(동조 제3항).

Ⅳ. 국민참여재판의 공판절차

1. 공판준비절차

재판장은 피고인이 국민참여재판을 원하는 의사를 표시한 경우에 사건을 공판준비절차에 회부하여야 한다. 다만 공판준비절차에 회부하기 전에 법원의 배제결정이 있는 때에는 그러하지 아니하다(동법 제36조 제1항). 공판준비절차는 일반 공판절차에서는 재판장이 필요하다고 인정할 경우에 행하는 임의적 절차이나 국민참여재판에서는 필수적 절차이다. 공판준비절차를 국민참여재판에서 필수적 절차로 한 것은 공판준비를 통한 신속한 집중심리에 의하여 배심원의 출석 부담을 줄이고, 배심원들이 사건의 내용을 쉽게 이해할 수 있도록 쟁점을 정리하며, 공정한 재판을 위하여 배심원들이 증거능력 없는 증거에 노출되지 않도록 하기 위한 것이다. 공판준비기일은 이를 공개함으로써 절차의 진행이 방해될 우려가 있는 경우를 제외하고는 원칙적으로 공개하며(동법 제37조 제3항), 공판준비기일에는 배심원이 참여하지 않는다(동조 제4항).

2. 공판기일의 심리

배심원과 예비배심원은 공판기일에 출석하여야 한다. 따라서 공판기일은 배심원과 예비배심원에게 통지하여야 한다(동법 제38조). 배심원과 예비배심원은 법률에 따라 공정하게 그 직무를 수행할 것을 다짐하는 취지의 선서를 하여야 한다(동법 제42조 제1항). 재판장은 배심원과 예비배심원에 대하여 배심원과 예비배심원의 권한·의무·재판절차, 그 밖에 직무수행을 원활히 하는 데 필요한 사항을 설명하여야 한다(동조 제2항).

배심원과 예비배심원은 피고인·증인에 대하여 필요한 사항을 신문하여 줄 것을 재판장에게 요청할 수 있다(동법 제41조 제1항 제1호). 또한 배심원과 예비배심원은 필요하다고 인정되는 경우 재판장의 허가를 받아 각자 필기를 하여 이를 평의에 사용하는 행위를 할 수 있다(동조 제1항 제2호).

국민참여재판에는 간이공판절차에 관한 규정이 적용되지 않는다(동법 제43조). 국민참여재판을 간이공판절차로 진행하여 법원이 상당하다고 인정하는 방법으로 증거조사를 하게 되면 배심원과 예비배심원이 증거의 내용을 제대로 파악하기 어렵게 되기 때문이다. 또한 배심원 또는 예비배심원은 법원의 증거능력에 관한 심리에 관여할 수 없다(동법 제44조). 법률전문가가 아닌 배심원과 예비배심원이 증거능력에 관한 심리에 관여하는 경우 증거능력이 인정되지 않는 증거의 영향을 받을 우려가 있기 때문이다.

3. 배심원의 평의·평결 및 양형토의

재판장은 변론종결 후 법정에서 배심원에게 공소사실의 요지와 적용법조, 피고인과 변호인의 주장의 요지, 증거능력 그 밖에 유의할 사항에 관하여 설명하여야 한다. 이 경우 필요한 때에는 증거의 요지에 관하여 설명할 수 있다(동법 제46조 제1항).

심리에 관여한 배심원은 재판장의 설명을 들은 후 유·무죄에 관하여 평의하고, 전원의 의견이 일치하면 그에 따라 평결한다. 다만 배심원 과반수의 요청이 있으면 심리에 관여한 판사의 의견을 들을 수 있다(동조 제2항). 배심원은 유·무죄에 관하여 전원의 의견이 일치하지 아니하는 때에는 평결을 하기 전에 심리에 관여한 판사의 의견을 들어야 한다. 이 경우에 유·무죄의 평결은 다수결의 방법으로 한다. 심리에 관여한 판사는 평의에 참석하여 의견을 진술한 경우에도 평결에는 참여할 수 없다(동조 제3항).

평결이 유죄인 경우 배심원은 심리에 관여한 판사와 함께 양형에 관하여 토의하고 그에 관한 의견을 개진한다. 재판장은 양형에 관한 토의 전에 처벌의 범위와 양형의 조건 등을 설명하여야 한다(동조 제4항). 이때 배심원은 양형에 관하여 평결하는 것은 아니고 개별적 양형 의견을 법관에게 개진하는 데 그친다.

배심원의 평결과 의견은 법원을 기속하지 아니한다(동조 제5항). 배심원의 평결에 구속력을 부여할 경우 헌법상의 법관에 의한 재판을 받을 권리를 침해할 수 있다는 우려와 함께 아직 일반 국민들에 대한 교육이 미흡한 상태에서 오판의 위험성이 있음을 염려한 결과라고 할 수 있다.

4. 판결의 선고

판결의 선고는 변론을 종결한 기일에 하여야 한다. 다만 특별한 사정이 있는 때에는 변론종결 후 14일 이내에 따로 선고기일을 지정할 수 있다(동법 제48조 제1항·제3항). 변론을 종결한 기일에 판결을 선고하는 경우에는 판결서를 선고 후에 작성할 수 있다(동조 제2항).

재판장은 판결선고시 피고인에게 배심원의 평결결과를 고지하여야 하며, 배심원의 평결결과와 다른 판결을 선고하는 때에는 피고인에게 그 이유를 설명하여야 한다(동조 제4항). 판결서에는 배심원이 재판에 참여하였다는 취지를 기재하여야 하고, 배심원의 의견을 기재할 수 있다. 배심원의 평결결과와 다른 판결을 선고하는 때에는 판결서에 그 이유를 기재하여야 한다(동법 제49조).

제2장

증 거

제 1 절 증거법의 기초개념

Ⅰ. 증거의 의의와 종류

1. 증거 및 증거법

형사절차는 사실관계를 확정하고 이에 형벌규정을 적용함으로써 국가형벌권을 실현하는 과정이다. 따라서 형벌권 실현을 위해서는 무엇보다도 형벌법규 적용의 전제가 되는 사실관계의 확정이 필요하다. 이러한 사실관계를 인정하는 데 사용되는 자료를 증거라고 한다.

형사소송법상 증거라는 용어는 보통 증거방법과 증거자료의 두 가지 의미로 사용되고 있다. 증거방법이란 사실인정에 사용되는 유형물 자체를 말한다. 따라서 증거조사의 대상이 되는 수단·방법으로서의 증인, 증거물, 증거서류 등이 여기에 해당한다. 이에 대하여 증거자료란 증거방법을 조사하여 얻어진 내용을 의미한다. 즉 증인의 증언, 증거물을 조사하여 알게 된 증거물의 성질·형상, 증거서류의 내용 등이 그것이다.

그리고 증거를 통한 사실관계의 확정을 내용으로 하는 법규범의 총체를 증거법이라고 한다. 실체적 진실발견이라는 형사소송의 임무는 바로 증거법에 의하여 수행된다고 할 수 있다. 이러한 증거법은 증거를 조사하는 절차에 관한 규정과 개별적인 증거의 증거능력과 증명력에 관한 규정으로 크게 나누어진다. 증거의 증거능력과 증명력에 대하여 규율하고 있는 형사소송법 제307조 이하의 규정들을 협의의 증거법이라고 부른다.

2. 증거의 종류

(1) 직접증거와 간접증거

증거는 요증사실, 즉 증명을 요하는 사실과의 관계에 따라 직접증거와 간접증거로 분류된다. 요증사실을 직접적으로 증명하는 증거가 직접증거이고, 요증사실을 간접적으로 추인하게 하는 사실, 즉 간접사실을 증명하는 증거가 간접증거이다. 간접증거는 요증사실을 추인하게 하는 각종의 정황에 관한 사실을 증명하는 증거라는 점에서 정황증거라고도 한다. 예를 들면 범행현장을 직접 목격한 증인의 증언이나 피고인의 자백은 직접증거이나, 범행현장에서 채취된 피고인의 지문은 피고인이 범행현장에 간 적이 있다는 간접사실을 증명하는 간접증거이다.

(2) 인적 증거·물적 증거·증거서류

(가) 인적 증거와 물적 증거

인적 증거는 사람이 언어로 진술하는 내용이 증거로 되는 경우를 말하며, 증인의 증언, 피고인의 진술, 감정인의 진술 등이 여기에 해당한다. 인적증거를 얻기 위한 조사는 신문의 방법에 의한다.

물적 증거는 물건의 존재 또는 상태가 증거로 되는 경우를 말하며, 범행에 사용된 흉기, 절도죄에 있어서의 장물, 범행현장에 남긴 지문 등이 여기에 해당한다. 서류도 절도죄에 있어서의 장물인 서류는 단순히 물적 증거로서의 성질을 가진다. 물적 증거에 대한 조사는 검증의 방법에 의한다. 사람의 신체도 그 상태가 증거로 되는 경우, 즉 상해의 부위 등에 대하여 신체검사가 행하여지는 경우에는 일종의 물적 증거라고 할 수 있다.

(나) 증거서류와 증거물인 서면

서류에 기재된 의미내용만이 증거로 되는 것을 증거서류라고 한다. 법원의 공판조서·검증조서, 수사기관이 작성한 피의자신문조서·진술조서·검증조서, 감정서·

진술서 등이 여기에 해당한다. 한편 서류에 기재된 의미내용 외에 서류의 존재 또는 상태도 증거가 되는 것을 증거물인 서면이라고 한다. 문서위조죄의 위조문서, 무고죄의 허위고소장, 협박죄나 공갈죄에 있어서 협박편지, 명예훼손죄에 있어서 명예훼손의 사실이 기재된 인쇄물, 부정수표단속법위반죄의 당좌수표(2015도2275) 등이 그것이다.

이러한 증거물인 서면과 증거서류를 함께 서증이라고 부르는데, 양자는 증거조사의 방식에서 차이가 나타난다. 증거서류에 대한 원칙적인 조사방법은 낭독이며, 예외적으로 내용의 고지나 제시·열람이 허용된다(제292조). 그러나 증거물인 서면은 이러한 증거서류에 대한 증거조사방법 이외에도 제시를 필요로 한다(제292조의2). 증거물인 서면은 기본적으로 증거물로서의 성질을 가지므로 그 존재와 상태도 증거로 되기 때문이다.

(다) 본증과 반증

증거는 거증책임과 관련하여 본증과 반증으로 구분된다. 본증이란 거증책임을 지는 당사자가 제출하는 증거이고, 반증이란 그 반대당사자가 본증에 의하여 증명하려는 사실의 존재를 부정하기 위하여 제출하는 증거를 말한다. 형사소송법상 거증책임은 원칙적으로 검사에게 있으므로 보통 검사가 제출하는 증거는 본증이고, 피고인측에서 제출하는 증거는 반증이라고 할 수 있다. 그러나 피고인에게 거증책임이 있는 경우에는 피고인이 제출하는 증거가 본증이 된다.

(라) 진술증거와 비진술증거

진술증거란 사람의 진술내용이 증거로 되는 경우를 말한다. 진술증거에는 진술과 진술을 기재한 서면이 포함된다. 이에 대하여 진술을 내용으로 하지 않는 서면과 물적 증거를 비진술증거라고 한다. 진술증거와 비진술증거의 구별의 실익은 전문법칙이 진술증거에 대해서만 적용된다는 점에 있다.

(마) 실질증거와 보조증거

실질증거란 요증사실의 존부를 직접·간접으로 증명하기 위하여 사용되는 증거를 말하고, 보조증거는 실질증거의 증명력을 증가시키거나 감소시키기 위하여 사용되는 증거를 말한다.

Ⅱ. 증거능력과 증명력

1. 증거능력

증거능력이란 증거가 엄격한 증명의 자료로 사용될 수 있는 법률상의 자격을 말한다. 따라서 자유로운 증명의 자료가 되기 위해서는 증거능력을 요하지 않는다. 제307조 제1항이 규정하고 있는 증거재판주의는 이러한 엄격한 증명의 법리를 입법화한 것이라고 할 수 있다. 증거능력은 미리 법률에 의하여 형식적으로 결정되어 있으며, 증거능력이 없는 증거는 실질적으로 아무리 증거가치가 높더라도 이를 사실인정의 자료로 삼을 수 없다. 또한 증거능력이 없는 증거에 대하여는 증거조사가 허용되지 않는다. 증거로 사용할 수 없는 증거를 조사하는 것은 무의미할 뿐만 아니라 이를 조사하는 때에는 사실상 법관의 심증형성에 영향을 미칠 수 있다는 점에서 유해하기 때문이다.

증거능력의 제한에는 절대적인 것과 상대적인 것이 있다. 자백배제법칙과 위법수집증거배제법칙에 의한 증거능력의 제한은 절대적 제한에 해당하나, 전문법칙에 의한 증거능력의 제한은 당사자의 동의가 있는 때에는 해제되므로 상대적 제한에 속한다.

2. 증명력

증명력은 증거의 실질적 가치를 의미한다. 증거능력이 법률에 의하여 형식적으로 결정되어 있음에 반하여, 증명력은 법관의 자유판단에 맡겨져 있다. 제308조는 「증거의 증명력은 법관의 자유판단에 의한다」고 규정함으로써 자유심증주의를 증거법의 원칙으로 선언하고 있다.

증거능력과 증명력은 구별되는 개념이나 증거로 사용함에 필요한 최소한의 증명력이 없으면 자연적 관련성이 부정되어 증거능력이 인정되지 않는다. 또한 자백의 보강법칙(제310조)과 공판조서의 증명력(제56조)에 관한 규정은 법관의 자유로운 증명력 판단을 제한하는 예외에 해당한다.

제 2 절 증명의 기본원칙

Ⅰ. 증거재판주의

1. 증거재판주의의 의의

사실의 인정은 증거에 의하여야 한다는 원칙을 증거재판주의라고 한다. 이는 형사소송에서 법관의 자의에 의한 사실인정을 배제하고 공정한 재판을 실현하기 위하여 요구되는 원칙이다. 형사소송법 제307조 제1항은 「사실의 인정은 증거에 의하여야 한다」고 규정함으로써 이 원칙을 선언하고 있으며, 다시 제2항에서 「범죄사실의 인정은 합리적인 의심이 없는 정도의 증명에 이르러야 한다」고 규정하여 사실인정을 위한 심증형성의 엄격성을 요구하고 있다.

증거재판주의를 규정한 제307조는 근대 형사소송법의 자명한 원리를 확인한 역사적·선언적 의미를 가지는 데 그치는 것이 아니라, 구체적인 규범적 의미를 가진다고 해석되고 있다. 즉 이 규정은 국가형벌권의 존부와 범위에 관한 사실은 증거능력이 있고 법에서 정한 증거조사절차를 거친 증거를 통해 합리적 의심이 없는 정도의 증명(proof beyond a reasonable doubt)에 이르렀을 때 비로소 인정할 수 있다는 엄격한 증명의 법리를 표현하고 있는 것이다.

2. 증 명

(1) 증명의 의의와 정도

증명이란 요증사실의 존부에 관하여 법관이 합리적인 의심이 없을 정도의 확실한 심증을 형성하거나 법관으로 하여금 이러한 심증을 형성하게 하는 소송관계인의 활동을 말한다. 증거재판주의의 요청에 따라 이러한 심증형성은 증거를 통하여 이루어져야 하므로 결국 증거에 의하여 일정한 사실을 밝히는 것을 증명이라고 할 수 있다.

범죄사실의 인정은 합리적인 의심이 없는 정도의 증명에 이르러야 한다(제307조 제2항). 형사재판에 있어서 유죄의 사실인정을 하려면 법관이 증거의 증명력을 자유롭게 판단하여 얻은 심증형성이 합리적인 의심의 여지가 없는 정도에 이르러야 한다. 여기에서 합리적 의심이란 모든 의문·불신을 포함하는 것이 아니라 논리와 경험칙에 기하여 요증사실과 양립할 수 없는 사실의 개연성에 대한 합리성 있는 의문을 의미하는 것으로서, 단순히 관념적인 의심이나 추상적인 가능성에 기초한 의심은 합리적 의심에 포함된다고 할 수 없다(2013도14656). 그리고 사실인정을 위하여 요구되는 심증형성의 정도는 엄격한 증명과 자유로운 증명에 있어서 차이가 없다.

한편 소송법적 사실 중에서 특별히 신속한 처리가 요구되는 사항 등에 대하여는 소명으로 족한 경우가 있다. 소명이란 법관에게 요증사실에 대하여 확신을 갖도록 할 필요 없이 사실일 것이라는 일응의 심증형성 내지 추측을 하게 함으로써 족한 경우를 말한다. 예를 들면 기피사유의 소명(제19조 제2항), 증언거부사유의 소명(제150조), 증거보전청구사유의 소명(제184조 제3항), 상소권회복원인사유의 소명(제346조 제2항) 등이 여기에 해당하며, 소명의 대상은 법률에 개별적으로 규정되어 있다.

(2) 엄격한 증명과 자유로운 증명

엄격한 증명이란 법률상 증거능력이 있고 법에서 정한 증거조사절차를 거친 증거에 의한 증명을 말한다. 따라서 살인을 목격한 사람의 수사기관에서의 진술을 기재한 조서를 피고인의 살인사실을 증명하기 위한 증거로 사용하기 위해서는 당해 조서가 제312조 제4항의 요건을 갖추어야 하고 제292조에 따른 증거조사를 거쳐야 한다. 이에 대하여 자유로운 증명이란 증거능력이나 법률이 규정한 증거조사방식을 요하지 않는 증거에 의한 증명을 말한다. 자유로운 증명의 경우에는 증거능력을 요하지 않을 뿐만 아니라 증거조사의 방법도 법원의 재량에 맡겨져 있으므로 반드시 공판정에서의 증거조사가 요구되는 것은 아니다. 따라서 법원은 변론종결 후에 접수된 서류에 의해서도 사실을 인정할 수 있다.

3. 엄격한 증명의 대상

(1) 공소범죄사실

공소장에 기재된 범죄사실은 형사처벌의 기초를 이루는 주요사실이므로 공소범죄사실의 존재는 엄격한 증명의 대상이 된다. 여기서 공소범죄사실이란 범죄의 특별구성요건을 충족하는 구체적 사실로서 위법하고 유책한 것을 말한다.

공소범죄사실의 부존재를 증명하기 위하여 피고인이 제출하는 증거인 반증도 본증과 마찬가지로 증거능력이 있고 법에서 정한 증거조사절차를 거친 증거일 것을 요한다는 견해가 일반적이다. 다만 판례는 반증의 경우에는 성립의 진정이나 증거로 함에 대한 상대방의 동의가 없어도 증거로 할 수 있다고 판시하고 있어(80도1547) 반증에는 전문법칙의 적용이 없는 것으로 보고 있다.

(가) 구성요건해당사실

특별구성요건에 해당하는 사실은 객관적 구성요건요소인가 주관적 구성요건요소인가를 묻지 않고 모두 엄격한 증명의 대상이 된다. 따라서 행위의 주체와 객체·행위·결과의 발생·인과관계 등의 객관적 구성요건요소를 이루는 사실뿐만 아니라, 고의·과실·목적·공모공동정범의 공모 등과 같은 주관적 구성요건요소인 사실도 엄격한 증명의 대상이 된다. 판례도 공모사실(2012도5220)이나 고의(2001도606) 또는 목적(2014도9030)에 대하여 엄격한 증명을 요한다고 판시하고 있다. 다만 고의나 목적은 내심의 사실이므로 피고인이 이를 부정하는 경우에는 사물의 성질상 이와 상당한 관련성이 있는 간접사실을 통하여 증명할 수밖에 없다(2006도4806).

(나) 위법성과 책임의 기초사실

구성요건에 해당하는 사실이 증명되면 위법성과 책임의 기초가 되는 사실은 사실상 추정된다. 그러나 다툼이 있어 증명이 필요한 경우에는 위법성조각사유와 책임조각사유의 부존재도 엄격한 증명에 의하여 입증되어야 한다. 따라서 정당방위, 긴급피난, 자구행위, 책임무능력, 강요된 행위 등의 사유에 해당하는 사실의 부존재는 엄격한 증명의 대상이 된다.

(다) 처벌조건

처벌조건은 그 자체가 공소범죄사실은 아니지만 형벌권의 발생에 직접 관련되는 사실이므로 엄격한 증명을 요한다. 따라서 파산범죄에 있어서 파산선고의 확정이나 친족상도례에 있어서 일정한 친족관계의 존부는 모두 엄격한 증명의 대상이 된다.

(2) 형벌권의 범위에 관한 사실

(가) 법률상 형의 가중·감면사유인 사실

법률상 형의 가중·감면의 근거가 되는 사실은 공소범죄사실은 아니지만 법정형의 범위를 변경시키는 중대한 사유이므로 엄격한 증명을 요한다고 보는 것이 통설이다. 누범전과·상습범가중에 있어서 상습성·심신미약·장애미수·중지미수·불능미수·자수·자복 등에 관한 사실이 여기에 해당한다.

(나) 몰수·추징에 관한 사실

몰수나 추징은 부가형으로서 형벌의 일종이므로 엄격한 증명의 대상이 된다고 보는 것이 통설이다. 다만 판례는 몰수나 추징의 대상이 되는지 여부나 추징액의 인정은 자유로운 증명으로 족하다고 한다(2014도4708).

(3) 간접사실

간접사실이란 요증사실을 간접적으로 추인하게 하는 사실을 말한다. 요증사실이 엄격한 증명을 요하는 사실인 경우에는 간접사실도 엄격한 증명의 대상이 된다. 피고인이 주장하는 간접사실인 알리바이의 증명에 대하여 엄격한 증명을 요하는가에 관하여는 학설의 대립이 있으나, 판례는 반증에는 전문법칙의 적용이 없는 것으로 보고 있다(80도1547).

(4) 보조사실

보조사실이란 증거의 증명력에 영향을 미치는 사실을 말한다. 보조사실에 대하여는 이를 두 가지 경우로 나누어 보조사실이 적극적으로 증거의 증명력을 증강시키는 사실인 경우에는 엄격한 증명을 요하나, 보조사실이 증거의 증명력을 감쇄시키는 사실인 경우에는 자유로운 증명으로 족하다고 보는 것이 일반적이다.

(5) 법 규

법규의 존재와 그 내용은 법원의 직권조사사항에 속하므로 증명의 대상이 되지 않는다. 그러나 외국법이나 관습법, 자치법규와 같이 법규의 내용이 명확하지 아니한 때에는 증명을 요하고, 그것이 엄격한 증명을 요하는 사실을 인정하는 전제가 되는 때에는 엄격한 증명의 대상이 된다. 대법원도 「행위지의 법률에 의하여 범죄를 구성하는지 여부에 대해서는 엄격한 증명에 의하여 검사가 이를 입증하여야 한다」고 판시하여(2011도6507), 외국법규의 존재를 엄격한 증명의 대상으로 보고 있다.

4. 자유로운 증명의 대상

(1) 정상관계사실

피고인의 경력·성격·환경·범죄 후의 정황 등 형의 선고유예나 집행유예 또는 양형의 기초가 되는 사실은 자유로운 증명으로 족하다는 것이 통설 및 판례(2010도750)의 입장이다. 양형의 기초가 되는 정상관계사실은 형벌권의 범위와 관련된 사실이긴 하지만 복잡하고 비유형적이므로 소송경제의 관점을 무시할 수 없다는 것과 양형은 그 성질상 법관의 재량사항이라는 것을 그 이유로 한다. 따라서 전과사실이라고 하더라도 누범전과나 상습범가중의 사유로 되는 전과는 법률상 형의 가중사유에 해당하여 엄격한 증명을 요하지만, 그 이외의 전과는 정상관계사실로서 자유로운 증명으로 족하다고 할 것이다.

(2) 소송법적 사실

소송법적 사실이란 범죄사실이나 양형사실 이외의 것으로서 형사절차와 관련된 사실을 말한다. 소송법적 사실에는 소송조건의 존부 및 절차진행의 적법성에 관한 사실과 증거의 증거능력 인정을 위한 기초사실 등이 있다.

소송조건의 존부 및 절차진행의 적법성에 관한 사실은 자유로운 증명으로 족하다. 따라서 친고죄에 있어서 고소 및 그 취소의 유무, 반의사불벌죄에 있어서 처벌희망 의사표시 및 그 철회의 유무, 피고인의 구속기간의 경과 여부, 증거조사가 적법하게 행하여졌는지의 여부 등은 엄격한 증명을 요하지 않는다.

증거의 증거능력을 인정하기 위한 기초사실도 소송법적 사실로서 기본적으로 자유로운 증명의 대상이 된다. 따라서 제313조 제1항 단서의 「특히 신빙할 수 있는 상태」는 증거능력의 요건에 해당하므로 이에 대해서는 엄격한 증명을 요하지 아니하고 자유로운 증명으로 족하다(2000도1743). 자백의 임의성에 관한 사실에 대하여는 학설의 대립이 있으나, 판례는 자유로운 증명으로 족하다는 입장을 취하고 있다(2003도705).

5. 불요증사실

재판의 기초가 되는 사실은 그것이 실체법적 사실이든 절차법적 사실이든 증명을 요하는 것이 원칙이다. 그러나 일정한 경우에는 사실 자체의 성질에 비추어 별도의 증명이 필요 없는 경우가 있는데, 이러한 사실을 불요증사실이라고 한다.

(1) 공지의 사실

공지의 사실이란 일반적으로 널리 알려져 있는 사실, 즉 보통의 지식·경험이 있는 사람이면 누구나 의심하지 않는 사실을 말한다. 예를 들면 역사상 명백한 사실, 자연계의 현저한 사실이 여기에 해당한다. 공지의 사실은 증거에 의하여 인정하지 않아도 공정한 사실인정을 해하지 않으므로 증명을 요하지 않는다.

공지의 사실과 구별되는 것으로 법원에 현저한 사실이 있다. 법원에 현저한 사실이란 당해 재판부에서 이전에 판단하였던 사건의 결과와 같이 수소법원이 직무상 명백히 알고 있는 사실을 말한다. 법원이 직무상 명백히 알고 있는 사실이라도 공정한 재판과 재판에 대한 국민의 신뢰확보를 위해서 증명을 요한다는 것이 일반적인 견해이다. 법관이 개인적으로 알고 있는 사실이 증명의 대상이 됨은 물론이다.

(2) 추정된 사실

(가) 법률상 추정된 사실

법률상 추정이란 전제사실이 인정되면 반대증명이 없는 한 일정한 사실을 인정하도록 법률에 규정되어 있는 경우를 말한다. 따라서 추정된 사실이 반대증거에 의해서 부인되지 않는 한 법원은 추정사실의 존재를 인정하여야 한다. 현행법상으로는 「마약류 불법거래방지에 관한 특례법」에 따른 불법수익의 추정(동법 제17조), 「환경범죄의 단속에 관한 특별조치법」에 따른 불법배출과 위험발생간의 인과관계의 추정(동법 제6조) 등이 법률상 추정에 해당한다. 그러나 법률상 추정을 인정하는 것은 실체진실주의와 자유심증주의에 반할 뿐만 아니라 무죄추정의 법리에도 어긋나므로 법률상 추정은 이를 인정할 합리적·정책적 이유가 있는 경우에 한하여 예외적으로 인정될 수 있다고 할 것이다.

(나) 사실상 추정된 사실

사실상 추정이란 전제사실로부터 일정한 사실을 추정하는 것이 경험법칙이나 논리법칙에 비추어 합리적인 경우를 말한다. 예를 들면 검사가 구성요건해당사실의 존재를 증명하면 그 행위의 위법성과 행위자의 책임은 사실상 추정되어 증명을 요하지 않는다. 그러나 사실상 추정된 사실에 대하여 당사자의 다툼이 있어 의심이 생긴 때에는 추정의 효과는 상실되고 검사는 그 행위가 위법하거나 유책하다는 사실을 증명하여야 한다. 다만 사실상 추정된 사실에 대하여는 반드시 법률상 추정에 있어서와 같이 반증의 형식에 의하여 다툴 필요는 없다.

II. 거증책임

1. 거증책임의 의의

(1) 거증책임의 개념

거증책임이란 일정한 요증사실의 존부에 대하여 증명이 불충분한 경우에 그로 인하여 불이익을 받을 당사자의 법적 지위를 말한다. 법원은 당사자가 제출한 증거와 직권으로 조사한 증거에 의하여 사실의 존부에 관한 심증을 형성한다. 그러나 이러한 증거에 의하여도 법원이 확신을 갖지 못할 때에는 증명곤란으로 인한 불이익을 당사자의 어느 일방에게 부담시킴으로써 재판불능의 상태를 해결할 수밖에 없다. 이때 불이익한 판단을 받을 위험부담을 거증책임이라고 한다. 증명이 불충분한 상태는 어느 소송구조에서도 발생할 수 있으므로 거증책임은 당사자주의에 있어서 뿐만 아니라 직권주의에서도 필요한 개념이라고 할 수 있다.

(2) 거증책임과 입증의 부담

입증의 부담이란 증거를 제출하지 아니하면 현실적으로 불이익한 판단을 받을 염려가 있는 상황에 처한 당사자가 그 불이익을 면하기 위하여 해당 사실을 증명할 증거를 제출할 사실상의 부담을 말한다. 거증책임이 사항의 성질에 따라 고정되어 있음에 반하여, 입증의 부담은 소송의 진행에 따라 당사자들 사이에서 변경될 수 있는 특징을 가지고 있다.

입증의 부담은 법원이 직권으로 실체적 진실을 발견해야 할 책무를 지고 있는 직권주의에서 보다는 당사자의 소송활동이 증명의 중심을 이루고 있는 당사자주의에서 더 중요성이 크다고 할 수 있다. 따라서 당사자주의적 요소를 많이 도입하고 있는 현행 형사소송법하에서는 당사자의 입증의 부담이 실제로 중요한 의미를 가지게 된다.

2. 거증책임의 분배

본래 거증책임은 형평의 관념에 기하여 당사자 사이에 분배하는 것이 원칙이다. 그러나 형사소송에서는 법치국가의 원리에 따라 무죄추정의 원칙 내지 의심스러운 때에는 피고인의 이익으로(in dubio pro reo)의 원칙이 적용되는 결과 검사가 거증책임을 부담하는 것이 원칙이다. 구체적인 내용을 살펴보면 다음과 같다.

(1) 공소범죄사실

공소범죄사실에 대한 거증책임은 검사에게 있다. 공소범죄사실에 속하는 사실에 대하여는 구성요건에 해당하는 사실은 물론이고, 위법성과 책임의 기초가 되는 사실에 대해서도 검사에게 거증책임이 있다(2006도735). 따라서 피고인이 위법성조각사유나 책임조각사유를 주장하는 때에는 검사가 그 부존재에 대하여 거증책임을 진다고 해야 한다.

알리바이(현장부재사실)의 주장도 구성요건해당사실을 부인하는 진술이므로 범죄사실의 존재를 합리적인 의심이 없는 정도로 증명해야 할 검사에게 그 부존재에 대한 거증책임이 있다고 보아야 한다.

(2) 형의 가중·감면의 사유가 되는 사실

누범전과사실과 같이 형의 가중사유가 되는 사실에 대한 거증책임은 in dubio pro reo의 원칙에 비추어 볼 때 당연히 검사에게 있다. 또한 심신장애나 친족상도례, 자수와 같이 형의 감면사유가 되는 사실도 형벌권의 범위에 영향을 미치는 사유이므로 그 부존재에 대하여 검사에게 거증책임이 있다는 것이 통설이다.

(3) 소송법적 사실

소송조건은 공소제기의 적법·유효요건이므로 검사에게 거증책임이 있다. 따라서 친고죄의 고소나 공소시효의 완성, 사면 등에 관한 사실의 증명이 불분명한 경우에는 검사에게 불이익이 돌아간다.

증거능력의 전제되는 사실에 대한 거증책임은 그 증거를 제출한 당사자에게 있다고 해야 한다. 증거를 자기의 이익으로 이용하려는 당사자가 이에 대한 거증책임을 부담하는 것이 공평의 이념에 합치하기 때문이다. 따라서 검사가 의사의 진단서 또는 그 밖의 서증을 증거로 제출한 경우에 그 증거능력을 부여할 거증책임은 검사에게 있으며(69도179; 70도2109), 자백의 임의성의 기초사실에 대하여도 자백을 피고인의 유죄인정의 자료로 사용하고자 하는 검사가 거증책임을 지게 된다(2010도3029). 반면에 피고인이 비밀녹음한 녹음테이프를 증거로 제출한 경우에 그 녹음테이프가 위법하게 수집된 증거가 아니라는 사실에 대해서는 피고인이 거증책임을 부담하는 것으로 보아야 한다.

3. 거증책임의 전환

(1) 의 의

거증책임의 전환이란 검사가 부담하는 거증책임이 예외적으로 피고인에게 이전되는 경우를 말한다. 거증책임의 전환은 무죄추정의 원칙에 대한 예외를 인정하는 것이므로 합리적인 요구가 있고 법률적 근거가 있는 경우에 한하여 예외적으로 인정된다고 해야 한다.

(2) 상해죄의 동시범

형법 제263조는 「독립행위가 경합하여 상해의 결과를 발생하게 한 경우에 원인된 행위가 판명되지 아니한 때에는 공동정범의 예에 의한다」고 규정하고 있다. 이 조문의 법적 성격에 대해서는 이를 거증책임의 전환규정으로 보는 것이 일반적이다.

형법 제263조는 상해죄의 동시범의 경우 검사가 그 인과관계를 증명하는 것이 곤란하다는 이유에서 피고인에게 정책적으로 거증책임을 전환한 규정이라고 보는 것이 타당하다. 따라서 피고인이 자신의 행위로 상해의 결과가 발생하지 않았다는 점을 증명하지 못하면 공동정범에 준해서 처벌되는 결과가 된다.

(3) 명예훼손죄에 있어서 사실의 증명

형법 제310조는 명예훼손죄에 대하여 「형법 제307조 제1항의 행위가 진실한 사실로서 오로지 공공의 이익에 관한 때에는 처벌하지 아니한다」고 규정하고 있다. 여기서 적시된 사실의 진실성과 공익성에 대한 거증책임이 누구에게 있는지가 문제된다. 판례는 「공연히 사실을 적시하여 사람의 명예를 훼손한 행위가 형법 제310조의 규정에 따라서 위법성이 조각되어 처벌대상이 되지 않기 위하여는 그것이 진실한 사실로서 오로지 공공의 이익에 관한 때에 해당된다는 점을 행위자가 증명하여야 하는 것이나, 그 증명은 유죄의 인정에 있어 요구되는 것과 같이 법관으로 하여금 의심할 여지가 없을 정도의 확신을 가지게 하는 증명력을 가진 엄격한 증거에 의하여야 하는 것은 아니므로, 이때에는 전문증거에 대한 증거능력의 제한을 규정한 형사소송법 제310조의2는 적용될 여지가 없다」고 판시하여(95도1473), 제310조의 성격을 거증책임전환규정으로 보면서 다만 적시된 사실의 진실성과 공익성에 대하여는 피고인이 행하는 증명이라는 점에서 엄격한 증명을 요하지 않는다는 입장을 취하고 있다.

Ⅲ. 자유심증주의

1. 자유심증주의의 의의

자유심증주의란 증거의 증명력을 적극적 또는 소극적으로 법률로 정하지 아니하고 이를 법관의 자유판단에 맡기는 증거법상의 원칙을 말한다. 즉 증거의 실질적 가치에 대한 판단을 법관이 개별적·구체적으로 행하도록 하는 제도이며, 형사소송법 제308조는 「증거의 증명력은 법관의 자유판단에 의한다」고 규정함으로써 이를 명시하고 있다. 자유심증주의는 법관의 증명력 평가에 일정한 법률적 구속을 가하는 법정증거주의에 대한 개념으로서 인간의 합리적인 이성에 대한 신뢰를 그 기초로 하고 있다.

2. 자유심증주의의 내용

(1) 자유판단의 주체

증거의 증명력을 판단하는 주체는 개개의 법관이다. 자유심증주의는 증거가치의 판단에 있어서 개별 법관의 이성에 대한 신뢰를 법률의 규제에 우선시키는 제도이기 때문이다. 합의부에 있어서는 그 구성원인 개별 법관의 자유심증의 결과를 기초로 합의를 통하여 결정을 하게 되므로, 합의에 의한 결론과 개별 법관의 심증내용이 달라질 수가 있다. 그러나 이것은 합의제의 필연적 결과이므로 자유심증주의에 위반되는 것은 아니다.

(2) 자유판단의 대상

법관의 자유판단의 대상은 증거의 증명력이다. 증거의 증명력이란 사실의 인정을 위한 증거의 실질적 가치를 의미하며, 증거로 될 수 있는 법률적·형식적 자격을 의미하는 증거능력과는 구별된다. 증명력은 신용력과 협의의 증명력, 즉 추인력으로 구별된다. 신용력은 요증사실과의 관계를 떠나 증거 그 자체가 진실한가를 판단하는 것을 말하고, 협의의 증명력 내지 추인력이란 신용력을 전제로 하여 그 증거가 요증사실과의 관계에서 그 존부를 어느 정도까지 증명할 수 있는가를 판단하는 것을 말한다. 양자가 모두 법관의 자유판단의 대상이 됨은 물론이다.

(3) 자유판단의 의미와 내용

제308조에서 말하는 자유판단이라 함은 사실을 인정함에 있어서 법관이 형식적인 법률적 제한을 받지 않는다는 것을 의미한다. 다시 말해서 어떤 증거를 취사선택하여 사실을 인정할 것인가가 법관의 자유판단에 맡겨져 있다는 것이다. 법관의 증명력 판단과 관련하여 문제가 되는 경우들을 살펴보면 다음과 같다.

(가) 피고인의 진술

피고인의 진술도 증거자료로서 증명력 판단의 대상이 된다. 법관은 피고인이 자백한 때에도 이와 모순되는 다른 증거에 의해 사실을 인정할 수 있고, 법정에서의 진술을 배척하고 수사기관 앞에서의 진술을 믿을 수도 있다. 피고인의 진술에 증거능력이 인정되어 증명력 판단의 세계로 들어오면 그 진술의 증명력에 있어서의 형식적 차이는 양자 사이에 존재하지 않게 되는 것이다.

자백의 신빙성 유무를 판단함에 있어서는 자백내용의 객관적 합리성, 자백의 동기나 이유, 자백에 이르게 된 경위 그리고 자백 이외의 정황증거 중 자백과 저촉되거나 모순되는 것의 유무 등을 고려해야 한다(2015도17869).

(나) 증인의 증언

법관은 증인의 연령이나 책임능력 유무 등과 관계없이 합리적으로 증언의 증명력을 판단할 수 있다. 그러므로 사안에 따라서는 만 4세 가량의 연소자의 증언에 의해서도 사실을 인정할 수 있다(2005도9561). 또한 선서한 증인의 증언이라도 이를 채택하지 않을 수 있을 뿐만 아니라, 선서한 증인의 증언과 선서하지 않고 행한 선서무능력자의 증언이 상호 모순되는 경우에 후자를 신뢰할 수도 있다. 증인의 증언 가운데 일부에 대해서만 증명력을 인정하는 것도 가능하다.

진술자의 진술에 신빙성이 있는지 여부를 판단할 때에는 그 진술 내용 자체의 합리성, 객관적 상당성, 전후의 일관성뿐만 아니라 그의 인간됨, 그 진술로 얻게 되는 이해관계 유무 등을 아울러 살펴보아야 한다(2016도2889).

(다) 감정인의 감정결과

감정인의 감정의견에 대해서도 법관은 이에 구속되지 않는다. 전문분야에 관한 감정의 증거가치가 일반적으로 큰 것은 사실이지만 법관은 감정결과에 반하는 사실을 인정할 수 있다. 따라서 정신감정의 결과 심신상실의 의견이 제시되었다고 할지라도 법관은 범행의 경위·수단·범행 전후의 피고인의 행동 등 기록에 나타난 관계 자료와 피고인의 법정 태도 등을 종합하여 피고인에게 유죄판결을 할 수 있으며 그 반대의 경우도 가능하다(2007도8333 등).

그러나 감정의 결과가 과학적 증거방법에 해당하는 경우에는 감정인이 전문적인 지식·경험·기술을 가지고 공인된 표준 검사기법으로 분석하였을 뿐만 아니라 시료의 채취·보관·분석 등 모든 과정에서 시료의 동일성이 인정되고 인위적인 조작·훼손·첨가가 없었음이 담보되는 등 정확한 감정을 위한 전제조건이 갖추어져 있는 한 법관의 사실인정에 있어서 상당한 정도로 구속력을 가진다(2011도1902). 알코올 농도측정에 의한 음주운전의 판단, 유전자검사를 통한 동일성 확인, 지문을 통한 물건접촉확인 등이 이에 해당한다.

(라) 간접증거

법관은 간접증거 내지 정황증거에 의해서도 사실의 존부에 관한 심증을 형성할 수 있으며, 직접증거를 배척하고 간접증거를 채택하는 것도 가능하다. 다만 목격자의 진술 등 직접증거가 없어 간접증거만으로 심증을 형성하는 경우에는 이를 통한 사실인정이 논리법칙과 경험법칙에 반하지 않아야 한다(2010도13226). 또한 간접증거가 개별적으로는 범죄사실에 대한 완전한 증명력을 가지지 못하더라도 전체 증거를 상호 관련하여 종합적으로 고찰할 경우 그 단독으로는 가지지 못하는 종합적 증명력이 있는 것으로 판단되면 그에 의하여 범죄사실을 인정할 수 있다(2013도4172).

(4) 자유판단의 기준

증거의 증명력 판단을 법관의 자유판단에 맡기는 것은 이러한 방법이 증명력 판단을 법률로 구속하는 것보다 실체적 진실발견에 더 적합하다는 사고를 기초로 한다. 그리고 실체적 진실의 발견은 인간 이성에 기한 합리적인 증거평가에 의하여 비로소 가능하므로 자유심증주의에 있어서의 자유가 법관의 자의를 의미할 수는 없다. 이와 같이 자유판단은 사실인정의 객관적 합리성을 전제로 하며 자유심증주의는 합리적이고 과학적인 심증주의여야 하기 때문에 법관의 심증형성은 논리법칙과 경험법칙에 어긋나지 않아야 한다(2010도12728).

논리법칙이란 인간의 추론능력에 비추어 보아 명백한 사고법칙을 말한다. 따라서 일정한 증거로부터 일정한 판단을 도출하고 그 판단을 전제로 하여 다시 다른 판단에 도달하는 전체과정이 명백하고 모순이 없어야 한다. 계산착오·개념의 혼동·판결이유에 모순이 있는 경우 등에 있어서는 논리법칙에 위반한 것이 된다.

경험법칙이란 개별적인 현상의 관찰과 일반화에 의해 경험적으로 얻어진 판단법칙을 말한다. 따라서 이러한 경험법칙은 비록 규칙성은 있으나 예외가 발생할 수 있는 사회생활상의 법칙이라고 할 수 있다. 자동차로 1시간 걸리는 곳을 평일에 특별한 사정없이 10시간 걸렸다고 인정하는 것은 경험칙위반으로 볼 수 있으나, 정체로 인하여 2시간이 걸렸다는 진술을 신용할 것인가는 자유판단의 허용범위 내의 문제로서 어떤 판단을 하여도 경험칙위반이라고 하기는 어려울 것이다.

3. 증명력 판단의 합리성을 보장하기 위한 제도

(1) 증거능력의 제한

증거능력이 없는 증거는 엄격한 증명을 요하는 공소범죄사실 등의 인정에 있어서 심증형성의 자료로 삼을 수 없을 뿐만 아니라 공판정에서의 증거조사도 허용되지 않는다. 자백배제법칙, 전문법칙 등을 통하여 신용성·합리성이 없는 증거를 증명력 판단의 대상에서 제외시키고 있는 것은 자유심증주의를 간접적으로 억제하여 그 합리성을 보장하는 효과를 가진다.

(2) 유죄판결의 이유에 증거요지의 기재

법관의 유죄판결에는 반드시 이유가 기재되어야 하고, 그 이유에는 사실인정의 기초가 된 증거요지를 명시하여야 한다(제323조). 판결이유에 증거의 요지를 기재하도록 요구하는 것은 당사자에게 증거평가의 오류를 시정할 수 있는 기회를 제공하고 상소심 법원에 심사의 자료를 제공함으로써 궁극적으로 법관에 의한 사실인정의 합리성을 담보하는 데 그 목적이 있다.

(3) 상소제도

기본적으로 증거의 증명력은 자유심증주의에 의하여 법관의 자유판단의 대상이므로 증거의 취사와 이를 근거로 한 사실인정은 특단의 사정이 없는 한 사실심 법원의 전권에 속한다(87도2709).

그러나 법관의 심증형성이 논리법칙이나 경험법칙에 위반하여 합리성을 잃은 경우에는 이유불비 또는 이유모순에 해당하거나(제361조의5 제11호) 판결에 영향을 미친 사실오인(동조 제14호)에 해당하여 항소이유가 되며, 채증법칙위반 또는 심리미진의 위법으로서 법령위반에 해당하여 상고이유가 된다(제383조 제1호).

4. 자유심증주의의 제한

(1) 자백의 증명력 제한

피고인의 자백이 피고인에게 불이익한 유일한 증거일 때에는 이를 유죄의 증거로 하지 못한다(제310조). 자백에 대한 보강증거가 없을 때에는 법관이 자백에 의하여 유죄의 심증을 얻은 경우에도 유죄를 선고할 수 없다는 점에서 자백의 증명력 제한은 자유심증주의의 중요한 제한원리가 된다.

(2) 공판조서의 증명력

공판기일의 소송절차로서 공판조서에 기재된 것은 법관의 심증 여하를 불문하고 그 기재된 대로 인정하여야 한다(제56조). 이와 같이 공판조서의 기재사항에 배타적 증명력이 인정된다는 점에서 이는 자유심증주의를 제한하는 사유에 해당한다.

(3) 법률상의 추정

법률상 추정이란 甲사실이 인정되면 반증이 없는 한 乙사실을 인정하도록 법이 규정하고 있는 경우를 말한다. 특별법에서 드물게 정책적 이유에 의하여 두고 있는 법률상 추정조항은 전제사실의 증명이 있으면 반대사실의 증명이 없는 한 추정사실을 인정하게 하므로 자유심증주의를 제한하게 된다.

(4) 피고인의 진술거부권 행사

피고인이 진술거부권을 행사하는 경우에 법관은 피고인의 진술거부권 행사나 그 동기를 피고인에게 불리한 간접증거로 사용해서는 안 된다. 그렇지 않다면 피고인이 사실상 진술을 강요당할 위험이 있기 때문이다. 이 점에서 피고인의 진술거부권 행사는 자유심증주의를 제한하는 결과를 가져오게 된다. 이는 증언거부권을 가진 증인이 증언을 거부한 경우에도 마찬가지라고 할 수 있다.

제 3 절   위법수집증거의 증거능력

I. 위법수집증거배제법칙의 의의

위법수집증거배제법칙이란 위법한 절차에 의하여 수집된 증거의 증거능력을 부정하는 증거법상의 원칙을 말한다. 위법수집증거는 법원의 증거수집 및 증거조사절차에 위법이 있는 경우를 포함하여 다양한 형태로 나타날 수 있지만, 주로 문제가 되는 것은 수사기관이 압수·수색 등의 대물적 강제수사과정에서 법정절차에 위반하여 증거를 수집한 경우라고 할 수 있다.

형사소송법은 제308조의2에서 「적법한 절차에 따르지 아니하고 수집한 증거는 증거로 할 수 없다」고 규정하여 위법수집증거배제법칙을 명문으로 인정하고 있다.

II. 위법수집증거의 배제범위

1. 증거배제의 기준

(1) 적법절차의 실질적인 내용의 침해

위법수집증거배제의 기준은 기본적으로 이 법칙의 근거인 적법절차의 보장과 위법수사의 억제에서 찾을 수 있다. 즉 증거물의 압수 등의 절차에 헌법과 형사소송법상 허용될 수 없는 중대한 위법이 존재하고 이를 증거로서 허용하는 것이 적법절차의 보장과 장래의 위법수사의 억제라는 견지에서 볼 때 상당하지 않다고 인정되는 경우에 그 증거능력이 부정되게 된다.

판례는 헌법과 형사소송법이 정한 절차에 따르지 아니하고 수집한 증거는 물론 이를 기초로 하여 획득한 2차적 증거 역시 원칙적으로 유죄 인정의 증거로 삼을 수 없으나, 수사기관의 절차위반행위가 적법절차의 실질적인 내용을 침해하는 경우에 해당하지 아니하고 오히려 그 증거의 증거능력을 배제하는 것이 헌법과 형사소송법이 절차조항을 통하여 형사사법 정의를 실현하려고 한 취지에 반하는 결과를 초래하는 것으로 평가되는 예외적인 경우라면 법원은 그 증거를 유죄 인정의 증거로 사용할 수 있다고 하면서, 위법수집증거의 증거능력 인정 여부를 최종적으로 판단함에 있어서는 수사기관의 증거수집과정에서 이루어진 절차위반행위와 관련된 모든 사정, 즉 절차조항의 취지와 그 위반의 내용 및 정도, 구체적인 위반 경위와 회피가능성, 절차조항이 보호하고자 하는 권리 또는 법익의 성질과 침해정도 및 피고인과의 관련성, 절차위반행위와 증거수집 사이의 인과관계 등 관련성의 정도, 수사기관의 인식과 의도 등을 전체적·종합적으로 살펴보아야 한다는 입장을 취하고 있다(2007도3061, 2009도2109 등). 즉 판례는 위법수집증거 및 2차적 증거의 증거능력의 유무를 수사기관의 압수·수색 등의 절차위반행위를 행위당시의 사정하에서 전체적·종합적으로 검토하여 이것이 헌법 및 형사소송법이 정한 적법절차의 실질적인 내용을 침해한 점이 있는지의 여부에 따라 판단하고 있다. 여기서 수사기관의 절차위반행위가 적법절차의 실질적인 내용을 침해하는 경우라는 기준은 그 의미와 내용이 명확한 것은 아니나, 결국 수사기관의 증거수집 과정에 중대한 위법이 존재하고 이를 증거로서 허용하는 것이 적법절차의 보장 내지 위법수사의 억제라는 관점에서 상당하지 않은 경우라고 할 수 있을 것이다.

(2) 주장적격

위법수사의 직접적인 상대방만이 위법수집증거배제를 주장할 수 있는 자격, 즉 주장적격을 가지는 것은 아니다. 따라서 피고인이 위법수집증거의 증거능력을 부인하기 위해서는 수사기관의 위법수사가 반드시 피고인에 대하여 행하여졌을 필요는 없다. 수사기관이 피고인 아닌 제3자를 상대로 위법하게 수집한 증거라고 하더라도 이를 피고인의 유죄를 인정하기 위한 증거로 사용할 수 없다(2009도6717).

(3) 거증책임

수사기관이 위법하게 수집한 증거를 유죄 인정의 증거로 사용하기 위해서는 그러한 증거를 유죄 인정의 증거로 사용할 수 있는 예외적인 경우에 해당한다고 볼 만한 구체적이고 특별한 사정의 존재를 검사가 증명하여야 한다(2009도10412). 따라서 인과관계의 단절 등 예외적인 사유의 존재에 대해서는 검사가 거증책임을 진다.

2. 개별적 검토

(1) 영장주의에 위반하여 수집한 증거

영장주의에 실질적으로 위반하여 수집한 증거물은 그 증거능력이 부정된다.

따라서 영장 없이 압수·수색·검증한 증거물이나 영장에 기재되지 않은 물건에 대한 압수·수색·검증 그리고 체포현장의 요건을 결여한 압수·수색·검증이나 불심검문에 수반하여 허용된 한계를 벗어난 소지품검사 등에 의하여 수집한 물건에 대해서는 증거능력을 인정할 수 없다. 사후에 압수수색영장을 청구하여 발부받아야 할 경우임에도 불구하고 이를 하지 아니한 채 즉시 반환하지 않은 압수물이나 소유자, 소지자 또는 보관자가 아닌 자로부터 제출받아 영장 없이 압수한 물건(2009도10092) 그리고 통신비밀보호법상의 요건을 구비하지 못한 도청행위의 결과도 마찬가지이다. 영장에 압수대상물이 특정되지 않은 경우에도 압수한 물건을 증거로 사용할 수 없다. 다만 영장의 기재방식이나 집행방식에 있어서의 단순한 위법은 증거능력에 영향이 없다.

(2) 그 밖에 적법절차에 위반하여 수집한 증거

적법절차나 법치국가원리에 위반하여 수집한 증거는 영장주의 위반 이외의 경우에도 위법수집증거로서 증거능력이 인정되지 않는다. 당사자의 참여권과 신문권을 침해한 증인신문(제163조)의 결과, 당사자의 참여권을 보장하지 않은 검증(제121조, 제145조)과 감정(제176조)의 결과, 의사나 성년 여자를 참여시키지 않고 행한 여자의 신체검사(제141조 제3항)의 결과, 야간압수·수색금지규정(제125조, 제219조)에 위반한 압수·수색의 결과도 증거로 할 수 없다. 그러나 범행 현장에서 지문채취 대상물에 대한 지문채취가 먼저 이루어진 이상, 수사기관이 그 이후에 지문채취 대상물을 적법한 절차에 의하지 아니한 채 압수하였더라도, 채취된 지문은 위법하게 압수한 지문채취 대상물로부터 획득한 2차적 증거에 해당하지 아니하므로 증거로 할 수 있다(2008도7471).

증거수집절차에 관한 형사소송법의 효력규정을 위반한 경우에도 당해 증거의 증거능력이 부정된다. 따라서 증거조사절차가 위법하여 무효인 경우에는 그 결과를 증거로 사용할 수 없다. 선서 없이 행한 증인신문(제156조)·감정·통역· 번역(제170조, 제183조)의 결과 및 압수·수색 거부권(제110조 내지 제112조, 제219조)을 침해한 압수·수색의 결과도 증거로 할 수 없다. 다만 단순히 증인의 소환절차에 잘못이 있거나 위증의 벌을 경고하지 않고 선서한 증인의 증언은 증거능력에 영향이 없다고 해야 한다.

위법수집증거로서 증거능력 인정 여부가 문제되는 그 밖의 경우는 각각 관련

330 제4편 공 판

되는 곳에서 개별적으로 검토하기로 한다.

3. 독수의 과실이론

(1) 의 의

독수의 과실이론(Doctrine of the fruit of the poisonous tree)이란 위법하게 수집된 증거에 의하여 발견된 제2차 증거의 증거능력을 부인하는 이론을 말한다. 예를 들면 임의성 없는 자백이나 불법도청에 의한 정보를 이용하여 수집한 증거물이나 진술증거의 증거능력도 그 기초가 된 자백이나 도청의 결과와 마찬가지로 부정된다는 것이다. 이는 위법수사로 인한 제1차적 증거에 대해서만 증거능력을 부인하고 파생적 증거에 대하여 증거능력을 인정할 경우에 위법수집증거배제법칙이 무의미해지는 것을 막기 위한 원칙이라고 할 수 있다.

(2) 독수의 과실이론의 예외

(가) 오염순화에 의한 예외(purged taint exception)

피고인이 사후에 자유의사에 의하여 행한 행위는 위법수사로 인한 증거의 오염을 희석시킨다는 이론이다. 즉 피고인이 사후에 자발적으로 동질의 증거수집에 협조한 때에는 위법수사로 인한 원래의 위법성이라는 오염이 희석되어 파생증거를 증거로 사용할 수 있다는 것이다. 예를 들면 경찰관이 위법하게 피의자의 집에 침입하여 자백을 얻은 경우에도 피의자가 며칠 후에 경찰서에 출석하여 경찰의 위법수사를 알면서 자백서에 서명한 때에는 새로운 자백이 행하여진 것으로 볼 수 있어 자백의 증거능력이 인정된다는 것이다(Wong Sun v. U.S., 371 U.S. 471(1963)). 이를 희석이론이라고도 한다.

판례도 이 이론을 반복자백 등에 대한 예외인정의 중요한 기준으로 사용하고 있다. 수사기관이 진술거부권을 고지하지 않았거나 위법하게 구속집행이 이루어진 상태에서 피의자의 자백을 획득한 후 이 자백을 기초로 반복자백이나 그 밖의 증거가 수집된 경우에, 판례는 진술거부권을 고지하지 않은 것이 수사기관의 실수에 의한 것인지 아니면 의도적으로 자백을 이끌어내기 위한 수단으로 이를 고지하지 않은 것인지, 자백 이후 이루어진 신문에서는 곧 진술거부권을 고지하여 잘못이 시정된 상태에서 수사가 진행되었는지, 최초 자백 이후 구금되었던 피고인이 석방되었거나 변호인으로부터 충분한 조력을 받은 가운데 상당한 시간이 경과하였음에도 다시 자발적으로 계속하여 동일한 내용의 자백을 하였는지 등의 사정을 인과관계의 희석 또는 단절을 인정하기 위한 사항으로 고려하고 있다(2008도11437, 2009도526).

(나) 독립된 증거원의 예외(independent source exception)

위법수사로 인하여 취득한 제1차 증거와 제2차 증거 사이에 조건설적 인과관계가 인정되는 경우라도 수사기관이 그러한 위법수사를 이용하여 제2차 증거를 수집한 것으로 볼 수 없는 때에는 제2차 증거를 증거로 사용할 수 있다는 이론이 독립된 증거원의 예외이론이다. 따라서 위법한 수색에 의하여 피고인의 집에서 유괴된 소녀를 발견한 경우에도 유괴된 소녀의 진술은 위법한 수색과는 별개의 독립된 증거이므로 이를 증거로 사용할 수 있고(State v. O'Bremski, 423 p.2d 530(1967)), 위법한 체포 이후 공판정에서 이루어진 피해자의 범인확인진술은 피고인에 대한 위법체포와는 독립된 증거로서 증거능력이 있다(U.S. v. Crews, 445 U.S. 463(1980)).

우리 판례도 진술거부권을 고지하지 아니한 채 얻은 피고인의 자백을 기초로 피해자를 알아내고 그 피해자를 증인으로 신문한 사안에서, 증인이 그의 독립적인 판단에 의해 형사소송법이 정한 절차에 따라 소환을 받고 임의로 출석하여 증언하였다는 사정 등은 피해자의 증언을 증거로 사용할 수 있을 만한 정황에 속한다고 하고 있다(2008도11437).

(다) 불가피한 발견의 예외(inevitable discovery exception)

위법수사로 인한 제1차 증거가 없었더라도 제2차 증거가 다른 경로를 통하여 결국은 발견되었을 것을 증명할 수 있을 경우에는 제2차 증거의 증거능력을 인정할 수 있다는 이론이다. 예를 들면 경찰관이 피의자에 대한 위법한 신문에 의하여 자백을 얻고 사체의 소재를 알게 되었으나, 경찰관이 다른 방법에 의하여도 사체를 발견하였을 것이라는 점이 증명된 때에는 증거로 할 수 있다는 것이다(Nix v. Williams, 467 U.S. 431(1984)).

Ⅲ. 사인이 위법하게 수집한 증거의 증거능력

1. 사인이 수집한 증거와 위법수집증거배제법칙

사인이 위법하게 수집한 증거에 대하여도 위법수집증거배제법칙이 적용될 것인지가 문제된다. 증거의 수집은 통상 수사기관에 의하여 이루어지므로 위법수집증거의 문제도 국가기관인 수사기관의 행위와 관련해서 생기는 것이 일반적이기 때문이다. 위법하게 수집된 증거의 증거능력 배제가 수사기관에 의한 위법수사의 억제에만 그 근거가 있다고 보면 사인에 의한 위법수집증거의 증거능력은 이를 배제할 필요가 없는 것이 된다. 물론 이 경우에도 수사기관의 의뢰에 의해 사인이 증거를 수집한 경우에는 실질적으로 수사기관 자신의 행위에 준해서 취급하여야 하므로, 수사기관이 사인을 시켜서 증거물을 절취한 경우에는 영장 없이 증거물을 압수한 경우와 마찬가지로 그 증거능력을 부정하여야 한다.

한편 위법수사의 억제와 함께 적법절차의 보장을 증거능력 배제의 중요한 근거로 보는 입장에서는 사인이 위법하게 수집한 증거에 대해서도 위법수집증거배제법칙을 적용하여 그 증거능력을 부정해야 하는 것이 된다. 따라서 피해자가 증인에게 폭행·협박을 가하여 진술을 얻어내거나, 사취·절취 등의 방법으로 증거물을 취득한 경우에는 원칙적으로 이를 사실인정의 자료로 사용할 수 없다고 보게 된다.

위법수집증거배제법칙이 위법수사의 억제만을 목적으로 하는 것은 아니므로 사인이 위법하게 수집한 증거에 대해서도 기본적으로 이 법칙이 적용되어야 할 것이다.

2. 사인의 위법수집증거에 대한 증거능력 판단기준

(1) 원칙적 동일기준설

사인의 증거수집행위에 중대한 위법이 존재하고 그 결과 적법절차의 실질적 내용을 침해한 것으로 인정되는 때에는 수사기관이 위법하게 수집한 증거와 마찬가지로 이를 증거로 사용할 수 없고, 다만 공권력을 사용하여 증거를 수집할 수 없는 사인의 증거수집행위에 있어서는 수사기관의 경우와 비교해서 위법성이 조각되는 정당한 사유의 범위를 상대적으로 넓게 인정할 수 있다는 입장이다.

(2) 권리범위설

침해되는 권리의 중요성을 기준으로 증거배제 여부를 결정하는 견해로서, 사인의 위법행위가 기본권의 핵심적 영역을 침해하는 경우에는 사인이 수집한 증거의 증거능력이 부정된다고 한다.

(3) 이익형량설

실체적 진실발견이라는 공익과 사인의 위법행위에 의한 이익침해를 비교형량하여 사인이 수집한 증거에 대하여 위법수집증거배제법칙의 적용 여부를 결정하려는 견해이다. 판례도 사인이 수집한 증거물이나 사인이 촬영한 사진 등에 대한 위법수집증거배제법칙의 적용에 있어서 이익형량설을 취하고 있다.

(4) 검 토

사인이 수집한 증거에 대한 위법수집증거배제법칙의 적용에 있어서도 원칙적으로 수사기관의 위법수집증거에 대한 배제기준을 그대로 적용하고, 다만 사인의 경우에는 위법성이 조각되는 정당한 사유의 범위를 상대적으로 넓게 인정하는 첫번째 견해가 타당하다고 생각된다. 따라서 피해자가 긴급한 사정하에서 타인의 주거의 자유를 침해하여 증거물을 수집한 경우 등에 있어서는 그 증거를 사실인정의 자료로 사용할 수 있을 것이다.

3. 사인이 비밀녹음한 녹음테이프의 증거능력

통신비밀보호법은 제3조 제1항에서 「누구든지 … 전기통신의 감청 … 을 하거나 공개되지 아니한 타인 간의 대화를 녹음 또는 청취하지 못한다」고 규정하고, 다시 제14조 제1항에서 「누구든지 공개되지 아니한 타인 간의 대화를 녹음하거나 전자장치 또는 기계적 수단을 이용하여 청취할 수 없다」고 규정함으로써 수사기관이 아닌 사인에 의한 타인 간의 대화비밀침해행위에 대해서도 통신비밀보호법이 적용됨을 명백히 하고 있다. 따라서 사인이 타인 간의 통화내용을 불법감청하여 녹음하거나 공개되지 아니한 타인 간의 대화를 비밀녹음한 경우에는 녹음내용을 재판 또는 징계절차에서 증거로 사용할 수 없으며(동법 제4조, 제14조 제2항), 또한 비밀녹음을 한 자는 형사처벌의 대상이 된다(동법 제16조 제1항 제1호). 그리고 여기서 타인 간의 대화를 녹음하는 행위에는 대화당사자의 동의 없이 이를 녹음한 경우뿐만 아니라(2001도3106), 대화당사자 일방의 동의를 얻어 제3자가 대화내용을 녹음한 경우도 포함된다. 제3자 녹음의 경우에는 당사자 일방의 동의를 얻었다고 하더라도 타인 간의 통신의 비밀을 침해한 것이므로 통신비밀보호법에 위반한 것이 되어 증거능력이 없다(2010도9016). 다만 통신비밀보호법이 보호하는 타인 간의 대화는 원칙적으로 현장에 있는 당사자들이 육성으로 말을 주고받는 의사소통행위를 가리키므로, 사물에서 발생하는 음향이나 상대방에게 의사를 전달하는 말이 아닌 단순한 비명소리나 탄식 등은 특별한 사정이 없는 한 타인 간의 대화에 해당한다고 볼 수 없으며, 이러한 소리를 비밀녹음한 녹음내용을 증거로 사용할 수 있는지의 여부는 개별적인 사안에서 효과적인 형사소추와 형사절차상 진실발견이라는 공익과 개인의 인격적 이익 등의 보호이익을 비교형량하여 결정하여야 한다는 것이 판례의 입장이다(2016도19843 참조).

한편 대화의 일방당사자가 비밀리에 상대방과의 대화를 녹음을 한 경우에는 통신비밀보호법을 위반한 것이 아니므로 위법수집증거에 해당하지 않는다는 것이 판례의 입장이다. 대법원은 대화당사자의 일방이 피고인과의 대화내용을 몰래 녹음한 경우뿐만 아니라(97도240), 사인이 피고인 아닌 사람과의 대화내용을 비밀녹음한 경우에도(98도3169) 대화내용이 녹음된 녹음테이프의 적법성을 널리 인정하는 입장을 취하고 있다. 또한 3인 간의 대화에 있어서 그 중 한 사람이 대화내용을 비밀녹음한 경우에도 다른 두 사람의 발언은 그 녹음자에 대한 관계에서 타인 간의 대화로 볼 수 없다는 이유로 그 녹음행위의 적법성을 인정하고 있다(2013도16404). 판례는 대화의 당사자가 행한 비밀녹음에 대하여 전문법칙에 의한 증거능력의 제한을 인정할 뿐 위법수집증거배제법칙을 적용하여 그 증거능력을 제한하지는 않는다.

제 4 절   자백의 증거능력과 증명력

I. 자백의 의의

1. 자백의 개념

자백이란 피의자 또는 피고인이 자신의 범죄사실의 전부 또는 일부를 인정하는 진술을 말한다. 자백에 있어서 진술을 하는 자의 법률상의 지위는 문제되지 않는다. 따라서 피고인·피의자·증인·참고인 등의 지위에서 행한 자백은 물론이고 일반인의 입장에서 행한 자백도 모두 자백에 포함된다.

자백은 진술의 형식이나 상대방을 묻지 않는다. 구두에 의한 진술은 물론이고 서면에 의한 진술도 자백에 해당한다. 또한 자백은 반드시 법원이나 수사기관에 대한 것임을 요하지 아니하므로 사인에 대한 것이든 상대방 없이 단지 일기장이나 메모지에 기재해 놓은 것이든 상관이 없다. 공판정에서 법원에 대하여 한 자백을 재판상의 자백이라고 하고 그 밖의 자백을 재판 외의 자백이라고 한다.

또한 자백은 범죄사실을 인정하는 진술이면 족하고 형사책임까지 인정하는 진술임을 요하지 않는다. 따라서 구성요건에 해당하는 사실을 긍정하면서 위법성조각사유나 책임조각사유의 존재를 주장하는 경우에도 자백에 해당한다.

2. 자백의 성격

자기에게 불리한 사실을 인정하는 자백은 인간의 자기보호의 본능에 비추어 볼 때 그것이 진실일 가능성이 크다. 그러나 한편 자백이 가지고 있는 높은 가치 때문에 수사기관은 무리한 방법으로라도 자백을 얻고자 하여 부당한 인권침해 등의 문제를 야기할 위험성이 있다. 또한 인간은 영웅심이나 의리 또는 대가를 얻기 위하여 허위로 자백하거나 중대한 범죄를 숨기기 위하여 혐의를 받고 있는 가벼운 범죄에 대하여 허위자백하는 경우도 있는데, 이 경우에는 오히려 자백이 가지는 높은 신용성 때문에 오판의 위험성이 커지게 된다.

이러한 점을 고려하여 형사소송법은 자백이라는 증거에 대하여 증거능력과 증명력의 양면에서 각각 제한을 가하고 있다. 먼저 제309조에서 임의성에 의심이 있는 자백의 증거능력을 부정하고 있으며, 제310조는 임의성 있는 자백에 대하여 다시 증명력을 제한하고 있다.

II. 자백배제법칙

1. 자백배제법칙의 의의

헌법은 제12조 제7항에서 「피고인의 자백이 고문·폭행·협박·구속의 부당한 장기화 또는 기망 기타의 방법에 의하여 자의로 진술된 것이 아니라고 인정될 때 …에는 이를 유죄의 증거로 삼거나 이를 이유로 처벌할 수 없다」고 규정하여 자백배제법칙을 헌법상의 원칙으로 선언하고 있고, 이에 따라 형사소송법 제309조는 「피고인의 자백이 고문·폭행·협박·신체구속의 부당한 장기화 또는 기망 기타의 방법으로 임의로 진술한 것이 아니라고 의심할 만한 이유가 있는 때에는 이를 유죄의 증거로 하지 못한다」고 규정하고 있다. 이와 같이 위법한 방법에 의하여 얻어낸 자백을 유죄인정의 증거로 사용할 수 없도록 하는 원칙을 자백배제법칙이라고 한다.

2. 자백배제법칙의 이론적 근거

임의성에 의심이 있는 자백은 증거로 사용할 수 없다는 자백배제법칙의 근거에 대하여는 다양한 견해들이 제시되고 있다. 자백배제법칙의 이론적 근거를 어떻게 파악하느냐에 따라 제309조의 적용범위가 달라지게 된다.

(1) 학 설

(가) 허위배제설

허위배제설은 임의성이 의심되는 자백은 허위일 가능성이 크고 따라서 이를 증거로 사용하는 것은 실체적 진실발견을 저해하기 때문에 증거능력이 부정된다는 견해이다. 허위배제설은 허위자백의 위험성 때문에 임의성에 의심이 있는 자백의 증거능력이 배제되는 것으로 보기 때문에 자백의 진실성이 입증된 경우에는 이를 배제해야 할 실질적 근거를 제시하는 데 어려움이 있다.

(나) 인권옹호설

인권옹호설은 임의성이 의심되는 자백에 증거능력을 인정한다면 고문 등 강제에 의한 인권침해를 조장하게 되고 피고인이 불이익한 진술을 강요당할 위험성이 있기 때문에 인권보장적 견지에서 자백의 임의성을 요구한다고 본다. 자백배제법칙을 진술거부권의 증거법적 보호수단으로 파악하는 견해라고 할 수 있다. 인권옹호설에 대하여는 약속이나 기망에 의한 자백의 경우는 진술의 자유와 직접적인 관련이 없으므로 인권옹호설에 의하여 그 증거능력을 부정하기 어렵다는 점 등이 지적되고 있다.

(다) 절충설

허위배제설과 인권옹호설이 모두 임의성에 의심이 있는 자백의 증거능력을 제한하는 근거가 된다는 견해이다. 즉 임의성에 의심이 있는 자백은 허위일 가능성이 클 뿐만 아니라 인권보장적 견지에서도 그 증거능력을 배제해야 한다는 것이다.

그러나 절충설에 대하여는 허위배제설과 인권옹호설의 결함을 모두 가지고 있을 뿐만 아니라, 임의성의 유무가 전체상황을 고려하여 자백자의 주관을 기준으로 판단될 수밖에 없다는 점에서 비판이 가해진다.

(라) 위법배제설

이 견해는 자백배제법칙을 기본적으로 자백취득과정에 있어서의 적법절차를 보장하기 위한 장치로 이해하는 입장이다. 따라서 위법배제설에 의하면 자백의 임의성이라는 관점을 탈피하여 자백배제법칙을 논하게 되고, 일정한 자백은 그것이 위법수집증거이기 때문에 위법수집증거배제법칙의 자백에 대한 특칙인 제309조에 의해서 그 증거능력이 부정되는 것이 된다. 위법배제설은 현재 다수설의 입장이다.

그러나 위법배제설에 대하여는 이 견해가 자백의 임의성이라는 면을 도외시하고 있다는 점에서 자백의 임의성을 증거능력의 요건으로 규정한 제309조에 대한 해석론으로는 받아들이기 어렵다는 비판이 있다.

(2) 판 례

판례는 자백배제법칙의 근거에 대하여 허위배제설과 인권옹호설을 결합한 절충설의 입장을 취하고 있다. 대법원은 이와 관련하여 「임의성 없는 자백의 증거능력을 부정하는 취지는 허위진술을 유발 또는 강요할 위험성이 있는 상태하에서 행하여진 자백은 그 자체가 실체적 진실에 부합하지 아니하여 오판의 소지가 있을 뿐만 아니라, 그 진위 여부를 떠나서 자백을 얻기 위하여 피의자의 기본적 인권을 침해하는 위법·부당한 압력이 가해지는 것을 사전에 막기 위한 것」이라고 판시하고 있다(97도3234; 2010도3029).

(3) 검 토

자백배제법칙의 근거에 관한 위의 이론 중 위법배제설의 입장이 가장 타당하다고 생각된다. 자백배제법칙을 위법수집증거배제법칙의 특칙으로 이해하는 위법배제설은 자백배제법칙에 의하여 배제할 수 있는 자백의 범위를 확대할 뿐만 아니라 자백배제의 기준을 객관화·명료화하여 장래의 인권침해와 위법수사에 대한 보다 확실한 억제력을 발휘할 수 있다는 점에서 그 실익이 인정되기 때문이다.

다만 위법배제설에 대하여는 제309조가 임의성을 증거능력의 요건으로 하고 있음에도 불구하고 자백의 임의성이라는 관점을 떠나 이 문제를 고찰하고 있다는 점에서 부당하다는 비판이 제기된다. 그러나 위법배제설이 모든 절차의 위법을 제309조의 적용대상에 포함시키는 것은 아니라는 점에서 볼 때 이러한 비판은 타당하다고 할 수 없다. 즉 위법배제설의 입장에서 증거능력을 배제해야 할 자백이라면 그러한 자백은 이미 중대한 절차상의 위법이 인정되는 경우로서 임의성에 의심이 있는 경우라고 보는 것이 가능하기 때문이다.

3. 자백배제법칙의 적용범위

자백의 임의성을 판단함에 있어서는 자백이 이루어진 상황을 종합적으로 고려하여야 한다. 형사소송법 제309조는 「피고인의 자백이 고문·폭행·협박·신체구속의 부당한 장기화 또는 기망 기타의 방법으로 임의로 진술한 것이 아니라고 의심할 만한 이유가 있는 때에는 이를 유죄의 증거로 하지 못한다」고 규정하여 정형적·유형적 사정뿐만 아니라 비유형적 사정도 임의성 판단의 사유가 될 수 있음을 명시하고 있다.

(1) 고문·폭행·협박에 의한 자백

(가) 의 의

고문이란 신체적 또는 정신적으로 위해를 가하여 고통을 주는 것을 말한다. 폭행은 신체에 대한 유형력의 행사이며, 협박은 해악을 고지하여 상대방에게 공포심을 일으키는 행위를 말한다. 그러나 고문과 폭행·협박은 개념상 구별이 명확하지 않을 뿐만 아니라 실제로는 함께 이루어지는 것이 보통이므로 이를 엄격하게 구별할 실익은 없다. 수사기관이 때리거나 발로 차는 행위는 물론이고 잠을 재우지 않거나 음식물을 공급하지 않는 행위 그리고 수사기관에서 피의자를 신문하면서 다른 공범자가 고문당하는 장면을 보여주는 것도 여기에 해당한다. 다만 단순히 경고를 한 사실만으로는 위법절차에 의한 자백으로 볼 수 없으므로 경고와 협박은 구별하여야 한다.

(나) 경찰고문과 검사에게 한 자백의 증거능력

피의자가 경찰에서 고문에 의하여 자백을 한 후 다시 검사에게 동일한 자백을 한 경우에 검사 앞에서 한 자백의 증거능력이 문제가 된다. 이 경우 판례는「피고인이 검사 이전의 수사기관에서 고문 등 가혹행위로 인하여 임의성 없는 자백을 하고 그 후 검사의 조사단계에서도 임의성 없는 심리상태가 계속되어 동일한 내용의 자백을 하였다면 검사의 조사단계에서 고문 등 자백의 강요행위가 없었다고 하여도 검사 앞에서의 자백도 임의성 없는 자백이라고 보아야 한다」고 하여(2009도1603), 임의성 없는 심리상태가 검사의 조사단계까지 계속되었는지의 여부에 따라 그 증거능력을 판단하고 있다. 그리고 이러한 논리는 피고인이 수사기관에서 임의성 없는 자백을 하고 그 후 임의성 없는 심리상태가 계속되는 가운데 법정에서 동일한 내용의 자백을 한 경우에도 마찬가지로 적용된다(2012도9879).

(2) 신체구속의 부당한 장기화에 의한 자백

신체구속의 부당한 장기화에 의한 자백이란 부당하게 장기간에 걸친 구속 후의 자백을 의미한다. 구속기간이 만료되었음에도 불구하고 위법하게 구금된 상태에서 행한 자백이나 처음부터 불법으로 구속이 행하여진 경우의 자백은 그 구속기간의 장단을 묻지 않고 불법구속 중의 자백으로서 증거능력을 부정하게 된다. 따라서 이 규정의 의미는 적법하게 구속되었으나, 후에 구속을 계속할 필요가 없게 된 상태에서 행한 자백의 증거능력을 부정하는 데 있다고 볼 수 있다. 증거능력을 부정하기 위한 부당한 장기간의 구속으로 인한 자백인가의 여부는 구체적 사정을 고려하여 구속의 필요성과 비례성을 기준으로 개별적으로 판단하여야 할 것이다.

(3) 기망에 의한 자백

기망에 의한 자백이란 기망 또는 위계를 사용하여 상대방을 착오에 빠뜨려서 얻은 자백을 말한다. 다만 기망이라고 하기 위해서는 적극적인 사술이 사용되어야 하고 단순히 상대방의 착오를 이용하는 것으로는 족하지 않다.

기망에 의한 자백에 해당하는 경우로는 예를 들면 공범자가 이미 자백하였다고 거짓말을 하거나 범행현장에서 피의자를 본 사람이 있다고 속여서 자백을 받는 경우 또는 거짓말탐지기의 검사결과 피의자의 진술이 허위임이 판명되었다고 속이거나 피의자의 범행을 입증할 만한 증거가 발견되었다고 기망하여 자백을 받은 경우 등이 여기에 해당한다. 또한 피의자신문에 참여한 검찰주사가 피의사실을 자백하면 피의사실 부분을 가볍게 처리하고 보호감호의 청구를 하지 않겠다는 각서를 작성하여 주면서 자백을 유도한 경우도 기망에 의한 자백에 해당한다(85도2182). 기망의 대상에는 사실뿐만 아니라 법률문제도 포함된다. 자백을 하더라도 그 진술이 공판절차에서 증거로 사용될 수 없다고 속이는 것은 법률문제에 대한 기망에 해당한다.

(4) 기타 방법에 의한 자백

(가) 약속에 의한 자백

약속에 의한 자백은 피고인이 자백하는 대가로 일정한 이익을 제공할 것을 약속하여 얻은 자백을 말한다. 다만 이익을 제공할 의사가 없이 약속한 경우에는 기망에 의한 자백에 해당한다. 그리고 이익의 약속은 자백에 영향을 미치는 데 적합한 것이어야 하고, 구체적이고 개별적일 것을 요한다. 그러나 약속의 내용이 반드시 형사처벌에 관련된 것임을 요하지 않고 일반적·세속적 이익도 포함한다.

약속에 의한 자백으로서 증거능력이 배제되기 위해서는 그것이 적법절차의 관점에서 볼 때 국가의 행위로서 부적절한 것이어야 한다. 따라서 국가기관이 자백의 대가로서 제공하기로 한 이익은 법률상 허용되지 않는 것이어야 한다. 약속에 의한 자백의 예로서는 검사가 자백을 하면 기소유예를 해 주겠다고 하여 한 자백이나, 특정범죄가중처벌 등에 관한 법률을 적용하지 않고 형법상의 단순수뢰죄를 적용하겠다고 약속하여 한 자백(83도2782), 그리고 가족의 중대한 범죄사실에 대한 수사중단을 약속하고 얻은 자백 등을 들 수 있다.

또한 이익의 약속은 수사기관이 그 사실상의 권한 범위 내에서 이익을 제공할 것을 약속하는 것이므로 검사가 보석이나 집행유예를 약속하는 것, 경찰이 기소유예를 약속하는 것은 보통은 기망에 해당한다고 보아야 한다.

(나) 야간신문에 의한 자백

야간신문을 한 경우라도 야간에 신문을 할 필요성이 있는 경우가 있으므로 그 자체만으로 위법한 수사라고 할 수는 없으나, 그로 인하여 진술의 임의성에 의심이 있는 경우 즉 피의자가 피로로 인하여 정상적인 진술을 할 수 없었던 경우에는 자백을 증거로 사용할 수 없다고 보아야 한다. 대법원도 「피고인의 검찰에서의 자백은 피고인이 검찰에 연행된 때로부터 약 30시간 동안 잠을 재우지 아니한 채 검사 2명이 교대로 신문을 하면서 회유한 끝에 받아낸 것으로 임의로 진술한 것이 아니라고 의심할 만한 이유가 있는 때에 해당한다고 할 것이므로 형사소송법 제309조에 의하여 그 피의자신문조서는 증거능력이 없다」고 판시하고 있다(95도1964).

(다) 진술거부권을 고지하지 않은 자백

진술거부권의 고지는 헌법이 보장하는 진술거부권의 행사를 위한 불가결한 전제이므로 수사기관이 피의자에게 진술거부권을 고지하지 않고 자백을 얻은 경우에는 제309조에 의하여 그 증거능력을 부정하여야 한다(위법배제설). 다만 판례는 위법하게 수집된 증거라는 이유로 제308조의2에 의하여 그 증거능력을 부정하고 있다(2010도1755).

(라) 변호인선임권·접견교통권의 침해에 의한 자백

헌법은 변호인의 조력을 받을 권리(헌법 제12조 제4항)를 보장하고 있는데, 이는 피고인의 방어권의 불가결한 요소이며 변호인선임권과 접견교통권은 그 핵심적 내용이 되는 것이므로 이를 침해하여 얻은 자백에 대하여는 자백배제법칙이 적용된다(위법배제설). 다만 변호권 침해에 의한 자백과 진술거부권을 고지하지 않은 경우의 자백을 절차의 위법은 있으나 임의성이 인정되는 자백으로 보는 견해에 의하면 이러한 경우에는 제309조가 적용되는 것이 아니라 제308조의2의 위법수집증거배제법칙에 따라 증거능력이 인정되지 않는 것으로 보게 된다. 판례도 이러한 입장을 취하고 있다(90도1586).

(마) 거짓말탐지기의 사용과 자백

피검사자의 동의가 없으면 거짓말탐지기의 사용이 허용되지 않으므로 동의 없이 거짓말탐지기를 사용하여 얻은 자백은 그 증거능력이 부정된다. 그러나 피검사자가 자발적으로 동의한 경우라면 거짓말탐지기를 사용한 상태에서 얻은 자백의 증거능력을 인정하여야 할 것이다. 거짓말탐지기 검사결과를 가지고 추궁하여 피의자의 자백을 얻어 내거나, 피의자가 거짓말탐지기 검사결과가 거짓으로 나오면 자백하겠다고 약속하여 자백한 경우에도 거짓말탐지기 검사가 피의자의 동의를 기초로 하는 한 그 증거능력을 인정하여야 한다.

(바) 마취분석에 의한 자백

마취분석이란 피분석자에게 약물을 투여하여 진술을 얻는 수사방법이다. 마취분석은 인간의 의사지배능력을 배제하고 인간의 존엄과 가치를 부정하는 위법한 수사방법이므로, 피분석자가 동의한 경우라도 제309조에 의하여 자백의 증거능력이 부정된다.

4. 인과관계의 요부와 임의성의 입증

(1) 인과관계의 요부
(가) 학 설

형사소송법 제309조가 규정하고 있는 고문·폭행·협박 등 임의성에 영향을 미치는 사유와 자백과의 사이에 인과관계를 요하는가에 관하여는 학설이 대립하고 있다. 적극설은 임의성이 없다고 의심하게 된 사유와 자백과의 사이에는 인과관계가 있어야 하며 이러한 인과관계가 인정되지 않는 경우에는 자백을 증거로 사용할 수 있다고 한다. 이 견해에 의하면 제309조의 적용범위는 사실상 좁아지게 된다. 허위배제설과 인권옹호설이 취하는 입장이며, 절충설을 취할 경우에도 임의성을 침해하는 사유와 자백과의 사이에 인과관계를 요한다고 보게 된다. 한편 소극설은 일단 임의성을 의심할 만한 사정이 존재하기만 하면 인과관계의 존부와 관계없이 자백을 증거로 사용할 수 없다는 견해로서, 주로 위법배제설이 취하는 입장이다. 위법배제설은 자백배제법칙을 수사기관 등의 위법활동에 대한 정책적인 제재수단으로 파악하기 때문에, 고문·폭행·협박 등 자백의 임의성에 영향을 미칠 사유가 확인되면 이러한 사유가 자백에 영향을 미쳤는가의 여부를 묻지 않고 자백의 증거능력을 부정해야 한다고 본다.

(나) 판 례

판례는「피고인의 자백이 임의성이 없다고 의심할 만한 사유가 있는 때에 해당한다 할지라도 그 임의성이 없다고 의심하게 된 사유들과 피고인의 자백과의 사이에 인과관계가 존재하지 않은 것이 명백한 때에는 그 자백은 임의성이 있는 것으로 인정된다」고 판시하여 양자 사이에 인과관계가 존재할 것을 요구하면서, 다만 「임의성이 없다고 의심할 만한 이유가 있는 자백은 그 인과관계의 존재가 추정되는 것이므로 이를 유죄의 증거로 하려면 적극적으로 그 인과관계가 존재하지 아니하는 것이 인정되어야 할 것」이라고 하여 인과관계가 추정된다는 입장을 취하고 있다(84도2252).

(다) 검 토

제309조는 위법배제설에 따라 해석하는 것이 타당하므로 임의성을 의심하게 하는 위법사유가 존재하면 인과관계의 존부와 관계없이 자백의 증거능력을 부인하는 것이 옳다고 본다. 어떤 형태로든 인과관계를 요구하게 되면 그만큼 제309조의 적용범위는 제한되는 결과를 가져오게 될 것이다.

(2) 임의성의 입증

(가) 임의성에 대한 거증책임

증거능력의 기초되는 사실에 대한 거증책임은 증거의 제출자가 진다고 보는 것이 공평의 이념에 합치할 뿐만 아니라, 제309조가 「자백이 임의로 진술한 것이 아니라고 의심할 만한 이유가 있는 때에는 유죄의 증거로 하지 못한다」고 규정하고 있음을 볼 때 자백의 임의성에 대한 거증책임은 당연히 검사가 진다고 해석하여야 할 것이다. 판례도 「임의성에 다툼이 있을 때에는 그 임의성을 의심할 만한 합리적이고 구체적인 사실을 피고인이 입증할 것이 아니고 검사가 그 임의성의 의문점을 없애는 증명을 하여야 한다」고 판시함으로써(2012도9879), 피고인이 자백의 임의성을 다투는 경우에는 임의성에 영향을 미치는 사유의 부존재를 검사로 하여금 입증하도록 하고 있다.

(나) 임의성의 기초사실에 대한 증명방법

자백의 임의성을 입증함에 있어서 엄격한 증명을 요하는가 아니면 자유로운 증명으로 족한가 하는 문제가 다투어지고 있다. 엄격증명설은 임의성의 기초가 되는 사실은 순수한 소송법적 사실과는 질적으로 차이가 있고, 임의성이 인정되는 자백은 피고인에게 불이익한 증거가 된다는 점을 근거로 한다. 이에 대하여 자유로운 증명설은 자백의 임의성은 소송법적 사실에 불과하고 일정한 소송법적 사실이 피고인에게 불리한가의 여부에 따라 증명방법이 달라져서는 안 된다는 점을 그 이유로 들고 있다. 판례는 「법원은 구체적인 사건에 따라 피고인의 학력, 경력, 직업, 사회적 지위, 지능 정도, 진술의 내용, 피의자신문조서의 경우 그 조서의 형식 등 제반사정을 참작하여 자유로운 심증으로 진술이 임의로 된 것인지의 여부를 판단하면 된다」고 판시함으로써(2010도3029), 자백의 임의성의 기초가 되는 사실에 대해서는 자유로운 증명으로 족하다는 입장을 취하고 있다.

자백의 임의성을 결정하는 기초사실은 기본적으로 소송법적 사실에 해당하나, 이러한 사유의 존재 여부는 자백의 증거능력 유무를 결정하는 것에 의해 피고인의 유죄인정에 결정적인 역할을 하게 된다. 따라서 피고인의 이익보호라는 관점에서 임의성의 기초사실에 대한 증명은 엄격한 증명에 의하여야 한다고 본다.

5. 자백배제법칙의 효과

(1) 증거능력의 절대적 배제

임의성에 의심이 있는 자백은 증거능력이 없으므로 이를 유죄인정의 자료로 사용하지 못한다. 그리고 이러한 증거능력의 제한은 절대적이므로 피고인이 이를 유죄의 증거로 함에 동의하더라도 증거능력이 인정되지 않는다(2004도7900). 또한 임의성에 의심이 있는 자백은 탄핵증거로도 사용할 수 없다(2005도2617).

(2) 임의성이 의심되는 자백에 의하여 수집된 2차적 증거의 증거능력

임의성이 의심되는 자백에 기초하여 수집한 제2차 증거의 증거능력을 인정할 수 있는지가 문제된다. 수사기관이 피고인을 고문하여 얻은 자백에 의하여 사체나 범행에 사용한 흉기의 소재를 알아내고 이를 찾아서 증거로 제출한 경우를 예로 들 수 있다. 임의성에 의심이 있는 자백에 의하여 수집된 증거의 증거능력을 인정하는 경우에는 이러한 자백의 증거능력을 부정한 제309조의 취지가 무의미하게 될 염려가 있으므로 임의성이 의심되는 자백에 의하여 수집된 파생적 증거는 그 증거능력이 부정되어야 한다. 요컨대 임의성이 의심되는 자백에 의하여 수집된 증거의 증거능력의 문제는 위법수집증거에 의하여 발견된 파생증거의 증거능력의 문제의 하나로서 독수의 과실이론에 의하여 해결하여야 할 것이다. 따라서 독수의 과실이론의 예외에 해당하지 않는 한 임의성이 의심되는 자백에 의하여 수집된 증거는 증거로 사용할 수 없다.

III. 자백보강법칙

1. 자백보강법칙의 의의와 필요성

(1) 자백보강법칙의 의의

자백보강법칙이란 증거능력과 신용성이 있는 피고인의 자백을 통하여 법관이 유죄의 심증을 얻은 경우에도 자백에 대한 보강증거가 없으면 유죄로 인정할 수 없다는 증거법상의 원칙을 말한다. 헌법 제12조 제7항 후단은「정식재판에 있어서 피고인의 자백이 그에게 불리한 유일한 증거인 때에는 이를 유죄의 증거로 삼거나 이를 이유로 처벌할 수 없다」고 규정하여 자백보강법칙을 헌법상의 원칙으로 선언하고 있고, 형사소송법 제310조도「피고인의 자백이 그 피고인에게 불이익한 유일의 증거인 때에는 이를 유죄의 증거로 할 수 없다」고 규정하여 이를 확인하고 있다.

증거능력이 인정되는 자백에 의하여 법관이 유죄의 심증을 얻었음에도 불구하고 자백한 사실의 진실성을 담보할 만한 보강증거가 없으면 유죄판결을 할 수 없다는 의미에서 자백보강법칙은 자유심증주의의 예외가 된다. 그러나 자백의 증명력이 불충분한 경우의 사실상의 보강의 요청은 증명의 문제일 뿐이고 자백보강법칙과는 관계가 없다.

(2) 자백보강법칙의 필요성

(가) 오판의 방지

자백보강법칙의 직접적인 근거는 자백의 진실성을 담보하여 허위자백으로 인한 오판을 방지하는 데 있다. 합리적인 인간이 자기에게 불리한 사실을 인정하는 자백은 인간의 자기보호본능에 비추어 볼 때 진실일 가능성이 크며, 따라서 전통적으로 자백은 증거의 왕으로서 높은 신용성을 인정받아 왔다. 그러나 한편 인간은 영웅심이나 의리 또는 대가를 얻기 위하여 허위로 자백하거나 중대한 범죄를 숨기기 위하여 혐의를 받고 있는 가벼운 범죄에 대하여 허위자백하는 경우도 있는데, 이때에는 자백이 가지는 높은 신용성 때문에 오판의 위험성을 더욱 커지게 한다. 그러므로 자백보강법칙은 자백의 진실성에 대한 검토를 강화함으로써 허위자백으로 인한 오판의 위험을 방지하는 데 그 주된 목적이 있다고 할 수 있다.

(나) 인권침해의 방지

자백편중적인 수사에 의한 인권침해의 방지는 자백의 증거능력을 부정함으로
써 달성되는 것이나, 그럼에도 불구하고 현실적으로는 자백위주의 절차진행으로
인한 인권침해의 소지가 여전히 남아있다고 할 수 있다. 따라서 자백보강법칙은 자
백의 증거능력을 제한하는 외에 자백의 증거가치를 다시 제한함으로써 자백편중의
경향에 제동을 걸어 자백편중으로 인한 인권침해를 간접적으로 방지하는 역할을
수행한다고 할 수 있다.

2. 자백보강법칙의 적용범위

(1) 형사소송법에 의한 절차

헌법 제12조 제7항은 자백보강법칙이 적용되는 대상을 정식재판이라고 규정
하고 있다. 여기서 정식재판이란 검사의 공소제기에 의하여 공판절차가 진행되는 형
사소송절차를 의미하므로 정식공판절차에서는 물론이고 간이공판절차나 약식절차에
서도 자백보강법칙이 적용된다. 그러나 「즉결심판에 관한 절차법」에 따른 즉결심판
절차는 경찰서장의 청구에 의하여 심리가 개시되는 간이절차로서 자백보강법칙이 적
용되지 않으며(동법 제10조), 「소년법」의 적용을 받는 소년보호사건은 형벌이 아닌 소
년보호처분의 부과에 관한 절차로서 일반 형사소송절차와는 다르므로 자백보강법칙
이 적용되지 않는다(82모36). 따라서 이러한 사건에 있어서는 피고인의 자백만으로
사실을 인정하는 것이 가능하다.

(2) 피고인의 자백

자백보강법칙은 피고인의 자백에 대하여만 적용된다. 피고인의 자백이 어떠
한 절차와 지위에서 이루어졌는가는 불문한다. 따라서 피고인이 피고인·피의자·
증인·참고인 등의 지위에서 행한 자백은 물론이고 일반인의 입장에서 행한 자백
도 자백을 한 자가 피고인이 된 경우에 증거로 사용하게 되면 자백보강법칙이 적
용된다. 제3자의 진술도 피고인의 자백을 내용으로 하는 경우에는 자백보강법칙이
적용되므로 제3자가 법정에 증인으로 출석하여 '피고인이 자신에게 범행을 고백하였
다'라고 증언한 경우에는 보강증거를 필요로 한다. 또한 피고인의 자백은 그 형식이
나 상대방을 묻지 않으므로 구두에 의한 진술은 물론이고 서면에 의한 진술도 자백
에 해당한다. 따라서 진술서나 일기장·메모지 등에 자신의 범죄사실을 기재해 놓

은 것도 자백이다.

자백의 보강법칙은 증거능력이 있는 자백을 전제로 한다. 임의성이 의심되는 자백 또는 전문법칙의 예외요건을 충족하지 못한 자백조서는 보강증거가 있어도 유죄의 증거가 될 수 없다.

(3) 공판정에서의 자백

공판정에서의 자백은 신체를 구속당하지 않고 강제수단에 의하여 자백을 강요당할 염려가 없는 상태에서 공판정에서의 신문 등의 절차를 통하여 이루어진다는 점에서 다른 자백에 비하여 임의성과 신용성에 있어서 우월하다는 특징을 가지고 있다. 그러나 공판정에서의 자백인 경우에도 허위자백으로 인한 오판의 위험성은 여전히 남아있다는 점에서 보강증거를 필요로 한다는 데 학설은 일치하고 있다. 판례도 형사소송법 제310조의 자백은 공판정의 자백과 공판정 외의 자백을 모두 포함하는 것으로 보고 있다(81도1314).

(4) 공범자의 자백

공범자의 자백에도 보강증거를 요하는가에 대하여는 견해가 대립하고 있다. 이에 대하여는 공범자의 자백을 피고인의 자백에 포함시켜 공범자의 자백에도 보강증거가 있어야 한다는 견해와 공범자의 자백은 피고인 자신의 자백이 아니므로 공범자의 자백으로 피고인의 범죄사실을 인정함에 있어서는 보강증거를 요하지 않는다는 견해가 주장되고 있다. 이 문제에 대하여는 '공범자의 자백의 증거능력과 증명력' 부분에서 보다 자세히 살펴보기로 한다.

3. 보강증거의 자격

보강증거의 자격 내지 성질이란 어떤 증거가 자백에 대한 보강증거가 될 수 있는지의 문제이다. 보강증거로서의 자격을 인정받기 위해서는 증거능력이 있는 증거일 것과 자백과는 별개의 독립증거일 것을 요한다. 또한 보강증거의 자격과 관련해서는 공범자의 자백이 보강증거로 사용될 수 있는지의 문제도 검토할 필요가 있다.

(1) 증거능력

보강증거는 자백과 함께 일정한 범죄사실을 증명하기 위하여 사용되는 증거이므로 그 전제로서 증거능력이 있는 증거임을 요한다. 따라서 위법하게 수집된 증거나 전문법칙의 예외에 해당하지 않는 전문증거는 보강증거로 될 수 없다.

(2) 독립증거

(가) 자백 이외의 증거

자백을 보강하는 보강증거는 피고인의 자백과는 별개의 독립된 증거라야 한다. 자백은 다른 형태로 아무리 반복되어도 결국 자백만 있는 것이 된다. 따라서 수사기관에서 행한 자백을 공판정의 자백에 대한 보강증거로 사용할 수 없으며, 피고인이 범행장면을 재현하는 것을 촬영한 사진도 독립증거가 아니므로 자백에 대한 보강증거가 되지 못한다. 또한 진술내용이 자백인 이상 그 형태가 서면이나 소송서류인 경우에도 보강증거로 사용할 수 없다.

피고인이 범죄혐의를 받기 전에 자신의 사무처리내역이나 거래내용을 그때 그때 기계적·계속적으로 일기장·수첩·메모·상업장부 등에 기입한 경우에 그 기재내용을 피고인의 자백에 대한 보강증거로 사용할 수 있는지가 문제된다. 이에 대하여는 수첩이나 상업장부 등의 기재내용이 범죄사실을 인정하는 피고인의 진술에 해당하는 경우에는 이는 자백이라고 보아야 하므로 보강증거가 될 수 없다는 부정설과 피고인이 범행사실을 기재한 서면이라고 할지라도 그것이 업무상 통상의 문서로 작성되는 경우에는 업무의 계속성·반복성에 비추어 볼 때 누구든지 그 상황에서 정확한 내용을 기재할 것으로 예상되므로 자백 이외의 독립증거로 보아야 한다는 긍정설이 대립하고 있다. 판례는 피고인이 업무상 사무처리내역을 기재한 수첩의 기재내용은 자백과는 별개의 독립된 증거로서 자백에 대한 보강증거가 될 수 있다고 판시하고 있다(94도2865).

(나) 독립증거의 성질

자백 이외의 독립증거로서 증거능력이 인정되는 경우에는 그것이 물증이든 인증이든 증거서류이든 묻지 않고 보강증거가 될 수 있다. 또한 보강증거는 직접 범죄사실을 증명하는 직접증거에 한하지 않고 간접증거 내지 정황증거도 보강증거가 될 수 있다(2010도11272). 따라서 ① 위조공문서행사사건에서 피고인이 위조신분증을 행사한 사실을 자백하는 경우에 그 위조신분증의 현존이 자백을 보강하는 정황증거가 되고(82도3107), ② 사기사건에서 피고인이 반지를 편취하여 매도하였다고 자백한 경우에 피고인으로부터 그 반지를 매입하였다는 참고인의 진술은 편취물품의 소재 내지 행방에 부합하는 진술로서 보강증거가 된다(85도1838). 또한 ③ 도로교통법위반사건에서 자동차등록증에 차량의 소유자가 피고인으로 기재된 것은 무

면허운전사실에 대한 피고인의 자백에 대한 보강증거가 되며(2000도2365), ④ 마약
류 관리에 관한 법률위반사건에서 피고인이 필로폰투약사실을 자백하는 경우에 위
투약행위가 있기 바로 전날 피고인으로부터 돈을 받고 필로폰이 든 주사기를 건네
주었다는 필로폰 판매자의 진술은 자백에 대한 보강증거가 된다(2008도7883).

(3) 공범자의 자백

공범자의 자백을 피고인의 자백에 대한 보강증거로 사용할 수 있는지가 문제
된다. 공범자의 자백을 피고인의 자백으로 볼 수 없다는 견해에 따르면 공범자의
자백은 독립된 증거이므로 당연히 보강증거로 될 수 있으나, 공범자의 자백을 피고
인의 자백에 포함시키는 견해에 의하면 공범자의 자백은 보강증거가 될 수 없는 것
이 된다. 이에 대한 보다 자세한 내용은 '공범자의 자백의 증거능력과 증명력' 부분
에서 살펴보기로 한다.

4. 보강증거의 범위

(1) 보강증거를 필요로 하는 범위

보강증거가 자백한 사실을 어느 범위까지 보강할 필요가 있는가에 대해서는
죄체설과 진실성담보설이 대립되고 있다.

(가) 죄체설

자백한 사실의 죄체(body of the crime)의 전부 또는 적어도 중요부분에 대하여
보강증거가 필요하다는 견해이다. 죄체란 객관적 범죄구성사실 즉 누군가의 범죄
행위로 인하여 법익침해가 발생한 사실을 의미하는데, 우리나라에서는 대부분 범
죄의 객관적 측면인 죄체의 중요부분에 대해서 보강증거가 있으면 족하다는 입장
을 취하고 있다. 자백보강법칙의 취지를 살리기 위해서는 보강의 범위를 가능한 한
객관화하여 명확한 기준에 의해 처리하는 것이 바람직하다고 한다.

(나) 진실성담보설

자백에 대한 보강증거는 자백의 진실성을 담보할 수 있는 정도면 족하다는 견
해로서 실질설이라고도 한다. 자백에 보강증거를 요구하는 이유가 오판의 방지에
있다는 점에서 볼 때 자백의 진실성이 담보되면 오판의 위험성은 없어진다는 것을
근거로 한다. 판례도「자백에 대한 보강증거는 범죄사실의 전부 또는 중요부분을
인정할 수 있는 정도가 되지 않더라도 피고인의 자백이 가공적인 것이 아닌 진실한

것임을 인정할 수 있는 정도만 되면 충분하고, 자백과 보강증거가 서로 어울려서 전체로서 범죄사실을 인정할 수 있으면 유죄의 증거로 충분하다」고 판시함으로써 (2017도20247) 이러한 입장을 취하고 있다.

(다) 검 토

보강증거는 형식적인 관점에서 범죄사실의 어떤 부분에 대해 필요한지가 중요한 것이 아니라 실질적으로 오판의 위험을 막는 데 충분한 정도인지 여부가 보다 중요하다고 할 것이므로 진실성담보설이 타당하다.

(2) 보강증거의 요부

(가) 범죄의 주관적 요소

고의나 목적 등의 범죄의 주관적 요소에 대해서는 보강을 요하지 않는다는 것이 일반적인 견해이다. 범죄의 주관적 요소에 대해서는 현실적으로 보강증거를 얻기가 어렵다는 점과 자백만으로 이를 인정하여도 사실인정에서 오류를 범할 위험성이 적다는 점을 고려한 것이다. 판례도 범의는 자백만으로 인정할 수 있다는 입장을 취하고 있다(2006도2864).

(나) 범죄구성요건사실 이외의 사실

처벌조건인 사실, 전과 및 정상에 관한 사실 등은 엄격한 의미에서 범죄사실과 구별되므로 이는 보강증거 없이 피고인의 자백만으로 인정할 수 있다. 판례도 전과에 관한 사실은 피고인의 자백만으로 인정할 수 있다고 판시하고 있다(81도1353).

(다) 범인과 피고인의 동일성

범인과 피고인의 동일성에 관하여 보강증거를 요하는가에 대하여는 견해의 대립이 있다. 그러나 현실적으로 목격자 없는 범죄의 경우에 범인과 피고인의 동일성을 확보할 수 있는 보강증거를 구하는 것이 매우 곤란하다는 점을 고려할 때 범인과 피고인의 동일성은 피고인의 자백만으로 인정할 수 있다고 보아야 할 것이다.

(라) 죄 수

경합범은 수죄이므로 개별 범죄사실에 대하여 각각 보강증거가 필요하다는 점에 대해서 이론이 없다. 상상적 경합범에 대하여는 실체법상 수죄이므로 각 범죄에 대하여 보강증거가 필요하다는 견해가 있으나, 상상적 경합범은 실체법상 수죄이지만 소송법상 하나의 범죄로 취급된다는 점에서 중한 죄에 대한 보강증거가 있으면 족하다고 해야 한다.

포괄일죄의 경우에 포괄일죄를 구성하는 개개의 행위에 대하여 보강증거를 요하는지가 문제된다. 이에 대하여는 포괄일죄의 개별행위가 구성요건상 독립된 의미를 가지는 경우에는 개별 범죄사실에 대한 보강증거가 필요하나, 그렇지 않은 경우에는 개개의 행위에 대한 보강증거를 요하지 않는다는 견해가 타당하다. 상습범과 같이 개별행위가 특정되는 포괄일죄의 경우에는 각각의 행위에 대하여 보강증거가 필요하나, 영업범과 같이 침해법익과 범죄행위의 유사성 등으로 수개의 행위가 일죄를 구성할 뿐 개별행위가 독립적인 의미를 가지지 않는 포괄일죄에 있어서는 그 시간적 포괄성을 인정할 수 있는 범위 내에서 보강증거가 있으면 족하다. 판례는 상습범에 대하여 개별 행위별로 보강증거를 요한다고 판시하고 있다(95도1794).

Ⅳ. 공범자의 자백의 증거능력과 증명력

1. 공범자의 자백의 증거능력

공범자의 자백이 피고인의 범죄사실을 인정하기 위한 증거로 사용되기 위해서는 어떠한 요건을 구비하여야 하는지가 문제된다. 여기서 공범에는 공동정범, 교사범, 방조범은 물론이고 합동범이나 필요적 공범도 포함된다.

(1) 공범자의 공판정 자백의 증거능력

공동피고인의 증인적격에 관하여 통설 및 판례는 공범자인 공동피고인은 증인적격이 없고 자기의 피고사건과 실질적 관련성이 없는 사건으로 병합심리 되고 있는 공동피고인은 증인적격이 있다는 절충설을 취하고 있다. 이 견해에 의하면 공범관계에 있는 공동피고인은 변론을 분리하지 않는 한 서로의 사건에 대하여 증인이 될 수 없다. 따라서 공범자가 증인이 아닌 피고인의 지위에서 공판정에서 행한 자백을 다른 공동피고인의 피고사건에 대한 증거로 사용할 수 있는지의 여부가 다시 문제로 된다.

판례는 공범자인 공동피고인의 공판정에서의 자백은 다른 공동피고인의 공소사실에 관하여 당연히 증거능력이 인정된다고 본다. 피고인신문절차에서 피고인은 공동피고인에 대해서 사실상 반대신문권을 행사할 수 있다는 점을 그 근거로 한다(2006도1944). 그러나 피고인신문절차에서 피고인이 다른 공동피고인에 대하여 반대신문을 할 수 있는 권리가 법적으로 보장되어 있지 않으며, 또한 반대신문의 기회가 주어진다고 하더라도 피고인이 진술거부권을 행사하면 반대신문이 불가능하게 된다. 따라서 피고인이 공범자인 공동피고인에 대하여 공판정에서 실제로 충분히 반대신문을 하였거나 반대신문의 기회가 주어졌던 경우에 한하여 공동피고인의 자백을 피고인의 공소사실에 대한 증거로 사용할 수 있다고 보는 견해가 타당하다. 이 견해에 의하면 피고인이 공동피고인에 대하여 사실상 반대신문의 기회를 가지지 못하였거나, 공동피고인이 피고인의 반대신문에 대해서 진술거부권을 행사하여 반대신문이 현실적으로 효과를 거두지 못한 경우에는 공범자인 공동피고인의 진술을 피고인의 범죄사실에 대한 증거로 사용할 수 없게 된다.

(2) 공범자에 대한 사법경찰관작성 피의자신문조서의 증거능력

사법경찰관이 작성한 피의자신문조서에 기재된 공범자의 자백을 피고인의 공소사실에 대한 증거로 사용하기 위해서는 어떠한 요건을 필요로 하는지가 문제된다. 이와 관련해서는 먼저 공범자에 대한 사법경찰관작성 피의자신문조서의 증거능력을 인정하는 데 있어서 어느 규정을 적용할 것인지가 검토의 대상이 된다. 공범자의 피의자신문조서를 제312조 제4항의 '피고인이 아닌 자의 진술을 기재한 조서'로 보아 공범자의 진정성립인정을 기본요건으로 하여 증거능력을 인정할 수 있다고 보는 견해가 있으나, 사법경찰관작성의 피의자신문조서는 공범자가 공동피고인인가의 여부를 묻지 않고 제312조 제3항을 적용하여 그 증거능력을 판단하여야 할 것이다. 그렇지 않으면 법이 사법경찰관작성의 피의자신문조서에 대해서 내용의 인정이라는 엄격한 요건을 요구하고 있는 취지가 공범관계에 있는 자들 사이에서는 퇴색할 우려가 있기 때문이다.

다만 문제는 형사소송법 제312조 제3항을 적용함에 있어서 그 내용인정의 주체를 누구로 볼 것인가에 있다고 할 수 있다. 사법경찰관이 작성한 공범자에 대한 피의자신문조서를 피고인에 대한 유죄의 증거로 제출한 경우에 대하여는 원진술자인 공범자 또는 그의 변호인이 공판정에서 내용을 인정하면 증거능력이 인정된다는 원진술자내용인정설과 자백한 공범자가 아닌 피고인 또는 그의 변호인이 그 내용을 인정하여야 증거로 사용할 수 있다는 피고인내용인정설이 주장되고 있다. 판

례는 「형사소송법 제312조 제3항은 검사 이외의 수사기관이 작성한 당해 피고인에 대한 피의자신문조서를 유죄의 증거로 하는 경우뿐만 아니라, 검사 이외의 수사기관이 작성한 당해 피고인과 공범관계에 있는 다른 피고인이나 피의자에 대한 피의자신문조서를 당해 피고인에 대한 유죄의 증거로 채택할 경우에도 적용된다. 따라서 당해 피고인과 공범관계가 있는 다른 피의자에 대하여 검사 이외의 수사기관이 작성한 피의자신문조서는 그 피의자의 법정진술에 의하여 그 성립의 진정이 인정되는 등 형사소송법 제312조 제4항의 요건을 갖춘 경우라고 하더라도 당해 피고인이 공판기일에서 그 조서의 내용을 부인한 이상 이를 유죄 인정의 증거로 사용할 수 없다」고 판시하여(2009도2865), 피고인내용인정설의 입장을 취하고 있다.

사법경찰관이 작성한 공범자에 대한 피의자신문조서의 증거능력을 인정함에 있어서는 피고인이 불이익을 당하지 않도록 그 요건을 엄격히 제한할 필요가 있고, 공범자와 피고인에 대한 재판이 각각 별도로 이루어지는 경우 자기의 사건에서는 내용을 부인하여 증거능력이 인정되지 않는 피의자신문조서를 공범관계에 있는 다른 피고인에 대한 재판에서는 내용을 인정하여 유죄의 증거로 할 수 있는 불합리하고 불공평한 결과가 생길 수 있다는 점을 고려할 때(86도1783 참조), 피고인내용인정설이 타당하다고 생각된다.

(3) 공범자에 대한 검사작성 피의자신문조서의 증거능력

공범자가 검사 앞에서 피고인과의 공동범행사실을 자백하고 그 내용이 피의자신문조서에 기재된 경우에 당해 자백조서가 피고인의 공소사실에 대한 증거로 사용되기 위해서는 어떠한 요건을 구비해야 하는지가 문제된다.

검사작성 피의자신문조서와 사법경찰관작성 피의자신문조서의 증거능력의 요건이 동일하므로(제312조 제1항 및 제3항 참조), 공범자에 대한 검사작성 피의자신문조서의 증거능력 인정에 있어서도 공범자에 대한 사법경찰관작성 피의자신문조서의 증거능력 인정요건이 동일하게 적용되게 된다.

(4) 공범자의 법정 외 자백과 제314조의 적용 여부

제314조는 「제312조 또는 제313조의 경우에 공판준비 또는 공판기일에 진술을 요하는 자가 사망·질병·외국거주·소재불명, 그 밖에 이에 준하는 사유로 인하여 진술할 수 없는 때에는 그 조서 및 그 밖의 서류(피고인 또는 피고인 아닌 자가 작성하였거나 진술한 내용이 포함된 문자·사진·영상 등의 정보로서 컴퓨터용디스크, 그 밖에

이와 비슷한 정보저장매체에 저장된 것을 포함한다)를 증거로 할 수 있다. 다만 그 진술 또는 작성이 특히 신빙할 수 있는 상태하에서 행하여졌음이 증명된 때에 한한다」고 규정하고 있다.

검사 또는 사법경찰관이 작성한 공범자에 대한 피의자신문조서의 증거능력에 대하여 제312조 제4항을 적용해야 한다는 견해에 의할 때에는 수사기관작성의 공범자에 대한 피의자신문조서에 대해서도 제314조를 적용할 수 있는 결과가 된다.

그러나 검사 또는 사법경찰관이 작성한 공범자에 대한 피의자신문조서가 피고인의 범죄사실에 대한 증거로 사용되기 위해서는 제312조 제1항과 제3항에 따라 그 내용을 인정할 것이 요구되며, 따라서 이에 대하여 제314조를 적용할 수 있는지의 여부는 당해 조서의 내용인정의 주체를 누구로 볼 것인가에 따라 달라지게 된다. 피고인내용인정설에 의하면 피고인이나 변호인이 내용인정의 주체가 되므로 비록 원진술자인 공범자에게 필요성과 특신상태의 요건이 갖추어진 경우라도 이를 이유로 피의자신문조서의 증거능력을 인정할 수는 없는 것이 된다. 그러나 진술자인 공범자를 내용인정의 주체로 보는 원진술자내용인정설에 따르면 원진술자인 공범자가 사망·질병 등으로 공판정에 출석할 수 없고 특신상태가 인정되는 경우에는 제314조를 적용할 수 있게 된다. 이때는 내용인정의 주체가 피고인이 아니라 공판정에 출석할 수 없는 공범자이기 때문이다. 판례는 피고인내용인정설의 입장에서「당해 피고인과 공범관계가 있는 다른 피의자에 대한 검사 이외의 수사기관 작성의 피의자신문조서는 그 피의자의 법정진술에 의하여 그 성립의 진정이 인정되더라도 당해 피고인이 공판기일에서 그 조서의 내용을 부인하면 증거능력이 부정되므로 그 당연한 결과로 그 피의자신문조서에 대하여는 사망 등 사유로 인하여 법정에서 진술할 수 없는 때에 예외적으로 증거능력을 인정하는 규정인 형사소송법 제314조가 적용되지 아니 한다」고 판시하고 있다(2003도7185).

2. 공범자의 자백의 증명력

(1) 보강증거의 필요성 여부

공범자의 자백만으로 보강증거 없이 피고인을 유죄로 인정할 수 있는지에 대하여는 견해가 대립하고 있다.

(가) 보강증거필요설

공범자의 자백을 피고인의 자백에 포함시켜 공범자의 자백에도 보강증거가 있어야 한다는 견해이다. 공범자는 다른 공범자에게 책임을 전가하려고 허위의 진술을 할 위험이 있고, 공범자 가운데 한 사람만 자백한 경우에 보강증거가 없다면 자백한 공범자는 무죄가 되고 부인한 공범자는 유죄로 되는 불합리한 결과가 발생할 수 있다는 점 등을 이유로 한다.

(나) 보강증거불요설

공범자의 자백은 피고인 자신의 자백이 아니므로 공범자의 자백으로 피고인의 범죄사실을 인정함에 있어서는 보강증거를 요하지 않는다는 견해이다. 공범자의 자백은 피고인과의 관계에서 제3자의 진술에 불과하고, 자백보강법칙은 자유심증주의에 대한 예외이므로 엄격하게 해석할 필요가 있다는 점에서 제310조의 '피고인의 자백'을 '피고인 또는 공범자의 자백'으로 확장해석하는 것은 타당하지 않으며, 보강증거가 없는 경우에 공범자의 자백으로 인하여 부인한 피고인이 유죄가 되는 것은 법관의 자유심증에 기한 증명력 평가의 결과이며 자백한 공범자가 무죄로 되는 것은 보강법칙이 적용된 결과이므로 불합리한 것이 아니라고 한다. 판례의 입장이기도 하다(90도1939).

(다) 검 토

공범자는 피고인에 대한 관계에서 제3자에 불과하여 피고인 자신과는 다르다고 해야 하고, 공범자의 자백에 대한 허위개입의 여지는 그 증거능력 인정을 위한 피고인의 반대신문권 보장과 공범자의 허위자백의 가능성을 고려한 법관의 합리적이고도 신중한 증명력 평가에 맡길 수밖에 없으며, 공범자의 자백에 보강증거능력을 인정할 논리적·현실적 필요성이 있다는 점 등을 고려할 때 공범자의 자백에는 보강증거를 요하지 않는다고 해석하는 보강증거불요설이 타당하다고 할 것이다.

(2) 공범자의 자백의 보강증거능력

이것은 피고인이 자백한 경우에 공범자의 자백이 피고인의 자백에 대한 보강증거가 될 수 있느냐의 문제이다. 공범자의 자백을 피고인의 자백으로 볼 수 없다는 보강증거불요설에 따르면 공범자의 자백은 독립된 증거이므로 당연히 보강증거로 될 수 있다. 이에 반하여 공범자의 자백을 피고인의 자백이라고 해석하는 견해에 의하면 논리적으로 공범자의 자백은 보강증거가 될 수 없는 것이 된다. 그러나 보강증거필요설을 취하는 학자들도 공범자의 자백만으로 유죄를 인정할 수는 없지만 피고인의 자백에 대한 보강증거로는 사용할 수 있다는 견해를 일반적으로 취하고 있다. 공범자의 자백만으로 유죄를 인정할 수 없다고 하는 것과 공범자의 자백을 이미 존재하는 피고인의 자백에 대한 보강증거로 사용한다는 것은 별개이고, 독립된 2인 이상의 진술이 있을 때에는 제310조가 예상하는 정형적인 오판의 위험이 해소될 수 있다는 것이다. 공범자의 자백은 피고인에 대한 관계에서 제3자의 진술에 해당하므로 당연히 보강증거가 될 수 있다고 해석하여야 한다.

제 5 절 전문법칙

Ⅰ. 전문증거의 의의

전문증거(hearsay evidence)란 사실인정의 기초가 되는 경험적 사실을 경험자 자신이 직접 법원에 진술하지 않고 다른 형태에 의하여 간접적으로 보고하는 것을 말한다. 예를 들면 피고인 A가 B를 살해한 혐의로 기소된 사건에서 범행현장을 목격한 甲이 증인으로 법정에 출석하여 증언하였다면 이는 보통의 증언으로서 원본증거가 되지만, 甲이 목격한 사실을 乙에게 말하고 乙이 증인으로 법정에 출석하여 "나는 甲으로부터 A가 B를 살해하는 것을 보았다는 말을 들었다"라고 증언한 경우나 甲의 진술을 기재한 참고인진술조서를 증거로 제출한 경우에는 이들 모두가 간접적 형태의 증거인 전문증거에 해당하게 된다.

전문증거에는 ① 경험자의 진술을 들은 타인이 전문한 내용을 법원에 진술하는 전문진술 ② 경험자 자신이 경험사실을 기재한 서면인 진술서, ③ 경험자가 경험사실을 진술한 것을 타인이 서면에 기재한 진술녹취서가 포함된다. 따라서 현행법상의 전문증거는 전문진술과 진술서 및 진술녹취서를 기본형태로 하며, 진술을 기재한 서류인 진술서와 진술녹취서를 합하여 전문서류라고 한다.

II. 전문법칙의 의의와 근거

1. 전문법칙의 의의

전문법칙(hearsay rule)이란 전문증거에는 증거능력이 인정되지 않는다는 원칙을 말한다. 제310조의2는 「제311조 내지 제316조에 규정한 것 이외에는 공판준비 또는 공판기일에서의 진술에 대신하여 진술을 기재한 서류나 공판준비 또는 공판기일 외에서의 타인의 진술을 내용으로 하는 진술은 이를 증거로 할 수 없다」고 규정하여 전문증거의 증거능력을 원칙적으로 부정하고 있다.

2. 전문법칙의 이론적 근거

현행법상의 전문법칙은 반대신문의 결여를 포함하여 넓게 신용성의 결여에서 그 근거를 찾아야 할 것이다. 전문증거의 신용성의 결여는 여러 가지 요소에 의하여 설명될 수 있다.

(1) 반대신문의 결여

전문증거의 증거능력을 부인하는 가장 중요한 이유는 반대신문의 결여에 있다. 즉 진술증거에 의하여 불이익을 받게 될 당사자에게 반대신문권을 보장하는 데 전문법칙의 주된 목적이 있는 것이다. 전문증거에 있어서는 원진술자를 법정에서 직접 진술하게 하는 것을 생략한 것이므로 원진술의 진실성을 당사자의 반대신문에 의하여 음미(test)할 수 없어 잘못을 시정할 기회를 가질 수 없다. 이것은 전문서류를 증거로 사용하는 경우는 물론이고 범행현장을 목격한 자로부터 그 내용을 전해들은 자가 공판정에서 증인으로 증언하는 경우에도 마찬가지이다. 피고인의 전문증인에 대한 반대신문에 의해서는 목격자인 원진술자의 진술의 진실성을 다툴 수 없기 때문이다. 따라서 원진술자에 대한 반대신문의 기회가 없는 증거는 사실인정의 기초가 될 수 없도록 증거능력을 배제한 것이 전문법칙이다.

(2) 원진술자의 공판정불출석

자신의 경험사실을 공개된 법정에서 그리고 진술에 의하여 불이익을 받을 사람의 면전에서 거짓으로 진술하는 것은 심리적으로 어려운 일이다. 공판정에 출석하지 아니한 상태에서 행한 원진술을 내용으로 하는 전문증거는 이러한 진실담보장치를 결여하고 있으므로 신용성 결여의 원인이 된다.

(3) 태도증거의 결여

원진술자의 진술이 공판정에서 행하여질 때에는 법관은 진술자의 진술내용뿐만 아니라 진술자의 태도를 관찰하여 정확한 심증을 형성할 수 있다. 그러나 전문증거를 증거로 사용하는 경우에는 이러한 태도증거를 얻을 수 없다. 태도증거의 결여는 전문증거의 신용성 결여의 중요한 원인이 되며, 특히 현행법상 피고인의 진술을 원진술로 하는 전문증거에 대한 증거능력배제의 유력한 근거가 된다고 할 수 있다.

(4) 선서의 결여

전문증거를 증거로 사용하면 선서에 의하여 진실성이 담보되지 않은 경험자의 원진술을 사실인정의 기초로 삼게 된다는 문제점이 있다. 이것은 전문서류를 증거로 사용하는 경우뿐만 아니라 공판정에서의 전문진술을 증거로 하는 경우에도 마찬가지이다. 전문증언자의 선서는 자신이 전문한 내용을 법원에 정확하게 전달한다는 점에 있어서는 효과가 있지만, 선서 없이 이루어진 원진술자의 진술의 진실성을 담보할 수는 없기 때문이다.

Ⅲ. 전문법칙의 적용범위

1. 진술증거

전문법칙은 진술증거에 대하여만 적용되며, 증거물과 같은 비진술증거에는 전문법칙의 적용이 없다. 진술증거인 이상 전문진술인가 또는 진술을 기재한 서류인가는 불문한다.

2. 요증사실과의 관계

전문법칙은 타인의 진술이나 서류에 포함된 원진술자의 진술내용의 진실성이 요증사실로 된 경우에만 적용된다. 즉 전문한 증거로서 원진술의 내용인 사실을 증명하고자 하는 경우에 한하여 전문법칙이 적용된다. 이에 반하여 원진술의 존재 자체가 요증사실인 경우에는 전문법칙의 적용이 없고 당해 증거는 증거능력을 가지게 된다(2013도12155). 이런 의미에서 어떤 증거가 전문증거인가 원본증거인가의 여부는 상대적인 개념이라고 할 수 있다.

따라서 A가 절도하는 것을 보았다는 말을 甲으로부터 전해들은 乙의 증언은 A에 대한 절도피고사건에 있어서는 전문증거가 되지만, 甲에 대한 명예훼손피고사건에 있어서는 원본증거가 된다. 후자의 경우에는 요증사실이 甲이 명예훼손적인 말을 하였다는 사실이므로 그 사실을 체험한 자는 증인 乙 자신인 것이다.

또한 원진술자의 진술을 그 내용의 진실성과 관계없는 간접사실에 대한 정황증거로 사용하는 경우에도 전문법칙이 적용되지 않는다(2012도16001). 예를 들면「나는 우주에서 온 화성인이다」라는 말을 들은 사람의 진술로써 원진술자의 정신이상을 추인하는 경우가 그것이다. 이러한 경우도 역시 원진술내용의 진실성이 아닌 진술의 존재 자체가 요증사실인 경우라고 할 수 있다.

Ⅳ. 전문법칙의 예외이론

1. 예외인정의 필요성

전문증거는 당사자의 반대신문의 결여 등으로 신용성이 결여되어 있기 때문에 증거능력이 부정된다. 그러나 전문법칙을 엄격하게 적용할 때에는 증거로서의 가치가 있는 증거가 공판정에 제출되지 못함으로써 재판의 지연을 초래하고 실체적 진실발견을 저해할 염려가 있다. 따라서 일정한 경우에는 전문증거라고 하더라도 예외적으로 증거능력을 인정할 필요가 있다.

2. 예외인정의 기준

(1) 신용성의 정황적 보장

신용성의 정황적 보장(circumstantial guarantee of trustworthiness)이란 진술 당시의 외부적 상황에 비추어 공판정 외에서의 진술의 진실성을 인정할 수 있는 경우를 말한다. 형사소송법은 원진술이「특히 신빙할 수 있는 상태하에서 행하여진 때」라는 표현을 사용하여 신용성의 정황적 보장을 예외인정의 요건으로 규정하고 있다. 다만 여기서 신용성은 증거능력과 관련된 것이므로 진술내용의 진실성 자체를 의미하는 것이 아니라 그 진술의 진실성을 담보할만한 구체적이고 외부적인 정황이 있음을 의미하는 것이다(2011도6035).

영미법상 신용성의 정황적 보장이 인정되는 대표적인 경우로는 ① 사건 중 또는 사건 직후의 충동적 진술과 같은 자연적·반사적 진술, ② 죽음에 직면한 자의 임종의 진술, ③ 진술자의 이익에 반하는 진술, ④ 원진술이 공문서 또는 업무의 통상의 과정에서 작성된 문서에 기재된 경우 등을 들 수 있다.

(2) 필요성

필요성(necessity)이란 원진술자의 진술과 같은 가치의 증거를 얻는 것이 불가능하거나 현저히 곤란하기 때문에 전문증거라도 이를 증거로 사용할 필요가 있는 경우를 말한다. 형사소송법은 필요성을 「진술을 요하는 자가 사망·질병·외국거주·소재불명 그 밖에 이에 준하는 사유로 인하여 진술할 수 없는 때」라고 규정하고 있다(제314조).

(3) 양자의 관계

전문증거에 증거능력을 부여하기 위해서는 신용성의 정황적 보장과 필요성이라는 두 가지 요건이 필요하다. 다만 신용성의 정황적 보장과 필요성은 모든 경우에 동등한 정도의 엄격성이 요구되는 것이 아니라 상호보완관계 또는 반비례의 관계에 있다. 따라서 일방의 요건이 강하게 충족되면 그만큼 다른 요건은 엄격성이 완화될 수 있다.

3. 전문법칙의 예외규정

형사소송법은 제311조 내지 제316조에서 전문법칙의 예외를 규정하고 있다. 이들 예외규정 가운데 제311조 내지 제315조는 서류인 전문증거에 대한 예외규정이고, 제316조는 전문진술에 대한 예외규정이다. 전문서류에 있어서도 제311조(법원 또는 법관의 조서)와 제315조(당연히 증거능력이 있는 서류)는 별도의 요건 없이 당연히 증거능력이 인정되는 경우이고, 제312조(검사 또는 사법경찰관의 조서 등)와 제313조(진술서 등)는 일정한 요건하에 증거능력이 인정되는 경우이다. 그리고 제314조는 제312조 또는 제313조의 요건을 충족하지 못한 전문증거라도 전문법칙의 예외에 대한 일반이론에 따라 보충적으로 증거능력이 인정되는 경우를 규정한 것이다.

V. 전문서류의 증거능력

1. 법원 또는 법관의 조서

(1) 의 의

제311조는 「공판준비 또는 공판기일에 피고인이나 피고인 아닌 자의 진술을 기재한 조서와 법원 또는 법관의 검증의 결과를 기재한 조서는 증거로 할 수 있다. 제184조(증거보전절차) 및 제221조의2(증인신문의 청구)의 규정에 의하여 작성한 조서도 또한 같다」고 규정하여, 법원 또는 법관이 주재하는 절차에서 작성된 조서의 증거능력을 인정하고 있다. 이러한 조서는 그 성립이 진정하고 신용성의 정황적 보장이 높기 때문에 특별한 요건 없이 증거능력이 부여되고 있는 것이다.

이들 중 법원 또는 법관의 검증의 결과를 기재한 검증조서에 대하여는 수사기관 작성의 검증조서와 함께 살펴보기로 하고, 여기서는 먼저 법원 또는 법관의 면전에서의 진술을 기재한 이른바 법원 또는 법관의 면전조서 등에 대해서 살펴보기로 한다.

(2) 공판준비 또는 공판기일에 피고인의 진술을 기재한 조서

공판준비에 있어서 피고인의 진술을 기재한 조서란 공판기일 전에 피고인을 신문한 조서(제273조 제1항)나 공판준비기일조서(제266조의10 제2항), 공판기일 전의 법원의 검증조서 중 피고인의 진술을 기재한 부분을 말한다. 그리고 공판기일에 피고인의 진술을 기재한 조서란 공판조서를 의미한다. 그런데 당해 사건의 공판기일에 피고인이 행한 진술은 그 자체가 증거로 되므로, 여기서 공판조서가 증거로 사용되는 경우란 공판절차갱신 전의 공판조서나 파기환송·이송 전의 공판조서, 관할위반의 판결이 확정된 후 재기소된 경우의 공판조서 등을 의미한다고 할 수 있다.

(3) 공판준비 또는 공판기일에 피고인 아닌 자의 진술을 기재한 조서

공판준비에서의 피고인 아닌 자의 진술을 기재한 조서란 당해 사건의 공판준비절차에서 증인·감정인·통역인·번역인 등을 신문한 조서를 말한다. 공판기일에서의 증인 등의 진술을 기재한 조서가 이전 공판절차에서 작성된 공판조서를 의미함은 피고인의 진술을 기재한 공판조서에 있어서와 같다.

여기서 피고인 아닌 자에는 공범자인 공동피고인이 포함된다. 공범자인 공동피고인의 진술에 대하여는 반대신문의 기회가 사실상 보장된다는 전제에서 당연히 증거능력을 인정하는 판례의 입장에 의하면(2006도1944) 이러한 공동피고인의 진술을 기재한 공판조서는 제311조에 의하여 증거능력이 인정된다.

(4) 당해 사건의 공판준비조서와 공판조서

여기의 공판준비조서와 공판조서는 당해 사건에 대한 조서를 의미한다고 보는 것이 일반적인 견해이다. 판례도 「다른 피고인에 대한 형사사건의 공판조서는 형사소송법 제315조 제3호에 정한 서류로서 당연히 증거능력이 있는 바, 공판조서 중 일부인 증인신문조서 역시 형사소송법 제315조 제3호에 정한 서류로서 당연히 증거능력이 있다」고 판시하여(2004도4428), 다른 피고사건의 공판조서를 제315조 제3호의 적용대상으로 보고 있다.

(5) 증거보전절차와 판사에 의한 증인신문절차에서 작성한 조서

증거보전절차(제184조)와 판사에 의한 증인신문절차(제221조의2)에서 작성된 증인신문조서 등도 신용성이 높아 공판조서와 마찬가지로 당연히 증거능력이 인정된다.

2. 피의자신문조서

(1) 의 의

피의자신문조서는 수사기관인 검사 또는 사법경찰관이 피의자를 신문하여 그 진술을 기재한 조서를 말한다. 피의자의 진술을 녹취 또는 기재한 서류가 수사기관의 조사과정에서 작성된 것이라면 그것이 진술조서, 진술서, 자술서 등의 형식을 취하였더라도 피의자신문조서로 보아야 한다(2010도8294).

형사소송법은 수사기관이 작성한 피의자신문조서가 공평한 제3자의 지위에 있는 법관의 면전조서에 비해서 신용성이 약하다는 점을 고려하여 일정한 요건하에 그 증거능력을 인정하고 있다. 현행법상 검사가 작성한 피의자신문조서와 검사 이외의 수사기관인 사법경찰관이 작성한 피의자신문조서는 그 증거능력 인정요건에 있어서 동일하다.

(2) 사법경찰관이 작성한 피의자신문조서

(가) 의 의

검사 이외의 수사기관 작성의 피의자신문조서는 적법한 절차와 방식에 따라 작성된 것으로서 공판준비 또는 공판기일에 그 피의자였던 피고인 또는 변호인이 그 내용을 인정할 때에 한하여 증거로 할 수 있다(제312조 제3항). 여기서 검사 이외의 수사기관에는 공수처법상의 수사처수사관도 포함된다(동법 제21조, 제47조 참조). 수사기관이 작성한 피의자신문조서에 대하여 증거능력을 엄격히 제한한 이유는 수사기관에 의한 위법수사를 억제하여 피의자의 인권을 보호하기 위한 것이다.

형사소송법 제312조 제3항이 적용되는 검사 이외의 수사기관이 피의자를 신문하는 경우 그 주체는 사법경찰관이나(제243조), 판례는 사법경찰리가 사법경찰관사무취급의 자격으로 작성한 피의자신문조서도 여기에 포함되는 것으로 보고 있다(82도1080). 그리고 검사 이외의 수사기관에는 미국의 연방수사국(FBI)이나 범죄수사대(CID) 등 외국의 권한 있는 수사기관도 여기에 포함된다(2003도6548).

(나) 증거능력의 요건

1) 적법한 절차와 방식

사법경찰관이 작성한 피의자신문조서는 적법한 절차와 방식에 따라 작성된 것이어야 한다. 적법한 절차와 방식이란 피의자의 간인(間印)과 기명날인 또는 서명의 진정을 의미하는 형식적 진정성립을 포함하는 이것보다 넓은 개념이다. 따라서 이것은 피의자의 간인과 기명날인 또는 서명(제244조 제3항)의 진정 이외에도 피의자신문과 참여자(제243조), 변호인의 참여 등(제243조의2), 피의자신문조서의 작성방법(제244조), 진술거부권의 고지방식(제244조의3), 수사과정의 기록(제244조의4) 등 형사소송법이 정한 절차와 방식에 따라 조서가 작성되어야 함을 의미한다.

2) 내용의 인정

내용의 인정이란 피의자신문조서의 기재내용이 객관적으로 진실하다는 사실을 인정하는 것을 의미한다(2010도5040). 따라서 내용의 인정은 조서의 기재내용과 진술자의 진술내용이 일치한다고 진술하는 실질적 진정성립의 인정과 구별된다. 사법경찰관작성 피의자신문조서는 그 실질적 진정성립을 부인하는 경우는 물론이고, 실질적 진정성립을 인정하면서 내용을 부인하는 때에도 증거능력이 인정되지 않는다. 내용의 인정은 그 성격상 피고인의 진술을 녹화한 영상녹화물이나 그 밖의 객관적 방법에 의하여 증명할 수 없다.

(3) 검사가 작성한 피의자신문조서

(가) 의 의

검사가 피고인이 된 피의자의 진술을 기재한 피의자신문조서도 사법경찰관이 작성한 피의자신문조서와 마찬가지로 적법한 절차와 방식에 따라 작성된 것으로서 공판준비, 공판기일에 그 피의자였던 피고인 또는 변호인이 그 내용을 인정할 때에 한정하여 증거로 할 수 있다(제312조 제1항). 여기서 검사에는 공수처법상의 수사처검사도 포함되며(동법 제20조, 제47조 참조), 검찰청법 제32조에서 검사의 직무대리로 인정하고 있는 검찰사무관 등이 검사의 직무대리로서 작성한 피의자신문조서도 검사에 의하여 작성된 것으로 본다(2010도1107).

(나) 증거능력의 요건

검사가 작성한 피의자신문조서도 적법한 절차와 방식에 따라 작성된 것이어야 하고, 피의자였던 피고인이나 변호인이 공판준비기일이나 공판기일에 그 내용을 인정할 때 증거능력이 인정된다. 그 의미는 사법경찰관이 작성한 피의자신문조서에 있어서와 같다.

3. 진술조서

(1) 의 의

진술조서란 검사 또는 사법경찰관이 피고인 아닌 자의 진술을 기재한 조서를 말한다. 참고인진술조서가 대표적인 예이다. 피고인이 된 피의자의 진술을 기재한 조서는 진술조서의 형식을 취하더라도 피의자신문조서로 보아야 한다(2010도1755). 피고인 아닌 자가 검사 또는 사법경찰관의 수사과정에서 작성한 진술서는 진술조서와 동일한 요건하에 증거능력이 인정된다(제312조 제5항).

(2) 증거능력의 요건

검사 또는 사법경찰관이 피고인이 아닌 자의 진술을 기재한 조서는 적법한 절차와 방식에 따라 작성된 것으로서 그 조서가 검사 또는 사법경찰관 앞에서 진술한 내용과 동일하게 기재되어 있음이 원진술자의 공판준비 또는 공판기일에서의 진술이나 영상녹화물 또는 그 밖의 객관적인 방법에 의하여 증명되고, 피고인 또는 변호인이 공판준비 또는 공판기일에 그 기재내용에 관하여 원진술자를 신문할 수 있었던 때에는 증거로 할 수 있다. 다만 그 조서에 기재된 진술이 특히 신빙할 수 있는 상태하에서 행하여졌음이 증명된 때에 한한다(제312조 제4항).

(가) 적법한 절차와 방식

검사 또는 사법경찰관이 작성한 진술조서는 적법한 절차와 방식에 따라 작성된 것이어야 한다. 적법한 절차와 방식이란 진술자의 간인과 서명 또는 기명날인의 진정이라는 형식적 진정성립뿐만 아니라 조서의 작성방법(제48조), 제3자의 출석요구에 관한 규정(제221조), 수사과정의 기록에 관한 규정(제244조의4) 등에 따라 작성된 것임을 의미한다.

(나) 실질적 진정성립

진술조서가 검사 또는 사법경찰관 앞에서 진술한 내용과 동일하게 기재되어 있음이 원진술자의 공판준비 또는 공판기일에서의 진술이나 영상녹화물 또는 그 밖의 객관적인 방법에 의하여 증명되어야 한다. 조서의 기재내용과 진술자의 진술 내용이 일치한다는 것을 실질적 진정성립이라고 한다. 원진술자가 조서의 실질적 진정성립을 인정한 이상 내용을 부인하거나 내용과 다른 진술을 하여도 증거능력이 인정된다.

진술조서의 실질적 진정성립을 인정하기 위한 원진술자의 진술은 증인신문과정에서 당해 진술조서의 내용을 열람하거나 고지 받은 다음 그 진술조서의 내용이 자기가 진술한 대로 작성된 것이라는 점을 인정하는 것이어야 한다. 따라서 원진술자가 공판기일에 증인으로 출석하여 검사의 신문에 대하여 수사기관에서 사실대로 진술하고 그 내용을 확인한 후 서명날인하였다는 취지로 증언한 것만으로는 실질적 진정성립을 인정할 수 없다(96도1301).

원진술자가 진술조서의 성립의 진정을 부인하는 경우에는 그 조서에 기재된 진술이 원진술자가 진술한 내용과 동일하게 기재되어 있음이 영상녹화물 또는 그 밖의 객관적인 방법에 의하여 증명되어야 하는데, 여기서 영상녹화물이란 형사소송법(제221조 제1항)과 형사소송규칙(제134조의2, 3)에 규정된 방식과 절차에 따라 제작되어 조사 신청된 영상녹화물을 의미한다. 따라서 영상녹화를 시작하기 전에 피고인 아닌 자의 동의를 받아야 하고, 조사가 개시된 시점부터 조사가 종료되어 참고인이 조서에 기명날인 또는 서명을 마치는 시점까지 조사의 전 과정이 영상녹화되어야 한다(2022도364).

또한 그 밖의 객관적 방법이라 함은 영상녹화물에 준하는 과학적·기계적 특성을 가지는 객관적 형태의 증거방법을 의미하는 것으로서 녹음테이프 등이 이에 해당한다고 할 수 있다.

(다) 반대신문의 기회부여

진술조서에 증거능력이 인정되려면 피고인 또는 변호인이 공판준비 또는 공판기일에 진술조서의 기재내용에 관하여 원진술자를 신문할 수 있었어야 한다. 피고인 또는 변호인에게 반대신문의 기회가 제공되면 족하고, 반드시 반대신문이 행해져야 하는 것은 아니다.

(라) 특신상태

진술조서에 기재된 진술이 특히 신빙할 수 있는 상태하에서 행하여졌음이 증명되어야 한다. 특신상태의 의미는 검사가 작성한 피고인이 된 피의자에 대한 신문조서의 경우와 같다.

(3) 피고인 또는 증인에 대한 진술조서

공소제기 후 검사가 피고인을 신문하여 작성한 진술조서의 증거능력과 관련하여 판례는 검사작성의 피고인에 대한 진술조서가 공소제기 후에 작성된 것이라는 이유만으로 곧 증거능력이 없는 것은 아니라고 한다(84도1646). 아울러 판례는 공소제기 후의 피고인에 대한 검사작성 진술조서가 진술조서의 형식을 취하였다고 하더라도 그 내용은 피의자의 진술을 기재한 피의자신문조서와 실질적으로 같다고 함으로써(2008도8213), 검사작성의 피고인에 대한 진술조서가 진술거부권의 고지 및 검사작성 피의자신문조서로서의 요건을 구비하면 증거능력이 있는 것으로 보고 있다.

한편 증인에 대한 진술조서의 증거능력과 관련해서는 피고인에게 유리한 증언을 한 증인을 수사기관이 법정 외에서 다시 참고인으로 조사하여 공판정에서의 진술을 번복하게 하는 것은 당사자주의·공판중심주의·직접주의에 반하는 수사방법이므로 이러한 진술조서는 피고인이 증거로 할 수 있음에 동의하지 아니하는 한 증거능력이 없다고 한다(2012도13665).

(4) 제314조에 의한 증거능력의 인정

(가) 의 의

제312조 또는 제313조의 경우에 공판준비 또는 공판기일에 진술을 요하는 자가 사망·질병·외국거주·소재불명 그 밖에 이에 준하는 사유로 인하여 진술할 수 없는 때에는 그 조서 및 그 밖의 서류(피고인 또는 피고인 아닌 자가 작성하였거나 진술한 내용

이 포함된 문자·사진·영상 등의 정보로서 컴퓨터용디스크, 그 밖에 이와 비슷한 정보저장매체에 저장된 것을 포함한다)를 증거로 할 수 있다. 다만 그 진술 또는 작성이 특히 신빙할 수 있는 상태하에서 행하여졌음이 증명된 때에 한한다(제314조).

수사기관이 작성한 참고인 등에 대한 진술조서는 제312조 제4항에서 정한 요건을 갖추어야 예외적으로 증거능력이 인정된다. 따라서 원진술자가 공판정에 나와서 성립의 진정을 인정할 수 없는 경우에는 비록 신빙성이 있는 진술조서라도 증거로 사용할 수 없는 결과가 된다. 그러나 이것은 실체적 진실발견과 소송경제의 측면에서 바람직하지 않으므로 형사소송법은 다시 필요성과 신용성의 정황적 보장을 요건으로 보충적으로 진술조서의 증거능력을 인정하고 있다. 여기서 제314조가 적용되는 진술조서에는 외국의 수사기관이 작성한 서류도 포함되는 것으로 보아야 한다(97도1351).

(나) 필요성

1) 원진술자의 사망·질병·외국거주·소재불명

원진술자의 질병이란 신체적 질환뿐만 아니라 정신적 질환도 포함한다. 따라서 노인성치매로 인하여 기억력에 장애가 있거나 분별력을 상실한 경우(91도2281)는 여기에 해당한다. 또한 질병은 진술을 요할 자가 공판이 계속되는 동안 임상신문이나 출장신문도 불가능할 정도의 중병임을 요하므로(2004도3619), 피해자인 증인이 출산을 앞두고 있다는 이유로 출석하지 아니한 것은 특별한 사정이 없는 한 여기에 해당하지 않는다(99도915).

외국거주의 경우에는 원진술자가 외국에 있다는 사정만으로는 부족하고 그를 공판정에 출석시켜 진술하게 할 가능하고 상당한 수단을 다하더라도 원진술자를 법정에 출석하게 할 수 없는 사정이 있어야 한다(2015도17115).

소재불명이라고 하기 위해서는 원진술자에 대한 소환장이 송달불능이고 소재탐지촉탁을 하여도 소재를 확인할 수 없는 경우(2010도2602) 또는 진술을 요할 자가 일정한 주거를 가지고 있더라도 법원의 소환에 계속 불응하고 구인하려고 하여도 구인장이 집행되지 아니하는 경우 등에 해당하여야 한다(95도523). 따라서 원진술자가 단순히 소환에 응하지 않은 경우(72도969), 소재탐지촉탁을 통한 소재확인을 하지 않았거나 주거지가 아닌 곳에 소재탐사를 한 경우(73도2124) 등은 소재불명에 해당하지 않는다.

또한 증인의 법정 출석을 위한 가능하고도 충분한 노력을 다하였음에도 불구하고 부득이 증인의 법정 출석이 불가능하게 되었다는 사정은 검사가 입증하여야 한다(2013도1435).

2) 그 밖에 이에 준하는 사유

그 밖에 이에 준하는 사유로는 원진술자가 기억상실이나 피해의 충격으로 진술하지 못하는 경우 등을 들 수 있다. 판례는 수사기관에서 진술한 피해자인 유아가 공판정에서 진술하였으나 증인신문 당시 일정한 사항에 관하여 기억이 나지 않는다는 취지로 진술하여 그 진술의 일부가 재현불가능하게 된 경우도 진술불능의 사유에 포함되는 것으로 보고 있다(2005도9561).

문제는 법정에 출석한 원진술자가 증언거부권을 행사하여 서류의 진정성립 등에 대하여 증언을 거부한 경우에도 「그 밖에 이에 준하는 사유로 진술할 수 없는 때」에 해당한다고 볼 수 있는가에 있다. 판례는 법정에 출석한 증인이 법에서 정한 바에 따라 정당하게 증언거부권을 행사하여 증언을 거부한 경우는 형사소송법 제314조의 그 밖에 이에 준하는 사유로 인하여 진술할 수 없는 때에 해당하지 않는다고 한다(2009도6788). 전문법칙의 예외규정은 가능한 한 제한적으로 해석해야 한다는 점과 증언을 거부한 경우를 그 밖에 이에 준하는 사유로 진술할 수 없는 때에 해당하는 것으로 보게 되면 증언거부권의 행사가 무의미해진다는 점을 고려할 때 판례의 입장이 타당하다고 생각된다. 그리고 이는 피고인의 진술을 기재한 서류의 진정성립 등에 대하여 피고인이 진술거부권을 행사하여 진술을 거부한 경우도 마찬가지이다(2012도16001).

(다) 특신상태

특신상태란 신용성의 정황적 보장과 같은 의미이며, 그 진술내용이나 조서 또는 서류의 작성에 허위개입의 여지가 거의 없고 그 진술내용의 신빙성이나 임의성을 담보할 구체적이고 외부적인 정황이 있는 경우를 말한다(2011도6035). 특히 신빙할 수 있는 상태에서 원진술자의 진술이나 서류의 작성이 이루어졌는가의 여부는 진술 당시의 구체적 상황, 진술의 동기와 방법, 진술내용 등을 종합적으로 고려하여 판단하여야 하며, 검사가 이러한 특신상태의 존재를 증명하여야 한다. 또한 이러한 특신상태의 존재에 대한 증명은 단지 그러할 개연성이 있다는 정도로는 부족하고 합리적인 의심의 여지를 배제할 정도에 이르러야 한다(2012도725).

4. 진술서

(1) 의 의

진술서란 서류의 작성자가 스스로 자신이 하고자 하는 진술을 기재한 서면을 말한다. 진술서는 피고인·피의자·참고인 등이 작성의 주체라는 점에서 법원 또는 수사기관이 작성하는 진술조서와 구별된다. 진술서·자술서·시말서·보고서 등 명칭의 여하는 문제되지 않는다. 또한 진술서는 당해 사건의 수사절차나 공판절차에서 작성된 것임을 요하지 않으며, 사건과 관계없이 범행내용을 기재한 일기, 메모, 편지나 고소인이 작성한 고소장 등도 여기에 포함된다. 제313조 제1항은 명문으로 피고인 또는 피고인 아닌 자가 작성한 문자·사진·영상 등의 정보로서 컴퓨터용디스크, 그 밖에 이와 비슷한 정보저장매체에 저장된 것을 진술서에 포함시키고 있다.

(2) 제313조의 적용범위

형사소송법은 제312조 제1항에서 제4항까지의 규정은 피고인 또는 피고인이 아닌 자가 수사과정에서 작성한 진술서에 관하여 준용한다고 규정하고 있다(제312조 제5항). 따라서 제313조에 의하여 증거능력이 인정되는 진술서는 수사과정 이외에서 작성한 진술서에 한정되게 된다. 수사과정 이외에서 작성된 진술서란 수사기관의 영향력이 미치는 시간적·장소적 범위 외에서 작성된 진술서를 말하며, 행정기관에 제출된 진술서, 수사개시 이전에 작성되어 후에 수사기관이나 법원에 제출된 진술서, 공판심리 중에 작성되어 법원에 제출된 진술서 등이 이에 해당한다. 또한 수사진행 중에 작성된 진술서라도 수사기관의 요구 없이 수사기관 이외의 장소에서 작성되어 수사기관에 제출된 것이라면 수사과정 이외에서 작성된 진술서로 보아야 한다.

(3) 증거능력의 요건

(가) 성립의 진정

수사과정 이외에서 작성된 진술서로서 그 작성자의 자필이거나 그 서명 또는 날인이 있는 것(피고인 또는 피고인 아닌 자가 작성한 문자·사진·영상 등의 정보로서 컴퓨터용디스크, 그 밖에 이와 비슷한 정보저장매체에 저장된 것을 포함한다)은 공판준비나 공판기일에서의 작성자의 진술에 의하여 성립의 진정함이 증명된 때에는 증거로 할 수 있다(제313조 제1항 본문). 다만 진술서의 작성자가 공판준비나 공판기일에서 그 성립의 진정을 부인하는 경우에는 과학적 분석결과에 기초한 디지털포렌식 자료, 감정 등 객관적 방법으로 성립의 진정함이 증명되는 때에는 증거로 할 수 있다(동조 제2항 본문).

형사소송법 제313조 제1항은 진술서에 작성자의 자필이거나 그 서명 또는 날인이 있는 서면뿐만 아니라, 컴퓨터용디스크 등 정보저장매체에 저장된 문자 등의 정보도 포함시키고 있다. 그리고 진술서의 성립의 진정은 원칙적으로 공판준비나 공판기일에서의 작성자의 진술에 의하여 인정되어야 하나, 작성자가 진술서의 성립의 진정을 부인하는 경우에는 과학적 분석결과에 기초한 디지털포렌식 자료, 감정 등 객관적 방법으로 이를 증명할 수 있다. 제313조 제1항 단서는 그 적용대상을 '피고인의 진술을 기재한 서류'라고 규정하고 있으므로 진술서에는 특신상태의 존재가 요구되지 않는다.

(나) 반대신문의 기회부여

피고인 아닌 자가 작성한 진술서에 증거능력이 인정되려면 피고인 또는 변호인이 공판준비 또는 공판기일에 그 기재 내용에 관하여 작성자를 신문할 수 있었을 것을 요한다(동조 제2항 단서). 피고인 또는 변호인에게 반대신문의 기회가 제공되면 족하고, 반드시 반대신문이 행해져야 하는 것은 아니다.

(4) 제314조의 적용

진술서도 피고인 아닌 원진술자가 사망·질병·외국거주·소재불명 그 밖에 이에 준하는 사유로 인하여 진술할 수 없는 때에는 그 작성이 특히 신빙할 수 있는 상태에서 행하여졌음이 증명된 때에 한하여 증거로 할 수 있다.

5. 진술기재서

(1) 의 의

진술기재서란 제3자가 피고인 또는 피고인 아닌 자의 진술을 기재한 서면을 말한다. 행정기관의 청문절차에서의 진술이 기재된 서면이나 변호인이 피고인 등의 진술을 기재한 서면도 여기에 포함된다. 진술기재서는 제3자가 작성한 서류라는 점에서 진술서와 구별된다. 형사소송법 제313조 제1항은 진술서 이외에 진술기재서에 대하여도 규정하고 있다. 또한 형사소송법은 명문으로 피고인 또는 피고인 아닌 자가 진술한 내용이 포함된 문자·사진·영상 등의 정보로서 컴퓨터용디스크, 그 밖에 이와 비슷한 정보저장매체에 저장된 것을 진술기재서에 포함시키고 있다.

(2) 증거능력의 요건

(가) 제313조 제1항 본문의 규정

피고인 또는 피고인 아닌 자의 진술을 기재한 서류로서 그 진술자의 서명 또는 날인이 있는 것(피고인 또는 피고인 아닌 자가 진술한 내용이 포함된 문자·사진·영상 등의 정보로서 컴퓨터용디스크, 그 밖에 이와 비슷한 정보저장매체에 저장된 것을 포함한다)은 공판준비나 공판기일에서의 그 진술자의 진술에 의하여 그 성립의 진정함이 증명된 때에는 증거로 할 수 있다. 따라서 진술기재서가 증거능력을 인정받으려면 진술기재서에 그 진술자인 피고인이나 피고인 아닌 자의 서명 또는 날인이 있어야 하고, 공판준비 또는 공판기일에서 그 진술자인 피고인 또는 피고인 아닌 자의 진술에 의하여 그 성립의 진정함이 증명되어야 한다. 다만 컴퓨터용디스크 등 정보저장매체에 저장된 진술기재서에 대하여 제313조를 적용함에 있어서는 작성자의 서명 또는 날인은 요구되지 않는다.

(나) 제313조 제1항 단서의 규정

피고인의 진술을 기재한 서류는 공판준비 또는 공판기일에서의 그 작성자의 진술에 의하여 그 성립의 진정함이 증명되고 그 진술이 특히 신빙할 수 있는 상태하에서 행하여진 때에 한하여 피고인의 공판준비 또는 공판기일에서의 진술에 불구하고 증거로 할 수 있다. 여기서 작성자는 피고인의 진술을 기재한 서류의 작성자를 의미하므로 원진술자인 피고인이 성립의 진정을 부인하는 진술기재서가 증거능력을 인정받기 위해서는 서류의 작성자가 그 서류의 진정성립을 인정하고 또한 특신상태가 존재하여야 한다. 이렇게 볼 때 제313조 제1항 단서에서 피고인의 진술에 불구하고 증거로 할 수 있다는 것은 원진술자인 피고인이 그 성립의 진정을 부인하더라도 서류작성자의 진술에 의하여 서류의 기재내용이 피고인이 진술한 대로 기재된 것이라는 점이 증명되고 그 진술이 특히 신빙할 수 있는 상태하에서 행하여진 것으로 인정되면 증거로 할 수 있다는 것을 의미하게 된다(2012도7461).

요컨대 피고인의 진술을 기재한 서류 또는 정보저장매체는 피고인의 진술에 의하여 그 성립의 진정함이 증명되거나 또는 그 서류 등의 작성자의 진술에 의하여 그 성립의 진정함이 증명되고 특신상태의 요건이 존재하는 경우에 이를 증거로 사용할 수 있다.

(3) 제314조의 적용

진술기재서도 피고인 아닌 원진술자가 사망·질병·외국거주·소재불명 그 밖에 이에 준하는 사유로 인하여 진술할 수 없는 때에는 그 작성이 특히 신빙할 수 있는 상태에서 행하여졌음이 증명된 때에 한하여 증거로 할 수 있다.

6. 감정서

(1) 의 의

감정서란 감정의 경과와 결과를 기재한 서류를 말한다. 감정은 법원의 명령에 의한 경우(제169조)와 수사기관의 위촉에 의한 경우(제221조)가 있다.

(2) 감정서의 증거능력

감정서는 진술서에 준하여 증거능력이 인정된다(제313조 제3항). 따라서 감정서는 공판준비 또는 공판기일에서의 감정인의 진술 또는 객관적 방법에 의하여 그 성립의 진정함이 증명되고, 피고인 또는 변호인이 공판준비 또는 공판기일에 그 기재내용에 관하여 감정인을 신문할 수 있었을 때에는 증거로 할 수 있다(제313조 제1항·제2항). 감정서에 대하여 당사자가 증거로 함에 동의한 경우에도 증거능력이 인정된다(제318조).

(3) 제314조의 적용

감정인이 사망·질병·외국거주·소재불명 그 밖에 이에 준하는 사유로 진술할 수 없을 때에는 감정서의 작성이 특히 신빙할 수 있는 상태하에서 행하여졌음이 증명된 때에 한하여 증거로 할 수 있다(제314조).

7. 검증조서

(1) 의 의

검증조서란 법원 또는 수사기관이 검증을 행한 결과를 기재한 서면을 말한다. 즉 검증을 한 자가 오관의 작용에 의하여 사람, 장소, 물건의 성질·형상 등에 대하여 인식한 것을 기재한 서면을 말한다. 법원이나 수사기관이 검증을 한 때에는 조서를 작성하여야 한다(제49조 제1항). 검증조서의 증거능력은 검증의 주체가 법원 또는 법관인가 수사기관인가에 따라 차이가 있다.

(2) 법원 또는 법관의 검증조서

(가) 검증조서의 증거능력

공판준비 또는 공판기일에 법원 또는 법관의 검증의 결과를 기재한 조서는 증거능력이 있다(제311조). 수소법원이 검증을 행한 경우는 물론이고, 수명법관이나 수탁판사가 검증을 행한 경우 그리고 증거보전절차에서 판사가 검증을 행한 경우의 검증조서는 모두 증거로 할 수 있다.

법원 또는 법관의 검증조서에 당연히 증거능력이 인정되는 이유는 공평한 제3자인 법원 또는 법관이 검증의 주체이므로 검증결과에 신용성이 인정되기 때문이라고 할 수 있다.

(나) 검증조서에 기재된 진술의 증거능력

검증조서에는 검증의 결과 이외에 피해자·목격자·피고인 등 검증현장에 참여한 자의 진술을 기재하는 경우가 있는데, 여기에는 현장지시와 현장진술의 두 가지 형태가 있다.

1) 현장지시의 증거능력

현장지시란 검증의 대상을 지시하는 진술로서, 진술 자체가 범죄사실을 인정하기 위한 독립된 진술증거로서 사용되는 경우가 아닌 것을 말한다. 이와 같이 특정한 장소나 목적물을 지적하는 데 중점이 있는 참여인 진술은 검증의 정확성을 보조하는 역할을 하는 검증조서의 구성부분으로서 조서와 일체를 이루고 있으므로 검증조서로서 증거능력이 인정된다고 보아야 한다.

2) 현장진술의 증거능력

현장진술이란 검증의 기회를 이용하여 현장에서 행하여진 현장지시 이외의 진술을 말하며, 참여인의 과거의 체험사실에 대한 진술이 공소사실 인정의 증거로서 사용되는 경우라고 할 수 있다. 참여인의 이와 같은 진술은 검증의 결과 자체와는 구별되어야 하므로 검증조서로서 증거능력을 가질 수는 없다고 해야 한다. 현장진술의 증거능력에 대하여는 이는 법원 또는 법관 면전에서의 진술이므로 제311조 1문 전단에 따라 증거능력이 인정된다는 것이 다수설의 입장이다.

(다) 검증조서에 첨부된 사진과 도화의 증거능력

검증조서에는 검증목적물의 현상을 명확하게 하기 위하여 도화나 사진을 첨부할 수 있다(제49조 제2항). 이러한 도화나 사진은 검증조서와 일체를 이루므로 제

311조의 검증조서에 관한 규정에 따라 증거능력이 인정된다.

(3) 검사 또는 사법경찰관의 검증조서

(가) 검증조서의 증거능력

수사기관이 검증의 결과를 기재한 검증조서에 대해서 형사소송법은 그 작성주체가 검사인가 사법경찰관인가를 묻지 않고 동일한 요건하에 증거능력을 인정하고 있다. 즉 검사 또는 사법경찰관이 검증의 결과를 기재한 조서는 적법한 절차와 방식에 따라 작성된 것으로서 공판준비 또는 공판기일에서의 작성자의 진술에 따라 그 성립의 진정함이 증명된 때에는 증거로 할 수 있다(제312조 제6항).

검사 또는 사법경찰관의 검증조서에는 적법한 절차와 방식에 따른 작성과 실질적 진정성립의 인정이 증거능력의 요건으로 요구된다. 적법한 절차와 방식에 의한 조서작성의 의미는 형식적 진정성립을 포함하는 개념으로서 기본적으로 다른 조서의 경우와 같다. 또한 실질적 진정성립의 인정은 검증의 대상인 범죄현장 등의 객관적 상황에 관한 검증조서의 기재가 검증 당시의 검증자의 체험과 일치한다는 것을 인정하는 것을 말한다.

(나) 검증조서에 기재된 진술의 증거능력

이미 법원의 검증조서에서 살펴본 바와 같이 현장지시에 해당하는 진술은 검증조서와 일체로 보아 제312조 제6항이 적용된다고 보아야 한다. 그러나 검증현장을 이용하여 행하여진 현장지시 이외의 진술인 현장진술의 경우에는 검증조서와 분리하여 진술증거로서 별도로 그 증거능력을 판단하여야 할 것이다. 즉 작성주체와 진술자에 따라 검증조서에 기재된 현장진술이 검사의 검증현장에서 피의자가 한 진술이라면 제312조 제1항 또는 제2항에 의하여 검사작성 피의자신문조서로서 취급하여야 하고, 검사 또는 사법경찰관이 참고인의 진술을 기재한 경우라면 제312조 제4항에 의하여, 그리고 사법경찰관이 피의자의 진술을 기재하였으면 제312조 제3항에 의하여 각각 그 증거능력을 판단하여야 한다.

검증현장에서의 피의자의 범행재연은 행동적 진술로서 자백에 해당하므로 이를 촬영하여 검증조서에 첨부한 범행재연사진에 대하여는 검증의 주체가 누구인가에 따라 제312조 제1항 내지 제3항을 적용하여야 한다. 따라서 사법경찰관이 작성한 검증조서에 피의자였던 피고인이 자백한 범행내용이 기재되어 있고 또한 현장에서 이를 재연하는 과정을 촬영한 사진이 첨부되어 있는 경우 이들에 대해서는 제

312조 제3항이 적용된다(2007도1794).

(다) 실황조사서의 증거능력

실황조사서란 범죄의 현장 기타 장소에서 수사기관이 임의수사로서 행한 실황조사의 결과를 기재한 서면을 말한다(검찰사건사무규칙 제17조). 실황조사서는 수사기관이 오관의 작용에 의하여 사고현장 등의 상태를 인식하여 기재한 서류이므로 실질적으로 검증조서와 동일한 성질을 가진다. 따라서 교통사범의 조사 등을 목적으로 도로에서 행하는 실황조사의 경우처럼 개인의 기본권침해가 문제되지 않는 경우라면 이는 임의수사로서 인정될 수 있고, 그 결과를 기재한 실황조사서는 이를 검증조서로 보아야 할 것이다.

다만 임의수사로서 허용되는 것은 피검자의 승낙에 의한 검증과 개인의 법익을 실질적으로 침해하지 않는 장소에서 행하여지는 실황조사의 경우만을 의미하므로 개인의 법익을 침해하는 형태로서 실황조사가 이루어졌다면 이는 이미 임의수사로서 허용될 수 없고 강제처분으로서의 검증의 요건을 구비한 경우에만 그 적법성을 인정받게 될 것이다. 판례도 작성자의 공판기일에서의 진술에 의하여 그 성립의 진정함이 증명된 실황조사서의 증거능력을 인정함으로써 긍정설의 입장을 취하고 있다(82도1504).

(라) 제314조의 적용

검증조서나 실황조사서 등의 작성자가 사망·질병·외국거주·소재불명 그 밖에 이에 준하는 사유로 진술할 수 없게 된 때에는 그 작성이 특히 신빙할 수 있는 상태하에서 행하여졌음이 증명된 때에 한하여 증거로 할 수 있다(제314조).

8. 당연히 증거능력이 인정되는 서류

제315조는 일정한 서류에 대하여 당연히 증거능력을 인정하고 있다. 제315조에 규정된 서류들은 신용성의 정황적 보장이 고도로 인정되므로 진정성립이나 특신상태의 요건을 묻지 않고 증거능력을 인정하는 것이다.

(1) 공권적인 증명문서

가족관계기록사항에 관한 증명서, 공정증서등본 기타 공무원 또는 외국공무원의 직무상 증명할 수 있는 사항에 관하여 작성한 문서는 당연히 증거능력이 있다(제315조 제1호). 공권적 증명문서에는 위에 예시된 서류 이외에도 등기부등본 및 초

본, 인감증명, 전과조회회보, 신원증명서, 세관공무원이 작성한 시가감정서(85도
225), 법원의 판결서사본 등이 포함된다. 그러나 수사기관이 작성한 문서는 여기에
해당하지 않는다.

(2) 업무상 작성된 통상문서

상업장부, 항해일지 기타 업무상 필요로 작성한 통상문서는 당연히 증거능력
이 있다(동조 제2호). 일상적인 업무과정에서 작성되는 문서는 업무의 기계적 반복성
으로 인하여 허위가 개입할 여지가 적다는 점과 작성자를 일일이 소환하여 진술하
도록 하는 것이 번거롭다는 점에 그 근거가 있다. 금전출납부, 전표, 통계표, 영업
용 컴퓨터기록(2007도3219) 등은 업무상 통상문서로서 증거능력이 인정된다. 의사가
작성한 진료기록부도 여기에 해당한다. 그러나 의사가 작성한 진단서는 업무상 필
요에 의하여 순차적·계속적으로 작성되는 것이 아니라 전문지식에 의하여 그때 그
때 개별적으로 작성되는 것이므로 특히 신용할 수 있는 정황에 의하여 작성된 문서
라고 볼 수 없고, 따라서 제313조 제1항·제2항에 해당하는 경우에 한하여 증거로
사용할 수 있다(69도179).

(3) 기타 특히 신용할 만한 정황에 의하여 작성된 문서

공권적 증명문서나 업무상 통상문서에 해당하지 않는 경우라도 이에 준할 정
도의 고도의 신용성이 인정되는 문서는 당연히 증거능력이 인정된다(동조 제3호). 공
공기록·역서(曆書)·보고서·학술논문·정기간행물의 시장가격표·스포츠 기록·공무
소 작성의 각종 통계와 연감 등이 여기에 해당한다. 다른 피고사건에 대한 공판조
서(2004도4428), 구속적부심사절차에서 피의자를 심문하고 그 진술을 기재한 구속
적부심사조서(2003도5693), 영장실질심사절차에서 작성된 구속 전 피의자심문조서
도 제315조 제3호에 의하여 증거능력이 인정된다.

VI. 전문진술의 증거능력

1. 의 의

공판준비 또는 공판기일 외에서의 타인의 진술을 내용으로 하는 진술은 이를
증거로 할 수 없다(제310조의2). 본래 영미법상의 전문법칙과 그 예외이론은 타인의

진술을 내용으로 하는 증언인 전문진술과 관련하여 발전하여 왔다고 할 수 있다. 형사소송법은 전문진술에 대하여 제316조에서 그 예외를 인정하고 있다. 제316조는 전문진술에 대한 전문법칙의 예외를 피고인의 진술을 내용으로 하는 경우와 피고인 아닌 자의 진술을 내용으로 하는 경우로 나누어 규정하고 있다.

2. 피고인의 진술을 내용으로 하는 전문진술

(1) 예외의 요건

피고인 아닌 자(공소제기 전에 피고인을 피의자로 조사하였거나 그 조사에 참여하였던 자를 포함한다)의 공판준비 또는 공판기일에서의 진술이 피고인의 진술을 그 내용으로 하는 것인 때에는 그 진술이 특히 신빙할 수 있는 상태하에서 행하여졌음이 증명된 때에 한하여 이를 증거로 할 수 있다(제316조 제1항). 원진술자인 피고인은 공판정에 출석해 있어 필요성은 문제되지 않으므로 신용성의 정황적 보장을 조건으로 증거능력을 인정한 것이다. 여기서 '그 진술이 특히 신빙할 수 있는 상태하에서 행하여진 때'라 함은 피고인이 그 진술을 하였다는 것에 허위 개입의 여지가 거의 없고, 그 진술 내용의 신빙성이나 임의성을 담보할 구체적이고 외부적인 정황이 있는 경우를 가리킨다(2010도8735).

(2) 적용범위

형사소송법 제316조 제1항의 적용대상이 되는 것은 피고인 아닌 자의 공판준비 또는 공판기일에서의 진술로서 피고인의 진술을 내용으로 하는 것이어야 한다.

(가) 피고인의 진술

여기서 피고인이란 당해 피고인만을 의미하므로 공동피고인이나 공범자는 피고인 아닌 자에 해당한다. 피고인의 진술은 반드시 피고인의 지위에서 행하여진 것에 한하지 않고, 피의자·참고인 등 어떤 지위에서 이루어진 것이라도 상관없으며, 피고인이 수사를 받기 전에 진술한 내용이라도 피고인의 진술에 속한다. 피고인의 진술이 자백에 해당하는 경우에는 자백보강법칙이 적용되므로 피고인 아닌 자의 법정에서의 증언이 피고인의 자백을 내용으로 하는 때에는 보강증거를 필요로 한다(2007도10937).

(나) 피고인 아닌 자의 진술

피고인이 아닌 자에는 공소제기 전에 피고인을 피의자로 조사하였거나 그 조사

에 참여하였던 자를 포함한다고 하여 형사소송법은 제3자뿐만 아니라 피고인을 조사
한 수사기관이나 그 조사에 참여하였던 자가 조사받을 때 범행을 자백한 피고인의
진술내용을 증언하는 경우에도 제316조 제1항을 적용하고 있다. 이른바 조사자 증언
제도를 채택하고 있는 것이다. 조사자증언제도에 의하면 수사기관 등이 수사절차에
서 획득한 피의자의 진술을 증언의 형태로 법정에 현출하는 것이 가능하게 된다.

3. 피고인 아닌 자의 진술을 내용으로 하는 전문진술

(1) 예외의 요건

피고인 아닌 자의 공판준비 또는 공판기일에서의 진술이 피고인 아닌 타인의
진술을 그 내용으로 하는 것인 때에는 원진술자가 사망·질병·외국거주·소재불명
그 밖에 이에 준하는 사유로 인하여 진술할 수 없고, 그 진술이 특히 신빙할 수 있
는 상태하에서 행하여졌음이 증명된 때에 한하여 이를 증거로 할 수 있다(제316조
제2항). 전문법칙의 예외에 대한 전형적인 경우를 규정한 것으로서 필요성과 신용성
의 정황적 보장을 요건으로 전문진술의 증거능력을 인정한 것이다.

(2) 적용범위

피고인 아닌 자에는 제3자는 물론 공범자와 공동피고인이 포함된다(2011도
7173). 따라서 피고인 甲의 공범자인 A가 B에게 피고인과의 공동범행사실을 말하고
B가 공판정에서 A로부터 들은 내용을 진술하는 경우에는 B의 진술에 대하여 제
316조 제2항이 적용된다. A가 공동피고인인 경우에도 마찬가지이다.

또한 공판준비 또는 공판기일에서 진술하는 피고인 아닌 자에는 공소제기 전
에 피고인 아닌 자를 조사하였거나 그 조사에 참여하였던 자가 포함된다. 피고인
아닌 자에 대하여 '공소제기 전에 피고인을 피의자로 조사하였거나 그 조사에 참여
하였던 자를 포함한다. 이하 이 조에서 같다'라고 규정하고 있는 제316조 제1항과
관련하여 제2항을 해석하면, 제2항의 피고인 아닌 자의 범위에는 공소제기 전에 피
고인 아닌 자를 조사하였거나 그 조사에 참여한 자가 포함되는 것으로 보아야 하기
때문이다(2008도6985).

(3) 증거능력의 요건

제316조 제2항에 의하여 전문진술에 증거능력이 인정되려면 원진술자의 진술
불능과 특신상태의 존재라는 두 가지 요건이 구비되어야 한다.

필요성의 요건은 제314조와 동일한 의미를 가진다. 판례는 원진술자가 제1심 법원에 출석하여 진술하였다가 항소심에 이르러 진술할 수 없게 된 경우에 제1심 법원에서 증거로 할 수 있었던 증거는 항소심 법원에서도 증거로 할 수 있다는 점을 이유로 필요성을 부정하였으며(2001도3997), 피해자로부터 범죄사실에 관하여 들었다는 증인의 증언은 원진술자인 피해자가 법정에 출석하여 증언을 한 사건에 있어서는 원진술자가 진술할 수 없는 때에 해당되지 아니하므로 증거능력이 없다고 판시하였다(2011도7173).

제316조 제2항에 의하여 증거능력이 인정되려면 필요성과 함께 특신상태가 증명되어야 한다. 특히 신빙할 수 있는 상태에서 원진술자의 진술이 이루어졌는가의 여부는 진술 당시의 구체적 상황, 진술의 동기와 방법, 진술내용 등을 종합적으로 고려하여 판단하여야 한다.

4. 피고인의 전문진술

형사소송법은 피고인이 공판준비 또는 공판기일에 피고인 아닌 자의 진술을 내용으로 하는 진술을 하는 경우에 대하여 명문의 규정을 두고 있지 않다. 타인의 진술을 내용으로 하는 피고인의 진술에 대하여는 제316조 제2항을 유추적용하는 것이 타당하다고 생각된다. 따라서 피고인의 전문진술은 필요성과 특신상태가 인정되는 경우에 한하여 증거로 할 수 있다.

VII. 재전문증거의 증거능력

1. 재전문증거의 의의

재전문증거는 전문증거가 그 내용에 다시 전문증거를 포함하는 경우를 말한다. 타인의 진술을 내용으로 하는 진술을 다시 전문하여 진술이나 서면의 형태로 제출하는 경우라고 할 수 있다. 구체적으로 보면 ① 원진술자 A의 진술을 들은 B가 C에게 다시 전달하여 C가 법원에 원진술자 A의 진술내용을 보고하는 경우, ② 원진술자 A의 진술을 들은 B가 원진술자의 진술내용을 서면에 기재하거나 또는 C에게 원진술내용을 진술하여 C로 하여금 서류에 기재하게 하는 경우가 재전문증거에 해당한다. ①은 재전문진술의 경우이고, ②는 재전문서류의 경우이다.

2. 증거능력에 대한 학설 및 판례

(1) 부정설

재전문증거에 대하여 전문법칙의 예외를 인정하지 않는 견해이다. 재전문은 이중의 예외로서 단순한 전문증거에 비하여 범죄사실과의 관련성이나 증명력이 약하여 오류개입의 가능성이 높고, 통상의 전문증거는 제311조 이하의 명문규정을 통하여 예외적으로 증거능력을 인정받고 있는데 재전문증거는 그 증거능력을 인정하는 명문규정이 법에 없다는 것을 근거로 한다.

(2) 긍정설

재전문증거에 포함된 진술 하나 하나가 전문법칙의 예외의 요건을 충족하는 때에는 증거능력이 인정된다는 견해이다. 전문증거와 재전문증거는 타인의 원진술이 요증사실의 증거자료로 된다는 점에서 차이가 없고, 전문진술이 기재된 서면과 재전문진술은 이중의 전문이라는 점에서 동일하다는 점을 그 논거로 한다

(3) 제한적 긍정설(판례)

제한적으로 재전문증거에 대하여 전문법칙의 예외를 인정하는 견해로서, 재전문진술에 대하여는 예외를 인정할 수 없으나 전문진술이 기재된 서류에 대하여는 전문법칙의 예외를 인정할 수 있다는 입장이다.

판례는 재전문진술이나 재전문진술을 기재한 서류에 대하여는 현행법상 그 증거능력을 인정하는 규정을 두고 있지 않음을 이유로 당사자가 증거로 하는 데 동의하지 않는 한 증거로 할 수 없다고 하면서, 다만 전문진술이 기재된 서류에 대하여는 형사소송법 제312조 내지 제314조의 규정과 제316조의 규정에 의하여 각각 증거능력이 인정되는 경우에 그 증거능력을 인정하는 입장을 취하고 있다(2000도159). 따라서 타인의 진술을 내용으로 하는 참고인진술조서는 제312조 제4항 또는 제314조에 의한 진술조서로서의 예외의 요건과 제316조 제2항에 의한 전문진술로서의 예외의 요건을 모두 충족하는 경우에 이를 증거로 할 수 있다고 한다.

(4) 검 토

당사자의 동의가 있으면 재전문증거라도 증거능력이 인정된다는 것이 학설과 판례의 입장이다. 그러나 동의가 없는 경우에도 재전문증거는 그것이 재전문서류

인가 재전문진술인가를 묻지 않고 개개의 예외의 요건을 충족하는 경우에 이를 증거로 할 수 있다고 보아야 한다. 전문증거와 재전문증거는 타인의 원진술이 요증사실의 증거로 사용된다는 점에서 실질적인 차이가 없을 뿐만 아니라 재전문서류와 재전문진술도 이중의 전문이라는 점에서 차이가 없기 때문이다.

Ⅷ. 특수한 증거방법과 전문법칙

1. 사진의 증거능력

(1) 의 의

사진은 과거에 발생한 역사적 사실을 렌즈에 비친 대로 필름 또는 인화지에 기계적으로 재생시킨 증거방법이다. 사진은 기계적인 방법으로 대상을 특정한다는 점에서 신용성이 매우 높은 증거라고 할 수 있다. 그러나 사진은 이를 촬영하고 현상·인화하는 과정에서 인위적인 조작이 가해질 위험성도 가지고 있다. 여기서 사진을 비진술증거로 볼 것인가 아니면 진술증거로서 전문법칙이 적용된다고 볼 것인가의 문제가 제기되게 된다. 사진의 증거능력은 그 성질과 용법에 따라 유형별로 살펴볼 필요가 있다.

(2) 사본인 사진

본래 증거로 제출될 자료의 대체물로 사진이 사용되는 경우를 말한다. 문서의 사본이나 범행에 사용된 흉기의 사진 등이 여기에 해당한다. 사본인 사진의 증거능력은 최우량증거의 법칙(best evidence rule)에 의하여 원본증거를 공판정에 제출하기 불가능하거나 곤란함이 인정되고, 원본의 정확한 사본임이 증명되는 경우에 한하여 인정된다. 따라서 휴대전화기에 전송된 문자정보를 촬영한 사진을 증거로 사용하려면 문자정보가 저장된 휴대전화기를 법정에 제출할 수 없거나 그 제출이 곤란한 사정이 있고, 그 사진의 영상이 휴대전화기의 화면에 표시된 문자정보와 정확하게 같다는 사실이 증명되어야 한다(2006도2556).

사본으로서의 사진은 원본증거가 증거물이면 사진도 비진술증거가 되고, 본래 제출할 증거가 서류 등 진술증거이면 사진도 진술증거로서의 성격을 가지게 된다. 따라서 전자의 경우에는 사진이 사본으로서의 요건을 갖추는 것으로서 족하나, 후

자의 경우에는 사본으로서의 요건과 전문증거로서의 예외의 요건을 모두 구비하여
야 증거로 할 수 있다.

(3) 현장사진

현장사진이란 범행과정이나 범행장소의 상황 등을 촬영한 사진으로서 이것이
독립증거로 사용되는 경우를 말한다. 현장을 촬영한 비디오테이프의 영상부분도
여기에 해당한다고 할 수 있다. 현장사진의 성격과 증거능력에 관하여는 다음과 같
은 견해가 있다.

(가) 비진술증거설

현장사진은 사람의 지각에 의한 진술이 아니므로 독립된 비진술증거라고 보는
견해이다. 따라서 현장사진은 요증사실과의 관련성, 즉 현장의 정확한 영상이라는
사실이 입증되면 증거로 할 수 있으며, 작성과정에 인위적인 조작이 있었는지의 여
부가 문제로 되면 감정절차를 거쳐 사진이 진정한 것인지의 여부를 판단하면 되고
또한 요증사실과의 관련성을 다투는 경우에도 반드시 촬영자를 원진술자로서 소환할
필요가 없고 제3자의 증언이나 다른 방법에 의해서도 그 증명이 가능하다고 한다.

(나) 진술증거설

현장사진도 기계적 방법을 사용하여 과거사실을 재현하는 것이므로 사실의 보
고라는 기능면에서 진술증거와 동일하다고 할 수 있고, 작성과정에 인위적인 조작
의 위험성도 있으므로 진술증거로서 전문법칙이 적용된다고 보는 견해이다. 이에
따르면 수사기관이 촬영한 사진에 대하여는 검증조서에 준하여 제312조 제6항을
적용하고, 사인이 촬영한 경우에는 진술서에 준하여 제313조 제1항·제2항을 적용
하여 증거능력을 판단하게 된다. 또한 촬영자가 진술할 수 없는 특별한 사정이 있
는 때에는 제314조에 의하여 증거능력이 인정될 수도 있다.

(다) 검 토

현장사진은 기계적 방법에 의한 사실의 보고라는 점에서 진술증거의 일종이라
고 할 수 있을 뿐만 아니라 촬영과 작성과정에 조작의 가능성이 있다는 점을 고려할
때 전문법칙이 적용된다고 보는 것이 타당하다. 따라서 수사기관이 촬영한 현장사진
에는 제312조 제6항이 적용되고, 사인이 촬영한 현장사진에는 제313조 제1항·제2
항이 적용된다고 보는 진술증거설이 타당할 것이다.

2. 수사기관의 영상녹화물의 증거능력

(1) 영상녹화물의 의의

수사기관이 피의자나 참고인의 진술을 영상녹화하여 기록해 놓은 것을 영상녹화물이라고 한다(제312조 제4항 참조). 형사소송법은 수사기관 이외의 사람이 자신이나 타인의 진술을 녹화한 영상기록물을 비디오테이프라고 표현하여 이와 구별하고 있다(제292조의3 참조).

형사소송법은 수사절차의 적법성을 보장하여 인권침해를 방지하고, 수사기관 작성 참고인진술조서의 진정성립을 인정하는 방법으로서(제312조 제4항) 그리고 기억이 불명확한 경우의 기억환기용 수단으로서(제318조의2 제2항) 영상녹화제도를 인정하고 있다.

(2) 영상녹화물의 독립적 증거능력의 문제

영상녹화물의 증거로서의 사용범위와 관련해서는 ① 영상녹화물에 조서의 실질적 진정성립의 증명수단으로서의 보충적 지위를 인정하는 데 그치지 않고 영상녹화물도 진술을 기록하는 매체라는 점에서 조서와 성질을 같이한다고 보아 조서의 증거능력에 관한 규정을 준용하여 영상녹화물에 독립적인 증거능력을 인정해야 한다는 견해(본증긍정설)와 ② 영상녹화물에 증거능력을 인정하는 명문규정을 두고 있지 않는 현행법하에서는 형사소송법 제312조 제4항의 해석상 영상녹화물에 본증으로서의 지위를 인정할 수 없다는 견해(본증부정설)가 주장되고 있다. 판례는 영상녹화물에 독립적인 증거로서의 지위를 인정할 수 없다는 입장이다(2012도5041).

본증긍정설에 따르면 수사기관의 영상녹화물이 독립적인 증거로서 직접 범죄사실의 증명에 사용될 수 있게 된다. 그러나 영상녹화제도가 수사기관의 위법수사를 감시하는 기능을 수행하고 피의자의 진술을 담은 영상녹화물이 피의자의 진술의 증거가치를 높이는 효과가 있는 것도 사실이지만, 한편 영상녹화물은 시각적·청각적으로 매우 생생한 이미지와 음향을 재생하기 때문에 수사기관의 주도하에 이루어진 진술에 의하여 법관의 심증형성이 왜곡될 위험성도 아울러 가지고 있다. 이는 영상녹화물이 본증으로 사용되는 경우뿐만 아니라 탄핵증거로 현출되는 경우에도 마찬가지라고 할 수 있다. 따라서 현행법상의 영상녹화물은 조서의 실질적 진정성립을 인정하는 방법 및 기억환기용 수단으로서의 지위를 가짐에 그치고, 그 이외에 조서에 준하여 본증으로서 요증사실을 증명하거나 탄핵증거로서 사용될 수는 없다고 해야 한다.

(3) 특별법에 의한 영상녹화물의 본증 사용

수사기관작성 영상녹화물의 사용범위를 엄격히 제한하고 있는 형사소송법의 태도와는 달리 「성폭력범죄의 처벌 등에 관한 특례법」은 일정한 성폭력범죄의 피해자의 진술을 녹화한 영상녹화물을 본증으로 사용할 수 있도록 허용하고 있다. 성폭력범죄의 피해자가 19세 미만이거나 신체적인 또는 정신적인 장애로 사물을 변별하거나 의사를 결정할 능력이 미약한 경우에는 피해자의 진술 내용과 조사 과정을 비디오녹화기 등 영상물 녹화장치로 촬영·보존하여야 한다(동법 제30조 제1항). 이 경우 영상물 녹화는 피해자 또는 법정대리인이 이를 원하지 아니하는 의사를 표시한 경우에는 촬영을 하여서는 아니 된다. 다만 가해자가 친권자 중 일방인 경우는 그러하지 아니하다(동조 제2항). 촬영한 영상물에 수록된 피해자의 진술은 공판준비기일 또는 공판기일에 피해자나 조사 과정에 동석하였던 신뢰관계에 있는 사람 또는 진술조력인의 진술에 의하여 그 성립의 진정함이 인정된 경우에 증거로 할 수 있다(동조 제6항). 또한 「아동·청소년의 성보호에 관한 법률」도 아동·청소년대상 성범죄 피해자의 진술을 녹화한 영상녹화물에 대하여 같은 내용을 규정하고 있다(동법 제26조).

3. 녹음테이프의 증거능력

(1) 녹음테이프의 성격

녹음테이프는 사람의 음성이나 음향을 기계적 장치를 통하여 기록하여 재생할 수 있도록 한 것으로서, 기록과 재생의 정확성이 인간의 지각과 기억에 의한 경우보다 우월하고 음성과 음향이 직접 법정에 제공된다는 점에서 높은 증거가치를 가진 증거방법이라고 할 수 있다. 그러나 한편 녹음테이프는 녹음자나 편집자의 주관적 의도에 의하여 녹음과 편집과정에서 그 내용이 인위적으로 조작될 위험성도 가지고 있다. 따라서 녹음테이프의 증거능력을 판단하는 데 있어서는 녹음테이프가 가지는 이러한 양면적인 성격을 함께 고려하여야 한다. 녹음테이프의 증거능력은 테이프에 녹음된 내용이 무엇인가에 따라 진술녹음과 현장녹음으로 나누어 살펴볼 필요가 있다. 여기서 논의되는 녹음테이프의 증거능력의 문제는 녹음테이프가 위법수집증거가 아닌 것을 전제로 한다.

(2) 진술녹음의 증거능력

(가) 사인의 진술녹음

진술녹음에 의하여 녹음테이프에 녹음되어 있는 진술내용의 진실성을 증명하고자 하는 때에는 녹음테이프가 진술증거로서 사용되는 것이므로 전문법칙의 적용대상이 된다.

진술을 녹음한 주체가 사인인 경우에는 녹음테이프가 진술서 또는 진술기재서로서의 실질을 가지므로 제313조를 적용해야 할 것이다. 따라서 사인이 자신의 경험사실을 녹음한 녹음테이프는 진술서로서 녹음자의 진술이나 디지털포렌식 자료, 감정 등 객관적 방법에 의하여 성립의 진정함이 증명되는 때에는 증거로 할 수 있다. 다만 피고인 아닌 자가 녹음한 녹음테이프는 피고인 또는 변호인이 공판준비 또는 공판기일에 그 기재 내용에 관하여 녹음자를 신문할 수 있었을 것을 요한다.

또한 피해자가 피고인의 진술을 녹음한 녹음테이프는 피고인의 진술을 기재한 진술기재서로서 원진술자인 피고인이 그 성립의 진정함을 인정하거나 또는 녹음자의 진술에 의하여 녹음테이프의 성립의 진정함이 증명되고 그 진술이 특히 신빙할 수 있는 상태하에서 행하여진 경우에 증거로 할 수 있다(2012도7461). 사인이 피고인 아닌 사람과의 대화내용을 녹음한 녹음테이프는 제313조 제1항 본문에 의하여 공판준비나 공판기일에서 원진술자의 진술에 의하여 그 녹음테이프에 녹음된 진술내용이 자신이 진술한 대로 녹음된 것이라는 점이 인정되면 증거로 할 수 있다(2010도7497).

한편 사인이 피고인 아닌 자와의 전화대화를 녹음한 녹음테이프에 대하여 법원이 실시한 검증의 내용이 녹음테이프에 녹음된 전화대화의 내용이 검증조서에 첨부된 녹취서에 기재된 내용과 같다는 것에 불과한 경우에는 증거자료가 되는 것은 녹음테이프에 녹음된 대화 내용이므로, 피고인이 그 녹음테이프를 증거로 할 수 있음에 동의하지 않은 이상 그 녹음테이프 검증조서의 기재 중 피고인 아닌 자의 진술내용을 증거로 사용하기 위해서는 형사소송법 제313조 제1항에 따라 공판준비나 공판기일에서 원진술자의 진술에 의하여 그 녹음테이프에 녹음된 진술내용이 자신이 진술한 대로 녹음된 것이라는 점이 인정되어야 하고, 다만 녹음테이프에 대한 검증의 내용이 그 진술 당시 진술자의 상태 등을 확인하기 위한 것인 경우라면 검증조서는 법원의 검증의 결과를 기재한 조서로서 형사소송법 제311조에 의하여 당연히 증거능력이 있다(2007도10755).

(나) 수사기관의 진술녹음

수사기관의 녹음테이프에 대해서는 사인이 녹음한 녹음테이프와는 다른 관점에서 그 증거능력을 검토할 필요가 있다. 결과적으로 수사기관이 수사과정에서 피의자나 참고인의 진술을 녹음한 녹음테이프에 대하여는 영상녹화물에 있어서와 마찬가지로 이에 독자적인 증거능력을 인정할 수는 없다고 해야 한다. 수사기관의 영상녹화물이나 그 밖의 객관적 방법의 사용을 참고인진술조서의 실질적 진정성립을 인정하기 위한 수단으로서만 규정하고 있는 현행법의 태도에 비추어 볼 때, 영상녹화물에 준하는 과학적·객관적 증거방법의 대표적인 형태인 녹음테이프를 수사기관의 조서에 준하여 취급하는 것은 타당하지 않기 때문이다. 또한 여기서 독립증거로서 사용할 수 없는 녹음테이프에는 수사기관이 본래 녹음의 방법으로 진술을 녹취한 경우뿐만 아니라 수사기관이 영상녹화한 영상녹화물의 녹음부분도 포함된다고 해야 한다(2012도5041 참조).

(다) 서명·날인

전문서류의 증거능력을 인정하기 위하여는 기본적으로 원진술자의 서명 또는 날인이 있어야 한다. 그러나 녹음테이프는 서명·날인에 적합하지 않은 증거방법이므로 진술자의 음성과 녹음된 음성이 일치하고 녹음이 정확하다는 점을 인정할 수 있으면 별도의 서명·날인이 없더라도 증거능력을 인정할 수 있다고 보아야 한다. 판례도 작성자나 진술자의 서명 또는 날인이 없더라도 그것이 대화내용을 녹음한 원본이거나 원본의 내용을 그대로 복사한 사본임이 입증되고, 녹음테이프의 작성자 등의 진술에 의하여 그 성립의 진정함이 증명되면 녹음테이프에 녹음된 진술내용을 증거로 사용할 수 있다고 한다(2008도9414).

(3) 현장녹음의 증거능력

범행현장에서의 관련자의 말이나 음향 등을 녹음한 현장녹음의 성격에 관하여 현장사진의 경우와 같이 견해가 대립하고 있다.

비진술증거설은 현장녹음에는 전문법칙이 적용되지 않고 요증사실과의 관련성만 증명되면 증거로 할 수 있다고 보는 데 대하여, 진술증거설은 현장녹음의 경우에도 사실을 보고하는 성질을 가지고 있고 녹음과 편집과정에서의 조작의 위험성도 있으므로 진술증거로서 전문법칙이 적용된다고 한다.

현장녹음은 진술증거로서 전문법칙이 적용된다고 보는 것이 타당하다. 따라서 수사기관의 현장녹음은 제312조 제6항의 검증조서에 준하여 증거능력이 인정될 수 있고, 사인의 현장녹음은 제313조 제1항·제2항의 진술서에 준하여 이를 증거로 할 수 있다.

4. 전자정보의 증거능력

전자정보 또는 전자기록이란 전자적 방식, 자기적 방식 기타 사람의 지각에 의하여 그 존재 및 상태를 인식할 수 없는 방식으로 작성된 디지털 신호의 집합체로서 컴퓨터에 의한 정보처리의 용도에 제공되는 것을 말한다. 전자정보의 증거능력은 컴퓨터용디스크 등 정보저장매체에 저장된 내용이 음성이나 영상을 녹음·녹화한 파일인가 또는 문자정보를 기록한 파일인가에 따라 그 판단이 달라지게 된다.

컴퓨터용디스크 등에 저장된 정보가 음성이나 영상을 녹음·녹화한 것을 내용으로 하는 경우에는 녹음테이프·사진 및 비디오테이프의 예에 따라 증거능력을 인정할 수 있을 것이다.

정보저장매체에 저장된 정보가 문자정보를 내용으로 하는 것이고 그것에 의하여 정보저장매체에 저장되어 있는 기재내용의 진실성을 증명하고자 하는 경우에는 문자정보가 진술증거로서 사용되는 것이므로 전문법칙이 적용된다(2013도2511). 따라서 이러한 문자정보는 제313조에서 규정하고 있는 진술서 또는 진술기재서로서의 요건을 갖추는 경우에 이를 증거로 할 수 있다.

또한 전자기록 가운데 공무원이 작성한 증명문서로서 컴퓨터로 작성한 서면 및 업무의 통상과정에서 업무목적의 원활한 수행을 위하여 컴퓨터로 작성한 서면이나 그에 준하는 컴퓨터기록들은 제315조에 의하여 당연히 증거능력이 인정될 수 있다.

정보저장매체로부터 출력한 문서가 증거로 사용되기 위해서는 정보저장매체 원본에 저장된 내용과 출력문건의 동일성이 인정되어야 하고, 이를 위해서는 정보저장매체 원본이 압수 시부터 문건 출력 시까지 변경되지 않았다는 점이 담보되어야 한다(2013도2511).

5. 거짓말탐지기 검사결과의 증거능력

(1) 의 의

거짓말탐지기 검사란 피의자 등 피검사자에 대하여 질문을 하여 진술하게 하고 그때 나타나는 생리적 변화를 거짓말탐지기로 기록하여 이를 분석함으로써 진술의 진위나 사실에 대한 인식유무를 판단하는 것을 말한다. 거짓말탐지기 검사는 과학적 수사방법의 하나로서 현재 사용되고 있으나, 그 기계적 성능의 신뢰도나 기본권 침해와 관련하여 적지 않은 문제를 내포하고 있기 때문에 검사결과의 증거로서의 사용에 대하여 논의가 되고 있다.

(2) 증거능력의 문제

(가) 학 설

피검사자의 동의를 얻어 행하여진 거짓말탐지기 검사결과를 증거로 할 수 있는가에 대하여는 견해가 대립되고 있다. 거짓말탐지기 검사결과는 피검사자의 동의 또는 적극적인 요구가 있을 것을 요건으로 증거능력이 인정된다는 견해, 거짓말탐지기 검사결과는 그 기계적·기술적 정확성을 신뢰할 수 없으므로 자연적 관련성이 결여되어 증거로 할 수 없다는 견해, 거짓말탐지기에 의한 검사는 인간의 인격을 침해하는 것이므로 허용될 수 없다는 견해 등이 주장되고 있다.

(나) 판 례

대법원은 「거짓말탐지기의 검사 결과에 대하여 사실적 관련성을 가진 증거로서 증거능력을 인정할 수 있으려면, 첫째로 거짓말을 하면 반드시 일정한 심리상태의 변동이 일어나고, 둘째로 그 심리상태의 변동은 반드시 일정한 생리적 반응을 일으키며, 셋째로 그 생리적 반응에 의하여 피검사자의 말이 거짓인지 아닌지가 정확히 판정될 수 있다는 세 가지 전제요건이 충족되어야 할 것이며, 특히 마지막 생리적 반응에 대한 거짓 여부 판정은 거짓말탐지기가 검사에 동의한 피검사자의 생리적 반응을 정확히 측정할 수 있는 장치이어야 하고, 질문사항의 작성과 검사의 기술 및 방법이 합리적이어야 하며, 검사자가 탐지기의 측정내용을 객관성 있고 정확하게 판독할 능력을 갖춘 경우라야만 그 정확성을 확보할 수 있는 것이므로, 이상과 같은 여러 가지 요건이 충족되지 않는 한 거짓말탐지기 검사 결과에 대하여 형사소송법상 증거능력을 부여할 수는 없다」고 판시하여(2005도130), 자연적 관련성의 결여를 이유로 사실상 부정설을 취하고 있는 것으로 생각된다. 판례가 제시하고 있는 거짓말탐지기 허용기준의 엄격성에 비추어 현실적으로 이를 충족하기란 매우 어려운 일이기 때문이다. 판례는 또한 거짓말탐지기의 사용에 더욱 제한을 가하여 자연적 관련성이 예외적으로 인정되어 그 검사결과에 증거능력이 부여되는 경우라 하더라도 그 검사결과는 피검사자의 진술의 신빙성 유무를 판단하는 정황증거로서의 기능을 하는 데 그친다는 점을 명확히 하고 있다(83도3146).

(다) 검 토

거짓말탐지기 검사결과에는 증거능력을 인정하지 않는 것이 타당하다고 생각된다. 거짓말탐지기 검사결과는 그 기계적·기술적 정확성을 신뢰할 수 없으므로 증거로 할 수 없다고 보아야 한다.

IX. 진술의 임의성

1. 제317조의 의의 및 적용대상

제317조는 「① 피고인 또는 피고인 아닌 자의 진술이 임의로 된 것이 아닌 것은 증거로 할 수 없다. ② 전항의 서류는 그 작성 또는 그 내용인 진술이 임의로 되었다는 것이 증명된 것이 아니면 증거로 할 수 없다. ③ 검증조서의 일부가 피고인 또는 피고인 아닌 자의 진술을 기재한 것인 때에는 그 부분에 한하여 전 2항의 예에 의한다」고 규정하여 진술 및 진술서면의 작성에 대하여 임의성을 요구하고 있다.

제317조에 의하여 임의성이 요구되는 진술에는 일체의 진술증거가 포함된다. 다만 자백에 대해서는 본조의 특별규정인 제309조가 적용되므로 제317조는 자백 이외의 모든 진술증거를 그 대상으로 한다.

따라서 증인의 증언에 임의성이 없는 경우에는 제317조 제1항에 의하여 증거능력이 부정되고, 서류의 경우에는 그 서류에 기재된 진술내용뿐만 아니라 서류작성의 임의성이 없는 경우에도 본조 제2항에 의하여 증거능력이 부정되며, 검증조서에 기재된 자백 이외의 진술의 임의성이 인정되지 않는 경우에는 본조 제3항이 적용된다.

2. 임의성의 조사와 증명

진술의 임의성은 증거능력의 요건이므로 원칙적으로 증거조사 전에 조사가 이루어져야 한다. 그러나 임의성이 있다고 판단하여 증거조사에 들어간 후에도 임의성에 의문이 있을 때에는 증거조사과정에서 다시 임의성을 조사하여야 한다.

진술의 임의성은 소송법적 사실로서 자유로운 증명으로 족하다. 따라서 법원은 적당하다고 인정되는 방법으로 임의성을 조사하면 된다. 판례에 따르면 법원은 구체적인 사건에 따라 피고인의 학력, 경력, 직업, 사회적 지위, 지능 정도, 진술의 내용, 피의자신문조서의 경우 그 조서의 형식 등 제반 사정을 참작하여 자유로운 심증으로 진술이 임의로 된 것인지의 여부를 판단하면 된다고 한다(2010도3029).

진술의 임의성은 증거능력의 요건이므로 피고인이 진술의 임의성을 다투지 않더라도 진술증거의 임의성에 관하여 의심할 만한 사정이 나타나 있는 경우에는 법원은 직권으로 이를 조사하여야 한다(2004도7900). 조사결과 임의성이 인정되지 않아 증거능력이 없는 진술증거는 당사자가 증거로 함에 동의하더라도 이를 증거로 할 수 없다.

제 6 절 당사자의 동의와 증거능력

Ⅰ. 증거동의의 의의와 본질

1. 증거동의의 의의

제318조 제1항은 「검사와 피고인이 증거로 할 수 있음을 동의한 서류 또는 물건은 진정한 것으로 인정한 때에는 증거로 할 수 있다」고 규정하고 있다. 전문법칙에 의하여 증거능력이 없는 증거라고 할지라도 당사자가 증거로 하는 데 동의한 경우에는 원진술자나 서류작성자를 공판기일에 소환하여 신문하지 않고도 증거능력을 인정하여 신속한 재판과 소송경제를 도모하기 위한 제도라고 할 수 있다. 증거로 함에 대한 당사자의 동의는 증거능력이 없는 전문증거에 대하여 증거능력을 부여하기 위한 당사자처분권주의적 성격이 강한 소송행위이다. 다만 형사소송법은

당사자의 동의가 있다고 하여 바로 증거능력을 인정하지 않고 법원이 진정한 것으로 인정한 경우에만 비로소 증거능력을 인정하고 있다. 이런 의미에서 현행법의 증거동의제도는 당사자주의와 직권주의를 조화한 제도라고 할 수 있다.

2. 증거동의의 본질

(1) 반대신문권포기설

제318조의 증거동의를 반대신문권의 포기로 보는 견해이다. 전문법칙은 당사자의 반대신문권을 보장하기 위한 제도이므로 동의는 형식적으로는 증거로 함에 대한 동의이나 실질적으로는 반대신문권의 포기를 의미하는 것이라고 한다. 이 견해에 의하면 당사자의 반대신문권과 관계없는 증거는 당사자의 동의가 있더라도 증거로 할 수 없다. 따라서 임의성 없는 자백이나 위법하게 수집된 증거뿐만 아니라 진술증거가 아닌 모든 물적증거는 증거동의의 대상에서 제외된다. 반대신문권포기설에서는 제318조가 동의의 대상으로서 물건을 규정하고 있는 것은 입법의 오류이므로 「서류 또는 물건」은 「서류 또는 진술」로 해석해야 한다고 본다.

(2) 처분권설

증거동의를 증거능력에 대한 당사자의 처분권행사로 보는 견해이다. 제318조 제1항이 동의의 대상을 「서류 또는 물건」이라고 규정하고 있는 점에 비추어 모든 증거의 증거능력제한은 당사자의 동의를 해제조건으로 하는 것으로 보아야 한다는 것이다. 이 견해에 의하면 반대신문과 관계없는 증거라도 증거동의의 대상이 되므로 전문증거뿐만 아니라 위법한 절차에 의하여 수집된 증거 등 모든 증거물이 기본적으로 동의의 대상에 포함된다.

(3) 검 토

증거로 함에 대한 당사자의 동의는 증거로 할 수 없는 증거에 대하여 증거능력을 부여하는 소송행위이므로 그 대상이 되는 증거도 당사자의 의사에 따라 증거사용 여부가 좌우될 수 있는 성질의 증거에 한정된다고 보아야 한다. 따라서 증거동의는 전문증거에 대해서만 제한적으로 허용되는 것으로 해석하여야 한다. 그리고 전문법칙의 주된 이유는 반대신문권의 보장에 있으므로 동의의 본질을 반대신문권의 포기로 보는 반대신문권포기설이 타당하다고 생각된다.

판례는 「형사소송법 제318조 제1항은 전문증거금지의 원칙에 대한 예외로서

반대신문권을 포기하겠다는 피고인의 의사표시에 의하여 서류 또는 물건의 증거
능력을 부여하려는 규정」이라고 판시하여(82도2873) 서로 모순되는 내용을 포함하
고 있다.

II. 증거동의의 주체와 상대방

1. 증거동의의 주체

(1) 검사와 피고인

동의의 주체는 당사자인 검사와 피고인이다. 일방당사자가 신청한 증거에 대
하여는 반대편 당사자의 동의가 있으면 족하다(87도966). 그러나 법원이 직권으로
수집한 전문증거에 대하여는 양 당사자의 동의가 있어야 한다.

(2) 변호인의 동의

변호인은 포괄적 대리권을 가지고 있으므로 피고인을 대리하여 동의할 수 있
다고 해야 한다. 이 경우에 있어서 변호인의 대리권이 종속대리권인지 독립대리권
인지에 대하여 논의가 있으나, 판례는 변호인의 동의가 피고인의 명시의 의사에 반
하지 않는 한 변호인은 피고인을 대리하여 동의할 수 있다고 함으로써(2013도3), 변호
인의 동의권을 독립대리권으로 보는 입장을 취하고 있다. 피고인의 명시의 의사에 반
하는 변호인의 증거동의는 효력이 없으므로 피고인이 동의하지 않는다는 의사를 표
시한 증거에 대하여 변호인이 동의를 한 경우 또는 변호인의 동의에 대하여 피고인이
즉시 이의를 제기하거나 철회한 경우에는 동의의 효력은 발생하지 않는다.

2. 증거동의의 상대방

증거동의의 상대방은 법원이다. 동의의 본질은 반대신문권의 포기이며 동의는
법원에 대하여 증거능력이 없는 증거에 대하여 증거조사를 허용한다는 의사표시이
기 때문이다. 따라서 법정 외에서 반대당사자에게 증거로 함에 동의하더라도 증거
동의로서의 효력은 발생하지 않는다.

Ⅲ. 증거동의의 시기와 방식

1. 증거동의의 시기

동의는 원칙적으로 증거조사 전에 하여야 한다. 동의는 증거능력의 요건이고 증거능력이 없는 증거에 대해서는 증거조사가 허용되지 않기 때문이다. 다만 증거조사를 하는 도중이나 증거조사 후에 전문증거임이 밝혀진 경우에는 증거조사 후에도 동의할 수 있다고 해야 한다.

2. 증거동의의 방식

증거동의는 증거에 유죄인정의 자료로 사용될 수 있는 자격을 인정하는 중요한 소송행위이므로 명시적 의사표시를 요한다고 해야 한다. 따라서 반드시 동의라는 용어를 사용할 필요는 없으나 반대신문권을 포기하는 의사 또는 증거능력을 부여하는 의사가 명시적으로 표현되어야 하며, 단순히 증거조사에 대하여 이의를 하지 않거나 이견이 없다는 소극적인 의사표시를 한 것만으로는 동의라고 할 수 없다. 다만 판례는 피고인이 피고인 아닌 자의 진술조서에 대하여 이견이 없다고 진술하거나(72도922) 피고인이 신청한 증인의 전문진술에 대하여 별 의견이 없다고 진술한 경우(83도516)에 이를 증거동의로 볼 수 있다고 한다.

증거동의의 의사를 개개의 증거에 대하여 표시하지 않고 검사가 제시한 모든 증거에 대하여 동의하는 것이 가능한가에 대하여도 논의가 있다. 판례는 「개개의 증거에 대하여 개별적인 증거조사방식을 거치지 아니하고 검사가 제시한 모든 증거에 대하여 피고인이 증거로 함에 동의한다는 방식으로 이루어진 것이라 하여도 증거동의로서의 효력을 부정할 이유가 되지 못한다」고 판시하여(82도2873), 포괄적 동의의 효력을 긍정하는 태도를 취하고 있다.

Ⅳ. 증거동의의 의제

1. 피고인의 불출석

피고인의 출정 없이 증거조사를 할 수 있는 경우에 피고인이 출정하지 아니한 때에는 증거동의가 있는 것으로 간주한다. 다만 피고인의 대리인 또는 변호인이 출정한 때에는 예외로 한다(제318조 제2항). 피고인이 공판정에 출석하지 아니한 경우에 전문증거의 증거능력을 결정하지 못함으로써 절차가 지연되는 것을 방지하기 위한 제도이다.

피고인의 출정 없이 증거조사를 할 수 있는 경우란 현행법이 피고인의 출석 없이 재판할 수 있도록 인정하고 있는 경우를 말한다. ① 피고인이 법인인 사건에 있어서 법인의 대표자가 출석하지 아니하고 대리인도 출석하지 아니한 경우(제27조 제1항, 제276조 단서 참조), ② 다액 500만원 이하의 벌금이나 과료에 해당하는 사건, 공소기각 또는 면소의 재판을 할 것이 명백한 사건, 장기 3년 이하의 징역 또는 금고에 해당하거나 다액 500만원을 초과하는 벌금 또는 구류에 해당하는 사건에서 피고인의 불출석허가신청이 있고 법원이 피고인의 불출석이 그의 권리를 보호함에 지장이 없다고 인정하여 이를 허가한 사건의 경우(제277조), ③ 피고인이 출석하지 아니하면 개정하지 못하는 경우에 구속된 피고인이 정당한 사유 없이 출석을 거부하고 교도관에 의한 인치가 불가능하거나 현저히 곤란하다고 인정되는 경우(제277조의2), ④ 피고인이 항소심의 공판기일에 2회 출석하지 아니한 경우(제365조), ⑤ 약식명령에 대하여 정식재판을 청구한 피고인이 정식재판절차의 공판기일에 2회 출석하지 아니한 경우(제458조 제2항, 제365조), ⑥ 「소송촉진 등에 관한 특례법」 제23조에 의하여 피고인의 진술 없이 재판할 수 있는 경우(2010도15977) 등이 여기에 해당한다.

피고인이 재판장의 허가 없이 퇴정하는 때에도 동의를 의제할 수 있는지가 문제된다. 판례는 피고인과 변호인이 재판을 거부하고 퇴정한 사안에 대하여 증거동의를 의제하고 있다(91도865).

2. 간이공판절차에서의 특칙

간이공판절차에서는 전문법칙에 의하여 증거능력이 부인되는 증거에 대하여 동의가 있는 것으로 간주한다(제318조의3 본문). 피고인이 공판정에서 공소사실에 대하여 자백한 이상 공소사실을 증명하기 위한 개개의 증거에 대해서도 다툴 의사가 없는 것으로 추정되기 때문이다. 그러나 검사·피고인 또는 변호인이 증거로 함에 이의가 있는 때에는 증거동의의 효력이 인정되지 않는다(동조 단서).

V. 진정성의 조사와 증거동의의 효과

1. 진정성의 조사

당사자가 증거로 함에 동의한 경우라도 법원이 이를 진정한 것으로 인정한 때에 한하여 증거로 할 수 있다(제318조 제1항). 따라서 법원은 증거동의가 있으면 직권으로 진정성 여부를 조사하여야 한다.

진정성이란 서류 또는 진술의 신용성을 의심스럽게 하는 유형적 상황이 없는 것을 의미한다. 진술서에 서명·날인이 없거나 진술서의 기재내용이 진술과 상이한 경우, 진술내용이 객관적 사실과 다른 경우, 현장사진이나 현장녹음의 작성과정이 의심스러운 경우 등은 진정성이 인정되지 않는 대표적인 상황이라고 할 수 있다. 진정성은 증거능력의 요건이므로 법원은 자유로운 증명으로 그 유무를 판단하면 족하다.

2. 증거동의의 효과

(1) 증거능력의 인정

당사자가 동의한 서류나 진술은 제311조 내지 제316조의 요건을 갖추지 못한 경우라도 그 진정성이 인정되면 증거능력을 가지게 된다. 다만 증거동의를 한 당사자가 동의한 증거의 증명력을 다툴 수 있는가 하는 문제가 있다.

증거동의를 증거의 증거능력과 증명력을 다툴 권리를 포기하는 것으로 보는 견해에서는 당사자는 동의한 증거의 증명력을 다툴 수 없다고 한다. 그러나 동의는 증거능력에 관한 문제이므로 다른 증거를 통하여 당사자가 자신이 동의한 증거의 증명력을 다투는 것은 가능하다고 해야 한다. 다만 증거동의의 본질은 반대신문권의 포기에 있으므로 동의한 당사자가 반대신문의 방법으로 증명력을 다투는 것은 허용되지 않는다. 당사자는 반대신문 이외의 방법으로 증명력을 다투어야 하므로 동의한 증거의 증명력을 다투기 위하여 원진술자를 증인으로 신청하거나 법원이 진정성 조사를 위해 증인으로 신문하는 원진술자에 대하여 반대신문을 하는 것은 허용되지 않는다.

(2) 증거동의의 효력범위

동의의 효력은 원칙적으로 동의의 대상으로 특정된 서류나 진술의 전체에 대하여 미친다. 따라서 일부에 대한 동의는 허용되지 않는다. 다만 서류 또는 진술의 내용이 가분인 경우에는 그 일부에 대해서도 동의할 수 있다(90도1303).

동의의 효력은 동의를 한 피고인에 대해서만 미친다. 피고인이 수인인 경우에도 공동피고인은 각자 독립하여 반대신문권을 가지므로 공동피고인 1인이 행한 동의의 효력은 다른 공동피고인에게 미치지 않는다. 또한 증거조사가 완료된 후에는 증거동의에 대한 철회가 허용되지 않으므로 증거동의는 공판절차의 갱신이 있거나 심급을 달리하여도 그 효력에 영향이 없다(89도2366).

VI. 증거동의의 철회와 무효

증거동의는 절차형성행위이므로 절차의 안정성을 해하지 않는 범위 내에서 철회가 허용될 수 있다. 판례는 증거조사가 완료되기 전까지 철회가 가능하다는 입장이다(2015도3467).

소송행위의 하자를 이유로 하는 협의의 취소가 증거동의에 있어서 허용될 수 있는가에 대해서는 논의가 있으나, 형사소송의 형식적 확실성의 요구에 비추어 하자를 이유로 동의의 효력을 소급적으로 상실시키는 취소는 허용될 수 없다고 해야 한다. 다만 중대한 착오가 피고인이 책임질 수 없는 사유로 인하여 발생하였고 그와 같은 증거동의를 유효로 하는 것이 현저히 정의에 반한다고 인정되는 때에는 예외적으로 동의를 무효라고 해야 하고(92모1), 수사기관의 사기·강박에 의한 증거동의도 적법절차의 원칙에 비추어 무효로 보는 것이 타당하다.

제 7 절 탄핵증거

Ⅰ. 탄핵증거의 의의 및 성격

1. 탄핵증거의 의의

탄핵증거란 진술의 증명력을 다투기 위한 증거를 말한다. 예를 들면 甲이 검찰측 증인으로서 공판정에서 '피고인의 살인현장을 목격하였다'고 증언한 경우에, 甲으로부터 '피고인의 살인현장을 목격한 적이 없다'는 말을 들은 乙을 피고인측에서 증인으로 신청하여 그의 증언을 甲의 증언의 증명력을 다투기 위한 증거로 사용하는 경우가 여기에 해당한다. 형사소송법 제318조의2 제1항은 「제312조부터 제316조까지의 규정에 의하여 증거로 할 수 없는 서류나 진술이라도 공판준비 또는 공판기일에서의 피고인 또는 피고인이 아닌 자(공소제기 전에 피고인을 피의자로 조사하였거나 그 조사에 참여하였던 자를 포함한다)의 진술의 증명력을 다투기 위하여 증거로 할 수 있다」고 규정하고 있다. 탄핵증거는 범죄사실을 인정하기 위한 증거가 아니므로 증거능력이 없는 증거라도 이를 증거로 사용할 수 있도록 한 것이다.

탄핵증거제도는 기본적으로 법관의 증명력 판단의 합리성과 소송경제를 도모하기 위하여 인정되는 것이다. 그러나 전문증거가 진술의 증명력을 다툰다는 명목하에 탄핵증거로서 법원에 제출되고 이에 대한 증거조사가 이루어지면 자칫 증거능력이 없는 전문증거가 진술증거의 증명력 판단의 자료로 사용되는 정도를 넘어서 실질적으로 범죄사실의 존부에 관한 법관의 심증형성에 영향을 미칠 가능성이 있다. 여기서 양자의 요청을 조화시켜 탄핵증거의 범위 등을 결정하는 데 있어서 이를 적절히 고려할 필요성이 있게 된다.

2. 탄핵증거의 성격

탄핵증거는 전문법칙의 예외가 아니라 처음부터 전문법칙의 적용이 없는 경우에 해당한다는 것이 일반적인 견해이다. 탄핵증거는 ① 원진술자의 진술내용의 진실성을 증명하려는 것이 아니라 원진술의 존재에 의하여 동일인의 법정에서의 진술의 증명력을 다투려는 목적으로 진술증거를 사용하는 경우이고, ② 전문법칙

의 예외요건인 신용성의 정황적 보장과 필요성이라는 요건을 갖추지 않고도 증거
로서의 사용이 허용되는 경우이기 때문이다.

II. 탄핵증거의 허용범위

1. 탄핵증거의 범위

탄핵증거로서 제출할 수 있는 전문증거의 범위에 대하여는 견해가 대립하고
있다.

(1) 학 설

(가) 한정설

자기모순의 진술, 즉 동일인의 법정에서의 진술과 상이한 법정 외의 진술에
한하여 탄핵증거로 사용할 수 있다고 보는 견해이다. 따라서 전문법칙에 의하여 증
거능력이 부정되는 타인의 진술을 이용하여 공판정에서의 진술의 증명력을 다툴
수는 없는 것이 된다. 이 견해는 진술자 자신의 진술로 증명력을 다투는 경우와 타
인의 진술에 의하여 증명력을 다투는 경우는 질적으로 차이가 있다는 점을 이유로
한다. 즉 전자가 동일인이 다른 진술을 한 사실 자체를 가지고 진술의 증명력을
다투는 경우임에 반하여, 후자의 경우에는 타인의 진술을 신용할 수 있어야 공판
정에서의 진술의 증명력이 감쇄될 수 있다는 점에서 후자를 탄핵증거로 허용하는
것은 현행법이 전문증거의 증거능력을 제한하고 있는 취지에 실질적으로 반한다
는 것이다.

(나) 비한정설

자기모순의 진술이든 제3자의 진술이든 묻지 않고 증명력을 다투기 위한 증거
라면 모든 전문증거를 사용할 수 있다는 견해이다. 제318조의2 제1항이 진술의 증
명력을 다투기 위한 전문증거의 범위에 아무런 제한을 두고 있지 않다는 점을 강조
한다.

(다) 절충설

자기모순의 진술 이외에 증인의 신빙성에 관한 순수한 보조사실을 입증하는
증거도 탄핵증거로 사용될 수 있다는 견해이다. 즉 범죄사실에 대한 진술의 증명력

을 직접 다루기 위해서는 자기모순의 진술만이 탄핵증거로 사용될 수 있지만, 증인의 신빙성에 관한 순수한 보조사실을 증명하기 위해서는 제3자의 진술이나 그 진술을 기재한 서류도 탄핵증거로 사용될 수 있다는 것이다. 증인의 신빙성에 관한 보조사실로는 증인의 능력 및 성격, 당사자에 대한 편견 및 이해관계, 증인에 대한 평판 및 전과사실 등을 들고 있다.

(라) 이원설

피고인의 경우에는 모든 전문증거를 탄핵증거로 사용할 수 있지만 검사의 경우에는 자기모순의 진술만을 탄핵증거로 사용할 수 있다는 견해이다. 검사는 범죄수사를 위한 강력한 조직과 권한을 가지고 있어 피고인에 비하여 우월한 지위에 있으므로 실질적 당사자주의의 실현을 위해서는 탄핵증거의 허용범위도 피고인에게 이익이 되는 방향으로 해석할 필요가 있다고 한다.

(2) 검 토

비한정설에 의하면 진술의 증명력을 다툰다는 명목으로 범죄사실에 관한 제3자의 공판정 외에서의 진술이나 진술을 기재한 서류도 널리 탄핵증거로서 사용되게 되어 실질적으로 지나치게 넓게 전문법칙의 예외를 인정하는 결과가 된다. 또한 절충설이 탄핵증거로 사용되는 범죄사실에 관한 전문증거를 자기모순의 진술로 제한한 것은 타당하다고 하겠으나, 증인의 신빙성에 관한 보조사실의 입증에 엄격한 증명을 요하지 않는다고 보는 점에는 문제가 있다. 또한 이원설도 탄핵증거의 허용범위를 피고인과 검사에 따라 다르게 정할 근거가 없다는 점과 직권에 의하여 증거를 수집한 경우에는 어느 범위까지 탄핵증거를 허용할 것인가에 대한 기준을 제시할 수 없다는 점에서 문제점을 가지고 있다.

이러한 의미에서 볼 때 법관의 부당한 심증형성을 억제하고 전문법칙의 취지를 살리기 위해서는 탄핵증거의 범위를 자기모순의 진술에 제한하는 한정설이 타당하다고 생각된다.

2. 탄핵증거에 대한 제한

(1) 임의성 없는 진술과 탄핵증거

임의성 없는 자백이나 진술은 탄핵증거로도 사용할 수 없다. 임의성 없는 자백이나 진술을 증거의 세계에서 완전히 배제하려는 것이 우리 증거법의 취지라고 볼 수 있기 때문이다. 판례도 같은 입장이다(2005도2617).

(2) 성립의 진정이 인정되지 않는 진술증거

탄핵증거로 제출된 진술기재서면은 성립의 진정이 인정되어야 하는지가 특히 서명 또는 기명날인이 없는 서류를 탄핵증거로 사용할 수 있는지와 관련하여 문제된다. 판례는 탄핵증거에 대하여는 성립의 진정이 인정될 것을 요하지 않는다는 입장이다(94도1159).

그러나 진술자의 서명 또는 기명날인이 없는 전문서류는 진술자가 그 내용을 확인하지 않은 것으로서 진술내용의 진실성이나 정확성을 확인할 수 없으므로 탄핵증거로 사용할 수 없다고 해야 한다. 따라서 전문서류를 탄핵증거로 사용하기 위해서는 적어도 진술자의 서명 또는 기명날인의 진정이라는 형식적 진정성립이 증명되어야 할 것이다.

(3) 영상녹화물과 탄핵증거

형사소송법 제318조의2 제2항은 「제1항에도 불구하고 피고인 또는 피고인 아닌 자의 진술을 내용으로 하는 영상녹화물은 공판준비 또는 공판기일에 피고인 또는 피고인 아닌 자가 진술함에 있어서 기억이 명백하지 아니한 사항에 관하여 기억을 환기시켜야 할 필요가 있다고 인정되는 때에 한하여 피고인 또는 피고인 아닌 자에게 재생하여 시청하게 할 수 있다」고 규정하여 영상녹화물에 대하여 탄핵증거로서의 사용을 허용하지 않고 있다. 따라서 피고인이 내용을 부인하는 사법경찰관 작성 피의자신문조서에 대신하여 신문과정을 녹화한 영상녹화물을 탄핵증거로 제출하여 이를 법정에서 증거로서 조사하는 것은 허용되지 않는다.

Ⅲ. 탄핵의 범위와 대상

1. 탄핵의 범위

탄핵증거는 진술의 증명력을 다투기 위하여 사용되어야 한다. 진술의 증명력을 다툰다는 것은 진술의 증명력을 감쇄시키는 경우를 말한다. 문제는 이미 감쇄된 증명력을 회복시키기 위하여 탄핵증거를 사용하는 것이 가능한가에 있다. 일방 당사자가 탄핵증거를 사용해서 증명력을 감쇄시킨 경우에 반대당사자에게 감쇄된 증명력을 회복시키기 위한 기회를 부여하지 않으면 형평의 원칙에 어긋나므로 감쇄된 증명력을 회복시키기 위한 탄핵증거의 사용은 허용된다는 것이 일반적인 견해이다. 이 경우에는 예외적으로 자기모순의 진술이 아닌 동일인의 일치진술이 탄핵증거로 사용되는 것이 된다.

2. 탄핵의 대상

제318조의2 제1항은 탄핵의 대상으로서 「공판준비 또는 공판기일에서의 피고인 또는 피고인 아닌 자의 진술의 증명력」이라고 규정하고 있다. 여기서 피고인 아닌 자의 진술의 대표적인 경우인 증인의 증언이 탄핵의 대상이 된다는 점은 의문의 여지가 없다. 또한 형사소송법은 공판준비 또는 공판기일에 행한 진술만을 탄핵의 대상으로 명시하고 있으나, 공판정 외에서 한 진술이 서면형식으로 증거가 된 경우에도 탄핵의 대상이 된다고 보아야 한다. 탄핵의 대상과 관련해서는 다음의 경우가 문제로 된다.

(1) 피고인의 진술

피고인의 진술이 탄핵의 대상이 될 수 있는가에 대하여는 이를 허용하면 진술의 증명력을 다툰다는 명목으로 범죄사실에 대한 전문증거가 폭넓게 법정에 현출되어 조사될 수 있어 전문법칙이 유명무실하게 될 염려가 있다는 이유로 부정하는 견해가 있으나, 현행법이 명문으로 이를 규정하고 있는 이상 부정할 수는 없다고 본다. 판례도 피고인이 공판정에서 내용을 부인하는 사법경찰관작성의 피고인에 대한 피의자신문조서를 피고인의 법정진술을 탄핵하기 위한 증거로 사용할 수 있다고 판시하고 있다(2005도2617).

현행법의 해석상 피고인의 진술을 탄핵의 대상에서 제외할 수 없으나, 본래 탄핵증거가 증인의 진술의 신빙성을 다투기 위한 제도라는 점, 피고인의 수사절차에서의 진술을 탄핵증거로 사용할 수 있도록 하면 자백편중의 수사관행을 조장할 우려가 있다는 점 등에서 볼 때 입법론적으로는 재검토를 요한다고 할 것이다.

(2) 자기측 증인의 탄핵

당사자가 자기측 증인에 대해서도 탄핵할 수 있느냐가 문제된다. 자기측 증인의 증언은 통상 자신에게 유리한 진술을 내용으로 하고 있으므로 탄핵할 필요가 없을 것이나, 예상 외로 신청자에게 적대적이거나 불리한 증언을 할 경우에는 탄핵할 수 있다고 보아야 할 것이다.

Ⅳ. 탄핵증거의 조사방법

탄핵증거는 범죄사실의 존부를 직접 또는 간접으로 증명하기 위한 증거가 아니므로 엄격한 증거조사절차를 거쳐야 할 필요가 없다. 다만 공판정에서의 증거조사는 필요하므로 탄핵증거를 제출하는 경우에는 그 탄핵증거와 증명하고자 하는 사실과의 관계를 미리 구체적으로 명시하여야 하며, 증명력을 다투고자 하는 증거의 어느 부분에 의하여 진술의 어느 부분을 다투려고 한다는 것을 사전에 밝혀야 한다(2005도2617). 따라서 법정에 제출되지 않아서 전혀 증거조사를 거치지 않은 채 수사기록에만 편철되어 있는 서류는 증거로 사용할 수 없다(97도1770).

제8절 공판조서의 증명력

Ⅰ. 의 의

1. 공판조서의 의의와 성격

공판조서란 공판기일의 소송절차에 관하여 법원사무관 등이 작성한 조서를 말한다(제51조 제1항). 공판조서는 그 기재의 정확성을 담보하기 위하여 재판장과 공판에 참여한 법원사무관 등이 기명날인이나 서명을 하도록 하고 있으며(제53조), 검사·피고인 또는 변호인에게 공판조서에 대한 변경을 청구하거나 이의를 제기할 수 있게 하고 있다(제54조).

피고인에게는 공판조서의 열람·등사권이 인정된다(제55조 제1항). 피고인이 그 열람 또는 등사를 청구하면 법원은 피고인에게 반드시 공판조서를 열람 또는 등사시켜야 하고, 그 청구에 응하지 아니한 때에는 그 공판조서를 유죄의 증거로 할 수 없다(동조 제3항). 이 경우에는 공판조서를 증거로 할 수 없을 뿐만 아니라 공판조서에 기재된 피고인이나 증인의 진술도 증거능력이 부정된다(2011도15869). 공판기일에 있어서의 소송절차의 경과를 기재한 조서인 공판조서는 전문법칙의 예외로서 당연히 증거능력이 인정된다(제311조).

2. 공판조서의 배타적 증명력

공판조서의 기재의 정확성을 기초로 공판조서에는 배타적 증명력이 인정된다. 형사소송법은「공판기일의 소송절차로서 공판조서에 기재된 것은 그 조서만으로써 증명한다」고 규정하고 있다(제56조). 여기서 공판조서만으로써 증명한다는 것은 공판절차의 진행에 관하여 공판조서 이외의 다른 자료에 의한 반증을 허용하지 않는다는 의미이다(2005도6557). 법관은 심증내용과 상관없이 공판조서로써 공판기일의 소송절차에 관한 사실을 인정하여야 하므로 공판조서에 배타적 증명력을 인정한 것은 자유심증주의에 대한 예외가 된다고 할 수 있다. 공판조서는 특히 상소심의 재판에 있어서 중요한 의미를 가진다.

Ⅱ. 배타적 증명력의 범위

공판조서의 배타적 증명력은 소송절차, 즉 피고사건의 절차면에 관련된 사항에 대해서만 인정된다. 예를 들면 피고인의 출석 여부(87모19), 변호인의 출석 여부(96도173), 진술거부권의 고지 여부(2002도2134), 피고인에게 증거조사결과에 대한 의견을 묻고 증거조사를 신청할 수 있음을 고지하고 최종의견진술의 기회를 주었는지의 여부(93도2505), 증거동의 여부(2007도10058), 판결선고의 유무 및 일자(96도1252), 판결서에 의한 판결의 선고 여부(95도826) 등이 여기에 해당한다.

공판조서의 배타적 증명력은 공판기일의 소송절차로서 공판조서에 기재된 것에 한하여 미친다. 공판조서에 기재되지 않은 소송절차는 공판조서에 의한 증명이 불가능하므로 공판조서 이외의 다른 자료에 의한 인정이 허용된다. 공판조서에 기재되지 않았다고 하여 소송절차의 부존재가 증명되는 것은 아니다. 오히려 법원이 통상 행하는 소송절차인 경우에는 공판조서에 기재되지 않았더라도 그러한 절차가 적법하게 행하여진 것으로 사실상 추정된다(72도2421).

공판조서의 기재가 명백한 오기인 경우에는 공판조서의 배타적 증명력이 인정되지 않는다(2015도3467). 공판조서의 기재에 명백한 오기가 있는 경우에는 정확한 내용에 대하여 배타적 증명력이 인정된다(95도110). 공판조서의 기재가 명백한 오기

인지 여부는 원칙적으로는 공판조서만으로 판단하여야 할 것이다. 다만 공판조서
가 아니더라도 당해 공판절차에 제출되어 공판기록에 편철되어 있거나 법원이 직
무상 용이하게 확인할 수 있는 자료 중에 신빙성 있는 객관적 자료가 있는 경우에
는 예외적으로 이 자료를 이용하여 공판조서의 명백한 오기 여부를 판단할 수 있다
고 보아야 한다(2007도3514).

제3장
재 판

제 1 절 재판의 기본개념

Ⅰ. 재판의 의의와 종류

1. 재판의 의의

재판이란 좁은 의미로는 법원의 피고사건의 실체에 대한 공권적 판단, 즉 유죄와 무죄의 실체적 종국재판을 의미한다. 그러나 소송법적 의미 내지 넓은 의미의 재판은 법원 또는 법관의 법률행위적 소송행위 모두를 가리킨다.

2. 재판의 종류

(1) 종국재판과 종국 전의 재판

종국재판이란 소송을 당해 심급에서 종결시키는 재판을 말하며, 유죄·무죄의 판결과 관할위반의 판결, 면소판결, 공소기각의 판결, 공소기각의 결정이 여기에 해당한다. 상소심에서 행하는 파기판결이나 상소기각의 재판도 종국재판의 일종이다.

종국 전의 재판이란 종국재판에 이르기까지의 절차에 관한 재판을 말하며, 중간재판이라고도 한다. 종국재판을 제외한 결정이나 명령이 여기에 해당한다.

(2) 판결·결정·명령

(가) 판 결

판결은 법원의 가장 중요한 재판형식으로서 종국재판은 원칙적으로 판결의 형
식을 취한다. 판결에는 실체재판인 유죄·무죄의 판결과 형식재판인 관할위반·공소
기각 및 면소의 판결이 있다. 판결은 법률에 다른 규정이 없으면 구두변론을 거쳐
서 하여야 하고(제37조 제1항), 이유를 명시하여야 한다(제39조). 판결에 대한 상소방
법은 항소 또는 상고이며, 판결에 대해서만 재심과 비상상고가 허용된다.

(나) 결 정

결정은 법원이 행하는 종국 전 재판의 원칙적 형식이며, 절차에 관한 재판은
원칙적으로 결정에 의한다. 다만 공소기각의 결정, 상소기각의 결정은 종국재판에
해당한다. 결정을 함에는 구두변론을 거치지 아니할 수 있으며(제37조 제2항), 결정
을 할 때 필요하면 사실을 조사할 수 있다(동조 제3항). 상소를 불허하는 결정을 제
외하고는 결정에도 이유를 명시하여야 한다(제39조). 결정에 대한 상소방법은 항고
(제402조) 및 재항고(제415조)이다.

(다) 명 령

명령은 법원이 아닌 재판장·수명법관·수탁판사가 행하는 재판을 말한다. 법
관의 명령은 모두 종국 전의 재판이다. 명령은 결정과 마찬가지로 구두변론을 거치
지 아니할 수 있고 명령을 할 때 필요하면 사실조사를 할 수 있다(제37조 제2항·제3
항). 명령에 대한 일반적인 상소방법은 없다. 다만 특수한 경우에 이의신청(제304조
등)이나 준항고(제416조)가 허용된다.

(3) 실체재판·형식재판

실체재판이란 피고사건의 실체, 즉 실체적 법률관계를 판단하는 재판을 말한
다. 유죄판결과 무죄판결이 여기에 해당하는데, 실체재판은 모두 종국재판이며 판
결의 형식을 취한다.

형식재판은 피고사건의 실체가 아닌 절차적·형식적 법률관계를 판단하는 재
판을 말한다. 종국 전의 재판은 모두 형식재판이며, 종국재판 중에서도 관할위반·
면소·공소기각의 재판은 형식재판에 해당한다.

II. 재판의 성립과 재판서

1. 재판의 성립

(1) 내부적 성립

재판의 의사표시의 내용이 재판기관의 내부에서 결정되는 것을 말한다. 재판이 내부적으로 성립하면 법관의 경질이 있는 경우에도 공판절차를 갱신할 필요가 없다. 내부적 성립의 시기는 합의부와 단독판사의 경우가 다르다.

합의부의 재판은 그 구성원인 법관의 합의에 의하여 내부적으로 성립한다. 재판의 합의는 헌법 및 법률에 다른 규정이 없으면 과반수로 결정하며(법원조직법 제66조 제1항), 만약 합의에 관한 의견이 3설 이상 분립하여 각각 과반수에 달하지 못할 때에는 과반수에 달하기까지 피고인에게 가장 불리한 의견의 수에 순차 유리한 의견을 가하여 그 중 가장 유리한 의견에 의한다(동조 제2항 제2호).

단독판사의 재판에는 합의의 단계가 없으므로 절차갱신의 요부라는 목적론적 관점에서 재판서의 작성시, 즉 법관이 재판서에 서명날인하여 작성을 마친 때에 내부적으로 성립한다고 보아야 한다. 다만 재판서를 작성하지 아니하고 재판을 선고 또는 고지하는 경우에는 재판의 선고 또는 고지에 의하여 내부적 성립과 외부적 성립이 동시에 이루어지게 된다.

(2) 외부적 성립

재판은 판결의 선고 또는 결정·명령의 고지에 의하여 외부적으로 인식될 수 있는 상태에 이르렀을 때 외부적으로 성립한다. 재판의 선고란 공판정에서 재판의 내용을 구술로 선언하는 행위이고, 고지란 선고 외의 적당한 방법으로 재판의 내용을 소송관계인에게 알려주는 행위이다. 재판의 선고나 고지는 재판장이 한다. 판결을 선고함에는 주문을 낭독하고 이유의 요지를 설명하여야 하며(제43조), 필요한 때에는 피고인에게 적절한 훈계를 할 수 있다(규칙 제147조). 형을 선고하는 경우에는 재판장은 피고인에게 상소할 기간과 상소할 법원을 고지하여야 한다(제324조).

종국재판이 외부적으로 성립하면 법적 안정성의 요구에 의하여 그 재판을 한 법원이 이를 철회하거나 변경하는 것은 허용되지 않는데, 이를 재판의 구속력이라고 한다. 재판이 외부적으로 성립하면 그 때로부터 상소기간이 진행된다(제343조 제

2항). 또한 무죄·면소·형의 면제·형의 선고유예와 집행유예·공소기각·벌금 또는
과료의 재판이 선고된 때에는 구속영장의 효력이 상실된다(제331조).

2. 재판서

재판서란 재판의 내용을 기재한 문서를 말하며, 재판의 형식에 따라 판결서·
결정서·명령서로 구분된다. 재판은 법관이 작성한 재판서에 의하여야 하는 것이
원칙이다. 다만 결정 또는 명령을 고지하는 경우에는 재판서를 작성하지 아니하고
조서에만 기재하여 할 수 있다(제38조).

재판서에는 법률에 다른 규정이 없으면 재판을 받는 자의 성명·연령·직업과
주거를 기재하여야 한다(제40조 제1항). 재판을 받는 자가 법인인 때에는 그 명칭과
사무소를 기재하여야 한다(동조 제2항). 특히 판결서에는 기소한 검사와 공판에 관여
한 검사의 관직·성명과 변호인의 성명을 기재하여야 한다(동조 제3항). 현행법이 공
판에 관여한 검사 외에 기소한 검사의 관직과 성명을 판결서에 기재하도록 하는 기
소검사실명제를 도입한 것은 수사검사의 무책임한 공소제기를 방지하기 위한 목적
이라고 할 수 있다.

재판의 내용은 주문과 이유로 구성된다. 주문이란 재판의 대상이 된 사실에
대한 최종적 결론을 말한다. 형을 선고하는 판결의 경우에는 구체적인 선고형을 주
문에 기재하여야 하며, 그 밖에 형의 집행유예, 노역장유치기간, 재산형의 가납명
령 및 소송비용의 부담 등도 주문에 기재된다. 이유는 주문에 이르게 된 법률적 및
사실적 근거를 말한다. 상소를 불허하는 결정이나 명령 이외의 재판에는 이유를 명
시하도록 하고 있는데(제39조), 이것은 법관의 자의적인 재판을 억제하여 재판의 공
정성을 담보하고, 재판을 받은 자에게 당해 재판의 당부를 심사할 기초를 제공함으
로써 상소제기 여부에 대한 타당한 판단을 가능하게 하기 위한 것이다.

제 2 절   종국재판

Ⅰ. 유죄판결

1. 유죄판결의 의의와 종류

유죄판결이란 법원이 피고사건에 대하여 범죄의 증명이 있는 경우에 선고하는 실체재판을 말한다. 여기서 범죄의 증명이 있는 때란 공판정에서 조사한 적법한 증거에 의하여 법관이 범죄사실의 존재에 대하여 합리적인 의심이 없는 정도의 확신을 가진 경우를 말한다.

유죄판결에는 형선고의 판결, 형면제의 판결 그리고 선고유예의 판결이 있다. 집행유예의 판결은 형을 선고하면서 그 집행만을 일정기간 유예하는 것이므로 형선고의 판결에 속한다. 피고사건에 대하여 범죄의 증명이 있는 때에는 판결로서 형을 선고하는 것이 원칙이다(제321조 제1항). 형선고 판결의 기본적인 주문은 '피고인을 일정한 종류 및 양의 형벌에 처한다'는 형태를 취한다. 예를 들면 '피고인을 징역 1년에 처한다' 또는 '피고인을 벌금 3,000,000원에 처한다'라는 형식으로 형을 선고한다. 형의 집행유예·노역장유치기간도 형의 선고와 동시에 판결로서 선고하여야 하므로(제321조 제2항) 주문에 표시하여야 하며, 가납명령(제334조)·압수장물의 피해자환부(제333조)·소송비용의 부담(제191조) 등도 주문에 표시하여야 한다.

형면제의 판결은 과잉방위·과잉피난·과잉자구행위·중지미수·불능미수·친족상도례 등과 같이 형벌법규에 형을 면제하는 규정이 있는 경우에만 선고할 수 있으며, '피고인에 대한 형을 면제한다'라는 형식을 취한다.

형의 선고유예의 판결은 1년 이하의 징역이나 금고, 자격정지 또는 벌금의 형을 선고할 경우에 형법 제51조의 사항을 참작하여 개전의 정상이 현저할 때에 선고할 수 있다(형법 제59조 제1항). 판결주문은 '피고인에 대한 형의 선고를 유예한다'라는 형식을 취한다. 선고유예의 판결에서는 그 판결이유에서 선고할 형의 종류와 양 즉 선고형을 정해 놓아야 하고, 그 선고를 유예하는 형이 벌금형일 경우에는 그 벌금액뿐만 아니라 환형유치처분까지 해 두어야 한다(86도2654). 선고유예가 실효되어 유예한 형을 선고하는 경우(형법 제61조)에 대비하기 위한 것이다.

2. 유죄판결에 명시할 이유

유죄판결은 피고인의 형사책임을 인정하는 불이익한 재판이기 때문에 주문은 물론이고 판결이유도 구체적으로 명시해야 한다. 형사소송법은 「형의 선고를 하는 때에는 판결이유에 범죄될 사실, 증거의 요지와 법령의 적용을 명시하여야 한다. 법률상 범죄의 성립을 조각하는 이유 또는 형의 가중·감면의 이유되는 사실의 진술이 있는 때에는 이에 대한 판단을 명시하여야 한다」고 규정하고 있다(제323조 제1항·제2항).

(1) 범죄될 사실

범죄될 사실이란 특정한 구성요건에 해당하는 위법하고 유책한 구체적 사실로서 피고인에 대한 형사처벌의 근거를 이루는 사실을 말한다. 유죄판결에 범죄될 사실을 기재하도록 한 것은 이를 통하여 형벌법규의 적용대상을 명확히 하고 피고인에게 어떤 사실로 처벌되는지를 알게 할 뿐만 아니라 일사부재리의 효력이 미치는 범위를 확정하는 의미를 가진다.

범죄될 사실은 적어도 특정형벌법규를 적용하기에 족할 만큼 구체적으로 사실을 명시할 것을 요한다. 따라서 예를 들면 폭행치사를 유죄로 인정하면서 판결이유에서 범죄사실을 '피고인이 불상의 방법으로 피해자를 가격하여 그 충격으로 피해자가 뒤로 넘어지면서 우측 후두부가 도로바닥에 부딪쳐 사망에 이르렀다'고 기재한 경우에는 범죄사실을 명시한 것으로 볼 수 없다(98도4181). 또한 공범인 교사범과 방조범의 범죄사실을 적시함에 있어서는 그 전제조건이 되는 정범의 범죄구성요건이 되는 사실도 적시하여야 한다(81도2422).

(2) 증거의 요지

증거의 요지란 판결이유에 나타난 범죄사실을 인정하는 자료가 된 증거의 개요를 말한다. 증거의 요지는 범죄사실을 증명할 적극적 증거를 명시하면 족하고, 범죄사실을 인정하는 데 배치되는 소극적인 증거까지 들어 이를 배척한다는 취지의 판단이나 이유를 설시할 필요는 없다(87도1240). 따라서 피고인이 알리바이를 주장하는 증거에 대하여는 이를 배척하는 판단을 할 필요가 없다(82도1798).

증거의 요지를 명시함에 있어서는 어떤 증거로부터 어떤 사실을 인정하였는가를 알 수 있도록 증거의 중요부분을 표시하면 족하다(2009도2338). 따라서 당해 증거를 통해 사실을 인정한 이유나 증거를 취사선택한 이유를 밝힐 필요는 없고, 어느 증거의 어느 부분에 의하여 어느 범죄사실을 인정하였는가를 구체적으로 설시할 필요도 없다(2000도4298). 요컨대 법원이 인정한 범죄사실의 내용과 명시된 증거의 요지를 대조하여 어떠한 증거자료에 의하여 범죄사실을 인정하였는가를 짐작할 수 있을 정도로 기재하면 충분하다. 따라서 증거의 표목만을 기재하거나 '피고인의 법정진술과 적법하게 채택되어 조사된 증거들'이라고만 증거요지를 기재한 것은 적법하다고 볼 수 없으나(99도5312), '증인 갑이 이 법정에서 한 이에 들어맞는 진술' 또는 '검사작성 피의자신문조서 중 판시사실에 부합하는 진술기재' 등과 같이 진술이나 서증내용의 일부분을 명시하는 것은 적법한 증거설시에 해당한다.

(3) 법령의 적용

법령의 적용이란 인정된 범죄사실에 대하여 적용한 구체적인 형벌법규를 밝히는 것을 말한다. 죄형법정주의의 원칙에 따라 범죄사실이 어떠한 범죄구성요건에 해당되고, 주문에 나타난 형이 어떠한 형벌법규에 근거하고 있는지를 명확히 하기 위한 것이다. 따라서 법령의 적용은 어떤 범죄사실에 대하여 어떤 법령을 적용하였는가를 객관적으로 알 수 있도록 분명하게 기재하여야 한다(74도1477).

(4) 소송관계인의 주장에 대한 판단

법률상 범죄의 성립을 조각하는 이유 또는 형의 가중·감면의 이유되는 사실의 진술이 있은 때에는 이에 대한 판단을 명시하여야 한다(제323조 제2항). 이 규정은 법원이 소송관계인의 주장을 무시하지 않고 명백히 판단하였음을 표시하여 재판의 객관적 공정성을 담보하는데 그 취지가 있다. 다만 이 규정은 법원이 소송관계인의 주장을 배척하는 경우에 의미를 가진다. 소송관계인의 주장을 인용한 경우에는 무죄판결을 하거나 동조 제1항의 범죄될 사실로서 기재될 것이기 때문이다.

법률상 범죄의 성립을 조각하는 이유되는 사실에는 위법성조각사유와 책임조각사유에 해당하는 사실이 포함된다. 그러나 구성요건해당성조각사유에 대한 진술은 단순한 범죄의 부인에 불과하므로 여기에 포함되지 않는다고 보아야 한다(82도409).

법률상 형의 가중·감면의 이유되는 사실에는 누범·중지미수·위증죄 및 무고죄의 자수·자백과 같은 필요적 가중·감면사유만이 포함되고, 과잉방위·과잉피난·심신미약·불능미수·자수·자복과 같은 임의적 감면사유에 해당하는 사실에 대해서는 유죄판결의 이유에서 판단할 필요가 없다는 것이 판례의 입장이다(2017도12150).

II. 무죄판결

1. 의 의

무죄판결이란 피고사건에 대하여 국가의 형벌권이 존재하지 않음을 확인하는 실체적 종국재판이다. 피고사건이 범죄로 되지 아니하거나 범죄사실의 증명이 없는 때에는 판결로써 무죄를 선고하여야 한다(제325조). 무죄판결은 피고인에게 가장 유리한 재판으로서 구두변론을 거쳐서 선고되며, 실체재판이므로 재판의 확정에 의해 일사부재리의 효력이 인정된다.

무죄판결의 주문은 '피고인은 무죄'라는 형식을 취한다. 무죄판결의 경우에 명시해야 할 이유에 대해서는 유죄판결의 경우와는 달리 명문규정이 없으나, 무죄판결도 재판의 일반원칙에 따라 이유를 명시하지 않으면 안 된다.

2. 무죄판결의 사유

(1) 피고사건이 범죄로 되지 아니하는 때

'피고사건이 범죄로 되지 아니하는 때'란 공소제기된 사실 자체는 인정되지만 이러한 사실이 구성요건에 해당하지 않거나 위법성조각사유 또는 책임조각사유의 존재로 위법하지 않거나 책임이 없는 경우를 말한다. 공소제기된 사건의 적용법조가 헌법재판소의 위헌결정으로 소급하여 효력을 상실한 경우에 당해 형벌법규를 적용하여 기소한 피고사건도 여기에 해당하게 된다(2011도2631).

다만 '피고사건이 범죄로 되지 아니하는 때'란 실체심리를 통해 이러한 사실이 밝혀진 경우에 한하고, 공소장기재 자체만으로 이미 범죄로 되지 않음이 명백한 때에는 '공소장에 기재된 사실이 진실하다 하더라도 범죄가 될 만한 사실이 포함되지 아니한 때'에 해당하므로 결정으로 공소를 기각해야 한다(제328조 제1항 제4호).

(2) 범죄사실의 증명이 없는 때

'범죄사실의 증명이 없는 때'란 법원의 심리결과 공소범죄사실의 부존재가 적극적으로 증명된 경우와 공소범죄사실의 존부에 대하여 증거가 불충분하여 법관이 유죄의 확신을 갖지 못한 경우를 말한다. 증거불충분으로 인한 무죄판결은 '의심스러운 때에는 피고인의 이익으로'의 원칙의 당연한 귀결이다. 자백에는 보강법칙이 적용되므로 피고인의 자백에 의하여 법관이 유죄의 심증을 얻은 경우에도 보강증거가 없는 때에는 범죄사실의 증명이 없는 때에 해당하게 된다.

Ⅲ. 면소판결

1. 의 의

면소판결이란 피고사건에 대하여 소송을 추행할 이익이 없는 경우에 소송을 종결시키는 형식재판을 말한다. 면소판결은 피고사건에 대하여 ① 확정판결이 있은 때, ② 사면이 있은 때, ③ 공소의 시효가 완성되었을 때, ④ 범죄 후의 법령개폐로 형이 폐지되었을 때에 선고한다.

실체재판, 즉 유죄·무죄의 판결이 확정된 경우에는 동일사건에 대해 다시 실체심리를 행하는 것이 허용되지 않는다. 일사부재리의 효력이 인정되기 때문이다. 한편 공소기각이나 관할위반과 같은 형식재판에 있어서는 그것이 확정되어도 일사부재리의 효력은 생기지 않는다. 그런데 면소판결은 실체재판이 아님에도 불구하고 일사부재리의 효력이 인정된다는 점에 대해 학설이 일치하고 있다. 면소판결이 일사부재리의 효력을 가지는 근거에 대해서는 면소판결의 본질과 관련하여 논의가 이루어진다.

2. 면소판결의 본질

(1) 실체관계적 형식재판설

면소판결은 실체적 소송조건이 결여된 경우, 즉 피고사건에 대하여 소송을 추행할 이익이 없는 경우에 선고되는 재판으로서, 실체적 소송조건의 존부를 심사하기 위해서는 필연적으로 어느 정도까지 사건의 실체에 들어가지 않을 수 없고 따라서 면소판결은 실체에 관련된 형식재판이라는 견해이다. 이 입장에서는 면소판결이 실체에 대한 심리를 전제로 하므로 실체재판과 마찬가지로 일사부재리의 효력을 인정할 수 있다고 한다. 그러나 실체관계적이라는 것은 실체 자체를 판단한 것은 아니므로 이에 대하여 일사부재리의 효력을 인정해야 할 근거가 명백하지 않으며, 면소판결 이외의 다른 형식재판의 경우에도 소송조건이 존재하는가 여부를 판단하기 위해서 어느 정도 실체에 대해 심리를 요하는 경우가 있으므로 실체심리가 면소판결에 고유한 문제는 아니라는 점 등이 문제점으로 지적되고 있다.

(2) 형식재판설

면소판결은 피고사건에 대하여 실체적 소송조건이 결여된 경우에 공소권이 없음을 이유로 선고하는 형식재판이라는 견해이다. 형식재판설에 의하면 면소사유가 있으면 실체심리가 허용되지 않고, 피고인은 면소판결에 대하여 무죄를 주장하여 상소할 수도 없게 된다. 통설과 판례(2007도7523)의 입장이다. 다만 형식재판설에 대하여는 형식재판인 면소판결이 어떻게 일사부재리의 효력을 가지는지를 설명하기가 어렵다는 비판이 제기된다.

(3) 검 토

면소판결의 법적 성질은 형식재판설의 입장에서 파악하는 것이 타당하다고 생각된다. 그리고 실체재판이 아님에도 불구하고 면소판결에 일사부재리의 효력이 인정되는 이유는 공소기각의 재판은 단순한 절차적인 하자를 이유로 하는 것이어서 후에 공소기각의 사유가 된 소송조건을 구비하면 재소가 가능하고 또한 이를 허용할 필요가 있지만, 면소판결은 그것이 단순한 절차상의 하자를 이유로 하는 것이 아니라 중대한 내용상의 하자라고 할 수 있는 실체형성의 이익의 결여를 이유로 하는 것이고 또한 결여된 실체형성의 이익은 사후에 새로이 보완될 수 없다는 점에서 찾아야 할 것이다.

3. 면소판결의 사유

(1) 확정판결이 있은 때

동일한 사건에 대하여 이미 일사부재리의 효력이 미치는 확정판결이 존재하는 경우이다. 따라서 여기의 확정판결에는 유죄와 무죄의 실체판결과 면소판결이 포함된다. 확정판결은 정식재판을 통하여 확정된 것임을 요하지 않고 약식명령 또는 즉결심판이 확정된 경우도 포함한다. 약식명령과 즉결심판이 확정된 때에는 확정판결과 동일한 효력이 인정되기 때문이다(제457조 등). 또한 경범죄처벌법(동법 제8조 제3항) 및 도로교통법(동법 제164조 제3항)은 일정한 범칙사건에 대한 범칙금납부에도 확정판결에 준하는 효력을 인정하고 있으므로 이 경우의 범칙금납부는 확정판결에 포함된다.

(2) 사면이 있은 때

사면에 의하여 형벌권이 소멸한 경우에는 실체심판의 이익이 없기 때문에 이를 면소사유로 한 것이다. 따라서 여기서 면소사유가 되는 사면은 일반사면만을 의미한다(2011도1932). 일반사면이 있으면 형의 선고를 받은 자에 대하여는 그 선고의 효력이 상실되고 형의 선고를 받지 않은 자에 대하여는 공소권이 상실되므로 아직 형의 선고가 없는 피고인에 대하여 면소판결의 가능성이 있으나, 특별사면은 형을 선고받아 확정된 특정인을 대상으로 하는 사면이므로(동법 제3조 제2호) 면소판결의 여지가 없기 때문이다.

(3) 공소시효가 완성되었을 때

공소시효가 완성되면 국가의 형사소추권 및 형벌권이 소멸되므로 소송추행이익이 없다는 점에서 이를 면소사유로 한 것이다. 따라서 공소제기시에 이미 공소시효가 완성된 경우나 판결의 확정 없이 공소가 제기된 때로부터 25년이 경과하여 공소시효가 완성된 것으로 간주되는 때에는(제249조 제2항) 면소판결을 선고하여야 한다. 공소장변경에 의하여 공소사실이 변경된 경우에는 변경된 공소사실에 대한 법정형을 기준으로 하여 공소제기 시에 공소시효가 완성되었는지의 여부를 판단하여야 한다.

(4) 범죄 후의 법령개폐로 형이 폐지되었을 때

형의 폐지는 법령상 명문으로 벌칙이 폐지된 경우뿐만 아니라 법령에 규정된 유효기간이 경과하거나 전법과 후법의 저촉에 의하여 실질적으로 법규의 효력이 상실된 경우를 포함한다. 그러나 폐지 전의 행위에 대하여 종전의 벌칙을 적용한다는 취지의 경과규정이 새로운 법령에 명시되어 있는 경우는 여기에 해당하지 않는다.

Ⅳ. 공소기각의 재판

1. 의 의

공소기각의 재판은 피고사건에 대하여 관할권 이외의 형식적 소송조건이 결여된 경우에 절차상의 하자를 이유로 사건의 실체에 대한 심리를 하지 않고 소송을 종결시키는 형식재판이다.

공소기각의 재판에는 공소기각의 결정(제328조)과 공소기각의 판결(제327조)이 있다. 절차상의 하자가 중대하고 명백하여 구두변론 없이도 소송조건의 존부를 판단할 수 있는 경우에는 결정의 형식을 취하고, 그렇지 않은 때에는 판결의 형식을 취하게 된다.

2. 공소기각의 결정

제328조 제1항은 공소기각결정의 사유로서 다음의 네 가지를 규정하고 있다. ① 공소가 취소되었을 때(제1호), ② 피고인이 사망하거나 피고인인 법인이 존속하지 아니하게 되었을 때(제2호), ③ 제12조 또는 제13조의 규정에 의하여 재판할 수 없는 때(제3호), ④ 공소장에 기재된 사실이 진실하다고 하더라도 범죄가 될 만한 사실이 포함되지 아니한 때(제4호)가 그것이다.

제3호는 관할의 경합에 해당하는 경우이다. 동일사건이 토지관할이나 사물관할을 달리 하는 수개의 법원에 계속된 경우에는 제12조와 제13조에 의하며 심판할 법원이 정해지며, 이때 재판을 할 수 없게 된 법원은 공소기각의 결정을 하여야 한다.

제4호의 '공소장에 기재된 사실이 진실하다고 하더라도 범죄가 될 만한 사실이 포함되지 아니한 때'라 함은 공소장 기재사실 자체에 대한 판단으로 그 사실 자체가 죄가 되지 아니함이 명백한 경우를 말한다(2013도929).

3. 공소기각의 판결

제327조에 의하여 판결로써 공소를 기각하여야 하는 경우는 다음과 같다. ① 피고인에 대하여 재판권이 없을 때(제1호), ② 공소제기의 절차가 법률의 규정을 위반하여 무효일 때(제2호), ③ 공소가 제기된 사건에 대하여 다시 공소가 제기되었을

때(제3호), ④ 공소취소 후 다른 중요한 증거를 발견하지 않았음에도 불구하고 공소가 제기되었을 때(제4호), ⑤ 친고죄에 대하여 고소가 취소되었을 때(제5호), ⑥ 반의사불벌죄에 대하여 처벌을 원하지 아니하는 의사표시를 하거나 처벌을 원하는 의사표시를 철회하였을 때(제6호)가 그것이다.

제1호의 '피고인에 대하여 재판권이 없을 때'라 함은 외교사절의 국내범죄나 외국인의 국외범죄 등의 경우처럼 법원이 재판을 할 수 없는 경우를 말한다.

제2호의 '공소제기의 절차가 법률의 규정을 위반하여 무효일 때'라 함은 공소사실의 불특정과 같이 공소제기의 방식에 중대한 하자가 있거나, 고소가 없는 친고죄에 대하여 공소가 제기된 경우 등과 같이 공소제기 당시 일정한 소송조건이 결여되어 있는 경우를 말한다. 제327조 제2호의 성격에 대하여는 ① 제327조 제2호의 사유도 다른 공소기각사유와 마찬가지로 이를 제한적 열거로 보는 견해와 ② 제327조 제2호의 사유는 소송조건 전반에 대한 일반조항으로서의 성질을 가진다고 보는 견해가 대립되고 있다. 제327조 제2호를 소송조건 전반에 대한 일반조항으로 해석하여 이것을 광범위하게 활용함으로써 함정수사 등 중대한 위법수사에 기한 공소제기나 기타 공소권남용의 형태로 파악할 수 있는 사항을 소송조건으로 유형화하여 형사재판에 반영할 수 있다는 점에서 볼 때 후설이 타당하다고 생각된다.

제3호는 동일한 사건이 토지관할과 사물관할을 같이 하는 동일한 법원에 이중으로 공소가 제기된 경우를 말한다. 이중기소인지 여부는 공소사실의 동일성을 기준으로 판단하는데, 기소당시에는 이중으로 기소되었더라도 그 후 공소사실과 적용법조가 적법하게 변경되어 새로운 사실의 소송계속상태가 있게 된 때에는 이중기소가 아니다(85도1435).

제4호에서 공소취소 후 다시 공소를 제기하기 위한 요건으로서 규정하고 있는 다른 중요한 증거를 발견한 경우란 공소취소 전의 증거만으로는 증거불충분으로 무죄가 선고될 가능성이 있으나 새로 발견된 증거를 추가하면 충분히 유죄의 확신을 가질 수 있을 정도의 증거가 발견된 때를 말한다(77도1308).

제5호는 친고죄에 있어서 유효한 고소가 있어 공소가 제기되었으나 제1심 판결선고 전에 고소가 취소된 경우(제232조 제1항)에 적용된다. 공소제기 당시부터 유효한 고소가 없었던 때에는 공소제기의 절차가 법률의 규정에 위반하여 무효인 경우로서 제2호에 의하여 공소기각의 판결을 하여야 한다.

　　제6호도 반의사불벌죄에 있어서 처벌을 원하지 아니하는 의사표시 또는 처벌을 원하는 의사표시의 철회가 제1심 판결선고 전에 이루어진 경우에 적용된다. 공소제기 이전에 이러한 사유가 존재함에도 불구하고 공소가 제기된 경우에는 제2호에 의하여 공소기각의 판결을 선고하여야 한다.

V. 관할위반의 판결

1. 의　의

　　피고사건이 법원의 관할에 속하지 아니한 때에는 판결로서 관할위반의 선고를 하여야 한다(제319조). 관할위반의 판결은 관할권이 없는 경우에 선고되는 것이고, 그 전제가 되는 재판권이 없는 경우에는 공소기각의 판결을 선고하게 된다(제327조 제1호). 관할위반이 인정되는 경우에도 소송행위의 효력에는 영향이 없다(제2조).

2. 관할위반의 사유

　　피고사건이 법원의 관할에 속하지 않는 경우에 관할위반의 판결을 한다. 여기의 관할에는 토지관할과 사물관할을 포함한다. 다만 사물관할은 공소제기시뿐만 아니라 재판시에도 존재해야 하지만, 토지관할은 공소제기시에만 존재하면 족하다. 사물관할의 유무에 대한 판단은 공소장에 기재된 공소사실을 기준으로 하며, 공소장이 변경된 경우에는 변경된 공소사실을 기준으로 한다(87도2196).

　　피고사건이 당해 법원의 관할에 속하지 않는 경우에도 토지관할에 관하여는 피고인의 신청이 없으면 관할위반의 선고를 할 수 없다(제320조 제1항). 토지관할은 주로 피고인의 편의를 위하여 인정된 것이기 때문이다. 피고인이 관할위반의 신청을 하려면 피고사건에 대한 진술 전에 하여야 한다(동조 제2항). 따라서 피고인은 적어도 모두진술의 기회에는 토지관할위반에 대한 신청을 하여야 할 것이다. 피고사건에 대한 진술이 있으면 토지관할위반의 하자가 치유되어 관할위반의 판결을 선고할 수 없게 된다.

제 3 절 재판의 확정과 효력

Ⅰ. 재판의 확정

1. 의   의

재판의 확정이란 재판이 통상의 불복방법에 의해서는 더 이상 다툴 수 없게 되어 그 내용을 변경할 수 없게 된 상태를 말하며, 이러한 상태에 있는 재판을 확정재판이라고 한다. 재판은 확정에 의하여 그 본래의 효력이 발행한다. 따라서 재판확정의 시기는 곧 재판의 본래적 효력발생시기가 된다.

2. 재판확정의 시기

(1) 불복신청이 허용되지 않는 재판

불복이 허용되지 않는 재판은 선고 또는 고지와 동시에 확정된다. 법원의 관할 또는 판결 전의 소송절차에 관한 결정에 대하여는 특히 즉시항고를 할 수 있는 경우 외에는 항고를 하지 못하므로(제403조 제1항), 이러한 결정은 원칙적으로 그 고지와 동시에 확정된다.

대법원 판결은 선고와 동시에 확정된다(79초54). 대법원판결에 대하여는 판결의 정정제도가 마련되어 있으나(제400조, 제401조) 대법원판결의 정정은 오기·오산과 같이 예외적인 경우에 그 오류를 정정하는 데 불과한 것이기 때문이다.

(2) 불복신청이 허용되는 재판

불복신청이 허용되는 재판은 상소기간 기타 불복신청기간의 도과, 상소 기타 불복신청의 포기 또는 취하, 불복신청을 기각하는 재판의 확정 등에 의하여 확정된다. 제1심판결과 항소심판결은 판결이 선고된 날로부터 7일의 상소제기기간을 경과하면 판결이 확정되고(제358조, 제374조), 약식명령이나 즉결심판은 재판의 고지를 받은 날로부터 7일을 경과하면 재판이 확정된다(제453조, 즉결심판법 제14조, 제16조). 또한 즉시항고가 허용되는 결정의 경우에도 이를 고지받은 날로부터 7일을 경과하면 재판이 확정된다(제405조). 한편 보통항고가 허용되는 결정은 그 항고기간의 제한이 없으므로 결정을 취소하여도 실익이 없게 된 때에 확정된다(제404조).

Ⅱ. 재판의 확정력

재판의 확정은 형식적 확정과 내용적 확정으로 구분할 수 있으며, 이에 따라 재판확정의 효력도 형식적 확정력과 내용적 확정력으로 구별된다.

1. 형식적 확정력

재판이 통상의 불복방법에 의하여 다툴 수 없는 상태에 이른 것을 형식적 확정이라고 하며, 이에 따른 효력을 형식적 확정력이라고 한다. 형식적 확정력이란 재판의 대상이 된 사안을 더 이상 동일한 절차에서 다툴 수 없다는 재판의 불가쟁적 효력을 의미한다. 재판의 형식적 확정력은 소송의 절차면에 있어서의 효력으로서 종국재판인가 종국 전 재판인가, 실체재판인가 형식재판인가를 묻지 않고 모든 재판에 대하여 발생한다. 재판의 형식적 확정은 재판의 내용적 확정의 전제가 된다.

2. 내용적 확정력

(1) 의 의

재판이 형식적으로 확정되면 이에 따라 그 의사표시적 내용도 확정되는데 이를 내용적 확정이라고 하며, 재판의 내용적 확정에 의하여 그 판단내용인 법률관계를 확정하는 효력을 내용적 확정력 또는 실질적 확정력이라고 한다.

여기서 확정되는 법률관계는 절차적인 것과 실체적인 것을 포함하므로 형식재판에 대해서도 내용적 확정력이 인정된다. 그리고 유죄·무죄의 실체재판이 확정되면 이에 따라 형벌권의 존부와 범위가 정해지는데 이를 실체적 확정력이라고 부른다.

(2) 대내적 효과

재판이 확정되면 집행할 수 있는 내용의 재판에 있어서는 집행력이 발생하며 (제459조), 특히 형을 선고하는 판결의 경우에는 형벌집행력이 발생한다. 이러한 효력은 당해사건 자체에 대한 효력이라는 의미에서 내용적 확정력의 대내적 효과 또는 내부적 효력이라고 한다.

집행력은 원칙적으로 형을 선고하는 실체재판의 경우에 발생하지만, 형식재판중에서도 보석허가결정이나 구속취소결정, 구속영장의 발부 등은 석방이나 구속이라는 집행을 요하므로 집행력이 발생한다.

(3) 대외적 효과

재판이 확정되면 그 판단내용이 다른 법원을 구속하여 후소법원도 동일한 사정하에서는 동일한 사항에 대하여 다른 판단을 할 수 없는 효과가 발생한다. 이러한 효과를 재판의 내용적 구속력이라고 부르며, 더 이상 재판의 내용을 변경할 수 없다는 후소법원에 대한 재판의 불가변적 효력을 의미한다. 일사부재리의 효력과 기판력의 개념을 후술하는 구별설의 입장에서 파악하면 내용적 구속력은 기판력과 동일한 의미를 가지는 것이 된다.

재판의 내용적 구속력은 실체재판과 형식재판에서 모두 인정된다. 그러나 실체재판에는 공소사실의 동일성의 범위 내에서는 일사부재리의 효력이 인정되어 동일 사건에 대한 후소는 이 효력에 의해 차단되므로 내용적 구속력은 그다지 문제되지 않는다. 따라서 내용적 구속력은 일사부재리의 효력이 인정되지 않는 형식재판에서 그 의미가 크다고 할 수 있다.

내용적 구속력은 공소가 제기되어 법원의 현실적 심판의 대상이 된 범죄사실에 대해서만 미친다. 따라서 모욕사건에 대하여 고소가 없거나 무효라는 이유로 공소기각의 판결이 확정된 후 검사가 그 모욕행위와 상상적 경합관계에 있는 폭행행위를 대상으로 공소를 제기하는 것은 허용된다. 만일 형식재판인 공소기각의 판결에도 일사부재리의 효력이 인정된다면 모욕행위와 동일성이 인정되는 폭행행위에 대한 검사의 공소제기는 허용되지 않게 될 것이나, 공소기각 판결에는 이러한 효력이 인정되지 않으므로 확정재판의 효력은 그 대상이 된 모욕부분에 대해서만 미치고 법원에서 판단한 사항이 아닌 폭행부분에 대해서는 미치지 않게 된다. 마찬가지로 폭행죄에 대하여 처벌을 희망하는 의사표시가 철회되었다는 이유로 공소기각의 판결이 확정된 후 폭행치상죄의 범죄사실로 공소를 제기하는 것도 허용된다.

Ⅲ. 일사부재리의 효력

1. 의 의

일사부재리의 효력이란 유죄·무죄의 실체판결이나 면소판결이 확정되면 동일한 범죄사실에 대하여 다시 심리·판단하는 것이 허용되지 않는다는 효력을 말한다. 헌법 제13조 제1항은 「모든 국민은 동일한 범죄에 대하여 거듭 처벌받지 아니한다」고 규정하여 이 원칙을 명시하고 있다.

2. 일사부재리의 효력과 기판력과의 관계

확정재판의 효력과 관련해서 일사부재리의 효력과 함께 기판력이라는 개념이 사용되고 있다. 일사부재리의 효력과 기판력과의 관계를 어떻게 이해할 것인가에 대하여는 견해가 대립하고 있다.

(1) 일치설

일사부재리의 효력과 기판력을 동일한 개념으로 파악하는 견해로서, 일사부재리의 효력 내지 기판력을 실체적 확정력의 외부적 효력으로 보는 입장이다. 실체판결이 형식적으로 확정되면 형식적 확정력과 함께 실체적 확정력이 생기는데, 실체적 확정력의 내부적 효력으로서는 집행력이 그 외부적 효력으로서는 일사부재리의 효력, 즉 기판력이 발생한다는 것이다. 그러나 이와 같이 일사부재리의 효력을 확정된 실체판결 자체의 효력이라고 한다면, 그 효력은 현실적으로 재판에서 판단된 내용에 대해서만 발생하여야 하고 그 동일성이 있는 이른바 잠재적 심판의 대상에는 미치지 않는다고 해야 하는 것은 아닌지 하는 점에서 문제가 제기된다.

(2) 구별설

이는 기판력과 일사부재리의 효력을 별개의 개념으로 보는 견해로서, 기판력은 확정된 종국재판의 판단내용이 후소에 대하여 가지는 불가변경적 효력을 의미하는데 대하여, 일사부재리의 효력은 기판력 또는 재판의 효력과는 직접적인 관계 없이 피고인은 이중의 위험을 부담하지 않는다는 헌법상의 권리에 기초한 정책적인 효력이라고 한다. 우리 헌법 제13조 제1항은 이중위험 금지를 규정하고 있으므로 검사는 공소사실의 동일성의 범위 내에 있는 범죄사실에 대하여는 1회의 소송에서 해결할 의무를 부담하게 되며, 또한 그 범위에서 일사부재리의 효력이 발생하게 된다는 것이다. 일사부재리의 효력의 근거를 이와 같이 파악하게 되면 일사부재리의 효력이 미치는 범위를 반드시 공소사실의 동일성의 범위로 엄격하게 제한하지 않고, 검사의 동시소추의 의무를 인정하는 것이 피고인의 이익보호를 위해서 필요한 경우에는 그 범위를 확대하는 것이 가능하게 된다.

(3) 검　토

일사부재리의 효력과 기판력은 별개의 의미로 파악하는 것이 타당하다. 일사부재리의 효력은 피고인의 보호를 위해 정책적으로 인정된 절차적 효력으로서의 의미를 가지며, 따라서 재판의 권위와 안정성의 유지를 위한 확정력이론과는 그 성격이 다르기 때문이다. 기판력은 확정된 재판의 내용을 후소에 의하여 변경할 수 없다는 종국재판의 후소에 대한 불가변경적 효력, 즉 내용적 구속력을 의미한다. 따라서 기판력은 실체재판뿐만 아니라 공소기각과 같은 형식재판이 확정된 경우에도 인정되는 것이 된다. 그러나 일사부재리의 효력은 본래 실체재판에 인정되는 효력으로서 심판대상과 동일성이 인정되는 사실 전부에 대하여 미치는 효력인 것이다.

3. 일사부재리의 효력이 인정되는 재판

(1) 유죄·무죄의 확정판결

유죄·무죄의 판결이 확정되면 일사부재리의 효력이 발생한다. 약식명령이나 즉결심판이 확정된 경우에도 유죄의 확정판결과 동일한 효력이 발생하므로 일사부재리의 효력이 인정된다.

또한 경범죄처벌법이나 도로교통법에 따른 범칙행위로 통고처분을 받고 범칙금을 납부한 사람은 그 범칙행위에 대하여 다시 처벌받지 아니하므로 이 경우에는 범칙금납부에 확정판결에 준하는 효력이 인정되게 된다. 따라서 범칙금을 납부한 경우 범칙금 통고의 이유에 기재된 당해 범칙행위 자체 및 그 범칙행위와 동일성이 인정되는 행위에 대해서는 일사부재리의 효력이 미친다(2012도6612).

(2) 면소의 확정판결

면소판결은 형식재판의 일종이면서도 공소기각의 재판이나 관할위반의 판결과는 달리 확정시에 일사부재리의 효력을 발생시키는 특징이 있다. 면소판결에 일사부재리의 효력을 인정하는 이유는 그것이 단순한 절차상의 하자를 이유로 하는 것이 아니라 중대한 내용상의 하자인 실체형성의 이익의 결여를 이유로 하는 것이고, 또한 결여된 실체형성의 이익은 사후에 보완될 수도 없다는 점을 고려한 결과라고 할 수 있다.

4. 일사부재리의 효력이 미치는 범위

(1) 주관적 범위

일사부재리의 효력은 공소가 제기된 피고인에 대해서만 발생한다. 공소제기의 효력은 검사가 피고인으로 지정한 이외의 다른 사람에게는 미치지 않기 때문이다(제248조 제1항). 따라서 공동피고인의 경우에도 1인의 피고인에 대한 판결의 효력은 다른 피고인에게 미치지 않는다.

피고인이 타인의 성명을 모용한 경우에 판결의 효력은 피모용자에게 미치지 않는다. 그러나 위장출석의 경우에는 판결의 효력이 위장출석자에게 미친다고 해석하여야 한다.

(2) 객관적 범위

(가) 공소사실의 동일성

일사부재리의 효력은 법원의 현실적 심판의 대상인 공소장에 기재된 공소사실뿐만 아니라 그 사실과 단일성·동일성이 인정되는 잠재적 심판의 대상에 대하여도 미친다. 공소사실의 동일성은 기본적 사실관계의 동일성이 있는가 여부에 따라 결정된다. 판례는 기본적 사실관계의 동일성 여부를 판단하는 데 있어서 규범적 요소도 함께 고려하여야 한다는 입장을 취하고 있다(93도2080).

공소사실의 동일성이 인정되는 사실 전부에 대해 일사부재리의 효력이 미치므로 판결이 확정된 후 새로 변경된 부분에 대하여 별도로 공소를 제기하는 것은 허용되지 않는다(89도1046). 예를 들면 피고인이 상해죄로 유죄판결을 선고받아 그 판결이 확정된 후 피해자가 사망한 경우에 상해치사죄로 다시 공소를 제기할 수는 없다고 해야 한다.

(나) 포괄일죄

일사부재리의 효력은 하나의 범죄사실의 전부에 대하여 미치므로 포괄일죄나 과형상 일죄의 일부분에 대한 확정판결의 효력은 현실적 심판의 대상이 되지 않았던 부분에까지 미친다. 따라서 포괄일죄인 상습범의 일부에 대한 확정판결의 효력은 상습범을 구성하는 범죄사실의 전부에 대하여 미친다.

다만 판례는 상습범으로서 포괄적 일죄의 관계에 있는 여러 개의 범죄사실 중 일부에 대하여 유죄판결이 확정된 경우, 그 확정판결의 사실심 판결선고 전에 행한 나머지 범죄에 대하여 면소판결을 선고하기 위해서는 피고인이 상습범으로 처벌되었을 것을 요한다고 판시하고 있다(2001도3206). 따라서 상습사기죄의 범인이 포괄일죄의 일사부재리의 효력을 인정받으려면 범인이 처음부터 상습사기죄로 기소되어 판결이 확정되었을 것을 요하고, 단순사기죄로 기소되어 유죄판결이 확정된 범인은 상습성이 인정되는 다른 사기범행에 대하여 일사부재리의 효력을 주장하지 못하게 된다.

그러나 일죄의 일부에 대한 확정판결의 효력은 그 전부에 미친다는 점에서 볼 때, 포괄일죄에 있어서 일사부재리의 효력범위를 제한하고자 하는 판례의 태도는 타당하지 않다고 생각된다. 포괄일죄를 구성하는 각 범죄행위는 단일한 범죄로서 공소장변경에 의하여 추가되어 동시심판을 받을 가능성이 존재했을 뿐만 아니라 포괄일죄를 구성하는 범죄사실에 대하여 검사가 포괄일죄로 공소제기한 것인가 단순일죄로 공소제기한 것인가에 따라 일사부재리의 효력범위를 달리 해석하게 되면 피고인에게 불리한 결과가 초래될 수 있기 때문이다.

(3) 시간적 범위

일사부재리의 효력은 사실심리가 가능한 최후의 시점까지 미친다. 이와 관련하여 특히 상습범·영업범·계속범과 같은 포괄일죄에 있어서 범죄가 확정판결의 전후에 걸쳐서 행하여진 경우에 어느 시점까지 일사부재리의 효력이 미치는지가 문제로 된다. 이에 대해서는 변론종결시설, 판결선고시설, 판결확정시설을 생각해 볼 수 있으나, 통설과 판례(93도836)는 판결선고시설을 취하고 있다. 사실심리가 가능한 최후의 시점은 원칙적으로 변론종결시로 볼 수 있지만 변론의 재개를 인정하고 있는 현행법의 해석에 있어서는 사실심 판결선고시를 기준으로 일사부재리의 효력을 인정하지 않을 수 없다. 따라서 포괄일죄의 경우에 그 일부에 대하여 확정판결이 있으면 사실심 판결선고 이후에 범하여진 나머지 부분은 별개의 범죄를 구성하게 되어 별도로 기소하는 것이 가능하게 된다.

약식명령의 경우에도 일사부재리의 효력이 미치는 시간적 범위는 약식명령의

송달시가 아니라 사실심리가 가능한 최후의 시점인 발령시를 그 기준으로 하여야
한다(94도1318).

5. 일사부재리의 효력의 적용배제

일사부재리의 효력은 법적 안정성과 피고인의 지위를 보호하기 위하여 인정되
는 것이다. 그러나 확정판결에 중대하고 명백한 오류가 있는 경우에도 이러한 요청
만을 강조한다면 실질적 정의의 실현이라는 형사재판의 본질적 요구에 반하는 결
과를 초래하게 된다. 형사소송법은 예외적으로 일사부재리의 효력을 배제하기 위
한 제도로서 상소권의 회복, 재심 및 비상상고를 인정하고 있다.

상소권의 회복(제345조 이하)이란 재판의 확정 자체가 당사자 특히 피고인의 이
익을 부당하게 박탈하는 경우의 구제제도이고, 재심(제420조)은 확정판결에 명백한
사실오인이 있는 경우에 이를 시정하여 유죄판결을 받은 자의 불이익을 구제하는
제도이며, 비상상고(제441조)는 확정판결의 법령위반을 시정하여 법령해석의 통일을
기함과 동시에 피고인의 이익을 구제하는 데 목적이 있는 제도이다.

제 5 편

상소·비상구제절차·
특별절차·재판의 집행

제1장

상 소

제 1 절 상소 일반

I. 상소의 의의와 종류

1. 상소의 의의

상소란 미확정의 재판에 대하여 상급법원에 구제를 구하는 불복신청제도를 말한다. 상소제도는 원판결의 잘못을 시정하여 이에 의하여 불이익을 받는 당사자를 구제하고 아울러 법령해석의 통일을 기하는 것을 목적으로 한다.

상소는 재판에 대한 불복신청이라는 점에서 불기소결정에 대한 검찰항고나 재정신청과 같은 검사의 처분에 대한 불복신청과 구별되며, 미확정의 재판을 전제로 한다는 점에서 확정판결에 대한 비상구제절차인 재심 또는 비상상고와 다르다. 그리고 상소는 상급법원에 대한 구제신청이므로 당해 법원에 대한 이의신청이나 약식명령 또는 즉결심판에 대한 정식재판의 청구는 여기에 해당하지 않는다. 또한 법관의 재판이나 수사기관의 처분에 대한 준항고(제416조, 제417조)도 상소에 포함되지 않지만 입법의 편의상 항고와 함께 규정하고 있다.

2. 상소의 종류

상소에는 항소·상고·항고의 세 종류가 있다. 항소와 상고는 판결에 대한 불복방법인 데 대하여 항고는 결정에 대한 불복방법이라는 점에서 차이가 있다. 항소는 제1심 판결에 대한 상소이며, 상고는 제2심 판결에 대한 상소이다. 다만 제1심 판결에 대해서도 예외적으로 상고가 허용되는데, 이를 비약적 상고라고 한다. 항소는 지방법원본원 합의부나 고등법원이 관할하고, 상고는 대법원이 이를 관할한다. 항고는 보통항고와 즉시항고로 나누어지는데, 그 대상·항고기간·효력 등에 있어서 차이가 있다. 그리고 항고법원 또는 고등법원의 결정에 대하여는 일정한 경우에 예외적으로 대법원에의 즉시항고가 허용되는데 이를 재항고라고 한다.

II. 상소권

1. 상소권자

검사와 피고인은 소송의 주체로서 당연히 상소권을 가진다(제338조 제1항). 특히 검사는 공익의 대표자로서 피고인의 이익을 위해서도 상소할 수 있다(92모21). 검사 또는 피고인 아닌 자로서 법원의 결정을 받은 자는 항고를 할 수 있다(제339조). 과태료의 결정을 받은 증인 또는 감정인 등이 여기에 해당한다.

피고인의 법정대리인은 피고인을 위하여 상소할 수 있다(제340조). 피고인의 배우자·직계친족·형제자매 또는 원심의 대리인이나 변호인은 피고인을 위하여 상소할 수 있다(제341조 제1항). 피고인의 법정대리인은 피고인의 명시한 의사에 반하여도 상소할 수 있으나, 그 외의 상소권자는 피고인의 명시한 의사에 반하여 상소를 제기할 수 없다(동조 제2항).

2. 상소기간

상소는 상소기간 내에 제기되어야 한다. 상소기간이 경과하면 상소권이 소멸된다. 상소기간은 상소의 종류에 따라 다르다. 항소와 상고는 판결이 선고된 날로부터 7일(제358조, 제374조), 즉시항고는 결정을 고지받은 날로부터 7일(제405조)이다.

보통항고의 경우에는 기간의 제한이 없으므로 항고의 이익이 있는 한 언제든지 할 수 있다(제404조).

상소기간은 재판이 선고 또는 고지된 날로부터 진행한다(제343조 제2항). 상소기간은 기간계산의 일반원칙(제66조)에 따라 재판을 선고 또는 고지한 다음날부터 기산한다.

3. 상소권의 회복

(1) 의 의

상소권회복은 상소권자가 책임질 수 없는 사유로 상소기간이 경과하여 소멸된 상소권을 법원의 결정으로 회복시키는 제도를 말한다(제345조). 상소권자의 책임 없는 사유로 인하여 상소기간이 경과한 경우에 구체적 타당성의 관점에서 상소권자에게 상소의 기회를 부여하기 위한 제도이다.

(2) 상소권회복의 사유

상소권자 또는 그 대리인이 책임질 수 없는 사유로 상소 제기기간 내에 상소를 하지 못한 경우에는 상소권회복이 인정된다. 책임질 수 없는 사유란 상소권자 본인 또는 대리인에게 기간을 준수하지 못한 데 대하여 고의나 과실이 없는 경우를 말한다. 예를 들면 위법한 공시송달에 의하여 피고인의 진술없이 공판이 진행되고 피고인이 출석하지 않은 기일에 판결이 선고되어 피고인이 상소제기기간 내에 상소를 하지 못한 경우(2014모1557), 교도소장이 법원의 결정정본을 송달받고 1주일이 지난 뒤에 그 사실을 피고인에게 알렸기 때문에 항고장을 제출하지 못한 경우(91모32) 등이 여기에 해당한다.

그러나 피고인이 법원에 주소변경사실을 신고하지 아니함으로써 공시송달절차에 의하여 판결이 선고되고 이를 알지 못하여 상소기간을 도과한 경우(91모17), 법정소란으로 실형선고를 집행유예의 선고로 잘못 들어 항소기간 내에 항소를 제기하지 못한 경우(87모19) 등은 피고인이 책임질 수 없는 사유라고 볼 수 없으므로 상소권회복이 허용되지 않는다.

(3) 상소권회복의 절차

상소권이 있는 자, 즉 고유의 상소권자와 상소대리권자는 상소권회복의 청구를 할 수 있다(제345조). 상소권회복을 청구할 때에는 그 사유가 해소된 날부터 상소제기기간에 해당하는 기간 내에 서면으로 원심법원에 제출하여야 하며, 책임질 수 없는 사유를 소명하여야 한다. 그리고 상소권의 회복을 청구하는 자는 그 청구와 동시에 상소를 제기하여야 한다(제346조). 상소권회복의 청구가 있는 때에는 법원은 지체 없이 그 사유를 상대방에게 통지하여야 한다(제356조).

상소권회복의 청구를 받은 법원은 청구의 허용 여부에 관한 결정을 하여야 한다(제347조 제1항). 결정에 대해서는 즉시항고를 할 수 있다(동조 제2항). 상소권회복의 청구가 있는 때에는 법원은 상소권회복청구에 대한 결정을 할 때까지 재판의 집행을 정지하는 결정을 할 수 있다(제348조 제1항). 상소권회복의 결정이 확정되면 상소권회복의 청구와 동시에 한 상소제기는 적법하게 되며, 이미 확정된 재판은 미확정의 상태로 돌아간다.

Ⅲ. 상소의 제기와 포기·취하

1. 상소의 제기

(1) 상소제기의 방식

상소는 상소제기기간 내에 상소장을 원심법원에 제출함으로써 한다(제359조 등). 상소는 불복을 판단하는 상급법원에 하는 것이 아니라 불복의 대상인 재판을 한 원심법원에 제기하여야 한다. 형을 선고하는 경우에는 재판장은 피고인에게 상소할 기간과 상소할 법원을 고지하여야 한다(제324조). 상소장은 상소의 종류에 따라 항소장·상고장·항고장으로 구분된다. 상소제기의 효력은 상소장이 원심법원에 접수된 때에 발생한다. 다만 교도소 또는 구치소에 있는 피고인이 상소제기기간 내에 상소장을 교도소장 또는 구치소장 또는 그 직무를 대리하는 자에게 제출한 때에는 상소의 제기기간 내에 상소한 것으로 간주한다(제344조). 상소의 제기가 있는 때에는 법원은 지체 없이 그 사유를 상대방에게 통지하여야 한다(제356조).

(2) 상소제기의 효력

상소장이 원심법원에 제출되면 상소제기의 효력이 발생하는데, 상소제기의 효력에는 정지의 효력과 이심의 효력이 있다.

(가) 정지의 효력

상소를 제기하면 이와 동시에 재판의 확정과 그 집행이 정지된다. 재판의 확정이 정지되는 효력은 상소에 의하여 언제나 발생하지만, 재판의 집행이 정지되는 효력에 대하여는 예외가 인정된다. 즉 ① 항고는 즉시항고 외에는 재판의 집행을 정지하는 효력이 없다. 다만 원심법원 또는 항고법원은 결정으로 항고에 대한 결정이 있을 때까지 집행을 정지할 수 있다(제409조). ② 벌금, 과료 또는 추징에 대한 가납재판의 집행도 상소제기에 의하여 정지되지 않는다(제334조 제3항). ③ 무죄, 면소, 형의 면제, 형의 선고유예, 형의 집행유예, 공소기각 또는 벌금이나 과료를 과하는 판결이 선고된 때에는 구속영장은 효력을 잃는데(제331조), 이러한 구속영장의 실효는 상소의 제기로 영향을 받지 않는다.

(나) 이심의 효력

상소의 제기에 의하여 소송계속은 원심법원에서 상소심으로 넘어가게 되는데 상소제기의 이러한 효력을 이심의 효력이라고 한다. 상소는 상소법원에 의한 구제를 목적으로 하는 제도이므로 이심의 효력은 상소제기의 본질적 효력이라고 할 수 있다. 이심의 효력이 발생하는 구체적인 시기에 대하여는 상소장이 원심법원에 제출된 때에 이심의 효력이 발생한다고 보는 상소제기기준설과 원심법원으로부터 상소법원에 상소장과 증거물 및 소송기록이 송부된 때에 이심의 효력이 발생한다고 보는 소송기록송부기준설이 주장되고 있다. 판례는 상소제기기준설의 입장이라고 할 수 있다(85모12).

2. 상소의 포기 및 취하

(1) 의 의

상소의 포기는 상소권자가 상소의 제기기간 내에 법원에 대하여 행하는 상소권을 행사하지 않겠다는 적극적인 의사표시를 말한다. 상소를 포기하면 상소제기기간의 경과 전에 재판이 확정되고 형의 집행이 가능해진다. 이에 대하여 상소의 취하는 일단 제기한 상소를 철회하는 의사표시를 말한다.

상소의 포기는 상소의 제기기간 내이면 언제든지 할 수 있다. 상소의 취하는 상소심의 종국재판 전까지 가능하다. 상소의 포기 또는 취하는 서면으로 하여야 한다. 다만 공판정에서는 구술로써 할 수 있다(제352조 제1항). 구술로써 상소의 포기 또는 취하를 한 경우에는 그 사유를 조서에 기재하여야 한다(동조 제2항).

상소의 포기는 원심법원에 하여야 하며, 상소의 취하는 상소법원에 하여야 한다. 단 소송기록이 상소법원에 송부되지 아니한 때에는 상소의 취하도 원심법원에 할 수 있다(제353조).

(2) 상소의 포기권자 및 취하권자

검사나 피고인 또는 항고권자는 고유의 상소권자로서 상소의 포기 또는 취하를 할 수 있다(제349조). 다만 피고인과 상소대리권자는 사형 또는 무기징역이나 무기금고가 선고된 판결에 대하여는 상소의 포기를 할 수 없다(동조 단서). 법정대리인이 있는 피고인이 상소의 포기 또는 취하를 함에는 법정대리인의 동의를 얻어야 한다. 다만 법정대리인의 사망 기타 사유로 인하여 그 동의를 얻을 수 없는 때에는 예외로 한다(제350조). 피고인의 법정대리인·배우자·직계친족·원심의 대리인이나 변호인은 피고인의 동의를 얻어 상소를 취하할 수 있다(제351조).

(3) 상소의 포기 및 취하의 효력

상소를 포기 또는 취하하면 상소권이 소멸하고 재판이 확정된다. 다만 검사와 피고인이 모두 상소한 경우에는 일방의 포기나 취하만으로 재판이 확정되지 않는다. 상소취하의 효력은 상소취하서의 접수시에 발생한다. 그리고 상소의 포기나 취하가 있는 때에는 법원은 지체 없이 그 사유를 상대방에게 통지하여야 한다(제356조).

상소의 포기 또는 취하에 따른 상소권의 소멸은 당해 심급의 재판에 관한 상소권에 한정된다고 보아야 하므로, 항소를 포기 또는 취하한 자라도 상대방의 항소에 기한 항소심판결에 새로이 불복하여 상고하는 것은 상소의 이익이 있는 한 가능하다고 해야 한다. 또한 판례는 피고인의 착오에 의한 상소의 포기 또는 취하가 무효로 되기 위해서는 첫째 통상인의 판단을 기준으로 하여 만일 착오가 없었다면 그러한 소송행위를 하지 않았으리라고 인정되는 중요한 점에 관하여 착오가 있고, 둘째 착오가 행위자 또는 대리인이 책임질 수 없는 사유로 인하여 발생하였으며, 셋째 그 행위를 유효로 하는 것이 현저히 정의에 반한다고 인정될 것을 요한다고 판시하고 있다(95모49).

IV. 상소의 이익

1. 의 의

상소의 이익이란 상소권자에게 불복할 만한 이익이 존재하는지 여부의 문제를 말한다. 상소는 원판결의 잘못을 시정하여 이에 의하여 불이익을 받는 당사자를 구제하는 데 주된 목적이 있으므로 상소권자가 상소를 하기 위해서는 상소를 할 만한 이익이 있어야 한다. 이러한 의미에서 상소의 이익은 상소의 적법요건이 된다.

상소의 이익은 상소의 이유와는 구별되는 개념이다. 상소의 이유는 원심재판의 사실인정, 법령적용, 양형 등에 있어서 구체적으로 어떠한 오류가 있는가를 판단하는 문제이다. 따라서 상소의 이익이 있음을 전제로 상소의 이유가 있는지 여부를 판단하게 된다. 다만 상소이유가 상소이익을 판단하는 중요한 자료가 된다는 점에서 양자는 밀접한 관련을 가진다고 할 수 있다.

2. 검사의 상소의 이익

검사는 피고인과 대립하는 소송의 당사자이므로 피고인에게 불이익한 상소를 할 수 있다. 따라서 검사는 무죄판결에 대한 상소는 물론 유죄판결에 대해서도 중한 죄나 무거운 형을 구하는 상소를 제기할 수 있다.

한편 검사는 공익의 대표자로서 법령의 정당한 적용을 청구할 임무가 있으므로 피고인에게 이익이 되는 상소도 할 수 있다(92모21). 검사가 피고인의 이익을 위하여 상소한 경우에는 불이익변경금지의 원칙이 적용된다(71도574).

3. 피고인의 상소의 이익

(1) 상소이익의 판단기준

피고인은 원심재판이 자신에게 불이익한 경우에만 상소를 제기할 수 있고, 원심재판을 불이익하게 변경하는 상소는 허용되지 않는다. 피고인의 상소이익에 대한 판단은 피고인의 주관이나 사회통념을 기준으로 할 것이 아니라 법익박탈의 대소라는 객관적 기준에 의하여야 한다는 것이 일반적인 입장이다. 이러한 객관설에 의하면 형의 경중을 정한 형법 제50조와 불이익변경금지의 원칙에 있어서의 이익과 불이익의 판단기준이 상소의 이익에 대한 중요한 기준이 된다.

(2) 유죄판결에 대한 피고인의 상소

유죄판결은 피고인에게 가장 불리한 재판이므로 피고인이 무죄를 주장하거나 경한 형을 선고할 것을 주장하여 상소하는 경우에는 상소의 이익이 있다. 형을 선고하는 경우는 물론이고 형면제의 판결이나 형의 선고유예판결에 대하여도 피고인은 무죄를 주장하여 상소할 수 있다. 또한 유죄판결을 받은 피고인이 소송조건의 결여를 주장하여 형식재판을 구하는 것도 가능하다.

그러나 유죄판결에 대하여 피고인이 상소한 경우라도 상소의 구체적인 내용이 피고인에게 불리한 경우에는 상소가 허용되지 않는다. 따라서 피고인이 벌금형을 선고한 원심재판에 대하여 징역형의 집행유예를 구하여 상소하는 경우에는 상소의 이익이 인정되지 않는다(2004헌가27).

(3) 무죄판결에 대한 상소

무죄판결은 피고인에게 가장 유리한 재판이므로 피고인은 무죄판결에 대하여 다른 판결을 구하는 상소를 제기할 수 없다. 유죄판결은 물론이고 면소나 공소기각의 재판을 구하는 상소도 허용되지 않는다.

다만 무죄판결 자체는 다투지 않으면서 그 이유를 다투는 상소가 허용될 수 있는지가 문제된다. 피고인의 심신상실을 이유로 무죄가 선고된 경우에 다른 범죄성립조각사유에 기한 무죄를 주장하여 상소할 수 있는가에 대하여는 견해가 대립하고 있다. 심신상실을 이유로 무죄판결이 있는 경우에는 무죄판결인 경우에도 피고인이 사회적으로 불이익을 받을 수 있으므로 상소의 이익을 인정해야 한다는 긍정설과 상소는 판결주문에 대하여만 허용될 뿐 아니라 무죄판결은 법익박탈을 내용으로 하는 것이 아니므로 심신상실을 포함하여 판결이유만을 대상으로 무죄판결에 대해서 상소하는 것은 허용되지 않는다는 부정설이 그것이다. 판례는 재판의 이유만을 다투기 위하여 상소하는 것은 허용되지 않는다고 함으로써 부정설의 입장을 취하고 있다(92모21). 무죄판결은 법적인 이익을 박탈하는 재판이 아니므로 그 이유만을 다투기 위한 상소는 허용되지 않는 것으로 보아야 한다.

(4) 형식재판에 대한 상소

공소기각·관할위반 및 면소판결에 대하여 피고인이 무죄를 주장하여 상소하는 경우에 상소의 이익을 인정할 수 있는지가 문제된다. 형식재판에 비하여 무죄판결이 피고인의 주관적 이익이나 사회적 평가 면에서 볼 때 피고인에게 유리한 점이 있음을 부정할 수는 없으나, 이것은 형사재판에 의한 법익박탈이라고 할 수 없고 상소에 의하여 구제해야 할 이익도 아니다. 또한 형식재판을 받은 경우에도 무죄의 재판을 받을 만한 현저한 사유가 있었을 때에는 형사보상의 사유가 되므로(형사보상법 제25조), 이 점에서도 형식재판이 무죄판결보다 불리하다고 보기 어렵다. 형식재판과 무죄판결은 모두 피고인에게 가장 유리한 재판이며 더구나 형식재판에 의하여 피고인은 절차에서 보다 빨리 해방되어 공소제기 전의 상태로 돌아간다는 점을 고려할 때, 피고인이 적법하게 선고된 형식재판에 대하여 무죄판결을 주장하여 상소하는 것은 상소의 이익이 없기 때문에 허용되지 않는다고 하여야 한다. 판례도 부정설의 입장을 취하고 있다(2005도4738; 2007도6793).

다만 면소판결에 대한 상소라고 하더라도 형벌에 관한 법령이 헌법재판소의 위헌결정으로 인하여 소급하여 그 효력을 상실하였거나 법원에서 위헌·무효로 선언된 경우에는 당해 법령을 적용하여 공소가 제기된 피고사건에 대하여 면소를 할 수 없고 무죄를 선고하여야 하므로, 이 경우에 면소판결이 선고되었다면 면소판결에 대하여 상소가 가능하다(2010도5986).

V. 일부상소

1. 일부상소의 의의

일부상소란 재판의 일부에 대한 상소를 말한다(제342조 제1항). 여기서 재판의 일부라 함은 하나의 사건의 일부를 말하는 것이 아니라, 수개의 사건이 병합심리되고 그 결과 판결주문이 수개인 경우의 재판의 일부를 의미한다. 또한 일부상소의 대상인 재판의 일부란 재판의 객관적 범위의 일부를 말하는 것이므로 공동피고인의 일부가 자신의 범죄사실에 대하여 상소하는 경우는 일부상소가 아니다.

2. 일부상소의 허용범위

(1) 경합범의 일부에 대한 상소
경합범의 각 부분에 대하여 각각 다른 수개의 재판이 선고된 때에는 재판내용이 가분인 경우에 해당하므로 일부상소가 가능하다. 그러나 경합범이라고 하더라도 그 전부에 대하여 하나의 형이 선고된 때에는 재판의 내용이 불가분인 것으로 되어 이에 대한 일부상소는 허용되지 않는다. 이 경우에는 수개의 범죄사실이 전부의 형과 유기적으로 관련되어 있기 때문이다.

일부상소가 허용되는 경우로는 ① 경합범 가운데 일부에 대하여 유죄, 다른 일부에 대하여 무죄·면소·공소기각·관할위반이 선고된 경우, ② 경합범 전부에 대해 유죄가 선고되었더라도 일부는 징역형, 다른 일부는 벌금형이 선고된 경우와 같이 판결주문에 2개 이상의 다른 형이 병과된 경우, ③ 경합범의 관계에 있는 공소사실의 전부에 대하여 무죄가 선고된 경우, ④ 수개의 공소사실이 확정판결 전후에 범한 죄이기 때문에 수개의 형이 선고된 경우(형법 제37조 후단) 등을 들 수 있다.

(2) 일죄의 일부에 대한 상소

일부상소가 허용되려면 재판내용의 가분성이 요구되므로 일죄의 일부에 대한 상소는 허용되지 않는다. 따라서 일죄의 일부에 대하여 상소가 제기된 경우에도 상소의 효력은 그 전부에 대하여 미친다(제342조 제2항). 이를 상소불가분의 원칙이라고 한다. 여기서 일죄란 협의의 단순일죄는 물론 포괄일죄도 포함하며, 과형상 일죄도 소송법상 일죄이므로 일부상소가 허용되지 않는다고 해야 한다. 따라서 포괄일죄 또는 과형상 일죄로 기소된 공소사실 중 일부는 유죄, 일부는 무죄로 판단한 원심판결에 대하여 검사만이 무죄부분에 대하여 상소하였다 하여도 유죄부분도 상소심의 심판대상이 되며(2005도7523), 피고인만이 유죄부분에 대하여 상소한 경우에도 무죄부분 역시 상소심의 심판대상으로 된다.

다만 대법원은 피고인만이 포괄일죄의 유죄부분에 대하여 상소한 경우에는 비록 상소불가분의 원칙에 의하여 무죄부분도 상소심에 이심되기는 하나, 그 부분은 이미 당사자의 공격방어 대상으로부터 벗어나 사실상 심판대상에서 제외되게 되므로 상소심은 무죄부분을 판단할 수 없다고 판시함으로써(2009도12934), 피고인의 실질적 이익을 고려하여 포괄일죄에 있어서 상소불가분의 원칙의 적용범위를 제한하고 있다. 논리적 일관성에 문제가 없는 것은 아니지만, 피고인만이 유죄부분에 대하여 상소한 경우에는 피고인 보호를 위하여 무죄부분에 대한 판결의 부분적 확정을 인정하는 판례의 태도가 타당하다고 생각된다.

(3) 주형과 일체가 된 부가형

일죄의 경우에는 주문의 내용이 서로 불가분적으로 관련되어 있으므로 주형과 분리하여 몰수 또는 추징·집행유예·환형처분 등에 대하여만 상소할 수 없다. 몰수나 추징 등에 대하여만 상소를 제기한 경우에는 상소불가분의 원칙에 따라 부가형에 관한 부분과 함께 주형에 관한 부분도 상소심으로 이심된다(2008도5596).

3. 일부상소의 방식

일부상소를 할 때에는 일부상소를 한다는 취지를 상소장에 명시하고 불복부분을 특정하여야 한다. 불복부분을 특정하지 아니한 상소는 전부상소로 보아야 한다. 다만 일부무죄·일부유죄의 판결에 대하여 피고인이 상소한 때에는 무죄판결에 대하여는 피고인에게 상소의 이익이 없으므로 유죄부분에 대한 상소로 보아야 하며, 반대로 검사가 일부상소의 취지를 밝힌 경우에는 무죄부분에 대한 상소로 보아야 할 것이다.

4. 상소심의 심판범위

(1) 원 칙

경합범에 대하여 일부상소를 한 경우에 상소를 제기하지 않은 부분은 상소제기기간의 경과로 확정되고, 상소를 제기한 부분에 대해서만 상소심은 심판을 할 수 있다. 따라서 일부유죄·일부무죄의 경합범에 있어서 피고인만 유죄부분에 대하여 상소한 경우에는 무죄부분은 확정되고 유죄부분만이 상소심의 심판의 대상이 되며, 유죄부분에 대해 상소이유가 인정되는 경우에는 그 부분에 대해서만 파기하면 된다. 또한 상소심의 파기환송에 의하여 사건을 환송받은 법원도 일부상소된 사건에 대하여만 심판해야 하고 확정된 사건을 심판할 수는 없다(90도1033).

다만 경합범에 대하여 일부유죄·일부무죄가 선고된 경우에 있어서도 검사만 무죄부분에 대해서 상소하였는데 상소심의 심리결과 상소이유가 인정되어 원심을 파기해야 할 경우와 원심이 경합범의 관계로 보고 두 개의 공소사실에 대하여 일부유죄·일부무죄를 선고하였는데 일부상소에 대한 상소심의 심리결과 양 사실이 일죄로 판명된 경우에 있어서 상소심의 구체적인 심판범위가 문제된다. 이는 결국 상소심의 심판범위에 있어서의 원칙을 피고인의 이익보호라는 관점에서 어느 정도 제한할 수 있는가의 문제라고 할 수 있다.

(2) 검사의 상소이유가 인정되는 일부유죄·일부무죄의 경합범

(가) 검사만 무죄부분에 대하여 일부상소하고 상소이유가 인정되는 경우

1) 전부파기설

검사만 무죄부분에 대하여 상소한 경우에도 원심판결을 파기하는 경우에는 상소심은 유죄부분까지 전부를 파기해야 한다는 견해이다. 이 경우에 검사가 상소한 무죄부분만을 파기하게 되면 피고인의 입장에서는 이미 확정된 유죄판결과 함께 두 개의 유죄판결을 받게 되어 결과적으로 형법 제38조의 적용에 따른 과형상의 이익을 박탈당하는 결과로 되기 때문이라고 한다.

2) 일부파기설

일부상소에 있어서는 상소를 제기하지 않은 부분은 상소제기기간이 지남으로써 확정되고 상소를 제기한 부분에 대해서만 상소심이 심판을 할 수 있는 것이 원칙이므로 이 경우에도 당사자가 상소하지 않은 유죄부분은 분리 확정되고 상소심은 검사가 상소한 무죄부분에 대해서만 파기할 수 있다는 견해이다. 판례가 취하는 입장이기도 하다(2010도10985).

3) 검 토

일부상소의 효력에 대한 원칙에 따라 현실적으로 상소가 이루어진 부분에 대해서만 상소의 효력이 미친다고 해석하는 일부파기설이 타당하다고 생각된다. 이렇게 해석하는 경우에 하나의 형이 선고될 수 없다는 점에서 피고인에게 불이익이 초래될 수도 있으나, 이는 「경합범 중 판결을 받지 아니한 죄가 있는 때에는 그 죄와 판결이 확정된 죄를 동시에 판결할 경우와 형평을 고려하여 그 죄에 대하여 형을 선고한다. 이 경우 그 형을 감경 또는 면제할 수 있다」고 규정하고 있는 형법 제39조 제1항에 의하여 그 형을 감경 또는 면제하는 방법으로 해결하는 것이 가능할 것이다.

(나) 당사자가 모두 일부상소하였으나 검사의 상소만이 이유 있는 경우

검사와 피고인이 각각 일부상소한 경우는 각자로서는 일부상소이지만 전체로서는 전부상소한 것이 되어 원심판결 전부의 확정이 차단되게 된다. 따라서 설령 피고인의 유죄부분에 대한 상소는 이유가 없고 검사의 무죄부분에 대한 상소만이 이유가 있는 경우라도 이들 범죄가 형법 제37조 전단의 경합범 관계에 있다면 상

소심은 원심판결의 유죄부분도 함께 파기하여 피고인에게 하나의 형을 선고하여야 한다(2009도1166).

(3) 상소심에서 죄수에 대한 판단이 달라진 경우

원심이 두 개의 공소사실을 경합범의 관계로 판단하여 각각에 대하여 유죄판결과 무죄판결을 선고하였고, 이에 대하여 검사 또는 피고인만이 상소를 제기하였는데 상소심의 심리결과 양 사실이 포괄일죄 또는 과형상 일죄를 이룬다는 사실이 판명된 경우에 상소심의 심판범위가 문제된다.

(가) 피고인만 유죄부분에 대하여 상소한 경우

이에 대하여는 무죄부분의 확정으로 양 사실은 소송법상 두 개의 사실로 나누어지므로 상소심의 심리결과 일죄로 밝혀졌다고 하더라도 유죄부분만이 상소심에 계속된다는 견해(일부이심설)와 상소불가분의 원칙에 따라 무죄부분도 상소심에 계속된다는 견해(전부이심설)가 주장되고 있다.

소송의 동적·발전적 성격과 피고인의 이익을 종합적으로 고려할 때 일부이심설이 타당하다고 생각된다. 이렇게 보면 유죄부분만이 상소심에 계속되고 따라서 상소가 이유 있는 경우에는 유죄부분만을 파기하면 되고, 상소가 이유 없는 때에는 원심대로 판결을 확정하게 될 것이다.

(나) 검사만 무죄부분에 대하여 상소한 경우

이에 대하여는 피고인만 유죄부분에 대하여 상소한 경우와 동일한 근거에서 유죄부분은 확정되고 무죄부분만 상소심에 계속된다는 견해(일부이심설)와 유죄부분이 확정되고 무죄부분만 상소심에 계속된다면 피고인에게 불리하므로 유죄부분도 상소심의 대상이 된다는 견해(전부이심설)가 대립하고 있다. 판례는 검사만이 경합범 중 무죄부분에 대해 일부상소를 하였다고 하더라도 상소심의 심리결과 상소가 제기되지 않은 유죄부분과 상상적 경합관계에 있다고 판단되는 경우에는 그 유죄부분도 상소심의 심판대상이 된다고 하여 전부이심설의 입장을 취하고 있다(80도384).

일부상소의 효력범위에 대한 원칙론에서 볼 때에는 일부이심설이 논리적이라고 할 수 있다. 그러나 소송의 동적·발전적 성격 내지 형식적 확실성을 희생하더라도 이 경우에는 피고인보호의 목적을 실현하는 것이 보다 중요하다고 생각된다. 따라서 피고인이 일부상소한 경우와는 달리 이때는 검사가 상소하지 않은 유죄부분도 상소심의 심판의 대상이 되고 상소심 법원은 양 사실 전부에 대하여 파기해야 할 것이다. 피고인과 검사가 각각 일부상소한 경우에는 전부이심의 효력이 발생하므로 상소심 법원이 그 전부에 대하여 파기할 수 있음은 물론이다.

VI. 불이익변경금지의 원칙

1. 의 의

불이익변경금지의 원칙이란 피고인이 항소 또는 상고한 사건이나 피고인을 위하여 항소 또는 상고한 사건에 대해서는 상소심이 원심판결의 형보다 무거운 형을 선고할 수 없다는 원칙을 말한다(제368조, 제396조). 불이익변경금지의 원칙은 상소심에서의 일체의 불이익한 변경을 금지하는 것이 아니라 원심판결의 형보다 무거운 형으로 변경하는 것이 허용되지 않는다는 것이며, 이런 점에서 중형변경금지의 원칙을 의미한다고 할 수 있다.

불이익변경금지의 원칙은 피고인의 상소권을 보장하기 위한 제도로서, 피고인이 상소로 인하여 오히려 원심보다 무거운 형을 선고받을 것을 우려하여 상소를 포기하는 일이 없도록 정책적으로 배려하기 위한 것이다(99도3776).

2. 불이익변경금지원칙의 적용범위

(1) 피고인이 상소한 사건

불이익변경금지의 원칙은 피고인만이 상소한 사건에 대하여 적용된다. 따라서 피고인만이 상소한 경우에는 양형부당의 경우는 물론이고 사실오인이나 법령위반을 이유로 상소한 경우에도 이 원칙이 적용된다. 검사만이 상소한 사건이나 검사와 피고인 쌍방이 상소한 사건에 대해서는 이 원칙이 적용되지 않는다. 다만 제1심 판결에 대해 피고인만이 항소한 사건에서 항소심 판결에 대하여 검사가 다시 상고한 경우에는 이 원칙이 적용된다. 따라서 이 경우에 상고심이나 파기환송 후의 항소심은 제1심판결이 선고한 형보다 무거운 형을 피고인에게 선고할 수 없다. 또한 검사와 피고인이 모두 상소한 경우라도 검사의 상소가 상소이유서 미제출로 인하여 기각된 때에는 피고인만 상소한 것과 같은 결과가 되므로 이 원칙이 적용된다(98도2111).

(2) 피고인을 위하여 상소한 사건

피고인을 위하여 상소한 사건이란 고유의 상소권자 이외의 상소대리권자, 즉 피고인의 법정대리인(제340조), 피고인의 배우자·직계친족·형제자매 또는 원심의 대리인이나 변호인(제341조)이 상소한 사건을 말한다.

검사가 피고인의 이익을 위하여 상소한 경우도 피고인을 위하여 상소한 사건으로 보아 불이익변경금지의 원칙을 적용할 수 있는지에 대하여는 견해의 대립이 있다. 검사가 피고인을 위하여 상소한 경우는 피고인의 상소대리권자가 피고인을 위하여 상소한 경우와 구별할 이유가 없으므로 검사가 공익적 지위 내지 피고인에 대한 후견적 지위에서 피고인의 이익을 위하여 상소한 경우에도 불이익변경금지의 원칙이 적용된다고 보아야 한다(71도574).

(3) 상소한 사건

(가) 정식재판청구사건

약식명령이나 즉결심판에 대한 정식재판의 청구는 상소가 아니므로 이 원칙이 적용되지 않게 된다. 다만 형사소송법은 약식명령에 대하여 피고인만이 정식재판을 청구한 사건에 대하여 이른바 형종상향금지의 원칙을 규정하여 피고인의 정식재판청구권을 상대적으로 보장하고 있다. 즉 피고인이 정식재판을 청구한 사건에 대하여는 정식재판절차에서 약식명령의 형보다 중한 종류의 형을 선고하지 못하고 (제457조의2 제1항), 약식명령의 형보다 중한 형을 선고하는 경우에는 판결서에 양형의 이유를 적어야 한다(동조 제2항). 또한 즉결심판절차에는 원칙적으로 형사소송법의 규정이 준용되므로(동법 제19조) 약식명령에 대한 정식재판절차에 적용되는 형종상향금지의 원칙은 즉결심판에 대한 정식재판절차에도 적용된다고 보아야 한다(98도2550 참조).

(나) 파기환송 또는 파기이송된 사건

파기환송 또는 파기이송을 받은 법원은 다시 원판결을 계속하는 것이므로 상소심이라고 할 수 없다. 그러나 상소심이 파기한 판결을 자판하는가 또는 파기환송 또는 이송하는가에 따라 이 원칙의 적용이 달라지면 우연한 사정에 의하여 원칙의 적용 여부가 결정되는 것이 되어 피고인의 상소권을 충분히 보장할 수 없게 된다. 따라서 상소심이 파기자판하는 경우뿐만 아니라 환송 또는 이송을 받은 법원이 형을 선고하는 경우에도 이 원칙이 적용된다고 하여야 한다. 통설과 판례(2021도1282)

도 같은 입장이다.

　　(다) 병합사건

　　항소심이 제1심에서 별개의 사건으로 따로 두 개의 형을 선고 받고 항소한 피고인에 대하여 사건을 병합심리한 후 경합범으로 처단하면서 제1심의 각 형량보다 중한 형을 선고한 것은 불이익변경금지의 원칙에 어긋나지 아니한다(2001도3448). 그러나 이 경우에도 제1심에서 선고된 각 형을 합산한 범위 내에서 형법상 경합범의 처벌례에 따라 형량이 정해져야 함은 물론이다. 결국 피고인이 상소한 사건과 다른 사건이 병합·심리된 후 경합범으로 처단되는 경우에도 전체적으로는 불이익변경금지의 원칙이 적용되며, 그 판단은 병합된 다른 사건에 대한 법정형·선고형 등 피고인의 법률상 지위를 결정하는 객관적 사정을 전체적·실질적으로 고찰하여 병합심판된 선고형이 불이익한 변경에 해당하는지를 판단하여야 한다.

3. 불이익변경금지원칙의 내용

(1) 불이익변경금지의 대상

　　불이익변경이 금지되는 것은 형의 선고에 한한다. 따라서 선고한 형이 중하게 변경되지 않는 한 피고인의 범죄사실을 불리하게 인정하거나(95도1738) 죄명이나 적용법조를 불이익하게 변경하는 경우(2011도14986) 또는 일죄를 경합범으로 변경하는 경우(88도936)라도 이 원칙에 반하지 않는다.

　　불이익변경금지의 원칙은 형의 선고가 불이익하게 변경되는 것을 금지하고 있는데, 여기서 형은 반드시 형법 제41조가 규정하고 있는 형에 한정되지 않는다. 피고인의 상소권보호라는 이 제도의 취지에 비추어 볼 때 피고인에게 실질적으로 형벌과 같은 불이익을 주는 처분은 모두 이 원칙의 적용대상이 된다고 보아야 한다. 따라서 추징이나 노역장유치기간 등을 중하게 변경하거나 보안처분의 내용을 불이익하게 변경하는 것은 불이익변경금지의 원칙에 반한다.

(2) 불이익변경의 판단기준

　　선고형의 경중에 관해서는 법정형의 경중을 규정하고 있는 형법 제50조가 원칙적인 기준이 된다. 따라서 형의 경중은 형법 제41조에 기재된 순서에 의한다. 그러나 형법 제50조와 제41조는 추상적인 법정형 상호간의 경중을 규정한 데 지나지 않으므로 구체적인 선고형의 경중을 비교하는 기준으로는 충분하지 않다. 따라서 이러한 기준에 의하여 선고형의 경중을 판단할 수 없는 때에는 원심판결과 상소심판결의 형을 전체적·실질적으로 고찰하여 불이익변경 여부를 결정하여야 한다. 즉 원심법원이 선고한 형과 상소법원이 선고한 형에 의해 가해지는 피고인의 자유구속과 법익박탈의 대소를 종합적으로 판단하여 이를 결정해야 한다. 그리고 이때 주형은 물론 병과형, 부가형, 집행유예, 노역장유치일수 등도 판단의 기준이 된다(2012도7198).

(3) 형의 경중의 구체적 비교

상소심에서 동종의 형을 과하면서 무거운 형을 선고하거나 원심판결이 선고한 형 이외에 다른 형을 추가하는 것은 불이익변경에 해당한다. 또한 벌금형을 자유형으로 변경하거나 형기를 그대로 두고 금고형을 징역형으로 변경하는 것도 불이익변경이 된다. 그러나 자유형을 벌금형으로 변경하는 경우에는 비록 벌금형에 대한 노역장유치기간이 자유형의 기간을 초과하는 경우라도 불이익변경에 해당하지 않는다(2000도3945).

벌금액은 같은데 노역장유치기간이 길어진 경우에는 불이익변경이 된다(76도3161). 그러나 벌금액이 감경되면서 노역장유치기간이 증가한 경우에는 불이익변경에 해당하지 않는다(2000도3945). 노역장유치는 환형처분으로서 벌금을 납부하지 않은 경우에만 집행되는 보충적인 형의 집행방법이기 때문이다.

형의 집행유예는 형식적으로는 형이 아니지만 실질적으로 형의 내용을 좌우하는 것이므로 형의 경중을 비교하는 중요한 요소가 된다. 따라서 집행유예를 붙인 자유형판결에 대하여 집행유예만 없애거나 유예기간을 연장하는 경우에는 불이익변경에 해당한다(83도2034). 또한 징역형 또는 금고형의 형기를 줄이면서 집행유예를 박탈하는 경우에도 불이익변경이 된다(86모2). 그러나 같은 기간의 금고형을 징역형으로 변경하면서 집행유예를 선고하는 것은 불이익변경에 해당하지 않는다(2013도6608). 자유형에 대한 집행유예판결을 벌금형으로 변경하는 것도 불이익변경이 아니다(90도1534). 그러나 자유형의 선고유예를 벌금형으로 변경하는 것은 불이익변경에 해당한다(99도3776). 선고유예는 현실적으로 형을 선고하는 것이 아니고 기간이 경과하면 면소로 간주됨에 반하여 벌금형은 현실로 선고되어 집행을 면할 수 없기 때문이다.

원심의 징역형을 그대로 두면서 새롭게 몰수 또는 추징을 추가하거나 원심보다 추징액수를 늘렸다면 불이익변경에 해당한다. 그러나 추징과 몰수는 실질적으로 차이가 없는 처분이므로 추징을 몰수로 변경하는 것은 불이익변경에 해당하지 않는다(2005도5822).

부정기형을 정기형으로 변경하는 경우에 선고할 수 있는 정기형의 기준은 부정기형의 장기와 단기의 중간형이 된다(2020도4140). 부정기형이 정기형으로 변경되는 과정에서 고려할 요소들을 종합하여 판단할 때 중간형을 기준으로 하는 것이 타당하기 때문이다.

Ⅶ. 파기판결의 구속력

1. 의 의

상소심이 원심판결을 파기하여 사건을 하급심으로 환송 또는 이송하는 경우에 상급심의 판단이 환송 또는 이송 받은 하급심을 구속하는 효력을 파기판결의 구속력 또는 기속력이라고 한다. 법원조직법 제8조는 「상급법원의 재판에 있어서의 판단은 당해 사건에 관하여 하급심을 기속한다」고 규정하고 있다. 파기판결의 구속력은 주로 상고심 법원의 판단이 하급법원을 구속하는 효력을 의미한다. 왜냐하면 현행법상 항소심 법원은 파기자판을 원칙으로 하고 있어서 파기판결의 구속력이 가지는 의미가 그리 크지 않기 때문이다.

파기판결에 구속력을 인정하는 이유는 심급제도를 합리적으로 유지하고 효율적으로 운영하려는 데 있다. 따라서 파기판결의 구속력은 심급제도의 합리적인 유지를 위해 정책적으로 인정한 특수한 효력이라고 볼 수 있다.

2. 구속력의 범위

(1) 구속력이 미치는 법원

상소심의 파기판결은 하급법원에 대하여 구속력을 가지므로 상고법원이든 항소법원이든 파기판결을 하게 되면 그 판결은 하급법원을 구속한다. 또한 상소심의 파기판결은 그 판결을 한 상급법원 자신도 구속한다. 상소심의 판단에 따라 이루어진 하급법원의 판결을 상소법원이 다시 변경하는 것을 허용한다면 불필요한 절차가 반복되어 파기판결의 구속력을 인정한 취지가 무의미해지기 때문이다. 따라서 대법원도 자신의 파기판결에 스스로 구속된다.

그러나 예외적으로 대법원이 전원합의체 판결로서 자신이 내린 파기환송판결의 법률상 판단을 변경하는 경우에는 종전의 파기판결에 구속되지 않는다. 대법원의 전원합의체는 종전에 대법원에서 판시한 법령의 해석적용에 관한 의견을 스스로 변경할 수 있는데(법원조직법 제7조 제1항 제3호) 환송판결이 파기이유로 한 법률상 판단도 대법원에서 판시한 법령의 해석적용에 관한 의견에 포함되는 것으로 볼 수 있기 때문이다(98두15597).

(2) 구속력이 미치는 판단

법령해석의 통일이라는 관점에서 볼 때 파기판결의 구속력이 법률판단에 미친다는 점에 대해서는 이론이 없다. 다만 상급법원이 내린 사실판단이 하급심을 구속하는지에 대해서는 특히 법률심인 대법원의 사실판단이 사실심인 하급법원을 구속할 수 있는가의 문제로서 논의된다. 그러나 법원조직법 제8조가 구속력이 미치는 판단을 법률적 판단에 국한하고 있지 않은 점과 현행법상 항소심뿐만 아니라 상고심도 일정한 경우(제383조 제3호·제4호) 사실오인을 상소이유로 하고 있는 점에 비추어 볼 때 상급법원의 사실에 관한 판단은 하급심을 구속하는 것으로 보아야 할 것이다(2008도10572).

(3) 구속력의 배제

파기판결의 구속력은 파기판결의 전제가 된 사실관계의 동일성을 전제로 한다. 파기판결 후에 새로운 사실과 증거에 의하여 사실관계가 변경된 경우에는 파기판결의 구속력은 배제된다(2001도1314). 따라서 하급심에서 환송 전후의 증거를 종합하여 환송 전의 판단을 유지한 경우에는 환송판결의 판단에 반하는 것이라고 할 수 없으며, 파기환송 후 하급심에서 공소장변경이 이루어진 경우에도 이에 대하여는 파기판결의 구속력이 미치지 않는다.

또한 파기판결의 구속력은 적용법령의 동일성을 전제로 한다. 따라서 파기판결 후에 법령이 변경된 경우에는 구속력이 배제된다. 파기판결 후에 대법원판례가 변경된 경우에도 사실상 법령의 변경에 준하는 효과를 가진다는 점에서 구속력이 배제된다고 해석하는 것이 일반적이다.

제2절 항 소

I. 항소심의 구조

1. 입법주의

항소는 제1심 판결에 대한 제2심 법원에의 상소를 말한다. 항소는 제1심 판결의 오판으로 인하여 불이익을 받는 당사자의 권리를 구제하는 것을 주된 목적으로 하는 상소제도이다. 항소제기에 의하여 진행되는 항소법원에서의 심리절차를 항소심이라고 하는데, 항소심의 구조에 관하여는 그 심판대상 및 방식과 관련하여 세 가지 입법주의가 있다.

(1) 복 심

원심의 심리와 판결이 없었던 것처럼 항소심에서 피고사건에 대하여 전반적으로 다시 심리하는 제도를 말한다. 대표적으로 독일 형사소송법이 취하고 있는 항소심의 구조이다. 복심제의 특징은 ① 항소심의 심판대상은 피고사건 자체이고 항소심 판결의 주문은 피고사건에 대한 파기자판의 형식을 취하며, ② 원판결에 불복하는 이상 항소이유에 제한이 없으며, ③ 항소심의 심리는 기소요지의 진술부터 다시 시작하고 사실심리나 증거조사에 제한을 받지 않고, ④ 일사부재리의 효력의 시간적 범위도 항소심 판결선고시를 기준으로 한다.

이 제도는 항소심의 심리를 철저히 한다는 장점이 있으나, 소송경제에 반하고 상소권남용의 위험이 있다.

(2) 속 심

제1심의 심리를 전제로 제1심의 소송자료를 이어받아 항소심의 심리를 속행하는 제도를 말한다. 따라서 항소심은 제1심의 변론이 재개된 것처럼 원심의 심리절차를 인계하고 새로운 증거를 보충하여 피고사건의 실체에 대해 판단을 행하게 된다. 속심제의 특징은 ① 항소심의 심판대상은 피고사건의 실체이고, ② 항소이유에 제한이 없으며, ③ 항소심의 심리는 변론이 재개된 것과 같이 사실심리와 증거조사를 행하므로 제1심 판결 이후에 발생한 사실이나 증거도 판결의 자료가 되며, ④ 항소심에서도 공소장변경이 허용되고, ⑤ 일사부재리의 효력은 항소심 판결선고시를 기준으로 하여 발생하며, ⑥ 판결은 원칙적으로 파기자판의 형식을 취한다는 점에 있다.

속심에 대해서는 원판결의 심리를 필요한 범위에서 속행한다는 점에서는 복심에 비하여 소송경제에 도움이 되지만, 원심의 소송자료에 대한 심증을 이어받는 것은 구두변론주의와 직접주의에 반할 뿐 아니라 소송지연과 남상소의 위험도 여전히 남아 있다는 것이 단점으로 지적되고 있다.

(3) 사후심

사후심이란 원판결 자체를 심판대상으로 삼아 원판결의 당부를 사후에 심사하는 제도를 말한다. 대표적으로 미국과 일본의 형사소송법이 취하고 있는 항소심의 구조이다. 사후심제의 특징은 ① 항소심의 심판대상은 원판결의 당부이고, ② 항소이유에 제한이 있어 항소이유서를 제출하여야 할 뿐만 아니라 항소심의 심판범위도 항소이유에 기재된 것에 한하며, ③ 원판결시를 기준으로 원심에 나타난 증거만으로 원판결의 당부를 판단할 뿐 원판결 후에 발생한 자료를 증거로 할 수 없으며, ④ 항소심에서는 공소장변경이 허용되지 않고, ⑤ 항소이유가 있을 때에는 원칙적으로 파기환송을 하게 되며, ⑥ 일사부재리의 효력의 시간적 범위도 원심판결 선고시라는 데 있다.

사후심제는 소송경제와 신속한 재판의 이념에 부합하는 장점이 있으나, 제1심에서 철저한 심리가 이루어지지 못한 경우에는 실체적 진실발견과 당사자의 구제라는 상소제도 본래의 취지를 살리기 어렵다는 단점을 가진다.

2. 현행법상의 항소심의 구조

현행 항소심은 속심적 요소와 사후심적 요소를 모두 가지고 있다. 그러나 항소심은 원판결을 기초로 하면서 원판결에 나타난 자료와 관계없이 증거조사와 사실심리를 행하고 자신의 심증에 의하여 피고사건의 실체를 심판하여 항소이유의 유무를 판단하는 법원이라는 점에서 볼 때 속심적인 요소가 현행 항소심의 중심을 이루고 있다고 할 수 있다. 또한 항소제도의 본래의 목적이 오판의 방지와 당사자의 구제에 있다는 점에서 볼 때에도 항소심의 사실심으로서의 성격이 강조될 필요가 있다. 이런 점을 고려하면 현행 항소심은 원칙적으로 속심의 성격을 가지며, 다만 사후심적 성격을 가진 규정들은 소송경제와 남상소(濫上訴)의 폐단을 방지하기 위하여 항소심의 속심적 성격에 제한을 가하고 있는 것으로 보아야 할 것이다(원칙적 속심·보충적 사후심). 판례도 항소심은 원칙적으로 속심이라는 입장을 분명히 하고 있다(2017도11582).

항소심은 원칙적으로 속심적 구조를 가지고 있으므로 항소심에서도 공소장변경이 허용된다(2013도7101). 이는 파기환송 후의 항소심에서도 마찬가지이다(2003도8153). 또한 일사부재리의 효력은 사실심리가 가능한 최후의 시점까지 미치므로 일사부재리의 효력의 시간적 범위는 항소심 판결선고시를 기준으로 해야 한다. 이는 항소심에서 파기자판하는 경우뿐만 아니라 항소기각의 재판을 하는 경우에도 같다(93도836). 따라서 포괄일죄의 일부에 대한 판결의 효력은 항소심 판결선고시까지 범하여진 다른 범죄사실에 대해서도 미친다.

항소심 구조를 사후심으로 보면 항소심의 심판대상은 원판결의 당부이므로 항소이유가 있을 때에는 항소심은 원칙적으로 원판결을 파기환송하게 된다. 그러나 항소심은 속심이므로 항소심 판결은 원칙적으로 파기자판의 형식을 취하게 된다.

II. 항소이유

1. 의 의

항소이유란 항소권자가 적법하게 항소를 제기할 수 있는 법률상의 근거를 말한다. 항소이유는 형사소송법 제361조의5에 제한적으로 열거되어 있다. 항소이유를 제한한 것은 남상소의 방지와 소송경제를 위하여 속심인 항소심에 사후심적 요소를 가미한 것이다.

항소이유는 일정한 사유가 있으면 당연히 항소이유가 되는 절대적 항소이유와 그 사유의 존재가 판결에 영향을 미친 경우에 한하여 항소이유로 되는 상대적 항소이유로 나눌 수 있다. 또한 그 내용에 따라 법령위반을 이유로 하는 것과 법령위반 이외의 사유를 이유로 하는 것으로 구분될 수 있다.

2. 상대적 항소이유

(1) 판결에 영향을 미친 헌법·법률·명령 또는 규칙의 위반이 있는 때(제361조의5 제1호)

법령위반은 실체법령의 위반과 소송절차에 관한 법령의 위반으로 나누어 볼 수 있다. 실체법령의 위반은 원심판결이 인정한 사실관계를 전제로 하여 형법 기타 실체법의 해석과 적용에 잘못이 있는 것을 의미한다. 여기에서 법령에는 헌법, 법률, 명령, 규칙이 모두 포함된다. 헌법재판소의 위헌결정으로 소급적으로 효력을 상실한 법령을 적용한 경우도 실체법령의 위반에 해당한다(90도637). 소송절차에 관한 법령위반은 원심의 심리 및 판결절차가 소송법규에 위반한 것을 말한다. 예를 들면 불고불리의 원칙에 반하여 공소제기가 되지 않은 범죄사실에 대하여 판결한 경우(2001도5304), 필요적 변호사건을 변호인 없이 개정하여 심리한 경우(2005도5925), 보강증거 없이 피고인의 자백만을 근거로 유죄판결을 선고한 경우(2007도7835) 등을 들 수 있다.

상대적 항소이유로서의 법령위반은 그것이 판결에 영향을 미쳤다고 인정되는 경우에 한하여 항소이유로 된다. '판결에 영향을 미친 때'라 함은 판결내용에 영향을 미친 것을 말하고, 법령위반 때문에 판결의 주문이나 이유에 변화가 생긴 것을 의미한다(2004도1925). 따라서 법령위반과 판결결과 사이에는 인과관계가 있어야 한다. 양자 사이의 인과적 관련성은 당해 법령위반이 판결결과에 영향을 미쳤을 가능성이 있다고 인정되는 것으로 족하다.

(2) 사실의 오인이 있어 판결에 영향을 미친 때(동조 제14호)

사실오인이란 원심법원이 인정한 사실과 객관적 사실 사이에 차이가 있는 것을 말한다. 즉 원심법원의 증거에 의한 사실인정이 논리법칙과 경험법칙에 비추어 합리성이 결여된 경우라고 할 수 있다. 그리고 여기에서의 사실이란 재판의 기초가 된 모든 사실을 말하는 것이 아니고, 피고인의 구제라는 항소심의 기능에 비추어 볼 때 형벌권의 존부와 범위에 관한 사실, 즉 엄격한 증명을 요하는 사실을 의미한다고 해석하여야 한다. 따라서 구성요건해당사실, 위법성과 책임의 기초사실, 처벌조건인 사실, 법률상 형의 가중·감면사유인 사실 등은 사실오인의 대상인 사실에 포함된다. 그러나 소송법적 사실이나 양형의 기초되는 정상관계사실은 여기에 해당되지 않는다.

한편 증거능력이 없는 증거나 법에서 정한 증거조사절차를 거치지 않은 증거에 의하여 엄격한 증명을 요하는 사실을 인정하는 것은 사실오인이 아니라 소송절차의 법령위반에 해당하며(동조 제1호), 판결이유에 설시된 증거로부터 판결이유에 적시된 사실을 인정하는 것이 불합리한 경우는 사실오인이 아니라 절대적 항소이유인 이유모순(동조 제11호)에 해당하는 것이 된다.

3. 절대적 항소이유

(1) 판결 후 형의 폐지나 변경 또는 사면이 있는 때(제361조의5 제2호)

여기에서 형의 변경이란 경한 형으로의 변경만을 의미한다. 판결 후 형의 폐지나 사면이 있으면 면소판결을 해야 하고 형이 경하게 변경된 경우에는 피고인에게 경한 형을 부과해야 하므로 피고인의 이익을 위해서 항소이유로 한 것이다.

(2) 관할 또는 관할위반의 인정이 법률에 위반한 때(동조 제3호)

관할권이 존재하지 않는 경우뿐만 아니라 관할권이 있음에도 불구하고 관할위반의 선고를 한 경우도 포함된다. 여기서 관할이라 함은 토지관할과 사물관할을 의미한다.

(3) 판결법원의 구성이 법률에 위반한 때(동조 제4호)

판결법원이란 판결 및 그 기초가 된 심리를 행한 법원, 즉 소송법적 의미의 법원을 말한다. 합의법원이 구성원을 충족하지 못한 경우나 결격사유 있는 법관이 구성원이 된 경우 등은 판결법원의 구성이 법률에 위반한 예에 해당한다.

(4) 법률상 그 재판에 관여하지 못할 판사가 그 사건의 심판에 관여한 때(동조 제7호)

재판에 관여하지 못할 판사란 제척사유에 해당하거나 기피신청이 이유 있다고 결정된 판사를 말한다. 사건의 심판에 관여한 때란 재판의 내부적 성립에 관여한 경우를 말하고, 판결의 선고에만 관여한 경우는 여기에 해당하지 않는다.

(5) 사건의 심리에 관여하지 아니한 판사가 그 사건의 판결에 관여한 때(동조 제8호)

처음부터 사건의 심리에 관여하지 않는 판사가 그 사건의 판결에 관여한 때는 물론이고, 공판심리 도중에 판사의 경질이 있음에도 불구하고 공판절차를 갱신하지 않고 경질된 판사가 판결의 내부적 성립에 관여한 경우 등을 말한다.

(6) 공판의 공개에 관한 규정에 위반한 때(동조 제9호)

재판의 공개에 관한 헌법(제109조)과 법원조직법(제57조)의 규정에 위반하여 판결의 선고를 공개하지 않은 경우, 심리비공개의 결정 없이 심리를 비공개하거나 심리비공개의 결정에 이유가 없는 경우 등이 여기에 해당한다.

(7) 판결에 이유를 붙이지 아니하거나 이유에 모순이 있는 때(동조 제11호)

판결에 이유를 붙이지 아니한 때란 이유를 전혀 붙이지 않은 경우뿐만 아니라 이유가 불충분한 경우를 포함하며, 이유에 모순이 있는 때란 주문과 이유 또는 이유 상호간에 모순이 있는 때를 의미한다.

(8) 재심청구의 사유가 있는 때(동조 제13호)

재심청구의 사유가 있는 경우에는 판결확정 후에 재심을 청구할 수 있지만, 그렇게 하도록 하는 것은 소송경제에 반한다는 고려에서 이를 항소이유로 한 것이다.

(9) 형의 양정이 부당하다고 인정할 사유가 있는 때(동조 제15호)

양형부당이란 원판결의 선고형이 구체적인 사안의 내용에 비추어 너무 중하거나 너무 경하여 합리적인 양형의 범위를 넘어선 경우를 말한다. 다만 법정형이나 처단형의 범위를 넘어서 형을 선고하거나 법정형으로부터 처단형을 산출하는 기준을 위반한 경우에는 양형부당이 아니라 법령위반에 해당한다.

양형부당의 사유는 법령위반이나 사실오인의 사유에 비하여 부차적 지위를 갖는다. 따라서 제1심 판결에 대하여 양형부당만을 이유로 항소한 경우에는 항소심 판결에 대하여 법령위반이나 사실오인을 주장하여 상고할 수 없다(2010도14817). 양형부당만을 주장한 것은 사실인정이나 법률적용에 불복이 없음을 인정한 것이 되기 때문이다.

Ⅲ. 항소심의 절차

1. 항소의 제기

(1) 항소제기의 방식

항소는 7일의 항소기간 이내에 항소권자가 항소장을 원심법원에 제출함으로써 이루어진다(제358조, 제359조). 항소장에는 항소를 제기한다는 취지와 항소의 대상인 판결만 기재하면 족하고, 항소이유를 기재할 것을 요하지 않는다. 다만 항소장에 항소이유를 기재한 경우에는 별도로 항소이유서를 제출하지 않아도 된다(제361조의4 단서). 항소법원은 제1심 법원이 지방법원 단독판사인 때에는 지방법원본원 합의부이고, 지방법원 합의부가 제1심 법원인 때에는 고등법원이다(제357조). 상소장의 제출에는 재소자에 대한 특칙이 적용되므로 교도소 또는 구치소에 있는 피고인이 항소의 제기기간 내에 항소장을 교도소장 또는 구치소장 등에게 제출한 때에는 항소의 제기기간 내에 항소한 것으로 간주된다(제344조 제1항).

(2) 원심법원과 항소법원의 조치

원심법원은 항소장을 심사하여 항소의 제기가 법률상의 방식에 위반하거나 항소권이 소멸된 후인 것이 명백한 때에는 결정으로 항소를 기각하여야 한다(제360조 제1항). 이 결정에 대하여는 즉시항고를 할 수 있다(동조 제2항). 항소기각의 결정을 하지 않은 경우에는 원심법원은 항소장을 받은 날로부터 14일 이내에 소송기록과 증거물을 항소법원에 송부하여야 한다(제361조).

항소법원이 기록의 송부를 받은 때에는 즉시 항소인과 상대방에게 그 사유를 통지하여야 한다. 기록접수통지 전에 변호인의 선임이 있는 때에는 변호인에게도 통지하여야 한다. 변호인의 항소이유서 제출기간은 피고인의 제출기간과는 별도로 변호인이 통지를 받은 때를 기준으로 산정하여야 한다(제361조의3 제1항). 다만 피고인에게 소송기록접수통지를 한 후에 사선변호인이 선임된 경우에는 변호인에게 다시 같은 통지를 할 필요가 없고, 설령 사선변호인에게 같은 통지를 하였다 하여도 항소이유서의 제출기간은 피고인이 그 통지를 받은 날로부터 계산한다(2013도4114).

(3) 항소이유서와 답변서의 제출

(가) 항소이유서의 제출

항소인 또는 변호인은 항소법원의 소송기록의 접수통지를 받은 날로부터 20일 이내에 항소이유서를 항소법원에 제출하여야 한다(제361조의3 제1항). 항소이유서는 원심판결에 대한 불복의 이유를 기재한 서면을 말한다. 항소이유서 제출기간에 대해서도 재소자에 대한 특칙이 적용되므로, 교도소 또는 구치소에 있는 피고인이 항소이유서 제출기간 내에 항소이유서를 교도소장 또는 구치소장 또는 그 직무를 대리하는 자에게 제출한 때에는 항소이유서 제출기간 내에 항소이유서를 제출한 것으로 본다(동조 제1항, 제344조 제1항).

항소인이나 변호인이 그 제출기간 내에 항소이유서를 제출하지 않은 때에는 결정으로 항소를 기각하여야 한다. 단 직권조사사유가 있거나 항소장에 항소이유의 기재가 있는 때에는 항소를 기각해서는 안 된다(제361조의4 제1항). 항소이유서의 제출을 받은 항소법원은 지체 없이 그 부본 또는 등본을 상대방에게 송달하여야 한다(제361조의3 제2항).

필요적 변호사건에서 피고인에게 변호인이 없는 때에는 항소이유서 제출기간이 경과한 것만으로 항소를 기각해서는 안 되고, 항소법원은 국선변호인을 선임한 후 국선변호인에게 다시 소송기록접수통지를 하여 그 통지를 받은 날로부터 기산한 소정의 기간 내에 변호인이 항소이유서를 제출할 수 있도록 하여 피고인의 변호인의 조력을 받을 권리를 보호하여야 한다(2005모304). 필요적 변호사건에서 법원이 정당한 이유 없이 국선변호인을 선정하지 않고 있는 사이에 피고인 스스로 사선변호인을 선임하였으나 이미 피고인에 대한 항소이유서 제출기간이 경과해 버린 경우에도 마찬가지이다(2008도11486).

(나) 답변서의 제출

상대방은 항소이유서의 부본 또는 등본을 송달받은 날로부터 10일 이내에 답변서를 항소법원에 제출하여야 한다(제361조의3 제3항). 답변서는 항소이유에 대한 상대방의 반론을 기재한 서면을 말한다. 답변서를 제출받은 항소법원은 지체 없이 그 부본 또는 등본을 항소인 또는 변호인에게 송달하여야 한다(동조 제4항).

2. 항소심의 심리

항소심 공판절차에 대해서는 제1심 공판절차에 관한 규정을 원칙적으로 준용한다(제370조). 따라서 항소심 공판절차에서는 먼저 모두절차에서 피고인에 대한 진술거부권고지와 인정신문을 행하고, 검사의 모두진술에 대신한 '항소인의 항소이유진술'과 피고인의 모두진술에 대신한 '상대방의 답변진술'이 이루어지며(규칙 제156조의3), 항소법원은 항소이유와 답변에 기초하여 해당 사건의 사실상·법률상 쟁점을 정리하고 그 증명되어야 하는 사실을 명확히 하게 된다(규칙 제156조의4). 그리고 다음으로 사실심리절차에서 증거조사와 피고인신문이 행하여지며, 항소심의 증거조사와 피고인신문절차가 종료한 때에는 원심판결의 당부와 항소이유에 대하여 검사의 의견진술 및 피고인과 변호인의 의견진술이 있게 된다(규칙 제156조의7). 최종진술이 끝나면 마지막으로 판결이 선고되게 된다.

다만 항소심의 심리에 관하여는 다음과 같은 몇 가지 특칙이 인정되고 있다.

(1) 공판절차의 특칙

(가) 피고인의 불출석재판

피고인이 공판기일에 출정하지 아니한 때에는 다시 기일을 정하여야 한다. 피고인이 정당한 사유 없이 다시 정한 기일에 출정하지 아니한 때에는 피고인의 진술 없이 판결을 할 수 있다(제365조). 다만 이러한 불출석재판은 피고인이 적법한 공판기일 소환장을 받고도 정당한 이유 없이 출정하지 않은 경우에 한하여 인정된다(2011도16166).

(나) 무변론 항소기각의 판결

항소이유가 없음이 명백한 때에는 항소장·항소이유서 기타의 소송기록에 의하여 변론 없이 항소기각의 판결을 선고할 수 있다(제364조 제5항). 판결은 구두변론을 거쳐서 선고하는 것이 원칙이나, 상소권남용을 억제하고 소송경제를 도모하기 위하여 법률상 예외를 인정한 것이다.

(다) 증거조사

제1심 법원에서 증거로 할 수 있었던 증거는 항소심에서도 증거로 할 수 있다(제364조 제3항). 따라서 제1심 법원에서 증거능력이 있었던 증거는 항소법원에서도 그 증거능력이 유지되어 재판의 자료로 사용될 수 있다. 또한 제1심 법원에서 이미 조사가 이루어진 증거에 대해서는 항소심에서 다시 증거조사를 할 필요가 없다. 이 경우에는 재판장이 증거조사절차에 들어가기 전에 제1심의 증거관계와 증거조사결과의 요지를 고지하는 것으로(규칙 제156조의5 제1항) 족하다(2004도8313).

항소심은 제1심이 조사한 증인을 다시 신문하지 아니하고 조서의 기재만으로 그 증언의 신빙성 유무를 판단할 수 있다. 따라서 항소심 절차에서의 증인신문에는 일정한 제한이 따른다. 항소심 법원에서의 증인신문은 ① 제1심에서 조사되지 아니한 데에 대하여 고의나 중대한 과실이 없고 그 신청으로 인하여 소송을 현저하게 지연시키지 아니하는 경우, ② 제1심에서 증인으로 신문하였으나 새로운 중요한 증거의 발견 등으로 항소심에서 다시 신문하는 것이 부득이하다고 인정되는 경우, ③ 그 밖에 항소의 당부에 관한 판단을 위하여 반드시 필요하다고 인정되는 경우의 어느 하나에 해당하는 경우에 한하여 허용된다(규칙 동조 제2항).

항소심은 속심적 구조를 가지므로 항소심에서도 새로운 증거조사가 가능하다. 그러나 제1심에서와 마찬가지로 항소심에서도 당사자가 고의로 증거를 뒤늦게 신청함으로써 공판의 완결을 지연하는 것으로 인정할 때에는 결정으로 이를 각하할 수 있다(제294조 제2항).

(라) 피고인신문

검사 또는 변호인은 항소심의 증거조사가 종료한 후 항소이유의 당부를 판단함에 필요한 사항에 한하여 피고인을 신문할 수 있다(규칙 제156조의6 제1항). 재판장은 이 경우에 제1심의 피고인신문과 중복되거나 항소이유의 당부를 판단하는 데 필요 없다고 인정하는 때에는 그 신문의 전부 또는 일부를 제한할 수 있다(동조 제2항). 재판장은 필요하다고 인정하는 때에는 피고인을 신문할 수 있다(동조 제3항).

(2) 항소심의 심판범위

항소법원은 항소이유에 포함된 사유, 즉 항소이유서에 기재된 항소이유에 관하여 심판하여야 한다(제364조 제1항). 그러나 판결에 영향을 미친 사유에 관하여는 항소이유서에 포함되지 아니한 경우에도 직권으로 심판할 수 있다(동조 제2항). 여기서 판결에 영향을 미친 사유에는 법령위반, 사실오인, 양형부당이 모두 포함된다. 따라서 피고인이 사실오인만을 이유로 항소한 경우에도 항소심은 직권으로 양형부당을 이유로 제1심 판결을 파기할 수 있다(90도1021). 실체적 진실발견과 형벌법규의 적정한 실현을 위하여 예외적으로 항소이유서에 포함되지 않은 점에 대해서도 심리할 수 있도록 한 것이다.

항소이유는 공판정에서 구두변론을 통해서 심리되어야 한다. 따라서 검사의 항소이유가 실질적으로 구두변론을 거쳐 심리되지 않았다고 평가될 경우에는, 그 것이 직권심판사항에 해당하지 않는 한, 항소심법원이 이러한 검사의 항소이유 주 장을 받아들여 피고인에게 불리하게 제1심판결을 변경하는 것은 허용되지 않는다. 그리고 이러한 법리는 검사가 유죄 부분에 대하여 아무런 항소이유를 주장하지 않 은 경우뿐만 아니라 검사가 항소장이나 법정기간 내에 제출된 항소이유서에서 유 죄 부분에 대하여 양형부당 주장을 하였으나, 그러한 항소이유 주장이 실질적으로 구두변론을 거쳐 심리되지 아니한 경우에도 마찬가지로 적용된다(2015도11696).

3. 항소심의 재판

(1) 공소기각의 결정

공소기각의 결정(제328조 제1항)에 해당하는 사유가 있는 때에는 항소법원은 결 정으로 공소를 기각하여야 한다(제363조 제1항). 원심법원이 공소기각결정의 사유를 간과하여 실체판결을 한 경우뿐만 아니라 원심판결 후에 공소기각결정의 사유가 발생한 경우도 포함한다. 이 결정에 대하여는 즉시항고를 할 수 있다(동조 제2항).

(2) 항소기각의 재판

(가) 항소기각의 결정

항소의 제기가 법률상의 방식에 위반하거나 항소권소멸 후인 것이 명백한 데 도 원심법원이 항소기각의 결정(제360조)을 하지 않은 때에는 항소법원은 결정으로 항소를 기각하여야 한다(제362조 제1항). 이 결정에 대하여는 즉시항고를 할 수 있다 (동조 제2항).

항소인이나 변호인이 항소이유서 제출기간 내에 항소이유서를 제출하지 아니 한 때에는 결정으로 항소를 기각하여야 한다. 단 직권조사사유가 있거나 항소장에 항소이유의 기재가 있는 때에는 예외로 한다(제361조의4 제1항). 이 결정에 대하여도 즉시항고를 할 수 있다(동조 제2항).

(나) 항소기각의 판결

항소제기의 적법요건은 구비되었으나 실질적인 항소이유가 없다고 인정한 때 에는 판결로써 항소를 기각하여야 한다(제364조 제4항). 여기서 항소이유가 없다는 것은 항소이유에 포함된 사항에 관하여 이유가 없을 뿐만 아니라 직권조사의 결과에 의하여도 판결에 영향을 미칠 사유가 없다는 것을 말한다.

항소이유가 없음이 명백한 때에는 항소장·항소이유서 기타의 소송기록에 의하여 변론 없이 항소기각의 판결을 선고할 수 있다(동조 제5항).

(3) 원심판결의 파기판결

(가) 파기사유

항소이유가 있다고 인정한 때에는 판결로써 원심판결을 파기하여야 한다(제364조 제6항). 항소이유에 포함된 사유에 관하여는 항소이유가 인정되지 않더라도 직권조사의 결과 판결에 영향을 미친 사유가 있다고 인정할 때에는 원심판결을 파기하여야 한다.

피고인을 위하여 원심판결을 파기하는 경우에 파기의 이유가 항소한 공동피고인에게 공통되는 때에는 그 공동피고인에 대하여도 원심판결을 파기하여야 한다(제364조의2). 이것은 항소를 제기한 공동피고인 상호간에 공평을 도모하기 위한 것이다. 여기서 공동피고인이란 원심에서 병합심리되어 공동피고인이었던 자로서 항소한 자를 말하고(2018도14303), 항소심에서의 병합심리 여부는 불문한다.

(나) 파기자판

파기자판이란 항소법원이 원심판결을 파기하고 피고사건에 대해 직접 다시 판결하는 것을 말한다. 항소심이 원심판결을 파기하는 경우에는 원칙적으로 자판하여야 한다(제364조 제6항). 파기자판을 하는 경우에는 언제나 구두변론을 거쳐야 한다(94도2078). 항소법원이 원심판결을 파기하고 자판하는 경우의 판결에는 유죄·무죄의 실체판결과 공소기각 및 면소판결이 포함된다.

(다) 파기환송

공소기각 또는 관할위반의 재판이 법률에 위반됨을 이유로 원심판결을 파기하는 때에는 판결로써 사건을 원심법원에 환송하여야 한다(제366조). 원심법원이 공소기각의 사유가 없는데도 공소기각의 판결을 하거나 관할권 있는 원심법원이 관할위반의 판결을 한 경우에는 제1심에서 실체에 관하여 심리가 행하여지지 않았기 때문에 예외로 환송을 인정한 것이다.

(라) 파기이송

관할인정이 법률에 위반됨을 이유로 원심판결을 파기하는 때에는 판결로써 사건을 관할법원에 이송하여야 한다. 여기서 관할인정이 법률에 위반되는 경우란 원심법원이 사건에 관하여 관할권이 없음에도 불구하고 관할위반의 선고를 하지 않고 실체판결을 행한 경우를 말한다. 다만 항소법원이 그 사건의 제1심 관할권이 있는 때에는 제1심으로 심판하여야 한다(제367조).

(4) 재판서의 기재방식

항소법원의 재판서에는 항소이유에 대한 판단을 기재하여야 하며 원심판결에 기재한 사실과 증거를 인용할 수 있다(제369조). 원심판결을 파기하여 유죄의 선고를 하는 경우에는 판결이유에서 항소이유에 대한 판단과 함께 범죄될 사실과 증거의 요지 및 법령의 적용을 명시하여야 하며, 소송관계인의 주장에 대해서도 판단하여야 한다(제370조, 제323조).

제3절 상 고

Ⅰ. 상고의 의의와 상고심의 구조

1. 상고의 의의

상고란 판결에 불복하여 대법원에 상소를 제기하는 것을 말한다. 상고는 원칙적으로 제2심 판결에 대한 불복이지만(제371조), 예외적으로 제1심 판결에 대하여 상고가 인정되는 경우도 있다(제372조). 이를 비약적 상고 또는 비약상고라고 한다.

현행법상 상고심의 주된 기능은 법령해석의 통일에 있다. 그러나 상고도 상소의 일종이라는 점에서 상고심은 항소심의 오판을 시정함에 의하여 당사자의 권리를 구제하는 기능도 아울러 수행한다.

2. 상고심의 구조

(1) 원칙적 법률심

상고심은 원칙적으로 법률문제를 심리·판단하는 법률심이라고 할 수 있다. 따라서 상고법원은 원심판결의 실체법령적용이나 소송절차에 관한 법령위반 여부에 대하여 판단하며, 판결에 영향을 미친 헌법·법률·명령·규칙의 위반이 있는 때(제

383조 제1호)가 가장 중요한 상고이유가 된다. 다만 중형이 선고된 사건에 있어서는 사실오인과 양형부당을 상고이유로 하고 있고(동조 제4호), 상고심에서도 파기자판을 허용하고 있는 점(제396조 제1항) 등에서 볼 때, 상고심은 예외적으로 사실심으로서의 성격도 함께 가진다고 할 수 있다.

(2) 원칙적 사후심

상고심의 구조는 원칙적으로 사후심이다. 현행법이 상고이유를 원칙적으로 법령위반에 엄격히 제한하고 있고(제383조), 파기환송 또는 파기이송을 원칙으로 하고 있으며(제397조), 변론 없이 서면심리에 의하여 판결할 수 있도록 한 것(제390조) 등은 이러한 상고심의 사후심적 성격을 명백히 한 것으로 볼 수 있다. 따라서 사후심인 상고심은 원심의 소송자료만을 기초로 삼아 원판결의 당부를 판단하여야 하고 상고심에서 새로운 증거를 제출하거나 증거조사를 하는 것은 허용되지 않으며 또한 공소장변경도 할 수 없다. 원판결의 당부도 상고심 판결시점이 아니라 원판결시점을 기준으로 판단하여야 한다.

다만 상고심도 예외적으로 원심판결 이후에 나타난 사실이나 증거를 사용함으로써 속심적 성격을 가지는 경우가 있다. 판결 후 형의 폐지나 변경 또는 사면이 있는 때(제383조 제2호)나 원심판결 후에 재심청구의 사유가 판명된 때(동조 제3호)에는 원심판결 후에 발생한 사실이나 증거가 상고심의 판단대상이 된다.

II. 상고이유

형사소송법 제383조는 상고이유로서 ① 판결에 영향을 미친 헌법·법률·명령 또는 규칙의 위반이 있는 때(제1호), ② 판결 후 형의 폐지나 변경 또는 사면이 있는 때(제2호), ③ 재심청구의 사유가 있는 때(제3호), ④ 사형·무기 또는 10년 이상의 징역이나 금고가 선고된 사건에 있어서 중대한 사실의 오인이 있어 판결에 영향을 미친 때 또는 형의 양정이 심히 부당하다고 인정할 현저한 사유가 있는 때(제4호)의 네 가지를 규정하고 있다. 형사소송법 제383조가 규정하고 있는 상고이유 가운데 앞의 세 가지 사유는 항소이유의 경우와 동일하다.

형사소송법 제383조 제4호는 특히 중한 형이 선고된 사건에 있어서 중대한 사실오인이나 현저한 양형부당이 있는 경우에 피고인의 이익을 구제하는 데 그 목적이 있다. 따라서 이 규정은 특히 중한 형을 선고받은 피고인의 이익을 위하여 상고하는 경우에만 적용된다. 사형·무기 또는 10년 이상의 징역이나 금고가 선고된 사건에서 검사가 사실오인이나 양형부당을 이유로 피고인에게 불이익한 상고를 제기하는 것은 허용되지 않는다(2013도14914). 10년 이하의 형이 선고된 사건에서 검사가 원심의 형의 양정이 지나치게 가볍다는 이유로 상고할 수 없음은 물론이다(2018도17083).

Ⅲ. 상고심의 절차

1. 상고의 제기

(1) 상고제기의 방식

상고권자가 제2심 판결에 불복이 있는 때에는 7일의 상고제기기간 내에 상고장을 원심법원에 제출하여야 한다(제374조, 제375조). 지방법원본원 합의부의 항소심판결이나 고등법원의 항소심판결이 대법원에의 상고대상이 된다. 상소장의 제출에는 재소자에 대한 특칙이 적용되므로 상고장을 교도소장 등에게 제출한 때에는 상고의 제기기간 내에 상고한 것으로 간주된다(제344조).

(2) 원심법원과 상고법원의 조치

(가) 원심법원의 조치

원심법원은 상고장을 심사하여 상고의 제기가 법률상의 방식에 위반하거나 상고권이 소멸된 후인 것이 명백한 때에는 결정으로 상고를 기각하여야 한다. 이 결정에 대해서는 즉시항고를 할 수 있다(제376조). 상고기각의 결정을 하지 않은 경우에는 원심법원은 상고장을 받은 날로부터 14일 이내에 소송기록과 증거물을 상고법원에 송부하여야 한다(제377조).

(나) 상고법원의 조치

상고법원이 소송기록의 송부를 받은 때에는 즉시 상고인과 상대방에게 그 사유를 통지하여야 한다. 기록이 접수되었다는 통지를 하기 전에 변호인의 선임이 있는 때에는 변호인에 대하여도 이를 통지하여야 한다(제378조). 기록의 송부를 받은 상고법원은 필요적 변호사건에 있어서 변호인이 없는 경우에는 지체 없이 국선변호인을 선정한 후 그 변호인에게 소송기록접수통지를 하여야 한다(규칙 제164조, 제156조의2).

(3) 상고이유서와 답변서의 제출

상고인 또는 변호인은 상고법원으로부터 소송기록의 접수통지를 받은 날로부터 20일 이내에 상고이유서를 상고법원에 제출하여야 한다. 교도소 또는 구치소에 있는 피고인이 상고이유서 제출기간 내에 상고이유서를 교도소장·구치소장 또는 그 직무를 대리하는 자에게 제출한 때에는 상고이유서의 제출기간 내에 제출한 것으로 간주된다(제379조 제1항, 제344조). 상고이유서에는 소송기록과 원심법원의 증거조사에 표현된 사실을 인용하여 그 이유를 명시하여야 한다(제379조 제2항). 이와 같이 상고이유서에는 상고이유를 특정하여야 하고 구체적이고 명시적인 이유의 설시가 있어야 하므로, 단순히 원심판결에 사실오인 또는 법리오해의 위반이 있다고만 기재한 것으로는 적법한 상고이유가 기재된 것이라고 볼 수 없다(2008도5634). 상고이유서의 제출을 받은 상고법원은 지체 없이 그 부본 또는 등본을 상대방에게 송달하여야 한다(동조 제3항).

상대방은 이 송달을 받은 날로부터 10일 이내에 답변서를 상고법원에 제출할 수 있다(동조 제4항). 답변서의 제출을 받은 상고법원은 지체 없이 그 부본 또는 등본을 상고인 또는 변호인에게 송달하여야 한다(동조 제5항).

2. 상고심의 심리

(1) 상고심의 심판범위

상고심은 상고이유서에 포함된 사유에 관하여 심판하여야 한다. 그러나 ① 판결에 영향을 미친 헌법·법률·명령 또는 규칙의 위반이 있는 때, ② 판결 후 형의 폐지나 변경 또는 사면이 있는 때, ③ 재심청구의 사유가 있는 때에는 상고이유서에 포함되지 아니한 때에도 직권으로 심판할 수 있다(제384조). 항소심의 경우에는 판결에 영향을 미친 사유 전반이 직권조사사유가 되므로(제364조 제2항) 법령위반, 사실오인, 양형부당이 모두 직권조사사유에 포함된다. 그러나 상고심은 항소심과는 달리 법률심이기 때문에 법령위반만을 직권조사사유로 하고 있다.

(2) 상고심 심리의 특칙

항소심의 규정은 특별한 규정이 없는 한 상고심의 심판에 준용된다(제399조).

그러나 상고심은 항소심과는 다르게 법률심이라는 점에서 다음과 같은 특칙이 인정된다.

(가) 상고심의 변론

상고심에서는 변호사 아닌 자를 변호인으로 선임하지 못한다(제386조). 상고심은 법률심으로서 주로 법률적인 점에 대한 주장이 문제된다는 점에서 법률전문가에게만 변론을 허용하고 있는 것이다. 또한 상고심에서는 변호인이 아니면 피고인을 위하여 변론하지 못하므로(제387조), 피고인의 변론도 허용되지 않는다. 따라서 피고인은 수동적으로 재판부의 질문에 대하여 답변할 수 있으나, 적극적으로 이익되는 사실을 진술하거나 최종의견을 진술할 권리는 없다. 상고심의 공판절차에서 피고인에게 변론능력이 인정되지 않으므로 상고심의 공판기일에는 피고인을 소환할 필요가 없다(제389조의2).

(나) 서면심리에 의한 판결의 허용

판결은 구두변론에 의하는 것이 원칙이므로 상고심 재판도 공판정에서의 검사와 변호인의 구두변론을 거쳐 이루어져야 한다. 다만 상고심의 사후심으로서의 성격과 소송경제를 고려하여 현행법은 이에 대한 예외를 인정하고 있다. 즉 상고법원은 상고장·상고이유서 기타의 소송기록에 의하여 변론 없이 판결할 수 있다(제389조). 서면심리는 상고기각의 판결을 하는 경우뿐만 아니라 원심판결을 파기하는 경우에도 적용된다. 실제로 상고심에서는 서면심리가 대부분이고 공판기일에 변론이 행하여지는 경우는 예외적이라고 할 수 있다.

(다) 참고인의 진술을 위한 변론

상고법원은 필요한 경우에는 특정한 사항에 관하여 변론을 열어 참고인의 진술을 들을 수 있다(제390조 제2항). 참고인의 진술을 위한 변론은 상고법원의 판단에 필요한 전문가의 의견을 듣기 위한 제도로서 상고심에서 변호인 아닌 자의 진술이 허용된 것이라는 점에 그 특징이 있다.

3. 상고심의 재판

(1) 공소기각의 결정

공소기각결정의 사유(제328조 제1항)가 있는 때에는 상고법원은 결정으로 공소를 기각하여야 한다(제382조).

(2) 상고기각의 재판

상고의 제기가 법률상의 방식에 위반하거나 상고권소멸 후인 것이 명백함에도 불구하고 원심법원이 상고기각의 결정을 하지 아니한 때에는 상고법원은 결정으로 상고를 기각하여야 한다(제381조). 상고인이나 변호인이 상고이유서제출기간 내에 상고이유서를 제출하지 아니한 때에도 결정으로 상고를 기각하여야 한다. 다만 상고장에 이유의 기재가 있는 때에는 예외로 한다(제380조 제1항). 상고장 및 상고이유서에 기재된 상고이유의 주장이 제383조 각 호의 어느 하나의 사유에 해당하지 아니함이 명백한 때에는 결정으로 상고를 기각하여야 한다(동조 제2항).

심리결과 상고이유가 없다고 인정한 때에는 판결로써 상고를 기각하여야 한다(제399조, 제364조 제4항).

(3) 원심판결의 파기판결

상고법원은 상고이유가 있다고 인정한 때에는 원심판결을 파기하여야 한다(제391조). 피고인의 이익을 위하여 원심판결을 파기하는 경우에 파기의 이유가 상고한 공동피고인에 공통되는 때에는 그 공동피고인에 대하여도 원심판결을 파기하여야 한다(제392조). 원심판결을 파기하는 경우에는 파기와 동시에 환송·이송의 판결이나 자판을 하고, 그 취지를 판결주문에 표시하여야 한다.

(가) 파기환송과 파기이송

적법한 공소를 기각하였다는 이유로 원심판결 또는 제1심 판결을 파기하는 경우에는 판결로써 사건을 원심법원 또는 제1심 법원에 환송하여야 한다(제393조). 관할위반의 인정이 법률에 위반됨을 이유로 원심판결 또는 제1심 판결을 파기하는 경우에는 판결로써 사건을 원심법원 또는 제1심 법원에 환송하여야 한다(제395조). 한편 관할의 인정이 법률에 위반됨을 이유로 원심판결 또는 제1심 판결을 파기하는 경우에는 판결로써 사건을 관할 있는 법원에 이송하여야 한다(제394조).

이 이외의 이유로 원심판결을 파기하는 때에도 자판하는 경우 이외에는 원심법원에 환송하거나 그와 동등한 다른 법원에 이송하여야 한다(제397조). 이와 같이 상고심에서 원심판결을 파기하는 경우에는 파기환송이나 파기이송이 원칙이고, 파기자판은 예외에 속한다.

(나) 파기자판

상고법원은 원심판결을 파기한 경우에 그 소송기록과 원심법원과 제1심 법원이 조사한 증거에 의하여 판결하기 충분하다고 인정한 때에는 피고사건에 대하여 직접 판결을 할 수 있다(제396조 제1항). 따라서 상고법원이 새로운 증거를 조사하여 그 결과를 자판의 자료로 사용하는 것은 허용되지 않는다. 자판의 내용으로는 유죄·무죄의 실체판결뿐만 아니라 공소기각이나 면소의 형식재판이 포함된다.

(4) 재판서의 기재방식

상고심의 재판서에는 재판서의 일반적인 기재사항(제38조 이하) 이외에 상고이유에 관한 판단을 기재하여야 한다(제398조). 상고인이 주장한 상고이유에 대한 판단을 명백히 함으로써 법령해석의 통일이라는 상고심의 기능을 수행하도록 하기 위한 것이다. 또한 대법원의 재판서에는 합의에 관여한 모든 대법관의 의견을 표시하여야 한다(법원조직법 제15조).

4. 상고심판결의 정정

상고심 판결의 정정이란 상고심 판결에 명백한 오류가 있는 경우에 이를 시정하는 것을 말한다. 상고법원은 그 판결의 내용에 오류가 있음을 발견한 때에는 직권 또는 검사·상고인이나 변호인의 신청에 의하여 판결을 정정할 수 있다(제400조 제1항). 상고심은 최종심으로서 그 판결은 선고와 동시에 확정되므로 이를 정정할 수 없는 것이 원칙이다. 그러나 상고심판결의 내용에 명백한 오류가 있음에도 불구하고 확정판결이라는 이유로 이를 시정할 수 없게 하는 것은 불합리하다. 따라서 법은 판결의 적정을 위해서 상고법원이 일정한 경우에 자체적으로 그 판결내용을 정정할 수 있도록 하고 있다.

판결내용의 오류라 함은 판결의 내용에 계산 잘못, 오기 기타 이에 유사한 것이 있는 경우를 의미한다. 판결정정은 판결내용의 오류를 시정하는 데 그치므로 유죄판결이 잘못되었으니 무죄판결로 정정해 달라고 주장하는 것은 여기에 해당하지 않는다(81초60). 이때에는 재심이나 비상상고의 방법에 의한 구제가 가능할 수 있다.

제4절 항 고

Ⅰ. 항고의 의의

항고란 수소법원의 결정에 대한 상소를 말한다. 항고는 결정에 대한 상소라는 점에서 판결에 대한 상소인 항소 또는 상고와 구별된다. 판결은 종국재판의 본래의 형식이고 가장 중요한 재판이므로 이에 대해서는 언제나 상소를 허용할 필요가 있지만, 결정은 원칙적으로 판결에 이르는 과정에 있어서의 절차상의 사항에 관한 종국 전의 재판이므로 모든 결정에 대하여 상소를 인정할 필요는 없다. 따라서 항고는 법이 필요하다고 인정하는 일정한 경우에 한하여 허용되며, 그 절차도 항소나 상고에 비하여 간단하다.

항고는 크게 보통항고와 즉시항고로 나눌 수 있다. 그리고 즉시항고는 다시 통상의 즉시항고와 대법원에 제기하는 즉시항고인 재항고로 구별된다. 아래에서는 먼저 보통항고와 통상의 즉시항고를 포함하는 일반항고의 내용과 절차를 살펴보고, 다음으로 재항고, 준항고에 대하여 살펴보기로 한다.

Ⅱ. 일반항고

1. 보통항고와 즉시항고

(1) 보통항고

보통항고란 법원의 결정에 대한 일반적인 불복방법을 말한다. 법원의 결정에 대하여 불복이 있으면 항고를 할 수 있는 것이 원칙이지만 형사소송법에 특별한 규정이 있는 때에는 보통항고가 허용되지 않는다(제402조).

법원의 관할 또는 판결 전의 소송절차에 관한 결정에 대하여는 특히 즉시항고를 할 수 있는 경우 외에는 항고를 하지 못한다(제403조 제1항). 일반적으로 관할이나 소송절차에 관한 결정에 대해서는 종국재판에 대한 상소를 허용하면 충분하고 개개의 결정에 대하여 독립한 상소를 인정할 필요가 없기 때문이다. 그러나 구금·보석·압수나 압수물의 환부에 관한 법원의 결정 또는 감정하기 위한 피고인의 유치에 관한 법원의 결정에 대해서는 보통항고를 할 수 있다(동조 제2항). 이러한 강제처분에 의한 권리침해의 구제는 신속을 요하여 종국재판에 대한 상소에 의해서는 실효를 거두기 어렵기 때문이다.

최종심인 대법원의 결정에 대해서도 성질상 항고가 허용되지 않는다(87모4).

(2) 즉시항고

즉시항고는 항고제기기간이 7일로 제한되어 있고, 항고의 제기가 있으면 재판의 집행이 정지되는 효력을 가진 항고를 말한다(제405조, 제410조). 즉시항고는 형사소송법에 명문의 규정이 있는 경우에만 허용된다.

종국재판으로서의 결정에 대해서는 즉시항고가 허용된다. 공소기각의 결정, 상소기각결정, 약식명령에 대한 정식재판청구의 기각결정 등이 여기에 속한다. 또한 피고인에게 중대한 불이익을 주는 집행유예취소결정이나 선고유예한 형의 선고결정 등도 즉시항고의 대상이 되며, 재심청구에 관한 결정에 대해서도 즉시항고가 허용된다.

2. 항고심의 절차

(1) 항고의 제기

(가) 항고의 제기방법

항고의 제기는 항고장을 원심법원에 제출함으로써 이루어진다(제406조). 항고제기기간은 즉시항고의 경우에는 7일이나 보통항고의 경우에는 그 제한이 없다. 항고에 대하여는 항고이유서의 제출이 명문으로 요구되고 있지 않으나, 항고장 자체에 항고이유를 기재하거나 별도로 항고이유서를 제출하여야 할 것이다. 항고이유에는 제한이 없으므로 원결정의 법령위반과 사실오인이 모두 항고이유가 된다.

(나) 원심법원의 조치

항고의 제기가 법률상의 방식에 위반하거나 항고권소멸 후인 것이 명백한 때에는 원심법원은 결정으로 항고를 기각하여야 한다. 항고기각결정에 대하여는 즉시항고를 할 수 있다(제407조). 원심법원은 항고가 이유 있다고 인정한 때에는 결정을 경정하여야 한다(제408조 제1항). 결정의 경정이란 원결정 자체를 취소하거나 변경하는 것을 말한다.

원심법원은 항고의 전부 또는 일부가 이유 없다고 인정한 때에는 항고장을 받은 날로부터 3일 이내에 의견서를 첨부하여 항고장을 항고법원에 송부하여야 한다(동조 제2항). 또한 원심법원은 필요하다고 인정한 때에는 소송기록과 증거물을 항고법원에 송부하여야 한다(제411조 제1항).

(다) 항고제기의 효과

즉시항고의 제기기간 내에 그 제기가 있는 때에는 재판의 집행은 정지된다. 또한 즉시항고가 제기되지 아니한 경우에도 즉시항고를 제기할 수 있는 기간 내에는 집행정지의 효력이 인정된다(제410조). 보통항고에는 재판의 집행을 정지하는 효력이 없다. 다만 원심법원 또는 항고법원은 결정으로 항고에 대한 결정이 있을 때까지 집행을 정지할 수 있다(제409조).

(2) 항고심의 심판
(가) 항고심의 심리

원심법원이 필요하다고 인정한 때에는 소송기록과 증거물을 항고법원에 송부하여야 한다(제411조 제1항). 항고법원은 소송기록과 증거물의 송부를 요구할 수 있다(동조 제2항). 항고법원은 소송기록과 증거물의 송부를 받은 날로부터 5일 이내에 당사자에게 그 사유를 통지하여야 한다(동조 제3항). 소송기록 접수통지는 항소 또는 상고의 경우와는 달리 항고인에게 항고이유서 제출의무를 발생시키지 않는다. 그러나 당사자에게 통지를 요하는 것은 당사자에게 항고에 관하여 그 이유서를 제출하거나 의견을 진술하고 유리한 증거를 제출할 기회를 부여하기 위한 것이므로 항고법원이 당사자에게 소송기록 송부의 통지를 하지 않고 항고기각결정을 하는 것은 위법하다(2006모389).

항고심은 사실문제와 법률문제를 모두 심사할 수 있으며, 항고이유로 주장한 사유뿐만 아니라 그 이외의 사유에 대해서도 직권으로 심사할 수 있다고 보아야 한다. 항고심은 결정을 위한 심리절차이므로 구두변론에 의할 필요가 없지만, 결정을 하는 데 필요한 경우에는 사실조사를 할 수 있으며(제37조 제2항·제3항), 증인신문이나 감정을 명할 수도 있다(규칙 제24조 제1항). 검사는 항고사건에 대하여 의견을 진술할 수 있다(제412조).

(나) 항고심의 재판

항고의 제기가 법률상의 방식에 위반하거나 항고권소멸 후인 것이 명백함에도 원심법원이 항고기각의 결정을 하지 아니한 때에는 항고법원은 결정으로 항고를 기각하여야 한다(제413조). 항고가 이유 없다고 인정한 때에도 결정으로 항고를 기각하여야 한다(제414조 제1항).

항고가 이유 있다고 인정한 때에는 결정으로 원심결정을 취소하고 필요한 경우에는 항고사건에 대하여 직접 재판을 하여야 한다(제414조 제2항). 원심결정을 취소하면 족한 경우로는 예를 들면 원심의 구속취소결정이나 구속집행정지결정을 취소하는 경우, 증인·감정인에 대한 과태료나 비용배상의 결정을 취소하는 경우, 소송비용부담의 결정을 취소하는 경우 등을 들 수 있다. 또한 원심결정을 취소함과 동시에 직접 재판을 해야 하는 경우로는 원심의 보석청구기각결정을 취소하고 항고법원이 직접 보석허가결정을 하는 경우, 원심의 보석허가결정 중 보석보증금 부분을 취소하고 보석보증금액을 변경하는 경우, 원심의 구속피고인에 대한 접견금지결정(제91조)을 취소하고 그 내용을 변경하는 경우 등을 들 수 있다.

Ⅲ. 재항고

1. 의 의

재항고는 항고법원, 고등법원 또는 항소법원의 결정에 대한 항고를 말한다(법원조직법 제14조 제2호). 항고법원의 결정에 대한 상소가 아닌 고등법원이나 항소법원이 항소심절차에서 내린 결정에 대한 항고는 사전의 항고를 전제로 하지 않는다는 점에서 엄밀한 의미에서는 재항고라고 할 수 없지만, 관할법원이 모두 대법원이고 절차와 효과가 동일하다는 점에서 일반적으로 양자를 모두 재항고라고 부르고 있다.

항고법원, 고등법원 또는 항소법원의 결정에 대하여는 재판에 영향을 미친 헌법·법률·명령 또는 규칙의 위반이 있음을 이유로 하는 때에 한하여 대법원에 즉시항고를 할 수 있다(제415조).

2. 재항고심의 절차

재항고의 제기 및 심판절차에 관하여는 일반항고에 관한 규정과 상고심 심판에 관한 규정이 준용되는 것으로 보아야 한다. 재항고를 함에는 재항고장을 원심법

원에 제출하여야 하며, 재항고장 자체에 재항고이유를 기재하거나 별도로 재항고
이유서를 제출하여야 한다. 재항고는 즉시항고의 형태로서 허용되므로(제415조) 재
항고의 절차는 즉시항고의 절차에 따라 진행된다. 따라서 재항고의 제기기간은 7일
이며(제405조), 재항고가 제기되면 재판의 집행이 정지된다(제410조).

대법원의 재항고심은 법률심이면서 동시에 사후심으로서의 성격을 가진다. 따
라서 재항고심은 원심의 소송자료에 의하여 원결정의 법령위반 여부를 심사하여야
하며, 재항고심에서 새로운 증거를 제출하거나 증거조사를 하는 것은 허용되지 않
는다. 또한 원결정 후에 생긴 사유를 원결정의 법령위반 여부를 판단하는 자료로
사용할 수 없다.

대법원은 재항고가 부적법한 경우 또는 이유 없다고 인정하는 경우에는 결정
으로 재항고를 기각하여야 한다(제413조, 제414조 제1항). 재항고가 이유 있다고 인정
한 때에는 대법원은 결정으로 원심결정을 취소하고 필요한 경우에는 항고사건에
대하여 직접재판을 하여야 한다(제414조 제2항).

Ⅳ. 준항고

1. 의 의

준항고는 재판장 또는 수명법관의 재판과 검사 또는 사법경찰관의 처분에 대
하여 그 소속법원 또는 관할법원에 그 취소 또는 변경을 청구하는 불복신청방법을
말한다. 준항고는 상급법원에 대한 구제신청이 아니라는 점에서 본래의 상소방법
은 아니라고 할 수 있다. 그러나 준항고도 재판 등의 취소와 변경을 청구하는 제도
라는 점과 법관의 재판에 대한 준항고의 경우에는 합의부에 의하여 심사를 받는다
는 점에서 실질적으로 항고에 준하는 성질을 가진다고 할 수 있다. 이런 이유에서
준항고에는 항고에 관한 여러 규정들이 준용되고 있다(제419조).

2. 대 상

(1) 재판장 또는 수명법관의 재판

재판장 또는 수명법관의 일정한 재판에 대하여 불복이 있으면 준항고를 할 수 있다. 준항고는 재판장 또는 수명법관의 재판에 한하여 허용되므로 수소법원 이외의 법관이 행한 재판에 대해서는 준항고를 제기할 수 없다.

재판장 또는 수명법관의 재판에 대하여 준항고가 허용되는 경우로서 형사소송법 제416조 제1항은 ① 기피신청을 기각한 재판(제1호), ② 구금·보석·압수 또는 압수물환부에 관한 재판(제2호), ③ 감정하기 위하여 피고인의 유치를 명한 재판(제3호), ④ 증인·감정인·통역인 또는 번역인에 대하여 과태료 또는 비용의 배상을 명한 재판(제4호)의 네 가지를 들고 있다.

(2) 수사기관의 처분

검사 또는 사법경찰관의 구금·압수 또는 압수물의 환부에 관한 처분과 제243조의2에 따른 변호인의 참여 등에 관한 처분에 대하여 불복이 있으면 그 직무집행지의 관할법원 또는 검사의 소속검찰청에 대응한 법원에 그 처분의 취소 또는 변경을 청구할 수 있다(제417조).

검사 또는 사법경찰관의 구금에 관한 처분이란 피의자나 피고인에 대한 체포영장 또는 구속영장의 집행과 관련된 처분을 말한다. 신체구속 중인 피의자 또는 피고인의 접견교통권을 부당하게 제한한 경우(2006모656), 구금장소를 임의로 변경한 경우(95모94), 피의자 또는 변호인으로부터 구금된 피의자의 보호장비를 해제해 달라는 요구를 받고도 거부한 경우(2015모2357) 등이 여기에 해당된다. 압수 또는 압수물의 환부에 관한 처분에 대한 불복은 수사기관의 압수절차에 위법이 있거나 압수물의 환부에 관한 권한행사에 위법이 인정되는 경우에 허용된다. 압수물의 환부에 관한 처분에는 압수물의 가환부에 관한 처분도 포함된다(71모67). 제243조의2에 따른 변호인의 참여 등에 관한 수사기관의 처분도 준항고의 대상이 된다. 변호인의 참여 등에 관한 수사기관의 처분에는 피의자와 변호인 사이의 접견을 제한하는 처분과 피의자신문시에 변호인의 참여를 제한하는 처분이 포함된다.

3. 준항고의 절차

준항고의 청구는 서면으로 관할법원에 제출하여야 한다(제418조). 재판장 또는 수명법관의 재판에 대한 준항고의 경우에는 그 법관이 소속한 법원의 합의부에서 관할한다(제416조 제1항, 제2항). 법관의 재판에 대하여 준항고를 청구하는 경우에는 재판의 고지가 있은 날로부터 7일 이내에 하여야 한다(동조 제3항). 수사기관의 처분에 대한 준항고의 경우에는 검사 또는 사법경찰관의 직무집행지의 관할법원 또는 검사의 소속검찰청에 대응한 법원이 관할법원이 된다(제417조).

준항고의 청구에 대하여 관할법원은 결정을 해야 한다. 관할법원은 결정을 위하여 필요한 경우에는 사실을 조사할 수 있다(제37조 제3항). 관할법원은 준항고의 이유를 심사하여 이유 없다고 인정한 때에는 결정으로 준항고를 기각하여야 하고(제419조, 제414조 제1항), 이유 있다고 인정한 때에는 준항고의 대상이 된 법관의 재판이나 검사 또는 사법경찰관의 처분을 취소 또는 변경하여야 하며 필요한 경우에는 직접 재판할 수 있다(제419조, 제414조 제2항). 준항고에 대한 법원의 결정에 대하여는 재판에 영향을 미친 헌법·법률·명령 또는 규칙의 위반이 있음을 이유로 하는 때에는 대법원에 재항고할 수 있다(제419조, 제415조).

제2장
비상구제절차

제 1 절 재 심

Ⅰ. 재심의 의의와 대상

1. 재심의 의의

재심은 유죄의 확정판결에 중대한 사실인정의 오류가 있는 경우에 판결을 받은 자의 이익을 위하여 이를 시정하는 비상구제절차를 말한다. 확정판결에 대한 비상구제절차라는 점에서 미확정재판에 대한 구제절차인 상소와 구별되고, 사실오인을 시정하기 위한 비상구제절차라는 점에서 법령위반을 이유로 하는 비상구제절차인 비상상고와도 다르다.

재심은 유죄의 확정판결에 사실오인이 있다고 판단되는 경우에 이를 공판절차에서 다시 심판하는 절차이다. 따라서 재심은 재심이유의 유무를 심사하여 다시 심판할 것인가의 여부를 결정하는 재심개시절차와 그 이후의 재심심판절차의 2단계의 구조를 취하고 있다. 다만 재심심판절차는 재차 심판이 진행되는 심급의 공판절차와 동일하므로 결국 재심절차의 중심은 재심청구의 이유 유무를 심사하여 다시 심판할 것인가를 결정하는 재심개시절차에 놓여지게 된다.

2. 재심의 대상

현행법은 이익재심만을 인정하고 있으므로 재심의 대상은 원칙적으로 유죄의 확정판결에 한정된다(제420조). 따라서 무죄판결은 물론이고 면소·공소기각·관할위반의 확정판결은 그 판결에 중대한 사실오인이 있다고 하더라도 재심의 대상이 되지 않는다. 유죄의 확정판결은 정식재판을 통하여 확정된 것임을 요하지 않고 확정판결의 효력이 부여되는 약식명령, 즉결심판이 확정된 경우도 포함한다. 또한 유죄판결 확정 후에 형 선고의 효력을 상실케 하는 특별사면이 있었다고 하더라도 확정된 유죄판결에서 이루어진 사실인정과 그에 따른 유죄 판단까지 없어지는 것은 아니므로 특별사면으로 형 선고의 효력이 상실된 유죄의 확정판결도 재심청구의 대상이 될 수 있다(2011도1932).

재심은 확정된 유죄판결뿐만 아니라 항소 또는 상고를 기각한 판결도 그 대상으로 한다(제421조). 상소기각의 판결은 유죄판결 자체는 아니지만 그 확정에 의하여 원심의 유죄판결도 확정된다는 점에서 유죄판결과는 별도로 이를 재심의 대상으로 한 것이다.

II. 재심이유

1. 유죄의 확정판결에 대한 재심이유

유죄의 확정판결에 사실오인이 있는 경우에 재심이 허용되는데, 재심은 예외적인 비상구제절차이므로 제420조는 구체적인 재심이유를 제한적으로 규정하고 있다. 이러한 재심이유는 크게 허위증거에 의한 재심이유와 신증거에 의한 재심이유로 나누는 것이 일반적이다. 제420조 제5호가 신증거에 의한 재심이유이고, 나머지는 허위증거에 의한 재심이유에 해당한다.

(1) 허위증거에 의한 재심이유

원판결이 사실을 인정하는 자료로 사용한 증거가 허위였음을 이유로 하는 재심이유이다. 이러한 재심이유들은 모두 확정판결에 의하여 증명될 것이 요구된다.

(가) 원판결의 증거가 된 서류 또는 증거물이 확정판결에 의하여 위조되거나
변조된 것임이 증명된 때(제420조 제1호)

원판결의 증거가 된 서류 또는 증거물이란 원판결이 범죄사실을 인정하기 위하여 증거의 요지에 기재한 증거를 말하므로, 증거조사를 하였더라도 판결에 인용하지 아니한 증거는 여기에 포함되지 않는다.

(나) 원판결의 증거가 된 증언·감정·통역 또는 번역이 확정판결에 의하여 허위임이 증명된 때(동조 제2호)

원판결의 증거가 된 증언이란 원판결의 이유 중에서 증거로 채택되어 범죄될 사실을 인정하는 데 인용된 증거를 말한다(2011도8529). 또한 확정판결에 의하여 허위임이 증명된 때라 함은 증인 등이 위증죄 등의 죄로 처벌되어 그 판결이 확정된 경우를 말한다(2003도1080). 증언이 확정판결에 의하여 허위임이 증명되면 허위증언 부분을 제외하고서도 다른 증거에 의하여 그 범죄사실이 유죄로 인정될 것인지의 여부와 관계없이 재심이유로 인정된다(2011도8529).

(다) 무고(誣告)로 인하여 유죄를 선고받은 경우에 그 무고의 죄가 확정판결에 의하여 증명된 때(동조 제3호)

무고로 인하여 유죄를 선고받은 경우란 고소장 또는 고소조서의 기재가 원판결의 증거로 된 경우뿐만 아니라 무고의 진술이 증거로 된 때를 포함한다. 그러나 단순히 무고로 수사가 개시되었다는 이유만으로는 재심이유가 될 수 없다.

(라) 원판결의 증거가 된 재판이 확정판결에 의하여 변경된 때(동조 제4호)

원판결의 증거가 된 재판이란 원판결의 이유 중에서 증거로 채택되어 범죄될 사실을 인정하는 데 인용된 다른 재판을 말한다(86모15). 재판에는 형사재판뿐만 아니라 민사재판도 포함된다.

(마) 저작권·특허권·실용신안권·디자인권 또는 상표권을 침해한 죄로 유죄의 선고를 받은 사건에 관하여 그 권리에 대한 무효의 심결 또는 무효의 판결이 확정된 때(동조 제6호)

권리무효의 심결 또는 판결이 확정되면 그 권리는 처음부터 존재하지 않는 것으로 인정되기 때문에 재심이유로 인정한 것이다.

(바) 원판결·전심판결 또는 그 판결의 기초된 조사에 관여한 법관, 공소의 제기 또는 그 공소의 기초된 수사에 관여한 검사나 사법경찰관이 그 직무

에 관한 죄를 지은 것이 확정판결에 의하여 증명된 때(동조 제7호)

형사사법기관의 직무범죄가 증명된 경우에는 원판결에 사실오인이 있을 가능성이 크다는 점과 재판의 공정성에 대한 국민의 신뢰를 보호할 필요성이 있다는 점을 고려하여 관련 공무원의 직무상 범죄를 재심이유로 인정한 것이다. 관련 공무원의 직무상 범죄를 이유로 재심을 청구하기 위해서는 원판결이 이들 공무원의 범죄행위로 얻어진 것이라는 점에 관하여 별도의 확정판결이나 제422조에 의한 확정판결에 대신하는 증명이 있는 경우라야 한다(96모72). 다만 원판결의 선고 전에 법관, 검사 또는 사법경찰관에 대하여 공소가 제기되었을 경우에는 원판결의 법원이 그 사유를 알지 못한 때로 한정한다(동조 제7호 단서). 또한 유죄의 선고를 받은 자가 공무원의 직무에 관한 죄를 범하게 한 때에는 검사만이 재심을 청구할 수 있다(제425조).

검사나 사법경찰관이 범한 직무에 관한 죄가 사건의 실체관계에 관계된 것인지 여부나 당해 검사나 사법경찰관이 직접 피의자에 대한 조사를 담당하였는지 여부는 재심사유를 판단함에 있어서 고려의 대상이 되지 않는다(2008모77). 따라서 공소제기된 형사사건의 수사과정에서 비록 피의자를 직접 조사하지는 않았으나 검사에게 수사지휘 품신을 하고, 피의자에게 구속통지를 하였으며, 검찰에 사건송치를 함에 있어 의견서를 작성한 경우도 공소의 기초된 수사에 관여한 경우에 포함된다(2004모16).

(2) 새로운 증거에 의한 재심이유

(가) 적용범위

형사소송법 제420조 제5호는 「유죄의 선고를 받은 자에 대하여 무죄 또는 면소를, 형의 선고를 받은 자에 대하여 형의 면제 또는 원판결이 인정한 죄보다 가벼운 죄를 인정할 명백한 증거가 새로 발견된 때」를 유죄의 확정판결에 대한 재심이유로 규정하고 있다. 새로운 증거에 의한 재심이유는 재심이유 가운데 실제로 가장 중요한 비중을 차지하고 있다.

유죄의 선고를 받은 자에 대하여 무죄 또는 면소를 인정할 경우와 관련하여 판례는 공소기각판결을 선고할 명백한 증거가 새로 발견된 경우는 여기에 포함되지 않는다고 한다(96모51). 또한 여기서 말하는 형의 면제란 필요적 면제만을 의미하고 임의적 면제는 포함되지 않는다(84모32).

(나) 증거의 신규성

증거의 신규성이란 증거가 새로 발견된 것이어야 한다는 의미이다. 새로운 증거는 원판결 당시에 이미 존재하고 있었으나 후에 새로이 발견된 경우와 원판결 후에 새로 생긴 증거 및 원판결 당시 그 존재를 알았으나 조사나 제출이 불가능하였던 증거를 모두 포함한다(2013도14719).

신규성이 인정되기 위해서는 우선 당해 증거가 법원에 대하여 새로운 것이어야 한다. 따라서 원판결에서 증명력 평가를 거친 증거가 그 내용이 달라졌더라도 이를 새로운 증거라고 할 수 없다. 그러므로 유죄를 인정한 원판결의 증거로 되었던 자백(67모30)이나 증인의 증언(84모2) 또는 공동피고인의 진술(93모33)이 단순히 번복되었다는 것만으로는 새로운 증거라고 할 수 없다.

문제는 법원 이외에 피고인에게도 증거의 신규성이 요구되는가 하는 점에 있다. 이에 대하여는 재심은 비상구제절차로서 무고하게 처벌받은 피고인을 구제하는 데 목적이 있으므로 피고인을 폭넓게 보호하기 위하여 법원에 대해서 새로운 것이면 족하다는 불필요설과 피고인에 대해서는 원칙적으로 새로운 것일 필요가 없으나 피고인이 고의 또는 과실로 제출하지 않은 증거에 대해서는 신규성을 인정할 수 없다는 귀책사유설이 주장되고 있다. 판례는 귀책사유설을 취하고 있다(2005모472).

(다) 증거의 명백성

제420조 제5호에 의한 재심청구가 가능하기 위해서는 증거의 신규성과 함께 증거의 명백성이 요구된다. 증거의 명백성은 유죄의 확정판결을 파기할 고도의 가능성 내지 개연성이 인정되는 경우에 긍정된다(2009도4894).

증거의 명백성을 판단함에 있어서 새로운 증거만을 기준으로 할 것인지 아니면 기존의 구증거를 포함하여 종합적으로 판단해야 할 것인지에 대하여 견해가 대립하고 있다. 단독평가설은 증거의 명백성을 새로운 증거의 증거가치만을 기준으로 판단해야 한다는 견해이고, 전면적 종합평가설은 새로 발견된 증거와 확정판결의 소송절차에서 조사된 모든 구증거를 함께 고려하여 종합적으로 명백성 유무를 판단해야 한다는 견해이며, 제한적 종합평가설은 구증거들 가운데 새로 발견된 증거와 유기적으로 밀접하게 관련되고 모순되는 증거들만을 명백성 평가의 대상으로 고려하는 견해이다. 판례는 제한적 종합평가설의 입장이다(2005모472).

(라) 공범자에 대한 모순된 판결

공범자 사이에 모순된 판결이 있는 경우에 유죄의 확정판결을 받은 공범자가 후에 내려진 다른 공범자에 대한 무죄판결 자체를 가지고 무죄를 인정할 새로운 명백한 증거로 삼을 수 있는지 여부가 문제로 된다. 이에 대하여는 공범자 사이의 모순된 판결이 형벌법규의 해석의 차이로 인한 것이 아니라 사실인정에 관하여 결론을 달리한 때에는 모순판결 자체를 명백한 증거로 보아야 한다는 견해와 유죄의 확정판결 이후에 무죄의 확정판결이 내려졌다는 사실 그 자체가 아니라 무죄의 확정판결에 사용된 증거가 다른 공범자에 대해 먼저 확정된 유죄판결을 파기할 만한 고도의 개연성이 있는 경우에 한하여 명백한 증거가 된다는 견해가 주장되고 있다. 판례는 후자의 입장을 취하고 있다(84모14).

2. 상소기각의 확정판결에 대한 재심이유

형사소송법 제421조 제1항은 항소기각판결 또는 상고기각판결에 대하여 별도로 재심사유를 규정하고 있다. 원심의 유죄판결에 재심이유가 없는 경우에도 상소기각판결 자체에 재심이유가 있을 수 있으므로, 그러한 경우에 상소기각판결의 확정력을 배제하여 소송을 상소심에 계속된 상태로 되돌림으로써 사건의 실체를 다시 심판할 수 있게 하기 위한 것이다. 여기서 항소 또는 상고의 기각판결이라고 하는 것은 상소기각판결로 인하여 확정된 하급심 판결을 의미하는 것이 아니라 항소기각판결 또는 상고기각판결 그 자체를 의미한다.

항소기각판결 또는 상고기각판결에 대한 재심이유는 ① 원판결의 증거가 된 서류 또는 증거물이 확정판결에 의하여 위조 또는 변조된 것이 증명된 때(제420조 제1호), ② 원판결의 증거가 된 증언·감정·통역 또는 번역이 확정판결에 의하여 허위인 것이 증명된 때(동조 제2호), ③ 원판결, 전심판결 또는 그 판결의 기초된 조사에 관여한 법관, 공소의 제기 또는 그 공소의 기초된 수사에 관여한 검사나 사법경찰관이 그 직무에 관한 죄를 범한 것이 확정판결에 의하여 증명된 때(동조 제7호)에 제한된다. 그리고 확정된 하급심판결에 대한 재심청구사건의 판결이 있은 후에는 상급심에 의한 상소기각판결에 대하여 다시 재심을 청구하지 못한다(제421조 제2항·제3항).

3. 확정판결에 대신하는 증명

확정판결로써 범죄가 증명됨을 재심청구의 이유로 할 경우에 그 확정판결을 얻을 수 없는 때에는 그 사실을 증명하여 재심의 청구를 할 수 있다. 다만 증거가 없다는 이유로 확정판결을 얻을 수 없는 때에는 예외로 한다(제422조). 본조는 제420조 및 제421조에 대한 보충규정으로서 확정판결에 의하여 범죄나 증거의 허위 등을 증명할 수 없는 경우에 다른 방법으로 사실을 증명하여 재심을 청구할 수 있도록 한 것이다.

여기서 확정판결을 얻을 수 없다는 것은 유죄판결의 선고를 할 수 없는 사실상 또는 법률상의 장애가 있는 경우를 말한다. 예를 들면 범인이 사망하였거나 행방불명이 된 경우, 범인이 현재 심신상실상태에 있는 경우, 사면이 있었던 경우, 공소시효가 완성된 경우, 범인을 기소유예처분한 경우 등이 여기에 해당한다. 또한 본조에 의하여 재심을 청구하려면 확정판결을 얻을 수 없다는 사실뿐만 아니라 재심이유로 된 범죄행위 등이 행하여졌다는 사실도 증명하여야 한다.

Ⅲ. 재심개시절차

1. 재심의 관할

재심의 청구는 원판결을 한 법원이 관할한다(제433조). 여기서 원판결이란 재심청구인이 재심이유가 있다고 하여 재심청구의 대상으로 삼은 판결을 말한다(86모17). 따라서 재심청구인이 제1심 판결을 재심청구의 대상으로 하는 경우에는 제1심 법원이 관할권을 가지며, 항소법원이나 대법원이 제1심 판결이나 제2심 판결을 파기하고 자판한 경우에는 항소법원이나 대법원에 재심을 청구하여야 한다. 한편 상소기각판결을 대상으로 하는 경우에는 상소법원이 재심청구사건을 관할한다. 그리고 군사법원의 판결이 확정된 후 피고인에 대한 재판권이 더 이상 군사법원에 없게 된 경우 군사법원의 판결에 대한 재심사건의 관할은 원판결을 한 군사법원과 같은 심급의 일반법원에 있다(2019모3197).

2. 재심의 청구

(1) 재심청구권자

검사는 공익의 대표자로서 유죄의 선고를 받은 자의 이익을 위하여 재심을 청구할 수 있다(제424조 제1호). 또한 법관·검사 또는 사법경찰관의 직무상 범죄를 이유로 하는 재심의 청구는 유죄의 선고를 받은 자가 그 죄를 범하게 한 경우에는 검사가 아니면 청구하지 못한다(제425조).

유죄의 선고를 받은 자와 그 법정대리인도 재심을 청구할 수 있다(제424조 제2호·제3호). 본인이 사망하거나 심신장애가 있는 경우에는 그 배우자·직계친족 또는 형제자매가 청구할 수 있다(동조 제4호).

(2) 재심청구의 기간과 방식

재심청구의 기간에는 제한이 없다. 재심의 청구는 형의 집행 중에는 물론이고 형의 집행을 종료하거나 형의 집행을 받지 않게 된 때에도 할 수 있다(제427조). 따라서 형의 시효가 완성되거나 형의 집행유예기간이 경과한 경우에도 재심청구가 가능하고, 본인이 사망한 때에도 재심청구를 할 수 있다. 본인이 사망한 경우라도 명예회복의 이익이 있고 또한 무죄판결을 받은 경우에는 판결의 공시(제440조), 형사보상 그리고 집행된 벌금, 몰수된 물건 또는 추징금액의 환부와 같은 법률적 이익이 있기 때문이다.

재심청구를 함에는 재심청구의 취지 및 이유를 구체적으로 기재한 재심청구서에 원판결의 등본 및 증거자료를 첨부하여 관할법원에 제출하여야 한다(규칙 제166조). 재소자의 경우에는 재심청구서를 교도소장이나 구치소장 또는 그 직무를 대리하는 자에게 제출한 때에 재심을 청구한 것으로 간주된다(제430조, 제344조).

(3) 재심청구의 효과 및 재심청구의 취하

재심을 청구하더라도 형의 집행이 정지되지는 않는다. 다만 관할법원에 대응한 검찰청 검사는 재심청구에 대한 재판이 있을 때까지 형의 집행을 정지할 수 있다(제428조). 재심의 청구는 취하할 수 있다(제429조 제1항). 재심의 청구를 취하한 자는 동일한 이유로써 다시 재심을 청구하지 못한다(동조 제2항).

3. 재심청구에 대한 심리와 재판

(1) 재심청구의 심리

재심청구의 심리절차는 판결절차가 아니라 결정절차이므로 구두변론에 의할 필요가 없고 절차를 공개할 필요도 없다. 다만 재심청구를 받은 법원은 필요한 경우에는 사실을 조사할 수 있다(제37조 제3항). 법원의 사실조사의 범위는 재심청구인이 재심청구이유로 주장한 사실의 유무 판단에 제한된다. 따라서 재심청구의 심리에 있어서는 직권조사사항이 인정되지 않는다. 법원은 사실을 조사하는 데 필요한 경우에는 압수·수색·검증·증인신문·감정 등의 방법으로 직권에 의한 증거수집과 조사를 행할 수 있다.

재심의 청구에 대하여 결정을 함에는 청구한 자와 상대방의 의견을 들어야 한다. 단 유죄의 선고를 받은 자의 법정대리인이 청구한 경우에는 유죄의 선고를 받은 자의 의견을 들어야 한다(제432조). 재심을 청구한 자와 상대방에게 의견진술의 기회를 주면 족하고 반드시 의견진술이 있어야 할 필요는 없다(95모38).

(2) 재심청구에 대한 재판

(가) 청구기각의 결정

재심의 청구가 법률상의 방식에 위반하거나 청구권의 소멸 후인 것이 명백한 때에는 결정으로 기각하여야 한다(제433조). 재심청구가 이유 없다고 인정한 때에는 결정으로 그 청구를 기각하여야 한다. 이유 없음을 이유로 한 기각결정이 있는 때에는 누구든지 동일한 이유로 다시 재심을 청구하지 못한다(제434조).

상소를 기각하는 확정판결과 이에 따라 확정된 하급심의 판결에 대하여 각각 재심청구가 있는 경우에 하급심 법원이 재심청구를 받아들여 재심의 판결을 한 때에는 상소기각판결을 한 법원은 재심청구를 기각하여야 한다(제436조). 하급심의 유죄판결에 대해 재심판결이 있으면 재심청구의 목적을 달성한 것이 되어 상소심판결에 대한 재심청구가 무의미해지기 때문이다.

(나) 재심개시결정

재심의 청구가 이유 있다고 인정한 때에는 재심개시의 결정을 하여야 한다(제435조 제1항). 이 경우 법원은 결정으로 형의 집행을 정지할 수 있다(동조 제2항). 재심의 청구를 기각하는 결정과 재심개시결정에 대하여는 즉시항고를 할 수 있다(제437조).

경합범의 관계에 있는 수개의 범죄사실을 유죄로 인정하여 하나의 형을 선고한 확정판결에서 그 중 일부의 범죄사실에 대해서만 재심청구의 이유가 있는 것으로 인정되는 경우에도 법원은 경합범 전부에 대하여 재심개시결정을 하여야 한다. 다만 이 경우의 재심개시결정의 효력은 재심이유가 없는 범죄사실에 대해서는 형식적인 것에 그치므로 재심심판법원은 재심이유 없는 범죄사실에 대한 유죄인정을 파기할 수 없고 단지 양형을 위하여 필요한 범위에서 이를 심리할 수 있을 뿐이다 (2001도1239).

Ⅳ. 재심심판절차

1. 재심의 공판절차

재심개시의 결정이 확정된 사건에 대하여는 법원은 그 심급에 따라 다시 심판하여야 한다(제438조 제1항). 법원은 심급에 따라 심판하여야 하므로 제1심의 확정판결에 대한 재심의 경우에는 제1심의 공판절차에 따라, 항소심에서 파기자판된 확정판결에 대해서는 항소심의 절차에 따라, 그리고 항소기각 또는 상고기각의 확정판결에 대한 재심의 경우에는 항소심 또는 상고심의 절차에 따라 각각 심판하여야 한다. 따라서 재심청구의 대상이 된 확정판결이 제1심 유죄판결인 경우에는 진술거부권의 고지, 인정신문, 검사의 모두진술, 피고인의 모두진술, 증거조사, 피고인신문, 최종변론 등의 절차가 재심의 공판절차에서 새로 행하여져야 할 것이다. 재심의 판결에 대해서는 일반원칙에 따라 상소가 허용된다.

재심의 심판은 사건 자체를 대상으로 다시 심판하는 것이고 원판결의 당부를 심사하는 것이 아니므로 심리결과 원판결과 동일한 결론에 도달한 경우에도 사건에 대하여 새로이 판단하여야 한다(2014도2946).

2. 재심심판과 적용법령

재심이 개시된 사건에서 범죄사실에 대하여 적용하여야 할 법령은 재심판결 당시의 법령이다. 따라서 재심대상판결 당시의 법령이 변경된 경우 법원은 그 범죄사실에 대하여 재심판결 당시의 법령을 적용하여야 하며, 법령을 해석함에 있어서도 재심판결 당시를 기준으로 하여야 한다(2011도14044).

재심이 개시된 사건에서 범죄사실에 대하여 적용해야 할 법령이 폐지된 경우에는 형사소송법 제326조 제4호를 적용하여 그 범죄사실에 대하여 면소를 선고하는 것이 원칙이다. 그러나 재심대상판결의 적용법령이 폐지된 경우에도 그 폐지가 당초부터 헌법에 위배되어 효력이 없는 법령에 대한 것이었다면 이 경우에는 형사소송법 제325조 전단에 의하여 무죄를 선고하여야 한다(2010도5986).

3. 재심심판절차의 특칙

(1) 심리의 특칙

재심피고인이 사망하거나 회복할 수 없는 심신장애인인 경우에는 피고인의 출정 없이 심판할 수 있다. 다만 변호인이 출정하지 아니하면 개정하지 못한다(제438조 제2항·제3항). 이 경우에 재심청구인이 변호인을 선임하지 아니한 때에는 재판장은 직권으로 변호인을 선임하여야 한다(동조 제4항).

공소취소는 제1심 판결의 선고 전까지 가능하므로 최소한 제1심 판결이 선고되어 확정된 사실을 전제로 하는 재심공판절차에서 공소취소는 할 수 없다고 해야 한다(76도3203). 따라서 비록 제1심의 유죄판결에 대해 재심심판을 하는 경우라도 공소취소는 할 수 없다.

한편 재심공판절차에서의 공소장변경의 범위가 문제된다. 재심공판절차에 대하여는 당해 심급의 공판절차에 관한 규정이 준용될 뿐만 아니라 불이익변경금지의 원칙이 적용되므로 공소장변경이 전면적으로 허용된다는 견해도 있으나, 현행법이 이익재심만을 허용하는 취지에 비추어 볼 때 원판결의 죄보다 중한 죄를 인정하기 위한 공소사실의 추가·변경은 허용되지 않는다고 해석하는 것이 타당하다(2018도20698 참조).

(2) 재판의 특칙

통상의 공판절차에서는 피고인이 사망한 경우에 법원은 공소기각의 결정을 해야 한다(제328조 제1항 제2호). 그러나 사망자를 위하여 재심청구를 하였거나 재심피고인이 재심의 판결 전에 사망한 경우에는 공소기각의 결정을 할 수 없고 실체판결을 하여야 한다(제438조 제2항).

재심의 경우에는 원판결의 형보다 무거운 형을 선고할 수 없다(제439조). 유죄판결을 받은 자의 이익을 위한 재심만이 인정되고 있기 때문이다. 불이익변경금지의 원칙은 검사가 재심을 청구한 경우에도 마찬가지로 적용된다.

재심에서 무죄의 선고를 한 때에는 그 판결을 관보와 그 법원소재지의 신문에 기재하여 공고하여야 한다(제440조 본문). 유죄의 확정판결을 받은 자에 대한 명예회복을 위한 조치이다. 다만 재심에서 무죄의 선고를 받은 사람 또는 사망자나 심신장애인을 위한 재심청구의 경우에 재심을 청구한 사람이 이를 원하지 아니하는 의사를 표시한 경우에는 그러하지 아니하다(제440조 단서).

재심판결이 확정되면 원판결은 당연히 그 효력을 잃는다. 그러나 재심판결이 확정된 경우에도 원판결에 의한 형의 집행이 무효로 되는 것은 아니다. 따라서 원판결에 의한 자유형의 집행은 재심판결에 의한 자유형의 집행에 통산된다.

제 2 절　비상상고

Ⅰ. 비상상고의 의의와 대상

1. 비상상고의 의의와 기능

비상상고는 확정판결에 대하여 그 심판의 법령위반을 이유로 이를 시정하기 위하여 인정된 비상구제절차이다. 비상상고는 확정판결에 대한 구제절차라는 점에서 미확정판결의 시정제도인 상소와 구별된다. 그리고 비상상고는 법령위반을 이유로 하는 비상구제절차라는 점에서 사실인정의 잘못을 이유로 하는 재심과 다르다. 비상상고는 신청권자가 검찰총장이라는 점, 관할법원이 원판결을 한 법원이 아니라 대법원이라는 점, 판결의 효력이 원칙적으로 피고인에게 미치지 않는다는 점 등에서도 재심과 구별된다.

비상상고는 법령의 해석·적용의 통일을 목적으로 하는 제도이다. 비상상고는 확정판결에 구체적인 법령의 해석과 적용의 잘못이 있는 경우에 정당한 법령의 해석·적용을 선언하는 의미를 가진다. 또한 비상상고는 법령의 해석·적용의 통일과 함께 피고인을 구제하는 기능도 가진다. 비상상고가 이유 있어 원판결의 법령위반이 인정되고 법령위반의 원판결이 피고인에게 불이익한 경우에는 대법원은 피고사건에 대하여 다시 판결하여야 한다(제446조 제1호 단서).

2. 비상상고의 대상

비상상고의 대상은 모든 확정판결이다. 재심의 경우와는 달리 유죄의 확정판결에 제한되지 않는다. 따라서 유죄·무죄의 판결은 물론 관할위반의 판결·공소기각판결·면소판결과 같은 형식재판도 비상상고의 대상이 된다. 공소기각의 결정과 상소기각의 결정도 결정의 형식을 취하고는 있으나 그 사건에 대한 종국재판이라는 점에서 비상상고의 대상이 된다고 할 것이다(62오4). 또한 판결의 형식은 아니더라도 확정판결의 효력이 인정되는 약식명령이나(2006오2) 즉결심판도(94오1) 확정되면 비상상고의 대상이 된다.

II. 판결의 법령위반과 소송절차의 법령위반

1. 구별의 필요성

비상상고의 이유는 사건의 심판이 법령에 위반한 때이다. 여기서 심판의 법령위반이란 심리 및 판결에 있어서의 실체법위반과 소송법위반을 말한다. 따라서 비상상고의 이유에는 판결의 법령위반과 소송절차의 법령위반이 포함된다. 형사소송법도 비상상고에 대한 파기판결을 원판결이 법령에 위반한 경우와 소송절차가 법령에 위반한 경우로 나누어 규율하고 있다(제446조).

판결의 법령위반과 소송절차의 법령위반을 구별하는 실익은 판결의 법령위반의 경우에는 원판결을 파기하여야 할 뿐만 아니라 원판결이 피고인에게 불이익한 때에는 피고사건에 대하여 다시 판결을 하여야 하지만, 소송절차의 법령위반의 경우에는 위반된 절차를 파기하는 것으로 충분하다는 점에 있다(제446조 참조). 따라서 원판결에 대하여 인정된 법령위반이 판결의 법령위반인가 아니면 소송절차의 법령위반인가 하는 문제는 피고인의 입장에서는 매우 중요한 의미를 가지게 된다.

2. 구별의 기준

판결의 법령위반이란 판결내용에 직접 영향을 미치는 법령위반을 의미하고, 소송절차의 법령위반은 판결내용에 직접 영향을 미치지 않는 소송절차상의 법령위반을 의미하는 것으로 보아야 한다. 따라서 범죄의 성립 여부나 형벌에 관한 실체법령의 적용위반과 소송조건이 존재하지 않는데도 불구하고 실체판결을 한 소송법령의 적용위반의 경우는 모두 판결의 법령위반에 해당하는 것이 된다. 또한 그 밖의 소송절차상의 법령위반 중에서도 판결 내용에 직접 영향을 미치는 법령위반의 경우는 판결의 법령위반에 해당하는 것으로 보게 된다. 따라서 공소장변경절차에 위법이 있음에도 불구하고 이를 간과하여 피고인에게 불이익한 형을 선고한 경우에는 대법원은 원판결을 파기하고 자판해야 하는 것이 된다. 결국 판결주문이나 이유에 직접 영향을 미치는 법령위반은 판결의 법령위반이고 그 이외의 법령위반은 소송절차의 법령위반이 된다고 보아야 한다.

3. 판결의 법령위반

(1) 판결의 실체법위반

이미 폐지된 법령을 적용하여 유죄판결을 선고한 경우나 법정형이나 처단형을 초과하여 형을 선고한 경우 등이 이에 해당한다. 원판결이 실체법령에 위반하여 피고인에게 무죄판결을 선고한 경우도 원판결의 법령위반에 해당하지만, 무죄판결은 유죄판결보다 피고인에게 불이익하지 않으므로 대법원은 원판결을 파기하는 데 그쳐야 한다.

(2) 판결의 절차법위반

소송조건의 존부에 대하여 오인을 한 경우에도 판결내용에 영향을 미친다는 점에서 판결의 법령위반에 해당하므로 원판결이 피고인에게 불이익한 때에는 파기자판하여야 한다. 공소시효가 완성되었음에도 공소가 제기되어 유죄판결을 한 경우, 친고죄에 있어서 고소가 취소되었음에도 불구하고 유죄판결을 한 경우 등이 여기에 해당한다. 자백에 대한 보강증거가 없음에도 불구하고 유죄판결을 선고한 경우나 임의성 없는 자백을 기초로 하여 유죄판결을 선고한 경우 등도 사실인정에 관한 소송법위반으로서 판결내용에 영향을 미친 판결의 법령위반에 해당한다.

(3) 직권조사사항에 관하여 심판하지 아니한 경우

상소법원은 판결에 영향을 미친 사유에 관하여는 상소이유서에 포함되지 아니한 경우에도 직권으로 심판할 수 있는데(제364조 제2항, 제384조), 이러한 직권조사사항을 상소법원이 심판하지 아니한 경우를 판결의 법령위반으로 볼 수 있는지가 문제된다. 상소법원의 직권조사는 국가형벌권의 적정한 실현과 피고인보호를 위하여 인정되는 것이므로 직권조사사항이 존재하는 경우에는 상소심은 의무적으로 직권조사를 해야 하고 직권조사사항을 심리하지 않은 것은 판결의 법령위반에 해당한다고 보아야 한다.

4. 소송절차의 법령위반

소송절차에 관한 법령위반은 판결내용에 영향을 준 경우가 아니라면 판결 전 소송절차는 물론이고 판결절차의 법령위반도 소송절차의 법령위반으로 보아야 한다. 예를 들면 형을 선고하면서 상소할 기간과 상소할 법원을 고지하지 않은 경우, 공판개정요건이나 증인신문방식이 위법한 경우, 적법한 증거조사절차를 거치지 않고 증거능력이 없는 증거를 유죄의 증거로 채택하였으나 다른 증거로도 충분히 유죄를 인정할 수 있는 경우(64오2) 등이 여기에 해당한다.

III. 비상상고의 절차

1. 비상상고의 신청과 심리

비상상고의 신청권자는 검찰총장이다. 검찰총장은 판결이 확정된 후 그 사건의 심판이 법령에 위반한 것을 발견한 때에는 대법원에 비상상고를 할 수 있다(제441조). 비상상고를 신청할 때에는 그 이유를 기재한 서면을 대법원에 제출하여야 한다(제442조). 비상상고의 신청에는 기간의 제한이 없다.

비상상고를 심리하기 위해서는 공판기일을 열어야 한다. 따라서 공판기일을 열지 않고 신청서만으로 판결하는 것은 위법하다. 검사는 공판기일에 출석하여 신청서에 의하여 진술하여야 한다(제443조). 대법원은 신청서에 포함된 이유에 한하여 조사하여야 한다(제444조 제1항). 비상상고에는 법원의 직권조사사항이 인정되지 않으므로 법원은 그 이외의 사항에 관하여는 조사할 의무도 권한도 없다. 대법원은 법원의 관할, 공소의 수리와 소송절차에 관하여는 사실조사를 할 수 있다(동조 제2항).

2. 비상상고의 판결

(1) 기각판결

비상상고가 이유 없다고 인정한 때에는 판결로써 이를 기각하여야 한다(제445조). 비상상고의 신청이 부적법한 경우에도 기각판결을 하여야 한다. 검찰총장 이외의 자가 비상상고를 신청한 경우나 신청서에 이유의 기재가 없는 경우 등이 여기에 해당한다.

(2) 파기판결

(가) 판결의 법령위반

원판결이 법령에 위반한 때에는 그 위반된 부분을 파기하여야 한다. 이 경우 원판결은 부분적으로 파기되는데, 이러한 결과는 비상상고의 목적이 법령의 해석·적용의 통일에 있다는 점에서 비롯된다. 형면제가 규정되지 아니한 도로교통법 위반죄를 인정하면서 형면제를 선고한 원판결에 대해 형면제의 주문 부분만을 파기하는 경우(94오1), 구류형을 선고하면서 선고유예를 한 원판결에 대해 선고유예의 주문만을 파기하는 경우(93오1) 등이 여기에 해당한다.

원판결이 법령에 위반하여 파기하는 경우에 원판결이 피고인에게 불이익한 때에는 원판결을 파기하고 그 피고사건에 대하여 다시 판결을 하여야 한다(제446조 제1호). 이 경우에는 원판결의 전부가 파기된다. 친고죄에 있어서 고소가 취소되었음에도 불구하고 유죄판결을 한 경우, 원판결이 불이익변경금지의 원칙에 위반하여 중한 형을 선고한 경우 등이 여기에 해당한다. 자판하는 판결은 원판결보다 피고인에게 유리할 것을 요한다는 점에서 파기자판의 경우에는 불이익변경금지의 원칙이 적용되는 것과 비슷한 효과가 발생한다.

(나) 소송절차의 법령위반

원심소송절차가 법령에 위반한 때에는 그 위반된 절차를 파기한다(제446조 제2호). 이 경우에는 원판결 자체가 파기되는 것이 아니라 위반된 절차만이 파기된다. 다만 소송절차의 법령위반은 판결내용에 직접 영향을 미치지 않는 절차상의 법령위반만을 의미하므로, 소송절차에 관한 법령위반이 판결내용에 영향을 준 경우에는 이는 판결의 법령위반에 해당하게 된다.

(3) 비상상고의 판결의 효력

비상상고의 판결은 파기자판의 경우 외에는 그 효력이 피고인에게 미치지 않는다(제447조). 즉 확정판결의 위법부분을 파기하고 자판하지 않은 경우나 소송절차만이 파기된 경우에는 원판결의 주문은 그대로 효력을 가지며 소송계속은 부활하지 않는다. 이러한 의미에서 비상상고의 판결은 원칙적으로 이론적 효력을 가진다거나, '재판의 옷을 입은 학설'이라고 불리기도 한다. 그러나 원판결이 피고인에게 불이익함을 이유로 파기자판하는 경우에는 원판결이 파기되고 비상상고에 대한 판결의 효력이 피고인에게 미치게 된다.

제3장
특별절차

제 1 절   약식절차

I. 약식절차의 의의

약식절차란 지방법원의 관할사건에 대하여 공판절차를 거치지 아니하고 서면심리만으로 벌금·과료 또는 몰수의 형을 과하는 간이한 형사절차를 말한다(제448조 제1항). 약식절차에 의한 재판을 약식명령이라고 하나, 법원의 판결·결정·명령과는 다른 특별한 형식의 재판이다.

약식절차는 비교적 경미한 범죄를 신속하게 처리하여 소송경제의 이념을 실현함과 동시에 공개재판에 따른 피고인의 사회적·심리적 부담을 덜어주기 위한 제도라고 할 수 있다. 약식절차는 현재 실무적인 활용도가 매우 높은 중요한 제도이다.

II. 약식명령의 청구

약식명령을 청구할 수 있는 것은 지방법원관할에 속하는 사건으로서 벌금·과

료 또는 몰수에 처할 수 있는 사건에 한한다. 벌금·과료 또는 몰수의 형은 법정형
에 선택적으로 규정되어 있으면 족하다. 법정형에 벌금·과료 또는 몰수의 형이 선
택적으로 규정되어 있으면 지방법원 합의부의 사물관할에 속하는 사건일지라도 약
식명령의 청구대상이 된다.

약식명령의 청구는 검사가 공소제기와 동시에 서면으로 하여야 한다(제449조).
약식명령청구서에는 검사가 청구하는 벌금 또는 과료의 액수를 미리 기재한다. 검
사가 약식명령을 청구할 때에는 약식명령을 하는 데 필요한 증거서류 및 증거물을
법원에 제출하여야 한다(규칙 제170조). 따라서 약식명령을 청구하는 경우에는 공소
장일본주의가 적용되지 않는다.

Ⅲ. 약식사건의 심판

1. 법원의 심리

약식절차에서의 법원의 심리는 서면심리를 원칙으로 한다. 약식명령의 청구가
있으면 법원은 검사가 제출한 서류 및 증거물을 기초로 약식명령의 발부를 위한 심
리를 하게 된다. 따라서 약식절차에서는 피고인신문이나 증인신문·감정·검증 등의
통상의 증거조사를 할 수 없으며, 압수·수색 등의 강제처분도 허용되지 않는다. 다
만 약식명령은 특별한 형식의 재판으로서 결정에 준하는 성격을 가진다고 보아야
하므로 법원은 필요한 때에는 약식절차의 본질을 해하지 않는 범위 내에서 제한적
으로 사실조사를 할 수 있다고 해야 한다.

약식절차는 공판절차와는 달리 서면심리에 의하므로 원칙적으로 공판기일의
심판절차에 관한 규정이 적용되지 않는다. 약식절차에는 구두변론주의나 직접주의
가 적용되지 않고, 따라서 제310조의2 이하의 전문증거에 관한 규정도 적용되지
않는다. 공소장변경도 공판절차를 전제로 하는 것이므로 약식절차에서는 허용되지
않는다. 그러나 공판절차와 직접 관련이 없는 증거재판주의, 자유심증주의, 위법수
집증거배제법칙, 자백배제법칙 등의 증거법칙은 약식절차에도 적용된다. 또한 약식
절차는 형사소송법이 적용되는 형사절차이므로 즉결심판절차와는 다르게 약식절차
에도 자백보강법칙이 적용된다.

2. 공판절차회부

약식명령의 청구가 있는 경우에 그 사건이 약식명령으로 할 수 없거나 약식명령으로 하는 것이 적당하지 아니하다고 인정한 때에는 공판절차에 의하여 심판하여야 한다(제450조). 약식명령으로 할 수 없는 경우란 법정형으로 벌금 또는 과료가 규정되어 있지 않거나 벌금 또는 과료가 다른 형의 병과형으로 규정되어 있는 죄에 대하여 약식명령의 청구가 있는 경우, 소송조건이 결여되어 사건에 대하여 무죄·면소·공소기각 또는 관할위반의 재판을 선고해야 할 경우 등을 말한다. 약식명령을 하는 것이 적당하지 않은 경우는 법률상 약식명령을 하는 것이 불가능하지는 않아도 벌금·과료 또는 몰수 이외의 형을 선고하는 것이 적당하다고 인정되는 경우나 사안이 복잡하여 공판절차에서 신중히 심판할 필요가 있다고 인정되는 경우를 말한다.

3. 약식명령의 발령

법원은 약식명령청구를 심사한 결과 공판절차에 회부할 사유가 없다고 판단되는 경우에는 약식명령을 발하게 된다. 약식명령으로 과할 수 있는 주형은 벌금·과료·몰수에 한하며, 징역이나 금고 등의 자유형은 물론 무죄판결이나 관할위반·면소·공소기각 등 형식재판도 약식명령에 의하여 할 수가 없다. 약식명령의 고지는 검사와 피고인에 대한 재판서의 송달에 의하여야 한다(제452조). 약식명령에는 범죄사실·적용법조·주형·부수처분과 약식명령의 고지를 받은 날로부터 7일 이내에 정식재판을 청구할 수 있음을 명시하여야 한다(제451조). 따라서 약식명령에는 일반적인 유죄판결의 경우와는 달리 증거의 요지를 기재할 필요가 없다.

약식명령은 정식재판의 청구기간이 경과하거나 그 청구의 취하 또는 청구기각의 결정이 확정한 때에는 확정판결과 동일한 효력이 있다(제457조). 유죄의 확정판결과 동일한 효력이 있으므로 확정력과 일사부재리의 효력이 발생하며, 재심 또는 비상상고의 대상이 될 수 있다. 약식명령에 대한 일사부재리의 효력의 시간적 범위는 약식명령의 송달시가 아니라 약식사건에 대한 실체심리가 가능했던 시점인 약식명령의 발령시를 기준으로 하여야 한다(2013도4737).

Ⅳ. 정식재판의 청구

1. 정식재판청구의 절차

약식명령에 불복하는 검사와 피고인은 정식재판을 청구할 수 있다. 피고인은 정식재판의 청구를 포기할 수 없다(제453조 제1항). 정식재판의 청구는 약식명령의 고지를 받은 날로부터 7일 이내에 약식명령을 한 법원에 서면으로 제출하여야 하며, 정식재판의 청구가 있는 때에는 법원은 지체 없이 검사 또는 피고인에게 그 사유를 통지하여야 한다(동조 제2항·제3항). 정식재판의 청구는 독립성이 인정되는 한 약식명령의 일부에 대하여도 할 수 있다(제458조 제1항, 제342조).

정식재판의 청구에 관하여는 상소권회복에 대한 규정이 준용된다(제458조 제1항, 제345조 내지 제348조). 따라서 청구권자가 자기 또는 대리인이 책임질 수 없는 사유로 7일 이내에 정식재판을 청구하지 못한 때에는 정식재판청구권의 회복을 구할 수 있다. 정식재판청구권의 회복청구를 하는 경우에는 회복청구와 동시에 정식재판청구를 하여야 한다. 정식재판청구권회복청구를 인용하는 결정이 확정된 때에는 정식재판청구권회복청구와 동시에 행한 정식재판청구는 적법하게 되며 일단 발생하였던 재판의 확정력이 배제된다. 따라서 공범 중 1인에 대하여 약식명령이 확정된 후라도 그에 대한 정식재판청구권회복결정이 확정된 경우에는 다시 다른 공범자에 대한 공소시효의 진행이 정지된다. 다만 공범의 1인에 대하여 약식명령이 확정된 후 그에 대한 정식재판청구권회복결정이 확정될 때까지의 기간 동안은 다른 공범자에 대한 공소시효의 진행이 정지되지 않는다(2011도15137).

정식재판의 청구는 제1심 판결선고 전까지 취하할 수 있다(제454조). 정식재판청구를 취하한 자는 그 사건에 대하여 다시 정식재판을 청구하지 못한다(제458조 제1항, 제354조).

2. 정식재판청구에 대한 재판

정식재판의 청구가 법령상의 방식에 위반하거나 청구권의 소멸 후인 것이 명백한 때에는 결정으로 기각하여야 한다(제455조 제1항). 정식재판의 청구가 적법한 때에는 공판절차에 의하여 심판하여야 한다(동조 제3항). 이 경우에 공판절차는 약식명령의 당부를 판단하는 것이 아니라 공소사실에 대하여 새로이 심리하는 것이므로 공판법원은 약식명령에 구속받지 않고 사실인정·법령적용·양형에 관하여 자유롭게 판단할 수 있다. 또한 정식재판청구에 의한 공판절차에 있어서는 일정한 경우 궐석재판의 특례가 인정된다. 정식재판절차의 공판기일에 피고인이 출석하지 않은 경우에는 다시 기일을 정하여야 하고, 피고인이 정당한 사유 없이 다시 정한 기일에 출정하지 않으면 피고인의 진술 없이 판결을 할 수 있다(제458조 제2항, 제365조).

약식명령에 대하여 피고인만이 정식재판을 청구한 경우에는 형종상향금지의 원칙이 적용된다. 따라서 이 경우에는 정식재판절차에서 약식명령의 형보다 중한 종류의 형을 선고하지 못하고(제457조의2 제1항), 약식명령의 형보다 중한 형을 선고하는 경우에는 판결서에 양형의 이유를 적어야 한다(동조 제2항). 검사가 정식재판을 청구한 경우와 검사와 피고인이 모두 정식재판을 청구한 경우에는 이 원칙이 적용되지 않는다.

종래 약식명령에 대하여 피고인만이 정식재판을 청구한 경우에는 피고인의 정식재판청구권을 보장하기 위하여 불이익변경금지의 원칙을 그대로 적용하였으나, 현행법은 영업범 등 포괄일죄로 기소된 피고인이 일사부재리의 효력의 시간적 범위를 연장하기 위하여 정식재판청구권을 남용하는 문제점을 해결하기 위하여 제457조의2 제2항을 신설하였다. 따라서 피고인만이 정식재판을 청구한 사건에 대하여 약식명령의 벌금형을 징역형으로 변경하는 것은 허용되지 않으나, 법정형의 범위 내에서 약식명령의 벌금형을 보다 중한 벌금형으로 변경하는 것은 형종상향의 금지에 어긋나지 않으므로 허용된다.

약식명령은 정식재판의 청구에 의한 판결이 있는 때에는 그 효력을 잃는다(제456조). 여기서 판결이란 종국재판을 말하므로 공소기각의 결정도 포함하며, 판결이 있는 때란 판결이 선고된 때가 아니라 판결이 확정된 때를 의미한다. 따라서 검사의 공소취소에 의하여 공소기각결정이 확정된 때에도 약식명령은 효력을 잃는다.

제2절 즉결심판절차

Ⅰ. 즉결심판절차의 의의

즉결심판이란 즉결심판절차에 의한 재판을 의미한다. 즉결심판절차란 범증이 명백하고 죄질이 경미한 범죄사실을 지방법원, 지방법원지원 또는 시·군법원의 판사로 하여금 신속하게 심판하도록 하기 위한 간략한 형사절차이다. 즉결심판절차는 「즉결심판에 관한 절차법」(이하 즉결심판법)에 의한다.

즉결심판은 경미사건을 신속하게 심판하기 위한 절차라는 점에서 약식절차와 기능이 유사하지만, ① 즉결심판은 그 청구권자가 검사가 아니라 경찰서장이라는 점, ② 심리가 서면심리의 형태를 취하지 않고 원칙적으로 공개된 법정에서 판사가 피고인을 직접 신문하는 형태로 이루어진다는 점, ③ 약식절차에서는 원칙적으로 재산형의 부과만 가능하지만 즉결심판절차에서는 30일 미만의 구류형 선고가 가능하다는 점 등에서 차이가 있다.

Ⅱ. 즉결심판의 청구

1. 즉결심판 대상사건

즉결심판절차에 의하여 처리할 수 있는 사건은 20만원 이하의 벌금 또는 구류나 과료에 처할 범죄사건이다(즉결심판법 제2조). 즉결심판의 대상은 선고형을 기준으로 결정되나, 법적안정성의 관점에서 볼 때 즉결심판절차의 대상을 선고형이 아닌 법정형을 기준으로 결정하는 입법이 바람직하다고 생각된다. 즉결심판대상사건은 경범죄처벌법 및 도로교통법 위반사범들이 그 중심을 이루지만, 벌금·구류 또는 과료가 단일형 또는 선택형으로 규정되어 있는 경우에는 일반 형사범도 그 대상이 된다.

2. 청구권자와 청구의 방식

즉결심판의 청구권자는 경찰서장이다. 경찰서장은 관할경찰서장과 관할해양경찰서장을 포함한다(동법 제3조 제1항). 즉결심판의 청구는 통상의 공판절차에서 검사가 행하는 공소제기와 동일한 성격의 소송행위이다. 따라서 경찰서장의 즉결심판 청구는 검사의 기소독점주의에 대한 예외가 된다.

즉결심판을 청구하는 경우에 경찰서장은 관할법원에 즉결심판청구서를 제출하여야 하며, 여기에는 피고인의 성명 기타 피고인을 특정할 수 있는 사항·죄명·범죄사실과 적용법조를 기재하여야 한다(동법 제3조 제2항). 즉결심판청구서에는 약식명령청구의 경우와는 달리 즉결심판에 의하여 선고할 벌금 등의 액수를 미리 기재하지 않는다. 경찰서장은 즉결심판을 함에 필요한 서류 또는 증거물을 판사에게 제출하여야 한다(동법 제4조). 따라서 즉결심판절차에서는 약식절차의 경우와 마찬가지로 공소장일본주의가 적용되지 않는다.

Ⅲ. 즉결심판청구사건의 심리

1. 판사의 기각결정과 경찰서장의 사건송치

판사는 사건이 즉결심판을 할 수 없거나 즉결심판절차에 의하여 심판함이 적당하지 아니하다고 인정할 때에는 결정으로 즉결심판의 청구를 기각하여야 한다. 기각결정이 있는 때에는 경찰서장은 지체 없이 사건을 관할지방검찰청 또는 지청의 장에게 송치하여야 한다(즉결심판법 제5조).

판사의 기각결정에 의하여 경찰서장이 사건을 송치한 경우에 검사는 적법하게 공소를 제기할 수 있다. 이때 검사는 공소장을 법원에 제출하여야 한다. 또한 즉결심판청구에 대한 기각결정에 의하여 사건은 즉결심판청구 이전의 상태로 돌아가므로 검사는 경찰서장으로부터 송치받은 사건에 대하여 불기소결정을 하는 것이 가능하다고 보아야 한다.

2. 심리상의 특칙

「즉결심판에 관한 절차법」은 즉결심판사건의 간이·신속한 처리를 위하여 여러 가지 특칙을 규정하고 있다. 즉결심판절차에 있어서 「즉결심판에 관한 절차법」에 특별한 규정이 없는 한 그 성질에 반하지 아니하는 것은 형사소송법의 규정을 준용한다(동법 제19조).

(1) 심판의 기일과 장소

판사는 즉결심판의 청구가 적법하고 상당하다고 인정할 때에는 즉시 심판을 하여야 한다(동법 제6조). 따라서 공소장부본송달, 제1회 공판기일의 유예기간과 같은 제1회 공판기일 전의 준비절차는 생략된다.

즉결심판의 심리는 약식절차의 경우와는 달리 공개된 법정에서 이루어져야 하며, 그 법정은 경찰관서 외의 장소에 설치되어야 한다(동법 제7조 제1항). 그러나 상당한 이유가 있는 경우에 판사는 피고인의 진술서와 경찰서장이 송부한 서류 또는 증거물에 의하여 개정 없이 심판할 수 있다. 이를 서면심리 또는 불개정심판이라고 한다. 다만 구류에 처하는 경우에는 불개정심판을 할 수 없다(동조 제3항).

(2) 피고인의 출석

즉결심판에 있어서도 피고인의 출석은 개정의 요건이다. 그러나 벌금 또는 과료를 선고하는 경우에는 직권으로 피고인이 출석하지 않더라도 심판할 수 있다(동법 제8조의2 제1항). 또한 피고인 또는 즉결심판출석통지서를 받은 자가 불출석재판을 청구하여 법원이 이를 허가한 때에는 피고인의 출석 없이 심판할 수 있다(동조 제2항). 경찰서장의 출석은 요구되지 않는다.

(3) 심리의 방법

즉결심판절차에는 그 성질에 반하지 않는 한 형사소송법의 규정이 준용되므로, 공개법정에서의 구두변론주의와 직접심리주의에 의한 심리가 요구된다. 그러나 한편 즉결심판절차는 사건의 신속한 처리를 위한 절차라는 점에서 정식공판절차에 비하여 직권주의적 성격이 강하다.

기일의 심리에서 판사는 피고인에게 피고사건의 내용과 진술거부권이 있음을 알리고 변명할 기회를 주어야 한다(동법 제9조 제1항). 판사는 필요하다고 인정할 때에는 적당한 방법에 의하여 재정하는 증거에 한하여 조사할 수 있다(동조 제2항). 변호인은 기일에 출석하여 증거조사에 참여할 수 있으며 의견을 진술할 수 있다(동조 제3항).

(4) 증거에 대한 특칙

즉결심판절차에서는 신속한 심리를 위하여 통상의 증거조사방법에 의할 것을 요하지 않는다. 증거조사의 객체도 경찰서장이 즉결심판청구와 함께 제출한 서류 또는 증거물 및 재정하는 증거에 한정된다.

즉결심판절차의 심리에는 사법경찰관이 작성한 피의자신문조서의 증거능력을 제한한 형사소송법 제312조 제3항과 각종 진술서면의 증거능력을 제한한 제313조가 적용되지 않는다(동법 제10조). 따라서 즉결심판절차에서는 사법경찰관이 작성한 피의자신문조서에 대하여 피고인이 그 내용을 부인하는 경우나 그 밖의 진술서면에 대하여 피고인이 성립의 진정을 인정하지 않는 등의 경우에도 이를 유죄의 증거로 사용할 수 있다. 그러나 그 밖에는 자백배제법칙과 위법수집증거배제법칙은 물론 제312조 제3항 및 제313조를 제외한 전문증거에 대한 규정도 즉결심판절차에 그대로 적용된다. 다만 피고인의 출석 없이 즉결심판을 할 수 있는 경우에는 전문증거에 대한 증거동의가 의제된다고 보아야 한다.

또한 즉결심판절차에서는 보강법칙이 적용되지 않으므로(동법 제10조) 보강증거가 없더라도 피고인의 자백만으로 유죄를 인정할 수 있다. 이 경우 피고인의 자백은 법관 앞에서의 자백에 한하지 아니하므로 경찰관이 작성한 피의자신문조서를 유일한 증거로 하여 피고인의 유죄를 인정하는 것도 가능하다.

IV. 즉결심판의 선고와 효력

1. 즉결심판의 선고 및 고지

즉결심판의 선고는 피고인이 출석한 경우에는 선고의 방식에 의하고, 피고인 없이 심리한 경우에는 즉결심판서 등본의 교부에 의한다. 즉결심판으로 유죄를 선고할 때에는 형·범죄사실과 적용법조를 명시하고, 피고인은 7일 이내에 정식재판을 청구할 수 있다는 것을 고지하여야 한다(즉결심판법 제11조 제1항). 즉결심판에서 선고할 수 있는 형은 20만원 이하의 벌금·구류 또는 과료이다(동법 제2조). 그러나 즉결심판에서는 약식명령의 경우와는 달리 사건이 무죄·면소 또는 공소기각을 함이 명백하다고 인정할 때에는 판사는 이를 선고·고지할 수 있다(동법 제11조 제5항).

2. 유치명령과 가납명령

판사는 구류의 선고를 받은 피고인이 일정한 주거가 없거나 도망할 염려가 있을 때에는 5일을 초과하지 아니하는 기간 경찰서유치장에 유치할 것을 명령할 수 있다. 다만 그 기간이 선고기간을 초과할 수는 없으며, 집행된 유치기간은 본형의 집행에 산입한다(동법 제17조 제1항·제2항). 유치명령은 선고와 동시에 집행력이 발생하므로 유치명령이 있는 구류가 선고된 경우에는 피고인은 정식재판을 청구하더라도 석방되지 않는다.

판사가 벌금 또는 과료를 선고하는 경우에 재판의 확정 후에는 집행할 수 없거나 집행하기 곤란한 염려가 있다고 인정한 때에는 피고인에게 벌금 또는 과료에 상당한 금액의 가납을 명할 수 있다. 가납의 재판은 벌금 또는 과료의 선고와 동시에 하여야 하며 그 재판은 즉시 집행할 수 있다(동조 제3항). 그리고 가납명령이 있는 벌금이나 과료를 납부하지 않을 때에는 노역장유치를 명할 수 있다(형법 제69조 제1항).

3. 즉결심판의 확정과 형의 집행

즉결심판이 확정된 때에는 확정판결과 동일한 효력이 있다(즉결심판법 제16조). 따라서 즉결심판이 확정되면 확정력과 일사부재리의 효력이 발생하며, 재심이나 비상상고의 대상이 된다. 즉결심판은 정식재판의 청구기간이 경과, 정식재판청구권의 포기 또는 그 청구의 취하에 의하여 확정된다. 정식재판청구를 기각하는 재판이 확정된 경우에도 같다. 즉결심판의 판결이 확정된 때에는 즉결심판서 및 관계서류와 증거는 관할경찰서 또는 지방해양경찰관서가 이를 보존한다(동법 제13조). 즉결심판에 의한 형의 집행은 경찰서장이 하고 그 집행결과를 지체 없이 검사에게 보고하여야 한다(동법 제18조 제1항).

V. 정식재판의 청구

1. 정식재판청구의 절차

정식재판의 청구권자는 즉결심판을 받은 피고인 또는 경찰서장이다. 피고인은 유죄를 선고받은 경우에 정식재판을 청구할 수 있고, 경찰서장은 판사가 무죄·면소·공소기각을 선고 또는 고지한 경우에 정식재판을 청구할 수 있다(즉결심판법 제14조 제1항·제2항). 피고인의 법정대리인 및 피고인의 배우자·직계친족·형제자매 또는 즉결심판절차의 대리인이나 변호인은 피고인을 위하여 정식재판을 청구할 수 있다(동조 제4항).

정식재판을 청구하고자 하는 피고인은 즉결심판이 선고된 날 또는 심판서 등본이 송달된 날로부터 7일 이내에 정식재판청구서를 경찰서장에게 제출하여야 하고, 경찰서장은 지체 없이 이 청구서를 판사에게 송부하여야 한다(동조 제1항). 경찰서장이 정식재판을 청구하는 경우에는 관할지방검찰청 또는 지청의 검사의 승인을 얻어 정식재판청구서를 판사에게 제출하여야 한다(동조 제2항).

2. 정식재판청구 후의 절차

판사는 정식재판청구서를 받은 날로부터 7일 이내에 경찰서장에게 정식재판청구서를 첨부한 사건기록과 증거물을 송부하고, 경찰서장은 지체 없이 관할지방검찰청 또는 지청의 장에게 이를 송부하여야 하며, 그 검찰청 또는 지청의 장은 지체 없이 관할법원에 이를 송부하여야 한다(동법 제14조 제3항). 정식재판청구는 상소 및 약식절차의 경우에 준하여 청구의 포기나 취하가 인정된다(동조 제4항).

3. 공판절차에 의한 심판

정식재판의 청구가 적법할 때에는 공판절차에 의하여 심판하여야 한다(동법 제14조 제4항). 즉결심판에 대하여 피고인만이 정식재판을 청구한 때에는 약식명령에 대한 정식재판청구에서와 같이 형종상향의 금지가 적용되므로(동법 제19조, 형소법 제457조의2) 정식재판절차에서 즉결심판의 형보다 중한 종류의 형을 선고하지 못한다. 따라서 피고인만이 정식재판을 청구한 경우에 즉결심판의 벌금형을 20만원 범위 내에서 중하게 변경하거나 구류형의 형기를 30일 미만의 범위 내에서 중하게 변경하는 것은 허용되나, 즉결심판의 구류형이나 과료형을 벌금형으로 변경하는 것은 허용되지 않는다(형법 제41조 참조).

즉결심판은 정식재판의 청구에 의한 판결이 있는 때에는 그 효력을 잃는다(즉결심판법 제15조). 여기서 판결이란 적법한 정식재판의 청구에 의하여 통상의 공판절차에서 행하여진 판결로서 확정판결을 의미한다. 다만 종국재판의 의미를 가진다는 점에서 공소기각의 결정도 포함되는 것으로 보아야 한다.

제4장
재판의 집행절차

제1절 재판의 집행

I. 재판집행의 일반원칙

1. 재판집행의 의의

재판의 집행이란 재판의 의사표시 내용을 국가권력에 의하여 강제적으로 실현하는 작용을 말한다. 재판의 집행에는 형의 집행 이외에 ① 추징이나 소송비용 등 부수처분의 집행, ② 과태료·보증금몰수·비용배상 등 형 이외의 제재의 집행, ③ 강제처분을 위한 영장의 집행 등이 포함된다. 그러나 재판의 집행으로서 가장 중요한 것은 유죄판결의 집행인 형의 집행이라고 할 수 있다. 형의 집행에 의하여 국가형벌권의 구체적 실현이 이루어지기 때문이다. 재판 가운데에도 그 의사표시만으로 족하고 그 내용의 강제적 실현을 요하지 않는 무죄판결이나 형식재판 등에 대하여는 재판의 집행이 문제될 여지가 없다.

2. 재판집행의 기본원칙

(1) 재판집행의 시기

재판은 형사소송법에 특별한 규정이 없으면 확정한 후에 집행한다(제459조). 재판은 확정된 후 즉시 집행하는 것이 원칙이다. 다만 이와 같은 재판의 확정 후 즉시집행의 원칙에 대해서는 일정한 예외가 인정된다.

재판이 확정되기 전이라도 집행할 수 있는 경우가 있다. 먼저 결정이나 명령은 즉시항고 또는 이에 준하는 불복신청이 허용되는 경우를 제외하고는 즉시 집행할 수 있다(제409조, 제416조, 제419조). 그리고 벌금·과료 또는 추징을 선고하는 경우에 가납명령이 있는 때에도 확정을 기다리지 않고 바로 집행할 수 있다(제334조)

한편 재판이 확정되더라도 즉시 집행할 수 없는 경우가 있다. 소송비용부담의 재판은 소송비용집행면제의 신청기간 내 또는 그 신청에 대한 재판이 확정될 때까지 집행할 수 없고(제472조), 노역장유치는 벌금 또는 과료의 재판이 확정된 후 30일 이내에는 집행할 수 없는 것이 원칙이며(형법 제69조 제1항), 사형은 법무부장관의 명령 없이는 집행할 수 없고(제463조), 보석허가결정은 보증금의 납입 등 일정한 보석조건을 이행한 후가 아니면 집행하지 못한다(제100조 제1항).

(2) 재판집행의 지휘

재판의 집행은 공익의 대표자인 검사가 지휘·감독하는 것이 원칙이다. 재판의 집행은 재판을 한 법원에 대응하는 검찰청 검사가 지휘한다(제460조 제1항). 다만 법률의 규정에 의하여 또는 재판의 성질상 법원 또는 법관이 재판의 집행을 지휘해야 하는 경우가 있다. 급속을 요하는 경우의 재판장, 수명법관 또는 수탁판사에 의한 구속영장의 집행지휘(제81조 제1항 단서), 법정경찰권에 의한 퇴정명령의 집행지휘(제281조 제2항) 등이 여기에 해당한다.

재판의 집행지휘는 신중을 기하기 위하여 서면에 의할 것이 요구된다. 재판의 집행지휘는 재판서 또는 재판을 기재한 조서의 등본 또는 초본을 첨부한 서면으로 하여야 한다(제461조 본문). 이 서면을 재판집행지휘서라고 한다. 이를 위하여 검사의 집행지휘를 요하는 재판은 재판서 또는 재판을 기재한 조서의 등본 또는 초본을 재판의 선고 또는 고지를 한 때로부터 10일 이내에 검사에게 송부하여야 한다(제44조).

(3) 형집행을 위한 소환

사형·징역·금고 또는 구류의 선고를 받은 자가 구금되지 아니한 때에는 검사는 형을 집행하기 위하여 이를 소환하여야 한다(제473조 제1항). 이 경우에 소환을 받은 자가 소환에 응하지 아니한 때에는 검사는 형집행장을 발부하여 구인하여야 한다(동조 제2항). 형의 집행은 검사의 직무에 속하기 때문에 형집행을 위한 구인은 법관의 영장에 의하지 않고 검사의 형집행장에 의하도록 한 것이다. 형의 선고를 받은 자가 도망하거나 도망할 염려가 있는 때 또는 현재지를 알 수 없는 때에는 소환함이 없이 형집행장을 발부하여 구인할 수 있다(동조 제3항). 검사가 발부한 형집행장은 구속영장과 동일한 효력이 있다(제474조 제2항).

II. 형의 집행

1. 형의 집행순서

2 이상의 형이 확정된 경우에는 그 집행의 순서를 정할 필요가 있다. 2이상의 형을 집행하는 경우에 자격상실·자격정지·벌금·과료와 몰수 외에는 무거운 형을 먼저 집행한다(제462조). 자격상실과 자격정지는 병과형이고, 몰수는 부가형이며, 벌금과 과료는 재산형이므로 자유형과 동시집행이 가능하기 때문이다. 형의 경중은 형법 제41조 및 제50조에 의한다. 따라서 사형·징역·금고·구류의 순서로 집행된다. 동일한 형기의 자유형에 있어서는 금고보다 징역을 먼저 집행하고, 형기가 다른 때에는 징역 또는 금고 중에서 장기인 것이 무거운 형이 된다. 사형이나 무기형과 다른 형 사이에는 집행순서의 문제가 생기지 않는다. 한편 검사는 소속장관의 허가를 얻어 무거운 형의 집행을 정지하고 다른 형의 집행을 할 수 있다(동조 단서).

2. 사형의 집행

사형은 법무부장관의 명령에 의하여 집행한다(제463조). 사형을 선고한 판결이 확정된 때에는 검사는 지체 없이 소송기록을 법무부장관에게 제출하여야 한다(제464조). 사형집행명령은 판결이 확정된 날로부터 6월 이내에 하여야 한다(제465조 제1항). 다만 상소권회복이나 재심의 청구 또는 비상상고의 신청이 있는 경우에는 그 절차가 종료할 때까지의 기간은 이 기간에 산입하지 아니한다(동조 제2항). 법무부장관이 사형의 집행을 명한 때에는 5일 이내에 집행하여야 한다(제466조). 사형은 교도소 또는 구치소 내에서 교수(絞首)하여 집행한다(형법 제66조).

3. 자유형의 집행

(1) 집행의 방법

자유형은 재판집행의 일반원칙에 따라 검사의 형집행지휘서에 의하여 집행한다(제460조, 제461조). 징역은 교도소 내에 구치하여 정역에 복무하게 하여 집행하며(형법 제67조), 금고와 구류는 교도소에 구치하여 집행한다(형법 제68조). 자유형의 형기는 판결이 확정된 날로부터 기산한다(형법 제84조 제1항). 다만 불구속 중인 자에 대한 형기는 형집행지휘서에 의하여 수감된 날로부터 기산하여야 한다(동조 제2항). 형집행의 초일은 시간을 계산함이 없이 1일로 산정하며(동법 제85조), 석방은 형기종료일에 하여야 한다(동법 제86조).

(2) 미결구금일수의 산입

미결구금일수란 구금당한 날로부터 판결확정 전일까지 실제로 구금된 일수를 말한다. 미결구금일수를 본형에 산입하는 것은 미결구금도 신체의 자유를 제한한다는 점에서 자유형의 집행과 유사하기 때문이다.

피의자나 피고인을 구금한 경우 그 판결선고 전의 구금일수는 그 전부가 유기징역·유기금고·벌금이나 과료에 관한 유치 또는 구류에 산입된다(형법 제57조 제1항). 미결구금일수의 산입에 있어서 구금일수의 1일은 징역, 금고, 벌금이나 과료에 관한 유치 또는 구류의 기간의 1일로 계산한다(동조 제2항).

미결구금일수는 판결선고 전의 구금일수뿐만 아니라 상소제기와 관련된 미결구금일수도 전부 본형에 산입된다. 판결선고 후 판결확정 전 구금일수는 판결선고 당일의 구금일수를 포함하여 전부를 본형에 산입한다(제482조 제1항). 또한 상소기각 결정 시에 송달기간이나 즉시항고기간 중의 미결구금일수도 전부를 본형에 산입한다(동조 제2항).

(3) 자유형의 집행정지

자유형의 집행정지는 필요적 집행정지와 임의적 집행정지로 나누어 볼 수 있다. 징역·금고 또는 구류의 선고를 받은 자가 심신의 장애로 의사능력이 없는 상태

506 제5편 상소·비상구제절차·특별절차·재판의 집행

에 있는 때에는 형을 선고한 법원에 대응한 검찰청 검사 또는 형의 선고를 받은 자의 현재지를 관할하는 검찰청 검사의 지휘에 의하여 심신장애가 회복될 때까지 형의 집행을 정지한다(제470조 제1항). 이 경우에 검사는 형의 선고를 받은 자를 감호의무자 또는 지방공공단체에 인도하여 병원 기타 적당한 장소에 수용하게 할 수 있다(동조 제2항).

징역·금고 또는 구류의 선고를 받은 자가 ① 형의 집행으로 인하여 현저히 건강을 해하거나 생명을 보전할 수 없을 염려가 있는 때, ② 연령 70세 이상인 때, ③ 잉태 후 6월 이상인 때, ④ 출산 후 60일을 경과하지 아니한 때, ⑤ 직계존속이 연령 70세 이상 또는 중병이나 장애인으로 보호할 다른 친족이 없는 때, ⑥ 직계비속이 유년으로 보호할 다른 친족이 없는 때, ⑦ 기타 중대한 사유가 있는 때 가운데 어느 하나에 해당하는 경우에는, 형을 선고한 법원에 대응한 검찰청 검사 또는 형의 선고를 받은 자의 현재지를 관할하는 검찰청 검사의 지휘에 의하여 형의 집행을 정지할 수 있다(제471조 제1항). 검사가 형의 집행정지를 지휘함에는 소속 고등검찰청 검사장 또는 지방검찰청 검사장의 허가를 얻어야 한다(동조 제2항).

4. 자격형의 집행

자격상실 또는 자격정지의 선고를 받은 자에 대하여는 이를 수형자원부에 기재하고 지체 없이 그 등본을 형의 선고를 받은 자의 등록기준지와 주거지의 시·구·읍·면장에게 송부하여야 한다(제476조). 여기서 수형자원부란 「형의 실효 등에 관한 법률」이 규정한 수형인명부, 즉 자격정지 이상의 형을 받은 수형인을 기재한 명부로서 검찰청 및 군검찰부에서 관리하는 것을 말한다(동법 제2조 제2호).

5. 재산형의 집행

(1) 재산형의 집행명령과 그 효력

벌금·과료·몰수·추징·과태료·소송비용·비용배상 또는 가납의 재판은 검사의 명령에 의하여 집행한다(제477조 제1항). 이 명령은 집행력 있는 집행권원과 동일한 효력이 있다(동조 제2항). 이 재판의 집행에는 민사집행법의 집행에 관한 규정을 준용한다. 다만 집행 전에 재판의 송달을 요하지 아니한다(동조 제3항).

재산형 등의 집행은 국세징수법에 따른 국세체납처분의 예에 따라 집행할 수도 있다(동조 제4항). 따라서 벌금 등 재산형의 집행을 위해서는 집행의 신속성·효율성을 고려하여 민사집행법상의 강제집행절차와 국세징수법상의 체납처분절차를 선택적으로 활용할 수 있다. 국세징수법에 의하는 경우에는 집행공무원이 벌금 등을 납부하지 않는 자의 재산에 대하여 직접 압류 또는 공매처분을 할 수 있다.

검사는 벌금 등의 집행을 위하여 필요한 조사를 할 수 있다. 이 경우에 검사는 공무소 기타 공사단체에 조회하여 필요한 사항의 보고를 요구할 수 있다(동조 제5항). 벌금, 과료, 추징, 과태료, 소송비용 또는 비용배상의 분할납부, 납부연기 및 납부대행기관을 통한 납부 등 납부방법에 필요한 사항은 법무부령으로 정한다(동조 제6항). 재산형 등의 집행비용은 집행을 받는 자의 부담으로 하고, 민사집행법의 규정에 준하여 집행과 동시에 징수하여야 한다(제493조).

(2) 노역장유치의 집행

벌금과 과료는 판결확정일로부터 30일 내에 납입하여야 한다(형법 제69조 제1항). 벌금 또는 과료를 선고할 때에는 납입하지 아니한 경우의 노역장유치기간을 정하여 동시에 선고하여야 한다(동법 제70조 제1항). 벌금을 납입하지 아니한 자는 1일 이상 3년 이하, 과료를 납입하지 아니한 자는 1일 이상 30일 미만의 기간 노역장에 유치하여 작업에 복무하게 한다(동법 제69조 제2항). 이때 선고하는 벌금이 1억원 이상 5억원 미만인 경우에는 300일 이상, 5억원 이상 50억원 미만인 경우에는 500일 이상, 50억원 이상인 경우에는 1,000일 이상의 유치기간을 정하여야 한다(동법 제70조 제2항). 판결선고 전의 구금일수의 1일은 벌금이나 과료에 관한 유치기간의 1일로 계산한다(동법 제57조 제2항).

제 2 절   재판집행에 대한 구제방법

1. 재판해석에 대한 의의신청

형의 선고를 받은 자는 집행에 관하여 재판의 해석에 대한 의의(疑義)가 있는 때에는 재판을 선고한 법원에 의의신청을 할 수 있다(제488조). 재판해석에 대한 의의신청은 주문의 취지가 불명확하여 주문의 해석에 의문이 있는 경우에 한하여 제기할 수 있다. 따라서 판결이유의 모순이나 불명확 또는 부당을 주장하는 의의신청은 허용되지 않는다(85모22).

재판해석에 대한 의의신청의 관할법원은 재판을 선고한 법원이다. 여기서 재판을 선고한 법원이란 형을 선고한 법원을 말한다. 따라서 상소에 대하여 기각결정을 한 법원은 관할법원이 될 수 없고 원심법원이 관할법원이 된다. 재판해석에 대한 의의신청이 있는 때에는 법원은 결정을 하여야 하며, 이 결정에 대하여는 즉시항고를 할 수 있다(제491조).

2. 재판집행에 대한 이의신청

재판의 집행을 받은 자 또는 그 법정대리인이나 배우자는 집행에 관한 검사의 처분이 부당함을 이유로 재판을 선고한 법원에 이의신청을 할 수 있다(제489조). 재판해석에 대한 의의신청은 확정재판에 있어서 주문의 취지가 불명확하여 주문의 해석에 의문이 있는 경우에 제기하는 불복방법임에 대하여, 재판집행에 대한 이의신청은 확정재판의 집행기관인 검사가 그 집행과 관련하여 행하는 처분이 부당함을 이유로 제기하는 불복방법이라는 점에서 구별된다.

검사의 집행에 대한 이의신청은 검사의 집행처분이 부적법한 경우뿐만 아니라 부당한 경우에도 허용된다. 재판의 집행에 대한 검사의 처분이란 검사의 형집행지휘(제460조), 검사의 재산형 등의 집행명령(제477조) 등 검사가 형사소송법의 규정에 의하여 한 재판의 집행에 관한 일체의 처분을 그 대상으로 하며, 소송비용의 재판을 집행하기 위해 발한 징수명령의 효력을 다투기 위해서도 이의신청을 할 수 있다. 그러나 재판의 집행에 관한 것이 아니라 재판의 내용 자체의 부당함을 주장하는 경우는 이의신청의 대상이 되지 않는다(87초42).

검사의 재판집행에 대한 이의신청은 확정판결에 대한 집행을 전제로 하는 것이 원칙이지만, 재판확정 전에 검사가 형의 집행지휘를 하는 경우에도 이의신청이 인정될 수 있다. 그러나 이의신청이 집행종료 후에 있는 경우에는 그러한 이의신청은 실익이 없으므로 집행종료 후의 이의신청은 허용되지 않는다(2001모91). 관할법원과 절차는 재판해석에 대한 의의신청의 경우와 같다.

사항색인

저자약력

연세대학교 법과대학 졸업
연세대학교 대학원(법학박사)
미국 Stanford Law School 연구교수
일본 요코하마국립대학 로스쿨 연구교수
일본 간사이대학 로스쿨 연구교수
경찰청 치안연구소 연구위원
서울고등검찰청 항고심사위원
서울동부지방검찰청 형사조정위원
국가생명윤리심의위원회 위원
한양대학교 법학연구소장
한국형사정책학회 회장
사법시험·행정고시·입법고시·경찰공무원시험 등 출제위원
한양대학교 법학전문대학원 명예교수

제4판
기본강의 형사소송법

초판발행   2016년 5월 30일
제4판발행   2023년 8월 25일

지은이   이은모
펴낸이   안종만·안상준

편 집   김선민
기획/마케팅   조성호
표지디자인   이수빈
제 작   우인도·고철민

펴낸곳   (주) **박영사**
              서울특별시 종로구 새문안로3길 36, 1601
              등록 1959. 3. 11. 제300-1959-1호(倫)
전 화   02)733-6771
f a x   02)736-4818
e-mail   pys@pybook.co.kr
homepage   www.pybook.co.kr
ISBN   979-11-303-4523-9 93360

정 가   36,000원